[법인, 개인기업 장부 및 손익계산, 세무회계 실무서]

계정과목별 회계 및 세무
경리·지출증빙, 결산·재무제표

◆ 제1부 회계원리 및 장부정리
◆ 제2부 계정과목
◆ 제3부 결산정리 및 재무제표

경영정보문화사

■ 저자 이진규 (약력)
(현)삼일인포마인 세무상담위원
    2015년 ~
(현)비즈폼, 이지분개 세무상담위원
    2005년 ~
(현)경영정보사 도서 집필 및 발간
(전)국세청 세무조사관

■ 저자 저서
법인관리 및 법인세무 컨설팅
법인기업의 세무회계실무
세법의 가산세 및 세무회계실무
부가가치세 및 원천세 실무
세금개요 및 절세

계정과목별 회계 및 세무
경리·지출증빙, 결산·재무제표

2024년 2월 25일 개정판 발행
저　　자 : 이 진 규
발 행 인 : 이 진 규
발 행 처 : 경영정보문화사
신고번호 :　제2022-000018호

주　　소 : 경상북도 경산시 하남로 10
전　　화 : 080 - 250 - 5771
홈페이지 : www.ruddud.co.kr
이 메 일 : lee24171@gmail.com

정　가　　30,000원

머리말

이 책은 중소기업의 회계실무를 담당하고 있는 실무자를 위하여 편집한 도서로 가능한 서술적인 설명은 생략하고, 사례중심으로 설명을 하였습니다.

상업부기 및 회계에 대한 전문교육을 이수하고 기업에서 막상 회계실무를 담당하다 보면 교육을 통하여 배우지 못하였던 여러 가지 복잡한 거래 사례를 접하게 되며, 특정 사안에 대하여 그 처리방법을 찾지 못하여 많은 시간을 낭비할 수도 있을 것입니다.

저자는 이와 같은 애로사항을 답변해드리는 회계 및 세무업무 전문 상담 사이트인 '이지분개'를 관리하면서 질의내용을 분석하여 회계업무의 전처리과정을 실무적으로 가장 쉽게 접근할 수 있도록 단원별로 이 한 권에 책에 수록하였습니다.

이 책은 특히 실무에서 회계처리를 함에 있어 발생하는 내용 중 그 처리에 있어 다소 까다로운 부분을 사례별로 예시를 들었으며, 실무에서 편리하게 활용할 수 있도록 각고의 노력을 기울였습니다.

본서를 통하여 기업의 회계처리업무에 관한 모든 궁금 점을 해결할 수는 없습니다만, 많은 부분은 도움이 될 것으로 믿습니다.

끝으로 중소기업의 회계업무를 담당하시는 분들에게 본서가 유익한 참고도서가 되기를 바랍니다.

2024년 2월
저자 이 진 규

목차

계정과목별 세무회계, 경리장부
사례별 회계실무, 결산·재무제표

CONTENTS .....

경영정보사 홈페이지 무료 이용
(아이디) aa11
(비밀번호) aa1111

제1부 회계원리 및 장부정리

제1장 사업자의 장부기장, 기업의 소득금액

[1] 사업자의 장부기장	3
[2] 법인과 개인사업자의 장부기장 차이 등	5
[3] 법인기업 및 개인사업자의 소득	10

제2장 회계기초

[1] 복식부기	14
[2] 거래	32
[3] 거래 기록과 부가가치세 구분 기재	36
[4] 회계연도, 외부감사대상법인, 기업회계기준 [한국회계기준원]	40

제3장 계정과목 기초

[1] 계정과목 이해   42

[2] 혼동하기 쉬운 계정과목   43
외상매출금(자산)과 미수금(자산)   43
외상매입금(부채), 미지급금(부채), 미지급비용(부채)   43
선급금(자산), 선급비용(자산)   43
잡비(판매비와관리비), 잡손실(영업외손실)   44
원재료(자산) 및 원재료비(제조경비)   44
자산의 취득과 관련한 비용   44

[3] 계정과목 분류표   44
유동자산   45
비유동자산   46
유동부채   47
비유동부채   47
자본   48
매출, 매출원가, 제조비용   49
판매비와관리비   50
영업외수익   50
영업외비용   51
법인세비용   51

제4장 전표 및 제장부 작성

[1] 전표   52
입금전표   53
출금전표   54
대체전표   55
입금전표 및 출금전표 작성방법, 대체전표 작성방법   57
세금계산서 및 거래명세서 보관 방법   57

[2] 장부 작성 과정   58
거래 발생, 분개   58
총계정원장 전기   59
보조부 기록   61

제5장 보조장부 작성

[1] 현금출납장 및 현금출납장 작성 사례   63

[2] 매출장 및 매출처원장   65

[3] 매입장 및 매입처원장   69

[4] 재고자산수불부   72

[5] 받을어음기입장 및 받을어음기입장 작성 사례   76
어음 수취   76
어음의 양도, 할인, 만기추심   76
외상 매출 회계처리 및 장부 작성   77
외상매출대금 어음 입금 회계처리 및 장부 작성   78
받을어음 배서양도 회계처리 및 장부 작성   79
배서양도와 회계처리   80
받을어음 만기 추심 회계처리 및 장부 작성   81
부도어음 발생 및 회수 회계처리 및 장부 작성   82

[6] 지급어음기입장 및 지급어음기입장 작성 사례   83
지급어음기입장 작성 사례   83
외상매입대금 어음발행 지급   84
지급어음 결제 회계처리 및 장부 작성   84

제6장 일계표 및 시산표

[1] 일계표 작성 사례 및 작성 방법   85

[2] 시산표 및 시산표 오류수정, 합계잔액시산표 작성 사례   88

[3] 합계잔액시산표 작성 사례   89

[4] 장부   90
매출거래와 관련하여 기록하는 장부   90
매입거래와 관련하여 기록하는 장부   91
기타 각종 거래와 관련하여 기록하는 장부   92

제2부 계정과목

제1장 자산 계정과목

[1] 유동자산(당좌자산) ... 96
현금및현금성자산 ... 96
당좌예금 ... 96
CMA, MMF 회계처리 ... 98
단기투자자산 ... 100
매출채권(외상매출금, 받을어음) ... 101
– 어음할인 회계처리 ... 103
유가증권 ... 104
– 유가증권 평가 및 세무상 유의사항 ... 105
– 국채 또는 공채매입 및 처분 회계처리 ... 106
단기대여금 ... 111
가지급금 ... 112
– 착오로 거래처에 잘못 송금한 경우 ... 112
– 임직원 단기대여금 및 가지급금의 세무상 유의사항 ... 113
종업원대여금 (주임종단기채권) ... 115
전도금 ... 117
미수금 ... 119
– 부가가치세 환급금 발생시 회계처리 ... 119
– 건강보험료 연말정산 환급금 발생시 회계처리 ... 120
선급금 ... 121
부가세대급금 ... 122
선납세금 ... 123

[2] 유동자산(재고자산) ... 124
재고자산 개요 ... 124
– 재고자산 평가 ... 125
– 재고자산평가방법 신고 ... 126
상품 ... 127
매입환출, 매입에누리, 매입할인 ... 128
제품 ... 130
반제품 ... 130
원재료 ... 131
재공품 ... 131

[3] 비유동자산(투자자산)   **133**
장기금융상품   133
장기투자증권   134
- 법인이 내국법인으로부터 받는 수입배당금중 일정금액의 익금불산입   135
장기대여금   136

[4] 비유동자산(유형자산)   **137**
토지   137
- 토지 취득과 관련한 법무사수수료 및 매입세액 처리   137
- 토지 취득에 대한 증빙서류   137
건물   138
- 토지 및 건물 일괄 취득시 취득가액 계산   139
- 건물 철거 및 철기비용 세무회계   140
구축물   142
- 건물과 구축물 구분   142
- 시설장치, 인테리어 설치비용   142
기계장치   144
차량운반구   146
- 차량의 취득과 관련한 매입세액 처리   146
- 차량 매각시 회계처리   148
건설중인자산   149
비품   150
기타의 유형자산   151

[5] 비유동자산(무형자산)   **152**
무형자산 개요   153
- 무형자산 감가상각   153
영업권   153
- 영업권 양도 및 세무신고   154
산업재산권   155
- 특허권 및 특허권 양도 세무신고   156
- 실용신안권   157
- 의장권, 상표권   158
개발비   158
- 무형자산인 개발비와 당기비용인 경상연구개발비 구분   159
기타의 무형자산

[6] 비유동자산(기타비유동자산)   **161**
장기성매출채권   161
보증금   163
부도어음   165

제2장 부채 계정과목

[1] 유동부채 — 169
매입채무 — 169
- 외상채무의 명칭 구분 (외상매입금, 미지급금, 미지급비용) — 169
단기차입금 — 171
- 당좌차월 — 171
- 개인사채 차입 및 이자 지급 원천징수 — 172
- 마이너스 통장 회계처리 — 172
미지급금 — 174
- 미지급금, 미지급비용, 외상매입금 구분 — 174
선수금 — 175
- 재화 공급(인도)전 선수금 수취 및 세금계산서 발행 — 176
예수금 — 177
미지급비용 — 177
부가세예수금 — 178
가수금 — 178

[2] 비유동부채 — 180
사채(社債) — 180
장기차입금 — 181
- 단기차입금 및 장기차입금 구분 — 181
퇴직급여충당부채 — 182
퇴직연금충당부채 — 182

제3장 자본 계정과목

[1] 자본금 — 184
자본금 및 자본금 납입 — 185
자본금 증자 — 186
- 주식등변동상황명세서 제출 및 자본금 변동분 재무제표 반영 — 186
- 유상증자 — 187
- 액면발행 — 187
- 할증발행 — 187
- 무상증자 — 187
- 무상증자시 배당소득 원천징수 및 원천징수시기 — 188
- 자본금 증자의 장부 기장 확인 — 190

[2] 자본잉여금 — 191
주식발행초과금 — 191
감자차익 — 192
자기주식처분이익 — 192

[3] 자본조정 — 193
자본변동표 — 193
주식할인발행차금 — 194
배당건설이자 — 194
자기주식 — 194
미교부주식배당금 — 194

[4] 기타포괄손익누계액 — 195
매도가능증권평가손익 — 195
해외사업환산대(또는 해외사업환산차) — 196

[5] 이익잉여금 — 197
이익잉여금 개요 — 197
- 이익준비금 — 198
이익의 자본화 과정 및 배당 실무 — 200
- 전기이월이익잉여금, 미처분이익잉여금, 차기이월이익잉여금 — 202
- 결산배당 및 중간배당 — 203
- 이익잉여금 처분 — 204
- 회계기말에 이익처분에 대한 결의를 하지 않는 경우의 이익처분 — 207
배당과 관련한 세무실무 — 208
- 배당소득세 원천징수 — 208
- 이익잉여금의 자본금 전입(무상증자)과 세무 문제 — 209
- 배당권리 포기 — 209
- 배당소득 원천징수영수증 교부 및 제출 — 210
중간배당 — 211
- 결산배당 및 중간배당 요약 — 211

제4장 수익 계정과목

[1] 매출 — 213
매출 — 213
- 매출에서 차감하여야 하는 것 — 213
- 부가가치세법의 매출 과세표준 — 214

[2] 영업외수익 — 218

항목	페이지
이자수익	218
- 예금이자에 대한 이자소득세 징수 및 납부	218
- 회계기말 미수이자 처리	219
배당금수익	220
- 배당금수익 세무상 유의할 사항	220
수입임대료	221
외환차익	222
외화환산이익	223
유가증권처분이익	224
유가증권평가이익	224
투자자산처분이익	224
- 유형자산 처분연도 감가상각비 계상 여부	225
유형자산처분이익	225
관세환급금	226
판매장려금수익	227
국고보조금수익	227
- 자산의 취득과 관련하여 받은 국고보조금 처리	227
- 수익과 관련하여 받은 국고보조금 처리	228
- 국고보조금의 세무상 익금산입 및 손금산입	232
상각채권추심이익	233
전기오류수정이익	233
법인세환급액	234
잡이익	235
보험차익	235
채무면제이익	236
자산수증이익	236

제5장 비용 계정과목

[1] 매출원가 — 238

[2] 판매비와관리비 — 240

항목	페이지
급료 및 임금	240
- 사업주가 근로소득세 및 4대보험 종업원부담금을 부담하는 경우 급여 처리	240
- 급료지급과 근로소득세, 4대보험 징수 및 납부 회계처리	244
- 중도 퇴사자 근로소득 연말정산 및 4대보험료 정산	245
- 계속 근로자 건강보험료 및 고용 및 산재보험료 연말정산	248
퇴직금(퇴직급여)	251

잡급
- 급여, 임금, 잡급 구분 252
- 일용근로자 세무실무 252
- 일용근로자에 대한 임금 지급과 증빙서류 254
- 일용근로자의 '근로내용확인신고서' 제출 254
- 일용근로자 노무 및 4대보험 실무 254

복리후생비 256
- 종업원 복리후생적 지출 중 과세대상 급여로 처리하는 것 256
- 종업원 시상금 중 비과세되는 것
- 금전으로 지급하는 식대 보조금 258
- 종업원 선물대금 세무처리 및 지출증빙 258
- 경조사비 계정과목과 지출증빙 258

여비교통비 259
- 여비교통비 지출증빙서류 259
- 시내출장비 지출증빙 260
- 시외출장비 지출증빙 261
- 해외 여비교통비 지출증빙서류 264
- 해외출장비 지급시 외화 환전 및 잔여 외화 반환 회계처리 265

접대비 266
- 접대비 지출증빙서류 267
- 거래처 경조사비 지출증빙 268
- 접대비의 세무상 유의할 사항 269
- 접대비 한도초과액의 손금불산입 269

통신비 270
- 정액으로 지급하는 통신비 세무처리 270

수도광열비 271

전력비 273
- 임차한 건물의 전력비 지출증빙 274
- 임차인이 실제 부담한 임대인명의 전기요금청구서와 지출증빙 274

세금과공과금 276
- 손금으로 인정되는 세금과 손금으로 인정되지 않는 세금 276

감가상각비 278

지급임차료 278
- 간이과세자로부터 부동산임대용역을 공급받은 경우 증빙수취방법 279

경상연구개발비 281

수선비 282
- 수익적 지출(수선비 계정으로 처리) 282
- 자본적 지출 284

보험료 285
- 차량보험료 납부 및 선급보험료 계상 286
- 저축성 보험료 및 보장성 보험료 납부 회계처리 287

차량유지비	288
- 차량유지비 계정과목 분류	288
- 직원 소유 차량을 업무에 사용하고 유지비를 지급한 경우 경비 인정 여부	288
- 비과세되는 차량유지비	288
운반비	289
교육훈련비	286
- 교육훈련비 지출증빙서류	290
- 외부강사료 지급	291
도서인쇄비	292
회의비	293
포장비	293
사무용품비	294
소모품비, 소모품과 소모품비 구분	295
지급수수료	296
보관료	297
광고선전비	298
- 광고선전비, 접대비, 기부금 구분	298
- 홈페이지 제작비용 계정과목	298
판매촉진비	299
대손상각비	301
견본비	301
외주가공비 및 외주비	302
하자보수비	303
잡비	304

[3] 영업외비용　　305

이자비용	305
외환차손	308
외화환산손실	308
기부금	308
유가증권처분손실	309
투자자산처분손실	309
유형자산처분손실	311
유형자산감액손실	312
전기오류수정손실	313
잡손실	314
재해손실	315

[4] 법인세비용　　316

법인세비용	316
법인세등추납액	319

제3부 결산정리, 재무제표, 차량세무, 지출증빙

제1장 결산

[1] 결산 323
[2] 결산과정은 왜 필요한가? 324
[3] 결산정리과정 325

제2장 결산정리사항

[1] 결산정리사항 328
1. 상품매출원가 계산(도, 소매업) 328
2. 제품제조원가 및 매출원가 계산 330
3. 감가상각비 계상 339
4. 퇴직급여충당부채 설정 353
5. 퇴직연금 손금산입 356
  - 확정기여형퇴직연금(DC)의 손금산입 363
  - 확정급여형퇴직연금(DB)의 손금산입 364
6. 대손충당금 366
7. 기타 결산정리 사항 375
  - 현금과부족 정리 375
  - 선급비용 계상 375
  - 미지급비용 계상 377
  - 재고자산평가손실 계상 379
  - 선수수익 계상 380
  - 유가증권 평가 381
  - 장기차입금의 유동성장기부채 대체 382
  - 법인세비용 계상 383
  - 당기순이익의 미처분이익잉여금 대체 384

8. 결산체크리스트 386

제3장 재무제표

[1] 재무제표   390

[2] 재무제표의 유용성   391

[3] 기타 결산 보고자료   393

제4장 경영분석

[1] 유동성 분석   400
   유동비율   400
   당좌비율   401

[2] 안정성 분석   402
   부채비율   402
   자기자본비율, 고정비율   403

[3] 수익성 분석   404
   매출액 영업이익율   404
   총자본 영업이익율, 매출액 총이익율   404

[4] 경영분석의 의의   405
   경영분석을 소홀히 한 경우 발생할 수 있는 문제들   405

제5장 차량 및 리스 세무회계, 업무용 승용차 과세특례

[1] 차량과 관련한 세무회계   407

[2] 업무용 승용차 과세합리화   416

[3] 금융리스 및 운용리스 세무회계   426
   판매 후 리스   428
   이용자리스(부가가치세 환급리스)   431

제6장 지출증빙 및 정규영수증

[1] 정규영수증   432

[2] 정규영수증 수취대상 및 수취대상이 아닌 경우   436

[3] 정규영수증 미수취에 대한 가산세 등   441

[4] 영수증 관리 및 보관   444

세무회계 자료 이용에 대한 홈페이지 안내

[1] 2024년 개정 세법은 경영정보사 홈페이지를 참고하시기 바랍니다.

[2] 지면관계상 본 서에 수록하지 못한 내용은 경영정보사 홈페이지에 올려두었습니다. (경영정보사 및 경영정보문화사는 자매회사임)

[3] 경영정보사 홈페이지 이용방법
경영정보사 홈페이지에서 개정 세법을 반영한 각종 세무회계 관련 자료를 볼 수 있으며, 별도의 회언 가입 절차 없이
지정 아이디(aa11) 및 지정 비밀번호(aa1111)를 입력하신 후
로그인 하시면 바로 이용할 수 있습니다.

1. 네이버, 구글 검색창에서 경영정보사 입력
2. www.ruddud.co.kr

1

회계원리
장부정리

사업자의 장부기장 기업의 소득금액

> 사업자는 소득을 계산하여 법인은 법인세를 개인사업자는 종합소득세 신고 및 납부를 하여야 하는데 사업연도(개인사업자는 과세기간이라 함) 기간의 소득을 알기 위해서는 반드시 장부기장을 하여야 한다. 장부기장은 회계원칙에 의한 복식부기기장을 원칙으로 하되, 소규모 개인사업자는 세법이 정하는 바에 따라 간편장부로 기장할 수 있다.

1 사업자의 장부기장

사업자는 과세기간(법인의 경우 사업연도) 동안 (1. 1 ~ 12. 31) 사업으로 벌어들인 사업소득금액(수익 - 비용)을 계산하기 위하여 반드시 장부기장을 하여야 한다. 장부기장은 복식부기에 의한 기장을 원칙으로 하되, 소규모 개인사업자의 경우 간편장부에 의한 기장을 할 수 있다.

▶ 회계연도, 과세기간, 사업연도

손익계산 기간은 1월 1일(신규사업자의 경우 개업일)부터 12월 31일 기간으로 하며, 손익계산 기간을 회계상으로는 회계연도라고 한다.

세법에서는 개인사업자는 과세기간, 법인은 사업연도라고 하며, 법인의 사업연도는 따로 정할 수 있다.(3월말 6월말, 9월말 법인 등)

▶ 수익 및 비용(기업회계기준 용어)
1) 수익이란 기업체의 경영활동과 관련된 재화의 판매 또는 용역의 제공 등에 대한 대가로 발생하는 자산의 유입 또는 부채의 감소이다. 예를 들면, 재화 및 용역을 공급한 대가로서 현금이나 매출채권이 증가하게 된다.
2) 비용이란 기업체의 경영활동과 관련된 재화의 판매 또는 용역의 제공 등에 따라 발생하는 자산의 유출이나 사용 또는 부채의 증가이다.

▶ 익금, 손금
법인의 경우 세무상 수익은 익금이라고 하며, 세무상 비용은 손금이라고 한다.

▶ 총수입금액, 필요경비
개인사업자의 경우 세무상 수익은 총수입금액이라고 하며, 세무상 비용은 필요경비라고 한다.

복식부기기장 대상 사업자

법인 및 개인사업자 중 **직전년도 수입금액**이 다음의 업종별 기준금액 이상인 경우 복식부기기장을 하여야 한다. [복식부기 기장 → 도서 본문]

▶ 복식부기기장대상자[직전년도 수입금액이 업종별 기준금액 이상인 사업자]
○ 직전연도 수입금액은 연간으로 환산하지 않음

업 종 별	기준금액
가. 농업·임업 및 어업, 광업, 도매 및 소매업(상품중개업 제외), 부동산매매업, 그 밖에 나목 및 다목에 해당되지 아니하는 사업	3억원
나. 제조업, 숙박 및 음식점업, 전기·가스·증기 및 공기조절 공급업, 수도·하수·폐기물처리·원료재생업, 건설업(비주거용 건물 건설업 제외), 부동산 개발 및 공급업(주거용 건물 개발 및 공급업에 한정), 운수업 및 창고업, 정보통신업, 금융 및 보험업, 상품중개업	1억5천만원
다. 부동산임대업, 부동산업(부동산매매업은 제외), 전문·과학 및 기술서비스업, 사업시설관리·사업지원 및 임대서비스업, 교육서비스업, 보건업 및 사회복지서비스업, 예술·스포츠 및 여가 관련 서비스업, 협회 및 단체, 수리 및 기타 개인서비스업, 가구내 고용활동	7천500만원

2 법인과 개인사업자의 장부기장 차이 등

개요

법인은 기업에서 발생하는 모든 거래를 장부에 기록하여 법인의 소득을 계산하여야 하나 개인사업자는 사업과 관련한 거래만 기록을 하여야 하며, 사업과 무관한 지출은 인출금으로 처리한 후 회계기말에 자본금과 대체처리하여야 한다.

법인의 주주 및 소득 처분, 개인사업자 이익 처분

법인의 주주는 법인에 본인의 자금을 출자한 자로서 법인이 이익이 발생하게 되면, 배당을 받을 목적으로 출자하게 된다.

법인이 사업을 영위하여 이익을 얻게 되는 경우 법인은 이익에 상당하는 순자산이 증가하게 되며(자산 / 이익잉여금),

증가한 자산 중 주주총회의 의결을 거쳐 주주에게 배당(이익잉여금 / 자산)을 하게 된다.

반면, 개인사업자는 회사가 본인 소유이므로 언제든지 회사 돈은 인출하거나 본인 자산을 회사의 자산으로 입금하거나 이전할 수 있으며, 사업으로 얻게 된 소득에 대하여 소득세 및 지방소득세만 납부하면, 세무상 특별한 문제는 발생하지 않는다.

자본금

자본금은 사업을 위하여 법인의 경우 주주가 출자한 금액을 말하며, 개인사업자는 사업주 개인이 출자한 금액을 말한다.

법인의 자본금은 법인설립등기시 등기를 하여야 하며, 자본금을 증액하고자 하는 일정한 절차를 거쳐 등기를 하여야 한다.

▶ 가지급금

법인은 법인 자금을 대표이사, 임직원, 주주 등이 임의로 인출하여 가져갈 수 없다. 그럼에도 불구하고 대표이사 등이 법인의 자금을 가져가는 경우 가지급금으로 처리한 후 반드시 회수하여야 한다.

업무와 관련없이 대표이사 등에게 지급하는 가지급금은 회사의 자금을 대표이사 등이 유용하게 되어 법인에게 손실을 주게 되므로 (가지급금을 금융기관에 예치하는 경우 이자소득이 발생하여 법인의 소득을 증가시키게 됨에도 무상으로 자금을 대여함으로써 법인에 손실을 초래함) 세법에서 엄격한 규제를 하고 있다.

예를 들면, 가지급금에 대하여 특수관계자에게 무상 또는 시가보다 낮은 이율로 금전을 대여한 경우에는 **가중평균차입이자율(원칙)**로 계산한 이자상당액을 세무조정에서 익금으로 계상하여 [예외적으로 당좌대출이자율(2023년 4.6%, 2023년 법인세법 시행규칙 제43조 ② 참조) 허용]

대표이사 등(법인의 자금을 무상 또는 시가보다 낮은 금리로 대여를 받은 자)에 대한 상여로 처분한 후 연말정산 지급명세서를 수정하여 제출하고, 추가로 납부할 근로소득세는 대표이사 등으로부터 징수하여 납부하여야 한다.

▶ 가수금

법인의 운용자금 등이 부족한 경우 법인은 대표이사 등으로부터 자금을 일시 차입할 수 있으며, 일시 차입한 금액을 가수금이라 한다.

법인이 대표이사등으로부터 자금을 일시 차입하고, 그 이자를 지급하지 않거나 가중평균차입이자율 또는 당좌대출이자율 보다 낮은 이자율로 이자를 지급하는 경우 법인이 손해를 보는 것이 아니므로 세무상 문제는 되지 않는다.

개인사업자의 자본금, 인출금

개인사업자는 자본금 출자, 증감에 대하여 특별한 절차를 요하지 아나하며, 자산에서 부채를 차감한 금액이 자본금이 된다.

따라서 개인사업자의 자본금은 수시로 변동이 되므로 대표자가 회사자금을 인출하여 가는 경우 또는 대표자가 회사에 현금 등 자산을 입금하는 경우 임시 계정인 인출금으로 처리한 후 회계기말(12월 31일)에 자본금으로 대체처리를 한다.

▣ 인출금 분개처리 사례

① 5. 10 사업주가 회사 보통예금 통장에 1천만원을 입금하다.

| 보통예금 | 20,000,000 / 인출금 | 20,000,000 |

② 5. 31 개인 사업주 종합소득세 및 지방소득세 5,000,000원을 회사 자금으로 보통예금에서 인출하여 납부하다.

| 인출금 | 5,000,000 / 보통예금 | 5,000,000 |

③ 7. 31 개인 사업주의 재산세 2,000,000원을 회사 보통예금 통장에서 인출하여 납부하다.

| 인출금 | 2,000,000 / 보통예금 | 2,000,000 |

④ 10. 20 사업주가 5,000,000원을 보통예금에서 인출하여 가다.

| 인출금 | 10,000,000 / 보통예금 | 10,000,000 |

⑤ 12.31. 인출금 잔액 8,000,000원을 자본금과 대체하다.

| 자본금 | 8,000,000 / 인출금 | 8,000,000 |

▶ 자본금이 마이너스가 되는 경우 어떤 문제가 있나?

앞에서 살펴본 바와 같이 개인사업자가 사업을 하여 벌어 들인 돈보다 많이 인출하여 가져가는 경우 자본금이 마이너스가 될 수 있으며, 이 경우 세무상 특별한 문제는 발생하지 않는다.

다만, 자본금이 마이너스가 되는 경우 은행 대출 유지에 문제가 생길 수 있으며, 신규 대출을 받기도 어려운 점이 있으므로 이러한 점을 감안하여 회사 자금을 인출하여야 할 것이다.

한편, 초과인출금(마이너스 자본금)이 발생한 경우로서 차입금이자가 있는 경우 차입금이자 중 다음의 계산식에 의한 금액은 필요경비에 산입할 수 없다.

◆ 초과인출금에 대한 지급이자 = 지급이자 × (해당 과세기간 중 초과인출금의 적수 / 해당 과세기간 중 차입금의 적수)

● 개인사업자의 급여 및 가사 관련 비용 등은 사업자의 필요경비로 처리할 수 없다.

개인사업자의 사업과 관련한 지출만 필요경비로 처리할 수 있는 것으로 개인사업자의 개인적인 비용인 **사업주 본인 식대**, 사업주 주거용 아파트 재산세, 관리비, 생활 관련 비용, 병원비, 자녀 교육비 등은 사업과 관련한 필요경비에 계상할 수 없다. 또한 사업자는 사업과 관련한 소득에 대하여 소득세를 신고 및 납부하는 것으로 사업주 본인에게 급여를 지급한 것으로 처리 할 수 없다.

● 유형자산처분손익의 필요경비 또는 총수입금액 산입 여부

개인사업자의 경우 차량, 기계장치 등 유형자산의 처분에 따른 손익은 소득세법에서 열거한 필요경비가 아니므로 필요경비로 처리할 수 없으며, 처분이익은 총수입금액에 산입하지 아니하였으나 2018년 이후 복식부기의무자의 경우 처분손실은 필요경비에 산입하여야 하며, 처분이익은 총수입금액에 포함하여야 한다.

한편, 개인사업자가 사업용으로 사용하던 토지, 건물 등 양도소득세 과세대상 물건을 처분하는 경우는 사업소득과는 별도로 양도소득세를 신고 및 납부하여야 한다.

[핵심 실무] 개인사업자 유형자산 처분손익 분개처리 및 세무조정
기계장치 취득가액 4000 감가상각누계액 2000
처분가액 1000(부가세 별도)

보통예금	1100	/	부가세예수금	100
감가상각누계액	2000		기계장치	4000
유형자산처분손실	1000			

<세무조정>
필요경비불산입(유형자산처분손실) 1000
총수입금액 산입(매각 금액) 1000
필요경비 산입(장부가액) 2000
- 장부가액 : 취득가액(4000) - 감가상각누계액(2000)

[개정 세법] 개인사업자의 사업용 유형고정자산 처분손익 과세 신설
(소득법 §19①, §25③, 소득령 §55①)

종 전	개 정
□ 사업소득의 범위	□ 사업소득의 범위 확대
○ 유형 고정자산 처분손익 중 복식부기 의무자의 업무용 승용차 처분손익에 한정하여 과세	○ 좌동
<추가>	○ 복식부기의무자의 사업용 유형 고정자산(부동산 제외) 처분소득

<적용시기> 2018.1.1. 이후 개시하는 과세기간 분부터 적용

간편장부대상자

간편장부대상자란 개인사업자(법인은 규모에 관계없이 복식부기기장을 하여야 함)로서 당해 연도에 **신규로 사업을 개시한 자**와 **직전연도** 수입금액(매출액)의 합계액이 복식부기 기장 업종별 기준금액에 미달하는 사업자를 말한다.

♣ 간편장부기장 상세내용 → 경영정보사 홈페이지(www.ruddud.co.kr) 참조
▷ 경영정보사는 경영정보문화사의 자매회사임

③ 법인기업 및 개인사업자의 소득

◐ 법인기업의 소득계산 및 법인세

법인은 사업연도 단위로 법인에서 발생한 소득에 대하여 법인세를 신고·납부하여야 한다.

법인은 소득의 종류를 별도로 구분하지 아니하고, 법인에서 발생한 모든 소득에 대하여 법인의 소득으로 계산하여 법인세를 신고 및 납부하여야 하며, 이를 포괄주의 과세라 한다. 예를 들어 법인이 사업과 관련하여 직접 발생한 소득이 아닌 예금에 대한 이자소득, 주식투자 등에 대한 배당소득, 부동산 등의 양도시 발생하는 양도소득 등이 있는 경우에도 전부 영업외수익으로 계상하여 법인세를 납부하여야 한다.

단, 법인이 비사업용토지(법인세법 제55조의2 ②)를 양도하는 경우 양도차익의 10%를 추가로 납부하여야 하며, 주택을 양도하는 경우 양도차익의 20%를 추가 납부하여야 한다. [(예외) 기숙사 또는 사원용주택등(법인세법 시행령 제92조의2 제3항)]

법인의 과세소득은 기업회계기준에 의하여 계상한 소득(당기순이익)에서 조세정책 목적으로 법인이 계상한 비용 중 인정하지 아니하는 금액(손금불산입이라고 한다.) 및 회계상 수익은 아니더라도 세법에서 수익으로 계상하여야 할 금액을 더하고, 회계상 비용이 아니나 비용으로 인정하는 금액 등을 차감한 소득으로 계산하는 세무조정절차를 거쳐 각 사업연도소득을 확정하며, 각 사업연도소득에서 전기 이전에 발생한 결손금 등을 공제한 금액을 과세표준으로 하여 과세표준에 세율을 곱하여 법인세액을 산출한다.

또한 법인세 산출세액에서 조세정책 목적에 의한 각종 세액감면 및 세액공제를 한 후에 가산세 등을 추가하여 납부할 세액을 결정하며, 이러한 일련의 과정을 거쳐 납부할 법인세를 계산한다.

▶ **법인세 신고납부 및 지방소득세 신고납부**

1. 법인세 납세의무가 있는 법인은「법인세 과세표준 및 세액신고서」를 작성하여 각 사업연도의 종료일이 속하는 달의 말일로부터 3월 이내에 관할세무서에 신고하고 세금을 납부하여야 한다.
2. 내국법인은 각 사업연도의 종료일이 속하는 달의 말일부터 4개월 이내에 그 사업연도의 소득에 대한 법인지방소득세의 과세표준과 세액을 납세지 관할 지방자치단체의 장에게 신고하고, 납부하여야 한다.(지방세법 제103조의23)

■ **법인세 세율 및 과세표준 구간 조정(법인법 §55)**

종 전		개 정	
□ 법인세율 과세체계		□ 법인세율 인하 및 과표구간 조정	
○ 세율 및 과세표준		○ 세율 1% 인하	
과세표준	세 율	과세표준	세 율
2억원 이하	10%	2억원 이하	9%
2~200억원	20%	2~200억원	19%
200~3,000억원	22%	200~3,000억원	21%
3,000억원 초과	25%	3,000억원 초과	24%

<적용시기> '23.1.1. 이후 개시하는 사업연도 분부터 적용

■ 사업연도가 1년 미만인 경우 산출세액 계산

법인세산출세액 = (과세표준 × 12/사업연도월수) × 세율 × 사업연도월수/12
- 월수는 역에 따라 계산하되 1월 미만의 일수는 1월로 함

개인사업자의 사업소득 계산 및 종합소득세

[1] 과세연도, 사업소득금액 및 종합소득세 신고납부기한

개인사업자는 과세연도(1월 1일부터 12월 31일) 단위로 사업과 관련한 수익(총수입금액)에서 비용(필요경비)을 차감한 금액을 사업소득금액으로 하여 다음해 5월 31일까지 종합소득세를 신고 및 납부하여야 한다.

[2] 세무조정 및 이월결손금 공제

개인사업자의 과세소득은 기업회계기준에 의하여 계상한 소득(당기순이익)에서 조세정책 목적으로 사업자가 계상한 비용 중 인정하지 아니하는 금액(필요경비불산입이라고 한다.) 및 회계상 수익은 아니더라도 세법에서 수익으로 계상하여야 할 금액을 더하는 세무조정 절차를 거쳐 과세소득을 확정한 후 전기 이전에 발생한 결손금 등을 공제한 금액을 과세표준으로 하여 과세표준에 세율을 곱하여 소득세액을 산출한다.

[3] 세액감면 또는 세액공제

한편, 소득세 산출세액에서 세액감면(창업중소기업 감면, 중소기업등 특별세액 감면) 또는 세액공제(고용증대 세액공제, 통합투자세액공제 등)등이 있는 경우 해당 금액을 차감한 금액으로 종합소득세를 신고 및 납부한다.

[4] 종합소득세

개인사업자의 소득에 대한 세금을 종합소득세라 함은 사업과 관련한 사업소득금액(총수입금액 - 필요경비)외에 다른 소득이 있는 경우로서 특정한 소득은 사업소득과 합산하여 세금을 신고 및 납부하여야 하므로 종합소득세라고 한다.

따라서 사업소득이 있는 거주자의 경우 반드시 종합소득세 신고를 하되, 근로소득 또는 연금소득[공적연금소득(국민연금, 공무원연금, 군인연금 등) 및 연간 1200만원을 초과하는 사적연금]이 있거나 연간 금융소득(이자소득 + 배당소득)이 2천만원을 초과하는 경우(거주자별로 연간 2천만원 이하인 경우 분리과세됨) 또는 기타소득금액(기타소득 - 필요경비)이 3백만원을 초과하는 경우 사업소득과 구분하여 별도 합산하여 종합소득세 신고를 하여야 하는 것이다.

단, 사업에 사용하던 토지 및 건물을 양도하더라도 양도차손익은 사업소득이 아닌 양도소득으로 양도소득세로 별도 신고 및 납부하여야 한다.

그리고 퇴직소득은 별도로 신고.납부하여야 하고, 상속 또는 증여를 받은 경우의 소득은 상속세 및 증여세로 신고 및 납부하여야 한다.

소득의 구분 및 종류

▶ 분리과세란 소득을 지급하는 자가 소득세를 징수함으로써 소득을 지급받는 자의 납세의무가 종결되는 것을 말하며, 분리과세대상소득은 종합소득에 합산하지 아니한다.
[개정 세법] (연금소득 분리과세) 2024년 이후 : 1200만원 → 1500만원

[세법 개정] 소득세 과세표준 구간 조정(소득법 §55 ①)

종 전			개 정		
□ 소득세 과세표준 및 세율			□ 과세표준 조정		
과 세 표 준	세율	누진공제액	과 세 표 준	세율	누진공제액
1,200만원 이하	6%		1,400만원 이하	6%	
1,200만원 4,600만원 이하	15%	108만원	1,400만원 5,000만원 이하	15%	126만원
4,600만원 8,800만원 이하	24%	522만원	5,000만원 8,800만원 이하	24%	576만원
8,800만원 1.5억원 이하	35%	1,490만원	8,800만원 1.5억원 이하	35%	1,544만원
1.5억원 3억원 이하	38%	1,940만원	1.5억원 3억원 이하	38%	1,994만원
3억원 5억원 이하	40%	2,540만원	3억원 5억원 이하	40%	2,594만원
5억원 10억원 이하	42%	3,540만원	5억원 10억원 이하	42%	3,594만원
10억원 초과	45%	6,540만원	10억원 초과	45%	6,594만원

<적용시기> '23.1.1. 이후 발생하는 소득 분부터 적용

② 회계기초

1 복식부기

❶ 복식부기

복식부기란 거래가 발생한 경우 일정한 원칙에 의한 분개방식으로 장부를 기록·정리하는 것을 말하며, 분개를 하기 위해서는 먼저 **자산·부채·자본과 수익·비용** 및 **계정과목, 거래**에 대한 기본개념을 이해하여야 한다.

❷ 거래 및 계정과목

▣ 거래

거래란 자산, 부채, 자본의 증가 또는 감소를 가져오는 행위 또는 사건으로 재산에 변화가 발생하고 그것을 금액으로 측정할 수 있는 것이어야 한다. 따라서 자산, 부채, 자본의 증감이 없는 주문이나 계약은 거래가 아니지만, 현금을 분실하였거나 화재가 발생하여 건물이 소실된 경우 자산이 감소 거래에 해당한다.

▣ 계정과목

계정과목이란 자산·부채·자본 및 수익·비용 항목을 세분화하여 그 명칭을 통일하고 요약하여 표준화한 것을 말하며, 계정과목 편에서 상술한다.

❸ 자산 및 부채·자본

◼ 자산

자산이란 일반적으로 재산이라고도 한다. 기업이 소유하고 있는 물건 및 권리로서 금전적 가치가 있는 것을 말한다. 자산은 유동자산과 비유동자산으로 구분한다.
유동자산이란 비유동자산에 비하여 빨리 현금화할 수 있는 자산을 말한다. 통상 1년 이내에 현금화가 가능한 자산을 말하며, 그 구분은 회계관습에 의한다.

▶ 유동자산과 비유동자산 구분 사유

기업이 즉시 상환하여야 할 부채(단기부채)가 많음에도 기업의 자산구조가 주로 비유동자산으로 구성된 경우 그 처분이 용이하지 않고, 현금화하는 데 어려움이 있으므로 자산(비유동자산)이 많음에도 부채를 상환하지 못하여 부도가 발생하는 경우가 있을 수 있으므로, (이러한 위험을 유동성위기라 한다.) 기업의 이해관계자에게 유용한 재무정보를 제공하기 위하여 구분한다.

유동자산은 당좌자산과 재고자산이 있으며, 기본적인 당좌자산 및 재고자산의 계정과목은 다음과 같다.

◾ 유동자산

◆ 당좌자산

계 정 과 목	내 용
현 금	통화, 자기앞수표, 타인발행 당좌수표, 송금수표, 가계수표
당 좌 예 금	어음, 수표 등을 발행하기 위하여 별도로 예치하여 둔 예금
보 통 예 금	통상의 보통예금
정 기 예 금	이자수익을 목적으로 일정금액을 일정 기간 예치하여 두는 예금
정 기 적 금	목돈마련 및 이자수익을 목적으로 매 월 일정액을 적립하는 예금
유 가 증 권	투자목적으로 취득한 주식 등을 통칭한 것
외 상 매 출 금	상품 또는 제품을 매출하고 그 대금을 외상으로 한 금액
받 을 어 음	매출대금등을 어음으로 수취한 것
단 기 대 여 금	금전을 타인에게 단기(결산일부터 1년 이내)로 대여한 것
미 수 금	비유동자산(고정자산)을 매각하고 그 대금을 외상으로 한 금액
선 급 금	상품 등을 공급받기 전에 계약금 등으로 미리 결제하여 준 금액

◆ 재고자산

상 품	도·소매업종이 판매를 목적으로 취득한 상품
제 품	제조업의 완성제품
원 재 료	제조업이 제품제조를 위하여 취득한 원료 및 재료

비유동자산

비유동자산이란 유동자산에 해당하지 않는 자산으로 장기투자를 목적으로 취득한 투자자산, 사업에 사용할 목적으로 취득하는 토지, 건물, 기계장치, 차량 등의 유형자산, 물리적 형체는 없지만 금전적 가치가 인정되는 특허권, 영업권 등의 무형자산, 기타 달리 분류할 수 없는 기타비유동자산으로 구분한다.

◆ 투자자산

장 기 성 예 금	만기가 결산일로부터 1년 이후의 장기예금
투 자 부 동 산	투자를 목적으로 취득한 부동산

◆ 유형자산

토 지	토지
건 물	사무실, 공장, 창고 등 회사소유 건물
기 계 장 치	각종 기계장치
차 량 운 반 구	화물자동차, 승용자동차, 지게차, 중기 등
비 품	에어컨, 컴퓨터, 복사기 등

◆ 무형자산

영 업 권	영업상의 권리로서 유상으로 취득한 것
특 허 권	특허 취득과 관련하여 지출한 것 중 무형자산 요건을 충족하는 것

◆ 기타비유동자산

임 차 보 증 금	사무실, 공장 등의 임차보증금

부채

부채란 타인으로부터 차입한 채무(빚)를 말한다. 기업의 자산은 타인으로부터 빌린 부채와 주주들이 출자한 자본금(개인기업의 경우 사업주가 출자한 자본금) 및 기업활동 결과 발생한 이익금으로 형성된다. 부채는 단기(결산일로부터 1년 이내)에 상환하여야 하는 유동부채(외상매입금, 지급어음, 단기차입금 등)와 결산일로부터 1년 이후에 상환하는 비유동부채(장기차입금 등)로 구분한다.

유동부채가 많은 경우 유동성위험이 그만큼 증가하게 된다.

유동부채

계 정 과 목	내 용
외 상 매 입 금	물품 등을 구입하고 그 대금을 나중에 지급하기로 한 것
지 급 어 음	물품대금결제를 위하여 어음을 발행하여 지급한 것
미 지 급 금	비유동자산 등을 구입하고 그 대금을 나중에 지급하기로 한 것
예 수 금	근로소득세, 4대보험 종업원부담금을 근로자로부터 일시 받아둔 금전
단 기 차 입 금	1년 이내에 상환하여야 하는 차입금
선 수 금	상품 등을 공급하기 전에 계약금 등으로 미리 받은 금액

비유동부채

계 정 과 목	내 용
사 채(社債)	사채증권을 발행하여 차입한 장기의 차입금
장 기 차 입 금	상환기간이 회계기말로부터 1년을 초과하는 차입금
임 대 보 증 금	건물 등을 임대하여 주고 받아 둔 보증금

❸ 자본

기업의 자산은 기업을 영위하기 위하여 자본주가 출자하는 출자자본과 타인으로부터 차입한 부채로 이루어지며**(자산 = 부채 + 자본)**,

자본주가 기업의 운영을 위하여 출자한 금전 등을 자본금이라 한다. 자본주(출자자라고도 함)는 기업의 이익이 발생한 경우 출자에 대한 배당수익을 목적으로 출자를 하는 반면, 사채(社債)는 기업이 이자수익을 목적으로 하는 투자자로부터 자금을 차입한 것으로 기업의 이익발생과 무관하게 이자를 지급하여야 한다.

한편, 자본에는 자본주가 출자한 출자자본 외에 영업활동 결과 발생한 이익금도 자본에 해당한다. 즉, 기업의 자본은 출자자본과 이익금의 누적액으로 구성되며, 자산총액에서 부채총액을 차감한 잔액이 자본이 된다.

- 자산 = 부채 + 자본
- 자본 = 자산 - 부채

④ 수익 및 비용

■ 수익

기업은 판매라는 과정을 통하여 수익을 창출한다. 도.소매업은 상품을 판매하여 수익을 얻고(상품매출), 제조업 또는 건설업은 제품 또는 건물을 만들어 판매함으로서 수익을 창출하며(제품매출, 공사매출), 서비스업은 제공한 서비스의 대가로 받은 금액이 수익(서비스매출)이 되는 것이다.

또한 수익은 매출 외에 다른 원인에 의하여도 발생할 수 있다. 예를 들어 금융기관에 예금을 예치함으로서 발생하는 **이자수익**, 투자 목적으로 매입한 주식을 처분하는 경우 발생하는 **유가증권처분이익**(처분가액 - 취득금액), 사업장의 일부를 다른 사업자에게 임대함으로서 발생하는 **임대료수입** 등이 있으며,(부동산임대를 사업목적으로 하는 경우의 임대료는 매출 항목에 해당한다.) 이러한 수익은 영업외적으로 발생한 것으로 '**영업외수익**'이라고 한다. 수익은 반드시 현금 등 자산이 기업에 들어오게 됨(유입)으로 수익은 자산증가의 가장 중요한 요소이다.

■ 매출

계 정 과 목	내 용
상 품 매 출	도소매업의 상품 판매금액
제 품 매 출	제조업의 제품 판매금액
공 사 매 출	건설업의 공사 매출금액

■ 영업외수익

계 정 과 목	내 용
이 자 수 익	예금 및 적금이자, 대여금 이자수입 등
배 당 금 수 익	주식투자와 관련하여 투자한 주식회사로부터 지급받는 배당금
수 입 임 대 료	부동산임대업을 주업으로 하지 않는 회사의 부동산 임대수입
투자자산처분이익	유가증권 처분시 발생하는 이익
유형자산처분이익	유형자산 처분시 발생하는 이익

▶ 수익의 실현(실현주의) 및 비용의 발생(발생주의)

실현주의는 현금 등 자산이 들어오거나, 들어온다고 '확정'이 되어야 수익으로 인식하는 방법을 말하는 것으로 수익이 발생되었지만, 실현되지 않으면 인식하지 않는다는 것으로 예를 들어 부동산임대업을 영위하는 사업자가 당해 연도에 다음 연도의 임대료를 수취한 경우 수익은 발생하였지만, 실현되지 않은 수익이므로 당해 연도의 수익에서 제외하여야 하는 것이다.

■ 비용

비용이란 수익을 얻기 위해서 지급하거나 발생한 경제적 가치의 소비액을 말하며, 비용이 발생한 경우 반드시 현금 등 자산이 감소하게 된다. 상품 등을 매입하고 그 대금을 나중에 지급하기로 한 경우에도 외상매입금을 현금 등으로 결제하여야 하므로 결과적으로 현금 자산이 감소하게 된다. 즉, 수익을 얻기 위해서는 비용이 발생한다. 예를 들어 상품을 판매하는 경우 상품을 매입한 자에게 상품을 인도하여 주어야 하며, 인도한 상품의 가액은 비용이 되며, 이 비용을 **'매출원가'**라 한다.

그리고 상품 등을 판매하기 위해서는 여러 가지 비용이 발생한다. 예를 들어 **급여, 퇴직금, 복리후생비, 통신비, 여비교통비, 광고선전비, 기업업무추진비(접대비), 사무용품비, 소모품비, 세금과공과금, 지급임차료** 등의 비용이 발생하며, 이러한 비용은 판매와 관리를 위한 비용으로 **'판매비와관리비'**라고 통칭한다.

또한 '매출원가' 및 '판매비와관리비' 외에 다른 원인에 의하여도 발생할 수 있다. 예를 들어 금융기관에서 자금을 차입함으로서 지급하여야 하는 **이자비용**, 투자 목적으로 매입한 주식을 취득가액보다 낮은 금액으로 처분하는 경우 발생하는 **유가증권처분손실**, 사업과 관련없이 지출하는 **기부금** 등이 있으며, 이러한 비용은 영업외적으로 발생한 것으로 '**영업외비용**'이라고 한다.

■ 매출원가

판매를 목적으로 취득한 상품은 취득 시점에 매출원가가 되는 것이 아니라 판매시점에 매출원가로 비용화 된다. 예를 들어 컴퓨터를 판매하는 대리점이 판매를 목적으로 컴퓨터 5대를 10. 1 대당 500,000원에 2,500,000원 어치를 구입하였다고 하자. 이 경우 구입한 시점에 매출이 일어난 것이 아니며, 매입한 컴퓨터는 재고창고에 보관하고 있으므로 자산 항목인 '상품'으로 처리를 하여야 한다.
그리고 10. 3 컴퓨터 1대를 1,000,000원에 판매한 경우 수익은 1,000,000원이며, 이와 관련한 매입원가(이를 매출원가라 한다.)는 500,000원이 될 것이다.

이 건 거래와 같이 동일 종류의 상품을 동일한 단가로 매입한 경우라면 판매시 매출원가를 정확히 알 수 있으므로 회계처리를 하는데 특별히 문제될 점은 없을 것이다. 그러나 종류가 다르고 동일 종류의 상품이라도 취득시 마다 단가가 다른 경우라면, 문제가 복잡하여 진다. 개별상품별로 일일이 취득단가를 표시하여 판매한다면 개별 상품의 매출원가를 계산할 수 있으나 많은 종류의 상품을 취급하고 단가가 수시로 변하는 경우 개별 상품의 매출원가를 계상하는 것은 현실적으로 불가능할 것이다. 따라서 개별상품별로 매출원가를 계상할 수 없는 경우 일정 단위 기간(통상 1년을 기준으로 한다.)의 매출원가라도 계산하여야 1년 기간의 매출이익을 계산할 수 있으므로 다음과 같은 방법으로 매출원가를 계상하는 것이다.

① 1년 기간 동안 총매입한 상품을 당해 회계기간에 전부 판매를 하였다면, 총매입액의 취득원가가 매출원가이다.

② 기말에 판매되지 않고 남아 있는 상품이 있는 경우 남아 있는 상품의 가액은 매출원가에 해당하지 않으므로 총상품매입액에서 기말에 남아 있는 상품재고액을 차감한 금액을 매출원가로 한다.

③ 기말에 남아 있는 상품재고액은 다음연도에 판매할 수 있으므로 다음연도의 상품으로 이월한 후 다음연도의 매입액을 합한 금액에서 다음연도의 기말재고액을 차감한 금액을 다음연도의 매출원가로 한다.

▶ 매출원가 = 기초상품재고액(이월된 상품금액) + 다음연도 상품매입액 - 기말상품재고액

■ 판매비와관리비

계 정 과 목	내 용
급 료	임직원에게 매 월 지급하는 급여 및 제수당, 상여금 등
퇴 직 급 여	임직원의 퇴직시 지급하는 퇴직급여
복 리 후 생 비	식대, 차대, 건강·고용보험 회사부담금, 직원경조사비, 회식비, 피복비
여 비 교 통 비	직무와 관련한 각종 출장비 및 여비
접 대 비	거래처 접대비 및 선물대, 거래처 경조사비 등
통 신 비	전화요금, 휴대폰요금, 정보통신요금, 각종 우편요금 등
수 도 광 열 비	수도가스요금, 난방비용, 전력비(전력비를 구분하지 않는 경우)
세 금 과 공 과 금	재산세, 종합부동산세, 자동차세, 면허세, 국민연금회사부담금 등
감 가 상 각 비	유형자산의 감가상각비
지 급 임 차 료	사무실 임차료
수 선 비	사무실 수리비, 비품수리비 등
보 험 료	건물화재보험료, 승용자동차 보험료 등
차 량 유 지 비	유류대, 주차요금, 통행료, 자동차수리비, 검사비 등
도 서 인 쇄 비	신문대, 도서구입비, 서식인쇄비, 복사요금, 사진현상비 등
사 무 용 품 비	문구류 구입대금, 서식구입비 등
소 모 품 비	각종위생용 소모품, 철물 및 전기용품, 기타 소모품
지 급 수 수 료	기장수수료, 송금, 추심, 신용보증, 보증보험수수료, 전기가스점검 수수료 등
광 고 선 전 비	광고선전과 관련한 광고비용
잡 비	달리 분류되지 않는 기타 경비

■ 영업외비용

계 정 과 목	내 용
이 자 비 용	이자비용, 어음할인료 등
외 환 차 손	환율변동으로 인하여 발생하는 손실금액
기 부 금	교회·사찰헌금, 학교기부금, 불우이웃돕기 성금, 수재의연금 등
유형자산처분손실	유형자산(기계장치, 차량운반구 등)의 처분시 발생하는 손실
투자자산처분손실	투자자산의 처분시 발생하는 손실
잡 손 실	분실금, 기타 달리 분류되지 않는 영업외비용

❺ 분개

분개는 다음과 같은 일정한 원칙에 의하여 처리한다.

한 면에는 **자산, 부채, 자본**의 구체적 형태(현금, 보통예금 등)를 기록하고, 다른 면에는 자산, 부채, 자본의 **증감원인**(매출 등) 또는 **다른 자산, 부채, 자본**의 구체적 형태를 이중 방식(분개)으로 기록·정리하는 것을 말하며, 예를 들어 살펴보면 다음과 같다.

▶ **증가 또는 감소한 자산, 부채, 자본의 구체적 형태가 있고,**
- 자산 증가의 예
  ex) **현금, 보통예금** 입금,
  받을 돈 증가 (**외상매출금, 받을어음** 등 채권 발생)
  상품 매입 **차량운반구** 구입
- 자산 감소의 예
  ex) **현금, 보통예금** 지출
- 부채 증가의 예:
  ex) 줄 돈 증가 (**외상매입금, 지급어음** 등 채무)

◎ **자산, 부채, 자본이 증가 또는 감소하는 원인이 있거나**
- 자산 증가 원인 (수익 발생)
  ex) **매출**(상품판매), **이자수익** 등
- 자산 감소 원인 (비용 발생)
  ex) **급여, 식대, 통신비** 등

◎ **다른 자산, 부채, 자본의 증감을 수반한다.**
- 자산의 증가 및 다른 자산의 감소 사례 (보통예금 증가 및 외상매출금 감소)
  ex) 보통예금 통장에 거래처 외상매출금이 입금되다.
- 자산의 증가 및 부채 증가 사례 (보통예금 증가 및 차입금 증가)
  ex) 은행에서 빌린 돈(차입금이라 함)이 보통예금에 입금되다.

이와 같이 자산, 부채, 자본이 증가 또는 감소하는 경우 이중 요소로 나누어 기록할 수 있으며, 이를 **거래의 이중성**이라 한다.

거래의 이중성에 의하여 거래를 간단명료하게 일정한 형식으로 표현하는 것이 **분개**다. 예를 들어 직원들이 식사를 하고 현금 100,000원을 지급한 경우 이를 분개형식으로 기록하여 보자.
이 건 거래에서 감소한 자산의 종류는 현금이고, 그 원인은 식대를 지불한 것이다.

① 감소한 자산의 종류는 무엇인가? ~ '현금'이다. (자산종류)

② 왜 인출되었는가? ~ '식대'를 지급하였다. (원인)
즉, 현금이 인출된 원인은 식대를 지급한 것이고, 자산이 감소한 종류는 현금인 것이다. 이 거래를 분개방식으로 아래와 기록할 수 있다.

| (차변) 식대 | 100,000 | / (대변) 현금 | 100,000 |

즉, 복식부기란 거래를 분개방식으로 기장하는 것으로 거래사실을 위와 같이 나누어 기록하는 것을 분개라 한다.
분개시 왼쪽 면을 회계용어로 **'차변'**이라고 하며,
오른쪽 면을 회계용어로 **'대변'**이라고 한다.

한편, 기업에서 발생하는 자산, 부채, 자본의 증가 또는 감소와 관련한 거래 원인은 무수히 많다. 이 원인을 기업마다 서로 다른 용어를 사용한다면 기업의 이해관계자(세무서, 금융기관, 신용보증기금, 주주, 투자자 등)에게 많은 혼란을 초래할 수 있으므로 자산, 부채, 자본의 명칭 및 그 감소 또는 증가에 따른 원인에 대한 용어를 유사한 원인들은 같은 명칭으로 통일하고 용어를 표준화하도록 하였으며, 이를 **계정과목**이라 한다. 위 예시 거래의 경우 직원들의 식대는 **'복리후생비'**라는 통일된 용어를 사용하도록 규정한 바 이를 다시 정리하여 아래와 같은 형식으로 거래를 기록한다.

| (차변) 복리후생비 | 100,000 | / (대변) 현금 | 100,000 |

▣ 분개 원칙

분개에는 일정한 원칙이 있다. 이 원칙을 정의하면 아래와 같다.
분개시 왼쪽 면을 '**차변**'이라 하며, 오른쪽 면을 '**대변**'이라 한다.

① 자산이 증가하는 거래는 차변에 증가한 자산의 종류를 기록하고, 대변에는 그 원인(수익발생 등)을 기록하거나 감소한 자산의 종류 또는 증가한 부채의 종류를 기록한다.

② 자산이 감소하는 거래는 대변에 감소한 자산의 종류를 기록하고, 차변에는 그 원인(비용발생)을 기록하거나 증가한 자산의 종류 또는 감소한 부채의 종류를 기록한다.

③ 부채가 증가하는 거래는 대변에 부채의 종류를 기록하고, 차변에는 그 원인(비용발생)을 기록하거나 증가한 자산의 종류 또는 감소한 부채의 종류를 기록한다.

④ 부채가 감소하는 거래는 차변에 부채의 종류를 기록하고, 대변에는 그 원인(수익발생)을 기록하거나 감소한 자산의 종류 또는 증가한 부채의 종류를 기록한다.

자산 증가	자본 증가	자본 감소	자산 감소
	부채 증가	부채 감소	
비용 발생	수익 증가	수익 감소	비용 감소

▣ 대차평균의 원리

분개내용을 살펴보면, 모든 거래는 반드시 차변과 대변으로 나누어 처리하며, 차변과 대변의 금액을 각각의 계정과목별로 집계하여 보면 차변과 대변의 금액은 항상 일치하게 된다. 이를 대차평균의 원리라 한다.

사 례   손익 계산

가구판매업을 영위하는 사업자의 가장 간단한 거래내용을 '기초사례'를 살펴보면서 차변 및 대변, 분개를 이해하기로 하자.

기초 사례 1

[예제 ①] (주)한국가구는 가구 판매를 목적으로 가구 1개를 500,000원에 매입하고, 그 대금은 현금으로 지급하였다.

이 건 거래로 회사에 가구 1개가 입고되었으나 아직 판매를 한 것이 아니므로 어떻게 처리할 것인가?

도매 또는 소매업을 영위하는 사업자가 판매를 목적으로 매입한 물품을 '**상품**'이라 하며, 상품은 판매하기 전까지는 소비된 것이 아니므로 '상품'이라는 재고자산으로 처리를 하여야 한다.

| (차변) 상품 | 500,000 / (대변) 현금 | 500,000 |

• 자산(상품)의 증가는 차변에 기록하고, 다른 자산(현금)의 감소는 대변에 기록한다.

[예제 ②] (주)한국가구는 500,000원에 매입한 가구를 1,000,000원에 판매하고, 그 대금은 현금으로 수금하였다.

이 건 거래는 '매출'이라는 수익이 발생하였고, 판매대금이 현금으로 입금된 거래로서 복식부기 방식에 의하여 거래를 기록하면, 아래와 같다.

자산이 증가한 경우 증가한 자산(자산 증가 → 차변)의 종류는 무엇(현금)이며, 왜 증가하였는가? (자산 증가 원인 → 상품 판매)

| (차변) 현금 | 1,000,000 / (대변) 상품매출 | 1,000,000 |

• 자산의 증가는 차변에 기록하고, 수익의 발생은 대변에 기록한다.

상품을 판매한 시점에 비로소 상품은 비용화 되며, 판매와 동시에 인도하여 준 상품의 원가를 '매출원가'라 하며, 아래와 같이 분개한다.

| (차변) 매출원가 | 500,000 | / | (대변) 상품 | 500,000 |

- 비용의 발생은 차변에 기록하고, 자산의 감소는 대변에 기록한다.

(주)한국가구는 이 건 거래로 500,000원의 이익이 발생하였으며, 이익이 발생한 결과 보통예금 500,000원이 증가하였음을 알 수 있다.

위와 같이 비용은 반드시 자산의 감소를 초래한다. (상품이 매출원가로 대체되어 결과적으로 보통예금이 500,000원 감소하게 된 것임)

한편, 상품을 판매하기 위해서는 매출원가 이외에 여러 가지 비용이 발생한다. 예를 들어 직원 급여, 직원 식대, 기업업무추진비(접대비), 통신비, 광고선전비 등이 발생할 것이며, 이러한 비용은 반드시 현금 등 자산의 감소를 가져오게 된다.

[예제 ③] 종업원 식대 50,000원을 현금으로 지급하다.
이 건 거래는 식대라는 비용이 발생하였고, 이 비용을 현금으로 지급한 거래로서 복식부기 방식에 의하여 거래를 기록하면, 아래와 같다.
자산이 감소한 경우 감소한 자산(자산 감소 → 대변)의 종류는 무엇(현금)이며, 왜 감소하였는가? (자산 감소 원인 → 복리후생비 지출)

| (차변) 복리후생비 | 50,000 | / | (대변) 현금 | 50,000 |

- 비용의 발생은 차변에 기록하고, 자산의 감소는 대변에 기록한다.
- 직원 식대 계정과목은 '복리후생비' 이다.

[예제 ④] 전화요금 30,000원을 현금으로 지급하다.
전화요금 30,000원이라는 비용이 발생하였고, 이 비용을 현금으로 지급한 거래로서 복식부기 방식에 의하여 거래를 기록하면, 아래와 같다.

| (차변) 통신비 | 30,000 | / | (대변) 현금 | 30,000 |

- 비용의 발생은 차변에 기록하고, 자산의 감소는 대변에 기록한다.
- 전화요금 계정과목은 '통신비' 이다.

경영실적표 (손익계산서)

비 용		수 익	
매 출 원 가	500,000	매 출	1,000,000
복 리 후 생 비	50,000		
통 신 비	30,000		
당 기 순 이 익	420,000		

기초 사례 2

사업을 하기 위해서는 돈을 출자하여야 한다. 출자한 돈으로 사업장도 빌리고, 가구판매를 위한 차량도 구입하여야 하고, 기타 운영자금도 마련하여 두어야 할 것이다. 사업을 하기 위하여 출자한 돈을 **'자본금'**이라 한다.

사업을 하려면 많은 자금이 필요할 것이며, 출자한 자금만으로는 자금이 부족한 경우 은행으로부터 돈을 빌리거나 물품 등의 구입비용을 외상으로 하는 경우가 발생한다. 금융기관등으로부터 빌린 돈을 **'차입금'**이라 하며, 상품을 외상으로 매입한 경우 외상대금의 명칭을 **'외상매입금'**이라 하고,
유형자산(차량운반구)을 할부 또는 외상으로 구입하는 경우 장차 갚아야 할 빚의 명칭을 **'미지급금'**이라 한다.

이와 같은 빚을 부채라 하며, 부채는 장차 갚아야 할 돈이다.
이러한 일련의 거래 내용을 살펴보면 다음과 같다.

[예제 ⑤] 김갑동은 가구도매업을 하기로 하였으나 본인 자금이 부족하여 투자자를 모집한 결과 친구 3명이 출자를 하기로 하였다.
김갑동은 2천만원을 출자하고 친구 3명은 각각 1천만원을 출자하여 (주)한국가구를 설립하고 출자금 50,000,000원을 (주)한국가구의 보통예금에 입금하였다.

(차변) 보통예금	50,000,000 / (대변) 자본금	50,000,000

• (주)한국가구의 보통예금이 증가한 원인은 자본금으로 출자한 것이다.

[예제 ⑥] 국민은행에서 50,000,000원을 빌리고 빌린 돈 50,000,000원이 (주)한국가구의 보통예금에 입금되다.

| (차변) 보통예금 | 50,000,000 | / (대변) 차입금 | 50,000,000 |

• 보통예금이 증가한 원인은 빚이 늘어 난 것으로 자산이 증가하고 부채가 증가한 거래다.

자본금 50,000,000원 및 은행차입금 50,000,000원으로 사업을 시작하다.

[예제 ⑦] 사업장을 임차하고 보증금 30,000,000원을 임대인에게 지급하다.

| (차변) 임차보증금 | 30,000,000 | / (대변) 보통예금 | 30,000,000 |

• 임차보증금이란 자산이 증가한 반면 회사의 보통예금이 출금된 거래로 자산(임차보증금)이 증가하고 다른 자산이 감소(보통예금 감소)한 거래다.

[예제 ⑧] 화물용 차량을 2천만원에 구입하고 그 대금은 전액 보통예금에서 인출하여 지급하다.

| (차변) 차량운반구 | 20,000,000 | / (대변) 보통예금 | 20,000,000 |

• 차량운반구라는 자산이 증가하고 다른 자산(보통예금)이 감소한 거래다.
• <참고> 차량을 할부로 매입한 경우 대변 계정과목은 '미지급금'으로 한다.

[예제 ⑨] 가구 구입 및 운영자금으로 사용하기 위하여 보통예금 2,000,000원을 현금으로 인출하다.

| (차변) 현금 | 2,000,000 | / (대변) 보통예금 | 2,000,000 |

• 보통예금에서 현금을 인출한 거래로 자산(현금)이 증가하고 다른 자산(보통예금)이 감소한 거래다.

[예제 ⑩] 판매용 가구 30개를 30,000,000원에 매입하고 그 대금은 보통예금에서 이체하여 지급하다.

| (차변) 상품 | 30,000,000 | / (대변) 보통예금 | 30,000,000 |

• 상품이라는 자산이 증가하고 다른 자산(보통예금)이 감소한 거래다.

<위 10건의 거래를 정리하여 살펴보면 다음과 같다.>

1. 500,000원에 매입한 상품(가구)을 1,000,000원에 판매함으로서 매출이익이 500,000원 발생하였다.
* 상품매출(1,000,000원)에서 매출원가(500,000원)를 차감한 금액은 '매출이익'이다.
* 상거래에서 판매는 계속반복적으로 이루어지므로 매출이익합계를 '**매출총이익**'이라 한다.

2. 식대(복리후생비라 한다.) 50,000원 및 전화요금(통신비라 한다.) 30,000원이 지출되었으며, 식대 및 전화요금은 비용으로 이익에서 차감함으로서 영업이익은 420,000원이다.
* 매출총이익에서 판매비와관리비를 차감한 금액을 '**영업이익**'이라 한다.

3. 영업이익이 420,000원 발생함으로서 회사의 자산은 420,000원이 증가하였고, 그 증가의 원인은 빚이 아닌 이익 발생에 의한 것이며, '**이익잉여금**'이라 한다.
* 이익이 발생하는 경우 이익이 발생한 만큼 기업의 순자산은 증가한다.

① 기초 재산목록 (대차대조표 → 재무상태표로 명칭 변경함)

기초 재산 목록(재무상태표)

자산(총재산)		부채 및 자본	
보통예금	100,000,000	부채(차입금)	50,000,000
		자본(출자금)	50,000,000
합 계	100,000,000	합계	100,000,000

* 자산(1억원) = 부채(5천만원) + 자본(5천만원)

② 자산의 변동 및 잔액
• 현금 잔액 2,420,000원

현 금			
증가(차변)		감소(대변)	
보통예금 인출	2,000,000	상품 매입	500,000
상품매출	1,000,000	통 신 비	50,000
		복리후생비	30,000
합 계	3,000,000	합 계	580,000

* 현금입금액 : 보통예금에서 현금 인출한 금액 + 현금매출

· 보통예금 잔액 18,000,000원

보통예금			
증가(차변)		감소(대변)	
자본금	50,000,000	임차보증금	30,000,000
차입금	50,000,000	차량운반구	20,000,000
		현금	2,000,000
		상품	30,000,000
합 계	100,000,000	합 계	82,000,000

* 증가금액 : 자본금으로 출자한 금액 + 은행차입금
* 감소금액 : 임차보증금, 차량운반구 지급, 현금 인출. 상품매입

· 상품 잔액 30,000,000원

상 품			
증가(차변)		감소(대변)	
현금	500,000	매출원가	500,000
보통예금	30,000,000		
합 계	30,500,000	합 계	500,000

③ 기말자산 및 기말부채와 자본내역

대차대조표(재무상태표)

자산(총재산)		부채 및 자본	
현금	2,420,000	부채(차입금)	50,000,000
보통예금	18,000,000	자본금	50,000,000
상품	30,000,000	이익	420,000
차량운반구	20,000,000		
임차보증금	30,000,000		
합계	100,420,000	합계	100,420,000

손익계산서(경영성과표)

비 용		수 익	
매출원가	500,000	상품매출	1,000,000
매출총이익	500,000		
복리후생비	50,000		
통신비	30,000		
판매비와관리비	80,000		
영업이익	420,000		

■ 기초 재무상태표, 손익계산서, 기말 재무상태표

사업개시시점의 최초 재산목록표를 기초 재무상태표(대차대조표에서 재무상태표로 명칭 변경하였음)라고 하며, 당기 중 경영실적표를 손익계산서라 하고, 기말 재산목록표를 기말 재무상태표라 한다.

① 당기순이익이 발생하였을 경우
순이익(2,000)이 발생한 금액만큼 기말의 자본은 증가하게 된다.

기초 재무상태표			손익계산서			기말 재무상태표		
자산 6,000	부채	3,000	총비용 6,000	총수익	8,000	자산 8,000	부채	3,000
	자본	3,000	순이익 2,000				자본	5,000

② 당기순손실이 발생하였을 경우
순손실(2,000)이 발생한 금액만큼 기말 자본은 기초 자본보다 감소하게 된다.

기초 재무상태표			손익계산서			기말 재무상태표		
자산 6,000	부채	3,000	총비용 8,000	총수익	6,000	자산 6,000	부채	5,000
	자본	3,000		순손실	2,000		자본	1,000

■ 재무상태표와 손익계산서의 상관관계 요약

① 재무상태표 등식
- 자산 = 부채 + 자본
- 자산 − 부채 = 자본
- 기말 자본 − 기초 자본 = 순이익
- 기초 자본 − 기말 자본 = 순손실
* 손실이 발생하는 경우 기말 자본이 기초 자본보다 감소하게 된다.
- 기말 자본(기말 자산 − 기말 부채) = 기초 자본 + 순이익(총수익 − 총비용)

② 손익계산서 등식
- 총수익 − 총비용 = 순이익
- 총비용 − 총수익 = 순손실

2 거래

❶ 거래의 정의

거래란 자산, 부채, 자본의 증가 또는 감소를 가져오는 행위 또는 사건으로 재산에 변화가 발생하고 그것을 금액으로 측정할 수 있는 것이어야 한다. 따라서 자산, 부채, 자본의 증감이 없는 주문이나 계약은 거래가 아니지만, 현금을 분실하였거나 화재가 발생하여 건물이 소실된 경우는 자산이 감소한 사건으로 거래인 것이다.

▶ 거래 발생 및 거래의 장부기록
거래 사실이 발생하면, 당해 거래가 발생한 날 복식부기 기장방식에 의하여 장부에 기록하여야 한다.

❷ 회계상 거래와 거래가 아닌 것

▣ 회계상 거래(교환거래)

교환거래란 자산, 부채, 자본 간의 상호 증감거래로 수익이나 비용이 발생하지 않는 거래를 말한다.

■ 자산 증가 및 자산 감소 거래

① 매입거래(상품 매입) : 상품매입으로 인하여 '상품'이란 자산이 증가하고, 다른 자산(현금 등)이 감소한다.
② 채권(외상매출금) 회수거래 : 외상매출금을 회수함으로서 자산(현금 등)이 증가하고, '외상매출금'이란 자산이 감소한다.
③ 기계장치 구입 : '기계장치가 증가하고 다른 자산(현금 등)이 감소한다.
④ 보통예금 간 대체거래 : 자산(보통예금)이 증가하고, 자산(보통예금)이 감소한다.

⑤ 보통예금 현금 인출 : 자산(현금)이 증가하고, 자산(보통예금)이 감소한다.
⑥ 현금 보통예금 입금 : 자산(보통예금)이 증가하고, 자산(현금)이 감소한다.
⑦ 유가증권 취득 : 자산(유가증권)이 증가하고, 다른 자산(현금, 보통예금 등)이 감소한다.

■ 자산 증가 및 부채 증가 거래

① 상품 외상매입 : 상품매입으로 인하여 '상품'이란 자산이 증가하고, 외상매입으로 '외상매입금'이란 부채가 증가한다.
② 기계장치 외상 매입 : 기계장치 매입으로 인하여 '기계장치'란 자산이 증가하고 외상매입으로 '미지급금'이란 부채가 증가한다.
* 유형자산의 외상매입대금은 상품 등의 외상매입대금과 구분하여 미지급금이라 한다.
③ 금전 차입 : 금전을 차입함으로서 자산(현금 등)이 증가하고 '차입금'이란 부채가 증가한다.

■ 자산 증가 및 자본 증가 거래

① 자본금 납입 : 자본금을 납입함으로서 자산이 증가하고, '자본금'이란 자본이 증가한다.

■ 부채 감소 및 자산 감소 거래

① 채무(외상매입금) 상환거래 : 외상매입금을 상환함으로서 '외상매입금'이란 부채가 감소하고, 자산(현금 등)도 감소한다.

■ **회계상 거래(손익거래)**

손익거래란 수익이나 비용이 발생함으로서 자산, 부채 등의 증감을 수반하는 거래를 말한다.

■ 자산 증가 및 수익 발생 거래 [손익거래(수익발생)]

① 매출거래(현금 매출 또는 외상 매출) : 매출로 인하여 자산(현금, 외상매출금)이 증가하고, '매출'이란 수익이 발생한다.
② 예금이자 발생거래 : 예금에 대한 이자가 발생함으로서 자산(보통예금)이 증가하고, '이자수익'이란 수익이 발생한다.

■ 비용 발생 및 자산 감소 거래 [손익거래(비용발생)]

① 비용발생거래(현금 거래) : 비용이 발생한 경우로서 그 대금을 즉시 지급하는 경우 비용이 발생하고, 자산(현금 등)이 감소한다.

■ 비용 발생 및 부채 증가 거래 [손익거래(비용발생)]

① 비용발생거래(외상거래) : 비용 발생대금을 외상으로 하는 경우 비용이 발생하고, 부채(미지급비용)가 증가한다.

▣ 회계상 거래(혼합거래)

혼합거래란 자산, 부채 등의 증감을 수반하고 또한 수익이나 비용이 발생하는 거래를 말한다.

■ 비용 발생과 자산증가 및 부채 증가 거래 [(교환거래 + 손익거래)]

① 비용발생과 자산증가 및 부채 증가거래 : 금전을 차입하고 이 과정에서 근저당 설정비용 등을 지급하는 경우 차입으로 인하여 부채(차입금)가 증가하고 반면, 자산(현금 등)이 증가하고 비용(지급수수료)이 발생한다.
ex) 10,000,000원 차입, 수수료 500,000원 공제 후 9,500,000원 현금 입금

| (차변) 현금 | 9,500,000 | / (대변) 차입금 | 10,000,000 |
| (차변) 지급수수료 | 500,000 | | |

② 자산 증가 및 부채 증가와 수익발생거래 : 상품 또는 제품을 판매하고, 부가가치세를 포함하여 금전이 유입된 경우 수익(매출)과 부채(부가세예수금)가 증가하고, 자산(현금 등)이 증가한다.
ex) 상품 10,000,000원(부가세 1,000,000원 별도) 현금 판매

(차변) 현금	11,000,000	/ (대변) 상품매출	10,000,000
		부가세예수금	1,000,000

■ 일반적인 거래행위는 아니나 회계상 거래인 것

회사의 재산이 화재에 의하여 소실되거나 도난된 사건 또는 재산의 가치가 하락한 것은 재산이 감소한 것으로 부기상 거래에 해당한다.

① 화재에 의한 재산의 멸실 또는 가치하락 : 건물이라는 자산이 감소한 거래
② 재산(현금, 상품, 비품 등)의 도난 : 자산(현금, 상품, 비품 등)감소 거래
③ 재산 분실 : 자산(현금, 상품, 비품 등) 감소 거래
④ 재산(상품, 제품 등)의 가치하락 : 자산(상품, 제품 등) 감소 거래

■ 일반적인 거래행위이지만 회계상 거래에 해당하지 않는 것

자산.부채.자본의 증감이 발생한 사건을 거래라 한다. 따라서 계약, 주문, 담보설정 등은 자산.부채.자본의 증감이 발생하지 않으므로 거래가 아니다.

③ 거래 기록과 부가가치세

❶ 부가가치세

① 거래 기록시 부가가치세는 구분하여 기록하여야 한다. 부가가치세란 부가가치세법의 규정에 의하여 재화 또는 용역의 소비행위에 대하여 부과하는 일반소비세이다. [세법에서 특정한 경우(쌀, 미가공식료품, 도서, 학원, 병.의원 등)에는 부가가치세를 면제하며, 이를 '면세'라 한다.)]

② 과세되는 재화 또는 용역을 공급하는 사업자는 반드시 재화 또는 용역을 공급받는자로부터 거래대금의 10%를 부가가치세로 더 받아 두었다가 일정기간 단위(과세기간이라 함)로 사업장 관할 세무서에 납부하여야 한다. 다시 말하면, 부가가치세를 부담하는 자(담세자)는 재화 또는 용역을 공급받는자이며, 납부하는 자는 재화 또는 용역을 공급하는 자(사업자)로서 담세자(세금을 부담하는 자)와 납세자(매입자로부터 거래징수한 세금을 납부하여야 하는 자)가 다른 간접세이다.

반면, 자기의 소득에 대하여 직접 납부하는 사업소득세, 근로소득세, 법인세 등은 직접세라 한다.

| 보충 | 재화 및 용역 |

1. 재화라 함은 재산적 가치가 있는 모든 유체물과 무체물을 말한다.
2. 용역이라 함은 재화 이외의 재산적 가치가 있는 역무(노동력 등) 및 기타 행위를 말한다.

예를 들어 컴퓨터 대리점에서 컴퓨터를 1,100,000원에 구입하였다고 하자 이 경우 컴퓨터가격에는 반드시 부가가치세라는 세금이 포함되어 있다. 소비자는 컴퓨터 구입가격에 부가가치세가 포함되어 있는지를 모르고 컴퓨터를 구입하였지만, 컴퓨터 대리점은 컴퓨터를 판매하고자 하는 가격이 1,000,000원이면 컴퓨터 가격의 10% (100,000원)를 반드시 소비자로부터 덧붙여 받는다.

이와 같이 물품대금의 10%를 덧붙여 받는 금액이 부가가치세인 것이다.
- 컴퓨터 구입대금 1,100,000원 = 컴퓨터가격(1,000,000) + 부가가치세 (100,000)

그러면, 소비자가 물품가격의 10%를 세금(부가가치세)으로 컴퓨터대리점에 더 준 돈은 어떻게 되는가 ?

컴퓨터대리점은 소비자가 컴퓨터 구입시 부담한 부가가치세를 소비자를 대신하여 세법이 정하는 바에 의하여 관할 세무서에 납부하여야 하는데

많은 소비자로부터 컴퓨터 판매시마다 받는 부가가치세를 매일 납부한다면 매우 번거로운 일이므로 일정 기간 동안 모아 두었다가(3개월 단위) 컴퓨터를 판매할 시 덧붙여 받은 부가가치세를 납부하는 것이다.

그리고 컴퓨터 대리점이 소비자에게 판 컴퓨터를 구입하는 과정을 살펴보면,

컴퓨터 대리점은 생산공장으로부터 컴퓨터를 880,000원(부가가치세 포함)에 구입하였다고 하자. 컴퓨터 생산공장은 대리점에 컴퓨터대금 800,000원에 부가가치세 80,000원을 덧붙여 880,000원에 판매하고, 컴퓨터 생산공장이 대리점으로부터 받은 부가가치세 80,000원은 컴퓨터 생산공장이 컴퓨터대리점을 대신하여 일정 기간 내 세무서에 부가가치세를 납부하여야 하는 것이다.

이와 같이 부가가치세는 물품을 구입한 자가 부담하고 물품을 판매한 자가 물품을 구입한 자로부터 부가가치세를 받아 두었다가 물품을 구입한 자를 대신하여 납부하는 세금인 것이다. 이 경우 사업자(사업상 독립적으로 재화 또는 용역을 공급하는 자로 세무서에 사업자등록을 한 자 중 과세사업자)에 한하여 사업과 관련한 물품 구입시 물품대금의 10%를 부가가치세로 더 준 부가가치세는 사업자가 물품판매시 물품대금의 10%를 부가가치세로 더 받아 둔 부가가치세에서 공제받을 수 있도록 세법은 정하고 있다.

| 보 충 | 과세사업자의 부가가치세 납부 계산 사례 |

① 매입시 공급가액   800,000원 + 매입시 부담한 부가가치세 80,000원
② 매출시 공급가액   1,000,000원 + 매출시 더 받은 부가가치세 100,000원
③ 납부할 부가가치세(② - ①)   20,000원

▶ 매출시 소비자로부터 덧붙여 받은 부가가치세(매출세액) 100,000원에서 매입시 컴퓨터 생산 공장에 지급한 부가가치세 80,000원(매입세액)을 공제한 금액을 납부한다.

한편, 컴퓨터 생산공장의 경우에도 컴퓨터 대리점에 물품을 공급할 때 받은 부가가치세를 세무서에 납부하여야 하는데 이 경우에도 컴퓨터 생산공장은 사업자이므로 컴퓨터를 생산하기 위하여 각종 재료를 구입할 시 부담한 부가가치세를 납부할 부가가치세에서 공제하고 사업장 관할 세무서에 부가가치세를 납부하는 것이다.

❷ 부가가치세의 구분 기재

① 부가가치세 매출세액('부가세예수금' 또는 '예수부가세'라 한다.)
사업자는 세법의 규정에 의하여 물품 등을 판매할 시 매입자로부터 물품대금의 10%를 더 받아 두었다가 일정 기한까지 부가가치세를 신고 및 납부하여야 한다. 매출세액은 매입자로부터 일시 받아 둔 세액으로 매출과 구분하여 기록한다.

◆ 매출장에 기재하여야 하는 것
○ 매출세금계산서, 매출계산서
○ 세금계산서 발급의무가 없는 일반 소매매출 등 매출과 관련한 것

□ 매출장 예시

① 일자		② 유형	③ 코드	④ 계정과목	⑤ 적요	⑥ 매출처		⑦ 공급가액	⑧ 세액	⑨ 합계
월	일					코드	매출처명			
6	30	과세	404	제품매출		***	(주)한도물산	58,000,000	5,800,000	63,800,000

② 부가가치세 매입세액 ('부가세대급금' 또는 '선급부가세'라 한다.)
사업자가 사업과 관련하여 물품 등을 구매하는 경우 물품대금의 10%를 부가가치세로 물품 등을 판매하는 자에게 더 주어야 한다. (매입세액)
과세사업자의 경우 특정한 경우(경승용차를 제외한 승용차의 취득 및 유지비용, 접대비 등)를 제외하고는 매입세액을 납부하여야 할 매출세액에서 공제받을 수 있으므로 구분하여 기록하여야 한다.

단, 매출세액에서 공제를 받을 수 없는 매입세액은 해당 비용 또는 자산에 포함하여 처리한다. 예를 들어 매입세액을 공제받을 수 없는 거래처 선물용품을 매입하고 부담한 매입세액은 기업업무추진비(접대비)에 포함하여 처리하여야 하며, 경승용차(배기량 1,000cc 미만인 승용차를 말한다.) 이외의 승용차 매입시 부담한 매입세액은 차량운반구로 처리하여야 하는 것이다.

▶ 매입장에 기재하여야 하는 것
○ 매입세금계산서(매입세금계산서 중 매입세액불공제분 포함), 매입계산서
○ 신용카드매출전표, 현금영수증 중 매입세액을 공제받을 수 있는 것

□ 매입장 예시

① 일자		② 유형	③ 코드	④ 계정과목	⑤ 적요	⑥ 매입처	⑦ 공급가액	⑧ 세액	⑨ 합계
월	일								
7	10	과세	460	상품	상품매입	(주)한양	10,000,000	1,000,000	11,000,000
7	12	불공	208	차량운반구	소나타 매입	현대자동차	25,000,000	2,500,000	27,500,000
7	15	카드	811	복리후생비	직원식대	대미식당	90,909	9,091	100,000

보 충 | 매입세액불공제

① 비영업용 소형승용자동차의 구입 및 유지와 관련한 매입세액

영업용 소형승용자동차라 함은 운수사업자(택시운수업, 렌트카업체 등)가 소형승용차를 이용하여 직접 사업에 사용하는 경우를 말한다.

② 기업업무추진비(접대비) 및 이와 유사한 비용의 지출과 관련한 매입세액

③ 면세사업 및 토지 관련 매입세액

④ 매입처별세금계산서합계표 미제출·부실기재분

⑤ 세금계산서 미수취 및 필요적 기재사항 부실기재

⑥ 사업과 직접 관련이 없는 지출에 대한 매입세액

⑦ 위장 및 가공거래와 관련한 매입세금계산서의 매입세액

④ 회계연도 및 기업회계기준

❶ 회계연도

기업의 경영활동을 일정 기간단위로 구분하여 파악하기 위한 기간단위를 회계연도라고 한다. 회계연도는 1년을 초과하지 못하도록 상법, 법인세법, 소득세법 등에 규정되어 있으며 통상 1년을 회계연도로 한다. 내국법인의 경우 일반적으로 1. 1 ~ 12. 31 기간(신설법인은 법인설립등기일 ~ 12. 31)을 회계연도로 정하고 있으나 외국인 투자기업이나 외국인 회사의 경우 자국의 회계기간에 맞추어 그 기간을 달리하기도 한다. 회계연도는 회계기간이라고도 하며, 법인세법에서는 사업연도, 소득세법에서는 과세기간이라 칭한다.

❷ 기업회계기준 및 기준서

기업회계기준이란 기업이 회계처리 및 재무제표 작성시 준수해야 할 통일된 기준을 말하며, 모든 기업은 원칙적으로 '일반적으로 인정된 회계원칙'에 따라서 회계처리를 하고, 그에 따라 재무제표를 작성해야 한다. 기업회계기준은 주식회사의 외부감사에 관한 법률 제13조의 규정에 의하여 동법의 적용을 받는 회사의 회계와 감사인의 감사에 통일성과 객관성을 부여하기 위하여 회계처리 및 보고에 관한 기준을 정함을 목적으로 한다.

❸ 2023년 회계연도 외부감사대상법인

① 2023년 회계연도 기준으로 아래 4개 기준(자산, 부채, 종업원 수, 매출액) 중 **2개 이상**을 충족하면 외부감사 대상에 해당한다.

자산	부채	매출액	종업원 수
120억원 이상	70억원 이상	100억원 이상	100인 이상

② 주식회사로서 직전 사업연도의 자산 또는 부채총액 등의 규모가 외부감사대상 법인에 해당하는 경우 사업연도 개시 후 45일(**외부감사 첫해는 4개월 이내**) 이내에 외부감사인을 선임하여야 한다.

□ 주식회사 등의 외부감사에 관한 법률 시행령
제5조(외부감사의 대상) ① 법 제4조제1항제3호 본문에서 "직전 사업연도 말의 자산, 부채, 종업원 수 또는 매출액 등 대통령령으로 정하는 기준에 해당하는 회사"란 다음 각 호의 어느 하나에 해당하는 회사를 말한다. <개정 2020. 10. 13.>
1. 직전 사업연도 말의 자산총액이 500억원 이상인 회사
2. 직전 사업연도의 매출액(직전 사업연도가 12개월 미만인 경우에는 12개월로 환산하며, 1개월 미만은 1개월로 본다. 이하 같다)이 500억원 이상인 회사
3. 다음 각 목의 사항 중 2개 이상에 해당하는 회사
가. 직전 사업연도 말의 자산총액이 120억원 이상
나. 직전 사업연도 말의 부채총액이 70억원 이상
다. 직전 사업연도의 매출액이 100억원 이상
라. 직전 사업연도 말의 종업원(「근로기준법」 제2조제1항제1호에 따른 근로자를 말하며, 다음의 어느 하나에 해당하는 사람은 제외한다. 이하 같다)이 100명 이상
　　1) 「소득세법 시행령」 제20조제1항 각 호의 어느 하나에 해당하는 사람
　　2) 「파견근로자보호 등에 관한 법률」 제2조제5호에 따른 파견근로자
부 칙 <대통령령 제31113호, 2020. 10. 13.>
제1조(시행일) 이 영은 공포한 날부터 시행한다.

■ **기업회계기준 [한국회계기준원(www.kasb.or.kr) 홈페이지 참조]**

- 중소기업회계기준
- 중소기업회계기준 해설
- 일반기업회계기준
- 특수분야 회계기준
- 한국채택 국제회계기준
- 국제회계기준

3 계정과목 기초

1 계정과목 이해

계정과목은 자산, 부채, 자본 형태별로 그 명칭을 통일·요약한 것과 지출 또는 수입의 원인에 대한 명칭을 통일·요약한 것으로 각각의 회사마다 자산, 부채, 자본 형태별로 그 명칭이 다르거나 지출 또는 수입에 대하여 요약하는 명칭이 다르면 금융기관, 세무서, 신용보증기금, 기타 회사의 이해관계자에게 많은 혼란이 초래되므로 유사한 항목에 대하여 그 명칭을 통일하여 요약한 것을 말한다.

한편, 계정과목은 일반적으로 인정된 회계원칙에 의하여 항목을 분류한 사회적 약속이다. 따라서 계정과목은 법적근거를 가지거나 강제성을 가지는 것이 아니므로 회사의 사정이나 그 중요도에 따라 계정을 통합하거나 보다 세분화하기 위하여 특정한 명칭이 없는 경우 계정과목을 새로 설정하여 처리할 수 있는 것이다.

기업회계기준의 변경으로 계정과목이 아래와 같이 통합하여 변경되었으나 종전의 계정과목을 그대로 사용하고 결산 후 재무제표 작성시 기업회계기준에 의한 계정과목으로 변경하여 재무제표를 작성한다.

통합 계정과목	변경전 계정과목
현금및현금성자산	현금, 당좌예금, 보통예금, 환매조건부 채권(3개월 이내)
단기투자자산	단기금융상품(정기예금, 정기적금), 단기매매증권, 단기대여금
매출채권	외상매출금, 받을어음
기타 당좌자산	가지급금, 부가세대급금, 선납세금, 주·임·종단기채권
기타비유동자산	전세권, 임차보증금, 부도어음
매입채무	외상매입금, 지급어음
기타 유동부채	부가세예수금 당좌차월, 가수금, 예수보증금

2 혼동하기 쉬운 계정과목

❶ 외상매출금(자산)과 미수금(자산)

상품 및 제품을 판매하고 그 대금을 나중에 받기로 한 채권의 명칭을 '외상매출금'이라 하며, 비유동자산을 처분하고 그 대금을 나중에 받기로 한 채권의 명칭은 '미수금' 이라고 한다.

❷ 외상매입금(부채), 미지급금(부채), 미지급비용(부채)

물품 등을 외상으로 구입하는 경우에 장차 지급하여야 할 대금의 명칭을 통상 '외상매입금'이라고 한다.
그러나 회계원칙에서 외상대금의 명칭을 세분화하여 상품, 원재료 등 재고자산을 외상 구입하고 나중에 지급할 금액을 '외상매입금'이라 하고,
토지, 건물, 기계장치, 차량운반구 등 비유동자산을 외상으로 구입하는 경우에는 '미지급금'이라 하며, 비용의 미지급시에는 '미지급비용' 이라 한다.

❸ 선급금(자산), 선급비용(자산)

선급금이란 물품 등을 인도받기 전 미리 그 대금을 지급한 금액을 말한다. 반면, 선급비용이란 일정 계약에 따라 용역을 제공받기로 하고, 그 대가를 지급하였으나 결산시점에 그 용역제공의 기한이 종료되지 않은 경우 아직 남아 있는 용역제공 기간에 해당하는 비용은 선급한 것으로 기간 손익을 정확히 계산하기 위하여 선급한 비용은 다음연도에 해당 비용으로 대체한다.
예를 들어 보험료, 임차료, 이자비용, 보증보험료 등의 기간 미경과분 등이 있다.

❹　잡비(판매비와관리비), 잡손실(영업외손실)

기타 달리 분류되지 않는 비용으로 그 금액이 소액이고 자주 발생하지 않는 비용으로 영업활동과 관련한 비용은 '잡비'로 처리하고, 영업활동과 관련 없이 발생하는 비용은 '잡손실'로 처리한다.

❺　원재료(자산) 및 원재료비(제조경비)

원재료란 제조기업이 제품제조와 관련하여 사용되는 원료, 재료 등을 구입하는 경우 처리하는 계정과목이다. 원재료는 제품제조에 사용되기 전까지는 자산에 해당하며, 제품제조에 투입되는 시점에 원가항목인 원재료비로 대체한다.

❻　자산의 취득과 관련한 비용

자산의 취득과 관련한 운반비 등 비용은 해당 자산의 취득가액으로 한다.

① 상품 또는 원재료의 매입과 관련하여 운반비를 지급한 경우 운반비는 '상품' 또는 '원재료' 계정으로 처리한다.
② 토지, 건물, 차량 등의 취득과 관련한 제비용(토지의 정지비용, 등록세, 취득세, 법무사수수료 등)은 해당 자산(토지, 건물, 차량운반구)의 취득가액에 포함하여 처리한다.
③ 수입물품의 취득과 관련한 제비용(관세, 보험료, 운반비 등)은 수입물품의 취득가액으로 처리한다.
④ 기계장치, 건물 등 감가상각대상자산의 수선비는 원칙적으로 수선비로 처리하되, 수선으로 인하여 그 가치가 증가 또는 개량되거나 내용연수를 연장시키는 수선비는 기계장치, 건물 계정으로 처리하며, 이러한 지출을 **'자본적지출'**이라 한다.

재무상태표 계정과목

▶ 유동자산

◆ 당좌자산

계 정 과 목	코드	내 용
현금및현금성자산		통화 및 금융상품으로 만기일이 3개월 이내인 것
현 금	101	통화, 자기앞수표, 타인발행 당좌수표, 송금수표, 가계수표
당 좌 예 금	102	당좌거래와 관련한 예금
보 통 예 금	103	통상의 보통예금
단기투자자산		기업의 여유자금 활용 목적으로 보유하는 단기의 투자자산
정 기 예 적 금	105	이자수익을 목적으로 일정 기간 동안 예치 또는 적립하여 둔 예금
기타단기금융상품	106	만기가 1년 이내에 도래하는 단기금융상품
단 기 매 매 증 권	107	1년 이내에 처분할 목적으로 보유하는 유가증권
매 출 채 권		일반적 상거래에서 발생한 외상매출금과 받을어음
외 상 매 출 금	108	상품 또는 제품을 매출하고 그 대금을 외상으로 한 금액
받 을 어 음	110	매출대금등을 어음으로 수취한 것
단 기 대 여 금	114	타인에게 대여한 대여금(대여기간 1년 이내)
미 수 수 익	116	당기수익에 속하는 금액 중 미수된 금액
미 수 금	120	비유동자산(고정자산)을 매각하고 그 대금을 외상으로 한 금액
소 모 품	122	소모품비로 처리한 금액 중 미사용분을 기말에 자산으로 처리한 것
매 도 가 능 증 권	123	재무상태표일로부터 1년 내에 만기가 도래하거나 처분할 것이 거의 확실한 매도가능증권
선 급 금	131	물품을 인도받기 전 대금을 미리 지급한 금액
선 급 비 용	133	각종 비용을 미리 지급한 금액(미경과비용)
가 지 급 금	134	대표이사 일시 대여금, 착오에 의한 금전 지급금액
부 가 세 대 급 금	135	물품 등의 구입시 부담한 부가가치세
선 납 세 금	136	예금이자에 대한 이자소득세, 중간예납세액 등
주임종단기채권	137	업무와 관련 없이 종업원에게 대여하여 준 금액
전 도 금	138	업무와 관련한 자금을 지출 확정 전 전도한 금액
이연법인세자산	140	세무조정으로 인하여 일시적으로 발생하는 자산 가치
현 금 과 부 족	141	장부상 잔액과 실제 현금잔액의 차액을 일시 처리하는 계정
미 결 산	***	거래가 발생하였으나 즉시 수익·비용으로 처리할 수 없는 경우 처리하는 가계정

◆ 재고자산

상 품	146	도·소매업종이 판매를 목적으로 취득한 상품
매입환출및에누리	147	상품 매입액 중 반품한 것 및 불량 등의 사유로 에누리 받은 것
매 입 할 인	148	외상매입대금을 지급기일보다 조기에 결제하는 경우 할인받은 금액
제 품	140	제조업의 완성제품
원 재 료	155	제조업이 제품제조를 위하여 취득한 원료 및 재료
매입환출및에누리	154	원재료 매입액 중 반품한 것 및 불량 등의 사유로 에누리 받은 것
매 입 할 인	155	원재료 외상매입대금을 지급기일보다 조기에 결제하는 경우 할인받은 금액
저 장 품	167	소모공구기구비품, 수선용부분품 및 기타 저장품
미 착 품	168	원재료 등의 수입시 발생하는 수입비용 및 수입대금을 일시 처리하는 계정
재 공 품	169	일정 시점 생산과정에 있는 미완성된 제품의 평가액

재무상태표 계정과목

➡ 비유동자산

◆ 투자자산

계 정 과 목	코드	내　　　용
장 기 성 예 금	176	만기가 재무상태표일로부터 1년 이후의 장기예금
특정현금및예금	177	설비확장 및 채무상환 등에 사용할 특정 특정목적의 예금
매 도 가 능 증 권	178	매도가능증권 중 단가매매증권에 속하지 아니하는 것
장 기 대 여 금	179	대여기간이 1년을 초과하는 장기의 대여금
투 자 부 동 산	187	투자를 목적으로 취득한 부동산
만 기 보 유 증 권	181	장기투자를 목적으로 취득한 주식(1년 초과 보유목적)
지분법적용투자주식	182	지분법을 적용하여야 하는 투자주식
장 기 금 융 상 품	***	유동자산에 속하지 아니하는 장기의 예금, 적금 등

◆ 유형자산

계 정 과 목	코드	내　　　용
토　　　　지	201	토지
건　　　　물	202	사무실, 공장, 창고 등 회사소유 건물
구 　축 　물	204	용수설비, 폐수처리장치, 지하수공사비, 정원설비 등
기 계 장 치	206	각종 기계장치
차 량 운 반 구	208	화물자동차, 승용자동차, 지게차, 중기 등
공 구 와 기 구	210	공구, 기구 등·
비　　　　품	212	사무용집기비품(컴퓨터, 복사기 등)
건 설 중 인 자 산	214	건설중인 자산의 가액

◆ 무형자산

계 정 과 목	코드	내　　　용
영 　업 　권	231	영업상의 권리로서 유상으로 취득한 것
특 　허 　권	232	특허취득과 관련하여 지출한 것
광 　업 　권	237	광물채굴에 대한 권리
개 　발 　비	239	개발과 관련하여 발생한 비용으로 개발비로 계상한 것
소 프 트 웨 어	240	고가의 소프트웨어 구입비
산 업 재 산 권	241	특허권, 상표권, 실용신안권, 의장권 등

◆ 기타비유동자산

계 정 과 목	코드	내　　　용
이연법인세자산	901	세무조정에서 익금산입유보 처분한 금액의 차기 이후 법인세 감소 예상금액
임 차 보 증 금	902	사무실, 공장 등의 임차보증금
장 기 매 출 채 권		장기외상매출금 및 장기 받을어음
장기외상매출금	965	외상매출금 중 회수기간이 결산일로부터 1년 초과의 것
장 기 받 을 어 음	968	받을어음 중 만기일이 결산일로부터 1년 초과의 것
부도어음과수표	976	어음 또는 수표가 부도처리된 경우 사용하는 계정
장 기 미 수 금	***	장기의 미수금

재무상태표 계정과목

▶ 유동부채

계 정 과 목	코드	내 용
매 입 채 무		외상매입금 및 지급어음
외 상 매 입 금	251	물품 등을 구입하고 그 대금을 나중에 지급하기로 한 것
지 급 어 음	252	물품대금결제를 위하여 어음을 발행하여 지급한 것
미 지 급 금	253	비유동자산 등을 구입하고 그 대금을 나중에 지급하기로 한 것
예 수 금	254	근로소득세, 4대보험 종업원부담금을 근로자로부터 일시 받아둔 금전
부 가 세 예 수 금	255	매출시 매입자로부터 받아 둔 부가가치세
당 좌 차 월	256	당좌예금잔액을 초과하여 발행한 수표금액(사전약정 체결)
가 수 금	257	원인불명의 입금금액을 일시적으로 처리하는 계정
선 수 금	259	상품 등을 인도하기 전 그 대금을 미리 받은 것
단 기 차 입 금	260	1년 이내에 상환하여야 하는 차입금
미 지 급 세 금	261	법인세 등의 미지급액
미 지 급 비 용	262	비용과 관련하여 그 대금을 나중에 지급하기로 한 것
선 수 수 익	263	수입금 중에서 차기 이후의 것
유동성장기부채	***	장기차입금 중 기간이 경과하여 결산일로부터 1년 이내인 것
미 지 급 배 당 금	265	주주들에게 지급할 배당금을 회계기말에 부채로 계상한 것
이 연 법 인 세 부 채	273	세무조정에서 손금산입유보 처분한 금액의 차기 이후 법인세 증가 예상금액

▶ 비유동부채

계 정 과 목	코드	내 용
사 채(社債)	291	1년 이후에 상환하는 회사채(개인사채가 아님)
사채할인발행차금	292	사채를 액면가액보다 적은 금액으로 발행하는 경우 그 차액
장 기 차 입 금	293	상환기간이 1년을 초과하는 차입금
임 대 보 증 금	294	건물 등을 임대하여 주고받아 둔 보증금
퇴직급여충당부채	295	퇴직금 비용으로 계상한 미지급 채무
장 기 미 지 급 금	297	재무상태표일로부터 1년 이후에 지급하여야 할 장기의 미지급금
주임종장기차임금	303	재무상태표일로부터 1년 이후에 지급하여야 할 장기의 임원 종업원 차입금
외화장기차입금	305	재무상태표일로부터 1년 이후에 상환하여야 할 장기 외화차입금
장기임대보증금	307	장기의 임대보증금

▶ 대손충당금 및 감가상각누계액은 해당 자산에서 차감하는 형식으로 처리한다.

계 정 과 목	코드	계 정 과 목	코드	계 정 과 목	코드	계 정 과 목	코드
외 상 매 출 금	108	건 물	202	기 계 장 치	206	비 품	212
대 손 충 당 금	109	감가상각누계액	203	감가상각누계액	207	감가상각누계액	213
받 을 어 음	110	구 축 물	204	차 량 운 반 구	208		
대 손 충 당 금	111	감가상각누계액	205	감가상각누계액	209		

재무상태표 계정과목

▶ 자본

분류	계정과목	코드	내용
자본금	자 본 금	331	법인의 납입자본금
자본잉여금	주식발행초과금	341	주식할증발행의 경우 액면가액을 초과하는 금액
	감 자 차 익	342	감자시 액면가액보다 적은 금액 상환시 발생하는 차익
	자기주식처분이익	343	자기주식의 처분으로 인하여 발생하는 이익
이익잉여금 및 결손금	미처분이익잉여금	377	미처분된 이익잉여금
	미 처 리 결 손 금	378	미처리된 결손금
	당 기 순 이 익	379	당기의 순이익
	당 기 순 손 실	380	당기의 순손실
자본조정	주식할인발행차금	381	주식발행가액이 액면가액에 미달하는 경우 그 차액
	자기주식처분손실	395	자기주식의 처분으로 인하여 발생하는 손실
기타포괄손익누계액	매도가능증권평가손익	***	매도가능증권의 평가손익
	해외사업환산손익	***	해외지사 등의 재무제표를 기말시점 환율로 환산시 발생하는 손익

▣ 인출금 (338)

개인기업은 법인기업과 달리 자본금의 입금 및 출금이 자유로우며 언제든지 자본금을 인출할 수 있고, 또 회수할 수 있다. 따라서 개인기업 대표자가 회사자금을 개인용도로 인출하는 것은 전부 인출금(대표자에게 자본금 반환)으로 처리하며, 반대로 대표자가 회사에 금전 등을 입금한 경우에는 인출금을 회수한 것으로 처리한 다음 결산시 자본금과 대체처리한다.

☐ 인출금 회계처리 사례

① 5. 31 종합소득세 및 지방소득세 5,000,000원을 회사 자금으로 현금납부하다.

| 인출금 | 5,500,000 | / | 현금 | 5,500,000 |

② 7. 31 개인 사업주의 재산세 800,000원을 회사 자금으로 현금 납부하다.

| 인출금 | 800,000 | / | 현금 | 800,000 |

③ 10. 20 회사 자금이 부족하여 사업주가 3,000,000원을 보통예금에 입금하다.

| 보통예금 | 3,000,000 | / | 인출금 | 3,000,000 |

④ 회계기말에 인출금 잔액 3,300,000원을 자본금과 대체하다.

| 자본금 | 3,300,000 | / | 인출금 | 3,300,000 |

손익계산서 계정과목

▶ 매출

계 정 과 목	코드	내　　　　　　용
상 품 매 출	401	도·소매업 매출
매출환입및에누리	402	상품반품 및 불량등에 의한 에누리액
매 출 할 인	403	상품 외상대금을 조기에 회수하는 경우 할인하여 준 금액
제 품 매 출	404	제조업 매출
매출환입및에누리	405	제품반품 및 불량등에 의한 에누리액
매 출 할 인	406	제품 외상대금을 조기에 회수하는 경우 할인하여 준 금액

▶ 매출원가

계 정 과 목	코드	내용
상 품 매 출 원 가	451	기초상품재고액 + 당기상품매입액 − 기말상품재고액
제 품 매 출 원 가	455	기초제품재고액 + 당기제품매입액 − 기말제품재고액

▶ 제조비용(제조업의 제품제조와 관련한 비용)

계 정 과 목	코드	내용
원 재 료 비	501	기초원재료재고액 + 당기원재료매입액 − 기말원재료재고액
부 재 료 비	502	부재료비
임 　 　 　 금	504	생산부서 직원에게 지급하는 급여 및 제수당, 상여금 등
퇴 직 급 여	508	생산부서 직원의 퇴직시 지급하는 퇴직급여
복 리 후 생 비	511	식대, 차대, 건강·고용보험 회사부담금, 직원경조사비, 회식비, 피복비
여 비 교 통 비	512	직무와 관련한 각종 출장비 및 여비
접 　 대 　 비	513	거래처 접대비 및 선물대, 거래처 경조사비 등
통 　 신 　 비	514	전화요금, 휴대폰요금, 정보통신요금, 각종 우편요금 등
가 스 수 도 료	515	수도·가스요금, 난방비용
전 　 력 　 비	516	전기요금
세 금 과 공 과 금	517	재산세, 종합부동산세, 자동차세, 면허세, 국민연금회사부담금 등
감 가 상 각 비	518	유형자산 감가상각비
지 급 임 차 료	519	공장 임차료
수 　 선 　 비	520	공장 수리비, 기계장치 수리비 등
보 　 험 　 료	521	공장 건물화재보험료, 운반차량 보험료 등
차 량 유 지 비	522	유류대, 주차요금, 통행료, 자동차수리비, 검사비 등
운 　 반 　 비	524	제품 배송비용, 택배요금, 퀵서비스요금 등
교 육 훈 련 비	525	생산부서 직원교육 및 업무훈련과 관련하여 지급한 금액
도 서 인 쇄 비	526	신문대, 도서구입비, 서식인쇄비, 복사요금, 사진현상비 등
포 　 장 　 비	528	제품의 포장과 관련한 비용
사 무 용 품 비	529	문구류 구입대금, 서식구입비 등
소 모 품 비	530	각종위생용 소모품, 철물 및 전기용품, 기타 소모품
지 급 수 수 료	531	전기가스점검 수수료 등
보 　 관 　 료	532	원재료, 제품 등의 보관비용
외 주 가 공 비	533	원재료 등의 외주가공비용
잡 　 　 　 비	536	달리 분류되지 않는 기타 경비

▶ 판매비와관리비

급 료	801	임직원에게 매 월 지급하는 급여 및 제수당, 상여금 등
퇴 직 급 여	808	임직원의 퇴직시 지급하는 퇴직급여
복 리 후 생 비	811	식대, 차대, 건강·고용보험 회사부담금, 직원경조사비, 회식비, 피복비
여 비 교 통 비	812	직무와 관련한 각종 출장비 및 여비
접 대 비	813	거래처 접대비 및 선물대, 거래처 경조사비 등
통 신 비	814	전화요금, 휴대폰요금, 정보통신요금, 각종 우편요금 등
수 도 광 열 비	815	수도·가스요금, 난방비용, 전력비(전력비를 구분하지 않는 경우)
세 금 과 공 과 금	817	재산세, 종합부동산세, 자동차세, 면허세, 국민연금회사부담금 등
감 가 상 각 비	818	유형자산의 감가상각비
지 급 임 차 료	819	사무실 임차료
수 선 비	820	사무실 수리비, 비품수리비 등
보 험 료	821	건물화재보험료, 승용자동차 보험료 등
차 량 유 지 비	822	유류대, 주차요금, 통행료, 자동차수리비, 검사비 등
경 상 연 구 개 발 비	823	신기술의 개발 및 도입과 관련하여 지출하는 경상적인 비용
운 반 비	824	상품 배송비용, 택배요금, 퀵서비스요금 등
교 육 훈 련 비	825	직원교육 및 업무훈련과 관련하여 지급한 금액
도 서 인 쇄 비	826	신문대, 도서구입비, 서식인쇄비, 복사요금, 사진현상비 등
사 무 용 품 비	829	문구류 구입대금, 서식구입비 등
소 모 품 비	830	각종위생용 소모품, 철물 및 전기용품, 기타 소모품
지 급 수 수 료	831	기장수수료, 송금, 추심, 신용보증, 보증보험수수료, 전기가스점검 수수료 등
광 고 선 전 비	833	광고선전과 관련한 광고비용
대 손 상 각 비	835	외상매출금, 미수금 등의 회수불능대금 및 대손충당금전입액
무 형 자 산 상 각	840	무형자산 상각비용
잡 비	848	달리 분류되지 않는 기타 경비

▶ 영업외수익

이 자 수 익	901	예금 및 적금이자, 대여금 이자수입 등
만기보유증권이자	902	국채, 지방채, 공채, 사채(社債) 등의 이자수익
배 당 금 수 익	903	주식투자와 관련하여 소유주식 회사로부터 지급받는 배당금
수 입 임 대 료	904	부동산임대업을 주업으로 하지 않는 회사의 부동산 임대수입
단기매매증권평가이익	905	회계기말 단기매매증권의 평가금액이 장부가액보다 많은 경우 발생하는 이익금액
단기투자산처분이익	906	단기매매증권 처분시 발생하는 이익
외 환 차 익	***	외화자산, 부채의 회수 및 상환시 환율변동으로 발생하는 이익
대손충당금환입	908	대손충당금으로 설정한 금액 중 환입된 금액
수 입 수 수 료	909	수입수수료
외 화 환 산 이 익	910	기말에 화폐성 외화자산의 평가금액이 장부가액보다 많은 경우 발생하는 손실금액
사 채 상 환 이 익	911	사채 상환시 발생하는 이익
유형자산처분이익	914	유형자산처분시 발생하는 이익
투자자산처분이익	915	투자자산의 처분시 발생하는 이익
상각채권추심이익	916	전기 이전의 대손금 중 당기에 회수된 금액
자 산 수 증 이 익	917	주주 또는 제3자로부터 증여받은 금액
채 무 면 제 이 익	918	기업의 채무를 채권자로부터 면제받은 금액
보 험 차 익	919	보험사고로 인하여 지급받은 금액이 해당 자산의 장부가액을 초과하는 금액
잡 이 익	930	기타 달리 분류되지 않는 이익

▶ 영업외비용

계정과목	코드	내용
이 자 비 용	931	이자비용, 어음할인료 등
외 환 차 손	932	환율변동으로 인하여 발생하는 손실금액
기 부 금	933	교회·사찰헌금, 학교기부금, 불우이웃돕기 성금, 수재의연금 등
기타의대손상각비	***	매출채권 이외의 채권 회수불능금액
외 화 환 산 손 실	935	기말에 화폐성 외화자산의 평가금액이 장부가액보다 적은 경우 발생하는 손실금액
매출채권처분손실	936	받을어음의 할인시 발생하는 이자손실금액
단기매매증권평가손실	937	회계기말 단기매매증권의 평가금액이 장부가액보다 적은 경우 발생하는 손실금액
단기투자자산처분손실	938	단기매매증권의 처분시 발생하는 손실금액
재고자산평가손실	940	재고자산의 멸실, 손상 및 분실금액
재 해 손 실	941	화재, 풍수해 등으로 인하여 멸실 또는 손괴된 금액
전기오류수정손실	942	전기의 오류수정손실금액 중 이익잉여금의 처분에 의하지 아니한 것
유형자산처분손실	950	유형자산(기계장치, 차량운반구 등)의 처분시 발생하는 손실
투자자산처분손실	951	투자자산의 처분시 발생하는 손실
잡 손 실	960	분실금, 기타 달리 분류되지 않는 영업외비용

▶ 법인세비용

계정과목	코드	내용
법 인 세 등	998	법인세, 지방소득세 법인세분
소 득 세 등	999	소득세, 지방소득세 소득세분

4 전표 및 제장부 작성

1 전표

기업은 거래가 발생하면 일정한 원칙에 의하여 먼저 거래사실을 기록한다. 거래를 일정한 원칙에 의하여 기록하는 것을 분개라 한다. 전표란 분개내용을 일정한 방법으로 전표라는 종이쪽지에 기록하여 거래와 관련한 증빙서류(영수증 등)를 첨부하여 보관하는 양식지다.

❶ 전표 종류

전표의 종류에는 일반적으로 입금전표, 출금전표, 대체전표 등 3가지 종류의 전표가 있으며, 기업실정에 따라 대체전표(일명 분개전표)만을 사용하기도 한다.
대체전표란 분개 내용을 그대로 옮겨 적은 것이다. 따라서 대체전표를 분개전표라고 하기도 한다. 전표양식은 과거 기업의 수입 및 지출이 대부분 현금이었던 시절 고안한 관계로 현금 입금은 입금전표를, 현금 출금은 출금전표를 사용하고, 기타 모든 거래는 대체전표를 작성하도록 되어 있음에도 계속하여 사용하고 있다.

그러나 요즈음 기업의 대부분 거래는 인터넷뱅킹, 폰뱅킹 등의 확산으로 기업의 입출금거래는 대부분 보통예금을 통하여 이루어지므로 현금 수입 및 지출발생 건수는 점차 감소하고 있어 입금전표 및 출금전표를 별도로 작성하는 실익은 별로 없다. 따라서 최근에는 입금전표, 출금전표, 대체전표를 별도 구분함이 없이 분개내용을 그대로 기입하는 대체전표 한 종류만을 사용하는 것이 일반적이다.

▣ 입금전표

입금전표는 현금 입금시에만 작성하는 전표로 현금 입금시 분개는 현금이 언제나 차변(왼쪽)에 위치하므로 전표기록을 줄이기 위하여 입금전표라는 용지를 사용하여 대체전표 내용 중 차변내용(현금 증가)을 기록하지 않고 대변 상대계정(현금이 입금된 원인)만을 기록하기로 약속한 것이다.

[예 시] 6. 10 (주)한양으로부터 외상매출금 3,000,000원이 현금으로 입금하다.

차 변		대 변	
현금	3,000,000	외상매출금	3,000,000

대 체 전 표
NO _____   200×년 6월10일

계정과목	적 요	금 액	계정과목	적 요	금 액
현금		3,000,000	외상매출금	(주)한양 외상대	3,000,000
합 계		3,000,000	합 계		3,000,000

위 대체전표를 현금 입금의 경우 차변(왼쪽) 현금란은 생략하고 입금전표 양식을 사용한다.

입 금 전 표
200× 년 6 월 10 일

과 목		항 목	외상매출금
	적 요		금 액
(주)한양	외상대금 회수		3,000,000
	합 계		3,000,000

▣ 출금전표

현금 출금시에만 작성하는 전표로 현금 출금시 분개는 현금이 언제나 대변(오른쪽)에 위치하므로 전표기록을 줄이기 위하여 출금전표라는 용지를 사용하여 대체전표 내용 중 대변내용(현금 감소)을 기록하지 않고 차변 상대계정(현금이 출금된 원인)만을 기록하기로 약속한 것이다.

[예 시] 6. 10 직원 식대 50,000원을 현금으로 지급하다.

차 변		대 변	
복리후생비	50,000	현 금	50,000

대 체 전 표
20××년 6월10일
NO_____
결재: 담당 | 대리 | 과장 | 부장 | 대표

계정과목	적 요	금 액	계정과목	적 요	금 액
복리후생비	식대	50,000	현 금		50,000
합 계		50,000	합 계		50,000

대체전표를 현금 출금의 경우 대변(오른쪽) 현금란은 생략하고 출금전표 양식을 사용한다.

출 금 전 표
20××년 6월 10일

과 목		항 목	복리후생비
적 요		금 액	
직원 식대			50,000
합 계			50,000

결재: 사장 | 전무 | 상무 | 부장 | 과장 | 담당자

▣ 대체전표

현금 입금 및 현금 출금 이외의 모든 거래는 대체전표를 작성한다. 분개내용을 그대로 기록하면 된다. 요즈음 기업의 대부분 거래는 인터넷뱅킹, 폰뱅킹 등의 확산으로 기업의 입출금거래는 대부분 보통예금을 통하여 이루어지므로 입금전표, 출금전표, 대체전표를 별도 구분함이 없이 분개내용을 그대로 기입하는 대체전표 한 종류만을 사용하는 것이 업무에 효율적일 것이다.

[예 시] (주)한우리는 의류제조업체로 5월 중 의류 10,000,000원(공급가액)을 신세계 백화점에 납품하고 5. 31 세금계산서를 발급한 한 후 그 대금은 나중에 지급받기로 하다. (공급가액 10,000,000원 세액 1,000,000원 합계 11,000,000원)

차 변		대 변	
외상매출금	11,000,000	매출	10,000,000
		부가세예수금	1,000,000

대 체 전 표				결재	담당	대리	과장	부장	대표
NO	20××년 5월31일								
계정과목	적 요	금 액		계정과목	적 요		금 액		
외상매출금	외상매출	11,000,000		매 출	신세계백화점		10,000,000		
				부가세예수금			1,000,000		
합 계		11,000,000		합 계			11,000,000		

❷ 전표 작성방법

▣ 전표 작성일자

전표작성일은 거래가 발생한 날이다. 거래가 발생한 날이란 자산, 부채, 자본의 증가 또는 감소를 가져오는 상거래일 또는 수익은 수익이 실현된 날, 비용은 비용이 발생한 날을 말한다. 예를 들어 살펴보면, 상품을 매출하고 그 대금을 나중에 받기로 한 외상거래의 경우 '외상매출금'이란 자산이 증가하고 '매출' 이라는 수익이 실현된 것으로 물품인도일이 거래가 발생한 날로 이에 대한 거래를 기록한다. 그리고 나중에 외상대금을 받은 거래는 새로운 자산(보통예금 또는 현금 입금)이 증가하고, 외상매출금이란 자산이 감소한 거래로 외상매출대금 입금에 대한 거래를 기록하는 것이다.

○ 외상매출 : 자산 증가(외상매출금) 및 수익(매출) 발생
○ 외상매출대금 회수 : 새로운 자산(보통예금 등) 증가 및 기존 자산(외상매출금) 감소

한편, 비용발생일과 그 대금지급일이 다른 경우, 예를 들어 거래처 접대를 하고 신용카드를 사용하였다면, 비용발생일은 신용카드사용일이고, 그 대금지급일은 신용카드대금결제일로 신용카드사용일(비용이 발생한 날)에 비용발생에 대한 거래를 기록한 다음 그 대금결제일에 대금결제에 관한 거래(외상대금을 지급한 거래)를 다시 기록하는 것이다.

○ 신용카드사용일 : 비용 발생(접대비) 및 부채(미지급금) 증가
○ 신용카드결제일 : 부채(미지급금) 감소 및 자산(보통예금) 감소

▶ 매출거래 : 세금계산서 작성일자 (재화인도일, 용역제공완료일)
▶ 매입거래 : 세금계산서 작성일자 (재화인수일, 용역제공완료일)
  ○ 세금계산서에 해당하는 신용카드전표는 신용카드사용일이 전표작성일이며, 세금계산서에 해당하는 전기요금청구서, 전화요금청구서, 지로영수증 등은 작성일자가 거래일자로 매입세금계산서와 동일한 방법으로 전표를 작성한다.
▶ 외상매출금, 미수금 등의 회수일
▶ 외상매입금, 미지급금, 미지급비용 등의 지급일
▶ 비용발생일 : 신용카드대금 사용일, 급료발생일(급료를 해당 월의 다음달에 지급하는 경우), 전기요금영수증 수취일 등
  ○ 대부분의 소액비용은 비용 발생일에 그 대금을 지급하므로 지급일에 거래를 기록한다. 단, 비용에 대한 결제를 나중에 하는 경우 영수증 작성일자와 그 지급일이 다르므로 발생일에 비용발생 및 미지급비용 증가에 대한 거래를 기록하고, 나중에 미지급비용을 결제한 날 미지급비용 반제에 대한 전표를 작성한다.
▶ 일반 비용지출일 : 현금 등의 지급일

▣ 입금전표 및 출금전표 작성방법

① 과목 ~ 계정과목의 대분류 또는 중분류를 기록한다. 업체실정에 따라 과목구분이 필요한 경우(제조업종이 원가와 비용을 구분하여야 하는 경우 등)이외에는 기재하지 않아도 무방하다.
- 손익계정 : 예를 들어 제조업 및 건설업종의 경우 제조원가 및 판매비와관리비 비용을 구분하기 위하여 원가성 비용은 '원가'로 판매비와관리비에 해당하는 비용은 '판관비'로 기록하며, 기타 '영업외비용' 및 '영업외수익' 등으로 구분하여 기록한다.
- 재무상태표 계정 : 재무상태표 계정과목의 대분류 (유동자산, 비유동자산, 유동부채, 비유동부채, 자본) 또는 중분류(유동자산의 경우 당좌자산, 재고자산)를 기록한다. 실무에서는 통상 기재하지 아니한다.

② 항목 ~ 해당 계정과목을 기재한다.
③ 적요 ~ 거래내역을 구체적으로 기록한다.

▣ 대체전표 작성방법

① 계정과목 ~ 차변 및 대변의 해당 계정과목을 기재한다.
② 적요 ~ 거래내역을 구체적으로 기록한다.

▶ 동일날짜에 여러 건의 거래가 있는 경우에는 전표 종류별로 구분하여 여러 건을 한 장의 전표에 작성하여도 무방하다.

| 보 충 | 세금계산서 및 거래명세서 보관 방법 |

세금계산서 및 거래명세서는 전표에 첨부하지 않고 별도로 보관한다. 세금계산서는 매출과 매입세금계산서를 구분한 다음 일자별로 철하여 보관한다. 일정 기간의 거래를 합하여 정규영수증으로 세금계산서를 수취하는 경우 거래명세서는 거래에 관한 내역서로 매 건의 거래시마다 거래명세서를 수취하여 업체별, 일자별로 별도로 철하여 보관한다.

2 장부 작성 과정

❶ 거래 발생

자산, 부채 또는 자본의 증감이 발생한 사건을 거래라 하며, 거래가 발생하면, 분개장에 먼저 기록한 다음 총계정원장에 전기(옮겨 적는 것을 말한다.)한다.

▣ 주요부 작성

주요부란 경영활동과정에서 발생하는 모든 거래를 총괄하여 기록하는 장부로 분개장과 총계정원장이 있다.

거래가 발생하면, 주요장부인 분개장에 먼저 기록한 다음 해당 계정과목별 증감내용을 기록하는 총계정원장에 거래내용을 전기(옮겨 적음)한다.

□ 거래의 기록과 장부 및 재무제표 작성 과정

❷ 분개

거래가 발생하면, 분개장에 해당 거래 내용을 분개하여 기록하거나 전산으로 장부를 정리하는 경우 분개내용을 입력한다.

❸ 총계정원장 전기

총계정원장이란 해당 계정과목별 증감내용을 기록하는 주요장부로 분개장을 작성한 다음 총계정원장에 거래내용을 전기(옮겨 적음)하며, 총계정원장은 계정별원장이라고도 한다.

① 자산, 비용 항목의 증가는 해당 계정과목의 총계정원장 차변에 상대 계정과목 및 금액을 기재한다.

② 자산, 비용 항목의 감소는 해당 계정과목의 총계정원장 대변에 상대 계정과목 및 금액을 기재한다.

③ 부채, 자본, 수익 항목의 증가는 해당 계정과목의 총계정원장 대변에 상대 계정과목 및 금액을 기재한다.

④ 부채, 자본, 수익 항목의 감소는 해당 계정과목의 총계정원장 차변에 상대 계정과목 및 금액을 기재한다.

□ 총계정원장 작성 예시(자산 및 부채·자본 계정)

현금

월	일	계정과목	금액	월	일	계정과목	금액
12	1	자본금	500,000	12	1	임차보증금	300,000
12	31	외상매출금	50,000	12	2	보통예금	150,000
				12	5	비품	22,000
				12	15	복리후생비	2,000
				12	20	업무추진비	1,000
				12	31	급여	5,000
				12	31	지급임차료	10,000
				12	31	부가세예수금	1,000

외상매입금

월	일	계정과목	금액	월	일	계정과목	금액
12	31	보통예금	30,000	12	10	상품	4,000
				12	10	부가세예수금	4,000

보통예금

월	일	계정과목	금액	월	일	계정과목	금액
12	2	현금	150,000	12	15	통신비	5,000
12	2	단기차입금	200,000	12	31	외상매입금	30,000
12	15	이자수익	1,000	12	31	이자비용	1,000

부가세예수금

월	일	계정과목	금액	월	일	계정과목	금액
				12	12	외상매출금	8,000

외상매출금

월	일	계정과목	금액	월	일	계정과목	금액
12	12	매출	88,000	12	31	보통예금	50,000
12	12	부가세예수금	8,000				

단기차입금

월	일	계정과목	금액	월	일	계정과목	금액
				12	2	보통예금	200,000

부가세대급금

월	일	계정과목	금액	월	일	계정과목	금액
12	5	현금	2,000				
12	10	외상매입금	4,000				
12	31	현금	1,000				

자본금

월	일	계정과목	금액	월	일	계정과목	금액
				12	1	현금	500,000

상품

월	일	계정과목	금액	월	일	계정과목	금액
12	10	외상매입금	40,000				

비품

월	일	계정과목	금액	월	일	계정과목	금액
12	5	현금	20,000				

임차보증금

월	일	계정과목	금액	월	일	계정과목	금액
12	1	현금	300,000				

- 자산, 부채, 자본 계정의 잔액은 재무상태표를 구성하며, 잔액은 차기로 이월된다.
- 자산 계정의 증가는 차변에 기록하며, 부채·자본 계정의 증가는 대변에 기록한다.

□ 총계정원장 작성 예시(비용 및 수익 계정)

급여

월	일	계정과목	금액	월	일	계정과목	금액
12	31	현금	5,000				

상품매출

월	일	계정과목	금액	월	일	계정과목	금액
				12	12	외상매출금	80,000

복리후생비

월	일	계정과목	금액	월	일	계정과목	금액
12	15	현금	2,000				

이자수익

월	일	계정과목	금액	월	일	계정과목	금액
				12	12	보통예금	1,000

접대비

월	일	계정과목	금액	월	일	계정과목	금액
12	20	현금	1,000				

장부 분류

❹ 보조부 기록

보조부란 주요장부(분개장, 총계정원장)에서 그 거래내용을 충분히 기록할 수 없는 내용을 보다 자세히 기록·관리하기 위하여 작성하는 장부로서 현금출납장, 매출처원장, 매입처원장, 현금출납장, 매입매출장, 받을어음기입장, 지급어음기입장 등이 으며, 보조부는 기업 실정에 따라 필요하지 않는 경우 작성하지 않아도 된다.

지출결의서

기업에서 발생하는 거래는 원칙적으로 전표를 작성하여 거래를 기록하여야 한다. 반면, 지출결의서란 소규모 기업이 출금에 관한 내용만을 기록하는 출금전표 대용으로 작성하는 것으로 지출결의서만을 작성하는 기업의 경우 입금에 관한 사항은 사장 또는 부서장이 별도로 관리한다. 따라서 거래를 정상적으로 기록하기 위해서는 전표를 작성하여야 한다.

▶ 지출결의서 작성방법

지출결의서는 현금 및 예금이 출금된 날 작성하며, 전표를 사용하지 않는 소규모기업이 출금에 대한 영수증 등을 첨부하기 위한 것이다.

○ 발의란 : 물품대금 등을 결제하기 위하여 결정한 날을 말하며, 특별한 의미가 없으므로 통상 기재하지 않는다.
○ 결재란 : 물품대금 등을 결제하기 위하여 관리자의 승인을 받는 날

○ 지출란 : 물품대금 등을 실제 결제한 날짜를 기록한다.
○ 계정과목란 : 유사한 성격의 지출항목을 요약하여 통일된 용어로 축약한 것을 계정과목이라 한다. (복리후생비, 통신비, 여비교통비 등) 손익계산서를 작성할 필요가 없는 경우에는 계정과목을 기록할 필요가 없는 것이나 회사의 지출 및 수입내역에 대한 계정과목별 집계가 필요한 회사의 경우 기재한다.
○ 적요란 : 지출에 대한 내역을 간략하게 기재한다.
○ 금액란 : 지출금액
○ 영수자란 : 거래와 관련하여 대금을 지급하고, 입금표를 수취하지 않는 경우에 그 지급 사실을 증명하기 위하여 영수자의 성명 및 날인을 받아둔다.

결제	담당	대리	과장	부장	상무	전무	사장

지 출 결 의 서

일금   ₩

발의	년 월 일	인		처리사항	
결제	년 월 일	인		계정과목	
지출	년 월 일	인			

내 역		
적 요	금 액	비 고
합 계		

위 금액을 영수(청구)하나이다.
200 년 월 일
영수자

5 보조장부 작성

> 보조장부란 주요장부(분개장, 총계정원장)에서 그 거래내용을 충분히 기록할 수 없는 내용을 보다 자세히 기록·관리하기 위하여 작성하는 장부다. 예를 들면, 외상매출금이나 외상매입금등의 입출금거래에 대하여 별도의 보조부를 작성하지 않고 매출장, 매입장에만 기입하면 거래처별로 받을 금액이나 지급할 금액의 변동내역을 알 수가 없으므로 거래처별 외상매출금 원장, 거래처별 외상매입금 원장을 작성하여 잔액을 관리하여야 하는 것이다. 이러한 보조부는 반드시 작성하여야 하는 것은 아니며, 회사 실정에 따라 선택하여 작성한다.

1 현금출납장

❶ 현금출납장

현금출납장이란 현금의 입금 및 출금에 대한 거래내역을 기록하는 장부로서 현금에는 통화(현금)외에 타인발행수표, 자기앞수표 등 통화대용증권을 포함한다.

현금출납장은 회계원칙에 의하여 장부를 작성하는 기업뿐만 아니라 개인 또는 개인사업자의 경우에도 금전 등의 입금 및 출금에 대한 거래를 기록하는 장부로 일명 금전출납부라고도 한다.

현금의 입금 및 출금에 대하여 그 거래내역을 현금출납장에 기록함으로서 기업이 보유하고 있는 현금잔고를 즉시 파악할 수 있고, 그 수입 및 지출의 원인을 알아 볼 수 있다.

전통적으로 현금출납장은 기업에서 작성하는 매우 중요한 장부로 인식되어 왔으나 오늘날에는 기업의 결제거래가 주로 보통예금 이체를 통하여 이루어지고 현금을 회사내에 보관하게 되면, 분실 또는 도난 위험으로 점차 현금거래가 줄어들면서 현금거래는 소액자금의 즉시 결제를 위하여 자금을 집행하는 부서(경리부, 영업부 등)에 전도하여 그 지출에 대한 내역을 기록하는 정도의 장부로 기록하고 있는 추세다.

한편, 복식부기에 의하여 장부를 작성하는 기업의 경우 대부분 전산프로그램으로 경리업무를 처리하고 있으므로 현금출납장의 경우에도 전산으로 출력하나 현금 입출금거래에 대하여는 수기장부가 가지고 있는 편의성이 있으므로 기업에 따라서는 현금 입출금거래에 대하여 먼저 수기로 장부를 작성한 다음 전산에 입력하기도 한다.

❷ 현금출납장 작성 사례

① 8. 1 보통예금에서 현금 1,000,000원을 인출하다.
② 8. 1 식대 30,000원을 대성식당에 현금으로 지급하다.
③ 8. 2 직원 김길동에게 시내교통비 10,000원을 현금으로 지급하다.
④ 8. 2 색동문구에서 문구류를 구입하고 12,000원을 현금으로 지급하다.
⑤ 8. 2 직원 식대 15,000원을 대성식당에 현금으로 지급하다.
⑥ 8. 3 신문대금 12,000원을 납부하다.
⑦ 8. 4 거래처 직원과 식사를 하고 50,000원을 현금으로 지급하다.
⑧ 8. 4 직원 식대 8,000원을 대성식당에 현금으로 지급하다.
⑨ 8. 5 신문대금 15,000원을 현금으로 지급하다.
⑩ 8. 5 수도요금 30,000원을 현금으로 지급하다.

현 금 출 납 장

년 월	일	적 요	입 금	출 금	잔 액
8	1	보통예금 현금인출	1,000,0000		
8	2	식대		30,000	970,000
8	2	시내출장비		10,000	
8	2	문구대		12,000	
8	2	직원 식대		15,000	933,000
8	3	신문대금		12,000	921,000
8	4	거래처 식대		50,000	871,000
8	4	직원 식대		8,000	863,000
8	5	신문대금		15,000	848,000
8	5	수도요금		30,000	818,000

2 매출장 및 매출처원장

❶ 매출장

매출장이란 매출발생시 매출거래에 대하여 별도로 작성하는 장부로 물품 등의 공급일 (통상 세금계산서 작성일)에 매출장을 작성한다.

▣ 거래명세서와 월합계 세금계산서

상품 또는 제품 등의 매출시 그 대금영수 여부와는 관계없이 상품 등의 출고된 시점마다 원칙적으로 매출세금계산서를 발행하여야 한다.

그러나 계속적인 거래가 있는 업체의 경우 상거래의 편의를 제공하기 위하여 세법은 매 번의 거래시에는 거래명세서를 주고받고 1개월간 거래를 합하여 해당 월의 다음 달 10일(작성일자는 반드시 해당 월의 말일을 기재하여야 함)까지 월합계 세금계산서를 주고받을 수 있도록 규정하고 있다. 한편, 월합계 세금계산서를 주고받는 업체의 경우에는 매 번의 거래내역인 거래명세서 내역 또는 상품(원재료)수불부를 거래처별로 기록하여야 월간 총매출액을 계산할 수 있고, 월합계 세금계산서 발행의 근거자료가 된다.

❷ 매출처원장(매출 거래처원장)

외상거래로서 거래처별로 관리를 하여야 하는 경우 거래처원장을 작성한다. 거래처원장이란 물품 등을 판매하고 그 대금을 외상으로 하는 경우 각각의 거래처별로 물품 판매대금의 외상발생 및 입금에 관한 내용을 기록하기 위하여 작성하는 거래처별 외상매출장부이다. 따라서 거래처별로 별도 외상관리가 필요 없는 단 건 거래 및 현금거래시에는 거래처원장을 작성할 필요가 없다.

▶ 매출과 대금회수과정

- ■ 표시 거래에서 대금 회수 완료

❸ 매출장 및 매출처원장 작성 예시

(주)리치는 의류제조업체로 20××년 6월 중 의류 10,000,000원(공급가액)을 신세계 백화점에 납품하고 6. 30 세금계산서를 발행하여 발급하다. 그 대금은 나중에 지급받기로 하다. (공급가액 10,000,000원, 세액 1,000,000원)

▣ 물품 출고시 거래명세서 발행 및 상품(재고)수불부 작성

도, 소매업의 경우 상품(제조업은 원재료 및 제품)의 입고 및 출고에 대하여 품목별, 업체별, 일자별로 입고 및 출고에 대한 거래내역을 기입하는 장부다. 상품수불부는 업체규모 또는 업종별로 상품수불부를 작성하여야 할 사유가 각각 다르므로 업체 실정에 맞게 작성하면 된다.

상 품 수 불 부

업체명 : 신세계백화점

일자		품 목	수량	단가	거 래 금 액		합계금액	비고
월	일				공급가액	세 액		
6	2	원사			1,700,000	170,000		
6	5	원사			1,200,000	120,000		
6	10	원사			2,500,000	250,000		
6	15	원사			800,000	80,000		
6	29	원사			3,800,000	380,000		
6	30	거래금액총합계			10,000,000	1,000,000	11,000,000	
6	30	매출세금계산서			10,000,000	1,000,000	11,000,000	
		차 월 이 월			0	0	0	

- 재고관련 전산프로그램을 사용하지 않는 소기업
  계속 거래처인 경우 1개월간의 거래내용을 집계하기 위하여 작성한다.
- 재고관련 전산프로그램을 사용하는 기업
  전산프로그램에 의하여 재고 입고 및 출고를 관리한다.

▣ 매출세금계산서 발행시(6월 30일)

· 세금계산서 발행(◎)
· 전표 발행(◎)
· 매출장 작성(◎)
· 거래처원장 작성(◎)
· 총계정원장 작성(◎)

□ 매입매출거래 입력

차 변		대 변	
외상매출금	11,000,000	매출	10,000,000
		부가세예수금	1,000,000

□ 전표 발행

대 체 전 표					결재	담당	대리	과장	부장	대표
NO_____		20××년 6월30일								
계정과목	적 요	금 액	계정과목	적 요		금 액				
외상매출금	외상매출	11,000,000	매 출	신세계백화점		10,000,000				
			부가세예수금			1,000,000				
합 계		11,000,000	합 계			11,000,000				

□ 매출장

			매 출 장						
월	일	적 요	거래처명	품 명	수 량	단 가	공급가액	세 액	
6	30	매출	신세계백화점				10,000,000	1,000,000	

③ 매입장 및 매입처원장

❶ 매입장

매입장이란 물품(상품, 원재료 등) 등을 매입하고 세금계산서를 수취하는 거래에 대하여 별도로 작성하는 장부로 물품 등의 인수일 (통상 세금계산서 작성일)에 매입장을 작성한다.

▣ 거래명세서와 월합계 세금계산서

상품 또는 제품 등의 매입시 그 대금영수 여부와는 관계없이 상품 등의 입고된 시점마다 원칙적으로 매입세금계산서를 수취하여야 한다. 그러나 계속적인 거래가 있는 업체의 경우 상거래의 편의를 제공하기 위하여 세법은 매 번의 거래시에는 거래명세서를 주고받고 1개월간 거래를 합하여 해당 월의 다음 달 10일(작성일자는 반드시 해당 월의 말일을 기재하여야 함)까지 월합계 세금계산서를 주고받을 수 있도록 규정하고 있다. 한편, 월합계 세금계산서를 주고받는 업체의 경우에는 매 번의 거래내역인 거래명세서 내역을 거래처별로 기록하여야 월간 총매입액을 계산할 수 있고 월합계 세금계산서 수취의 근거자료가 된다.

❷ 매입처원장(매입거래처원장)

외상거래로서 매입처별로 관리를 하여야 하는 경우 거래처원장을 작성한다. 거래처원장이란 물품 등을 매입하고 그 대금을 외상으로 하는 경우 각각의 거래처별로 물품 매입대금의 외상발생 및 결제에 관한 내용을 기록하기 위하여 작성하는 거래처별 외상관리장부다. 따라서 거래처별로 별도 외상관리가 필요 없는 단 건 거래 및 현금거래시에는 거래처원장을 작성할 필요가 없다.

❸ 매입장 및 매입처원장 장부 작성 예시

(주)리치는 원사(원재료) 10,000,000원을 (주)대일원사로부터 7월 중에 납품받고 7. 31. 매입세금계산서를 수취하다.
(공급가액 10,000,000원, 세액 1,000,000원, 합계 11,000,000원)

▣ 물품 입고시 거래명세서 수취 및 상품수불부 작성

도, 소매업의 경우 상품(제조업은 원재료 및 제품)의 입고 및 출고에 대하여 품목별, 업체별, 일자별로 입고 및 출고에 대한 거래내역을 기입하는 장부로서 상품수불부는 업체규모 또는 업종별로 상품수불부를 작성하여야 할 사유가 각각 다르므로 업체 실정에 맞게 작성하면 된다.
최근에는 상품수불부를 작성하여야 하는 기업의 경우 대부분 재고관련 전산프로그램을 도입하고 있는 실정이며 본 장에서는 일반적인 내용을 살펴보자.

상 품 수 불 부

업체명 : (주)대일원사

일자		품목	수량	단가	거래금액		합계금액	비고
월	일				공급가액	세액		
7	2	원사			1,700,000	170,000		
7	5	원사			1,200,000	120,000		
7	10	원사			2,500,000	250,000		
7	15	원사			800,000	80,000		
7	29	원사			3,800,000	380,000		
7	31	거래금액총합계			10,000,000	1,000,000	11,000,000	
7	31	매입세금계산서			10,000,000	1,000,000	11,000,000	
		차 월 이 월			0	0	0	

- 재고관련 전산프로그램을 사용하지 않는 소기업
  계속 거래처인 경우 1개월간의 거래내용을 집계하기 위하여 작성한다.
- 재고관련 전산프로그램을 사용하는 기업
  전산프로그램에 의하여 재고 입고 및 출고를 관리한다.

▣ 매입세금계산서 수취시(7월 31일)

- 매입매출전표입력
- 전표(◎)
- 매입장(◎)
- 총계정원장 작성(◎)
- 거래처원장(◎)

☐ 매입거래 입력

차 변		대 변	
원재료	10,000,000	외상매입금	11,000,000
부가세대급금	1,000,000		

☐ 전표발행

대 체 전 표

NO _____   20××년 7월31일

결재: 담당 | 대리 | 과장 | 부장 | 대표

계정과목	적 요	금 액	계정과목	적 요	금 액
원재료	원사 매입	10,000,000	외상매입금	(주)대일원사	11,000,000
부가세대급금		1,000,000			
합 계		11,000,000	합 계		11,000,000

☐ 매입장

매 입 장

월	일	적 요	거래처명	품명	수량	단가	공급가액	세액
7	31	원재료 매입	(주)대일원사				10,000,000	1,000,000

4 재고자산수불부

❶ 재고자산수불부

상품, 원재료, 제품 등의 수불과 관련하여 작성하는 장부로 상품수불부, 원재료수불부, 제품수불부를 통틀어 재고수불부라 한다. 재고수불부는 재고자산의 입고 및 출고를 계속적으로 기록하는 장부로서 상품의 종류 및 거래처가 많고, 입고 및 출고가 빈번하면 수기로 재고수불부를 작성하기가 쉽지 않으므로 대부분 전산으로 처리한다.

한편, 상품의 품목이 많고, 상품의 등급, 규격 등이 다양한 경우 상품 종류별, 업체별로 상품수불부를 작성하는 데는 많은 시간과 노력이 필요하므로 기업의 규모, 업종에 따라 그 유용성을 판단하여 실정에 맞는 상품수불부를 작성한다.
예를 들어 원재료를 가공하여 제품을 생산.판매하는 제조기업의 경우에

[원재료 창고 입고 ▶ 원재료 공장 출고] → 가공 → [제품 완성 ▶ 제품 출고]

라는 과정이 이루어지므로 원재료수불부와 제품수불부를 별도로 작성하여야 한다. 그러나 소규모 기업에서 이와 같은 방법으로 장부를 기록하다 보면 실익도 없이 관리업무만 복잡하게 되는 결과가 초래 될 것이다. 따라서 소규모 제조기업으로 원재료 수불관리가 필요하다면, 기업 실정을 감안하여 회사상황에 적합한 원재료 수불부를 작성하여야 할 것이다.

일반적으로 소규모 기업의 경우에는 원재료수불부를 작성하기보다는 고정거래처와 거래시 매 번의 재고자산 입고 및 출고시 거래명세서에 근거하여 거래처별로 재고자산 입고 및 출고장부를 기록하고 1개월간의 총거래금액을 합산하여 월합계 세금계산서를 주고받는 근거장부를 작성하는 정도로 재고자산의 입고 및 출고에 대한 내용만 기록하고 있는 것이 현실이다.

▣ 재고자산 입고 및 세금계산서 수취시 작성하는 장부

① 월합계 세금계산서 수취업체
- 거래명세서 수취 : 재고수불부
- 세금계산서 수취 : 전표, 매입장, 총계정원장, 거래처원장(계속 거래처와의 거래 또는 외상거래시 작성)
- 매입대금결제 : 전표, 현금(보통예금)출납장, 거래처원장, 총계정원장

② 매 번의 거래시마다 세금계산서를 수취하는 업체
- 세금계산서 수취시 : 재고수불부, 전표, 매입장, 총계정원장, 거래처원장(계속 거래처와의 거래 또는 외상거래시 작성)
- 매입대금결제시 : 전표, 현금(보통예금)출납장, 거래처원장, 총계정원장

▣ 재고자산 출고 및 세금계산서 발행시 작성하는 장부

① 월합계 세금계산서 발행업체
- 거래명세서 발행 : 재고수불부
- 세금계산서 발행 : 세금계산서발행, 전표, 매출장, 총계정원장, 거래처원장 작성
- 매출대금 입금시 : 전표, 현금(보통예금)출납장, 거래처원장, 총계정원장

② 매 번의 거래시마다 세금계산서를 발행하는 업체
- 세금계산서 발행시 : 재고수불부, 세금계산서발행, 전표, 매출장, 총계정원장, 거래처원장(외상거래시)
- 매출대금 입금시 : 전표, 현금(보통예금)출납장, 거래처원장, 총계정원장

| 보 충 | 재고자산의 취득가액에 포함하여야 하는 것

- 매입 운임, 매입 물품의 보험료
- 수입물품 : 수입시 발생하는 제비용(관세, 통관수수료, 창고보관료, 운임 등)

❷ 재고수불부 작성 사례

> 예 제 │ 상품수불 내역

① 7. 1   볼펜 전월이월액 20,000원 (20개, 매입단가 1,000원)
② 7. 2   (매입) 가가상사에서 볼펜 36,000원(30개, 매입단가 1,200원)어치를 매입하고 거래명세서를 받다.
③ 7. 5   (매출) 갑진상사에게 볼펜 37,500원(25개, 매출단가 1,500원)어치를 판매하고 거래명세서를 발행하여 주다.
④ 7. 10 (매입) 안동상사에서 볼펜 22,000원(20개, 매입단가 1,100원)어치를 매입하고 세금계산서를 수취한 다음 그 대금은 현금으로 지급하다.
⑤ 7. 12 (매입) 가가상사에서 볼펜 13,000원(10개, 매입단가 1,300원)어치를 매입하고 거래명세서를 받다.
⑥ 7. 15 (매출) 갑진상사에게 볼펜 32,000원(20개, 매출단가 1,600원)어치를 판매하고 거래명세서를 발행하여 주다.
⑦ 7. 20 (매출) 세진상사에게 볼펜 18,000원(10개, 매출단가 1,800원)어치를 판매하고 세금계산서를 발행한 다음 그 대금은 현금으로 받다.
⑧ 7. 25 (매입) 가가상사에서 볼펜 80,000원(50개, 매입단가 1,000원)어치를 매입하고 거래명세서를 받다.
⑨ 7. 27 (반품) 가가상사에서 7. 25 매입한 볼펜 중 하자가 있는 상품 10개를 반품하고, 반품에 대한 거래명세서를 받다.
⑩ 7. 30 (매출) 갑진상사에게 볼펜 60,000원(40개, 매출단가 1,500원)어치를 판매하고 거래명세서를 발행하여 주다.
⑪ 8. 5   가가상사에서 월합계 세금계산서(작성일자: 7. 31)를 수취하고 그 대금은 나중에 주기로 하다. [공급가액 88,000원, 세액 8,800원]
⑫ 8. 6   갑진상사에 월합계 세금계산서(작성일자: 7. 31)를 발행하여 주고 그 대금은 나중에 받기로 하다. [공급가액 129,500원, 세액 12,950원]

▶ 재고관련 프로그램을 사용하지 않는 업체로서 월합계 세금계산서를 수수하는 업체인 경우 매번의 거래내용에 대하여 거래내역을 기록하고, 월간 합계를 집계하기 위하여 매입처별 거래내역 또는 매출처별 거래내역을 기록하여 관리한다.

매입처별거래명세내역

매입처별거래명세내역

거래처명 : 가가상사

일자		품목	수량	단가	거래금액		외상매입금 차변(증가)	외상매입금 대변(감소)	외상매입금 잔액
월	일				공급가액	세액			
7	2	볼펜	30	1200	36,000	3,600			
7	12	볼펜	10	1300	13,000	1,300			
7	25	볼펜	50	1000	50,000	5,000			
7	27	볼펜 반품	10	1000	-10,000	-1,000			
		거래금액총합계			89,000	8,900			
7	31	매입세금계산서			89,000	8,900	97,900		
		차월이월							

매입장 예시

매 입 장

년		유형	코드	계정과목	거래처명		품명	거래내용		매입액	
월	일				코드	거래처명		수량	단가	금액	세액
7	10	과세	146	상품	***	안동상사	볼펜	20	1100	22,000	2,200
7	31	과세	146	상품	***	가가상사	볼펜			89,000	8,900

매출처별거래명세내역

매출처별거래명세내역

거래처명 : 갑진상사

일자		품목	수량	단가	거래금액		외상매출금 차변(증가)	외상매출금 대변(감소)	외상매출금 잔액
월	일				공급가액	세액			
7	5	볼펜	25	1500	37,500	3,750			
7	15	볼펜	20	1600	32,000	3,200			
7	30	볼펜	40	1500	60,000	6,000			
		거래금액총합계	85		129,500	12,950			
7	31	매출세금계산서	85		129,500	12,950	142,450		
		차월이월							

매출장 예시

매 출 장

년		유형	코드	계정과목	거래처명		품명	거래내용		매출액	
월	일				코드	거래처명		수량	단가	금액	세액
7	20	과세	402	상품매출	***	세진상사	볼펜	10	1800	18,000	1,800
7	31	과세	402	상품매출	***	갑진상사	볼펜	85		129,500	12,950

5 받을어음기입장

❶ 받을어음기입장

받을어음기입장이란 수취한 어음의 양도, 할인, 만기추심 등에 관하여 기록하기 위한 별도의 장부(보조부)로서 어음 수취 및 받을어음 양도, 어음할인 및 어음만기추심 등 어음의 수취 및 양도에 관한 내용을 기록.관리하기 위하여 작성한다.

▣ 어음 수취

외상이란 물품 등을 구입하는 자가 물품구입 후 물품을 판매한 자에게 나중에 물품대금을 지급하여 줄 것을 구두로 약속하는 것이고, 어음이란 어음증서를 사용하여 주로 매입자가 매출자에게 거래 후 일정 시점에 대금 지급을 약속하는 외상거래의 일종으로 매출대금으로 어음을 수취한 자는 어음법에 의하여 대금지급을 보호받을 수 있으므로 상거래에서 어음을 많이 사용한다. 매출대금으로 어음을 받는 경우 받을어음기입장에 받을어음 수취에 대한 내용을 기재한다.

▣ 어음의 양도, 할인, 만기추심

어음이란 어음을 발행한 자가 일정 시점(지급을 약속한 날)에 어음상의 금액을 어음발행인이 지정한 거래은행에서 어음을 소지한 자에게 그 지급을 약속하는 일종의 차용증서로서 상거래에서 대금 결제 수단으로 많이 사용된다.
따라서 어음을 소지한 자는 어음상의 금액을 나중에 지급받을 수 있는 채권을 보유한 것으로 타인에게 양도하거나, 만기일(대금지급을 약속한 날) 이전에 이 어음을 담보로 금융기관에서 돈을 빌릴 수도 있는 것이다.

- 배서양도 : 외상매입금 등을 결제하기 위하여 받을어음을 양도하는 것
- 어음할인 : 받을어음을 담보로 돈을 빌리는 것
- 만기입금 : 어음 만기일에 거래은행에 추심하여 현금화하는 것

> **보 충** 당좌예금

기업이 은행과 당좌거래를 개설한 후 예치한 당좌예금 범위 내에서 은행이 교부한 당좌수표 결제에 필요한 금액을 기입하여 타인에게 발행하여 주면, 수표를 수취한 자는 은행에 당좌수표 제시와 동시에 수표금액을 현금화 할 수 있다. 따라서 수표를 발행하는 기업은 당좌예금 예치금액 범위 내에서 수표를 발행하여야 하며, 만일 수표 또는 어음의 소지인이 은행에 그 지급을 하였으나 발행인의 당좌예금 잔고가 부족하면 수표는 부도처리되는 것이다.

반면, 어음의 경우에는 발행인이 지정한 지급기일(만기일)에 현금화 할 수 있으므로 어음의 소지인은 지급기일에 어음을 현금화 할 수 있다. 따라서 어음의 발행인은 어음상에서 지정한 만기일 이전에 거래은행의 당좌예금에 어음발행금액 이상을 예치하여야 한다.

> **보 충** 당좌차월

은행과의 사전 약정에 의하여 당좌예금잔고가 없는 경우에도 일정 금액까지 당좌수표를 발행할 수 있으며, 예금 잔고를 초과하여 수표를 발행한 금액을 당좌차월이라 한다. 즉, 당좌차월은 금융기관으로부터 자금을 일시 빌린 부채에 해당한다.

> **보 충** 진성어음(상업어음) 및 융통어음

상품을 매입하고 그 대금은 어음을 발행하여 지급(지급어음)하거나, 물품 등을 판매하고 어음을 받은 경우(받을어음) 등과 같이 정상적인 영업활동에서 사용하는 어음을 상업어음 또는 진성어음이라 한다. 반면, 상품의 판매와는 관계없이 기업에서 자금을 차입하기 위하여 자금을 빌려주는 자에게 차용증서 대신 어음을 발행하여 주는 경우가 있으며, 이러한 어음을 융통어음이라 한다.

❷ 받을어음기입장 작성 사례

▣ 외상 매출 회계처리 및 장부 작성

7. 31 (주)진도에 물품 20,000,000원(부가가치세 2,000,000원 별도)을 판매하고 세금계산서를 발급한 후 대금은 나중에 받기로 하다.

□ 매입매출거래 입력

차 변		대 변	
외상매출금	22,000,000	매출	20,000,000
		부가세예수금	2,000,000

□ 매출장(◎)

매 출 장

월	일	적 요	거래처명	품 명	수 량	단 가	공급가액	세 액
7	31	매출	(주)진도				20,000,000	2,000,000

▣ 외상 매입 회계처리 및 장부 작성

7. 31 한미상사에서 원재료 6,000,000원 (부가세 600,000원 별도)을 구입하고 세금계산서를 발급받은 후 그 대금은 나중에 지급하기로 하다.

□ 일반전표입력

차 변		대 변	
원재료	6,000,000	외상매입금	6,600,000
부가세대급금	600,000		

□ 매입장(◎)

매 입 장

월	일	적 요	거래처명	품 명	수 량	단 가	공급가액	세 액
7	31	매입	한미상사				6,000,000	600,000

▣ 외상매출대금 어음 입금 회계처리 및 장부 작성

8. 20 (주)진도로부터 외상매출대금 22,000,000원을 어음으로(3장) 지급받다.
• 지급장소 : 한미은행 종로지점 • 만기일 11. 30
• 어음금액   6,000,000원, 4,000,000원, 12,000,000원

☐ 일반전표입력

차 변		대 변	
받을어음	22,000,000	외상매출금	22,000,000

☐ 받을어음기입장(◎)

200×		적요	금액	어음 번호	지급인	발행인	발행일		만기일		지급장소	처리전말		비고
월	일						월	일	월	일		월	일 전 말	
8	20	매출대금	6,000,000	*****	(주)진도	(주)진도	8	20	11	30	한미 종로			
8	20	매출대금	4,000,000	*****	(주)진도	(주)진도	8	20	11	30	한미 종로			
8	20	매출대금	12,000,000	*****	(주)진도	(주)진도	8	20	11	30	한미 종로			

■ 어음할인대금 보통예금 입금 회계처리 및 장부 작성

8. 22 받을어음 12,000,000원을 은행에 할인하고 할인료 332,054원을 공제한 11,667,946원이 국민은행 보통예금에 입금되다. (할인율 : 10%)

▶ 어음할인의 경우 매출채권을 매각하는 거래로 보아 액면금액과 매각금액의 차액을 '매출채권매각손실'로 처리할 수도 있으나 실무에서는 통상 차입거래로 보아 이자비용으로 처리한다.

☐ 일반전표입력

차 변		대 변	
보통예금	11,667,946	받을어음	12,000,000
이자비용	332,054		

* 이자비용 : 12,000,000원 × 10%(할인율) × 101(할인일수 : 8.22 ~ 11.30)/365

☐ 받을어음기입장(◎)

		적요	금액	어음 번호	지급인	발행인	발행일		만기일		지급장소	처리전말		비고
월	일						월	일	월	일		월	일 전 말	
8	20	매출대금	6,000,000	*****	(주)진도	(주)진도	8	20	11	30	한미 종로			
8	20	매출대금	4,000,000	*****	(주)진도	(주)진도	8	20	11	30	한미 종로			
8	20	매출대금	12,000,000	*****	(주)진도	(주)진도	8	20	11	30	한미 종로	8	22 어음할인	

보충 | 어음할인

타인으로부터 받은 어음은 나중에 그 금액을 받을 수 있는 채권이다. 따라서 어음을 발행한 자가 그 지급을 약속한 날짜(지급기일)에 틀림없이 어음금액을 지급할 것으로 믿을 수 있다면,(어음을 발행한 자의 신용이 높은 경우) 금융기관은 이 어음을 담보로 지급기일까지 어음소지인에게 이자를 받고 돈을 빌려 줄 수 있을 것이다. 즉 어음소지인이 어음을 담보로 은행에 돈을 빌리는 것을 어음할인이라 한다.

▣ 받을어음 배서양도 회계처리 및 장부 작성

8. 31 어음금액 6,000,000원은 한미상사에 대한 외상매입금을 지급하기 위하여 (주)진도로부터 받은 어음을 한미상사에 양도하다.
잔액 600,000원은 국민은행 보통예금에서 PC뱅킹으로 이체하다.

□ 일반전표입력

차 변		대 변	
외상매입금	6,600,000	받을어음	6,000,000
		보통예금	600,000

□ 받을어음기입장(◎)

월	일	적요	금액	어음번호	지급인	발행인	발행일 월	발행일 일	만기일 월	만기일 일	지급장소	처리전말 월	처리전말 일	처리전말 전말	비고
8	20	매출대금	6,000,000	*****	(주)진도	(주)진도	8	20	11	30	한미 종로	8	31	배서양도	
8	20	매출대금	4,000,000	*****	(주)진도	(주)진도	8	20	11	30	한미 종로				
8	20	매출대금	12,000,000	*****	(주)진도	(주)진도	8	20	11	30	한미 종로	8	22	어음할인	

▣ 배서양도와 회계처리

어음은 어음에 기재된 금액을 지급기일에 어음발행인으로부터 지급받을 수 있는 채권으로 어음상의 권리를 양도할 수 있으며, 양도시 어음 뒷면(背)에 필요한 사항을 기입(書)하고 서명날인하여 양도하기 때문에 배서양도라 한다.

배서양도한 어음은 지급기일에 발행인이 지급을 완료하여야 비로소 채권채무 관계가 소멸되므로 어음을 배서양도한 경우에도 추후 지급기일에 어음발행인이 지급을 하지 못하였을 때 어음을 배서양도한 자도 어음을 양도받은 자에게 어음상의 금액을 변제하여야 할 책임이 있으므로 어음대금이 결제될 때까지는 우발적인 채무가 존재하게 된다. 이 사실을 기록하기 위하여 받을어음 배서양도시에는 배서어음이란 우발채무계정을 사용하고 나중에 배서양도한 어음이 결제된 경우에 배서어음이란 계정과목은 소멸되고 받을어음도 없어지게 된다.

[예시 1] 일동상사에 대한 외상매입대금 1,000,000원을 지급하기 위하여 매출대금으로 대동상사에서 받은 받을어음 1,000,000원을 배서양도하다.

차 변		대 변	
외상매입금	1,000,000	배서어음	1,000,000

[예시 2] 일동상사에 배서양도한 어음이 결제되었음을 통보받다.

차 변		대 변	
배서어음	1,000,000	받을어음	1,000,000

단, 받을어음의 배서양도가 빈번히 발생하지 않고 외부회계감사대상법인이 아닌 경우 약식으로 받을어음양도 즉시 받을어음이 감소된 것으로 거래를 기록하고 배서양도한 어음이 부도발생하면 어음대금 지급금액을 부도어음으로 대체처리 하여도 무방하다.

[예시 1] 받을어음 배서양도시

차 변		대 변	
외상매입금	1,000,000	받을어음	1,000,000

[예시 2] 배서양도한 어음 부도시

차 변		대 변	
부도어음	1,000,000	현금	1,000,000

▣ 받을어음 만기 추심 회계처리 및 장부 작성

11. 30 받을어음 4,000,000원이 만기가 되어 거래은행에 추심하고 추심수수료 10,000원을 공제한 3,990,000원이 국민은행 보통예금에 입금되다.

□ 일반전표입력

차 변		대 변	
보통예금	3,990,000	받을어음	4,000,000
지급수수료	10,000		

□ 받을어음기입장(◎)

월	일	적요	금액	어음번호	지급인	발행인	발행일 월	발행일 일	만기일 월	만기일 일	지급장소	처리전말 월	처리전말 일	전말	비고
8	20	매출대금	6,000,000	*****	(주)진도	(주)진도	8	20	11	30	한미 종로	8	31	배서양도	
8	20	매출대금	4,000,000	*****	(주)진도	(주)진도	8	20	11	30	한미 종로	11	30	만기입금	
8	20	매출대금	12,000,000	*****	(주)진도	(주)진도	8	20	11	30	한미 종로	8	21	어음할인	

▣ 부도어음 발생 및 회수 회계처리 및 장부 작성

200×. 12. 30 국민은행에 할인한 어음 (8. 30 덕원개발로부터 받은 받을어음 할인)이 부도가 되었음을 한미은행으로부터 통보받고 어음금액 10,000,000원 및 기타 제 비용 50,000원을 한미은행 보통예금에서 인출하여 즉시 한미은행에 지급하고, 덕원개발에 부도어음 금액의 상환을 청구하다.

□ 일반전표입력

차 변		대 변	
부도어음	10,050,000	보통예금	10,050,000

매출대금으로 수취한 어음을 금융기관에 어음을 할인하거나 배서.양도한 후 만기에 부도가 난 경우 사업자는 금융기관에 할인한 어음 또는 배서양도한 어음금액을 지급하여야 한다. 그리고 어음을 양도받은 거래처 또는 어음의 발행인에게 즉시 부도금액을 청구하여야 한다.

6 지급어음기입장

❶ 지급어음기입장

지급어음기입장이란 거래은행과 어음발행에 대한 당좌계약을 체결하고 어음을 발행하는 경우 어음발행 및 그 결제에 대한 내용을 기록하는 보조장부다.

물품 등을 구입하고 어음을 발행하여 그 대금을 지급하는 것은 어음이란 채무증서를 발행하여 장차 일정 시점에 대금을 지급하겠다는 일종의 외상매입이다.
따라서 물품대금 등을 어음을 발행하여 지급하는 경우 그 지급을 약속한 지급기일(만기일)에 어음을 소지한 자가 어음대금의 지급을 청구하면 그 때 어음발행인의 당좌예금에서 어음금액이 인출된다.

❷ 지급어음기입장 작성 사례

▣ 외상 매입

(주)진보는 원사 5,000,000원(부가세 별도)을 (주)고려물산으로부터 8월중 납품받고, 8. 31 매입세금계산서를 수취한 후 그 대금은 나중에 지급하기로 하다.

□ 매입매출거래 입력

차 변		대 변	
원재료	5,000,000	외상매입금	5,500,000
부가세대급금	500,000		

□ 매입장

매 입 장

월	일	적 요	거래처명	품 명	수 량	단 가	공급가액	세 액
8	31	매입	(주)고려물산				5,000,000	500,000

▣ 외상매입대금 어음발행 지급

(주)고려물산에 대한 외상매입대금 5,500,000원을 9. 10 어음을 발행하여 지급하다. 지급일자 : 200×. 11. 30 지급장소 : 농협 중동지점

□ 일반전표입력

차 변		대 변	
외상매입금	5,500,000	지급어음	5,500,000

□ 지급어음기입장

월	일	적요	금액	어음번호	수취인	발행인	발행일 월	발행일 일	만기일 월	만기일 일	지급장소	처리전말 월	처리전말 일	처리전말 전말	비고
9	10	어음발행	5,500,000	***	(주)고려물산	(주)진보	9	10	11	30	농협중동				

▣ 지급어음 결제 회계처리 및 장부 작성

11. 30 (주)진보의 농협 당좌예금에서 9. 10 (주)고려물산에 발행한 어음발행 금액 5,500,000원이 인출되다.

□ 일반전표입력

차 변		대 변	
지급어음	5,500,000	당좌예금	5,500,000

□ 지급어음기입장

월	일	적요	금액	어음번호	수취인	발행인	발행일 월	발행일 일	만기일 월	만기일 일	지급장소	처리전말 월	처리전말 일	처리전말 전말	비고
9	10	어음발행	5,500,000	***	(주)고려물산	(주)진보	9	10	11	30	농협중동	11	30	결제	

6 일계표 및 시산표

1 일계표

❶ 일계표

일계표란 동일 날짜에 발생한 거래를 같은 계정과목별로 집계하여 대차평균의 원리에 의하여 일정한 순서로 작성한 표를 말한다. 일계표는 매일의 거래 건수가 많고, 거래와 관련한 각종 장부를 통제하여야 할 필요가 있는 경우 작성하는 장부로 거래 건수가 많지 않은 소규모기업의 경우에는 통상 작성하지 않는다.

일계표를 작성하는 경우 각각의 계정과목별로 증가 및 감소를 기록하는 총계정원장에의 전기는 매일 합계금액을 총계정원장에 전기한다. 한편, 전산프로그램을 사용하는 경우 자동으로 처리되므로 별도로 작성할 필요는 없다.

❷ 일계표 작성 사례

| 예 제 | 거래일자 20××. 7. 25

① 전일 현금 이월액 852,000원
② (주)동원상사에 상품 5,500,000원(부가세 포함)을 매출하고 그 대금은 나중에 받기로 하다.
③ 한라상사에 상품 990,000원(부가세 포함)을 매출하고 그 대금은 현금으로 영수하다.

④ 국도상사에서 상품 2,200,000원(부가세 포함)을 매입하고 그 대금은 어음으로 지급하다.
⑤ 일진문구에서 문구용품 50,000원을 구입하고 그 대금은 현금으로 지급하다.
⑥ 직원 김봉구의 업무출장시 출장여비 200,000원을 현금으로 지급하다.
⑦ 보통예금에서 1,500,000원을 현금으로 인출하다.
⑧ 대한물산 외상매입금 2,000,000원을 보통예금에서 인터넷뱅킹으로 이체하다. 이체수수료 500원 인출되다.
⑨ 직원 식대 80,000원을 현금으로 지급하다.
⑩ 전화요금 120,000원을 현금으로 납부하다.

▶ 분개

NO	차 변		대 변	
	계정과목	금 액	계정과목	금 액
②	외상매출금	5,500,000	매출	5,000,000
			부가세예수금	500,000
③	현금	990,000	매출	900,000
			부가세예수금	90,000
④	상품	2,000,000	지급어음	2,200,000
	부가세대급금	200,000		
⑤	사무용품비	50,000	현금	50,000
⑥	여비교통비	200,000	현금	200,000
⑦	현금	1,500,000	보통예금	1,500,000
⑧	외상매입금	2,000,000	보통예금	2,000,500
	지급수수료	500		
⑨	복리후생비	80,000	현금	80,000
⑩	통신비	120,000	현금	120,000

■ 일계표 작성 방법

• 매일 발생한 거래에 대하여 전표를 작성하여 계정과목별로 집계한다.
• 계정과목별 합계금액을 자산, 부채, 자본, 수익, 비용순으로 기록한다.

- 현금 입금거래는 입금의 원인인 해당 계정과목 현금 입금란에, 현금 출금거래는 출금의 원인인 해당 계정과목 현금 출금란에 기입한다.
- 현금 입·출금거래를 제외한 기타 모든 거래는 계정과목별로 집계하여 대체전표의 차변금액은 차변란에, 대변금액은 대변란에 기입한다.
- 대체거래의 차변금액 및 대변금액은 반드시 일치하여야 하므로 불일치시 그 원인을 규명하여 정정하여야 한다.
- 소계를 계산한 다음 현금전일 잔고와 금일잔고를 예시와 같이 기입한다.
- 합계란의 금액은 반드시 일치하여야 하며, 일치되지 않는 경우 그 원인을 규명하여 일치하도록 하여야 한다.

일 계 표

20××. 7. 25

차변			계정과목	대변		
합계	대체	현금출금		현금입금	대체	합계
			보 통 예 금	1,500,000	2,000,500	3,500,500
5,500,000	5,500,000		외 상 매 출 금			
200,000	200,000		부 가 세 대 급 금			
2,000,000	2,000,000		상 품			
2,000,000	2,000,000		외 상 매 입 금			
			지 급 어 음		2,200,000	2,200,000
			부 가 세 예 수 금	90,000	500,000	590,000
			매 출	900,000	5,000,000	5,900,000
80,000		80,000	복 리 후 생 비			
200,000		200,000	여 비 교 통 비			
120,000		120,000	통 신 비			
500		500	지 급 수 수 료			
50,000		50,000	사 무 용 품 비			
10,150,500	9,700,000	450,500	소 계	2,490,000	9,700,500	12,190,500
			현금(전일잔고)	852,000		852,000
2,891,500		2,891,500	현금(금일잔고)			
13,042,000	9,700,000	3,342,000	합 계	3,342,000	9,700,000	13,042,000

◦ 현금을 제외한 기타 계정과목 전기방법은 시산표와 같다.

2 시산표

❶ 시산표

거래를 분개장에 기입한 후 모든 거래가 대차평균의 원리에 의하여 정확히 기록된 것인지 분개된 거래가 총계정원장에 바르게 전기되었는지를 검증하기 위하여 계정과목별 합계(수익, 비용 계정) 및 잔액(자산, 부채, 자본 계정)을 집계한 시산표를 작성한다.

시산표는 계정과목별로 합계 및 잔액을 표시하는 합계잔액시산표, 합계만을 표시하는 합계시산표, 잔액만을 표시하는 잔액시산표가 있으며, 일반적으로 합계잔액시산표를 작성한다.

❷ 시산표 오류 정정

복식부기에 의한 장부기장시 차변금액 합계와 대변금액 합계는 반드시 일치한다. 따라서 시산표의 차변금액 합계 및 대변금액 합계가 일치하지 않을 경우 회계처리 과정에서 오류가 있는 것으로 조사하여 오류사항을 정정하여야 한다.

① 시산표의 차변 및 대변합계가 일치하지 않는 경우 확인할 사항
㉠ 분개가 정확하게 되었는가?
㉡ 총계정원장 전기시 계정과목 및 금액을 정확히 기재하였는가?
㉢ 총계정원장 각 계정항목별 금액집계가 정확한가?
㉣ 시산표 금액 집계가 정확한가?

② 아래 사항은 시산표에서 발견할 수 없는 오류로 거래내용을 모두 정확하게 기재하였는가를 다시 체크하여야 한다.
㉠ 분개시 차변과 대변 계정과목을 반대로 기록한 경우
㉡ 분개시 차변금액과 대변금액을 같이 잘못 기재한 경우
㉢ 거래를 중복기재하거나 누락한 경우 또는 다른 계정과목으로 전기한 경우

❸ 합계잔액시산표 작성 사례

합계잔액시산표
20×× 년 12월 현재

업체명 : 경주상사(주) (단위 원)

차변 잔액	차변 합계	계정과목	대변 합계	대변 잔액
779,000	1,356,000	<자　　　　산>	577,000	
59,000	550,000	현　　　　금	491,000	
315,000	351,000	보 통 예 금	36,000	
38,000	88,000	외 상 매 출 금	50,000	
7,000	7,000	부 가 세 대 급 금		
40,000	40,000	상　　　　품		
20,000	20,000	비　　　　품		
300,000	300,000	임 차 보 증 금		
	30,000	<부　　　　채>	252,000	222,000
	30,000	외 상 매 입 금	44,000	14,000
		부 가 세 예 수 금	8,000	8,000
		단 기 차 입 금	200,000	200,000
		<자　　　　본>	500,000	500,000
		자 본 금	500,000	500,000
		<매　　　　출>	80,000	80,000
		상 품 매 출	80,000	80,000
23,000	23,000	<판매비 및 관리비>		
5,000	5,000	급　　　　여		
2,000	2,000	복 리 후 생 비		
1,000	1,000	접 대 비		
5,000	5,000	통 신 비		
10,000	10,000	지 급 임 차 료		
		<영 업 외 수 익>	1,000	1,000
		이 자 수 익	1,000	1,000
1,000	1,000	<영 업 외 비 용>		
1,000	1,000	이 자 비 용		
803,000	1,410,000	합　　　　계	1,410,000	803,000

기타 각종 거래와 관련하여 기록하는 장부

- 매출거래 및 세금계산서, 계산서 수취거래, 기타 매입세액공제대상 거래를 제외한 모든 수입 및 지출

2

계정과목

1 자산 계정과목

자산이란 일반적으로 재산이라고도 하며, 기업이 소유하고 있는 물건 및 권리로서 금전적 가치가 있는 것을 말한다. 자산에는 1년 내에 현금화할 수 있는 **유동자산**과 투자를 목적으로 취득하거나 사업에 사용하기 위하여 장기간 보유(1년 초과)할 목적으로 취득하는 **비유동자산**(고정자산)이 있다.

유동자산이란 금전적 가치가 있는 물건 및 권리로서 1년 내에 현금화할 수 있는 것을 말한다. 유동자산에는 **당좌자산**과 판매 또는 제조를 목적으로 취득한 **재고자산**이 있다.

비유동자산(고정자산)이란 기업이 소유하고 있는 물건 및 권리로서 투자를 목적으로 보유하는 **투자자산** 및 물리적 실체가 있는 자산으로 사업을 위하여 장기간 보유하는 **유형자산**, 물리적 실체는 존재하지 않으나 재산적 가치가 있는 **무형자산**, 비유동자산 중 투자수익이 없는 **기타비유동자산**으로 구분한다.

1 유동자산

1 당좌자산

◧ 현금및현금성자산

현금은 통화 및 타인발행수표 등 통화대용증권을 말하며, 현금성자산이란 큰 거래 비용 없이 현금으로 전환이 용이하고, 이자율 변동에 따른 가치변동의 위험이 중요하지 않은 금융상품으로서 취득 당시 만기일이 3개월 이내인 것으로 당좌예금, 보통예금 등이 있다. 실무에서는 현금, 당좌예금, 보통예금 등을 구분하여 회계처리하고 결산시 현금 및 현금성자산으로 대체한다. (전산처리시 자동으로 처리됨)

● 현금

현금은 통화 및 타인발행수표 등 통화대용증권을 말하며, 가계수표, 우편환증서 등을 포함한다.

☐ 통화대용증권
타인발행 가계수표, 타인발행당좌수표, 자기앞수표, 3개월 이내의 환매조건부 채권

● 당좌예금

어음(또는 수표)을 발행하는 회사는 당좌예금 통장을 개설하여야 하며, 어음만기일 전에 만기가 도래되는 어음금액 이상(당좌수표의 경우에는 수표발행일 현재)을 예치하여야 한다. 따라서 어음 또는 수표를 발행하는 회사에 한하여 당좌예금이란 계정과목을 사용한다.

☐ 어음 발행 및 당좌수표 발행

어음은 발행인이 지정한 지급기일에 지정한 금융기관에 어음소지인이 어음을 제시하여 현금화 할 수 있으나, 당좌수표는 그 소지인이 지급기일에 관계없이 금융기관에 제시하여 현금으로 교환할 수 있다.

☐ 당좌차월

은행과의 약정에 의하여 당좌예금잔고가 없는 경우에도 일정 금액까지 당좌수표를 발행할 수 있으며, 예금잔고를 초과하여 수표를 발행한 금액을 당좌차월이라 한다. 즉, 당좌차월은 은행으로부터 자금을 일시 빌린 부채에 해당한다.

☐ 선일자수표(연수표)

당좌수표는 일람출급(수표 제시 즉시 결제)으로 은행에 지급제시 즉시 현금화 할 수 있다. 한편, 수표발행인과 수령인의 합의에 의하여 미래의 날짜에 수표를 지급제시 하기로 하고 미래의 날짜를 발행일자로 기재하여 발행하는 수표를 '선일자수표' 또는 '연수표'라 한다.

① 《어음 발행》 외상매입금 중 3,000,000원을 어음 발행하여 지급하다.

| 외상매입금 | 3,000,000 | / | 지급어음 | 3,000,000 |

② 《보통예금을 당좌예금으로 이체》 지급어음 결제를 위하여 보통예금에서 당좌예금으로 3,000,000원을 대체 입금하다.

| 당좌예금 | 3,000,000 | / | 보통예금 | 3,000,000 |

③ 《지급어음 결제》 외상매입대금을 결제하기 위하여 발행한 어음의 만기가 도래하여 당좌거래은행이 3,000,000원을 인출하여 어음소지인에게 지급하다.

| 지급어음 | 3,000,000 | / | 당좌예금 | 3,000,000 |

● 보통예금

가장 일반적으로 사용하는 예금으로 입출금이 자유로운 통상의 예금이다.

① 《외상 매입》 (주)미도에서 상품 5,000,000원(부가세 별도)을 매입하고 그 대금은 나중에 지급하기로 하다.

상품	5,000,000	/	외상매입금	5,500,000
부가세대급금	500,000			

② 《외상매입대금을 보통예금에서 이체하여 지급》 (주)미도에 대한 외상매입금 중 2,000,000원을 지급하기 위하여 국민은행 보통예금에서 인터넷뱅킹으로 이체하다. 송금수수료 500원이 인출되다.

외상매입금	2,000,000	/	보통예금	2,000,500
지급수수료	500			

■ CMA, MMF 회계처리

CMA는 증권회사가 투자자로부터 투자자금을 모집하여 다른 금융상품에 투자해서 수익을 되돌려 준다. 즉, 고객들로부터 자금을 모아 단기금융상품에 집중 투자해 수익을 얻은 뒤 고객에게 되돌려 주는 단기금융상품으로 CMA는 예금의 성격과 유가증권의 성격이 혼재되어 있다.

따라서 예금으로 보는 경우에는 그 수익을 이자로 처리하여야 하는 것이며, 유가증권으로 보는 경우에는 유가증권평가처분이익으로 처리하여야 한다. 실무에서는 CMA를 예금의 성격으로 보아 현금성자산(만기일이 3월 이내인 것) 또는 단기금융상품으로 처리하며, CMA투자수익은 이자수익으로 처리한다.

① 《CMA 매입》 CMA 2천만원을 매입하고(매입시 기준가격 1,014.18/ 1,000)보통예금에서 인출하여 지급하다.
· 구입좌수 19,720,365 [20,000,000 ÷ 매입시 기준가격(1,014.18) × 1,000]

현금성자산	20,000,000	/	보통예금	20,000,000

② 《CMA 매도》 CMA 20,000,000원(구입좌수 19,720,365)을 매각하다. 매각 당시 1,000원당 기준가격은 1,030.25원으로 CMA 평가금액은 20,316,906원이며, 평가차

익 316,906원(20,316,906 - 20,000,000)에 대한 법인세 44,360원 및 지방소득세 4,430을 공제한 잔액 20,272,546원이 보통예금에 입금되다.

보통예금	20,268,116	/	현금성자산	20,000,000
선납세금	48,790		이자수익	316,906

* 평가차익 : 316,906원 매각좌수(19,720,365)/1,000 × [매각시 기준가격(1,030.25) - 매입시 기준가격 (1,014.18)]

◆ 기준가격 및 거래좌수

기준가액이란 1,000원당 금융기관의 평가금액을 말한다. CMA 금융상품 신규 매입시 1,000원에 대한 당일의 금융기관 기준가액이 1,034.55인 경우 투자 당일의 거래좌수는 9,666,038좌[10,000,000원 ÷ 기준가액(1,034.55) × 1,000]이며, 기준가액은 금융기관의 투자성과에 따라 항상 변동한다.

- 매입시 매입좌수 = 입금금액 ÷ 기준가격 × 1,000

◆ 평가이익(① - ②)

① 출금금액 = 출금(매각)좌수 × 출금시 기준가격 ÷ 1,000
② 입금금액 = 입금(매입)좌수 × 입금시 기준가격 ÷ 1,000

◆ 출금금액

- 출금금액 = 평가금액(입금금액 + 평가차익) - 평가차익에 대한 이자소득세
- 평가금액 = 출금좌수 × 매각시 기준가격 ÷ 1,000
- 이자소득세 = 과세표준(평가차익) × 법인세율(14%) 또는 이자소득세율(14%)
- 지방소득세 = 이자소득세(법인의 경우 법인세) × 10%

> **사 례** 퇴직연금, 펀드, CMA 평가이익의 익금산입
>
> 퇴직연금 및 펀드의 경우 사업연도 종료일 현재 평가대상은 아니나, 사업연도 중에 재투자하기로 약정되어 있는 경우에는 재투자 시점에는 종전 장부가액과의 차액을 수익으로 인식하여야 한다. (법인22601-1699, 1990.08.28)
> CMA에서 발생하는 수입이자의 손익귀속시기는 예금인출일이 속하는 사업연도로 하는 것이나, 그 수입이자가 원본에 전입하는 특약에 의하여 원본에 전입되는 경우에는 그 특약에 의하여 원본에 전입되는 날이 속하는 사업연도로 하는 것임

단기투자자산

단기투자자산은 기업이 여유자금의 활용 목적으로 보유하는 단기예금, 단기매매증권, 단기대여금 및 유동자산으로 분류되는 매도가능증권과 만기보유증권 등의 자산을 포함한다.

정기예금 및 정기적금

① 정기예금이란 이자수익을 목적으로 금융기관에 금전 등을 일정 기간 동안 예치한 예금을 말한다. 정기예금 중 재무상태표 작성일로부터 1년 이후에 만기가 도래하는 금액은 장기금융상품으로 분류한다.

② 정기적금이란 일정한 기간을 정해 놓고 매 월 또는 일정 단위 기간별로 일정 금액을 불입하는 저축성 예금을 말한다.

▶ 정기예금 및 정기적금의 계정과목 분류
정기예금 및 정기적금의 경우 현금성자산으로 분류할 것인지 단기투자자산으로 분류할 것인지에 대하여는 이견이 있을 수 있으나 정기예금 및 정기적금의 경우 통상 현금화 기간이 3개월을 초과하므로 단기투자자산으로 분류함이 타당하므로 단기투자자산으로 분류하였다.

① 《정기적금 불입》 3년 만기 매 월 불입액 1,000,000원의 정기적금에 가입하고 보통예금에서 이체하다.

정기적금	1,000,000	보통예금	1,000,000

② 《정기적금 해지 및 정기예금이자 입금》 정기적금이 만기가 되어 정기적금 이자 5,000,000원에 대한 이자소득 원천징수액 700,000원을 차감한 4,300,000원 및 원금 36,000,000원이 보통예금에 입금되다.

보통예금	40,300,000	정기적금	36,000,000
선납세금	700,000	이자수익	5,000,000

매출채권

외상매출금

일반적인 상거래에서 발생하는 외상미수대금을 말한다. 외상매출금의 거래처별 관리가 필요한 경우 거래처원장을 작성하여야 한다. 단, 전산처리시 외상매출금의 발생 및 회수시 거래처별 관리코드를 부여하면 자동으로 처리된다.

▶ 외상매출금과 미수금 구분
미수금이란 일반적인 상거래 이외의 거래에서 발생하는 미수채권을 일반적인 상거래에서 발생하는 외상매출금과 구분하기 위하여 사용하는 계정과목으로 비유동자산(고정자산) 등을 처분하고 그 대금을 나중에 받기로 한 경우 미수금 계정과목을 사용한다.

① 《외상 매출》 6월 중 의류제품 10,000,000원(부가세 별도)을 신세계 백화점에 납품하고 6. 30 세금계산서를 발행하여 교부한 후 그 대금은 나중에 지급받기로 하다. (공급가액 10,000,000원 세액 1,000,000원 합계 11,000,000원)

외상매출금	11,000,000	/	제품매출	10,000,000
			부가세예수금	1,000,000

② 《외상매출대금 보통예금 입금》 7. 31 신세계백화점에 대한 외상매출금 중 5,000,000원이 농협 보통예금에 입금되다.

보통예금	5,000,000	/	외상매출금	5,000,000

받을어음

외상이란 물품 등을 판매하는 자가 매입자의 신용을 바탕으로 거래 후 나중에 물품대금을 지급하여 줄 것을 구두로 약속하는 것이고, 어음이란 어음이라는 증서를 사용하여 매입자가 매출자에게 거래 후 일정시점에 어음을 발행한 자의 당좌예금에서 대금 결제를 약속하는 외상거래의 일종이다.

받을어음이란 매출대금을 어음으로 받은 경우 처리하는 계정과목으로 받을어음은 어음을 담보로 금융기관에 대출을 받을 수 있고, (어음할인) 외상매입금 등 채무변제를 위하여 타인에게 그 지급받을 권리를 양도(배서양도)할 수도 있으므로 상거래에서 많이 사용한다.

□ **어음 수취 및 양도, 할인, 만기추심**
- 배서양도 : 외상매입금 등을 결제하기 위하여 받을어음을 양도하는 것
- 어음할인 : 받을어음을 담보로 돈을 빌리는 것
- 만기입금 : 어음 만기일에 거래은행에 추심하여 현금화하는 것

□ **어음추심**
어음소지인은 보유하고 있는 어음을 만기일에 어음발행인의 거래은행에 어음을 제시하여 어음금액을 지급받아야 하나 어음소지인의 거래은행에 수수료를 지급하고 그 업무를 위임(어음소지인 거래은행에 어음상의 금액을 대신 청구 → 어음발행인 거래은행 지급)하는 것을 추심이라 한다.

① 《외상매출》 7. 31 (주)진도에 재품 2천만원(부가가치세 2,000,000원 별도)을 판매하고 세금계산서를 발행하여 교부한 후 그 대금은 나중에 받기로 하다.

외상매출금	22,000,000	/	제품매출	20,000,000
			부가세예수금	2,000,000

② 《외상매입》 7. 31 한미상사에서 원재료 6,000,000원 (부가세 600,000원 별도)을 구입하고 세금계산서를 발급받은 후 그 대금은 나중에 지급하기로 하다.

원재료	6,000,000	/	외상매입금	6,600,000
부가세대급금	600,000			

③ 《외상매출대금 어음 입금》 8. 20 (주)진도로부터 외상매출대금 22,000,000원을 어음으로(3장) 지급받다. (지급장소 : 한미은행 종로지점)
- 어음금액 6,000,000원 만기일 11. 30
- 어음금액 4,000,000원 만기일 11. 30
- 어음금액 12,000,000원 만기일 11. 30

받을어음	22,000,000	/	외상매출금	22,000,000

④《어음할인 보통예금 입금》8. 21 어음 12백만원을 은행에 할인하고 할인료 332,054원을 공제한 11,667,946원이 국민은행 보통예금에 입금되다. (할인율 10%)

보통예금	11,667,946 /	받을어음	12,000,000
이자비용	332,054		

* 할인료 계산 ▸ 12,000,000원 × 10%(할인율) × 101(할인일수)/365
* 매출채권등을 타인에게 양도 또는 할인하는 경우 당해 채권에 대한 권리와 의무가 양도인과 분리되어 실질적으로 이전되는 때에는 동 금액을 매출채권에서 차감하고(처분손실은 매출채권매각손실로 처리함) 그 이외의 경우에는 매출채권등을 담보제공한 것으로 본다.(이자비용) 실무에서는 통상 담보제공한 것으로 하여 이자비용으로 처리한다.

⑤《받을어음 배서양도》8. 31 어음금액 6,000,000원은 한미상사에 대한 외상매입금을 지급하기 위하여 (주)진도로부터 받은 어음을 한미상사에 양도하다.
잔액 600,000원은 국민은행 보통예금에서 인터넷뱅킹으로 이체하다.

외상매입금	6,600,000 /	받을어음	6,000,000
		보통예금	600,000

⑥《받을어음 만기 추심》(주)진도로부터 받은 어음 4,000,000원이 11. 30 만기가 되어 거래은행에 추심하고 추심수수료 10,000원을 공제한 3,990,000원이 국민은행 보통예금에 입금되다.

보통예금	3,990,000 /	받을어음	4,000,000
지급수수료	10,000		

⑦《받을어음 부도》8. 30 덕원개발로부터 받은 어음 11,000,000원을 국민은행에 어음할인을 하였으나 만기일인 12. 30 할인한 어음이 부도가 되었음을 국민은행으로부터 통보받고 어음금액 11,000,000원을 국민은행 보통예금에서 인출하여 즉시 국민은행에 지급하고, 덕원개발에 부도어음 금액의 상환을 청구하다.

부도어음	11,000,000 /	보통예금	11,000,000

♣ 상세내용 → 경영정보사 홈페이지 참조
▷ 경영정보사는 경영정보문화사의 자매회사임

🅠 유가증권

유가증권이란 단기매매증권, 매도가능증권, 만기보유증권을 통칭하는 개념으로 사용한다. 단기투자자산 항목의 유가증권은 단기(통상 1년 이내) 자금운용을 목적으로 소유한 시장성 있는 주식으로 한다. 시장성 있는 주식이란 증권거래소에서 공개적인 매매거래가 이루어지고 있는 것을 말한다.

따라서 시장성이 없는 주식, 특수관계자가 발행한 주식, 관계회사의 주식투자금, 장기보유목적(1년 초과)의 채권 등은 투자유가증권으로 분류한다.

▣ 유가증권 분류

유가증권은 지분증권과 채무증권으로 구분하며, 취득한 유가증권은 만기보유증권, 단기매매증권, 그리고 매도가능증권 중의 하나로 분류한다. 분류의 적정성은 재무상태표일 마다 재검토한다.

- 지분증권에는 회사, 조합 또는 기금 등의 순자산에 대한 소유지분을 나타내는 유가증권(보통주, 우선주, 수익증권 등)과 일정금액으로 소유지분을 취득할 수 있는 권리(예: 신주인수권 또는 콜옵션)가 있다.
- 채무증권에는 발행자에 대하여 금전을 청구할 수 있는 권리를 표시하는 유가증권으로 국채, 공채, 사채(社債) 등이 있다.

① 단기매매증권 ~ 주로 단기간내에 매매차익을 목적으로 취득한 유가증권으로서 매수와 매도가 적극적이고 빈번하게 이루어지는 것을 말하며, 단기매매증권의 취득과 관련한 매입부대비용은 취득원가에 포함하지 않는다.

② 매도가능증권 ~ 단기매매증권이나 만기보유증권으로 분류되지 아니하는 유가증권으로 투자자산으로 분류한다.

③ 만기보유증권 ~ 만기가 확정된 채무증권으로서 상환금액이 확정되었거나 확정이 가능한 채무증권을 만기까지 보유할 적극적인 의도와 능력이 있는 경우에는 만기보유증권으로 분류한다.

단기매매증권은 유동자산으로 분류하고, 매도가능증권과 만기보유증권은 투자자산으로 분류한다. 다만, 재무상태표일로부터 1년 내에 만기가 도래하거나 또는 매도 등에 의하여 처분할 것이 거의 확실한 매도가능증권과, 재무상태표일로부터 1년 내에 만기가 도래하는 만기보유증권은 유동자산으로 분류한다.

▶ 유가증권 분류 요약
- 단기 매매차익 획득 목적 → 단기매매증권 (유동자산)
- 만기보유 목적의 채무증권 → 만기보유증권
- 기타 → 매도가능증권 (유동자산 또는 고정자산)

유가증권 종류

① 국·공채 ~ 공채란 재원조달을 목적으로 국가, 지방자치단체 등이 발행한 채무증서를 말하며, 일반적으로 국채와 같은 개념으로 사용된다. 공채는 공사입찰, 차량운반구, 부동산 등의 취득, 국가기관과의 거래시에 공채 등을 취득하여야 하는 경우가 있다. 이 경우 취득한 공채는 그 회수기간이 길고 이자율이 낮으므로 일반적으로 취득 즉시 증권회사 등에 할인하여 현금화한다.

② 주식 ~ 유가증권시장에 상장되어 있는 상장주식 및 상장하지 못하거나 하지아니한 비상장주식 등을 말한다.

③ 사채(社債) ~ 기업(주로 대기업)이 자금조달목적으로 기업의 신용을 바탕으로 일반인으로부터 자금을 빌리고 그 상환기간, 이자율 등을 명시한 차용증서로 일정한 형식에 의하여 발행한 증서를 말한다. 타 사가 발행한 사채는 통상 투자 목적으로 취득하므로 투자유가증권으로 분류한다.

유가증권 평가 및 세무상 유의사항

유가증권은 회계기말에 그 가치를 평가하여 공정가격(재무상태표일 현재 종가)으로 장부상 반영하여야 한다. 이를 유가증권평가라 한다. 기업회계기준에서는 단기매매증권의 평가차손 또는 차익을 당기 영업외손익에 반영하도록 규정하고 있으나 세법에서는 유가증권 평가손익을 인정하지 않는다. 따라서 기업이 계상한 유가증권평가손익은 인정하지 않으므로 결산시 유가증권을 평가한 경우 평가손실은 손금불산입하고, 평가이익은 익금불산입한다. 단, 법인의 파산, 부도, 회생계획인가 결정 등을 받은 주식은 손상차손(감액손실)을 계상할 수 있다.

◆ 주식의 취득가액 계산
(법인, 법인46012-313, 2002.05.28)
법인이 취득원가가 서로 다른 "동일 법인이 발행한 주식"을 보유하고 있는 경우로서 그 보유주식의 일부가 소각됨에 따라 법인세법 제16조제1항제1호의 규정에 의한 의제배당금액을 산정함에 있어서 "감자한 법인의 주식을 취득하기 위하여 소요된 금액"은 당해 주식을 같은법 제75조의 규정에 의한 총평균법·이동평균법에 의한 평가방법 중 납세지관할세무서장에게 신고한 방법에 의하여 평가한 금액을 당해 주식의 취득가액으로 하여 계산하는 것이며, 법인이 유가증권의 평가방법을 납세지관할 세무서장에게 신고하지 아니한 경우에는 **총평균법**에 의하여 계산하는 것입니다.

■ 회계기말에 총평균법으로 유가증권평가손익인 인식한 후 이동평균법에 의하여 계산한 금액과의 차액은 세무조정에서 익금불산입 또는 손금불산입하여야 할 것으로 판단됨

▶ 유가증권평가손익에 대하여 세무조정을 하지 않고자 하는 경우
사업연도의 종료일 전 3개월이 되는 날까지 재고자산등(유가증권 포함) 평가방법 신고서를 제출하여야 한다.

▶ 유가증권에 대하여 감액손실로 처리할 수 있는 경우
[법인세법 제42조(자산·부채의 평가)]
비상장법인 중 경제적 연관관계 또는 경영지배관계 등 관계에 있지 않은 법인이 발행한 주식 또는 주권상장법인이 발행한 주식등으로 다음의 어느 하나에 해당하는 경우 장부가액을 감액할 수 있다.
1. 부도가 발생한 경우
2. 「채무자 회생 및 파산에 관한 법률」에 따른 회생계획인가의 결정을 받은 경우
3. 「기업구조조정 촉진법」에 따른 부실징후기업이 된 경우
4. 파산한 경우

▶ 단기매매증권 회계처리 사례

■ 단기매매증권 취득

단기투자 목적으로 (주)진로의 주식 10,000,000원을 보통예금에서 인출하여 취득하고, 취득시 부대비용으로 50,000원을 현금으로 지급하다.

단기매매증권	10,000,000	보통예금	10,000,000
지급수수료	50,000	현금	50,000

- 단기매매증권 취득시 제수수료 등은 지급수수료로 처리한다.

■ 단기매매증권 평가

회계기말 (주)진로의 주식 시가는 12,000,000원으로 평가이익을 계산하다.

단기매매증권	2,000,000	단기매매증권평가이익	2,000,000

- 세법은 유가증권평가손실 또는 평가이익을 인정하지 아니하므로 회계기말에 평가를 이익 또는 손실로 처리한 금액은 세무조정에서 평가이익은 익금불산입하고, 평가손실은 손금불산입하여야 한다. [법인세법 제42조]

<세무조정>
익금불산입
단기매매증권평가이익   2,000,000 (△유보)

▶ 회계기말 시가
(1) 시장성있는 유가증권은 시장가격을 공정가치로 보며 시장가격은 보고기간말 현재의 종가로 한다. 다만, 보고기간말 현재 종가가 없는 경우 직전 거래일의 종가로 할 수 있다.
(2) 시장성있는 유가증권이란 한국거래소가 개설한 유가증권시장, 코스닥시장 또는 공신력 있는 외국의 증권거래시장(뉴욕증권거래소, 런던증권거래소 등)에서 거래되는 유가증권을 말한다.

▶ 평가손실 및 평가이익 상계 여부

단기매매증권평가손실과 평가이익이 발생한 경우 원칙적으로 상계하지 않지만, 그 금액이 중요하지 않은 경우 상계 처분하여도 무방할 것이다.

■ 단기매매증권 처분

(주)진로 주식을 11,000,000원에 매각하고 수수료 100,000원을 공제한 10,900,000원이 보통예금에 입금하다.

보통예금	10,900,000 /	단기매매증권	12,000,000
유가증권처분손실	1,100,000		

- 주식 매도 시에는 증권사 수수료 및 증권거래세가 발생한다. 단기매매증권을 처분할 때 발생되는 수수료는 처분이익에서 차감하거나, 처분손실에 가산한다.

<세무조정>
익금산입
단기매매증권평가이익 2,000,000 (유보)

㈜ 전년도 회계기말에 계상한 평가이익을 법인세법 제42조에 의하여 세무조정에서 익금불산입한 금액은 이익이 실제 실현되는 시점(처분시점)에 익금산입하여야 한다.

▣ 매도가능증권 회계처리 사례

■ 매도가능증권 취득

비상장법인인 ㈜한일산업 주식 10,000,000원을 취득하고, 수수료 200,000원을 포함한 10,200,000원을 보통예금에서 결제하다.

매도가능증권	10,200,000 /	보통예금	10,200,000

- 매도가능증권의 경우 주식 취득시 발생하는 비용은 취득원가에 가산한다.

■ 매도가능증권 평가

매도가능증권 중 비상장주식은 공정가치를 신뢰성 있게 측정할 수 없는 경우가 대부분이므로 중소기업의 경우 회계기말에 별도의 평가를 하지 않는다. 단, 평가를 하는 경우 평가이익은 순자산증가에 따른 자본조정계정(잉여금 증가)로 익금산입(기타)하고 다시 매도가능증권평가이익을 익금불산입(△유보)하는 두 개의 세무조정으로 처리하여야 하며, 평가손실이 발생한 경우에는 반대로 손금산입(기타), 손금불산입(유보)하는 두 개의 세무조정을 하여야 한다.

■ 단기매매증권, 매도가능증권 평가손익 회계처리 및 세무조정

구 분		회 계 처 리	세 무 조 정
단기매매증권	평가이익	영업외 이익	익금불산입(△유보)
	평가손실	영업외 손실	손금불산입(유보)
매도가능증권	평가이익	기타포괄손익누계액 가산	익금산입(기타), 익금불산입(△유보)
	평가손실	기타포괄손익누계액 차감	손금산입(기타), 손금불산입(유보)

▣ 국·공채 매입 및 처분

▶ 국·공채
국가는 나라 살림의 운용을 위하여 필요한 돈을 세금으로 징수하는 것이 원칙이지만, 세금이 부족하거나 특정 사업을 위하여 많은 돈이 필요할 때 국민으로부터 일정 기간 돈을 빌리고 나중에 상환을 하는 방식으로 재정수요에 충당할 수도 있다.

이 경우 요식화된 증서를 만들어 그 증서에 차용금액, 상환기간, 이자율 등을 기재하여 증서를 판매하고 국가는 이 증서를 매입하는 사람으로부터 돈을 빌리게 된다. 또한 이 증서를 무기명으로 발행하여 증서에 기재한 상환일에 증서를 가져오는 자에게 그 금액을 지급하는 것이다. 이 경우 증서를 발행한 국가는 채무자가 되는 것이며, 증서를 구입한 사람은 상환일에 증서에 표시된 금액을 지급받을 수 있는 채권자가 되는 것이다.

이와 같은 방식으로 국가가 발행하는 증서를 국채(국민주택채권 등)라고 하는 것이며, 지방자치단체가 발행하는 증서는 지방채(지역개발공채 등)라고 하며, 이를 통틀어 공채

(公債)라고 한다. 공채는 일반적으로 시장이자율보다 낮고, 상환기간이 장기여서 일반투자자들이 매입을 잘 하지 않으므로 주택이나 자동차 등 등기를 요하는 자산을 취득하거나 정부 공사등을 하는 경우 의무적으로 매입을 하도록 하고 있다.

공채를 매입한 후 즉시 할인하는 경우 매입 및 할인으로 인하여 실제 부담한 금액만을 잡손실(자산 취득의 경우 자산의 취득가액에 포함) 등으로 처리를 할 수 있다.

□ 일반기업회계기준 제10장 유형자산 유형자산의 취득원가

10.8 유형자산은 최초에는 취득원가로 측정하며, 현물출자, 증여, 기타 무상으로 취득한 자산은 공정가치를 취득원가로 한다. 취득원가는 구입원가 또는 제작원가 및 경영진이 의도하는 방식으로 자산을 가동하는 데 필요한 장소와 상태에 이르게 하는 데 직접 관련되는 원가인 (1) 내지 (9)와 관련된 지출 등으로 구성된다. 매입할인 등이 있는 경우에는 이를 차감하여 취득원가를 산출한다.

(5) 유형자산의 취득과 관련하여 국·공채 등을 불가피하게 매입하는 경우 당해 채권의 매입금액과 일반기업회계기준에 따라 평가한 현재가치와의 차액

① 《공채 매입》 관급공사와 관련하여 공채 4,000,000원을 현금으로 매입하다.

유가증권	4,000,000	현금	4,000,000

② 《공채 매각》 공채 4,000,000원을 증권회사에 할인하고, 제공제액을 차감한 3,620,000원을 현금으로 수령하다. 계산서내역은 아래와 같다.
이자수익 200,000원, 이자소득세 28,000원, 수수료 50,000원, 할인료 502,000원

현금	3,620,000	유가증권	4,000,000
선납세금	28,000	이자수익	200,000
유가증권처분손실	552,000		

* 선납세금 : 이자수입에 대한 이자소득세로 법인세신고시 납부할 세액에서 공제받는다.

🔳 단기대여금

단기대여금은 금전소비대차계약(금전을 빌려주고 받는 것을 내용으로 하는 계약)에 의하여 타인에게 대여한 금액을 처리하는 계정으로 관계회사 단기대여금, 주주·임원·종업원 단기대여금, 특수관계자 단기대여금, 기타 타인에 대한 단기대여금등이 있다. 대여금에 대한 회수기간이 1년 내에 도래하는 것은 '단기대여금'으로 분류하고, 1년 이후에 도래하는 것은 '장기대여금'으로 분류한다. '회수기간이 1년 내'라고 하는 것은 그 기준일이 자금 대여가 일어난 시점(계약일)을 말하는 것이 아니라 결산기말(재무상태표일)을 기준으로 한다.

실무에서 단기, 장기대여금을 구분하는 것이 모호할 수 있으나 계약기간이 1년을 초과하더라도 결산기말 시점에서 만기가 1년 내 도래하는 것은 단기대여금으로 처리하며, 당초 장기대여금으로 분류된 대여금이라도 계약기간이 경과하여 결산기말 시점을 기준으로 1년 내에 도래하는 금액은 단기대여금 계정으로 대체한다.

회사 업무와 관련하여 그 지출이 확정되기 전에 대표이사 등에게 지급하는 금액은 단기대여금이라기 보다는 일시 가지급한 금액으로 가지급금 또는 전도금계정을 사용하여 처리하고 차후 그 지출영수증 등을 수취할 시 가지급금 또는 전도금과 상계처리한다.

▶ 단기대여금 회계처리 사례

① 《거래처에 대한 자금 대여》 7. 31 거래처 동일물산에 1천만원을 무이자로 대여하여 주기로 하고 보통예금에서 인출하여 지급하다.

단기대여금	10,000,000 /	보통예금	10,000,000

② 《거래처 대여금 회수》 12. 31 동국물산이 빌려간 차입금 10,000,000원을 현금으로 상환하다.

현금	10,000,000 /	단기대여금	10,000,000

가지급금

가지급금이란 법인의 대표이사 등 임직원에게 업무와 관련없이 회사의 자금을 일시 대여한 금전 또는 직원이 부담하여야 할 제세공과금 등을 회사가 미리 대신 납부한 금액 등을 처리할 때 사용하는 계정과목이다.

가지급금 관리

대표이사 등에게 업무와 관련이 없는 가지급금을 지급하는 경우(업무와 관련하여 지급한 가지급금은 실무에서 전도금으로 처리한다.) 그 지급 및 회수에 대한 거래를 기록하기 위하여 가지급금 대장을 별도로 작성하여 관리하며, 업무와 관련없는 자금을 다수의 임직원이 개별적으로 사용하는 경우 사용인 별로 관리하여야 한다.

업무와 관련 없이 회사 돈을 대표이사에게 지급하는 경우 가지급금으로 처리한 다음 가지급금을 회수하거나, 업무와 관련한 영수증을 증빙으로 수취한 때에는 가지급금과 정산하고, 정산되지 않는 금액은 가지급금 잔액으로 남겨 두어야 한다. 한편, 정산되지 않은 가지급금은 회계기말에 기업회계기준의 재무상태표 작성기준에 의하여 '주.임.종단기대여금' 등 그 내용을 나타내는 과목으로 표시하여야 한다.

가지급금 회계처리 사례

가지급금 지급 및 정산

① 《가지급금 지급》 8. 5 대표이사의 요청에 의하여 회사 자금 5백만원을 보통예금에서 인출하여 대표이사에게 지급하다.

가지급금	5,000,000 / 보통예금	5,000,000

② 《가지급금 회수》 9. 10 가지급금 중 3,000,000원을 대표이사로부터 회수하여 보통예금에 입금하다.

보통예금	3,000,000 / 가지급금	3,000,000

■ 업무용도 자금 일시 가지급 및 정산

① 《업무용도 자금 일시 가지급》 대표이사에게 업무용도 자금 2,000,000원을 국민은행 보통예금에서 인출하여 일시 가지급하다.

| 전도금 | 2,000,000 / 보통예금 | 2,000,000 |

- 전도금 : 업무용도의 가지급금은 업무와 관련 없이 지급하는 금액과 구분하기 위하여 실무에서는 통상 전도금으로 처리한다.

② 《업무용도 전도금 정산》 8. 31 대표이사로부터 업무관련 지출증빙 영수증 1,800,000원을 받아 전도금과 정산하고, 잔액 200,000원은 현금으로 회수하다. (영수증내용 : 기업업무추진비 1,200,000원, 여비교통비 600,000원)

현금	200,000 / 전도금	2,000,000
기업업무추진비	1,200,000	
여비교통비	600,000	

■ 착오에 의하여 외상매입금을 잘못 송금한 경우

① 《착오로 외상매입금을 타 업체에 착오 송금》 갑을상사에 대한 외상매입금 2,000,000원을 착오에 의하여 동국상사로 보통예금에서 인출하여 송금하다.

| 가지급금 | 2,000,000 / 보통예금 | 2,000,000 |

② 《착오로 송금한 금액 입금》 착오에 의하여 잘못 송금된 사실을 동국상사에 통지한 바 동국상사에서 2,000,000원을 당 사의 보통예금에 입금하여 주다.

| 보통예금 | 2,000,000 / 가지급금 | 2,000,000 |

● 임직원 단기대여금 및 가지급금의 세무상 유의사항

업무와 관련 없이 대표이사 등에게 지급하는 가지급금은 회사의 자금을 대표이사 등이 개인적으로 유용하게 되어 회사의 자금사정을 악화시키게 되고, 가지급금을 지급받은 자에게 특혜를 주는 결과가 되므로 세법에서는 엄격한 규제를 하고 있다.

예를 들면, 법인의 대표이사, 임원, 직원 등 특수관계인에게 무이자 또는 저리로 자금을 대여한 금액에 대하여는 **가중평균차입이자율**을 인정이자로 계산하여 세무조정사항에서 익금에 산입하여야 한다. 다만, 가중평균차입이자율을 적용할 수 없는 경우 **당좌대출이자율**[2022년 현재 4.6%, 법인세법 시행규칙 제43조]을 적용한다.

한편, 인정이자상당액은 세무조정에서 익금에 산입한 다음 해당 직원에 대한 상여로 처분하여 근로소득세를 징수하여야 한다. 단, **업무무관 가지급금에서 제외하는** 다음의 금액은 인정이자를 계상하지 아니한다.

◆ 가중평균차입이자율
법인의 자금대여시점 현재 각각의 차입금 잔액(특수관계자로부터의 차입금 제외)에 차입 당시 각각의 이자율을 곱한 금액의 합계액을 차입금 잔액의 총액으로 나눈 이자율을 말한다.

업무무관 가지급금에서 제외하는 금액
1. 소득세법상 지급의제규정에 의하여 지급한 것으로 보는 배당소득 및 상여금을 법인이 대납하고 이를 가지급금으로 계상한 경우
2. **소득의 귀속이 불분명**하여 대표자에게 상여처분한 금액에 대한 소득세를 법인이 납부하고, 이를 가지급금으로 계상한 금액
3. 사용인에 대한 월정급여액의 범위안에서의 일시적인 급료의 가불금
4. 사용인에 대한 경조사비의 대여액
5. 사용인(사용인의 자녀를 포함한다)에 대한 학자금의 대여액
6. 해외현지법인에 종사하거나 종사할 자에게 여비·급여·기타비용을 가지급한 금액

▶ **가지급금 인정이자가 있는 경우 차입금 지급이자의 손금불산입**

가지급금 인정이자가 있고, 차입금 지급이자가 있는 경우 총차입금 중 가지급금에 상당하는 금액만큼의 지급이자는 손금불산입하여야 한다.

차입금 지급이자 중 손금불산입하여야 하는 금액

$$\text{지급이자} \times \frac{\text{업무무관 부동산 적수} + \text{업무무관 동산적수} + \text{업무무관 가지급금 적수}}{\text{차입금 적수}}$$

▶ **인정이자상당액을 임직원에 대한 상여로 처분하지 않아도 되는 경우**

인정이자상당액을 미수수익(미수수익/이자수익)으로 계상한 다음 1년 이내에 회수하는 경우 상여처분하지 아니할 수 있다.

종업원대여금 (주·임·종단기채권)

회사의 자금을 종사 직원에게 일시 빌려준 가불금은 '종업원대여금' 또는 '주주·임원·종업원단기채권'이라고 한다. 종업원대여금이 빈번히 발생하는 경우 종업원별로 별도의 대장을 만들어 입금 및 출금내역을 기록한다.

종업원대여금은 업무와 관련 없이 회사의 자금을 회사의 사용인에게 대여하는 금액으로 그 금액이 크고 장기에 걸쳐 무상으로 대여하는 경우 기업의 자금이 업무와 관련 없이 지출되어 기업의 자금사정을 악화시킬 수 있으며, 특정인에게 이익을 주어 조세회피의 수단으로 사용될 수 있으므로 세법에서는 이러한 지출에 대하여 엄격한 규제를 하고 있다.

따라서 업무와 관련 없이 기업의 특수관계자(대표이사, 주주, 임원, 사용인등)에게 자금을 대여하는 경우 결산시 그 명칭에 불문하고 가지급금으로 보아 인정이자를 계상하여 법인의 익금에 산입하는 세무조정을 하여야 한다. 다만, 기업의 사용인에 대한 월정급여액의 범위안에서 일시적으로 지급하는 아래의 가불금 등은 인정이자를 계상하여야 하는 가지급금에 해당하지 아니한다.

○ 사용인에 대한 월정급여액의 범위안에서의 일시적인 급료의 가불금
○ 사용인에 대한 경조사비의 대여액
○ 사용인(사용인의 자녀를 포함한다)에 대한 학자금의 대여액
○ 내국법인이 당해 국외투자법인에 종사하거나 종사할 자의 여비·급료 기타 비용을 대신하여 부담하고 이를 가지급금등으로 계상한 금액

▶ **개인기업의 종업원 대여금**

개인기업의 경우 가지급금, 종업원대여금 등은 대표자에 대한 인출금으로 처리하며, 별도의 인정이자를 계상하지 아니한다.

■ 가지급금, 종업원대여금, 전도금 구분

① 가지급금 ~ 통상 업무와 관련 없이 대표이사, 임원, 종업원 등에게 일시 지급하는 금액을 말하며, 인정이자를 계상하지 않아도 되는 가지급금을 제외한 금액은 법인세법의 규정에 의하여 인정이자를 계상하여 익금산입하고, 인정이자에 상당하는 금액을 가지급금을 지급한 자의 급여에 합산하여 연말정산을 하여야 한다.(인정상여라고 함)

② 종업원대여금 ~ 업무와 관련없이 금전소비대차계약에 의하여 대표이사, 임원, 종업원에게 회사의 자금을 빌려 주는 금액을 말한다.

③ 전도금 ~ 전도금이란 회사에 종사하는 직원에게 직무와 관련하여 그 지출금액이 확정되기 전에 먼저 지급하는 금액을 말한다. 업무관련 경비를 먼저 지급하는 경우 그 계정과목이 확정되기 전이므로 가지급금으로 처리하는 경우도 있으나 업무무관 가지급금과 업무와 관련한 가지급금을 혼용하여 같은 계정과목을 사용할 경우 결산시 업무무관 가지급금에 대한 인정이자를 계산하여야 하므로 이를 구분하기 위하여 실무에서는 업무와 관련한 지출은 전도금으로 업무와 관련이 없이 대표이사 등에게 지급하는 금액은 가지급금으로 처리한다.

▶ 종업원대여금 회계처리 사례

①《종업원대여금 지급》9. 20 직원 김상욱에게 500,000을 국민은행 보통예금에서 인출하여 빌려주다.

종업원대여금	500,000	/	보통예금	500,000

②《종업원대여금 회수》10. 31 직원 김상욱이 회사에서 빌려간 돈 500,000원은 급여지급시 상계하고 근로소득세 등 예수금 80,000원을 공제한 1,420,000원을 현금으로 지급하다.

급여	2,000,000	/	종업원대여금	500,000
			예수금	80,000
			현금	1,420,000

종업원대여금 세무상 유의사항

▶ 종업원에 대한 주택자금대출
법인이 직원에게 주택자금을 대출하는 경우에도 업무무관 가지급금에 해당되어 인정이자를 계산하여야 한다.

[세법 개정] 중소기업 근로자 주택구입 대여금 등에 대한 지원(법인칙 §44)
중소기업의 근로자(임원·지배주주등 제외)에 대한 주택구입·전세자금 대여금을 업무무관 가지급금 적용대상에서 제외
<적용시기> 2020.1.1. 이후 개시하는 사업연도 분부터 적용

▶ 이자소득 지급에 대한 원천징수
법인으로부터 자금을 융자받은 자는 이자를 지급하여야 하며, 이자 지급시 종업원은 원천징수의무자로서 비영업대금의 이익에 대한 원천징수세율 25%를 적용하여 법인세를 원천징수하여 다음달 10일까지 신고·납부하여야 한다.

전도금

전도금이란 회사에 종사하는 직원에게 직무와 관련하여 그 지출금액이 확정되기 전에 먼저 지급하는 금액을 말한다. 업무관련 경비를 먼저 지급하는 경우 그 계정과목이 확정되기 전이므로 가지급금으로 처리하는 경우도 있으나 업무무관 가지급금과 업무와 관련한 가지급금을 혼용하여 같은 계정과목을 사용할 경우 결산시 업무무관 가지급금에 대한 인정이자를 계산하여야 하므로 이를 구분하기 위하여 실무에서는 업무와 관련한 지출은 전도금으로 업무와 관련성 없이 대표이사 등에게 지급하는 금액은 가지급금으로 처리한다. 따라서 업무와 관련한 지출금액이 확정되기 전 대표이사, 임원, 종사 직원 등에게 미리 지급하였다가 나중에 지출증빙에 의하여 정산하는 경우 전도금으로 처리하고, 정산시 대체처리한다.

▶ 전도금 처리 사례
(1) 사무실에서 소요되는 각종 소액자금 지출을 위하여 경리직원에게 일정금액을 먼저 지급하였다가 나중에 정산하는 경우

(2) 회사내 각 부서별로 소액자금의 신속한 집행을 위하여 전도금을 지급하고 나중에 영수증에 의하여 전도금을 정산하는 경우
(3) 건설업의 공사현장에서 소요되는 각종 경비를 현장소장 또는 현장관리직원에게 미리 전도금을 지급하고 추후에 정산하는 경우

전도금의 지급 및 정산에 대한 장부정리는 다소 복잡하다. 따라서 그 금액이 소액이고 자주 발생하지 않는 경우에는 지급시 그 금액이 확정되지 않더라도 출장시에는 여비교통비, 공사현장 전도금의 경우 지급시 현장운영비 등으로 전액 비용으로 처리한 다음 나중에 정산시 잔여금액이 있을 시에 전도금을 지급받은 자가 잔여금액을 입금한 경우에는 해당 계정과목에서 차감하거나 잡이익으로 처리하고, 추가금액을 지급한 경우에는 해당 비용으로 기록하기도 한다.

▶ 전도금 회계처리 사례

■ 전도금 지급 및 정산

① 《전도금 지급》 8. 1 공사현장 소액자금 결제를 위하여 국민은행의 보통예금에서 1,000,000원을 인출하여 전도금으로 현장소장에게 지급하다.

전도금	1,000,000	/	보통예금	1,000,000

② 《전도금 정산》 8. 31 공사현장 전도금을 정산한바 그 지출내역은 다음과 같다.
(총지출금액은 862,000원)
복리후생비 250,000원, 수도광열비 80,000원, 세금과공과금 222,000원
여비교통비 180,000원(시내), 도서인쇄비 20,000원, 사무용품비 110,000원

복리후생비	250,000	/	전도금	862,000
수도광열비	80,000			
세금과공과금	222,000			
여비교통비	180,000			
도서인쇄비	20,000			
사무용품비	110,000			

■ **전도금을 지급받은 현장, 부서의 전도금 관리**

회사의 업무와 관련한 비용을 전도(가지급)받는 경우 전도금을 사용하는 개인 또는 부서는 개인별 또는 부서별로 별도의 전도금사용대장을 만들어 전도금을 지급받은 사실 및 전도금을 사용한 내역을 기록 및 정리하여야 한다.
부서별 전도금관리를 위한 대장은 일정 형식에 의하여 기록할 필요는 없으며 업체실정에 맞도록 작성하며 된다. 일반적으로 현금출납부 양식을 사용한다.

▶ 전도금 대장 예시 (공사현장)

전 도 금

공사현장

년월일		적 요	정수	수 입	지 출	잔 액
월	일					
8	1	전도금 입금		1,000,0000		
8	1	식대			30,000	970,000
8	2	시내출장비			10,000	
8	2	문구대			12,000	
8	2	식대			15,000	933,000

미수금

미수금이란 일반적인 상거래이외에 발생한 미수채권으로 예를 들면, 기계장치 외상매각대금, 차량운반구 외상매각대금, 환급세금 미수금 등이 있다.

▶ **미수금 계정을 사용하는 경우**
○ 비유동자산(고정자산) 매각대금, 유가증권매각대금 중 미회수금액
○ 부가가치세환급세액 발생금액
○ 연말정산시 환급금 발생금액, 건강보험료 연말정산 환급금 발생금액
○ 고용보험료, 산재보험료 과오납 미수금 발생금액

▶ 미수금 회계처리 사례

■ 부가가치세 환급금 발생시 회계처리

① 《부가세대급금 및 부가세예수금 상계》 2기 확정 매출세액은 20,000,000원 이며, 매입세액은 24,000,000원으로 기말 결산시 부가세대급금 20,000,000원과 부가세예수금 20,000,000원을 상계처리하고, 잔액은 미수금으로 계상하다.

부가세예수금	20,000,000	/ 부가세대급금	24,000,000
미수금	4,000,000		

② 《부가세 환급금 입금》 2. 20 부가세 환급금액을 세무서에서 당사의 국민은행 보통예금에 입금하다.

보통예금	4,000,000	/ 미수금	4,000,000

■ 건강보험료 연말정산 환급금 발생시 회계처리

① 《건강보험료 연말정산환급금 발생》 건강보험료 연말정산 결과 과오납 금액 1,800,000원이 발생하다.

미수금	1,800,000	/ 미지급금	900,000
		잡이익	900,000

- 미수금 : 건강보험료 환급금 미수금액
- 미지급금 : 건강보험료 환급금 미수금액 중 종업원에게 돌려주어야 하는 금액

② 《4월분 보험료와 상계》 4월분 보험료 2,200,000원을 건강보험료 연말정산 환급금 발생금액 1,800,000원과 상계처리하고, 잔액은 현금으로 납부하다.

복리후생비	1,100,000	/ 미수금	1,800,000
미지급금	900,000	현금	400,000
예수금	200,000		

선급금

선급금이란 물품 등을 나중에 인도받기로 하고, 그 대금을 미리 지급한 금액을 말하며, 선수금이란 물품 등을 인도하기 전에 그 대금 등을 미리 지급받은 금액을 말한다.

통상 세금계산서를 수취하기 전 그 대금을 미리 지급한 경우 선급금이란 계정과목을 사용한다.

선급금이 자주 발생하는 거래처의 경우 거래처별로 선급금대장을 만들어 선급금 지급시에는 선급금 증가란(차변 : 자산증가)에 기록하였다가 나중에 물품을 인도받은 후 매입대금을 선급금과 상계할 시에는 선급금 감소란(대변 : 자산감소)에 상계한 금액을 기록하여 관리한다.

선급금 회계처리 사례

선급금 지급 및 상계처리

① 《선급금 지급》 6. 15 철강 도매업자인 한일상사에 나중에 철강을 인도받기로 하고 선급금 10,000,000원을 국민은행 보통예금에서 송금하다.

선급금	10,000,000	/	보통예금	10,000,000

② 《선급금 상계처리 및 외상매입금 발생》 8. 31 한일상사로부터 철강 15백만원(부가세 별도) 상당액을 인도받고 매입세금계산서를 발급받다. 매입대금 중 1천만원은 선급금과 상계하고 잔액 6,500,000원은 나중에 지급하기로 하다.

상품	15,000,000	/	선급금	10,000,000
부가세대급금	1,500,000		외상매입금	6,500,000

■ 선급금 지급시 세금계산서를 수취한 경우 회계처리

① 《선급금 지급》 6. 15 철강 도매업자인 한일상사에 나중에 철강을 인도받기로 하고 선급금 11,000,000(부가세 포함)원을 보통예금에서 인터넷뱅킹으로 송금하고, 세금계산서를 발급받다.

선급금	10,000,000	/	보통예금	11,000,000
부가세대급금	1,000,000			

② 《선급금 상계처리 및 외상매입금 발생》 8. 31 한일상사로부터 철강 15백만원(부가세 별도) 상당액을 인도받고, 잔액(공급가액 5,000,000원 세액 500,000원)에 대한 매입세금계산서를 발급받다. 그 대금은 보통예금에서 송금하다.

상품	15,000,000	/	선급금	10,000,000
부가세대급금	500,000		보통예금	5,500,000

* 재화가 인도되기 전 그 대금을 먼저 지급하는 경우 그 지급일에 세금계산서를 발행할 수 있다.

부가세대급금

부가가치세 매입세액을 부가세대급금이라 한다. 사업자의 경우 물품 등 매입시 부담한 부가가치세 매입세액은 세무서로부터 환급받을 수 있는 일종의 채권이다. 따라서 기업의 입장에서는 자산이다. 단, 공제받을 수 없는 매입세액은 매입물품의 취득가액으로 처리한다. 반면, 부가가치세 매출세액은 부가세예수금이라 한다. 사업자가 물품 등의 판매시 거래상대방으로부터 받은 부가가치세 매출세액은 세무서에 납부하여야 할 일종의 채무다. 따라서 부가세예수금은 기업의 입장에서 부채다.

▶ 매입세액(부가세대급금) 중 공제받을 수 없는 것
○ 비영업용 소형승용차의 구입과 유지에 관한 매입세액
- 비영업용이란 운수업 등을 영위하지 않는 사업자가 사용하는 것을 말한다.
- 영업용이란 택시운수업 등을 영위하는 운수사업자가 소형승용차를 영업에 사용하는 것을 말한다.

- 소형승용차란 사람의 수송을 목적으로 제작된 차량으로 정원 8인 이하의 일반적 승용자동차를 말한다. 단, 배기량 1,000cc 이하의 경승용차의 취득 및 유지비용과 관련한 매입세액은 공제를 받을 수 있다.
○ 기업업무추진비 및 이와 유사한 비용에 대한 매입세액
○ 면세사업관련 매입세액 또는 토지관련 매입세액
○ 사업과 직접 관련없는 지출에 대한 매입세액
○ 사업자등록전 매입세액

□ 사업자등록전 매입세액을 공제받을 수 있는 경우
공급시기가 속하는 과세기간이 끝난 후 20일 이내에 사업자등록을 신청한 경우에 사업자등록을 신청한 사업자가 사업자등록증 발급일까지의 거래에 대하여 당해 대표자의 주민등록번호를 기재하여 세금계산서를 발급받은 경우에는 매입세액을 공제받을 수 있다.

□ 신용카드 및 현금영수증에 의한 매입세액공제
사업과 관련하여 신용카드로 결제하거나 현금영수증을 수취한 경우로서 위의 공제받지 못하는 사유에 해당하지 않는 경우세금계산서와 동일하게 매입세액을 공제받을 수 있다.

♣ 상세내용 → 경영정보사 홈페이지 참조
▷ 경영정보사는 경영정보문화사의 자매회사임

선납세금

이자소득세 및 지방소득세 납부금액, 법인세 중간예납세액 등 법인세 확정신고 전 미리 납부한 세금을 선납세금이라고 한다.

□ 은행의 이자소득세 및 지방소득세 원천징수 및 납부
금융기관 등이 예금이자를 예금주에게 지급할 시 예금이자금액에 대하여 이자소득세(예금이자의 14%) 및 지방소득세(이자소득세의 10%)를 원천징수하여 세무서에 납부한다. 2015년 이후 금융기관이 법인에게 이자를 지급하는 경우에도 지방소득세를 원천징수한다.

♣ 법인세비용 참조

2 재고자산

🅠 재고자산 개요

● 재고자산 종류

▣ 판매용 재고자산

○ 상품 : 도, 소매업종이 판매를 목적으로 취득한 상품
○ 제품 : 원재료를 가공한 상태에 있는 판매 가능한 생산품
○ 완성건물 : 건설업종이 판매를 목적으로 건설한 건물

▣ 제조 또는 건설을 위하여 취득한 재고자산

○ 원재료 : 제조업종(건설업종)이 제품의 제조(건설)를 위하여 취득한 것

▣ 제조 또는 건설과정에 있는 재고자산

○ 재공품 : 생산과정에 있는 미완성제품의 가액
○ 미완성공사 : 건설과정에 있는 공사의 가액

▣ 기타 재고자산

① 반제품 : 자가 제조한 중간제품과 부분품으로 제조과정에서 아직 최종 공정을 거치지 않아 완성제품은 아니지만, 하나 이상의 공정을 거쳐 다음 공정단계를 기다리는 중간제품을 의미한다.
반제품은 완제품의 부품으로 사용되기도 하고 그대로 판매되기도 한다. 실무에서 중소기업의 경우 원가계산의 복잡성으로 반제품은 통상 계산하지 않는다.
② 저장품 : 저장품에는 소모품, 소모공구기구.비품, 수선용부분품 등이 있다.

재고자산 평가

■ 기말재고수량의 계산방법

[1] 실지재고조사법
기말에 재고를 실지 조사하여 재고수량에 재고자산의 단가를 곱하여 계산하는 방법이다. 실지재고조사법에 의한 경우 상품의 매입시마다 종류별로 그 내역을 기록하지만, 매출에 대한 수량은 별도로 기록하지 않는 방법이다.

[2] 계속기록법
재고자산의 입고 및 출고에 대한 내역을 재고자산의 종류별로 계속 기록하여 입고된 수량에서 출고된 수량을 차감한 수량이 기말재고수량이며, 계속기록법에 의한 기말재고수량은 장부상 계산된 수량으로 실지 재고와는 차이가 발생할 수 있다. 따라서 실무에서는 통상 계속기록법에 의하여 재고자산을 기록한 다음 기말결산시 재고조사를 실시하여 장부상 재고수량과 실지재고수량과의 차이는 그 원인을 밝혀 처리한다.

■ 기말재고수량 단가 결정

재고자산의 가액은 기말재고수량에 매입단가를 곱하여 계산한다. 기말재고수량은 계속기록법 또는 실지재고조사법에 의하여 계산할 수 있으나 문제는 기말재고자산의 매입단가를 어떻게 산출할 것인가?

기중 매입상품의 단가가 모두 동일한 경우에는 기말재고수량에 매입단가를 곱하여 계산할 수 있지만, 개별 재고자산의 매입단가가 다른 경우 기말에 남아 있는 재고자산은 개별 매입단가가 서로 다른 상품이 섞여 있으므로 이를 추적하여 개별 상품의 매입단가를 계산하기는 현실적으로 불가능하다.

따라서 재고자산의 매입단가는 합리적인 기준에 의하여 인위적으로 계상할 수밖에 없을 것이다. 즉, 기말재고자산의 실제 매입단가 계산이 불가능하므로 세법에서는 다음과 같이 규정하고 있다.

▣ 재고자산 평가방법 및 평가방법 신고

[1] 재고자산 평가방법
재고자산의 평가는 다음의 하나에 해당하는 방법 중 법인이 납세지 관할세무서장에게 신고한 방법에 의한다.
① 개별법 ~ 재고자산을 개별적으로 각각 그 취득한 가액에 따라 산출한 것을 그 자산의 평가액으로 하는 방법
② 선입선출법 ~ 먼저 입고된 것부터 출고되고 재고자산은 사업연도종료일부터 가장 가까운 날에 취득한 것이 재고로 되어 있는 것으로 하여 산출한 취득가액을 그 자산의 평가액으로 하는 방법
③ 후입선출법 ~ 가장 최근에 입고된 것부터 출고되고 재고자산은 사업연도종료일부터 가장 먼 날에 취득한 것이 재고로 되어 있는 것으로 하여 산출한 취득가액을 그 자산의 평가액으로 하는 방법
④ 총평균법 ~ 자산을 품종별·종목별로 당해 사업연도개시일 현재의 자산에 대한 취득가액의 합계액과 당해 사업연도중에 취득한 자산의 취득가액의 합계액의 총액을 그 자산의 총수량으로 나눈 평균단가에 따라 산출한 취득가액을 그 자산의 평가액으로 하는 방법
⑤ 이동평균법 ~ 자산을 취득할 때마다 장부시재금액을 장부시재수량으로 나누어 평균단가를 산출하고 그 평균단가에 의하여 산출한 취득가액을 그 자산의 평가액으로 하는 방법

[2] 재고자산 평가방법 신고
재고자산의 평가방법을 신고하고자 하는 때에는 다음의 기한내에 재고자산등 평가방법신고(변경신고)서를 납세지 관할세무서장에게 제출하여야 한다. 이 경우 저가법을 신고하는 경우에는 시가와 비교되는 원가법을 함께 신고하여야 한다.

① 신설법인과 새로 수익사업을 개시한 비영리내국법인은 당해 법인의 설립일 또는 수익사업개시일이 속하는 사업연도의 법인세과세표준의 신고기한

② 재고자산평가방법을 신고한 법인으로서 그 평가방법을 변경하고자 하는 법인은 변경할 평가방법을 적용하고자 하는 사업연도의 종료일이전 3월이 되는 날

▣ 재고자산평가방법을 신고하지 않은 경우 재고자산평가

법인이 재고자산평가방법을 신고기한내에 재고자산의 평가방법을 신고하지 아니한 경우 **선입선출법**(매매를 목적으로 소유하는 부동산의 경우에는 개별법으로 한다.)에 의하여 재고자산을 평가한다.

▶ 물가가 계속 상승하는 상황에서 선입선출법을 선택하는 경우 후입선출법을 선택하는 경우보다 매출원가는 적어지고, 매출총이익은 많아진다.

♣ 상품수불부 → 경영정보사 홈페이지 참조
▷ 경영정보사는 경영정보문화사의 자매회사임

상품

기업의 정상적인 영업활동을 목적으로 구입한 상품, 미착상품, 적송품 등을 말하며, 부동산매매업에 있어서 매매를 목적으로 소유하는 토지·건물 기타 이와 유사한 부동산은 상품으로 처리한다.

▶ **미착상품**

수입물품의 경우 수입물품이 창고에 입고되기 전까지 소요되는 수입상품 결제대금, 관세, 통관수수료, 하역료, 창고료 등 수입물품의 취득과 관련하여 발생하는 제비용을 미착상품으로 계상한 다음 창고입고시 상품(원재료) 계정으로 대체처리한다.

▣ 상품 매입가액

① 상품의 매입과 관련한 제반 매입부대비용은 상품가액에 포함하여 처리한다. 즉, 물품구입과 관련한 운반비 등은 상품계정에 포함하여 처리한다.

② 수입물품 ~ 수입시 부담하는 관세, 보험료, 운임요금, 관세사수수료 등은 모두 수입상품가액에 포함하여 처리한다.

■ 매입환출, 매입에누리, 매입할인

① 매입환출 ~ 매입한 상품 중 불량 등의 원인으로 반품한 것을 말한다.
② 매입에누리 ~ 수량부족, 불량 등의 사유로 매입대금을 에누리 받은 것
③ 매입할인 ~ 외상매입대금을 약속한 날짜보다 먼저 지급함으로서 매출자로부터 할인받는 금액을 말한다.

매입환출, 매입에누리 및 매입할인은 매입에서 직접 차감하여야 한다. 따라서 매입 이후 매입환출, 매입에누리, 매입할인이 발생하는 경우 부가가치세법의 규정에 의하여 매출자로부터 감액매출세금계산서를 발급받아야 한다.

■ 매출원가 계산

도.소매업의 경우 상품을 구입하여 판매를 함으로서 이익이 발생한다. 즉 매출한 상품가액에서 그 상품의 구매가격을 차감한 금액이 상품매매이익이다.

그런데 상품의 종류가 많고 상품의 구입시 마다 매입가격이 다른 경우 개별 상품별로 해당 매입원가를 계산하는 것은 현실적으로 불가능하다. 따라서 기업은 상품매매이익을 계산하기 위하여 일정 기간 동안의 매출액에서 판매된 상품의 원가를 합리적인 방법으로 계산한 다음 매출원가를 차감하여 상품매매이익을 계산한다.

○ 매출총이익(상품매매이익) = 매출 - 상품매출원가
○ 매출원가 = 기초상품재고액 + 당기 상품매입액 - 기말상품재고액

▶ 상품 및 매출원가 회계처리 사례

매출원가는 판매가능한 상품(기초상품재고액 + 당기매입액)에서 기말상품재고액을 차감한 금액이다. 매출에 대응하는 매출원가는 결산처리과정을 거쳐 계상한다.

1. 기초상품재고액은 전기의 장부에서 이월한다.

2. 당기 상품매입시 상품계정으로 회계처리한다.
3. 결산시 당기에 판매가능한 상품가액(기초상품재고액 + 당기매입액)에서 기말상품 재고액을 차감하여 매출원가를 계상한다.

[사례] 상품매입 및 상품매출원가 계산

<예제>
- 기초상품재고액   1,200,000원
- 당기매입액   32,000,000원
- 기말상품재고액   2,500,000원
- 당기매출액   50,000,000원

① 당기 상품매입(합계금액)

상품	32,000,000	/	외상매입금	35,200,000
부가세대급금	3,200,000			

- 외상매입금 : 또는 현금, 보통예금, 지급어음 등

② 당기 상품매출(합계금액)

외상매출금	55,000,000	/	상품매출	50,000,000
			부가세예수금	5,000,000

- 외상매출금 : 또는 현금, 보통예금, 받을어음 등

③ 상품을 당기 매출원가로 대체하는 회계처리

당기 판매가능한 상품(전기이월상품 + 당기매입액)에서 기말 현재 남아 있는 상품가액을 제외한 금액이 당기에 실제 판매된 상품의 원가이므로 당기에 실제 판매된 상품의 원가를 상품매출원가로 대체하는 회계처리를 한다.

상품매출원가	30,700,000	/	상품	30,700,000

- 상품매출원가 = 기초상품재고액 + 당기 매입액 - 기말상품재고액
  　　　　　　　　 (1,200,000) + (32,000,000) - (2,500,000)
- 매출총이익(19,300,000) = 매출(50,000,000) - 상품매출원가(30,700,000)

◉ 제품

판매를 목적으로 제조하여 판매가 가능한 상태에 있는 생산품 등을 말한다. 제품원가는 원가계산절차에 의하여 계산한다.

① 원재료의 재료비 계정 대체

재료비	***** / 원재료	******

② 재료비의 재공품 계정 대체

재공품	***** / 원재료	******

③ 노무비의 재공품 계정 대체

재공품	****** / 임금	******

④ 경비의 재공품 계정 대체

재공품	****** / 경비	******

⑤ 재공품 중 완성제품의 제품 계정 대체

제품	****** / 재공품	******

◉ 반제품

반제품이란 자가 제조한 중간제품과 부분품 등을 말하며, 제조과정에서 아직 최종 공정을 거치지 않아 완성제품은 아니지만, 하나 이상의 공정을 거쳐 다음 공정 단계를 기다리는 중간제품을 의미한다. 반제품은 완제품의 부품으로 사용되기도 하고 그대로 판매되기도 한다. 실무에서 중소기업의 경우 원가계산의 복잡성으로 인하여 반제품은 통상 계산하지 않는다.

원재료

원료, 재료, 매입부분품, 미착원재료 등을 원재료라 한다. 그리고 원재료의 취득과 관련하여 지출하는 운반비 등 기타부대비용(수입의 경우 하역비, 보험료, 관세 등 포함)은 원재료에 포함하여 처리하여야 한다.

원재료 회계처리 사례

① 《원재료 구입》 6. 30 제품제조에 사용하기 위하여 일진물산에서 원재료 5,000,000원(부가세 별도) 구매하고 그 대금은 나중에 지급하기로 하다.
원재료 매입시 운반비 150,000원을 현대용달에 보통예금에서 계좌 이체하여 지급하고 간이영수증을 수취하다.

원재료	5,000,000	/	외상매입금	5,500,000
부가세대급금	500,000			

원재료	150,000	/	보통예금	150,000

② 《원재료를 재료비계정으로 대체》 결산시 당기 원재료 사용액 20,000,000원을 재료비로 대체하다.

재료비	20,000,000	/	원재료	20,000,000

재공품

재공품이란 제품 또는 반제품의 제조를 위하여 재공과정에 있는 것을 말하며, 제조기업의 경우 결산시점에 원가계산을 위하여 재공품가액을 평가하여야 정확한 원가계산을 할 수 있다. 제조기업은 원재료를 투입하여 가공단계를 거쳐 제품을 생산하여 판매라는 과정을 거쳐 이익을 실현한다. (재료구입 → 가공 → 생산 → 판매)
이 과정이 1사업연도 기간 동안에 완성되어 기말 시점에 제조과정에 있는 재공품 및 판매되지 않고 회사내 남아있는 제품이 전혀 없다면, 재공품 또는 제품의 평가가 필요 없지만 대부분 제조기업의 경우 기말 시점에 제조과정 중에 있는 재공품 및 판매되지 않고 남아 있는 제품이 있기 마련이다.

예를 들어 A기업의 당기 중 총매출액은 5억원이고, 당기 중에 제품의 제조를 위하여 투입한 총 원가가 5억원이라고 가정하자. 이 경우 A기업의 당기 중 매출총이익은 '제로'일 것이다. 그런데 A기업은 당기 중 투입된 총 원가 5억원 중 기말 현재 시점에서 생산과정 중에 있는 재공품 및 생산은 되었으나 판매되지 않고 회사에 남아 있는 제품이 있다면, 기말 현재 시점의 재공품 및 제품가액은 당기 매출과 관련한 원가가 아니므로 원가에서 차감하여야 당기의 정확한 제품매출원가를 계산할 수 있다는 것이다.

따라서 이와 같은 경우 기말 현재 시점의 재공품 및 제품의 원가를 계상하여 당기의 총원가에서 차감하여야 한다. 그렇다면, 재공품 및 제품의 가액은 어떻게 평가할 것인가? 생산과정에 있는 재공품 및 제품의 가액을 원가계산 방식에 의하여 계산하기 위해서는 원가회계에 대한 상당한 수준의 지식이 있어야 하며, 원가계산 방식에 의하여 재공품 가액을 산출한다 하더라도 제조공정의 진행률 (제조과정에 있는 제품의 완성정도) 계산은 자의적이고 주관적인 평가가 불가피하므로 정확한 재공품의 평가는 현실적으로 어렵다. 따라서 소기업의 경우 통상 실무에서는 재공품가액을 평가하지 않는다.

▶ 재공품 회계처리 사례

① 《당기 투입원가 재공품계정 대체》 당기에 투입된 재료비, 노무비, 경비를 재공품 계정으로 대체하다.

재공품	******	/	재료비	******
			노무비	******
			경비	******

② 《재공품 중 완성제품 제품계정 대체》 기말에 생산과정에 있는 재공품가액을 제외한 금액을 제품계정으로 대체하다.

| 제품 | ****** | / | 재공품 | ****** |

2 비유동자산 [투자자산]

> 투자자산이란 1년 이상의 장기투자를 목적으로 취득한 자산을 말하며, 장기금융상품, 장기투자증권, 장기대여금, 투자부동산 등이 있다.

◉ 장기금융상품

유동자산에 속하지 아니하는 금융상품으로 정기예금, 정기적금, 사용이 제한되어 있는 예금 중 장기적 자금운용목적으로 소유하거나 예치일로부터 만기일이 1년을 초과하여 도래하는 금융상품을 말한다. 사용이 제한되어 있는 예금에 대해서는 그 내용을 주석으로 기재한다.

▶ 장기금융상품 회계처리 사례

① 《장기성 정기예금 불입》 3년 만기 정기예금에 가입하고 국민은행 정기예금구좌에 1억원을 국민은행 보통예금에서 대체 입금하다.

장기금융상품	100,000,000 / 보통예금	100,000,000

② 《저축성 보험 불입》 5년 만기 저축성 보험에 가입하고 흥국생명 저축보험에 1,000,000원을 국민은행 보통예금에서 대체 입금하다.

장기성예금	1,000,000 / 보통예금	1,000,000

- 장기성예금 : 적금식 보험료
- 보험료 : 보장성보험료에 해당하는 금액이 있는 경우 보험료로 처리한다.

🅠 장기투자증권

장기투자증권이란 기업의 유휴자금을 타 기업의 경영활동에 참가하거나 투자를 목적으로 취득하는 유가증권으로 유동자산에 속하지 아니하는 주식, 사채(社債), 국.공채 및 출자금 등을 말하며, 비유동자산으로 분류되는 매도가능증권과 만기보유증권을 통합하여 장기투자증권으로 표시할 수 있다.

또한 시장성이 없는 투자주식(비상장법인의 주식 등)은 모두 장기투자증권으로 분류하여야 하며, 채권의 경우 장기(통상 1년을 초과하여 보유하는 채권) 보유 목적인 경우에는 장기투자증권으로 처리하며, 단기 보유목적으로 취득한 경우에는 단기투자자산 항목의 단기매매증권으로 분류한다.

■ 주식

○ 유가증권의 취득목적이 장기보유목적인 매도가능증권 및 만기보유증권
○ 시장성이 없거나 특수관계자가 발행한 주식을 취득하는 경우

■ 채권

○ 장기보유목적의 채권

■ 출자금

출자금은 주로 건설업체가 건설공제조합 등에 출자한 금액을 처리하는 계정으로 비유동자산(고정자산)에 해당하며, 출자금은 통상 장기투자증권으로 분류한다.
단, 출자금에 대하여 별도의 계정과목을 설정하여야 할 필요가 있는 경우 출자금이란 계정과목을 별도 설정하여 처리하여도 무방하다. 한편, 조합의 운용수입에 따라 이익배당을 받거나 출자지분이 증가하기도 하며, 출자로 인하여 받는 배당금은 배당금수익으로 처리한다.

▶ 장기투자증권 회계처리 사례

① 《건설공제조합 출자》 건설공제조합에 출자금 20,000,000원을 보통예금에서 인출하여 출자하다.

출자금	20,000,000 / 보통예금	20,000,000

② 《출자금에 대한 배당소득 발생》 출자에 대한 배당금 1,000,000원이 당사의 보통예금 통장으로 입금되다.

보통예금	1,000,000 / 배당금수익	1,000,000

* 법인에게 배당을 하는 경우 배당소득세는 원천징수하지 아니한다.
* 전문건설공제조합도 내국법인이므로 내국법인이 당해 법인이 출자한 다른 내국법인으로부터 수입배당금을 받은 경우에는 그 출자비율에 따라 익금불산입 하는 것임

▶ 법인이 내국법인으로부터 받는 수입배당금중 일정금액의 익금불산입

출자대상	지분비율	익금불산입율
상장·등록법인	100%	100%
	30% 초과	50%
	30% 이하	30%
비상장법인	100%	100%
	50% 초과	50%
	50% 이하	30%

③ 《출자금 납입》 건우건설(주)는 건설공제조합에 출자금 150,000,000원(150좌)을 보통예금에서 인출하여 납입하다. (1좌당 1,000,000원 × 150좌)

출자금	150,000,000 / 보통예금	150,000,000

④ 《출자금평가》 회계기말에 전문건설공제조합에서 출자금에 대한 연말정산 자료에서 출자금이 157,500,000원임을 통보받다. (1좌당 1,050,000원 × 150좌)

출자금	7,500,000 / 출자금평가이익	7,500,000

* 출자금평가이익은 일종의 지분법이익으로 보아 영업외수익으로 처리하여야 할 것으로 판단된다.

장기대여금

대여금 중 유동자산에 속하지 아니하는 장기의 대여금으로 그 기한이 1년을 초과하여 대여하는 대여금을 말한다. 중소기업에서 회사의 자금을 장기로 타인에게 대여하는 경우는 거의 발생하지 않는다. 다만, 대표이사 등 법인의 특수관계자에게 대여한 가지급금 중 약정에 의하여 그 대여기간이 1년을 초과하는 경우 결산 시점에 장기대여금이란 계정과목으로 대체하여야 한다.

기업회계기준에서 재무상태표에 가지급금 등 미결산 계정과목은 그 내용을 나타내는 적절한 계정과목으로 표시하도록 규정하고 있다. 실무에서 단기, 장기대여금을 구분하는 것이 모호할 수 있으나 계약기간이 1년을 초과하더라도 결산기말 시점에 만기가 1년 내 도래하는 것은 단기대여금으로 처리한다.

장기대여금 회계처리 사례

① 《타 사에 자금 대여》 ㈜대동산업은 6. 30 거래처인 ㈜한일에 1억원을 연리 9%로 2년 후 상환조건으로 자금을 대여하여 주기로 하고 보통예금에서 인출하여 지급하다. 이자는 매 월 말일 수취하기로 하다.
(이자계산 일수조건 : 초일불산입 말일산입)

장기대여금	100,000,000 / 보통예금	100,000,000

② 《장기대여금에 대한 이자 수취》 7. 31 ㈜한일에 빌려 준 대여금에 대한 이자 764,380원(100,000,000 × 9% × 31/365) 중 법인세(법인의 경우 이자소득세가 아님) 191,090원 및 이자소득세 19,100원을 차감한 554,190원이 입금되다.

보통예금	573,290 / 이자수익	764,380
선납세금	210,190	

- 선납세금(210,190) : ㈜한일은 차입금 이자 지급시 그 지급액의 25%를 법인세(법인에게 이자를 지급하는 경우 법인세법에 의한 법인세를 징수한다.) 및 지방소득세를 원천징수하여 납부하여야 하며, 이자소득을 지급받은 자는 원천징수된 법인세 및 지방소득세를 선납세금으로 처리한 다음 납부할 법인세에서 공제한다.

3 비유동자산 [유형자산]

> 유형자산은 재화의 생산이나 용역의 제공, 타인에 대한 임대, 또는 자체적으로 사용할 목적으로 보유하고 있으며, 물리적 형태가 있는 비화폐성자산으로서 토지, 건물, 기계장치 등을 포함한다.

토지

대지, 임야, 전답, 잡종지 등의 취득시 토지계정으로 회계처리한다. 그리고 토지 구입시 소요되는 관련비용(취득세, 중개수수료 등)은 토지에 포함한다.

▶ 유형자산에 해당하는 토지와 구분하여야 하는 것
○ 건설업 등이 건설, 분양을 목적으로 취득하는 토지는 재고자산이다.
○ 투자를 목적으로 취득하는 토지는 투자부동산이다.

□ 토지 취득과 관련한 법무사수수료 및 매입세액 처리
토지관련 법무사수수료는 토지 취득가액으로 처리하여야 하며, 동 매입세액은 공제대상이 아니므로 토지 취득원가에 포함하여야 한다.

토지 취득에 대한 증빙서류

① 토지 : 토지의 거래는 면세에 해당하나 공급자가 계산서를 발급하지 않아도 되므로 토지매매계약서 및 토지대금 지급영수증 등을 증빙으로 한다.
② 공인중개사수수료 : 금융기관을 통하여 지급하고, 경비 등의 송금명세서(법인) 또는 영수증수취명세서(개인)를 제출하는 경우 적법한 증빙서류로 인정된다. 단, 중개업자가 일반과세자인 경우 세금계산서를 수취하여야 한다.
③ 법무사수수료 : 세금계산서

◆ 연체이자 등의 취득가액 해당 여부

토지의 매입대금을 지연납부함에 따라 추가 부담하는 연체이자는 당해 손익이 실제로 발생한 날이 속하는 사업연도의 소득금액 계산상 손금에 산입하는 것임
(법인, 서면인터넷방문상담2팀-2785, 2004.12.30.)

토지 회계처리 사례

① 《토지 계약금 지급》 공장건물을 신축하기 위하여 공장용지를 1억원에 매입하기로 계약하고, 계약금 1천만원을 5. 10 보통예금에서 인출하여 지급하다.

선급금	10,000,000	/	보통예금	10,000,000

② 《토지 매입 잔금 지급》 6. 30 잔금 9천만원을 매도인에게 보통예금에서 인출하여 지급하고 공인중개사에게 중개수수료 1백만원을 현금으로 지급하다.

토지	101,000,000	/	선급금	10,000,000
			보통예금	90,000,000
			현금	1,000,000

③ 《법무사수수료 등 지급》 6. 30 토지소유권이전과 관련하여 취득세, 기타 제비용 6,700,000원 및 법무사수수료 550,000원(부가세 포함: 세금계산서 수취)을 현금으로 지급하다.

토지	7,250,000	/	현금	7,250,000

건물

건물과 부속설비로 하며, 부속설비에는 당해 건물과 관련된 전기설비, 급배수·위생설비, 가스설비, 냉방·난방·통풍 및 보일러설비, 승강기설비 등 모든 부속설비를 포함한다.

① 건물 매입시 취득 관련 비용(취득세, 중개수수료 등) 및 건물의 취득을 위하여 차입한 차입금에 대한 이자로서 취득완료전의 금액은 건물취득가액에 포함한다.
② 건설업 등이 건설, 분양을 목적으로 취득하는 건물은 '재고자산'으로 처리한다.
③ 투자를 목적으로 취득하는 건물은 '투자부동산'으로 처리한다.

▣ 토지 및 건물 일괄 취득시 취득가액 계산

법인의 자산에 대한 취득가액은 타인으로부터 매입한 자산은 매입가액에 부대비용을 가산한 금액으로 한다. 단, 토지와 건물을 구분하지 않고 일괄 취득한 경우 토지와 건물 취득가액은 다음의 방법으로 안분하여 계산한다.

① 실지거래가액 중 토지의 가액과 건물 가액의 구분이 분명한 경우에는 실지거래가액에 의한다.
② 실지거래가액 중 토지의 가액과 건물 가액의 구분이 불분명한 경우에는 다음 각 호에 정하는 바에 의한다.
1. 감정평가가액(감정평가법인이 평가한 가액)이 있는 경우에는 그 가액에 비례하여 안분 계산한다.
2. 토지와 건물 등에 대한 기준시가가 모두 있는 경우에는 공급계약일 현재의 기준시가에 따라 계산한 가액에 비례하여 안분계산한다.
3. 토지와 건물 중 어느 하나 또는 모두의 기준시가가 없는 경우로서 감정평가가액이 있는 경우에는 그 가액에 비례하여 안분계산한다.
4. 위 각호의 규정을 적용할 수 없거나 적용하기 곤란한 경우에는 국세청장이 정하는 바에 따라 안분하여 계산한다.
* 아파트(기존아파트)와 같이 기준시가를 토지, 건물분으로 구분하지 아니하고 일괄고시 하는 경우에는 지방세법상 과세시가표준액을 기준으로 안분 계산한다.

□ 기준시가(소득세법 제99조)
■ 토지 : 지가공시및토지등의평가에관한법률에 의한 개별공시지가로 한다.
■ 건물 : 건물(오피스텔 및 상업용건물, 주택 제외)의 신축가격·구조·용도·위치·신축연도 등을 참작하여 매년 1회 이상 국세청장이 산정·고시하는 가액

- 오피스텔 및 상업용 건물 : 건물에 부수되는 토지를 공유로 하고 건물을 구분소유하는 오피스텔 및 상업용 건물(부수되는 토지 포함)에 대하여는 건물의 종류·규모·거래상황· 위치 등을 참작하여 매년 1회 이상 국세청장이 토지와 건물에 대하여 일괄하여 산정·고시하는 가액
- 주택 : 개별주택가격 및 공동주택가격. 다만, 공동주택가격의 경우에는 국세청장이 결정·고시한 공동주택가격이 있는 때에는 그 가격에 의한다.

▶ 건물 철거 및 철기비용 세무회계

토지만을 사용할 목적으로 건축물이 있는 토지를 취득하여 그 건축물을 철거하거나, 자기소유의 토지상에 있는 임차인의 건축물을 취득하여 철거한 경우 철거한 건축물의 취득가액과 철거비용은 당해 토지에 대한 자본적 지출로 한다.

□ 법인세법 기본통칙 23-31…1 【고정자산에 대한 자본적 지출의 범위】
영 제31조 제2항 제5호에 규정하는 자본적 지출에는 다음 각호의 예에 따라 처리하는 것을 포함한다.(2001.11.01 개정)
1. 토지만을 사용할 목적으로 건축물이 있는 토지를 취득하여 그 건축물을 철거하거나, 자기소유의 토지상에 있는 임차인의 건축물을 취득하여 철거한 경우 철거한 건축물의 취득가액과 철거비용은 당해 토지에 대한 자본적 지출로 한다.<개정 2001.11.01>

□ 일반기업회계기준 제10장 유형자산
10.13 건물을 신축하기 위하여 사용중인 기존 건물을 철거하는 경우 그 건물의 장부금액은 제거하여 처분손실로 반영하고, 철거비용은 전액 당기비용으로 처리한다. 다만 새 건물을 신축하기 위하여 기존 건물이 있는 토지를 취득하고 그 건물을 철거하는 경우 기존 건물의 철거 관련 비용에서 철거된 건물의 부산물을 판매하여 수취한 금액을 차감한 금액은 토지의 취득원가에 포함한다.

□ 부가가치세법 제39조(공제하지 아니하는 매입세액) ① 제38조에도 불구하고 다음 각 호의 매입세액은 매출세액에서 공제하지 아니한다.
7. 면세사업등에 관련된 매입세액(면세사업등을 위한 투자에 관련된 매입세액을 포함한다)과 대통령령으로 정하는 토지에 관련된 매입세액

▶ 건물 회계처리 사례

① 《업무용 사옥 계약금 지급》 5. 2 업무용 사옥(토지 및 건물)을 사업자등록이 없는 개인으로부터 구입하기로 하고, 계약금 50,000,000원을 보통예금에서 인출하여 지급하다. (매매대금 5억원)

선급금	50,000,000 /	보통예금	50,000,000

② 《중도금 지급》 6. 30 중도금 2억원을 보통예금에서 인출하여 지급하다.

선급금	200,000,000 /	보통예금	200,000,000

③ 《잔금 및 수수료 지급》 7. 31 잔금 및 부동산중개수수료, 법무사수수료, 취득세 등을 보통예금에서 인출하여 지급하다. 잔금 250백만원, 사옥 중개수수료 3백만원, 등기관련 수수료 : 토지분 취득세 4,800,000원, 건물분 취득세 3,600,000원, 인지대 등 기타비용 800,000원, 법무사수수료 770,000원(부가세 포함, 세금계산서 수취)

선급금	254,500,000 /	보통예금	262,970,000
토지	4,800,000		
건물	3,600,000		
부가세대급금	70,000		

• 선급금 : 사옥잔금(250,000,000) + 중개수수료(3,000,000) + 기타 비용(800,000) + 법무사수수료(700,000)

▷ 법무사수수료 중 토지관련 수수료는 그 매입세액을 토지의 취득가액으로 계산하여야 하므로 법무사사무소에서 세금계산서를 발급받을 시 토지 및 건물을 구분하여 발급받는 것이 적절하다. 이를 구분하지 아니한 경우 부가세대급금 중 토지 부분에 상당하는 금액을 안분하여 토지의 매입가액으로 대체처리한다.

④ 《토지 및 건물 안분계산》 7. 31 사옥 취득가액 중 토지 및 건물의 가액구분이 불분명하여, 기준시가에 의하여 토지 및 건물가액을 계산하여 대체하다.

토지	315,312,500 /	선급금	504,500,000
건물	189,187,500	부가세대급금	43,750
토지	43,750		

[예제] 토지 공시지가 : 250,000,000원, 건물의 국세청기준시가 : 150,000,000원

- 토지 :   504,500,000 × $\dfrac{토지공시지가(250,000,000)}{기준시가(400,000,000)}$ = 315,312,500

- 건물 :   504,500,000 × $\dfrac{건물기준지가(150,000,000)}{기준시가(400,000,000)}$ = 189,187,500

▷ 매입세액 중 토지로 대체할 금액 : 43,750원
부가세대급금(70,000원) × 토지가액(315,312,500) / 토지 및 건물가액(504,500,000)

구축물

구축물에는 하수도, 굴뚝, 포장도로, 교량, 도크, 방벽, 철탑, 기타 토지에 정착한 모든 토목설비나 공작물을 포함한다. (지하수개발, 공장부지 정지, 정원설비 등)

▶ 건물과 구축물 구분
건물은 건물 본래의 용도에 공하기 위한 구조물을 말하고 건물의 본래 용도에 공하지 아니하거나 건물에 부착되지 않는 구조물은 구축물로 처리한다.
구축물의 감가상각방법은 건물과 동일하게 적용하나 건축물 부속설비를 건축물과 구분하여 회계처리하는 경우 업종별자산내용연수를 적용할 수 있다.

▶ 시설장치
구축물로 분류할 수 없는 시설 및 장치, 임차건물의 인테리어설치비용 등은 시설장치로 처리할 수 있다.

▶ 인테리어 설치비용
자가 건물의 인테리어 시설비용이 당해 자산의 내용연수를 연장시키거나 자산의 가치를 증가시키고, 건물과 분리되는 별도의 시설물인 경우 구축물로 처리하며, 수선.유지.보수의 경우 또는 인테리어비용이 100만원 이하 소액인 경우 수익적 지출로 보아 소모품비 등으로 처리하여 당기에 전액 비용처리한다.

임차건물의 개보수, 시설물 설치비용 또는 공사비용은 자본적 지출에 해당한다고 볼 수 있다. 시설물 공사비 등의 금액이 중요한 경우 해당 자산의 법인세법상 내용연수를 적용하여 감가상각비를 계상하는 것이 적절하다. 따라서 임차자산개량과 관련하여 발생한 금액은 유형자산 항목에 '시설장치' 또는 '임차자산개량권'이란 계정과목을 설정하여 처리한 다음 업종별내용연수를 적용하여 감가상각을 하여야 한다. 한편, '임차자산개량권'에 대한 감가상각이 종료되기 전 임차계약이 해지되어 철거하는 경우 잔존가액은 전액 손금산입할 수 있다.

□ 임차건물의 자본적지출에 대한 감가상각방법 (소득46011-21249, 2000.10.20)
병원을 개업하기 위하여 건물을 임차하여 칸막이 및 실내인테리어공사를 하는 것은 자본적지출에 해당하며, 그 공사비는 소득세법시행령 제63조 제1항 제2호 및 같은법시행규칙 제32조 제1항의 규정에 의하여 법인세법시행규칙 별표 6의 업종별 자산의 기준내용연수에 따라 감가상각비를 계산하는 것임.

● 시설장치 등 폐기

사업장 이전 또는 시설개체, 기술낙후 등으로 인하여 생산설비의 일부를 폐기하는 경우에 한하여 당해 자산의 장부가액(폐기물 매각대금이 있는 경우에는 그 금액을 차감한 금액)을 폐기일이 속하는 사업연도에 손금산입할 수 있으며, 시설장치를 폐기처리하였음을 객관적으로 입증할 수 있는 근거자료는 보관하여야 한다. (사진, 내부품의서 등)

◆ 법인 사업장 이전으로 업무용 시설물 폐기 (법인46012-4206, 1995.11.15)
법인이 사업장에 설치한 업무용 시설물(건물에 대한 자본적지출 제외)을 사업장의 이전으로 폐기하는 때에는 당해 자산의 장부가액(폐기물 매각대금이 있는 경우에는 그 금액을 차감한 금액)을 폐기일이 속하는 사업연도에 손금산입하는 것임.

▶ 폐기손실의 손금(필요경비) 산입 및 손금불산입(필요경비불산입)
법인의 경우 자산 폐기손실은 법인의 손금에 산입할 수 있으나 개인 사업자의 경우에는 필요경비에 산입할 수 없다.

▶ 구축물 회계처리 사례

① 《지하수개발공사》 공장에서 사용할 지하수를 개발하고, 개발공사대금 1천만원(부가세 별도)에 대하여 세금계산서를 수취하다. 그 대금은 1개월 뒤 지불하기로 하다.

구축물	10,000,000	/	미지급금	11,000,000
부가세대급금	1,000,000			

② 《미지급금 변제》 지하수개발공사대금 11,000,000원을 인터넷뱅킹으로 보통예금에서 인출하여 계좌이체하다. 계좌이체시 수수료 1,000원이 같이 인출되다.

미지급금	11,000,000	/	보통예금	11,001,000
지급수수료	1,000			

기계장치

기계장치, 운송설비(콘베이어·호이스트·기중기 등)와 기타의 부속설비 등을 말하며, 기계장치의 구입과 관련한 제비용은 기계장치의 취득원가에 포함한다. 기계장치 매입계약을 체결하고 해당 기계장치의 가동을 위하여 추가로 지출하는 비용은 해당 기계장치를 사업에 직접 사용하기 위한 자본적 지출에 해당한다.

▶ 기계장치 폐기

화재, 태풍, 장마로 인한 침수피해등 천재지변이나 예상치 못한 돌발사건으로 보유중인 재고자산이나 유형자산에 손실을 입은 경우 재해손실로 처리하는 것이며, 재해손실은 손익계산서상 영업외비용으로 처리한다.

한편, 화재 등의 경우에 대비하여 보험에 가입하고 화재발생으로 인한 보험금을 수령한 경우 보험금은 유형자산폐기손실금액에서 차감하여야 한다. 시설의 개체 또는 기술낙후로 인하여 사업별 유형자산의 일부를 폐기한 경우 당해 유형자산의 장부가액에서 1,000원(비망가액)을 공제한 금액을 폐기일이 속하는 사업연도에 비용처리할 수 있다.

▶ 기계장치 회계처리 사례

① 《기계장치 매입시 선급금 지급》 기계장치를 5억원에 매입(부가세 별도)하기로 하고, 선급금 55,000,000원(부가세 포함)을 보통예금에서 인출하여 지급하고, 세금계산서를 수취하다.

| 선급금 | 50,000,000 | / | 보통예금 | 55,000,000 |
| 부가세대급금 | 5,000,000 | | | |

② 《기계장치 매입시 중도금 지급》 중도금 2억 2천만원(부가세 포함)을 보통예금에서 인출하여 지급하고, 세금계산서를 수취하다.

| 선급금 | 200,000,000 | / | 보통예금 | 220,000,000 |
| 부가세대급금 | 20,000,000 | | | |

③ 《기계장치 인수》 기계장치를 인도받고 잔금에 대한 세금계산서(공급가액 2억 5천만원, 세액 2천5백만원)를 발급받다. 기계장치 잔금 275,000,000원(부가세 포함) 중 2억원은 1개월 후 지급하기로 하고, 잔금 75,000,000원을 보통예금에서 인출하여 지급하다.

기계장치	500,000,000	/	선급금	250,000,000
부가세대급금	25,000,000		보통예금	75,000,000
			미지급금	200,000,000

한편, 설치비 5,500,000원(부가세 포함)을 지급하고 세금계산서를 수취하다.

| 기계장치 | 5,000,000 | / | 보통예금 | 5,500,000 |
| 부가세대급금 | 500,000 | | | |

④ 《기계장치 운반비 지급》 기계장치 운송회사에 운반비 7,000,000원(부가세별도)을 보통예금에서 인출하여 지급하고 세금계산서를 수취하다.

| 기계장치 | 7,000,000 | / | 보통예금 | 7,700,000 |
| 부가세대급금 | 700,000 | | | |

▶ **기계장치 취득시 세무상 유의사항**

① 설치중인 기계장치의 시운전을 위하여 지출된 비용에서 시운전 기간 중 생산된 시제품을 처분하여 회수된 금액을 공제한 잔액은 기계장치의 자본적 지출로 한다.

② 장기할부조건으로 자산을 취득함에 있어서 이자상당액을 가산하여 매입가액을 확정하고 그 지불을 연불방법으로 한 경우의 이자상당액은 당해 자산에 대한 자본적 지출로 한다. 이 경우 당초 계약시 이자상당액을 당해 자산의 가액과 구분하여 지급하기로 한 때에도 또한 같다. 다만, 현재가치할인차금(장기할부조건 등으로 취득하는 경우 발생한 채무를 기업회계기준이 정하는 바에 따라 현재가치로 평가하여 현재가치할인차금으로 계상한 경우의 당해 현재가치할인차금)과 매입가액 확정 후 연불대금 지급시에 이자상당액을 변동이자율로 재계산함에 따라 증가된 이자상당액은 그러하지 아니한다.

🅠 차량운반구

차량운반구의 취득 및 구입시에 지출되는 매입 부대비용, 차량운반구의 취득과 관련한 세금과공과금(취득세 등) 및 제비용(등록대행수수료, 인지세, 번호판대 등)은 차량운반구 취득가액에 포함한다.

▶ **차량의 취득과 관련한 매입세액 처리**

택시회사 등 운수업을 영위하는 사업자가 영업용으로 매입하는 승용자동차의 매입세액은 공제받을 수 있으나 운수업이 아닌 회사가 비영업용승용자동차의 매입시 부담한 매입세액은 공제받지 못하므로 차량운반구의 취득가액으로 처리한다.

단, 마티즈, 아토스 등 경차의 경우에는 그 매입세액을 공제받을 수 있으며, 비영업용승용자동차란 8인승 이하의 차량을 말한다.

▶ **장기할부매입의 경우 이자비용처리**

자산을 법인세법 시행령 제68조 제3항의 규정에 의한 장기할부 조건 등으로 구매하는 경우 발생한 채무를 기업회계기준에 의한 현재가치로 평가하여 현재가치할인차금으로 계상하는 경우 해당 현재가치할인차금을 자산의 가액에 가산하지 않는 것이며, 해당 현재가치할인차금에 대하여는 지급이자 손금불산입 대상이 되지 않는다.

한편, 할부구입과 관련하여 현재가치할인차금을 계상하지 않는 경우 해당 이자는 자산(차량)의 가액에 포함하여야 한다. 그러나 자산(차량)의 판매회사가 아닌 캐피탈 등으로부터 할부대금을 차입하고, 그 이자비용을 지급하는 경우 당해 이자는 그 지급시 이자비용으로 처리하여야 할 것으로 판단된다.

▶ 리스차량 회계처리

운용리스차량을 임차하고 차량공급자로부터 세금계산서를 발급받은 경우 부가세만 회계처리하고, 기타 리스 비용은 그 지급시 지급임차료 등으로 처리한다.

▣ 차량운반구 회계처리 사례

■ 차량 구입과 회계처리

① 《화물차 매입》 업무용화물차량을 구입하기 위하여 현대자동차판매(주)와 계약하고, 계약금 1,200,000원을 제외한 잔액은 현대캐피탈(주)에 24개월 할부로 지급하기로 하다. (차량대금 12,000,000원 부가가치세 1,200,000원)

계약금 1,2000,000원 및 기타 인수 제 비용 1,000,000원 (취득세, 증지대, 안전협회비, 인지대, 신용대출수수료, 공채매입 할인료 등)을 6. 22 국민은행 보통예금에서 인출하여 지급하다.

선급금	1,200,000	/ 보통예금	2,200,000
차량운반구	1,000,000		

* 유형자산의 취득과 관련하여 국·공채 등을 불가피하게 매입하는 경우 당해 채권의 매입가액과 기업회계기준에 따라 평가한 현재가치와의 차액은 취득가액으로 할 수 있다.

② 《차량매입에 대한 세금계산서 수취》 6. 25 차량구입에 대한 매입세금계산서를 발급받다. (공급가액 12,000,000원, 세액 1,200,000원)

차량운반구	12,000,000	/ 선급금	1,200,000
부가세대급금	1,200,000	미지급금	12,000,000

* 비영업용승용자동차를 취득하는 경우에는 그 매입세액은 공제받을 수 없으므로 부가세대급금은 차량운반구의 취득가액에 포함하여 처리한다.

③ 《차량할부원리금 지급》 차량할부 원금 500,000원 및 할부이자 80,000원이 국민은행 보통예금에서 자동이체 되다.

* 할부원금(500,000) = [차량대금 (13,200,000) - 계약금 (1,200,000)] ÷ 24개월

미지급금	500,000 /	보통예금	580,000
이자비용	80,000		

■ 공채 매입 및 할인

① 11/12 서울도시철도채권 매입 1,860,000원

유가증권	1,860,000 /	보통예금	1,860,000

② 11/13 서울도시채권을 증권사에 매도 후 통장으로 1,644,550원 입금

[내역] 입금액(1,644,550원) = 1,860,000원 - 207,390원 - 9,900원 + 1,840원
∘ 유가증권처분손실(207,390원) = 매입금액(1,860,000원) - 매도금액(1,652,610원)
∘ 지급수수료(8,400원) : 증권회사 수수료
∘ 선급이자 340원(공채발행일 이후 보유기간에 대한 이자수익)

보통예금	1,644,550 /	유가증권	1,860,000
유가증권처분손실	207,390	이자수익	340
지급수수료	8,400		

* 지급수수료는 유가증권처분손실에 포함하여 처리하여도 된다.

■ 차량 매각시 회계처리

◎ 《차량 매각》 차량운반구를 매각하고 세금계산서를 발행하다. 차량매각대금 4,400,000원(세액 포함)은 현금으로 영수하다.

장부가액 6,000,000원 = 취득가액 14,000,000원 - 감가상각누계액 8,000,000원

현금	4,400,000 /	차량운반구	14,000,000
감가상각누계액	8,000,000 /	부가세예수금	400,000
유형자산처분손실	2,000,000		

▷ 유형자산처분손실 : 장부가액(6,000,000원) - 처분가액(4,000,000원)
▷ 차량 처분시 당기 감가상각비는 계상하지 않아도 무방하다.

건설중인자산

유형자산의 건설을 위한 재료비·노무비 및 경비로 하되, 건설을 위하여 지출한 도급금액 또는 취득한 기계 등을 포함한다. '건설가' 계정이라고도 하며, 기업이 공장 건물 등의 신축을 위하여 건설업자에게 도급을 주거나 직접 건축하는 경우 건물이 완성될 때까지 임시로 처리하는 가계정이다. 따라서 건축 중 소요되는 제반경비는 일단, '건설중인자산'으로 처리한 다음 건물이 완성되면, '건물' 계정으로 대체한다.

건설중인 자산 회계처리 사례

① 《공장건물 신축 계약금 지급》 (주)대원종합건설과 공장신축에 대한 계약을 체결하고, (총도급금액 10억원, 부가세 별도) 계약금 1억원(부가세 별도)에 대하여 세금계산서를 발급받고, 5. 31 보통예금에서 인출하여 지급하다.
- 계약조건 : 도급금액 10억원 (중간지급조건부 계약), 공사기간: 1년
- 대금결제 조건 : 계약시 10%, 중도금 계약일로부터 6개월 뒤 40%
  잔금 : 공사 준공시점(계약일로부터 1년) 50% 지급조건

| 건설중인자산 | 100,000,0000 | / | 보통예금 | 110,000,000 |
| 부가세대급금 | 10,000,000 | | | |

② 《신축건물 관리비용 지급》 6.30 공사현장 감독자 급여 2백만원을 지급하면서 근로소득세 및 지방소득세 33,000원을 공제한 1,967,000원을 현금 지급하다.

| 건설중인자산 | 2,000,0000 | / | 현금 | 1,967,000 |
| | | | 예수금 | 33,000 |

③ 《중도금 지급》 공사 중도금 지급일인 11.30 중도금 4억원(부가세 별도)에 대하여 (주)대원종합건설로부터 세금계산서를 발급받고, 그 대금은 보통예금에서 인출하여 지급하다.

| 건설중인자산 | 400,000,000 | / | 보통예금 | 440,000,000 |
| 부가세대급금 | 40,000,000 | | | |

④《잔금 지급》 다음해 5.30 공사가 준공되어 잔금 5억원(부가세 별도)에 대한 세금계산서를 발급받고, 그 대금은 보통예금에서 인출하여 지급하다.

건설중인자산	500,000,000	/	보통예금	550,000,000
부가세대급금	50,000,000			

⑤《건물 준공》 5.31 공장건물 준공시 건설중인자산을 건물계정으로 대체하다.
(공사대금 10억원, 현장감독 인건비 3천만원, 기타 비용 5백만원)

건물	1,035,000,0000	/	건설중인자산	1,035,000,000

▶ **건설중인자산은 감가상각대상자산이 아님**

건설중인자산은 감가상각대상이 아니며, 감가상각은 해당 자산을 법인의 사업에 사용한 날부터 감가상각을 시작한다.

비품

비품이란 컴퓨터, 책걸상, 전화기, 복사기, 팩시밀리, 에어컨, 자동판매기, 냉장고, 사무용가구, 선풍기, 정수기, 세탁기, 침대, 비디오 등을 말한다. 비품은 감가상각대상자산으로 이들 비품 중 그 취득금액이 소액인 경우에도 취득시점에 비품으로 처리할 시 감가상각 등 복잡한 회계처리과정이 필요하므로 세법에서는 거래단위별로 100만원 이하인 비품은 취득시점에 전액 비용으로 처리하는 것을 인정하고 있다. 따라서 비품 중 거래 단위별로 100만원 이하인 비품은 취득시 소모품비 등으로 비용 처리한다.

비품 회계처리 사례

①《비품 매입》 사무용복사기를 2,500,000원(부가세 별도)에 구입하고 그 대금은 나중에 지급하기로 하다.

비품	2,500,000	/	미지급금	2,750,000
부가세대급금	250,000			

②《비품 매각》복사기를 330,000원(부가세 포함)에 처분하고 세금계산서를 발행하고, 그 대금은 현금으로 받다. 취득가액은 2,500,000원이며, 감가상각누계액은 2,000,000원이다.

현금	330,000 /	비품	2,500,000
감가상각누계액	2,000,000	부가세예수금	30,000
유형자산처분손실	200,000		

공구와기구

공구와기구는 주로 생산활동을 원활하게 하기 위하여 사용하는 도구 중 그 사용기한이 1년을 초과하는 경우 처리하는 계정이다. 따라서 내용연수가 1년 이하이고, 거래 건당 100만원 이하인 '공구와기구'는 소모품비로 처리하여 구입시점에 즉시 비용처리한다. 한편, '공구와기구'를 매입시에 소모품비로 처리하였으나 기말에 미사용분이 있는 경우 저장품으로 대체처리한다.

공구와기구 회계처리 사례

①《공구와기구 매입》공장에서 사용할 공구를 3,000,000원(부가세 별도)에 매입하고 그 대금은 보통예금에서 인출하여 결제하다.

공구와기구	3,000,000 /	보통예금	3,300,000
부가세대급금	300,000		

기타의 유형자산

토지, 건물, 구축물, 기계장치, 선박, 차량운반구, 건설중인자산에 속하지 아니하는 기타의 유형자산으로는 임차자산개량권 등이 있다.

4 비유동자산 [무형자산]

> 무형자산이란 물리적 실체는 없지만 그 가치가 식별가능하고, 미래경제적 효익이 있는 비화폐성자산을 말하며, 영업권, 산업재산권, 광업권, 어업권, 개발비 등이 있다.

무형자산 개요

무형자산 요건

무형자산은 아래 3가지 요건을 모두 충족하여야 한다.

① 식별가능성
무형자산이 식별가능하다는 것은 그 자산이 기업실체나 다른 자산으로부터 분리될 수 있거나 법적 권리를 창출할 수 있는 경우 등을 의미한다.
② 자원에 대한 통제
자원에 대한 통제란 그 자원으로부터 미래 경제적 효익을 획득할 수 있고 그 효익에 대해 제3자의 접근을 제한할 수 있는 경우를 말한다.
③ 미래 경제적 효익의 존재
무형자산의 미래 경제적 효익은 재화의 매출이나 용역수익, 원가절감 또는 그 자산의 사용에 따른 기타 효익의 형태로 발생한다. 무형자산은 미래 경제적 효익이 기업에 유입될 가능성이 매우 높고, 취득원가를 신뢰성 있게 측정할 수 있는 경우에 한하여 자산으로 인식한다. 따라서 내부적으로 창출된 영업권은 취득원가를 신뢰성 있게 측정할 수 없을 뿐만 아니라 기업이 통제하고 있는 식별가능한 자원도 아니기 때문에 자산으로 인식하지 않는다.

▣ 무형자산 해당 여부

내부적으로 창출된 무형자산이 인식기준을 충족하는지를 평가하기 위해서 자산의 발생과정을 연구단계와 개발단계로 구분한다. 연구단계에서 발생한 모든 지출은 발생한 기간의 비용으로 인식한다. 개발단계에서 발생한 지출은 무형자산의 인식기준을 모두 충족할 경우에는 자산으로 인식하고, 그 외에는 발생한 기간의 비용으로 인식한다. 한편, 무형자산을 취득한 후에 발생한 지출은 무형자산의 미래 경제적 효익을 실질적으로 증가시킬 가능성이 매우 높고, 그 지출이 신뢰성 있게 측정될 수 있으며, 무형자산과 직접 관련되는 경우에 한하여 자본적 지출로 처리하고 그렇지 않은 경우에는 비용으로 인식한다.

▣ 무형자산 취득원가

내부적으로 창출된 무형자산의 취득원가는 그 자산의 창출, 제조, 사용준비에 직접 관련된 지출과 합리적이고 일관성 있게 배분된 간접지출(인건비, 감가상각비, 법적비용 등)을 모두 포함한다.

▣ 무형자산 감가상각

무형자산의 상각대상금액은 그 자산의 추정내용연수 동안 체계적인 방법에 의하여 비용으로 배분한다. 무형자산의 상각기간은 독점적·배타적인 권리를 부여하고 있는 관계 법령이나 계약에 정해진 경우를 제외하고는 20년을 초과할 수 없으며, 상각은 자산이 사용가능한 때부터 시작한다.

영업권

영업권이란 회사 또는 지명도, 상표, 상호의 소유, 우수한 인력 또는 평판, 우수한 생산·판매조직, 양호한 고객관계 등 영업권을 창출시키는 유·무형자산 물건의 영업상의 기능 내지 특성으로 인하여 동일 또는 유사한 사업에 있어서 장래에 기대되는 이익이 정상이익을 초과하는 경우 초과수익력을 말하며, 유상으로 취득한 경우 무형자산인 영업권으로 처리한다.

▣ 영업권의 범위

① 사업의 양도·양수과정에서 양도·양수자산과는 별도로 양도사업에 관한 허가·인가 등 법률상의 지위, 사업상 편리한 지리적 여건, 영업상의 비법, 신용·명성·거래선 등 영업상의 이점 등을 감안하여 적절한 평가방법에 따라 유상으로 취득한 금액
② 합병 또는 분할의 경우 피합병법인 또는 분할법인(소멸한 분할합병의 상대방 법인 포함)의 자산을 평가하여 승계한 경우로서 피합병법인 또는 분할법인의 상호·거래관계 기타 영업상의 비밀 등으로 사업상 가치가 있어 대가를 지급한 것
③ 설립인가, 특정사업의 면허, 사업의 개시 등과 관련하여 부담한 기금·입회금 등으로서 반환청구를 할 수 없는 금액과 기부금 등

▣ 영업권 감가상각

법인세법상 영업권은 5년간 정액법으로 균등하게 상각하여야 한다.

▣ 영업권 양도 및 세무신고

영업권(점포임차권을 포함한다)의 양도로 인하여 발생하는 소득은 무형자산처분이익으로 법인의 소득에 포함되어 법인세가 과세되며, 개인의 경우 기타소득으로 과세된다. 한편, 토지, 건물, 부동산에 관한 권리인 사업용 유형자산과 영업권을 같이 양도하는 경우에는 양도소득세가 과세된다. (개인의 경우)

▶ 부가가치세 분야
사업의 포괄양도에 해당하지 않는 경우라면 영업권의 양도에 대하여도 재화의 공급으로 보아 세금계산서 발급 대상으로 공급가액에 대하여 세금계산서를 발급하여야 한다.

한편, 영업권대가를 지급하는 자는 기타소득세를 원천징수하여 신고납부하게 되므로 영업권대가를 지급받는자가 개인사업자(법인인 경우 원천징수의무 없음)인 경우 사업소득과는 별도로 기타소득[기타소득금액(기타소득 - 필요경비)이 3백만원을 초과하는 경우]으로 종합소득세 신고시 합산하여 신고 및 납부를 하여야 하며, 기타소득세로 원천징수된 기타소특세는 기납부세액로 공제를 받을 수 있다.

▶ 원천세 분야(양수인이 개인인 경우)

영업권을 양수하고 영업원에 대한 대가를 지급하는 자의 경우 영업권은 기타소득에 해당하므로, 대가로 지급하는 금액의 **60%**를 필요경비로 차감하고, 나머지 40%의 금액에 대하여 기타소득세 20%와 지방소득세2%, 합계 22%를 원천징수하여 다음 달 10일까지 납부하는 것이며, 다음 연도 2월말일까지 기타소득지급명세서를 제출하여야 한다.

▶ 양도소득세 분야(개인이 양도하는 경우)

1) 사업용고정자산(토지, 건물, 부동산에 관한 권리)과 함께 양도하는 영업권은 소득세법 제94조 제1항 제4호 가목에 따라 양도소득세 과세대상 자산에 해당한다.
2) 사회통념상 자산에 포함되어 함께 양도된 것으로 인정되는 영업권의 경우에는 영업권도 함께 양도한 것으로 보는 것이며, 영업권 양도차익과 부동산(토지, 건물) 양도차익을 구분하여 각각 양도소득세가 과세된다.

산업재산권

특허권

특수한 발명이나 사실에 대하여 특허법상 그 발명인 및 소유자에게 일정 기간 동안 그 발명품의 제조 및 판매에 관하여 법률상 부여한 권리이다
특허권은 '산업재산권'으로 특수한 발명이나 사실에 대하여 특허법상 그 발명인 및 소유자에게 일정 기간 동안 그 발명품의 제조 및 판매에 관하여 법률상 부여한 권리를 말한다. 특허권은 자기 자신이 스스로 창작하여 특허출원을 한 것뿐만 아니라 타인으로부터 승계 취득한 경우도 무형자산인 산업재산권으로 처리한다.

특허권을 타인으로부터 승계 취득하는 경우에는 매입금액과 매입에 소요되는 제반 비용을 자산 취득원가로 계상한다. 한편, 특허권을 일정기간을 사용하기로 하고 그 대금을 지급하는 경우에는 지급수수료(특허권 사용료)로 비용처리를 하여야 한다.

■ 특허권 양도 및 세무신고

법인이 특허권을 양도하는 경우에는 양도가액과 취득가액의 차액에 대하여 법인세를 부담하여야 하는 것이나 개인의 경우 특허권의 양도로 인하여 발생하는 소득은 소득세법 제21조 제1항 제7호의 규정에 의하여 기타소득에 해당하는 것이며, 기타소득의 **60%**를 필요경비로 한다.

▶ 특허권 취득 이후 발생하는 경비처리

특허권 취득 후 특허권과 관련한 분쟁으로 인하여 소송비등 여러 가지 비용이 발생할 수 있다. 이때 특허권의 가치를 증가시키거나 내용연수를 연장시키는 자본적 지출은 특허권 원가에 산입하여야 하며, 원상을 회복시키거나 능률유지를 위한 비용, 특허권 방어 소송비용 등은 수익적지출로 당기비용(지급수수료)으로 처리한다.

▷ 특허권 회계처리 사례

① 《특허권 출원비용 지급》 특허권을 취득하기 위하여 특허 출원 및 등록에 소요되는 비용 8백만원을 보통예금에서 인출하여 지급하다.

선급금	8,000,000	/ 보통예금	8,000,000

② 《특허권 취득비용 지급》 특허권을 취득하고 제비용 2백만원을 보통예금에서 지급하다.

특허권	10,000,000	/ 선급금	8,000,000
		보통예금	2,000,000

- 특허권 : 산업재산권에는 특허권이 포함되므로 특허권을 산업재산권으로 계정처리를 하는 것이나 별도의 특허권 계정을 사용해도 무방하다.
* 변리사 수수료 등 특허권 취득과 관련한 제비용은 특허권의 취득원가로 한다.

③《특허권 연차료 지급》특허권 취득시 연차료 3백만원(3년치)을 보통예금에서 인출하여 납부하다.

| 선급비용 | 3,000,000 | / | 보통예금 | 3,000,000 |

④《특허권 감가상각비 계상》기말에 특허권에 대하여 감가상각비를 계상하다.

| 특허권상각 | 1,000,000 | / | 특허권 | 1,000,000 |

* 법인세법상 특허권의 감가상각 내용연수는 7년(2014년 이전 10년)으로 매 결산기말에 감가상각한다.

⑤《연차료를 지급수수료로 대체》특허권 연차료 선급비용 중 당기 해당 금액에 대하여 지급수수료로 계상하다.

| 지급수수료 | 1,000,000 | / | 선급비용 | 1,000,000 |

* 지급수수료 : 선급비용 ÷ 3년

⑥《특허권 양도》장부상 가액이 5백만원인 특허권을 3천3백만원(부가세 포함)양도하고, (세금계산서 발행) 그 대금은 보통예금에 입금되다.

보통예금	33,000,000	/	특허권	5,000,000
			부가세예수금	3,000,000
			무형자산처분이익	25,000,000

● 실용신안권

실용신안권이란 산업상 이용할 가능성이 있는 물품의 형상, 구조 또는 조합한 것 등에 관한 구체적인 기술적 목적과 기술적 구성 및 기술적 효과에 의하여 체계적으로 형성된 신규성 있는 기술적 사상의 창작인 무형의 고안을 보호의 객체로 하는 권리를 말한다.

● 의장권(디자인권)

의장권이란 산업적 물품 또는 제품의 독창적이고 장식적인 외관 형상의 보호를 위하여 등록을 통하여 허용된 권리이며 산업재산권의 하나이다. 의장이란 물품에 표현되어 눈으로 보아 미적 감각을 일으키게 하는 디자인이다. 즉, 기술과는 무관하게 물품의 미적외관을 시각적인 관점에서 파악되는 것이며, 반드시 특정된 물품에 표현되어야 한다.

● 상표권

상품을 생산·제조·가공 또는 판매하는 자가 자기의 상품을 다른 업자의 상품과 식별코자 그 상품에 대해 사용 표시하는 기호나 문자, 도형 등을 상표라 하는데, 상표권은 생산자 또는 상인이 그 상표를 특허청에 출원해 등록함으로써 부여받는 전용권을 말한다.

▶ **산업재산권의 법인세법상 상각기간**
특허권 7년, 실용신안권 5년, 의장권 5년, 상표권 5년

◎ 개발비

개발비란 신제품 또는 신기술개발과 관련하여 제품(재료, 장치, 공정, 시스템 포함) 및 용역의 생산을 위한 계획이나 설계에 적용하는 활동과 관련하여 발생한 비용을 말한다. 단, 연구와 관련하여 발생한 비용은 연구비로 처리한다.

개발비 중 무형자산인 개발비요건을 충족하지 못하는 경우 당기비용인 경상개발비로 처리하고, 무형자산인 개발비 요건에 충족하는 경우에 한하여 무형자산인 개발비로 처리한다.

● 무형자산인 개발비와 당기비용인 경상연구개발비 구분

①항과 ②항의 요건을 모두 충족하는 경우 무형자산인 개발비로 처리하고 그렇지 않은 경우에는 발생한 연도의 비용인 경상개발비로 처리한다.

① 아래와 같은 개발단계에 속하는 활동일 것
- 생산 전 또는 사용 전의 시작품과 모형을 설계, 제작 및 시험하는 활동
- 새로운 기술과 관련된 공구, 금형, 주형 등을 설계하는 활동
- 상업적 생산목적이 아닌 소규모의 시험공장을 설계, 건설 및 가동하는 활동
- 새롭거나 개선된 재료, 장치, 제품, 공정, 시스템 및 용역 등에 대하여 최종적으로 선정된 안을 설계, 제작 및 시험하는 활동

② 개발단계에서 발생한 지출은 다음의 조건을 모두 충족하는 경우
- 무형자산을 사용 또는 판매하기 위해 그 자산을 완성시킬 수 있는 기술적 실현가능성을 제시할 수 있다.
- 무형자산을 완성해 그것을 사용하거나 판매하려는 기업의 의도가 있다.
- 완성된 무형자산을 사용하거나 판매할 수 있는 기업의 능력을 제시할 수 있다
- 무형자산이 어떻게 미래 경제적 효익을 창출할 것인가를 보여줄 수 있다. 예를 들면, 무형자산의 산출물, 그 무형자산에 대한 시장의 존재 또는 무형자산이 내부적으로 사용될 것이라면 그 유용성을 제시하여야 한다.
- 무형자산의 개발을 완료하고 그것을 판매 또는 사용하는 데 필요한 기술적, 금전적 자원을 충분히 확보하고 있다는 사실을 제시할 수 있다.
- 개발단계에서 발생한 무형자산 관련 지출을 신뢰성 있게 구분하여 측정할 수 있다.

● 개발비, 사용수익기부자산 등의 감가상각

▶ 개발비
관련제품의 판매 또는 사용이 가능한 시점부터 20년 이내의 기간내에서 연단위로 신고한 내용연수에 따라 매사업연도별 경과월수에 비례하여 상각한다. (무신고시 5년간 균등상각)

▶ **사용수익기부자산**

당해 자산의 사용수익기간(그 기간에 관한 특약이 없는 경우 신고내용연수)에 따라 균등하게 안분한 금액을 상각

개발비 회계처리 사례

① 《개발용 시제품 구입》 신제품 개발과 관련하여 소재 3천만원(부가가치세 별도)을 구입하고 세금계산서를 수취하다. 그 대금은 보통예금에서 인출하여 지급하다.

선급금	30,000,000 / 보통예금		33,000,000
부가세대급금	3,000,000		

② 《개발비 대체》 신제품 개발이 완성되고, 기업회계기준에 의한 개발비 요건을 충족하여 개발과 관련하여 지출한 비용 2억원을 개발비로 대체하다. 개발과 관련한 제비용은 모두 선급금으로 처리한바 선급금을 개발비로 대체하다.

개발비	200,000,000 / 선급금		200,000,000

기타의 무형자산

산업재산권(실용신안권, 의장권, 상표권, 특허권), 개발비, 영업권에 포함되지 아니하는 기타의 무형자산으로서 독점적·배타적으로 이용할 수 있는 권리로 한다.

● 광업권

광업권이란 일정한 광구에서 등록을 한 광물과 동 광상중에 부존하는 다른 광물을 채굴하여 취득할 수 있는 권리를 말한다.

5   비유동자산 [기타 비유동자산]

> 기타 비유동자산이란 투자자산, 유형자산, 무형자산 등으로 분류할 수 없는 비유동자산으로 장기매출채권, 장기미수금, 장기선급금, 장기선급비용, 임차보증금, 부도어음 등이 기타 비유동자산에 해당한다.

장기성매출채권

유동자산에 속하지 아니하는 일반적 상거래에서 발생한 외상매출금 및 받을어음중 회수기간이 결산일로부터 1년 이상인 채권을 말한다. 실무에서는 통상 장기할부조건판매의 경우 외상매출금을 장기성매출채권으로 처리한다.

장기할부조건

장기할부조건이라 함은 자산의 판매 또는 양도(국외거래에 있어서는 소유권이전 조건부 약정에 의한 자산의 임대를 포함한다)로서 판매금액 또는 수입금액을 월부·연부 기타의 지불방법에 따라 2회 이상으로 분할하여 수입하는 것 중 당해 목적물의 인도일의 다음날부터 최종의 할부금의 지급기일까지의 기간이 1년 이상인 것을 말한다.

매출총액 및 손익귀속시기

(1) 인도기준에 의한 매출인식(이자상당액을 포함한 명목가치에 의함)
장기할부판매의 경우에도 매출 인식시기는 원칙적으로 인도기준을 적용한다. 이 경우 인도기준은 명목가치에 의한 인도기준을 말하는 것으로 이자상당액을 구분하지 않고 판매총액을 매출액으로 처리한다.

(2) 현재가치평가 및 인도기준에 의한 매출인식

기업이 장기할부조건 등에 의하여 자산을 판매하거나 양도함으로써 발생한 채권에 대하여 기업회계기준이 정하는 바에 따라 현재가치로 평가한 금액을 매출로 처리하고, 명목가치와 현재가치의 차액을 계상한 경우 현재가치할인차금상당액은 당해 채권의 회수기간 동안 환입한 금액은 각 사업연도의 익금에 산입한다.

□ 현재가치할인차금

예를 들어 장기매출채권 1억원을 3년에 걸쳐 지급받기로 한 경우 3년에 걸쳐 지급받을 1억원의 가치는 물가상승률 등을 감안하면, 현재보다 낮은 가치가 될 것이다. 따라서 3년 동안 지급받게 될 명목가치 1억원에 대하여 물가상승률 등을 반영하여 현재의 가치로 평가한 가치가 9천만원이라면, 현재의 시점에서 실질 매출채권의 가치는 9천만원이며, 1천만원은 일종의 이자로 보아야 할 것이다. 따라서 이 경우 1천만원은 이자로 보아 현재가치할인차금을 설정하여 매 결산기마다 이자수익으로 처리하는 것이다.

(3) 회수기일에 매출 및 매출원가 인식

중소기업이 장기할부조건으로 자산을 판매하거나 양도한 경우로서 판매 또는 양도한 자산의 인도일이 속하는 사업연도의 결산을 확정함에 있어서 당해 사업연도에 회수하였거나 회수할 금액과 이에 대응하는 비용을 각각 수익과 비용으로 계상한 경우에는 그 장기할부조건에 따라 각 사업연도에 회수하였거나 회수할 금액과 이에 대응하는 비용을 각각 해당 사업연도의 익금과 손금에 산입한다. 이 경우 인도일 이전에 회수하였거나 회수할 금액은 인도일에 회수한 것으로 본다.

▶ 장기성매출채권 회계처리 사례

① 《인도기준에 의한 매출처리》 20×4. 1. 5 대동물산(주)에 기계장치 3억원(부가세별도)을 판매하고 그 대금은 3회에 걸쳐 나누어 지급받기로 하다.
(20×4. 12. 31, 20×5. 12. 31, 20×6. 12. 31)

장기매출채권	330,000,000	/	매출	300,000,000
			부가세예수금	30,000,000

* 장기할부판매의 경우 대가의 각 부분을 받기로 한 때를 재화의 공급시기로 본다. 다만, 공급시기가 되기 전에 세금계산서를 발급하는 경우 그 때를 공급시기로 본다.

② 《인도기준에 의하여 매출처리하고 현재가치할인차금 계상》 동국물산(주)에20×4. 1. 5 기계장치를 300,000,000원(부가가치세 별도)에 판매하고 그 대금은 3회 (20×4. 12. 31, 20×5. 12. 31, 20×6. 12. 31)로 나누어 지급받기로 하다.
한편, 장기매출채권 3억 3천만원의 현재가치를 297,000,000원으로 평가하고, 차액 33,000,000원은 현재가치할인차금으로 계상하다.

장기매출채권	330,000,000	/	매출	267,000,000
			부가세예수금	30,000,000
			현재가치할인차금	33,000,000

* 부가가치세의 과세표준은 거래상대방으로부터 받는 대금, 요금, 수수료, 기타 명목여하에 불구하고 대가관계에 있는 모든 금전적가치가 있는 것을 포함하는 것으로 할부판매시 이자상당액도 과세표준에 포함한다.

③ 《현재가치할인차금상각》 20×4년 회계기말에 현재가치할인차금 11,000,000원을 상각하고 동 금액을 이자수익으로 처리하다.

현재가치할인차금상각	11,000,000	/	이자수익	11,000,000

보증금

보증금이란 특정시설물 또는 배타적 권리를 사용할 수 있는 대가로 일정금액을 지급하고 그 사용기간의 종료시 반환받을 수 있는 것으로 전세권, 임차보증금, 영업보증금, 수입보증금, 공탁보증금, 입찰보증금, 리스보증금 등이 있으며, '기타비유동자산'으로 분류한다.

임차보증금 및 전세권

① 임차보증금이란 타인의 부동산을 사용하기 위하여 지급한 보증금을 말한다.
② 전세권이란 전세금을 지급하고 타인의 부동산을 사용·수익할 수 있는 권리를 말하며, 전세권을 설정한 경우 전세권이란 계정과목으로 처리하고 기타의 경우는 임차보증금으로 처리한다.

● 영업보증금

대리점, 가맹점 등을 개설하는 경우 본사와 계약에 의하여 통상 영업보증금을 지급하며, 이 보증금을 영업보증금으로 처리한다. 단, 계약 해지시 돌려받을 수 없는 영업보증금은 무형자산(영업권)으로 계상하여 계약기간 동안 감가상각한다.

● 수입보증금

수입업자가 수입물품대금의 일부를 은행에 예치하는 보증금

● 공탁보증금

공탁이란 변제. 담보. 보관 등의 목적으로 금전 등을 공탁소에 맡기는 것을 말하며, 공탁금은 일종의 보증예치금이다.

▶ 임차보증금 회계처리 사례

① 《임차보증금 계약금 지급》 사무실을 임차(임차조건 : 보증금 1천만원, 월세 1백만원, 부가세 별도)하기로 하고, 계약금 1백만원을 보통예금에서 지급하다.

선급금	1,000,000	/	보통예금	1,000,000

② 《임차보증금 잔금 지급》 잔금 9백만원을 보통예금에서 인출하여 지급하다.

임차보증금	10,000,000	/	보통예금	9,000,000
			선급금	1,000,000

③ 《월 임차료 지급》 5월분 임차료 1,000,000원 및 부가세 100,000원을 보통예금에서 인출하여 지급하고 세금계산서를 수취하다.

지급임차료	1,000,000	/	보통예금	1,100,000
부가세대급금	100,000			

④《임차보증금 상계》월세를 지급하지 못하여 보증금과 상계하기로 하고, 매입세금계산서를 수취하다.

지급임차료	1,000,000	/ 임차보증금	1,100,000
부가세대급금	100,000		

⑤《임차보증금 회수》임대차계약기간이 종료되어 보증금 중 월세 6개월분 6백 6십만원을 상계한 잔액 3,400,000원을 임대인으로부터 수표로 지급받아 즉시 보통예금에 입금하다.

보통예금	3,400,000	/ 임차보증금	3,400,000

부도어음

부도어음이란 매출대금으로 받은 어음 등을 어음만기일에 어음발행인이 지정한 금융기관에 어음을 제시하여 지급을 요구하였으나 지급이 거절된 어음을 말한다.

어음의 부도는 매출대금으로 받은 어음(또는 매출대금으로 받은 어음을 할인하거나 배서.양도한 어음)을 어음발행인이 어음에서 그 지급을 약속한 날짜에 어음상의 금액을 거래은행 당좌예금에 입금하지 않아, 거래은행이 어음소지인에게 지급을 할 수 없는 경우에 부도처리된다.

어음이 부도처리되면, 어음소지인은 어음발행인(어음을 배서.양도받은 경우에는 어음 양도인)에게 어음상의 금액을 지급하여 줄 것을 청구한다. 그러나 어음발행인의 재산이 없는 경우에는 회수가 불가능하며, 이 경우 어음대금회수가 불가능하므로 법절차에 따라 대손상각(비용)처리한다.

한편, 수취한 어음이 부도발생의 우려가 있는 경우 신용보증기금의 어음보험제도를 이용하여 보험에 가입한다.

▶ 부도어음 회계처리 사례

① 《받을어음 부도》 20×5. 6. 20 국민은행에 할인한 어음(5. 20 덕원개발로부터 받은 수취한 어음)이 부도가 발생되었음을 국민은행으로부터 통보받고 어음금액 11,000,000원 및 기타 제 비용 100,000원을 한미은행 보통예금에서 인출하여 즉시 국민은행에 지급하고, 덕원개발에 부도어음 금액의 상환을 청구하다.

부도어음	11,100,000	/	보통예금	11,100,000

② 《부도어음 대손세액공제》 부도어음의 부가가치세액에 해당하는 1,000,000원을 부도발생일이 속하는 날로부터 6개월이 경과한 날(20×5. 12. 21)이 속하는 부가가치세 확정신고시 대손세액공제를 신청하다.

부가세예수금	1,000,000	/	부도어음	1,000,000

• 부가세예수금 : 부도어음금액(11,000,000원) × 10/110

③ 《대손상각》 결산시점에 부도어음을 대손상각처리하다. 단, 대손충당금잔액 은 2천만원이다.

대손충당금	10,099,000	/	부도어음	10,099,000

* 수표, 어음 한매당 외상매출금에서 1,000원을 차감한 금액을 대손금으로 한다. 부도어음 잔액 1,000원은 추후 대손요건을 충족하는 사업연도(부도발생일로부터 3년이 경과한 사업연도)에 손금산입한다.
* 대손충당금을 초과하는 금액은 당기의 비용(대손상각비)으로 처리한다.

▶ 부도수표, 부도어음 대손상각

1) 부도발생일로부터 6월 이상 경과한 수표 또는 어음상의 채권 및 부도발생일 이전에 발생한 중소기업의 외상매출금 다만, 당해 법인이 채무자의 재산에 대해 저당권을 설정하고 있는 경우를 제외한다. 동 요건에 해당하는 경우 채무자가 부도발생일 이후 사업계속 여부, 다른 재산 소유 여부에 대하여 별도의 조사 없이 대손처리할 수 있으며, 추후 회수하는 때에 익금으로 계상한다.

2) 부도발생일로부터 6월 이상 경과한 날로부터 소멸시효가 완성하는 때 까지는 대손처리를 하여야 한다.

○ 부도발생일 : 소지하고 있는 부도수표나 부도어음의 지급기일 단, 지급기일전에 당해 수표나 어음을 제시하여 금융기관으로부터 부도확인을 받은 경우에는 그 부도확인일

○ 대손처리 방법 : 부도수표 또는 어음 금액 중 1,000원을 공제한 잔액을 대손상각비로 처리하거나 대손충당금이 있는 경우 대손충당금과 상계한다.

기타의 비유동자산

장기성매출채권, 보증금, 부도어음에 해당하지 않는 비유동자산으로 이연법인세자산(유동자산으로 분류되는 부분 제외), 장기선급비용, 장기선급금 및 장기미수금 등을 포함하며, 투자자산, 유형자산, 무형자산에 속하지 않는 비유동자산을 포함한다.

이들 자산은 투자수익이 없고 다른 자산으로 분류하기 어려워 기타로 통합하여 표시한다. 다만 이들 항목이 중요한 경우에는 별도 표시한다.

② 부채 계정과목

부채란 타인으로부터 차입한 채무(빚)를 말한다. 기업의 자산은 타인으로부터 빌린 부채와 주주들이 출자한 출자금 및 영업활동 결과 발생한 이익금으로 형성되어 있다. 부채는 단기 (재무상태표일로부터 1년 이내)에 상환하여야 하는 유동부채와 재무상태표일로부터 1년 이후에 상환하는 장기부채로 구분된다.

1 유동부채

> 유동부채란 단기(재무상태표일로부터 1년 이내)에 상환하여야 하는 부채를 말하며, 매입채무, 단기차입금, 미지급금, 선수금, 예수금, 미지급비용, 미지급법인세, 미지급배당금, 유동성장기부채, 선수수익, 부가세예수금 등이 있다.

매입채무

일반적 상거래에서 발생한 외상매입금과 지급어음으로 한다. 기업회계기준에서는 외상매입금과 지급어음을 통틀어 매입채무란 계정과목을 사용하나 실무에서는 구분하여 사용하고 결산시 외상매입금과 지급어음을 매입채무로 변경한다. (전산처리서 자동 처리된다.)

외상매입금

상품, 원재료 등을 외상 구매한 경우 외상채무의 명칭을 '외상매입금'이라 한다.

외상채무의 명칭 구분 (외상매입금, 미지급금, 미지급비용)

○ 외상매입금 : 재고자산 외상매입시 나중에 지급하여야 할 외상 매입대금의 명칭을 외상매입금이라 한다.
○ 미지급금 : 유형자산(차량운반구, 기계장치, 비품 등) 외상매입시 외상대금의 명칭을 재고자산의 외상매입금과 구분하기 위하여 미지급금이라 한다.
○ 미지급비용 : 각종 비용발생과 관련하여 그 대금을 나중에 지급하는 경우 외상대금 명칭을 미지급비용이라 한다.

▶ 외상매입금 회계처리 사례

① 《외상매입》 원사(원재료) 10,000,000원을 (주)대일로부터 7월 중에 납품받고 7. 31 세금계산서를 수취하다.
(공급가액 10,000,000원, 세액 1,000,000원, 합계 11,000,000원)

원재료	10,000,000	/ 외상매입금	11,000,000
부가세대급금	1,000,000		

② 《외상매입대금 결제》 8. 31 (주)대일에 대한 외상매입대금 중 5,000,000원을 농협 보통예금에서 인터넷뱅킹으로 지급하다.

외상매입금	5,000,000	/ 보통예금	5,000,000

□ 매입처원장의 작성

외상거래시 매입처별로 외상관리를 하여야 하는 경우 매입처원장을 작성한다. 매입처원장이란 물품 등을 판매하고 그 대금을 외상으로 하는 경우 각각의 거래처별로 물품 매입대금의 외상발생 및 지급에 관한 거래내용을 기록하기 위하여 작성하는 거래처별 외상관리장부이다. 따라서 거래처별로 별도 외상관리가 필요 없는 현금거래시에는 매입처원장을 작성할 필요가 없다.

● 지급어음

외상이란 거래 당사자간의 신용을 바탕으로 물품대금을 거래 후 일정 시점에 지급할 것을 구두로 약속하는 것이고, 어음이란 대금지급을 어음이라는 증서로 거래 후일에 지급을 약속하는 외상거래의 일종으로 어음수취인(물품을 공급하고 그 대금으로 어음을 받은 자)은 어음을 발행한 자가 어음증서에서 대금지급을 약속한 날짜에 그 지급을 지정한 은행에 어음을 제시하면, 은행에서 어음발행인의 당좌예금에서 어음대금을 지급하는 방식이다.

▶ 지급어음 회계처리 사례

① 《어음 발행》 (주)대일의 외상매입금 6,000,000원을 결제하기 위하여 9. 3 어음을 발행하여 지급하다. (지급일자 11. 30 지급장소 우리은행 종로지점)

| 외상매입금 | 6,000,000 | / | 지급어음 | 6,000,000 |

② 《당좌예금 입금》 11. 29 어음대금결제를 위하여 6,000,000원을 농협 보통예금에서 우리은행 당좌예금으로 계좌이체하다.

| 당좌예금 | 6,000,000 | / | 보통예금 | 6,000,000 |

③ 《지급어음 결제》 11. 30 우리은행 당좌예금에서 9. 3 (주)대일에 발행한 어음금액 6,000,000원이 결제되다.

| 지급어음 | 6,000,000 | / | 당좌예금 | 6,000,000 |

◎ 단기차입금

금융기관으로부터의 당좌차월액과 1년내에 상환될 차입금을 차입한 경우 처리하는 계정과목이다.

◆ 유동부채 및 비유동부채 [기업회계기준서 제21호(재무제표의 작성과 표시 39)]
부채는 1년을 기준으로 유동부채와 비유동부채로 분류한다. 다만, 정상적인 영업주기 내에 소멸할 것으로 예상되는 매입채무와 미지급비용 등은 재무상태표일로부터 1년 이내에 결제되지 않더라도 유동부채로 분류한다. 이 경우 유동부채로 분류한 금액 중 1년 이내에 결제되지 않을 금액을 주석으로 기재한다. 당좌차월, 단기차입금 및 유동성장기차입금 등은 재무상태표일로부터 1년 이내에 결제되어야 하므로 영업주기와 관계없이 유동부채로 분류한다. 또, 비유동부채 중 재무상태표일로부터 1년 이내에 자원의 유출이 예상되는 부분은 유동부채로 분류한다. (A16, A21)

■ 당좌차월

당좌거래를 이용하는 회사는 금융기관과의 사전 약정에 의하여 회사의 신용을 바탕으로 일정한도내의 금액을 당좌예금 잔고를 초과하여 당좌수표를 발행할 수 있으며, 이 때 당좌예금 잔고를 초과하여 발행된 당좌예금 마이너스금액이 당좌차월이다. 당좌차월은 당좌예금 잔고없이 인출한 일종의 차입금으로 당좌예금 부수(-)금액이다. 당좌예금 부수(-)금액은 결산시점에 당좌차월로 대체처리한다.

■ 개인사채 차입 및 이자 지급 원천징수

회사의 자금이 일시 부족하여 금융권이 아닌 개인(대표자의 친.인척, 지인, 사채업자)으로부터 차입하는 경우 차입금은 단기차입금으로 처리하고, 그 이자 지급시 소득세법의 규정에 의하여 이자소득세(비영업대금의 이익 원천징수세율 : 25%)를 원천징수하여 관할세무서에 납부하여야 한다.

■ 마이너스 통장 회계처리

마이너스 통장이란 금융기관과의 사전약정에 의하여 별도의 대출절차없이 회사신용을 바탕으로 일정한도내의 금액을 보통예금 잔고를 초과하여 사용할 수 있는 통장이다. 따라서 보통예금 잔고 없이 인출한 금액은 일종의 차입금으로 보통예금 부수(-)금액에 대하여 단기차입금으로 처리한다. 단, 실무에서는 보통예금 부수(-)가 있는 경우 별도의 회계처리 없이 보통예금 마이너스 금액으로 처리하고, 결산시점에 단기차입금으로 대체처리한다.

□ 법인세법 기본통칙 4 - 0…8 [타인명의 차입금에 대한 취급]
① 차입금의 명의인과 실질적인 차용인이 다른 경우에는 실질적인 차용인의 차입금으로 한다.
② 제1항의 실질적인 차용인은 금전대차계약의 체결, 담보의 제공, 차입금의 수령, 각종 비용의 부담 등 차입에 관한 업무의 실질적인 행위내용과 차입한 금액의 용도 등을 기준으로 판단한다. 이 경우 차입금을 분할한 경우에는 차입한 금액의 전부 또는 일부를 타인에게 다시 대여한 것으로 인정되는 경우에 한하여 당해 차입금 총액을 당초 차용인의 차입금으로 한다.

▶ 단기차입금 회계처리 사례

① 《차입금 입금》 20×3. 6. 1 우리은행으로부터 운전자금 100,000,000원을 차입하고 근저당 설정수수료 및 기타 수수료 600,000원을 차감한 99,400,000원이 우리은행 보통예금에 입금되다.
(대출 상환기한: 20×4. 5. 31 대출이자율 6%, 만기 일시상환 방식)

보통예금	99,400,000	/	단기차입금	100,000,000
지급수수료	600,000			

② 《차입금이자 지급》 6. 30 우리은행 단기차입금에 대한 이자 500,000원이 우리은행 보통예금에서 인출되다.

이자비용	500,000	/	보통예금	500,000

③ 《차입금 상환》 20×4. 5. 31 우리은행으로부터 차입한 단기차입금 1억원 및 이자비용 500,000원을 우리은행 보통예금에서 인출하여 상환하다.

단기차입금	100,000,000	/	보통예금	100,500,000
이자비용	500,000			

④ 《개인사채 차입》 10. 20 회사의 자금이 일시 부족하여 김○○으로부터 2억 원을 차입하여(차입기간 : 1년, 이자율 10%) 국민은행 보통예금에 입금하다.

보통예금	200,000,000	/	단기차입금	200,000,000

- 단기차입금 : 이자비용을 정상적으로 지급하는 개인차입금은 단기차입금으로 처리하나 그렇지 못한 경우에는 가수금 등으로 처리한 다음 회계기말에 그 내용을 나타내는 적절한 과목으로 대체처리한다.

⑤ 《보통예금 마이너스 발생》 외상매입금 25,000,000원을 보통예금에서 인출하여 결제하다. (잔고 5,000,000원, 마이너스 인출금액 20,000,000원)

외상매입금	25,000,000	/	보통예금	5,000,000
			단기차입금	20,000,000

⑥ 《마이너스 금액 상환》 외상매출대금 5천만원이 보통예금에 입금되다.

단기차입금	20,000,000	/ 외상매출금	50,000,000
보통예금	30,000,000		

미지급금

일반적 상거래 이외에서 발생한 채무(미지급비용을 제외한다) 예를 들면, 차량운반구, 비품, 기계장치 등 유형자산을 구입하고 그 대금을 나중에 지급하는 경우 매입채무의 명칭을 미지급금이라 하며, 비용의 미지급시에는 그 채무명칭을 미지급비용이라 한다.

■ 미지급금, 미지급비용, 외상매입금 구분

물품 등을 구입하거나 서비스 등을 제공받고 그 대금을 나중에 지급하기로 한 경우 그 채무의 명칭을 회계기준에서는 아래와 같이 구분하고 있다.

○ 외상매입금 : 상품, 원재료등을 구입하고 그 대금을 나중에 지급하는 경우
○ 미지급금 : 차량운반구, 비품, 기계장치 등 유형자산을 구입하고 그 대금을 나중에 지급하는 경우
○ 미지급비용 : 전기요금, 기업업무추진비(접대비) 등 용역을 제공받고 그 대금을 나중에 지급하는 경우

실무에서 매입채무의 명칭을 위와 같이 엄격히 구분하여 회계처리하다 보면 상당히 혼란스러울 수 있다. 따라서 외부회계감사를 받지 않는 소규모 기업의 경우 이들 채무(외상매입금, 미지급금, 미지급비용)의 명칭을 외상매입금으로 통일하여 사용하더라도 세무상 특별한 문제는 없으므로 업체실정에 따라 통합 사용하여도 무방하다.

▶ 미지급금 회계처리 사례

① 《비품 외상구입》 10. 10 신도리코에서 사무용복사기를 2,500,000원(부가세 별도)에 구입하고 그 대금은 나중에 지급하기로 하다.

비품	2,500,000	/	미지급금	2,750,000
부가세대급금	250,000			

- 미지급금 : 비유동자산(고정자산) 등의 구입과 관련하여 그 대금을 나중에 지급하기로 한 경우 상품, 원재료 등 외상구입시 발생하는 외상매입금과 구분하기 위하여 미지급금이란 계정과목을 사용한다.

② 《미지급금 지급》 10. 31 신도리코에 대한 미지급금 2,750,000원을 인터넷뱅킹으로 지급하다. 송금수수료 1,000원 인출되다.

미지급금	2,750,000	/	보통예금	2,751,000
지급수수료	1,000			

선수금

선수금이란 수주공사 및 기타 일반적 상거래에서 발생한 선수액을 말하며, 선급금과 반대되는 계정과목으로 물품 등을 나중에 인도하기로 하고, 물품 등을 인도하기 전 그 대금을 미리 지급받은 금액을 말한다. 통상 세금계산서를 발행하기 전 그 대금을 미리 지급받은 경우 선수금이란 계정과목을 사용한다.

▶ 선수금 회계처리 사례

■ 선수금 입금 및 매출채권 상계

① 《선수금 입금》 6. 20 고신상사로부터 물품대금 선수금 6,000,000원이 국민은행 보통예금에 입금되다.

보통예금	6,000,000	/	선수금	6,000,000

②《선수금과 매출채권 상계》 8월중 고신상사에 물품을 인도하고, 8. 31 세금계산서를 발급하다. 매출대금 중 6백만원은 선수금과 상계하고 잔액 5백만원은 나중에 지급받기로 하다.
(공급가액 10,000,000원, 세액 1,000,000원, 합계 11,000,000원)

선수금	6,000,000	/	제품매출	10,000,000
외상매출금	5,000,000		부가세예수금	1,000,000

■ 재화 공급(인도)전 선수금 수취 및 세금계산서 발행

재화의 공급시 원칙적으로 재화의 공급이 이루어진 시점(통상 재화를 인도한 날)에 세금계산서 발행하여야 한다. 다만, 공급시기 이전에 대가를 받고 발행한 세금계산서의 경우에는 정당한 세금계산서로 인정이 되며, 선수금을 받은 시점에 세금계산서를 발행하는 경우 회계처리는 아래와 같다.

①《선수금 입금 및 세금계산서 발행》 (주)동일철강은 4. 10 한국상사에 철강 1억원 어치(부가세 별도)를 5. 31 공급하기로 계약하고, 선수금 22,000,000원을 수취하여 보통예금에 입금하다. 선수금 22,000,000원(부가세 포함)에 대하여 세금계산서를 발행하다.

보통예금	22,000,000	/	선수금	20,000,000
			부가세예수금	2,000,000

②《선수금 매출 대체》 (주)동일철강은 5. 31 한일상사에 철강 1억원 어치(부가세 별도)를 납품하고, 선수금을 제외한 8천만원(부가세 별도)에 대하여 세금계산서를 발행하고 그 대금은 나중에 받기로 하다.

외상매출금	88,000,000	/	매출	100,000,000
선수금	20,000,000		부가세예수금	8,000,000

③《외상매출금 보통예금 입금》 6. 5 한일상사로부터 외상매출금 88,000,000원이 보통예금에 입금되다.

보통예금	88,000,000	/	외상매출금	88,000,000

예수금

예수금이란 회사의 종업원이 부담하고 납부하여야 하는 각종 세금 및 공과금을 법령에 의하여 회사가 대신하여 납부하는 경우 급여 지급시 종업원으로부터 일시 받아둔 금전을 말한다. 예를 들어 사업주는 근로자에게 매 월 급료 또는 임금을 지급할 시 근로자로부터 근로소득세 및 지방소득세(근로소득세의 10%), 국민연금, 건강보험료, 고용보험료 중 종업원부담금 등을 징수하여 보관하여 두었다가 납부기한(징수일 또는 급여지급일의 다음달 10일)내 금융기관에 납부하여야 한다. 이 경우 급여 지급시 종업원으로부터 징수하여 납부시까지 회사내에 일시 보관하는 돈의 명칭을 '예수금'이라고 한다.

♣ 비용 → 급여 참조

미지급비용

비용 항목의 물품을 구입하거나 용역을 제공받고, 그 대금을 나중에 지급하기로 한 경우 외상대금의 명칭을 미지급비용이라고 한다. 한편, 상품, 원재료 등을 외상으로 매입하고 그 대금을 나중에 지급하기로 한 경우 외상대금의 명칭은 외상매입금이라 하고, 기계장치, 비품 등 유형자산 매입 후 그 대금을 나중에 지급하기로 한 경우 외상채무의 명칭은 '미지급금'이라고 한다.

미지급비용 회계처리 사례

① 《사무용품 구입》 5. 20 사무용 팩시밀리를 385,000원(부가세 포함)에 구입하고 그 대금은 월말에 지급하기로 하고, 세금계산서를 수취하다.

사무용품비	350,000	/	미지급비용	385,000
부가세대급금	35,000			

* 거래단위별로 100만원 이하인 비품은 소모품비 또는 사무용품비로 처리한다.

②《미지급비용 결제》5. 31 팩시밀리 구입대금 385,000원을 국민은행 보통예금에서 이체하여 결제하다.

| 미지급비용 | 385,000 | / | 보통예금 | 385,000 |

부가세예수금

부가가치세 매출세액을 부가세예수금이라 한다. 사업자의 경우 물품 등 매출시 거래상대방으로부터 징수한 부가가치세 매출세액은 공급받는자를 대신하여 세무서에 납부하여야 하는 채무(예수금)이다.

반대로 부가가치세 매입세액은 부가세대급금이라 한다. 사업자가 물품 등의 매입시 거래상대방에게 지급한 부가가치세 매입세액은 세무서로부터 돌려받을 수 있는 채권으로 기업의 입장에서는 자산이다. 따라서 사업자가 부가가치세 신고기한내 납부하여야 할 세금은 채무인 부가세예수금에서 채권인 부가세대급금을 차감한 부가세예수금 잔액이 되는 것이다.

부가세예수금 회계처리 사례

①《부가세예수금과 부가세대급금 상계》1기 확정 부가가치세 과세기간 종료일인 6월 30일 1기 확정기간의 부가세예수금 합계 24,000,000원에서 부가세대급금 합계 20,000,000원을 상계처리하고, 잔액은 미지급금으로 계상하다.

| 부가세예수금 | 24,000,000 | / | 부가세대급금 | 20,000,000 |
| | | | 미지급금 | 4,000,000 |

②《부가가치세 납부》7월 25일 1기 확정 부가가치세 신고를 하고, 납부할 세액 4,000,000원을 보통예금에서 인출하여 납부하다.

| 미지급금 | 4,000,000 | / | 보통예금 | 4,000,000 |

가수금

가수금이란 금전 등이 회사에 입금되었으나 입금에 대한 원인이 불분명한 경우, 회사에 귀속되지 아니하는 자금 등이 일시 가입금되는 경우, 기업의 자금이 일시 부족하여 대표이사 등으로부터 일시 차입한 금전 등을 처리하는 계정이다. 이 경우 가수금으로 처리한 다음 반환시 가수금과 상계처리한다. 한편, 가수금 거래가 여러 사람으로부터 발생하는 경우 개인별 가수금대장을 별도로 작성하여 관리한다.

가수금 회계처리 사례

① 《가수금 입금》 7. 30 회사 운영자금이 일시 부족하여 대표자로부터 3천만원을 빌려 국민은행 보통예금에 입금하다.

| 보통예금 | 30,000,000 / 가수금 | 30,000,000 |

② 《가수금 상환》 9. 10 대표자로부터 차입한 금액 중 1천만원을 국민은행 보통예금에서 인출하여 상환하다.

| 가수금 | 10,000,000 / 보통예금 | 10,000,000 |

③ 《가수금을 단기차입금으로 대체》 결산시 가수금잔액 20,000,000원을 단기차입금으로 대체하다.

| 가수금 | 20,000,000 / 단기차입금 | 20,000,000 |

④ 《착오 입금》 보통예금 통장에 거래처에서 착오에 의하여 700,000원이 입금되다.

| 보통예금 | 700,000 / 가수금 | 700,000 |

⑤ 《착오 입금액 송금》 거래처에서 착오로 입금된 금액 700,000원을 보통예금에서 인출하여 송금하여 주다.

| 가수금 | 700,000 / 보통예금 | 700,000 |

2 비유동부채

> 비유동부채(고정부채)란 재무상태표일로부터 1년 이후에 상환하여야 하는 부채를 말하며, 사채(社債), 장기차입금, 장기성매입채무, 퇴직급여충당금등이 있다.

사채(社債)

사채(社債)란 주식회사가 상법의 절차에 의하여 일반인으로부터 자금을 차입하는 것으로 기업이 특정 개인으로부터 자금을 빌리는 사채(私債)와 구분되며, 기업의 자본금을 일반인으로부터 공모하는 주식과도 구분된다.

즉 사채는 기업의 신용을 바탕으로 다수인으로부터 자금을 차입하고 차입조건에 따라 이자를 지급하며, 일정 기간 후 상환하여야 하는 부채로서 중소기업의 경우 기업의 대외적인 공신력이 낮은 관계로 현실적으로 사채(社債)를 발행하여 자금을 조달하기가 쉽지 않고, 실무에서도 거의 발생하지 않으므로 사채조달절차와 상환방법, 회계처리 등에 대한 설명은 생략한다.

☐ 전환사채

사채(社債)로서 발행되었지만 일정기간 경과 후 사채 발행시 약정에 의하여 주식(보통주식)으로 전환할 수 있는 사채를 말한다.

☐ 신주인수권부 사채

신주인수권부사채(社債)란 사채발행 후 일정 기간이 경과한 다음 소정의 주식을 인수할 수 있는 권리를 부여한 사채를 말한다.

전환사채는 사채의 원본을 주식인수대금으로 대체하는데 반해 신주인수권부사채는 신주를 인수할 수 있는 권리만 부여하므로 신주를 인수하기 위해서는 주금을 별도로 납입하여야 하는 것이다.

장기차입금

차입금 중 1년 후에 상환되는 차입금으로 하며 차입처별 차입액, 차입용도, 이자율, 상환 방법 등을 주석으로 기재한다. 한편, 장기차입금 중 상환기간이 결산일로부터 1년 이내에 도래하는 금액은 유동성장기부채로 대체하여야 한다.

□ 단기차입금 및 장기차입금 구분
- 단기차입금 : 재무상태표일로부터 1년 이내에 상환하는 단기부채
- 장기차입금 : 재무상태표일로부터 1년을 초과하여 상환하는 장기부채

장기차입금 회계처리 사례

① 《장기차입금(만기 일시상환) 조달》 20×4. 6. 1 우리은행으로부터 시설자금 100,000,000원을 차입하고 근저당 설정수수료 및 기타 수수료 600,000원을 차감한 99,400,000원이 우리은행 보통예금에 입금되다.
(대출 상환기한: 20×9. 5. 31 대출이자율 6%, 5년 만기 일시상환 방식)

| 보통예금 | 99,400,000 | / | 장기차입금 | 100,000,000 |
| 지급수수료 | 600,000 | | | |

② 《차입금 이자지급》 6. 30 우리은행 단기차입금 1억원에 대한 이자 500,000원이 우리은행 보통예금에서 인출되다.

| 이자비용 | 500,000 | / | 보통예금 | 500,000 |

③ 《원리금 분할상환 방식 장기차입금의 원리금 상환》 10. 25 국민은행에서 차입한 장기차입금 원금 5,000,000원 및 이자 1,500,000원(합계 6,500,000원)이 국민은행 보통예금에서 인출되다.
(차입금액 1억원 상환기간 5년, 이자율 6%, 매 3개월 원리금 분할상환방식)

| 장기차입금 | 5,000,000 | / | 보통예금 | 6,500,000 |
| 이자비용 | 1,500,000 | | | |

♣ 퇴직급여충당부채

♣ 결산 참조

♣ 퇴직연금충당부채

♣ 결산 참조

♣ 장기성 매입채무

일반적 상거래에서 발생한 외상매입금 및 지급어음 중 그 상환기일이 1년을 초과하는 경우의 채무를 장기성 매입채무라 한다. 기업회계기준에 의하면, 장기성 매입채무금액에는 이자비용이 포함된 것으로 미래에 지급할 매입채무금액을 현재가치로 평가하여 현재가치를 초과하는 금액은 현재가치할인차금으로 처리한 다음 매 회계기말에 이자비용에 상당하는 금액은 이자비용으로 대체처리한다.

☐ 법인세법 기본통칙42-0-1 [현재가치평가에 의한 채권채무평가차익의 처리]
장기금전대차거래에서 발생하는 채권·채무를 현재가치로 평가하여 명목가액과 현재가치의 차액을 현재가치할인차금으로 계상하여 당기손익으로 처리한 경우 이를 각 사업연도 소득금액 계산상 익금 또는 손금에 산입하지 아니하며, 추후 현재가치할인차금을 상각 또는 환입하면서 이를 이자비용 또는 이자수익으로 계상한 경우에도 각 사업연도 소득금액 계산상 익금 또는 손금에 산입하지 아니한다.

3 자본 계정과목

기업의 자산은 타인으로부터 빌린 부채와 주주들이 출자한 자본금 및 영업활동 결과 발생한 이익금으로 형성되어 있다. 자본금에는 주주들이 직접 출자한 자본금과 영업활동 결과 발생한 이익잉여금, 영업활동과 관계없이 발생한 자본잉여금 등이 있다. 자본은 자본금, 자본잉여금, 자본조정, 기타포괄손익누계액 및 이익잉여금(또는 결손금)으로 구분한다.

1 자본금

Q 자본금

기업은 사업을 운영하기 위하여 운영자금(현금 및 예금), 원재료, 출자금, 토지 및 건물, 기계장치, 차량운반구, 공구·기구, 비품, 시설장치 등 각종 재산이 필요하며, 사업의 개시와 동시에 수익이 발생하는 기업도 있지만, 어떤 경우에는 상당 기간 동안 계속하여 투자를 해야 수익이 발생하는 경우가 있다. 이와 같이 기업을 운영하려면, 사업초기에 많은 자금이 필요하며, 이 자금을 자기돈으로 조달하기도 하고, 타인으로부터 빌려서 조달하기도 한다. 이 때 자기돈으로 조달한 자금을 자본이라 하며, 타인으로부터 조달한 자금을 부채라고 한다.

개인사업자의 경우 자기 자본조달은 사업주 본인이 직접 출자하여 기업을 운영하면 되나 회사 규모가 큰 경우에는 많은 소요자금이 필요하게 되며, 이 자금의 대부분을 타인으로부터 빌려서 조달하게 되면, 기업의 비용 중 차입금에 대한 이자가 과다하게 지출되어 기업의 운영이 대단히 어려워지게 될 것이다.

따라서 기업의 아이템이 성장가능성이 충분하고 향후 많은 이익이 예상되는 경우 기업을 설립하는 자(발기인)가 자금이 부족한 경우 사업의 성장가능성이 있고, 나중에 기업이 이익이 발생할 경우 투자자금에 대하여 일정 비율의 배당을 주겠다고 널리 알리고 이를 법적으로 보장하여 준다면, 여유자금이 있는 자는 해당 기업에 투자를 할 것이다. 즉, 한 개인이 자금을 조달하는 데는 한계가 있으므로 여러 사람으로부터 투자를 받아 기업을 설립하면, 기업은 보다 풍부한 자금으로 기업 본연의 업무에 전력하여 성장을 이룰 수 있을 것이다. 여기서 투자를 목적으로 조달된 자금은 기업이 나중에 상환하여야 하는 차입금이 아니라 기업이 이익이 발생하였을 때 일정한 절차를 통하여 배당을 하는 것으로 기업의 입장에서는 자기자본이 되는 것이다. 즉, 부채는 이자를 지급하여야 하나 출자금(자본)은 별도의 이자 지급이 없고 이익이 발생하는 경우 합의에 의하여 배당이라는 절차를 통하여 이익을 배분하는 것이다.

이와 같이 출자자를 모집하여 기업을 만드는 대표적인 예가 주식회사다. 주식회사의 자금은 출자자들이 출자한 자금에 의하여 그 실체가 형성되고, 주식회사는 하나의 독립된 권리의무의 주체로서 상법에 의하여 그 인격을 부여받는 것이다.

주식회사의 경우 투자를 목적으로 다수의 출자자(주주라 한다.)가 금전을 출자하고 그 이해관계가 성립됨으로 법률적 규제가 필요하다. 법률적 규제의 대표적인 법이 상법이며, 주식회사는 상법이 정한 절차에 의하여 설립하여야 하고 그 모든 권리의무행사에 있어 상법의 규정에 의하여야 한다. 따라서 자본금액, 자본금의 증자 등에 관하여 등기절차를 거쳐야 하므로 주식회사의 자본금은 법적 절차에 따라 변경할 수 있다. 즉, 주식회사의 자본금은 법인등기부 등본에 등기한 금액을 말한다.

다시 말하면, 개인사업자의 경우에는 내 돈을 회사에 투자하는 데 있어 특별한 절차를 필요로 하지 않으나 법인기업의 경우에는 반드시 법적인 절차에 의하여 자본을 조달한다. 법인 설립시 상법 규정에 의하여 주주들이 출자하여 자본금을 납입하여야 하며, 회사 운영 중 자본금을 증자하는 경우에도 법적인 절차에 의하여 자본금을 증자하여야 하는 것이다.

● 자본금 납입

자본금 납입이란 상법이 정한 절차에 의하여 출자자가 주식회사의 자본금을 납입하는 것을 말한다. 출자자로부터 자본의 납입을 받는 경우 주식회사는 그 납입을 증명하기 위하여 주식을 발행하여 교부한다.

▶ 자본금 회계처리 사례

① 《주금납입》 주식회사를 설립하고, 자본금을 납입하기 위하여 주주로부터 주식청약증거금1억원을 받아 회사의 별단예금에 입금되다.

| 별단예금 | 100,000,000 | / | 주식청약증거금 | 100,000,000 |

- 별단예금 : 그 사용목적이 자본금전입에만 사용하여야 하므로 별단예금으로 처리한다.
- 주식청약증거금 : 자본금 납입시까지의 임시계정으로 가수금으로 처리하기도 한다.

② 《자본금 등기완료》 법정자본금 등기를 완료하다.

| 주식청약증거금 | 100,000,000 | / | 자본금 | 100,000,000 |

▷ 자본금 증자를 위하여 자금을 일시 차입(상법의 규정에 위배되는 것임)한 후 그 자본금을 대표이사가 다시 인출하여 가져간 경우 기업의 자금을 대표이사에게 빌려준 것으로 처리하며, 가지급금에 대하여는 차후 법인세신고시 그 이자상당액을 익금산입하고, 대표이사에 대한 급여로 처리하여야 한다.

③ 《자본금 납입수수료》 법무사사무소에서 자본금 등기에 소요된 등록면허세, 교육세, 인지세 500,000원, 공증수수료 300,000원, 법무사 수수료 440,000원(부가세 포함)을 청구하여 대표이사로부터 일시 빌려 지급하다.

| 창업비 | 1,200,000 | / | 가수금 | 1,240,000 |
| 부가세대급금 | 40,000 | | | |

- 창업비 : 법인의 창업과 관련하여 발생하는 제비용은 창업비로 처리하여 그 지출연도에 손금산입한다. 단, 증자와 관련한 비용은 세무조정에서 손금불산입처리하여야 한다.

④ 《보통예금 대체》 자본등기 완료 후 별단예금을 보통예금으로 대체하다.

| 보통예금 | 100,000,000 | / | 별단예금 | 100,000,000 |

자본금 증자

자본금 증자란 법인의 자본금을 증액하는 것으로 통상 출자자금을 증액하는 것을 말한다. 자본금을 증자하는 경우 법인기업은 법적 절차에 의하여 등기하여야 한다. 자본금을 증자하는 사유는 기업의 재무구조를 개선하거나 새로운 사업을 확장할 시 투자자 등으로부터 출자를 받는 경우 자본금을 증액한다. 자본금 증자시 주식을 주금납입금액과 동일한 금액으로 발행하는 액면발행과 액면보다 높은 가격으로 발행하는 할증발행, 액면보다 낮은 가격으로 발행하는 할인발행이 있다.

▶ 주식등변동상황명세서 제출 및 자본금 변동분 재무제표 반영

자본금 증자시에는 주주의 구성원이 변동되므로 법인세 신고시 반드시 '주식변동상황명세서'를 제출하여야 하며, 증자금액을 회계처리하여 자본금이 증자된 내용의 재

무제표를 법인세 신고시 제출하여야 한다. 또한 자본금 증자로 과점주주가 되는 경우 취득세를 다시 납부하여야 하는 문제가 있으므로 '주식양도양수'를 참조한다.

유상증자

액면발행

주식을 주금납입금액과 동일한 금액으로 발행하는 것을 말한다.

할증발행

주식은 통상 액면가액으로 발행하는 것으로서 납입한 자본금액은 발행한 주식의 총수에 액면금액을 곱한 금액과 같은 금액이 된다. 그러나 회사의 영업전망이 좋고 차후 높은 기대수익이 예상되거나 주식시장에서 그 가치가 높을 것으로 판단되는 경우 많은 사람이 출자를 원할 것이다. 이 경우 주식은 액면가액보다 높은 가치가 형성하게 되어 액면가액 이상으로 발행하여도 출자자는 주식을 매입하게 되며, 주식회사는 납입자본금을 초과하는 자금을 운용할 수 있는 것이다. 이 때 액면금액을 초과하여 납입된 금액을 주식발행초과금이라 한다.

무상증자

무상증자란 법인기업의 준비금 또는 이익잉여금 등을 자본금으로 전입하면서 기존주주들에게 무상으로 신주를 발행(발급)하는 것을 말한다. 무상증자는 자금조달을 목적으로 하지 않고, 자본구성을 시정하거나 사내유보의 적정화 등을 위해 실시되는 것으로서 회사의 총자산에는 변동이 없이 재무제표상 항목간의 변경을 통하여 새로운 주식을 발행하는 형식적 증자로 실질적인 재산은 증가하지 않는다.

① 이익잉여금을 자본금으로 전입하는 것은 기업의 이익을 주주들에게 현금배당하는 것이 아니라 주주총회의 결의에 의하여 기존의 주주에게 주식을 추가로 배정하는 것

으로 주주의 입장에서는 주식 추가 배정금액만큼 이익을 얻게 되는 것이다. 따라서 이와 같은 배당을 의제배당이라고 하며, 배당금액의 14%를 배당소득세로 납부하여야 한다. 다만, 자본준비금 및 재평가적립금을 자본에 전입하는 경우는 제외한다.
② 주식배당은 주주총회의 결의에 의하여 이익의 배당을 새로이 발행하는 주식으로써 할 수 있다. 그러나 주식에 의한 배당은 이익배당총액의 2분의 1에 상당하는 금액을 초과하지 못한다.

▣ 무상증자 재원

무상증자는 법정준비금 (이익준비금, 자본준비금)으로 증자하는 것을 원칙으로 한다. 다만, 예외적으로 임의적립금을 주주총회의 결의에 의하여 이를 이익준비금으로 항목변경을 통해 무상증자의 재원으로 활용이 가능하다.

▣ 무상증자시 배당소득 원천징수 및 원천징수시기

▶ 의제배당

의제배당이란 법인의 잉여금의 전부 또는 일부를 자본 또는 출자의 금액에 전입함으로써 취득하는 주식 또는 출자의 가액을 말하며, 의제배당금액은 해당 주주, 사원, 그 밖의 출자자에게 배당한 것으로 본다. 다만, 자본준비금 및「자산재평가법」에 따른 재평가적립금을 자본에 전입하는 경우는 제외한다.

▶ 의제배당 원천징수시기

법인의 잉여금의 전부 또는 일부를 자본에 전입함으로써 취득하는 주식의 가액으로서 의제배당에 해당하는 경우 동 배당소득에 대한 원천징수시기는「자본에의 전입을 결정한 날(다만 이사회의 결의에 의하는 경우에는 상법 제461조 제3항의 규정에 의하여 정한 날)」이며, 여기서「자본에의 전입을 결정한 날」이라 함은 "주주총회에서 자본에 전입할 것을 결의한 날"을 말하며,「상법 제461조 제3항의 규정에 의하여 정한 날」이라 함은 "신주배정기준일"을 말한다.

▶ 의제배당에 대한 배당소득세 및 지방소득세 원천징수

의제배당금액(액면가액)에 대하여 배당소득세 14%와 지방소득세(배당소득세의 10%)를 주주들로부터 원천징수하여 납부하여야 하되, 법인에 대하여는 원천징수하지 아니한다. 한편, 배당소득을 지급하는 법인은 이익잉여금을 자본에의 전입을 결정한 날을 배당시기로 보아 그 지급일이 속하는 과세기간의 다음 연도 2월 말일까지 지급명세서를 제출하여야 한다. 단, 법인에게 지급되는 의제배당에 대하여는 원천징수의무는 없으나 지급명세서는 제출하여야 한다.

▣ 자본금 증자 회계처리 사례

■ 액면발행

① 《자본금 증자》 자본금을 증자하기로 하고 주주로부터 증자금액 1억원이 회사의 보통예금에 입금되다.

보통예금	100,000,000 / 주식청약증거금	100,000,000

- 주식청약증거금 : 자본금 납입시까지의 임시계정으로 가수금으로 처리하기도 한다.

② 《자본전입》 자본금을 등기완료하다.

주식청약증거금	100,000,000 / 자본금	100,000,000

③ 《자본금 증자비용 지급》 법무사사무소에서 자본금 증자에 소요된 등록세, 교육세, 인지세 500,000원 공증수수료 300,000원, 법무사 수수료 440,000원(부가세 포함)을 청구하여 보통예금에서 인출하여 지급하다.

신주발행비	1,200,000 / 보통예금	1,240,000
부가세대급금	40,000	

- 자본금 증자시 소요되는 주식발행비용은 주식할인발행차금에 해당하는 것으로 주식발행초과금에서 차감하여야 한다. 다만, 액면발행의 경우 실무에서는 비용항목인 '신주발행비' 처리하기도 한다. 이 경우 신주발행비는 세무조정에서 손금불산입하여야 한다.
- ☐ 법인세법 제20조 (자본거래등으로 인한 손비의 손금불산입)

[개정] 유상증자 관련비용의 매입세액 공제 여부
[부가, 기준-2021-법령해석부가-0112] (2021.06.23)
사업자가 과세사업 확장, 설비투자 목적으로 유상증자를 하면서 관련 법률자문 및 컨설팅 자문용역을 제공받고 수수료를 지급한 경우로서 해당 자문용역이 자기의 과세사업과 직접 관련된 경우 수수료에 대한 매입세액은 공제할 수 있는 것임

■ 할증발행

① 《주금납입》 (주)한일물산은 액면가 500원의 주식을 2,000원에 할증발행하기로 하다. 100,000주에 대한 납입금 1억원이 주주로부터 보통예금에 입금되다.

| 보통예금 | 200,000,000 | / | 주식청약증거금 | 200,000,000 |

• 주식청약증거금 : 자본금 납입시까지의 임시계정으로 가수금으로 처리하기도 한다.

② 《자본금 등기완료》 법정자본금 등기를 완료하다.

| 주식청약증거금 | 200,000,000 | / | 자본금 | 50,000,000 |
| | | | 주식발행초과금 | 150,000,000 |

③ 《자본금 납입수수료》 법무사사무소에서 자본금 등기에 소요된 등록세, 교육세, 인지세 2,500,000원, 공증수수료 300,000원, 법무사 수수료 440,000원(부가세 포함)을 청구하여 보통예금에서 결제하다.

| 주식발행초과금 | 3,200,000 | / | 보통예금 | 3,240,000 |
| 부가세대급금 | 40,000 | | | |

★ 자본금 증자의 장부 기장 확인
자본금 증자는 일상적인 업무가 아님으로 해서 세무사사무소에서 수임업체의 장부를 기장하면서 착오에 의하여 자본금 증자에 관한 회계처리내용을 누락하는 경우가 있을 수 있으며, 자본금 증자에 관한 내용을 누락한 경우 부채비율, 건설업의 자기자본비율 문제 등이 발생할 수 있으므로 특히 유의를 하여야 한다.

② 자본잉여금

> 회사의 사업활동과 관련한 이익이 발생하여 자본이 증가한 것을 이익잉여금이라 한다. 반면, 사업활동과는 관계없이 자본거래로 법인의 자본이 증가하는 경우가 발생할 수 있는데 이런 경우 증가한 자본을 이익잉여금과 구분하여 자본잉여금이라 한다. 자본잉여금은 자본금의 전입 또는 결손금의 보전시에만 사용할 수 있다.

주식발행초과금

주식할증발행의 경우 액면가액은 자본금으로 처리하고 초과하는 금액은 주식발행초과금으로 처리한다.

① 《주금납입》 (주)한일물산은 액면가 500원의 주식을 2,000원에 할증발행하기로 하다. 100,000주에 대한 납입금 1억원이 주주로부터 보통예금에 입금되다.

별단예금	200,000,000 /	주식청약증거금	200,000,000

- 별단예금 : 그 사용목적이 자본금전입에만 사용하여야 하므로 별단예금으로 처리한다.
- 주식청약증거금 : 자본금 납입시까지의 임시계정으로 가수금으로 처리하기도 한다.

② 《자본금 등기완료》 법정자본금 등기를 완료하다.

주식청약증거금	200,000,000 /	자본금	50,000,000
		주식발행초과금	150,000,000

③ 《자본금 납입수수료》 법무사사무소에서 자본금 등기에 소요된 등록면허세, 교육세, 인지세 2,500,000원, 공증수수료 300,000원, 법무사 수수료 440,000원(부가세 포함)을 청구하여 보통예금에서 결제하다.

주식발행초과금	3,200,000 /	보통예금	3,240,000
부가세대급금	40,000		

감자차익

자본금 감자시 주식 액면가액보다 낮은 금액을 주주에게 자본금을 돌려주는 경우 발생하는 차액을 감자차익이라 한다. 감자란 과거에 발생한 결손금의 보전, 사업축소 등을 위하여 자본금을 감소하는 것을 말한다.

자기주식처분이익

자기주식의 처분으로 인한 이익은 자본잉여금 항목으로 한다.

□ 자기주식의 취득 [상법 제341조]
제341조(자기주식의 취득) ① 회사는 다음의 방법에 따라 자기의 명의와 계산으로 자기의 주식을 취득할 수 있다. 다만, 그 취득가액의 총액은 직전 결산기의 대차대조표상의 순자산액에서 제462조제1항 각 호의 금액을 뺀 금액을 초과하지 못한다.
1. 거래소에서 시세(時勢)가 있는 주식의 경우에는 거래소에서 취득하는 방법
2. 제345조제1항의 주식의 상환에 관한 종류주식의 경우 외에 각 주주가 가진 주식수에 따라 균등한 조건으로 취득하는 것으로서 대통령령으로 정하는 방법

② 제1항에 따라 자기주식을 취득하려는 회사는 미리 주주총회의 결의로 다음 각 호의 사항을 결정하여야 한다. 다만, 이사회의 결의로 이익배당을 할 수 있다고 정관으로 정하고 있는 경우에는 이사회의 결의로써 주주총회의 결의를 갈음할 수 있다.
1. 취득할 수 있는 주식의 종류 및 수
2. 취득가액의 총액의 한도
3. 1년을 초과하지 아니하는 범위에서 자기주식을 취득할 수 있는 기간

3 자본조정

개요

자본조정은 당해 항목의 성격으로 보아 자본거래에 해당하나 최종 납입된 자본으로 볼 수 없거나 자본의 가감 성격으로 자본금이나 자본잉여금으로 분류할 수 없는 항목이다. 예를 들면, 자기주식, 주식할인발행차금, 주식매수선택권, 출자전환채무, 감자차손 및 자기주식처분손실 등이 포함된다. 자본조정계정은 자본에 부가 또는 차감하는 형식으로 다음과 같이 표시한다.

자 본 변 동 표

제×기 20××년×월×일부터 20××년×월×일까지
제×기 20××년×월×일부터 20××년×월×일까지

회사명 (단위 : 원)

구 분	자본금	자본잉여금	자본조정	이익잉여금	총 계
20××.×.×(보고금액)	×××	×××	×××	×××	×××
연차배당				(×××)	(×××)
처분후 이익잉여금				×××	×××
중간배당				(×××)	(×××)
당기순이익(손실)				×××	×××
자기주식 취득			(×××)		(×××)
20××.×.×	×××	×××	×××	×××	×××
20××.×.×(보고금액)	×××	×××	×××	×××	×××
연차배당				(×××)	(×××)
처분후 이익잉여금				×××	×××
중간배당				(×××)	(×××)
유상증자(감자)	×××	×××			×××
당기순이익(손실)				×××	×××
해외사업환산손익			×××		×××
20××.×.×	×××	×××	×××	×××	×××

주식할인발행차금

주주로부터 현금을 수령하고 주식을 발행하는 경우에 주식(상환우선주 등 포함)의 발행금액이 액면금액보다 작다면 그 차액을 주식발행초과금의 범위내에서 상계처리하고, 미상계된 잔액이 있는 경우에는 자본조정의 주식할인발행차금으로 회계처리한다. 이익잉여금(결손금) 처분(처리)으로 상각되지 않은 주식할인발행차금은 향후 발생하는 주식발행초과금과 우선적으로 상계한다. [일반기업회계기준 제15장]

<개정 전> 상법 제454조 (신주발행비용의 계상)
① 신주를 발행한 경우에는 그 발행에 필요한 비용의 액은 대차대조표 자산의 부에 계상할 수 있다.
② 전항의 계상금액은 신주발행후 3년내의 매결산기에 균등액이상의 상각을 하여야 한다.
<개정> 제454조 삭제 <2011. 4. 14.>

배당건설이자

개업전 일정한 기간내에 주주에게 배당한 건설이자를 말한다. 주식회사는 이익이 발생하지 않는 경우 원칙적으로 배당을 할 수 없다. 그러나 철도, 전기, 가스사업 등과 같이 그 사업에 있어 장기간이 소요되는 경우 투자자는 장기간 동안 이익을 배당받을 수 없음으로 인하여 투자 자체가 어려울 수도 있다. 따라서 이러한 문제점을 해결하기 위하여 기업의 이익잉여금이 없더라도 상법에서는 일정한 요건을 갖춘 경우 예외적으로 개업전 일정기간동안 법원의 인가를 얻어 일정한 이자를 주주에게 배당할 수 있도록 하고 있다. 결국 배당건설이자는 자본금에서 지급하는 성격이므로 자본에서 차감하는 형식으로 표시한다.

자기주식

자기주식이란 회사가 이미 발행한 주식을 주주로부터 취득한 경우 그 취득가액을 말한다.

4 기타포괄손익누계액

◎ 매도가능증권평가손익

유가증권은 만기보유증권, 단기매매증권, 그리고 매도가능증권 중의 하나로 분류한다. 지분증권과, 만기보유증권으로 분류되지 아니하는 채무증권은 단기매매증권과 매도가능증권 중의 하나로 분류한다.

만기보유증권이란 만기가 확정된 채무증권으로서 상환금액이 확정되었거나 확정이 가능한 채무증권을 만기까지 보유할 적극적인 의도와 능력이 있는 경우 만기보유증권으로 분류한다.

단기매매증권은 유동자산으로 분류하고, 매도가능증권과 만기보유증권은 투자자산으로 분류한다. 다만, 재무상태표일로부터 1년 내에 만기가 도래하거나 또는 매도 등에 의하여 처분할 것이 거의 확실한 매도가능증권과, 재무상태표일로부터 1년 내에 만기가 도래하는 만기보유증권은 유동자산으로 분류한다.

단기매매증권과 매도가능증권은 회계기말에 공정가액(재무상태표일 현재의 종가)으로 평가한다. 단기매매증권평가손익은 당기손익에 반영하나 매도가능증권평가손익은 자본 계정의 기타포괄손익누계액으로 처리한 다음 매도가능증권을 처분하거나 감액손실을 인식하는 시점에 일괄하여 당기손익에 반영한다.
한편, 세법에서는 유가증권의 평가손익을 인정하지 아니하므로 단기매매증권 평가손익을 계상한 경우 세무조정에서 손금불산입(또는 익금불산입)하여야 한다.

- 단기매매증권 : 단기매매증권은 주로 단기간 내의 매매차익을 목적으로 취득한 유가증권으로서 매수와 매도가 적극적이고 빈번하게 이루어지는 것을 말한다.
- 매도가능증권 : 단기매매증권이나 만기보유증권으로 분류되지 아니하는 유가증권은 매도가능증권으로 분류한다.

① 《매도가능증권 취득》 20×3년 5월 31일 장기 보유목적으로 (주)삼양사 주식 1,000주를 3천만원에 취득하고 그 대금은 보통예금에서 결제하다.

| 매도가능증권 | 30,000,000 | / | 보통예금 | 30,000,000 |

② 《매도가능증권 평가》 20×3년 회계기말에 (주)삼양사의 종가는 주당 35,000원으로 평가이익을 계상하다.

| 매도가능증권 | 5,000,000 | / | 매도가능증권평가이익 | 5,000,000 |

③ 《매도가능증권 처분》 (주)삼양사 주식을 20×4년 2월 20일 32,000,000원에 매각하고, 그 대금은 보통예금에 입금하다.

| 보통예금 | 32,000,000 | / | 매도가능증권 | 35,000,000 |
| 매도가능증권평가이익 | 3,000,000 | | | |

| 매도가능증권평가이익 | 2,000,000 | / | 투자자산처분이익 | 2,000,000 |

- 매도가능증권평가이익 : 기타포괄손익누계액

▶ 유가증권을 처분한 때에는 유가증권을 양도한 대가로 받은 금액과 유가증권의 장부가액의 차이금액에, 자본항목에 포함되어 있는 미실현보유이익을 가산하고 미실현보유손실을 차감한 금액을 당기손익으로 처리한다. [기업회계기준서 제8호 유가증권 NO 53]

해외사업환산대(또는 해외사업환산차)

해외지점등의 외화환산이익(또는 외화환산손실)으로 한다. 해외사업환산차(대)란 해외 소재의 지점이나 해외사무소의 재무제표를 기말 시점의 환율로 환산하는 경우 발생하는 환산차액을 말한다.

5 이익잉여금

◼ 이익잉여금 개요

이익잉여금이란 회사의 사업활동 결과 창출된 당기순이익에서 주주 등에게 배당한 금액 및 이익준비금으로 처분한 금액을 제외하고 회사에 유보된 잉여금을 말한다. 회사의 자산은 반드시 자기자본(자본)과 타인자본(부채)으로 형성된다.

예를 들어 회사 설립시 자본금 1억원을 주주들이 출자하였고, 은행으로부터 2억원을 차입하였다 하자. 이 경우 자본은 1억원이고 부채는 2억원이다. 3억원을 가지고 사업을 운영하기 위하여 사용한 지출내역 및 자금현황을 살펴보니 다음과 같다.

▶ 기초 재무상태표

자산		부채 및 자본	
현금	500,000	차입금	200,000,000
보통예금	10,000,000	자본금	100,000,000
가지급금	39,500,000		
임차보증금	50,000,000		
상품	100,000,000		
차량운반구	20,000,000		
기계장치	80,000,000		
합 계	300,000,000	합 계	300,000,000

사업개시 후 열심히 사업을 운영하여 30,000,000원의 이익이 발생한 경우 이 이익금은 증자라는 법적절차에 의한 자본이 증가한 것은 아니지만 기업의 이익이 발생한 금액만큼 기업내부에 현금, 보통예금, 상품(위 사례의 경우) 등이 사업초기보다 3천만원 증가한 자산의 형태로 남아 있고 이 증가한 자산의 원천은 타인으로부터 빌려서 취득한 것이 아니고, 기업에서 발생한 이익으로 그 만큼 증가한 것이다. 즉 이 이익금을 납입자본금과 구분하여 이익잉여금이라 한다.

◘ 이익의 발생과 재무상태표 변동

자 산		부채 및 자본	
현금	1,500,000	차입금	200,000,000
보통예금	20,000,000	자본금	100,000,000
가지급금	39,500,000	이익잉여금	30,000,000
임차보증금	50,000,000		
상품	119,000,000		
차량운반구	20,000,000		
기계장치	80,000,000		
합 계	330,000,000	합 계	330,000,000

한편, 이익이 발생한 금액은 상법의 규정에 의하여 출자자인 주주에게 배당이라는 절차를 통하여 분배할 수 있다. 왜냐하면, 주주는 이 출자금에 대한 배당 수익을 목적으로 기업에 출자를 하였기 때문이다. 위의 이익잉여금 중 1천만원을 주주에게 배당하게 되면, 이익잉여금(자본)이 감소하게 되고 배당한 금액만큼 자산(보통예금)이 감소하게 되어 배당 후 기업의 자산상태는 아래와 같다.

◘ 배당이 기업의 재무상태표에 미치는 영향

자 산		부채 및 자본	
현금	1,500,000	차입금	200,000,000
보통예금	10,000,000	자본금	100,000,000
가지급금	39,500,000	이익잉여금	20,000,000
임차보증금	50,000,000		
상품	119,000,000		
차량운반구	20,000,000		
기계장치	80,000,000		
합 계	320,000,000	합 계	320,000,000

● 이익준비금

기업이 이익이 발생한 금액 전액을 배당하게 되면, 투자를 저해하고 재무구조를 악화시키는 결과를 초래하기 때문에 상법에서는 이익잉여금처분시 자본금의 2분의 1이 될 때까지 매 결산기 금전배당액의 10분의 1 이상을 이익준비금으로 적립하도록 규정하고 있다.

[예 시] 《이익준비금 적립》 미처분이익잉여금 중 1,000,000원(금전 배당액 1천만원의 10분의 1 이상)을 이익준비금으로 적립하다.

미처분이익잉여금	1,000,000 /	이익준비금	1,000,000

* 이익준비금은 자본항목으로 이익잉여금을 또 다른 자본형태인 이익준비금으로 대체한 것에 불과하다.

● 기타 법정적립금

상법 이외에 법령에 따라 적립하여야 하는 적립금으로 조세특례제한법의 규정에 의한 기업합리화적립금 등이 있다.

● 임의적립금

특정한 목적사업을 위하여 임의로 적립한 적립금을 말한다. 임의적립금에는 감채적립금, 사업확장적립금, 결손보전적립금 등이 있다

● 차기이월미처분이익잉여금

차기이월미처분이익잉여금은 처분전이익잉여금과 임의적립금이입액의 합계액에서 이익잉여금처분액(이익준비금, 기타 법정적립금, 배당 등)을 차감한 금액을 말하며, 잔액은 차기이월미처분이익잉여금으로 다음연도로 이월된다.

이익의 자본화 과정 및 배당 실무

이익의 자본화 과정

기업에서 회계기간 동안 이익이 발생하였다는 구체적인 의미는 이익이 발생한 금액 만큼에 해당하는 자산이 회계기초보다 회계기말에 증가하였다는 것이다. 이 자산 증가의 원인은 사업을 통한 이익으로 창출된 것으로서 기업의 입장에서는 자산이 증가하고 자본이 증가한 것이다.

물론 증가한 자산으로 빚을 상환할 수도 있으며, 빚을 상환한 경우 그 금액만큼 순자산은 증가하게 될 것이다. 예를 들어 회계기초의 자본이 10,000원 이었고, 회계기간 동안 2,000원의 이익창출로 자산이 2,000원 증가하였으며, 이 증가한 자산으로 빚 2,000원을 상환한 경우 회계기말의 자본은 12,000원이 되는 것이다.

▶ 이익의 창출 및 부채 상환과 회계기말 자본의 증가

자산은 여러 가지 형태(현금, 보통예금, 외상매출금, 원재료, 기계장치, 건물 등)로 회계기말에 기업내에 남아 있게 될 것이며, 기업이 창출된 이익은 어떤 과정을 거쳐 자본화 되는 것인지를 살펴보기로 한다.

당기순이익의 미처분이익잉여금 대체 [법인]

당기순이익이 발생한 경우 아래의 분개과정을 거쳐 손익계정으로 대체된 다음 차액은 미처분이익잉여금으로 대체처리되고, 당기순손실은 다음의 분개과정을 거쳐 미처리결손금으로 대체된다.

[1] 비용 계정의 손익계정 대체

[2] 수익 계정의 손익계정 대체

손 익

계정과목	금액	계정과목	금액
제품매출	4,000,000,000	제품매출원가	3,000,000,000
이자수익	10,000,000	급여	300,000,000
		복리후생비	50,000,000
		여비교통비	20,000,000
		기업업무추진비	30,000,000
		통신비	20,000,000
		세금과공과금	5,000,000
		감가상각비	200,000,000
		보험료	5,000,000
		차량유지비	20,000,000
		사무용품비	10,000,000
		지급수수료	3,000,000
		대손상각비	10,000,000
		광고선전비	10,000,000
		이자비용	27,000,000
		미처분이익잉여금	300,000,000
	4,010,000,000		4,010,000,000

[3] 당기순이익의 미처분이익잉여금 대체 분개

| 손익 | 300,000,000 | / | 미처분이익잉여금 | 300,000,000 |

▶ 미처분이익잉여금의 이월이익잉여금 대체 과정

미처분이익잉여금은 주주총회의 결의를 거쳐 확정한 후 이월이익잉여금으로 대체한다.

■ 전기이월이익잉여금, 미처분이익잉여금, 차기이월이익잉여금

법인기업의 경우 사업활동 결과 얻은 기업의 이익은 주주총회의 결의를 거쳐 확정이 된다. 주주총회는 통상 회계기말의 다음해 3월 중 개최되므로 회계기말에는 주주총회 결의 전으로서 이익을 어떻게 처분할 것인지가 미확정된 상태이므로 당기에 발생한 이익은 손익계정을 거쳐 미처분이익잉여금으로 대체처리하는 것이다. 그리고 다음해 3월 중 주주총회에서 이익을 처분하게 되면, 미처분이익잉여금은 이월이익잉여금으로 대체되는 것이다.

예를 들어 20×5년 3월 중 주주총회의 결의로 미처분이익잉여금을 처분하여 이월이익잉여금으로 대체한 금액은 20×5년 회계기말에 다시 미처분이익잉여금으로 대체처리하고, 20×5년의 이익도 미처분이익잉여금으로 대체하게 된다. 따라서 회계기말의 재무상태표에는 전기 이전에 누적된 이익잉여금과 당기의 이익이 미처분이익잉여금으로 보고되는 것이다.

[1] 회계기말 이월이익잉여금의 미처분이익잉여금 대체

이월이익잉여금	1,000,000,000	/	미처분이익잉여금	1,000,000,000

[2] 다음해 주주총회 이후 미처분이익잉여금 처분 및 이월이익잉여금 대체

미처분이익잉여금	1,500,000,000	미지급배당금	200,000,000
		이익준비금	20,000,000
		이월이익잉여금	1,280,000,000

● 주주에 대한 이익 배당

법인기업의 주주는 배당을 받을 목적으로 출자를 한다. 따라서 주주는 출자한 기업에서 이익이 발생하는 경우 배당을 받을 권리를 가지게 된다.
이익이란 수익에서 비용을 차감한 것을 말하며, 이익이 발생하면, 이익이 발생한 만

큰 기업의 순자산이 증가하게 된다. 예를 들어 회사의 사업연도 초 순자산총액이 10억원이고, 1년간 사업을 하여 3억원의 이익이 발생하였다면, 회계연도 말 순자산총액은 13억원으로 3억원의 순자산이 증가하게 되는 것이다.

배당이란 기업의 사업활동으로 증가한 자산을 주주총회의 결의를 거쳐 주주들에게 분배하는 것으로 배당처분을 하는 경우 주주에게 현금등을 지급하게 되므로 자산이 감소(유출)되고, 자본(이익잉여금)이 감소하게 된다.

이익배당은 주주총회의 결의로 정하지만, 재무제표를 이사회가 승인하는 경우에 이사회의 결의로 정할 수 있으며, 회사는 재무상태표의 순자산액으로부터 다음의 금액을 공제한 금액을 한도로 하여 이익배당을 할 수 있다.

1. 자본금의 액
2. 그 결산기까지 적립된 자본준비금과 이익준비금의 합계액
3. 그 결산기에 적립하여야 할 이익준비금의 액

■ 결산배당 및 중간배당

배당의 종류에는 여러 가지가 있으나 우리나라 상법에서는 현금배당과 주식배당만을 인정하고 있다.

배당은 결산을 확정한 후 연1회의 이익배당을 하는 것이 원칙이지만, **정관에 정함이 있는 경우**에는 이사회의 결의에 의하여 영업연도 중 1회에 한하여 일정한 날을 정하여 그 날의 주주에게 금전에 의한 중간배당을 실시할 수 있다.
중간배당은 금전에 의한 배당이므로 주식배당은 하지 못하며, 결산배당과 동일하게 결산시점에서 중간배당에 상당하는 이익준비금을 적립하여야 하며 원칙적으로 중간배당은 중간배당을 실시하는 회계연도의 직전 회계연도말 배당가능 이익이므로 직전 회계연도말에 이월결손금이 있는 경우에는 중간배당을 할 수 없으며, 당해 회계연도에 결손이 발생하여 배당가능이익이 발생하지 않을 우려가 있는 경우에는 중간배당을 하지 못한다.

■ 이익잉여금 처분

미처분이익잉여금은 주주총회의 의결로 이익잉여금을 처분하며, 일반적으로 다음과 같은 내용으로 처분한다.

① 미처분이익잉여금 ~ 당기순이익은 미처분이익잉여금으로 대체하며, 이익의 처분 후 이익잉여금으로 대체된다.
② 현금배당 ~ 이익잉여금 중 일부를 주주들에게 출자금액에 비례하여 현금으로 배당하는 것을 말하며, 배당결의 후 배당금 지급전까지 미지급배당금이란 명칭으로 재무제표에 공시되며, 현금배당시 미지급배당금과 상계처리한다.
③ 이익준비금 ~ 상법에서는 주식회사가 현금배당을 할 경우 그 배당액의 10분의 1이상을 이익준비금으로 적립하도록 규정하고 있다. 왜냐하면, 법인에서 발생한 이익금을 모두 배당하게 되면, 기업의 재무구조를 악화시킬 수 있기 때문에 일정 금액의 처분을 제한하는 것이다.
④ 이월이익잉여금 ~ 이익잉여금 중 처분하지 않은 금액은 그대로 차기 이후로 이월되며, 이를 이월이익잉여금이라고 한다.

▶ 미지급배당금

회사는 사업활동 결과 발생한 이익을 임의대로 처분하는 것이 아니라 이사회의 결의 또는 주주총회의 결정으로 이익을 처분한다. 그러나 주주총회는 통상 당해 사업연도의 다음해 3월에 개최한다. 따라서 당해 회계연도의 이익발생에 관한 처분사항을 이익잉여금처분계산서에 반영할 수 없게 됨에 따라 기업의 재무정보이용자들은 재무제표를 통하여 회사의 이익 처분에 관한 중요한 정보를 알 수 없게 된다.

한편, 이사회에서는 주주총회 전 이익잉여금의 처분계획을 의결할 수 있고, 이사회에서 의결한 처분계획은 대부분 주주총회에서 수용하게 되므로 이사회의 의결사항을 재무제표에 공시하게 되면, 정보이용자들은 당기순이익의 처분에 관한 정보를 제공받을 수 있을 것이다. 따라서 당기순이익에 대한 이사회의 결의사항을 반영한 재무제표를 작성할 수 있으며, 이 경우 나중에 지급할 배당금을 미지급배당금으로 한다. 즉, 미지급배당금이란 주주들에게 지급할 배당금에 대하여 회계기말에 부채로 계상한 금액을 말한다.

▶ 배당기준일

배당기준일이란 배당을 받을 권리가 있는 주주를 확정짓는 날이다. 따라서 배당기준일에 주주명부에 기록된 자에 한하여 배당금이 지급되며, 배당기준일 이후에 취득한 주식의 주주는 권리락(權利落)된 상태로 배당을 받을 수 없다. 배당기준일은 통상 회계연도말이며, 배당기준일에는 별도의 회계처리를 하지 않는다.

■ 이익잉여금처분계산서

이익잉여금처분계산서란 기업이 당해 사업연도 영업활동 결과 발생한 이익(손익계산서의 당기순이익)과 전년도까지 매 년 장부상 발생한 이익을 처분하지 아니하여 이월되어 온 전기이월이익잉여금을 합한 금액을 당기에 어떻게 처분하였는가를 나타내는 계산서이다.

▷ 배당금 지급 회계처리 사례

① 《미지급배당금 계상》 결산결과 당기순이익 3억원이 발생하였으며, 전기에 이월되어 온 잉여금 10억원이 있다. 회계기말에 이사회에서 당기에 처분할 수 있는 잉여금(미처분이익잉여금) 13억원을 아래와 같이 처분하기로 결의하다.
○ 주주에 대한 배당   100,000,000원
○ 이익준비금   10,000,000원
○ 차기이월   1,190,000,000원

| 이월이익잉여금 | 1,000,000,000 | / | 미처분이익잉여금 | 1,300,000,000 |
| 당기순이익 | 300,000,000 | | | |

* 이월이익잉여금 및 당기순이익을 미처분이익잉여금으로 대체한 다음 처분한다.

미처분이익잉여금	1,300,000,000	/	미지급배당금	100,000,000
			이익준비금	10,000,000
			이월이익잉여금	1,190,000,000

* 미지급배당금 : 주주에 대하여 현금배당할 금액으로 기말 현재 미지급한 부채계정이다.

②《배당금지급 및 배당소득세 원천징수》 3월 10일 주주에 대한 배당금 1억원을 지급하기 위하여 배당소득세 14,000,000원(2017년 배당소득세율 : 14%) 및 지방소득세 1,400,000원을 공제한 84,600,000원을 보통예금에서 인출하여 주주에게 지급하다.

미지급배당금	100,000,000	/	보통예금	84,600,000
			예수금	15,400,000

③《배당소득세 및 지방소득세 납부》 배당금 지급일의 다음달 10일 배당소득세 14,000,000원 및 지방소득세 1,400,000원을 보통예금에서 인출하여 납부하다.

예수금	15,400,000	/	보통예금	15,400,000

참 고 배당 결의 이전 및 이후의 재무상태표 변동

▶ 아래 표는 배당이 자본에 미치는 영향을 이해하기 쉽도록 하기 위하여 작성한 것으로 실제 재무제표는 다음과 같이 작성되는 것이 아니다.

과 목	배당 결의 전	배당 결의일	배당금 지급 후
[자 산 총 계]	3,800,000,000	3,800,000,000	3,700,000,000
[유 동 부 채]	1,000,000,000	1,100,000,000	1,000,000,000
미지급배당금		100,000,000	
[비 유 동 부 채]	1,000,000,000	1,000,000,000	1,000,000,000
[자 본]	1,800,000,000	1,700,000,000	1,700,000,000
자 본 금	500,000,000	500,000,000	500,000,000
이 익 준 비 금		10,000,000	10,000,000
이 익 잉 여 금	1,300,000,000	1,190,000,000	1,190,000,000
미처분이익잉여금	1,300,000,000		
이월이익잉여금		1,190,000,000	1,190,000,000
(당 기 순 이 익) 300,000,000			
[부채와자본총계]	3,800,000,000	3,800,000,000	3,700,000,000

현금배당을 하는 경우 기업의 순자산이 유출되고 자본(잉여금)이 감소하는 결과가 되어 부채비율이 증가하므로 기업의 재무상태에는 나쁜 영향을 초래한다.
배당 전 부채비율 : 153.85% (부채 20억원 ÷ 자본 13억원)
배당 후 부채비율 : 166.67% (부채 20억원 ÷ 자본 12억원)

이익잉여금처분계산서

제□기 20×4년 01월 01일부터 제□기 20×3년 01월 01일부터
20×4년 12월 31일까지 20×3년 12월 31일까지
처분예정일 : 2015년 3월 10일 처분확정일 : 2014년 3월 10일

업체명 : (주)한국페인트 (단위 원)

과 목	제 (당)기		제 (전)기	
	금	액	금	액
Ⅰ 미처분이익잉여금		1,300,000,000		
1. 전기이월이익잉여금	1,000,000,000			
2. 전기오류수정이익				
3. 전기오류수정손실				
4. 당 기 순 이 익	300,000,000			
Ⅱ 임의적립금등의이입액				
합 계		1,300,000,000		
Ⅲ 이익잉여금처분액				
1. 이 익 준 비 금	10,000,000			
2. 배 당 금	100,000,000			
Ⅳ 차기이월미처분이익잉여금		1,190,000,000		1,000,000,000

▣ 회계기말에 이익처분에 대한 결의를 하지 않는 경우의 이익처분

회계기말에 별도의 이익처분에 대한 결의를 하지 않는 경우 당기순이익 등은 재무상태표에 미처분이익잉여금으로 표시하며, 이후 배당처분시 미처분이익잉여금은 이월이익잉여금으로 대체 처리한다.

① 《이익잉여금 처분》 결산결과 당기순이익 2천만원이 발생하였다. 2013년 3월 15일 주주총회에서 당기에 처분할 수 있는 잉여금(미처분이익잉여금) 2천만원을 아래와 같이 처분하기로 결의하다.

• 현금배당 10,000,000원 • 이익준비금 1,000,000원 • 차기이월 9,000,000원

미처분이익잉여금	20,000,000 /	미지급배당금	10,000,000
		이익준비금	1,000,000
		이월이익잉여금	9,000,000

② 《배당금 지급》 3월 31일 주주에 대한 배당금을 보통예금에서 인출하여 지급하면서 배당금 10,000,000원에 대한 배당소득세(배당금액의 14%) 1,400,000원 및 지방소득세(배당소득세의 10%) 140,000원을 차감한 8,460,000원을 지급하다.

미지급배당금	10,000,000	/	보통예금	8,460,000
			예수금	1,540,000

③ 《배당소득세 및 지방소득세 납부》 배당금 지급일의 다음달 10일 배당소득세 및 지방소득세를 보통예금에서 인출하여 납부하다.

예수금	1,540,000	/	보통예금	1,540,000

배당과 관련한 세무실무

배당소득세 원천징수

주주에게 배당소득을 지급하는 경우 그 지급액의 100분의 14를 배당소득세로 배당소득세의 10%를 지방소득세로 징수하여 징수일의 다음달 10일까지 관할 세무서에 신고 및 납부를 하여야 한다. 단, 법인에게 배당소득을 지급하는 경우에는 배당소득세를 원천징수하지 않는다.

배당소득 지급시기 의제

배당소득은 원천징수의무자가 배당소득을 지급하는 때를 지급시기로 한다. 다만, 배당소득을 실제 지급하지는 않았으나 세법의 규정에 의하여 일정한 시점에 배당소득을 지급한 것으로 간주하여 배당소득세를 원천징수하는 것을 배당소득 지급시기 의제라 한다.

법인이 이익 또는 잉여금의 처분에 따른 배당 또는 분배금을 그 처분을 결정한 날부터 3개월이 되는 날까지 지급하지 아니한 경우에는 그 3개월이 되는 날에 그 배당소득을 지급한 것으로 보아 소득세를 원천징수한다.

다만, 11월 1일부터 12월 31일까지의 사이에 결정된 처분에 따라 다음 연도 2월 말일까지 배당소득을 지급하지 아니한 경우에는 그 처분을 결정한 날이 속하는 과세기간의 다음 연도 2월 말일에 그 배당소득을 지급한 것으로 보아 소득세를 원천징수한다.

한편, 법인세법에 따라 처분되는 배당소득은 해당 법인이 법인세 과세표준 및 세액의 신고기일에 지급한 것으로 보아 소득세를 원천징수하고, 지급명세서는 다음연도 2월 말일까지 제출하여야 한다.

● 이익잉여금의 자본금 전입(무상증자)과 세무 문제

이익잉여금을 자본금으로 전입하는 것을 무상증자라고 하며, 무상증자는 기업의 이익을 주주들에게 현금배당을 하는 것이 아니라 주주총회의 결의에 의하여 기존의 주주에게 주식을 추가로 배정하는 것으로 주주의 입장에서는 주식 추가 배정금액만큼 이익을 얻게 되는 것이다. 따라서 이와 같은 배당을 의제배당이라고 하며, 소득세법 제17조 제3호의 규정에 의한 의제배당에 해당되어 배당소득세(주식배당금액의 14%) 및 지방소득세(배당소득세의 10%)를 납부하여야 한다.

주식배당은 주주총회의 결의에 의하여 이익의 배당을 새로이 발행하는 주식으로 할 수 있다. 그러나 주식에 의한 배당은 이익배당총액의 2분의 1에 상당하는 금액을 초과하지 못한다.

무상증자는 법정준비금(이익준비금, 자본준비금)으로 증자하는 것을 원칙으로 한다. 다만, 예외적으로 임의적립금을 주주총회의 결의에 의하여 이를 이익준비금으로 항목변경을 통해 무상증자의 재원으로 활용이 가능하다.

● 배당권리 포기

주주총회에서 특정주주는 배당을 받지 않고 다른 주주들은 주식수에 따라 배당을 받기로 결의한 경우 주주총회에서 배당을 결의한 금액 중 배당을 받지 않은 주주의 지분에 상당하는 금액에 대하여 배당을 받지 않는 주주가 다른 주주들에게 증여한 것으로 보아 증여세가 부과된다. 예를 들어 주주인 대표이사에게만 배당을 하는 경우 다른 주주는 배당권리를 포기한 것이므로 배당을 받을 금액에 상당하는 금액을 대표이사에게 증여한 것으로 보아 대표이사는 증여세를 부담하여야 하므로 배당시 유의하여야 할 것이다.

다만, 법인이 현금배당을 지급함에 있어 각 주주들이 소유하고 있는 주식의 수에 따라 배당금을 지급하지 않은 경우로서 균등한 조건에 의하여 지급받을 배당금을 초과하는 금액을 소득세법상 배당소득으로 보아 소득세가 과세되는 경우에는 증여세를 과세하지 않는다. 예를 들어 비상장법인이 정기주주총회에서 소액주주에게는 액면가액의 10%를, 대주주에게는 액면가액의 5%를 배당결의하고 배당금을 현금으로 지급하는 경우 증여세 과세대상이 아니다.

[개정 세법] 초과배당 증여이익에 대한 과세 강화(상증법 §41의2, 상증령 §31의2)
ㅇ 초과배당 증여이익에 대해 소득세·증여세 모두 과세
① 초과배당에 대해 소득세 과세
② (초과배당 - 소득세)에 대해 증여세 과세
<적용시기> '21.1.1. 이후 증여받는 분부터 적용

● 배당소득 원천징수영수증 교부 및 제출

① 국내에서 배당소득을 지급하는 원천징수의무자는 이를 지급하는 때에 그 배당소득 기타 필요한 사항을 기재한 원천징수영수증을 배당소득을 지급받는 자에게 교부하여야 한다.
② 원천징수의무자는 지급명세서를 그 지급일이 속하는 연도의 다음연도 2월 말일까지 관할세무서에 제출하여야 한다.

▶ 법인에게 배당하는 경우

법인에게 배당금을 지급하는 경우 소득세법에 의한 배당소득세는 원천징수하지 않는다. 다만, 배당금 지급에 대한 지급명세서는 그 지급일이 속하는 연도의 다음연도 2월 말일까지 관할세무서에 제출하여야 한다.

🅠 중간배당

중간배당이란 결산을 하기 전에 직전결산기의 미처분이익잉여금을 재원으로 실시하는 이익 분배를 말한다. 중간배당은 「상법」 제462조의3의 규정에 의하거나 상장법인의 경우 「자본시장과 금융투자업에 관한 법률」에 의한 분기배당제도가 있다.

□ 상법 제462조의3(중간배당) ①년 1회의 결산기를 정한 회사는 영업년도중 1회에 한하여 이사회의 결의로 일정한 날을 정하여 그 날의 주주에 대하여 이익을 배당(이하 이 條에서 "中間配當"이라 한다)할 수 있음을 정관으로 정할 수 있다.

▶ 결산배당 및 중간배당 요약

구분	결산배당	중간배당
근거 법률	「상법」 제462조	「상법」 제462조의3
배당 결정	이사회 결의와 정기주총에서 승인	이사회 결의
배당 결정 시기	정기주주총회일	정관으로 정함
배당기준일	결산기 말일 기준	사업연도 중 1회(정관으로 정함, 통상 사업연도 개시 일로부터 6월 말일 기준)
배당금 지급 시기	정기주총 결의일로부터 1월 이내(주총결의로 따로 정할 수 있음)	이사회 결의일로부터 1월 이내(이사회 결의로 따로 정할 수 있음)
배당한도	대차대조표상 순자산액에서 자본의 액, 그 결산기까지 적립된 자본준비금 및 이익준비금, 그 결산기에 적립하여야 할 이익준비금의 합계액을 공제한 금액	직전 결산기 대차대조표 순자산액에서 직전 결산기의 자본의 액, 직전 결산기 까지 적립된 자본준비금 및 이익준비금, 직전 결산기 정기주총에서 이익배당하기로 정한 금액, 배당에 따라 당해 결산기에 적립할 이익준비금의 합계액을 공제한 금액

[회계 실무] 중간배당시 이익준비금 설정

상법에서는 이익잉여금처분시 자본금의 2분의 1이 될 때까지 매 결산기 금전배당액의 10분의 1 이상을 이익준비금으로 적립하도록 규정하고 있으며, 중간배당의 경우 회계기말에 금전배당액의 10분의 1을 이익준비금으로 설정한다.

4 수익 계정과목

수익은 통상적인 경영활동에서 발생하는 경제적 효익의 총유입을 말하며, 자산의 증가 또는 부채의 감소로 나타난다. 다만, 주주의 지분참여로 인한 자본증가는 수익에 포함하지 아니한다. 또한 수익은 기업에 귀속되는 경제적 효익의 유입만을 포함하므로 부가가치세와 같이 제3자를 대신하여 받는 금액이나, 대리 관계에서 위임자를 대신하여 받는 금액 등은 수익으로 보지 아니한다.

1 매 출

> 매출이란 영업활동과 관련하여 상품 또는 제품의 판매나 용역을 제공하고 그 대가를 받는 것을 말한다.
> 매출액은 업종 또는 부문별로 구분하여 표시할 수 있으며, 매출액, 반제품, 부산물매출액, 작업폐물매출액, 수출액, 장기할부매출액 등이 중요한 경우에는 이를 구분하여 표시할 수 있다.

매출

상품(제품) 등을 판매한 것을 매출이라 하며, 상거래에서 수익을 인식하는 시기인 매출시기는 매우 중요하다. 일반적인 경우 매출인식시기(매출기록)는 상품(제품)등의 인도일자이다. (대금수취일이 아님)

매출에서 차감하여야 하는 것

매출에누리, 매출환입, 매출할인은 매출에서 차감한다. 따라서 매출에누리 및 매출환입, 매출할인이 발생한 경우 감액 수정세금계산서를 발행하여야 하며, 매출액에서 차감하는 형식으로 손익계산서를 작성하여야 한다.

○ 매출환입 : 매출된 제품이 불량 등의 원인으로 반품된 것을 말한다.
○ 매출에누리 : 수량부족, 불량 등의 사유로 매출대금을 깎아 주는 것
○ 매출할인 : 외상대금을 매입자가 약속한 날짜보다 일찍 외상대금을 갚을 시 매출자가 외상매출대금의 일부를 깎아 주는 것

● 매출 구분

① 상품매출 ~ 도, 소매업의 경우 판매를 목적으로 구입한 상품을 판매하는 것
② 제품매출 ~ 제조회사가 제조한 제품을 판매하는 것
③ 용역수입 ~ 용역매출, 서비스매출이라고도 하며 용역(서비스)을 제공하고 그에 따른 대가를 지급받는 것
④ 공사수입 ~ 건설회사에서 건설용역을 제공하는 것

● 부가가치세법의 매출 과세표준

과세표준이란 부가가치세 부과기준이 되는 금액을 말하며, 재화 또는 용역의 공급에 대한 부가가치세의 과세표준은 다음 가액의 합계액으로 한다. 단, 사업자가 재화 또는 용역을 공급하고 그 대가로 받은 금액에 공급가액과 세액이 별도 표시되어 있지 아니한 경우와 부가가치세가 포함되어 있는지 불분명한 경우에는 거래금액 또는 영수할 금액의 110분의 100에 해당하는 금액이 과세표준이 된다.

▶ 부가가치세 과세표준에 포함하지 않는 것

1. 에누리액 및 환입된 재화의 가액, 매출할인
2. 공급받는 자에게 도달하기 전에 파손·훼손 또는 멸실된 재화의 가액
3. 국고보조금과 공공보조금
4. 공급대가의 지급지연으로 인하여 지급받는 이자로서 계약등에 의하여 확정된 대가의 지급지연으로 인하여 지급받는 연체이자

▶ 판매장려금

사업자가 자기 재화의 판매촉진을 위하여 거래상대자의 판매실적(공급이후)에 따라 재화 또는 용역의 공급없이 판매장려금을 금전으로 지급(또는 수령)하는 경우 당해 판매장려금에 대하여는 부가가치세가 과세되지 아니하는 것이며, 당초 공급한 과세표준에서 판매장려금 상당액을 공제하지 아니한다.

● 공급시기

공급시기란 거래시기라고도 하며, **재화 또는 용역을 공급하는 때**에 재화 또는 용역을 공급받는 자에게 세금계산서를 발급하여야 한다. 다만, 세금계산서 발급의무가 면제되는 소매업 등 주로 최종소비자에게 물품 등을 판매하는 경우에는 발급하지 않아도 된다.

▣ 재화의 공급시기

[1] 일반적인 경우 재화의 공급시기
○ 물품 등의 이동이 필요한 경우에는 물품 등을 인도하는 때
○ 물품 등의 이동이 필요하지 않는 경우에는 이용가능하게 된 때

> **보 충** 세금계산서 발급특례 (부가가치세법 시행령 제54조)
>
> 사업자가 거래처별로 1역월의 공급가액을 합계하여 당해 월의 말일자를 발행일자로 하여 세금계산서를 발급하는 경우 재화 또는 용역의 공급일이 속하는 달의 다음달 10일까지 세금계산서를 발급할 수 있다.

[2] 거래형태별 공급시기
○ 현금, 외상판매, 할부판매 : 물품 등을 인도하는 때
○ 위탁매출 : 수탁자가 판매한 시점
○ 완성도기준지급, 중간지급조건부판매 : 그 대가의 각 부분을 받기로 한 때
  ○ 완성도기준지급이란 재화의 제작기간이 장기간을 요하는 경우 그 진행도 또는 완성도를 확인하여 그 비율만큼 대가를 지급하는 것을 말한다.
  ○ 중간지급조건부판매란 재화가 인도되기 전 또는 이용가능하게 되기 전에 계약금 이외의 대가를 분할하여 지급하는 경우로서 계약금을 지급하기로 한 날의 다음 날부터 잔금을 지급하기로 한 날까지의 기간이 6개월 이상인 경우를 말한다.
○ 장기할부판매 : 장기할부 계약에 의하여 대가의 각 부분을 받기로 한 때
  장기할부판매란 2회 이상 분할하여 대가를 받는 것으로 당해 물품 인도일의 다음날부터 최종 할부대금의 지급기일까지 기간이 1년 이상인 경우를 말한다.

○ 반환, 동의, 기타조건부판매 및 기한부판매 : 반환조건부판매, 동의조건부판매, 기타 조건부 및 기한부판매의 경우에는 그 조건이 성취되거나 기한이 경과되어 판매가 확정되는 때이다.
○ 수출하는 재화
  ○ 내국물품을 외국으로 수출하는 경우 : 수출재화의 선적일
  ○ 내국신용장에 의하여 공급하는 재화 : 재화를 인도하는 때
  ○ 대외무역법에 의한 위탁판매수출 : 수출재화의 공급가액이 확정되는 때

▣ 용역(서비스 등)의 공급시기

용역이란 생산과 소비에 필요한 노무를 제공하는 것을 말한다. 따라서 재화는 재산적 가치가 있는 유체물과 무체물로 공급시기가 분명하게 나타나지만, 용역의 공급은 역무(서비스)의 제공이므로 그 공급시기가 분명하지 않은 경우가 많다.

[1] 일반적 기준
역무(서비스)가 제공되거나 재화, 시설물 또는 권리가 사용되는 때이다.

[2] 거래형태별 공급시기
○ 통상적인 용역공급 : 역무의 제공이 완료되는 때
○ 완성도기준지급, 중간지급조건부판매 : 그 공급단위를 구획할 수 없는 용역을 계속적으로 공급하는 경우 계약에 따라 그 대가의 각 부분을 받기로 한 때

▶ 공급시기 도래 전 세금계산서 발행
세금계산서는 재화 또는 용역의 공급시기에 발행하여야 한다. 다만, 공급시기가 도래하기 전에 재화 또는 용역에 대한 대가의 전부 또는 일부를 받고, 이와 동시에 그 받은 대가에 대하여 세금계산서 또는 영수증을 발급하는 경우에는 그 발급하는 때를 각각 당해 재화 또는 용역의 공급시기로 본다. 따라서 공급시기가 도래하기 전에 대가를 받지 아니하고, 발행한 세금계산서는 적법하지 아니한 것으로 매입자는 그 매입세액을 공제받을 수 없으며, 매출자는 세금계산서불성실가산세를 부담하여야 한다.

단, 세금계산서를 발급하고, **7일 이내 대가를 지급받은 경우**에는 발급한 때를 공급시기로 보아 적법한 세금계산서로 인정한다. 또한 당사자 간의 계약서·약정서 등에 세금계산서 발급시기와 대금지급시기가 별도로 기재되고, 대금청구시기와 대금지급기간이 30일 이상 차이가 나지 않는 경우에도 적법한 세금계산서로 본다.

● 매출 증빙서류

○ 과세매출 : 세금계산서
○ 면세매출 : 계산서
○ 신용카드매출 : 신용카드매출전표
○ 소매매출 : 현금영수증, 간이영수증, 매출장

▶ 매출 회계처리 사례

① 《외상매출》 6월 중 의류 10,000,000원(공급가액)을 신세계백화점에 납품하고 6. 30 세금계산서를 발행하여 교부하고 그 대금은 나중에 지급받기로 하다. (공급가액 10,000,000원 세액 1,000,000원 합계 11,000,000원)

외상매출금	11,000,000	/	매출	10,000,000
			부가세예수금	1,000,000

② 《매출에누리》 신세계백화점에 납품한 의류 중 일부 불량제품이 있어 1백만원(부가세 별도)을 에누리하여 주고, 감액 수정세금계산서를 발행하여 주다.

매출	1,000,000	/	외상매출금	1,100,000
부가세예수금	100,000			

③ 《외상매출대금 입금》 외상매출금 중 8,000,000원이 보통예금에 입금되다.

보통예금	8,000,000	/	외상매출금	8,000,000

2 영업외수익

영업외수익이란 직접적인 영업활동과 관련없이 발생하는 수익으로 이자수익, 수입임대료(부동산 임대업자가 아닌 자의 임대수입), 유가증권처분이익, 외환차익, 외화환산이익, 판매장려금, 투자자산처분이익, 유형자산처분이익, 잡이익 등이 있다.

이자수익

이자수익이란 이자수익을 사업목적으로 하지 않는 기업이 여유자금을 운용하기 위하여 금융기관에 예치하여 두거나 타인에게 대여하여 준 경우 예치 또는 대여기간에 대하여 약정한 이자율에 의하여 수취하는 금전수익을 말한다. 보통예금이자, 정기예금이자, 정기적금이자, 대여금이자 등이 있다.

● 예금이자에 대한 이자소득세 징수 및 납부

① 법인에게 이자를 지급하는 금융기관은 예금이자의 14%(2017년 현재)를 이자소득세로 징수하여 세무서에 납부한다. 한편, 법인이 금융기관에 징수당한 이자소득세는 법인 결산시 납부할 법인세에서 공제되므로 예금이자에 대하여 납부한 이자소득세가 있는 경우 '선납세금'으로 처리한 다음 법인세 신고시 납부할 법인세에서 공제받는다.

② 법인에게 이자를 지급하는 경우 이자 지급에 대하여 원천징수하는 세금은 소득세법에 의한 이자소득세를 징수하는 것이 아니라 법인세법에 의한 법인세를 징수하여 신고 및 납부하여야 한다.

▶ 이자수익 회계처리 사례

①《보통예금에 대한 이자수익 입금》 6. 11 보통예금 이자수익 1,000,000원이 발생하였으며, 금융기관으로부터 예금이자에 대한 법인세 140,000원 및 지방소득세 14,000원을 공제한 846,000원이 입금되다.

보통예금	846,000 /	이자수익	1,000,000
선납세금	154,000		

● 이자수익의 세무상 유의사항

▣ 회계기말 미수이자 처리

세법에서는 이자수익에 대하여 현금주의로 계상하도록 규정하고 있는바 이자수익의 귀속시기는 이자입금일(원본전입일, 해약일)이다. 따라서 결산을 확정함에 있어 수취하지 않은 이자(미수수익)를 이자수익으로 계상한 경우 세무조정에서 익금불산입 하여야 한다. 따라서 외부회계감사를 받지 않는 중소기업의 경우 실무에서는 회계기말에 미수이자를 계상하지 않는 것이 적절하다.

▣ 개인사업자의 이자수익은 총수입금액에 산입하지 않음

개인사업자의 이자소득은 사업소득과는 별도로 이자소득으로 과세하므로 사업과 관련한 장부에 기장하지 않는 것이 적절하며, 기장하는 경우 이자수익은 총수입금액에 산입하지 않는다.

♣ 개인의 금융소득(이자수익 + 배당금수익)이 2천만원을 초과하는 경우 종합과세
국세청 홈페이지 → 국세정책/제도 → 통합자료실 → 국세청발간책자 → 분야별 해설책자
→ 소득세 → **금융소득종합과세 해설**

배당금수익

배당금수익이란 타 회사의 주식을 보유하거나 공제조합 등에 의하여 출자한 금액에 대하여 피투자법인(주식발행법인)이 이익잉여금을 처분하여 주주 또는 출자자에게 배당하는 경우 발생하는 수익을 말한다. 이 경우 배당금이 확정되는 시기는 주주총회의 결의일로 투자회사는 주주총회의 결의일에 투자수익을 인식하여야 한다. 다만, 투자회사는 피투자법인의 내부의결사항을 잘 알 수 없으므로 실무에서는 통상 실제 현금배당을 받은 날에 투자수익을 인식하기도 한다.

《배당금 수익 발생》 (주)진로의 보유주식에 대하여 배당금 5백만원이 발생하였음을 통보받다.

미수금	5,000,000 / 배당금수익	5,000,000

배당금수익 세무상 유의할 사항

1) 법인이 피투자회사로부터 배당금을 지급받는 경우 배당금 전액을 배당금수익으로 처리한다. 이는 법인이 법인으로부터 배당을 받는 경우 배당소득세가 원천징수되지 않기 때문이다. 참고로 법인이 법인에게 배당금을 지급하는 경우 배당소득세는 원천징수하지 아니하나 배당소득 지급명세서는 다음해 2월 말일까지 제출하여야 한다.
2) 법인이 내국법인으로부터 받는 수입배당금중 아래의 일정금액은 익금에 산입하지 아니하므로 세무조정에서 익금불산입처리한다.

▶ 지분비율에 따른 익금불산입율

출자대상	지분비율	익금불산입율
상장·등록법인	30% 초과	50%
	30% 이하	30%
비상장법인	50% 초과	50%
	50% 이하	30%

- 지분비율 100%인 경우 익금불산입율 : 100%
- 전문건설공제조합도 내국법인이므로 내국법인이 당해 법인이 출자한 다른 내국법인으로부터 수입배당금을 받은 경우에는 그 출자비율에 따라 익금불산입 하는 것임

수입임대료

부동산임대를 사업목적으로 하는 경우 매출로 처리하여야 하며, 부동산임대를 사업의 주목적으로 하지 아니하는 사업자가 사무실 또는 제조공장의 일부를 타인에게 임대하고 임대료를 받는 경우 영업외수익인 수입임대료로 처리한다.

임대료수입과 관련한 세금계산서는 임대료 영수 여부와 관계없이 임대료를 받기로 한 날 발행하여야 하며, 전세보증금이 있는 경우 간주임대료를 계산하여 부가가치세 신고시 납부하여야 한다.

▶ 간주임대료 계산 : 당해 기간의 전세금 또는 임대보증금 × 과세대상기간의 일수 ÷ 365(윤년의 경우 366) × 간주임대료 이자율(2023년 2.9%)
○ 2024년 간주임대료 이자율 : 소득세법 시행규칙 제23조

수입임대료 회계처리 사례

《임대료수입에 대한 세금계산서 발행》 사무실 중 일부를 임대하여 주고 임대료 1,000,000원(부가세 별도)에 대하여 세금계산서를 월말에 발행하여 주고 그 대금은 다음달 10일에 받기로 하다.

미수금	1,100,000 /	수입임대료	1,000,000
		부가세예수금	100,000

외환차익

외환차익이란 외환거래에 있어 발생하는 이익금액으로 외화를 원화로 환전하거나 수출대금 입금시 주로 발생하며, 그 내용은 다음과 같다.

1) 수출업자가 물품 등을 수출할 시 선적일에 수출대금을 원화로 환산(실제 수출대금이 입금된 금액이 아니라 수출면장상 수출금액을 선적일의 기준환율을 적용한

금액임)하여 매출로 처리한 다음 수출대금 결제(네고)일에 선적일의 환율보다 결제일의 환율이 높은 경우 발생하는 환차익

2) 외화를 차입한 후 차입 당시 환율과 상환시 환율변동으로 인하여 상환하는 차입금이 차입할 당시의 원화환산금액 보다 더 적은 경우 발생하는 환차익

3) 외화를 대여한 후 대여당시 환율과 상환시 환율변동으로 인하여 상환받는 금액이 대여할 당시 보다 많은 경우 발생하는 환차익

① 《수출물품 선적》 7. 10 미국에 수출할 수출물품 $20,000 을 선적하다.
(선적일 기준환율 1,200원/$)

외상매출금	24,000,000 / 매출	24,000,000

* 수출신고필증에 기재된 FOB 가격은 관세법 또는 대외무역법 등의 규정에 따라 수출실적 통계 등의 기준금액이므로 (34) 결제금액이 수출매출금액이다.
* 환율계산 : 달러의 경우 기준환율을 적용한다

② 《수출대금 입금》 7. 30 외국환은행으로부터 수출대금 $20,000 이 네고되다. 원화환가액 25,000,000원(전신환매도율 1,250/$)에서 환가료 70,000원 및 전신료 15,000원을 차감한 24,915,000원이 보통예금에 입금되다.

보통예금	24,915,000 / 외상매출금	24,000,000
지급수수료	85,000 외환차익	1,000,000

* 외환차익 : $20,000 × (1,250/$ - 1,200/$)
* 지급수수료 : 환가료 및 전신료

③ 《외화 차입》 7. 10 미화 $20,000을 차입하다. (차입당시 환율 1,200원/$)

보통예금	24,000,000 / 외화차입금	24,000,000

④ 《외화차입금 상환》 12. 10 미화 $20,000을 상환하다.
(상환당시 환율 1,100원/$)

외화차입금	24,000,000 / 보통예금	22,000,000
	외환차익	2,000,000

외화환산이익

기업회계기준에 의하여 화폐성외화자산 또는 부채의 장부상 원화기장액과 사업연도 종료일 현재의 화폐성외화자산 또는 부채잔액을 기준환율(또는 재정환율)로 평가하여 차익이 발생하는 경우 당해 사업연도에 외화환산이익으로 처리한 다음 세무조정에서 익금불산입하여야 한다.

화폐성외화자산·부채는 취득일 또는 발생일 현재의 매매기준율등으로 평가하되, 관할세무서장에게 사업연도 종료일 현재의 매매기준율등으로 평가하는 방법을 신고한 경우 그 방법에 의하여 평가할 수 있으며, 이 경우 세무조정대상은 아니다.

▶ 화폐성 외화자산·부채 및 비화폐성 외화자산·부채

구 분	화폐성(평가대상)	비화폐성(평가대상 아님)
자 산	외화현금, 외화예금, 외화채권, 외화보증금, 외화대여금, 외화매출채권	선급금, 재고자산 비유동자산(고정자산)
부 채	외화채무, 외화차입금, 외화사채	선수금

① 《기말 외화자산 평가》 외화매출채권($10,000)의 장부상 가액은 1천만원이나 결산시점의 기준환율은 $당 1,200원으로 차액을 외화환산이익으로 계상하다.

외화외상매출금	2,000,000	/ 외화환산이익	2,000,000

외환 거래 실무 처리

[1] 보유중인 외화로 수입물품대금을 결제한 경우

보유중인 외화를 환가하지 아니한 상태에서 수입물품대금으로 지급한 경우 장부상 원화 입금시 환율을 적용하여 수입상품원가로 처리를 하여야 한다. 단, 외화가 수차에 걸쳐 입금되고, 입금시 기준환율을 적용하여 장부상 원화금액으로 계상한 경우 원화기장액 산정방법은 선입선출법을 적용하는 것이나 이동평균법을 준용한 평가방법을 계속적으로 적용하여 온 경우 그 평가방법을 적용할 수 있다.

□ 외화예금 인출시 원화기장액 산출방법 [법인세 집행기준 42-76-5]
법인이 수차례에 걸쳐 입금한 외화예금의 일부를 원화로 인출하는 경우 외화예금의 원화기장액 산정방법은 선입선출법을 적용하는 것이나 이동평균법을 준용한 평가방법을 계속적으로 적용하여 온 경우 그 평가방법을 적용할 수 있다. (2010. 6. 23. 제정)

[2] 여러 차례 입금된 외화를 환전하는 경우의 장부가액
위와 같은 방법으로 장부가액을 계상하여 외환차손익을 인식한다. 즉, 원화기장액 산정방법은 선입선출법을 적용하는 것이나 이동평균법을 준용한 평가방법을 계속적으로 적용하여 온 경우 그 평가방법을 적용할 수 있다.

사 례 수차에 걸쳐 입금된 외화 출금시 인출된 외화의 장부가액 계산

외화입금일	외화출금일	외화입금액	외화출금액	기준환율	원화입금장부금액	원화출금장부가액
11.01		$3,000		1,100/$	3,300,000	
11.10		$2,000		1,050/$	2,100,000	
11.20		$1,000		1,080/$	1,080,000	
	11.30		$4,000	1,090/$		4,350,000

```
보통예금              4,360,000 / 보통예금(외화)      4,350,000
                                  외환차익              10,000
```

유가증권처분이익

♣ 자산 → 유가증권 참조

유가증권평가이익

♣ 자산 → 유가증권 참조

투자자산처분이익

투자를 목적으로 보유한 매도가능증권 등 장기투자주식의 처분시 발생하는 이익을 처리하는 계정으로 투자자산의 장부가액보다 처분가액이 많은 경우 그 차액을 말한다.

투자자산처분이익 회계처리 사례

① 《투자주식 취득》 (주)갑을은 장기투자를 목적으로 제일은행 주식 1,000주(주당 40,000원)를 취득하고 그 대금은 보통예금에서 인출하여 지급하다.

매도가능증권	40,000,000 / 보통예금	40,000,000

② 《투자주식 처분》 제일은행 주식 1,000주를 주당 50,000원에 처분하다. 그 대금은 보통예금에 입금되다.

보통예금	50,000,000 / 매도가능증권	40,000,000
	투자자산처분이익	10,000,000

유형자산처분이익

유형자산처분이익이란 토지, 건물, 기계장치, 비품, 차량운반구 등 유형자산의 처분가액이 장부상 가액보다 많은 경우 발생하는 이익금액을 말한다. 유형자산 처분시 해당 유형자산에 대한 감가상각누계액이 설정되어 있는 경우 감가상각누계액과 먼저 상계하여야 한다. 즉, 처분손익은 매각금액(부가가치세 제외금액)에서 장부가액(취득가액 - 감가상각누계액)을 차감한 금액으로 계산한다.

토지 및 건물의 처분에 대하여 개인기업은 양도소득세 신고를 별도로 하여야 하나 법인은 양도소득세 신고의무가 없으며, 유형자산처분손익은 법인의 익금 및 손금에 산입한다.

▶ 유형자산 처분연도 감가상각비 계상 여부

법인의 경우 처분연도의 처분 월까지의 감가상각비를 하지 않는 경우 감가상각비로 계상하지 않은 금액은 처분손익에 반영되므로 별도의 감가상각을 하지 않는다.

관세환급금

물품 등을 외국으로부터 수입하는 경우 관세를 세관에 납부한다. 그런데 수출을 하기 위하여 원자재를 수입하는 경우에도 원자재 수입시에 관세를 부담할 경우 결과적으로 수출물품의 수출가격이 높아지게 되어 국제가격경쟁력이 저하되어 수출에 지장이 있으므로 수출물품에 대한 국제가격경쟁력을 높이기 위하여 수출업자 또는 수출품생산업자가 수출물품을 생산하기 위한 원자재를 수입시 부담한 관세를 수출업자 또는 수출품생산업자에게 되돌려 주는 것이 관세환급금이다

관세환급금은 원칙적으로 매출원가(판매한 제품의 원가)에서 차감하여야 하나 그 금액이 중요하지 않은 경우 실무에서는 영업외수익 항목인 '관세환급금' 또는 '잡이익'으로 처리하기도 한다.

▶ 개별환급과 정액환급

관세환급금은 개별환급과 여러 건을 합쳐서 1년에 한 번 정산해 주는 정액환급방법이 있다. 개별환급방법은 수출물품 제조에 소요된 원재료의 품명·규격·수량과 동원재료의 수입시 납부세액을 원재료별로 개별적으로 확인하여 환급금을 산출하는 방법이며, 정액환급방법은 정부가 정하는 일정한 금액(정액환급율표 상의 금액)을 소요원재료의 수입시 납부세액으로 보고 환급금을 산출하도록 하는 방법이다.

관세환급금 회계처리 사례

① 《관세 환급》 관세를 납부하고 수입한 원재료를 사용하여 제품을 만들어 수출하다. 기 납부한 관세 1,000,000원이 세관으로부터 보통예금 통장에 입금되다.

| 보통예금 | 1,000,000 / 관세환급금 | 1,000,000 |

판매장려금수익

판매장려금이란 주로 대리점 형태의 도매 및 소매업종으로서 판매실적에 따라 본사로부터 지급받는 장려금으로 이러한 장려금은 본사가 국세청에 판매장려금 지급내용을 통보하는 바 판매장려금을 받는 경우 장려금을 받은 사실을 장부에 누락하지 않도록 특히 유의하여야 한다.

판매장려금은 판매장려금을 지급하는 자는 비용처리를 하는 것이며, 지급받는 자는 영업외수익(판매장려금수익)으로 처리한다.

국고보조금 수익

❶ 국고보조금

국고보조금이란 국가, 지방자치단체로부터 무상으로 지급받는 보조금을 말한다. 무상으로 지급받는 보조금은 법인의 자산을 증가시키는 거래로 익금에 산입하여야 한다.

그리고 사업승패 여부에 따라 사업성공시 일부(통상 지원금액의 10% 내외)금액을 상환하는 보조금은 상환할 금액이 확정된 시점 (출연금 일부의 반환통지 또는 기술료의 납부통지를 받은 날)이 속하는 사업연도에 반환할 금액을 익금에서 차감하거나 손금에 산입하여야 한다.

❷ 자산의 취득과 관련하여 받은 국고보조금 처리

기업회계기준에 의하면, 자산의 취득에 사용될 국고보조금을 받은 경우에는 관련자산을 취득하기 전까지 받은 자산의 차감계정으로 처리한 다음 자산의 취득에 충당한 국고보조금은 취득자산에서 차감하는 형식으로 표시하고, 당해 자산의 내용연수에 걸쳐 상각금액과 상계처리하여야 하며, 자산의 취득에 사용하지 않는 기타의 국고보조금은 영업외수익으로 처리한다

▶ **외부감사대상이 아닌 사업자의 자산 취득 관련 국고보조금 회계처리**

외부회계감사를 받지 아니하는 중소기업의 경우 국고보조금 교부통지를 받은 날 국고보조금 전액을 잡이익 등 영업외수익으로 처리한 다음 기술개발의 성공으로 출연금 일부의 반환통지 또는 기술료의 납부통지를 받은 날 잡손실 등 영업외수익으로 처리하여도 무방하다. 이 경우 상환하여야 하는 금액은 장기차입금 등 적절한 계정과목으로 처리한다. 또한 전액 무상으로 지원받는 교육훈련보조금, 고용촉진장려금, 고용유지지원금 등 소액의 국고보조금은 국고교부금 통지를 받은 날 전액 잡이익으로 처리한다.

❸ 수익과 관련하여 받은 국고보조금 처리

수익관련보조금을 받는 경우에는 **당기의 손익**에 반영한다. 다만, 수익관련보조금을 사용하기 위하여 특정의 조건을 충족해야 하는 경우에는 그 조건을 충족하기 전에 받은 수익관련보조금은 선수수익으로 회계처리한다. 단, 수익관련보조금은 대응되는 비용이 없는 경우 회사의 주된 영업활동과 직접적인 관련성이 있다면 영업수익으로 그렇지 않다면 영업외수익으로 회계처리한다.

반면, 수익관련보조금이 특정의 비용을 보전할 목적으로 지급되는 경우에는 당기손익에 반영하지 않고 특정의 비용과 상계처리한다. 예를 들어, 공공성이 많은 재화나 용역을 제공하는 무연탄채굴회사나 버스회사로 하여금 매출가격이 매출원가에 미달하는 재화나 용역을 계속 제공하게 할 목적으로 지급되는 보조금은 매출액(영업수익)으로 회계처리하고, 벤처회사의 신기술개발을 지원하기 위해 지급되는 보조금은 영업외수익으로 회계처리한다. 반면 저가로 수입할 수 있는 원재료를 국내에서 구입하도록 강제하는 경우에 지급되는 수익관련보조금은 제조원가에서 차감한다.

▶ **국고보조금 반환**

통상 국고보조금은 사업승패 여부에 따라 사업성공시 일부(통상 지원금액의 30%) 금액을 상환하는 보조금은 상환할 금액이 확정된 시점 (출연금 일부의 반환통지 또는 기술료의 납부통지를 받은 날)이 속하는 사업연도에 반환할 금액을 익금에서 차감하거나 손금에 산입하여야 한다.

❹ 국고보조금 세무 및 회계처리

1 국고보조금 입금(기업회계기준에 의한 회계처리방법)

① 《정부출연금 입금》 신제품 개발목적으로 산업자원부에 자금신청을 한 바 승인되어 신기술개발자금 2억원이 보통예금에 입금되다.

동 자금은 정부지원금이며, 사업실패시에는 전액 상환의무가 없으나 성공시에는 30%를 상환하여야 하는 자금이다. 지원자금은 전액 신기술 개발에 사용하기로 하다.

보통예금	200,000,000 /	국고보조금(1)	140,000,000
		장기차입금	60,000,000

* 국고보조금 : 자산의 취득(유형자산, 무형자산)에 사용하는 국고보조금은 관련 자산을 취득하기 전까지 받은 자산(보통예금)에서 차감하는 형식으로 처리하여야 한다.

[재무상태표 표시형식]		[자산취득 후 재무상태표 표시형식]	
보통예금	1,000,000,000	보통예금	800,000,000
국고보조금	(140,000,000)	개발비	140,000,000
		국고보조금	(140,000,000)

② 《국고보조금 자금 집행》 국고보조금 전액을 기술개발비로 사용하다.

선급금	200,000,000 /	보통예금	200,000,000

③ 《기술개발 성공》 신제품 기술개발에 성공하여 개발비용을 무형자산인 개발비로 대체하다. 개발비는 향후 5년간 정액법으로 상각하기로 하다.

개발비	200,000,000 /	선급금	200,000,000

국고보조금(1)	140,000,000 /	국고보조금(2)	140,000,000

* 국고보조금(1) : 보통예금 차감계정
* 국고보조금(2) : 개발비 차감계정, 국고보조금으로 취득한 자산은 취득자산에서 차감하는 형식으로 표시하여야 한다.

④《개발비 상각》회계기말에 개발비 40,000,000원을 감가상각하다.

개발비상각	40,000,000	/	개발비	40,000,000

국고보조금(2)	28,000,000	/	개발비상각	28,000,000

* 국고보조 : 국고보조금(2) 140,000,000 ÷ 5(5년간 상각)

▷ 수익과 관련한 국고보조금인 경우 또는 외부감사대상 법인이 아닌 경우에는 국고보조금이 확정된 날 전액 잡이익으로 처리할 수 있다.

별단예금	100,000,000	/	잡이익	100,000,000

■ 국고보조금 세무조정

① 국고보조금 교부통지를 받은 날이 속하는 사업연도
[익금산입] 국고보조금 입금금액 200,000,000원(유보)

② 사업성공일이 속하는 사업연도
[손금산입] 상환할 금액 60,000,000원(△유보)
* 익금산입 유보금액 : 국고보조금(200,000,000원) - 상환할 금액(60,000,000원)

③ 개발비 상각일(개발비 상각이 종료되는 시점까지 매 회계연도 말)
[손금산입] 개발비 140,000,000원 중 당기 상각액 28,000,000원(△유보)

2 국고보조금을 당기의 수익으로 처리하는 경우

①《정부출연금 입금》신제품 연구개발을 목적으로 산업자원부에 자금신청을 한 바 승인되어 기술개발자금 2억원이 보통예금에 입금되다. 동 자금은 정부지원금이며, 사업실패시에는 전액 상환의무가 없으나 성공시에는 30%를 상환하여야 하는 자금이다. 지원자금은 전액 신기술 개발에 사용하기로 하다.

보통예금	200,000,000	/	잡이익	200,000,000

② 《국고보조금 자금 집행》 국고보조금 전액을 연구개발비로 사용하다. 단, 무형자산인 개발비 요건을 충족하지 아니하여 개발비용 전부를 연구비로 처리하다.

| 연구비 | 200,000,000 | / | 보통예금 | 200,000,000 |

③ 《연구개발 성공》 신 기술개발에 성공하였으나 무형자산인 개발비 여건을 충족하지 못하여 당기비용인 연구비로 처리하다. 산업자원부로부터 연구개발이 성공한 것으로 판정되어 상환할 의무가 있는 국고보조금 60,000,000원은 당기의 비용인 잡손실로 처리하고, 상환의무 있는 국고보조금은 장기차입금으로 대체하다.

| 잡손실 | 60,000,000 | / | 장기차입금 | 60,000,000 |

3 무상보조금 반환 회계처리

① 《보조금 일부 상환》 정부보조금으로 개발한 기술이 성공하여 국고보조금의 30%에 해당하는 금액인 6천만원을 상환하다.

| 장기차입금 | 60,000,000 | / | 보통예금 | 60,000,000 |

<세무조정>
보조금이 지급이 확정된 날이 속하는 사업연도에 전액 익금산입한 금액 중 정부에 반환하는 금액은 반환일이 속하는 사업연도에 손금산입한다.
[손금산입] 상환할 금액 60,000,000원(△유보)

❺ 국고보조금의 세무상 익금산입 및 손금산입

1 익금산입

▶ **국고보조금은 교부통지를 받은 날에 익금산입하는 것임**

법인이 「기술개발촉진법」 제8조의 규정에 따라 정부로부터 기술개발에 소요되는 경비를 출연금 명목으로 지원받은 경우, 출연금 교부통지를 받은 날이 속하는 사업연도에 각 사업연도 소득금액 계산상 익금에 산입하는 것임
(법인, 서면인터넷방문상담2팀-1825 , 2006.09.18.)

▶ **지급시기를 달리하여 순차적으로 지원받는 국고보조금 익금시기**

법인이 정부로부터 기술개발에 소요되는 경비를 별도의 교부통지서 수령 없이 협약서에 의해 지급시기를 달리하여 순차적으로 지원받는 경우, 당해 출연금은 실제 지급받은 날이 속하는 사업연도의 각 사업연도 소득금액 계산상 익금에 산입하는 것임 (법인, 서면 2015법인-0276 , 2015.07.09.)

② **손금산입**

▶ **출연금 일부의 반환통지 또는 기술료의 납부통지를 받은 날이 속하는 사업연도에 반환할 금액을 익금에서 차감하거나 손금에 산입하는 것임**

익금에 산입한 출연금 중 기술개발의 성공으로 출연금 일부의 반환통지 또는 기술료의 납부통지를 받은 날이 속하는 사업연도에 반환한 금액은 손금에 산입하는 것임. (서면2팀-1510, 2005.9.21.)

▶ **국고보조금의 일시 손금산입**

① 내국법인이 「보조금 관리에 관한 법률」, 「지방재정법」, 그 밖에 다음에 정하는 법률에 따라 보조금 등의 자산(국고보조금등)을 지급받아 그 지급받은 날이 속하는 사업연도의 종료일까지 사업용고정자산을 취득·개량하는 데에 사용한 경우 국고보조금등에 상당하는 금액은 그 사업연도의 소득금액을 계산할 때 손금에 산입할 수 있다. [법인세법 제36조(국고보조금등으로 취득한 사업용자산가액의 손금산입)]
1. 「농어촌 전기공급사업 촉진법」
2. 「전기사업법」
3. 「사회기반시설에 대한 민간투자법」
4. 「한국철도공사법」
5. 「농어촌정비법」
6. 「도시 및 주거환경정비법」

② 제1항의 규정에 의하여 손금에 산입하는 금액은 당해 사업용자산별로 다음 각 호의 구분에 따라 일시상각충당금 또는 압축기장충당금으로 계상하여야 한다.
1. 감가상각자산 : 일시상각충당금
2. 제1호외의 자산 : 압축기장충당금

▶ **국고보조금으로 연구·인력개발비를 지출한 경우 세액공제 제외**

연구개발출연금등을 지급받아 연구개발비로 지출하는 금액은 연구인력개발과 관련한 세액공제대상에서 제외하여야 한다. (법인세과-411, 2012.06.22.)

◆ **고용노동부 지원금(일자리안정자금 등)은 중소기업특별세액감면 감면소득에서 제외하여야 함** (조특, 법인세과-1257, 2009.11.09.)

한국장애인고용촉진공단으로부터 받는 국고보조금, 장애인을 고용함으로써 받는 관리비용, 노동청의 종합고용지원센터에서 받는 휴업수당지원금은 「조세특례제한법」 제7조의 종소기업 특별세액 감면대상 소득에 해당하지 않음

상각채권추심이익

대손금으로 손금에 산입된 부도채권 등의 금액(대손충당금과 상계한 금액을 포함한다) 중 그 후 다시 회수된 때에는 그 회수된 금액은 회수된 날이 속하는 사업연도의 소득금액 계산상 익금에 산입한다. 단, 대손처리시 대손충당금과 상계한 금액을 회수된 경우 대손충당금을 다시 설정한 것으로 본다.

전기오류수정이익

전기 또는 그 이전 기간의 재무제표를 작성할 때 발생하였던 오류가 당기에 발견되어 이를 수정하는 것을 전기오류수정이라 한다. 회계오류가 재무상태표(결산종료일 또는 외부감사일로서 재무상태표를 확정한 이후)일 이전에 발견한 경우에는 바로 수정하면 되나 재무상태표일 이후에는 전기오류수정사항으로 정리하여야 한다.

당기에 발견한 전기 또는 그 이전기간의 오류는 당기 손익계산서에 영업외손익 중 전기오류수정손익으로 보고한다. 다만, 중대한 오류에 대해서는 전기이월이익잉여금을 수정한다.

세무상으로는 과거 연도의 수익을 누락하거나 비용을 이중으로 계상한 경우 손익은 그 해당 사업연도별로 적용하여야 하므로 법인세신고내용을 수정(세무조정사항에서 익금산입)하여 법인세를 납부하여야 하는 것이며, 오류를 반영한 사업연도의 전기오류수정이익은 익금불산입(전기 이전의 수익 누락에 대하여 법인세 수정신고로 이미 익금으로 처리한 것임)처리한다.

■ 전기 자산 항목을 비용으로 처리한 경우

[예제] 전기에 에어컨 2백만원을 구입하여 비품으로 처리하여야 하였으나 소모품비로 처리하여 당기에 전기 법인세 신고내용을 수정신고하고, 비품으로 회계처리하다.

<전기 세무조정>
손금불산입   2,000,000 (유보)

<당기 회계처리> 비품 2백만원을 자산으로 계상하다.

| 비품 | 2,000,000 | / | 전기오류수정이익 | 2,000,000 |

<당기 세무조정> 익금불산입
전기오류수정이익 2,000,000원 (△유보)

■ 자산이 장부에 누락된 경우

실제 자산이 있으나 장부상 누락된 경우로서 그 원인을 알 수 없는 경우 전기오류수정이익으로 처리할 수 있으며, 이 경우 잉여금 항목의 전기오류수정이익으로 처리할 시 별도의 세무조정은 하지 않아도 된다.

[예제] 거래처 외상매출금 1백만원이 있으나 장부에 누락되었음을 발견하고, 잉여금 항목의 전기오류수정이익으로 처리하다.

| 외상매출금 | 1,000,000 | / | 전기오류수정이익 | 1,000,000 |

🅠 법인세환급액

♣ 법인세비용 참조

잡이익

기타 달리 분류되지 않는 이익금으로 단수차이에 따른 납부이익, 전자신고세액공제액, 외상매입금 할인액, 폐품 판매수익, 원인불명의 현금과다액 등이 있으며, 별도의 계정과목을 사용하지 않는 국고보조금은 잡이익으로 처리한다.

보험차익

보험차익이란 보험에 가입한 자산의 보험사고(화재, 차량사고, 풍.수해, 도난 등)로 인하여 보험회사로부터 지급받는 보험금액이 해당 자산의 장부가액을 초과하는 경우 그 초과하는 이익금을 말한다.

▶ 미결산 계정과목
보험에 가입한 물건의 화재 등 보험사고발생시 보험금액이 확정되기 전까지는 보험금액을 알 수 없으므로 임시 설정하여 두는 가계정이다.

보험차익 회계처리 사례

① 《보험에 가입한 차량의 사고로 인한 폐차》 차량사고로 인하여 차량을 폐기처리하다. 해당 차량은 자기차량에 대하여 보험에 가입되어 있다.
- 차량 취득가액　20,000,000원
- 감가상각누계액　11,108,957원

감가상각누계액	11,108,957	/ 차량운반구	20,000,000
미결산	8,891,043		

② 《보험금 수령》 보험회사에서 보험금 12,500,000원이 보통예금에 입금하다.

보통예금	12,500,000	/ 미결산	8,891,043
		보험차익	3,608,957

◆ 보험차익으로 취득한 자산의 손금산입 [법인세법 제38조]
내국법인이 유형자산의 멸실 또는 손괴로 인하여 보험금을 지급받아 그 지급받은 날이 속하는 사업연도의 종료일까지 그 멸실한 유형자산에 대체하여 동일한 종류의 유형자산을 취득하거나 손괴된 유형자산을 개량하는 경우 그 유형자산의 취득 또는 개량에 사용된 보험차익에 상당하는 금액은 당해 사업연도의 손금에 산입할 수 있다.

채무면제이익

채무면제이익이란 기업의 채무를 채권자로부터 면제받은 금액을 말한다. 통상 채무면제이익은 기업의 결손이 누적되거나 경영이 악화될 경우 기업의 임원 및 주주가 기업에 대한 채권을 포기하는 경우 발생한다.

자산수증이익

주주 또는 제3자로부터 현금이나 기타자산을 증여받는 경우 그 자산가액을 자산수증이익이라 한다. 비상장법인이 개인주주로부터 자기주식을 무상취득시 자산수증이익에 해당하며 취득가액은 법인세법시행령 제89조의 규정에 의한 시가로 한다.

자산수증이익 회계처리 사례

① 《자산 수증》 주주로부터 현금 2억원을 증여받다.

현금	200,000,000	/ 자산수증이익	200,000,000

◆ 채무면제이익과 자산수증이익의 익금불산입 [법인세법 제18조 제6호]
채무면제이익과 자산수증이익 중 이월결손금의 보전에 충당한 금액은 익금불산입한다.

[세법 개정] 결손금 이월공제기간 확대(법인법 §13·§76의13, 소득법 §45)
[종전] 공제기간 10년 → [개정] 공제기산 15년
<적용시기> 2021.1.1. 이후 신고하는 결손금부터 적용

5 비용 계정과목

비용이란 수익을 얻기 위해서 지급하거나 발생한 경제적 가치의 소비액을 말하며, 비용이 발생한 경우 반드시 현금 등 자산이 감소하거나 부채가 증가로 나타난다. 비용은 기업에 귀속되는 경제적 효익의 유출로서 제3자를 대신하여 지급한 금액이나, 대리 관계에서 위임자를 대신하여 지급한 금액은 비용으로 보지 아니한다.

1 매출원가

> 매출원가란 제품, 상품 등의 매출액에 대응되는 원가로서 판매된 제품이나 상품 등에 대한 제조원가 또는 매입원가이다. 도·소매업의 경우 판매한 상품의 매입원가를 말하며, 제조업(건설업)의 경우 판매한 제품의 생산원가를 말한다.

매출원가

기업의 목적은 이윤추구다. 이윤을 얻기 위해서 도.소매업은 상품을 구입하여 판매하여야 하고, 제조기업은 원재료 등을 가공하여 제품을 생산하여 판매하여야 한다. 즉 판매를 통하여 이윤을 만들 수 있으며, 물품 등을 판매하기 위해서는 여러 가지 비용이 든다. 이 비용 중 판매한 물품 등의 물품구입원가를 매출원가라 하며, 제조업은 판매한 제품의 제품생산원가가 매출원가이다.

예를 들어 상품 한 개를 100,000원에 구입하여 130,000원에 판매하였다면, 상품의 매출원가는 100,000원이다. 그러나 상품 종류가 많고 동일한 상품이라도 구입시마다 상품단가가 다른 경우 각 개별 상품별로 판매한 상품의 구입원가(매출원가)를 계산하기란 현실적으로 어려우므로 일정 기간 동안 판매한 상품의 원가는 아래와 같이 계산한다.

기초상품가액에 당기 상품매입액을 합한 금액은 당기 중 판매가능한 상품가액이다. 당기 중 상품을 전액 판매하였다면, 당기매출액에 대한 매출원가는 기초상품가액에 당기 상품매입액을 합한 금액이다. 그러나 기말에 판매되지 않고 남아 있는 상품이 있다면, 판매가능한 상품가액에서 기말상품재고금액을 차감한 가액이 당기 매출원가다. 따라서 당기 매출원가를 산출하려면 반드시 기말상품재고를 파악하고 그 금액을 계산하여야 한다.

기말에 남아있는 상품의 가액을 계상하기 위해서는 상품의 입고 및 출고에 대한 상품수불부를 작성하여 계속 기록하는 방법(계속기록법)과 기말에 재고조사를 실시하여 기말재고자산가액을 산정하는 방법(실지재고조사법)이 있다.

매입액

당기상품매입액은 상품의 총매입액에서 매입에누리와 환출 및 매입할인을 차감한 금액으로 한다. 이 경우에 일정기간의 거래수량이나 거래금액에 따라 매입액을 감액하는 것은 매입에누리에 포함한다.

한편, 상품매입에 직접 소요된 제비용은 매입액에 포함한다. 예를 들어 수입물품의 경우 수입시 발생하는 제비용(관세, 통관수수료, 운임 등)은 수입물품의 원가에 포함한다.

매입환출, 매입에누리, 매입할인

매입환출, 매입에누리, 매입할인은 매입에서 차감한다. 따라서 매입에누리 및 매입환출이 발생한 경우 감액 수정세금계산서를 발급받아야 하며, 매입액에서 차감하는 형식으로 손익계산서를 작성하여야 한다.

- 매입환출 : 매입된 제품이 불량 등의 원인으로 반품한 것을 말한다.
- 매입에누리 : 수량부족, 불량 등의 사유로 매입대금을 할인받은 것
- 매입할인 : 매입자가 외상대금을 약속한 날짜보다 일찍 상환할 시 매출자가 외상매출대금의 일부를 깎아 준 금액을 말한다.

2 판매비와관리비

> 판매비와관리비는 상품과 용역의 판매활동 또는 기업의 관리와 유지에서 발생하는 비용으로 급여, 퇴직급여(명예퇴직금 포함), 복리후생비, 임차료, 기업업무추진비, 감가상각비, 무형자산상각비, 세금과공과금, 광고선전비, 사무용품비, 연구비, 경상개발비, 대손상각비 등 매출원가에 속하지 아니하는 모든 영업비용을 포함하며, 당해 비용을 표시하는 적절한 항목으로 구분한다.

급료 및 임금

개요

① 급료란 통상 근로를 제공한 종사 직원에게 지급하는 금전적 지출금액을 말하며, 급료에는 제수당을 포함한다.

② 임원급여란 대표이사, 전무, 상무, 이사, 감사 등 법인기업체의 임원에게 지급하는 급여로서 직원에게 지급하는 급여와 구분할 필요가 있는 경우에만 임원에게 지급하는 급여를 구분하여 계정과목을 임원급여로 분류하며, 임원급여를 구분할 필요가 없는 경우 '급료' 계정과목으로 처리한다.

③ 임금이란 생산현장 또는 건설현장에 근무하는 직원에게 지급하는 급료로 제조기업 또는 건설업으로 비용과 원가를 구분하는 경우에 '임금'이란 계정과목을 사용한다.

□ 사업주가 근로소득세 및 4대보험 종업원부담금을 부담하기로 한 경우 급여 처리

근로소득세 및 지방소득세, 국민연금, 건강보험, 고용보험료 종업원부담금을 회사가 부담하는 금액은 급여성 대가로 보아 급여에 포함하여 근로소득세를 원천징수하여야 한다.

▶ 상여금

상여금이란 사업성과 또는 명절이나 휴가 때에 지급하는 기본급 외의 수당을 말하며, 근로기준법에서는 따로 규정한 바가 없으나 상여금이 취업규칙 기타 근로계약에 미리 지급조건 등이 명시되어 있거나 관례로서 계속 지급하여 온 경우에는 상여금 지급이 법적인 의무로서 구속력을 가지게 되며, 퇴직금 산정 기초가 되는 평균임금에 포함된다.

▶ 제수당

기업의 실정 및 수당의 성격에 따라 임의의 명칭을 사용하며 수당에는 아래와 같은 종류의 수당들이 있다. 한편, 급여지급시 급여대장에는 각종 수당을 구분하여 기록하나 회계처리시에는 제수당을 급여에 포함하여 처리한다.

▶ 급료 지급과 관련한 계정과목

○ 국민연금보험료 회사부담금 : 세금과공과금
○ 국민건강보험료, 고용보험료 회사부담금 : 복리후생비
○ 급료가불금 : 종업원대여금 또는 가지급금
○ 일용근로자, 아르바이트생 급여 : 잡급

[핵심 실무] 개인사업자 사업주 본인 국민연금 및 건강보험료 계정과목
○ 급여 : 개인사업자 사업주 본인은 급여 지급대상이 아님
○ 국민연금 : 필요경비 산입대상 아님(인출금 / 보통예금)
 - 사업자의 소득에서 소득공제를 하여야 함
○ 건강보험료 : 필요경비에 산입할 수 있음(보험료 / 보통예금)

● 급료 증빙서류

○ 급여대장, 근로소득세 납부영수증
○ 개인별근로소득원천징수부
○ 근로소득지급명세서
○ 인사기록부, 출근부, 송금영수증 등

● 주요 비과세 근로소득

[1] 비과세 차량보조금(자가운전보조금)

종업원 소유차량을 종업원이 직접 운전하여 사용자의 업무수행에 이용하고 시내출장 등에 소요된 실제여비를 지급받는 대신에 그 소요경비를 당해 사업체의 규칙 등에 의하여 정하여진 지급기준에 따라 지급받는 금액 중 월 20만원 이내의 금액

[2] 식사기타 음식물을 제공받지 않는 근로자의 월 20만원 이하 식사대

식사대를 매월 30만원을 지급받는 경우 20만원은 비과세 하고 10만원은 과세
회사에서 식사를 제공하면서 별도로 식대를 지급하는 경우 식대는 과세됨

[세법 개정] 식대 비과세 한도 기존 10만원→20만원 상향
2023년 1월 1일부터 적용

[3] 비과세 학자금

다음 요건을 모두 갖춘 근로자 본인의 학자금으로서 초·중등교육법 및 고등교육법에 의한 학교(외국에 있는 이와 유사한 교육기관 포함) 및 「근로자직업능력개발법」에 의한 직업능력개발훈련시설의 입학금.수업료.수강료 기타 공납금 중 당해 연도에 납입할 금액
① 근로자가 종사하는 사업체의 업무와 관련있는 교육·훈련을 위하여 지급받는 학자금으로서,
② 당해 업체의 규칙 등에 정해진 지급기준에 의하여 지급되고,
③ 교육·훈련기간이 6월 이상인 경우에는 교육·훈련후 교육기간을 초과하여 근무하지 않는 경우 반환하는 조건일 것.

▶ 과세대상이 되는 학자금

위의 요건을 충족하지 않는 학자금은 과세대상 근로소득에 해당하므로 학자금을 무상으로 지원하는 경우 근로소득에 합산하여야 한다. 단, 학자금(자녀 학자금 포함)의 무상대여액에 대한 인정이자상당액은 근로소득으로 보지 아니한다.

[4] 출산·보육수당

근로자 또는 그 배우자의 출산이나 6세 이하의 자녀의 보육과 관련하여 사용자로부터 지급받는 급여로서 월 10만원 이내의 금액

① 맞벌이부부가 6세 이하의 자녀 1인에 대하여 각 근무처로부터 보육수당을 수령하는 경우에는 각각 월10만원 이내의 금액을 비과세함
② 근로자가 6세 이하의 자녀 2인을 둔 경우에는 자녀수에 상관없이 월10만원 이내의 금액을 비과세함
③ 근로자에게 지원하는 보육수당의 비과세 기준을 적용함에 있어서 만 6세 이하 기준의 적용은 해당 과세기간 개시일을 기준으로 판단한다.

[5] 보장성보험료 중 연 70만원 이하의 금액

종업원의 사망·상해 또는 질병을 보험금 지급사유로 하고 종업원을 피보험자와 수익자로 하는 보험으로서 만기에 납입보험료를 환급하지 아니하는 보험(단체순수보장성보험)과 만기에 납입보험료를 초과하지 아니하는 범위안에서 환급하는 보험(단체환급부보장성보험)의 보험료중 **연 70만원 이하의 금액**

[6] 생산직근로자등의 야간근로수당 등 [소령 제17조]

생산직 및 그 관련직에 종사하는 근로자로서 급여수준 및 직종 등을 고려하여 월정액급여 210만원 이하로서 직전 과세기간의 총급여액이 3천만원 이하인 근로자(일용근로자 포함)가 연장근로·야간 또는 휴일근로를 하여 받는 급여 중 **연 240만원** (광산근로자 및 일용근로자는 해당 급여 총액) 이내의 금액

▶ 생산직 및 그 관련직에 종사하는 근로자
① 공장 또는 광산에서 근로를 제공하는 자로서 통계청장이 고시하는 한국표준직업분류에 의한 생산 및 관련 종사자 중 「소득세법 시행규칙」 별표 2에 규정된 직종에 종사하는 근로자
③ 한국표준직업분류에 의한 운전원 및 관련 종사자와 배달 및 수화물 운반 종사자 중 「소득세법 시행규칙」 별표 2에 규정된 직종에 종사하는 근로자

□ 「소득세법 시행규칙」 별표 2 → 법제처 홈페이지

급료 회계처리 사례

급료지급과 근로소득세, 4대보험 징수 및 납부

① 《급여 지급 및 근로소득세, 4대보험료 원천징수》 (주)한성산업은 실제 지급한 급여를 기준으로 4대 보험료를 징수하며, 징수금액에서 고지되어 납부한 금액을 차감한 예수금 잔액은 정산분 고지시 추가 납부하기로 한다.

◎ 전년도 과세대상 급여총액 3억원(대표이사 급여 6천만원 포함)

구 분	공단 월별 부과기준금액		급여 지급액	
	과세소득	비과세소득	과세대상급여	비과세급여
급여(종업원)	20,000,000	4,800,000	25,000,000	4,800,000
급여(대표이사)	5,000,000	200,000	5,000,000	200,000
급여총액	25,000,000	5,000,000	30,000,000	5,000,000

구 분	대표자	회사 부담금	종업원부담금	징수금액	예수금 잔액
근로소득세	포함		1,000,000	1,000,000	
지방소득세	포함		100,000	100,000	
국민연금	포함	1,125,000	1,125,000	1,125,000	0
건강보험료	포함	798,000	798,000	957,600	159,600
고용보험료	제외	180,000	130,000	162,500	32,500
산재보험료	제외	296,000			
합 계		2,399,000	3,153,000	3,345,100	192,100

• 산재보험료 : 2천만원 × [전액 회사부담(섬유업 : 14/1,000) + 임금채권부담금(8/10,000)]

4월 30일 실제 지급한 4월분 급여 3천5백만원[과세대상급여 3천만원(대표이사 급여 5백만원 포함), 비과세 급여 5백만원)]에서 공제액(3,345,100원)을 차감한 잔액 31,654,900원을 보통예금에서 인출하여 임직원에게 지급하다.

급여	35,000,000	/	예수금(근로소득세)	1,000,000
			예수금(지방소득세)	100,000
			예수금(국민연금)	1,125,000
			예수금(건강보험)	957,600
			예수금(고용보험)	162,500
			보통예금	31,654,900

② 《4대보험료 납부》 5월 10일 4대보험료를 보통예금에서 이체하여 납부하다.

예수금(국민연금)	1,125,000	/	보통예금	4,452,000
세금과공과금	1,125,000			
예수금(건강보험료)	798,000			
복리후생비(건강보험료)	798,000			
예수금(고용보험료)	130,000			
복리후생비(고용보험료)	180,000			
복리후생비(산재보험료)	296,000			

③ 《근로소득세 및 지방소득세 납부》 5월 10일 근로소득세 및 지방소득세를 보통예금에서 인출하여 납부하다.

예수금	1,100,000	/	보통예금	1,100,000

▶ 4대보험료 요율 [종업원 및 사업주 부담금 비율] 2024년 기준

구 분		회사분	종업원분	합계	비 고
국민연금		4.50%	4.50%	9.00%	
건강보험요율(합계)		4.004%	4.004%	8.008%	
국민건강보험료		3.545%	3.545%	7.090%	
노인성장기요양보험		0.459%	0.459%	0.918%	2023년 0.908%
고 용 보험료	실업급여	0.90%	0.90%	1.8%	
	고용안정 직업능력 개발사업	0.25%	-	0.25%	150명 미만 사업장
		0.45%	-	0.45%	150명 이상(특정업종)
		0.65%	-	0.65%	150명 ~ 1,000명
		0.85%	-	0.85%	1000명 이상
산재보험료		회사부담	없음		업종별로 다름
임금채권부담금		0.06%	없음		

● 중도 퇴사자 근로소득 연말정산 및 4대보험료 정산

[1] 근로소득 연말정산

① 퇴사자의 경우 **퇴직하는 월의 급여를 지급하는 때까지** 연말정산을 하여야 한다.

연말정산 결과 결정세액이 매 월 간이세액표에 의하여 징수한 금액보다 적은 경우 퇴사한 회사에서 환급을 하여야 하며, 결정세액이 매 월 간이세액표에 의하여 징수한 금액보다 많은 경우 퇴사 전에 근로소득세 및 지방소득세를 추가로 징수하여야 한다.
② 퇴사자에 대한 근로소득지급명세서 및 퇴직소득지급명세서는 그 지급일이 속하는 연도의 다음연도 3월 10일까지 제출하여야 한다.

[2] 퇴사자 건강보험료 정산

직원이 퇴사한 경우 건강보험료는 당해 연도 초일부터 퇴사일까지 지급한 급여를 기준으로 정산한 다음 과다 징수한 금액은 돌려주고, 과소 징수한 금액은 추가 징수하여야 한다. 한편, 건강보험 자격을 상실한 경우 상실한 달(상실한 달 전 날을 기준)까지 보험료를 납부하여야 한다. 즉, 퇴사자의 경우 퇴사 월의 보험료는 직장가입자로 납부하여야 하는 것이다.

[3] 퇴사자 국민연금

국민연금은 전년도 급여를 기준으로 고지되고, 별도의 정산절차없이 확정되므로 퇴사자에 대하여 정산을 하지는 않는다. 단, 국민연금직장가입자 자격을 상실한 경우 상실한 달(상실한 달 전 날을 기준)까지 보험료를 납부하여야 한다. 즉 자격을 상실한 달의 보험료는 자격을 상실할 당시 자격 기준으로 납부하여야 하므로 퇴사자의 경우 퇴사 월의 보험료는 직장가입자로 납부하여야 하는 것이다.

[4] 퇴사자 고용보험료 정산

퇴사 월까지 지급한 보수총액에 대하여 종업원부담금을 정산하여 과다 징수한 금액은 돌려주고 과소 징수한 금액이 있는 경우 추가 징수하여 납부하여야 한다.
퇴사시 건강보험, 고용보험료의 과오납이 있을 수 있으므로 개인별 징수내역을 충분히 검토하여 착오가 없도록 유의하여야 한다.

[5] 퇴사자 산재보험

산재보험료는 전액 회사가 부담하므로 별도의 정산은 하지 않는다.

▶ 퇴사자 근로소득세 및 4대보험료 정산 회계처리

① 《퇴사자 연말정산 결과 환급세액 발생》 4월 10일 직원이 퇴사하여 1월 1일 부터 퇴사 일까지의 급여를 중도 정산한 결과 환급세액이 110,000원(근로소득세 100,000원, 지방소득세 10,000원)이 발생하였다.

| 미수금(서초세무서) | 100,000 | / | 미지급금 | 110,000 |
| 미수금(서초구청) | 10,000 | | | |

- 미수금 : 중도퇴사자 근로소득세 정산환급금은 근로소득세 과다납부금액으로 세무서로부터 돌려받을 금액으로 계속 근로자의 납부할 세액과 상계처리한다.
- 미지급금 : 퇴사자의 근로소득세 과다납부금액으로 세무서에서 돌려받아 퇴사자에게 지급하여야 하는 금액이다. 단, 계속 근로자의 납부할 금액에서 상계처리할 수 있으므로 계속 근로자로부터 징수한 금액으로 지급하거나 징수 전 회사가 미리 지급한다.

② 《건강보험료 과다납부 금액 발생》 퇴사자에 대한 건강보험료 정산결과 건강보험료 과다납부 금액 80,000원을 건강보험공단에 대한 미수금으로 계상하고 직원부담금 40,000원을 퇴사한 직원에 대한 미지급금으로 계상하다.

| 미수금(건강보험공단) | 80,000 | / | 미지급금 | 40,000 |
| | | | 복리후생비 | 40,000 |

- 미수금 : 건강보험료 과다납부 금액
- 미지급금 : 건강보험료 환급금 중 종업원부담금은 종업원에게 돌려주어야 하는 채무로 미지급금으로 처리한다.
- 복리후생비 : 퇴직자 건강보험료 회사부담금은 회계처리시 복리후생비로 처리하였으므로 과오납 금액 중 회사부담금은 당해 연도 복리후생비에서 차감하여야 한다.

③ 《고용보험료 과다납부 금액 발생》 퇴사자에 대한 고용보험료 정산결과 과다 납부한 금액 30,000원을 근로복지공단에 대한 미수금으로 계상하고 직원부담금 12,580원을 퇴사한 직원에 대한 미지급금으로 계상하다.

| 미수금(근로복지공단) | 30,000 | / | 미지급금 | 12,580 |
| | | | 복리후생비 | 17,420 |

④ 《퇴직금 및 근로소득세 환급금 지급》 4월 30일 퇴직금 10,000,000원에서 퇴직소득세 210,000 및 지방소득세 21,000원을 차감한 9,769,000원 및
근로소득세 환급금 100,000원, 지방소득세 환급금 10,000원, 건강보험료 과다납부 금액 40,000원, 고용보험료 과다납부 금액 12,580원을 더한 9,931,580원을 보통예금에서 인출하여 지급하다. 단, 퇴직급여는 전액 퇴직급여충당금과 상계처리하다.

퇴직급여충당금	10,000,000	예수금(퇴직소득세)	210,000
미지급금	162,580	예수금(지방소득세)	21,000
		보통예금	9,931,580

- 퇴직급여충당금 : 퇴직급여충당금이 없거나 부족한 경우 퇴직금으로 처리하여 퇴직연도의 비용으로 한다.

● 계속 근로자 건강보험료 및 고용 및 산재보험료 연말정산

건강보험료, 고용보험, 산재보험료는 전년도 과세대상 급여를 기준으로 공단에서 매 월 고지한 금액을 납부한 다음, 당해 연도 실제 지급한 급여를 기준으로 확정 정산하여 과소납부한 금액은 추가 고지되며, 과다 납부한 금액은 다음연도 4월분 보험료에서 차감된다. 따라서 이 경우 추가 고지되거나 차감된 금액에 대한 회계처리를 하여야 한다. 단, 국민연금은 전년도 급여에 의하여 납부한 금액으로 확정되므로 별도의 정산은 하지 않는다.

▶ 건강보험료 연말정산에 의한 과오납금액 회계처리

① 《건강보험료 연말정산환급금 발생》 건강보험료 연말정산 결과 과오납 금액 1,800,000원이 발생하다.

미수금	1,800,000	미지급금	900,000
		잡이익	900,000

- 미수금 : 건강보험료 환급금 미수금액
- 미지급금 : 건강보험료 환급금 미수금액 중 종업원부담금은 원칙적으로 종업원에게 돌려주어야 하는 채무로 미지급금으로 처리한다.

② 《4월분보험료와 상계》 4월분 보험료 1,200,000원을 건강보험료 환급금액과 상계처리하다.

미지급금	600,000 /	미수금	1,200,000
복리후생비	600,000		

- 미지급금 : 4월분보험료 중 직원부담금을 급여징수시 징수하여야 하나 전년도에 납부한 금액이 과다 납부되어 당해연도 4월분과 상계처리한 금액으로 직원개인별 건강보험료 원천징수부에는 징수하여 납부한 것으로 처리하고, 미지급금과 상계처리한다.
- 복리후생비 : 4월분 보험료 중 회사부담금으로 회사자금으로 납부하여야 하나 전년도에 납부한 금액이 과다 납부되어 건강보험공단으로부터 받을 미수금과 상계한다.

③ 《건강보험료 환급금 입금》 1개월분을 초과하는 금액 600,000원이 건강보험공단으로부터 보통예금통장에 입금되다.
▷ 환급금액 : 과오납 금액(1,800,000원) - 4월분 충당금액(1,200,000원)

보통예금	600,000 /	미수금	600,000

④ 《건강보험료 환급금 중 직원부담분 지급》 건강보험료 환급금 중 직원분 과오납금 300,000원을 보통예금에서 인출하여 해당 직원에게 환급하다.

미지급금	300,000 /	보통예금	300,000

▣ 건강보험료 연말정산에 의한 추가 납부금액 회계처리

① 《연말정산 건강보험료 추가 납부 → 급여일이 다음달 10일 이후인 경우》 건강보험 연말정산 결과 추가 납부하여야 할 건강보험료 1,000,000원이 발생하여 4월분 건강보험료 납부시 4월분 보험료 800,000원과 같이 예금에서 인출하여 납부하다.
○ 4월분보험료 중 종업원부담금 징수금액 400,000원
○ 추가 납부금액 중 종업원부담금 대신 지급금 500,000원

예수금	400,000 /	보통예금	1,800,000
가지급금	500,000		
복리후생비	900,000		

②《종업원 부담분 건강보험료 등 징수》4월분 급여 18,000,000원을 5월 25일 지급하다. 급여지급시 건강보험료 추가 고지분 중 회사가 대납한 금액 500,000원 및 근로소득세, 지방소득세 440,000원, 당월분 건강보험료 종업원부담금 400,000원 국민연금 종업원부담금 800,000원, 고용보험 종업원부담금 70,000원을 차감한 잔액 15,790,000원을 보통예금에서 인출하여 지급하다.

급여	18,000,000	/	예수금(갑근세)	440,000
			가지급금	500,000
			예수금(건강보험)	400,000
			예수금(국민연금)	800,000
			예수금(고용보험)	70,000
			보통예금	15,790,000

▶ 고용보험료 정산에 의한 과오납금액 회계처리

①《고용보험료 과다납부 금액 발생》전년도 고용보험료 납부금액을 정산한결과 과다납부한 금액 155,000원을 근로복지공단에 대한 미수금으로 계상하고 직원부담금 65,000원을 퇴사한 직원에 대한 미지급금으로 계상하다.

미수금(근로복지공단)	155,000	/	미지급금	65,000
			복리후생비	90,000

- 미지급금 : 고용보험료 과다납부금액 직원에 대한 미지급금으로 처리한다.
- 복리후생비 : 과다납부한 금액 중 회사부담금은 당해 연도 복리후생비에서 차감한다.

②《전년도 고용보험료 과다납부 금액을 당해 연도 고용보험료와 상계》당해연도 4월분 보험료 1,550,000원(사업주부담금 900,000원, 근로자부담금 650,000원)에서 전년도 과다납부금액 155,000원을 차감한 1,395,000원을 5월 10일 납부하다.

복리후생비	900,000	/	미수금(근로복지공단)	155,000
예수금	585,000		보통예금	1,395,000
미지급금	65,000			

- 예수금 : 근로자로부터 징수한 금액 585,000원(근로자부담금 - 전년도 과다납부금액)

▶ 산재보험료 정산에 의한 과오납금액 회계처리

① 《산재보험료 과다납부 금액 발생》 전년도 산재보험료 납부금액을 정산한결과 과다납부한 금액 300,000원을 근로복지공단에 대한 미수금으로 계상하다.

| 미수금(근로복지공단) | 300,000 | / | 복리후생비 | 300,000 |

② 《전년도 산재보험료 과다납부 금액을 당해 연도 산재보험료와 상계》 당해 연도 4월분 보험료 1백만원에서 전년도 과다납부금액 300,000원을 차감한 700,000원을 5월 10일 납부하다.

| 복리후생비 | 1,000,000 | / | 미수금(근로복지공단) | 300,000 |
| | | | 보통예금 | 700,000 |

▣ 퇴직금(퇴직급여)

1년 이상 근무한 직원의 퇴직시 근로자퇴직급여보장법 또는 회사의 퇴직금지급규정에 의하여 지급하는 퇴직금으로 퇴직금 지급시에 퇴직금에 대한 퇴직소득세를 계산하여 퇴직금 지급 월의 다음달 10일까지 퇴직소득세를 납부하여야 한다.

퇴직금은 종업원의 퇴직시 지급하는 것으로 근로자퇴직급여보장법의 규정에 의하면 계속 근무연수 1년에 대하여 30일분 이상의 평균임금을 지급하도록 규정하고 있다. 그러나 직원의 퇴직시 퇴직금을 지급하고, 지급한 당해 연도에 전액 비용으로 처리할 경우 퇴직금을 지급한 회계연도 비용이 일시에 과다하게 발생하여 퇴직한 연도에는 비용이 많이 계상되어, 불합리한 손익계산이 될 것이다. 따라서 기업회계 기준은 당기의 수익에 대응하는 비용으로서 장래에 지출할 것이 확실하고 당기의 수익에서 차감하는 것이 합리적인 것에 대하여는 그 금액을 추산하여 부채성충당금(퇴직급여충당금)으로 계산하도록 규정하고 있다.

♣ 퇴직급여충당부채 참조

🅠 잡급

잡급이란 근로기간이 3개월(건설업 : 1년)미만인 일용근로자에 대한 일당을 말한다. 일용근로자란 근로를 제공한 날 또는 시간의 근로성과에 따라 급여를 계산하여 지급받는 자로 다음에 해당되지 아니하는 자를 말한다.

○ 건설공사 종사자와 하역(항만)작업 종사자를 제외한 근로자로써 근로 계약에 따라 일정한 고용주에게 3월 이상 계속하여 고용된 자
○ 하역(항만)작업 종사자 : 통상 근로를 제공한 날에 급여를 지급받지 아니하고 정기적으로 근로대가를 받는 자
○ 건설공사 종사자 : 동일한 고용주에게 계속하여 1년 이상 고용된 자
  건설공사에 종사하는 자가 1년 이상 계속하여 동일한 고용주에게 고용된 경우에는 1년이 되는 날이 속하는 월부터 일반급여자로 보아 원천징수한다.

▶ 급여, 임금, 잡급 구분
○ 급여 : 판매 및 일반관리업무에 주로 종사하는 직원에 대한 임금
○ 임금 : 제조업의 생산현장에 종사하는 직원에 대한 임금
○ 잡급 : 일용직근로자에 대한 노무비(일당)

● 일용근로자 세무실무

[1] 개요
일용근로자란 근로를 제공한 날 또는 시간에 따라 급여를 계산하거나 근로를 제공한 날 또는 시간의 근로성과에 따라 급여를 계산하여 지급받는 자로 다음에 해당되지 아니하는 자를 말한다.
1. 건설공사 종사자, 하역(항만)작업 종사자가 아닌 자 : 근로자로써 근로계약에 따라 일정한 고용주에게 3월 이상 계속하여 고용되는 자
2. 하역(항만)작업 종사자 : 통상 근로를 제공한 날에 급여를 지급받지 아니하고 정기적으로 근로대가를 받는 자
3. 건설공사 종사자 : 동일한 고용주에게 계속하여 1년 이상 고용된 자

[2] 일용근로자 근로소득세 및 지방소득세 원천징수

다음의 산식에 의하여 계상한 근로소득세를 원천징수하여 지급일의 다음달 10일까지 관할 세무서에 신고 및 납부하며, 근로소득세 연말정산은 하지 아니한다.

① 일급여액 - 비과세급여 = 과세대상급여
② 과세대상급여 - 근로소득공제(150,000원) = 근로소득과세표준
③ 근로소득과세표준 × 원천징수세율(6%) = 근로소득산출세액
④ 근로소득산출세액 - 근로소득세액공제(산출세액의 55%) = 원천징수세액

사례 일용근로자 근로소득세 계산 사례

◎ 하루 일당 200,000원인 일용근로자가 10일을 근로한 경우 원천징수할 금액
① 과세표준(500,000원) = [일당(200,000원) - 근로소득공제(150,000원)] × 10일
② 산출세액(30,000원) = 과세대상급여 (500,000원) × 세율(0.06)
③ 납부할 세액(13,500원) = 산출세액(30,000원) - 세액공제(16,500원)

[2] 일용근로자와 일반근로자의 세무신고 비교

구 분	일용근로자	일반근로자
대 상 자	근로일수나 시간에 따라 일당계산	월급으로 지급
원 천 징 수	일당에서 근로소득공제 후 세율적용	간이세액표 적용
연 말 정 산	하지 않음	연말정산(종합과세)
지급명세서	분기 마지막달의 다음달 말일까지 제출	다음해 3월 10일

보충 생산직 일용근로자의 연장, 야간근로수당은 비과세되는 것임

생산직 일용근로자의 경우 월정액급여에 관계없이 연장시간근로, 야간근로로 인하여 통상임금에 가산하여 받는 급여(한도 없음)는 비과세 된다.단, 건설업을 영위하는 업체의 건설현장에서 근로를 제공하는 일용근로자는 "공장 또는 광산에서 근로를 제공하는 자"에 해당하지 아니하므로 연장. 야간 또는 휴일근로로 인하여 받는 급여는 과세대상 근로소득에 해당한다.

사례 일용근로자로서 3개월 이상 근무시 원천징수방법 예시

1. 20×6년 1월 일용근로자로 고용 : 1월 ~ 3월 일용근로자로 원천징수
2. 20×6년 4월부터 : 상용근로자로 간이세액표에 의거 원천징수
3. 20×7년 2월 연말정산 : 20×6년 1월 ~ 12월의 급여액을 합산하여 연말정산
※ 일용근로동안의 원천징수세액은 기납부액에 포함하여 차감함

[3] 일용근로자에 대한 임금 지급과 증빙서류
일용노무비지급명세서(또는 일용근로자 임금지급대장)에 일당을 지급받아가는 자의 서명을 받아두고, 일용근로자의 신원을 확인할 수 있는 주민등록등본이나 주민등록증 앞·뒤 사본을 첨부하여 둔다. 그리고 지급사실을 확인할 수 있는 서류 (무통장입금표 등 금융기관을 통한 지급증빙서류)를 비치하여 둔다.

[4] 일용근로자 지급명세서 제출 관련 가산세
일용근로자의 근로소득에 대한 지급명세서의 경우에는 제출하지 아니한 분의 지급금액의 1만분의 25(제출기한이 지난 후 1개월 이내에 제출하는 경우에는 지급금액의 10만분의 125)로 한다.

◆ 근로내역확인신고서 제출시 일용근로자 지급명세서 제출의무 면제
고용노동부에 '근로내용확인신고서'를 제출하는 경우 국세청에 일용근로소득지급명세서를 별도 제출하지 않아도 된다.

◆ 일용근로자의 '근로내용확인신고서' 제출
일용직근로자의 경우 고용보험 및 산재보험 신고시 근로내역확인서를 작성하여 채용일의 다음달 15일까지 고용노동부에 제출하여야 하며, 제출하지 않는 경우 고용노동부로부터 300백만원 이하의 과태료가 부과될 수 있다.

◆ 배우자가 일용근로자인 경우 기본공제대상자에 해당함
공제대상 부양가족이 일용근로자인 경우 소득액에 관계없이 기본공제대상자에 해당한다.

● 일용근로자 노무 및 4대보험 실무

[1] 1년 이상 근속한 일용근로자에 대한 퇴직금 지급
① 일용근로자의 경우에도 근로기간이 1년 이상인 경우 퇴직금을 지급하여야 한다.
② 퇴직금 산정의 기준이 되는 일용직근로자의 평균임금은 통상근로자와 동일하게 퇴사일로부터 역산하여 3개월 동안의 임금을 기준으로 계산한다. 다만, 근로일수가 통상의 근로와 달리 현저히 적을 때에는 통상근로계수(0.73)를 적용하여 평균임금을 산정할 수 있다. (1일 임금 × 통상근로계수)

[2] 일용근로자의 주휴일 및 주휴수당

근로기준법상 1주간의 소정근로일수를 개근한 근로자에게는 1일의 유급휴가를 주어야 하는데 1일단위로 근로계약을 체결하는 일용근로자의 경우 1주간의 소정근로일수를 산정할 수 없으므로 유급 주휴일을 부여하지 않는다. 다만, 일용근로자가 계속적으로 근로를 제공하는 경우에는 실제 근로일수를 기준으로 1주일에 소정근로일수를 개근한 경우 주휴일을 부여하여야 한다.

[3] 일용근로자의 연장·야간·휴일근로 가산수당

일용근로자도 연장 및 야간근로에 대하여 가산수당을 지급하여야 하며, 휴일근로의 경우 주휴수당을 포함하여 임금을 지급하기로 사전에 약정하지 아니한 계속근로자는 휴일근로에 대하여 가산수당을 지급하여야 한다.

[4] 일용근로자 4대보험

세법상 일용근로자에 해당한다 하더라도 4대보험 각 법령에 의하여 가입을 하여야 하는 경우에는 4대보험에 가입하여야 한다.

◆ 국민연금 가입대상 근로자에서 제외되는 자
건설공사 사업장 등에서 근로를 제공하는 경우: 1개월 동안의 근로일수가 8일 이상이거나 1개월 동안 소득)이 보건복지부장관이 정하여 고시하는 금액(220만원) 이상인 사람

◆ 건강보험 가입대상 근로자에서 제외되는 자
1월 미만의 기한부로 사용되는 근로자

◆ 고용보험 및 산재보험
고용보험 및 산재보험은 근무일수와 시간에 관계없이 모든 일용근로자에 대하여 가입을 하여야 한다.

■ 고용보험 가입대상이 아닌 자 [고용보험법 시행령 제3조]
① 사업주 본인
② 65세 이상인 자 단, 고용안정·직업능력개발 사업에 관하여는 고용보험에 가입하여야 다. (실업급여만 가입대상 아님)
③ 소정근로시간이 60시간 미만인 자

🅠 복리후생비

종업원의 복리후생을 위하여 지출하는 비용으로 그 수혜자가 종업원이어야 한다. 따라서 특정 종업원을 위하여 지출하는 비용이 아닌 것으로 직원식대, 직원의 식사 제공을 위하여 직원으로부터 식사대를 받지 않고 운영하는 구내식당 양곡 및 식품 자재 구입비, 차류 및 음료수 구입비, 생수 구입비, 종업원 경조사비, 피복비, 회식비, 야유회경비, 산재보험료, 의료보험료, 고용보험료 중 회사가 부담하는 금액 등을 복리후생비라 한다. 단, 직원이 부담하여야 할 근로소득세, 국민연금, 의료보험료, 고용보험료 등을 회사가 부담하는 경우 급여에 포함하여 처리하여야 한다.

▣ 종업원 복리후생적 지출 중 과세대상 급여로 처리하여야 하는 것

1. 업무상 재해가 아닌 종업원에 대한 치료비 지원금
회사의 경비(복리후생비)로 처리하되, 그 금액은 해당 직원의 근로소득에 합산하여 근로소득세를 원천징수하여야 한다.

2. 종업원에 대한 선물
명절에 종업원에게 지급하는 선물은 원칙적으로 과세대상 급여로 처리하여야 한다.

3. 종업원 시상금
1. 업무와 관련한 시상금은 근로자에 대한 급여로 처분하여야 한다.
2. 업무와 관련이 없는 시상금 등은 기타소득에 해당하므로 그 지급액의 20%를 기타소득세로 원천징수하여야 한다.

☐ **종업원 시상금 중 비과세되는 것**
종업원의 직무와 관련된 우수발명 중 다음 각호에 해당하는 사유로 사용자로부터 받는 보상금은 기타소득세가 과세되지 아니한다.
1. 품질경영촉진법에 의하여 품질명장으로 선정된 자(분임 포함)가 받는 상금과 부상
2. 직장새마을운동·산업재해예방운동등 정부시책의 추진실적에 따라 중앙행정기관장 이상의 표창을 받은 종업원이나 관계 중앙행정기관의 장이 인정하는 국내외 기능경기대회에 입상한 종업원이 그 표창 또는 입상과 관련하여 사용자로부터 받는 상금 중 1인당 15만원 이내의 금액

▶ 복리후생비 회계처리 사례

① 《차 및 음료구입》 사무실에서 사용할 차 및 음료를 구입하고 30,000원을 현금으로 지급하고 현금영수증을 수취하다.

복리후생비	30,000	/	현금	30,000

② 《직원회식비 카드결제》 6. 2 사무실직원 회식시 성원갈비에서 회식을 하고 회식비 330,000원을 법인신용카드로 결제하다. 한편, 수취한 신용카드매출전표에는 공급가액과 세액이 구분 기재되어 있다.

복리후생비	300,000	/	미지급금	330,000
부가세대급금	30,000			

■ 복리후생비 지출증빙서류

복리후생비 지출금액이 3만원을 초과하는 경우 세금계산서, 신용카드매출전표(신용카드결제시), 현금영수증, 계산서 등 정규영수증을 수취하여야 한다. 단, 3만원 이하인 지출로 정규영수증을 수취할 수 없는 경우 간이영수증을 수취하여 보관할 수 있다.

▶ 식대 지급과 관련한 지출증빙서류

자체 구내식당이 없는 기업이 특정 식당을 지정하여 직원들에게 점심식사 등을 제공하고 그 대금을 결제하는 경우 3만원 초과시 식당으로부터 세금계산서 또는 현금영수증을 발급받거나 신용카드를 사용하여 결제하여야 세법상 적법한 지출증빙서류로 인정을 받을 수 있다. 그러나 거래식당이 일반사업자나 신용카드가맹점이 아닌 경우 적법한 증빙서류를 수취하는 것은 현실적으로 불가능하다.

따라서 이런 경우(간이과세자로서 신용카드가맹점이 아니거나 사업자등록을 하지 않은 일반 개인 등) 적법한 증빙서류는 아니더라도 지출에 대한 증빙서류로 간이영수증을 거래에 대한 증빙으로 전표 등에 첨부하고 대금은 금융기관을 통하여 결제하여 증빙서류만이라도 반드시 갖추어 두어야 증빙불비가산세는 적용되더라도 비용은 인정받을 수 있다. 한편, 읍·면지역의 경우 거래 식당이 간이과세자로서 신용카드가맹점이 아닌 사업자로부터 수취한 간이영수증은 적법한 증빙서류로 인정된다.

▶ 금전으로 지급하는 식대 보조금

직원에게 식사를 제공하는 대신 매 월 식대를 지급하는 경우 월 10만원(2023년 이후 20만원) 이내의 금액은 별도의 증빙 없이 복리후생비로 처리할 수 있다.

▶ 식대 보조금을 지급하지 아니하고, 구내식당을 운영하는 경우

구내식당의 운영과 관련하여 지출하는 비용은 복리후생비로 처리한다. 한편, 구내식당의 운영과 관련하여 식당 종사자에게 지급하는 인건비는 급료로 처리하여야 하며, 각종 주.부식비, 식자재 등의 구입비는 건 당 그 지출금액이 3만원을 초과하는 경우 정규영수증을 수취하여야 한다.

▶ 종업원 선물대금 세무처리 및 지출증빙

창립기념일, 야유회, 명절에 직원들에게 선물을 지급하는 경우 과세대상 급여로 처리를 하여야 한다. 구입하는 선물은 정규영수증 수취대상으로 거래 건당 3만원을 초과하는 경우 세금계산서를 수취하거나 신용카드로 결제하여야 한다.

한편, 종업원 선물증정과 관련하여 수취한 세금계산서의 매입세액을 공제받는 경우 직원들에게 선물지급시 부가가치세법상 간주공급에 해당되어 부가가치세를 납부하여야 한다. 단, 당초 그 매입세액을 공제받지 않는 경우에는 간주공급에 해당되지 않으므로 실무에서는 통상 그 매입세액을 불공제처리한다.

[개정 세법] 2019년 이후 1인당 연간 10만원 이내의 경조사와 관련된 재화의 경우 매입세액을 공제받더라도 개인적 공급으로 보지 아니함

▶ 경조사비 계정과목과 지출증빙

임직원에 대하여 지급하는 경조사비는 적격증빙수취대상이 아니므로 별도의 증빙서류를 수취할 필요는 없으나 이를 입증할 수 있는 근거자료(청첩장 등) 등을 출금전표에 첨부하여 둔다.

경조사비 지급에 관하여는 회사내 지급규정 등을 비치하여 두는 것이 바람직하며, 사회 통념상 인정할 수 없는 정도의 과다한 경조사비(지급기준에 의하지 아니하고, 특정 직원에게 차별적으로 지급하는 금액)는 해당 직원에 대한 급여로 처분하여 근로소득세 등을 원천징수하여야 한다.

여비교통비

국내 여비교통비

여비교통비란 임직원의 직무수행과 관련하여 출장을 가는 경우 발생하는 제비용을 말한다. 여비교통비의 내용은 업무출장과 관련하여 지출되는 제경비로 교통비, 식대, 일비, 주차비 등의 지출이다.

여비교통비 지출증빙서류

여비교통비는 그 지출성격상 증빙을 수취할 수 없는 경우가 많다. 따라서 회사에 여비교통비 지출에 대한 지급규정을 작성하여 운영하는 것이 바람직하며, 지급규정이 있다하더라도 그 지출에 대하여 정규영수증을 수취하여야 한다. 단, 정규영수증을 수취할 수 없는 경우 출장신청서, 출장계획서 등에 의하여 지출을 증명하여야 하며, 이 경우에도 증빙불비가산세는 면제되지 아니한다.

출장여비지급에 관한 내부규정을 정하고 식대, 교통비 등을 일비로 지급하는 경우에도 거래 건당 3만원을 초과하는 지출의 경우로서 정규영수증 수취대상거래인 경우에는 정규영수증을 수취하여야 한다. 단, 불가피하게 증빙을 수취할 수 없는 경우 등으로서 실비변상정도의 지급액은 사규에 의하여 그 지급기준이 정하여져 있고, 사회통념상 타당하다고 인정되는 범위 내에서는 손금에 산입할 수 있다.
직무와 관련한 국내 출장여비 중 시내교통비 등 지출에 대한 증빙서류를 수취하기가 어려운 경우 시외출장은 국내출장신청서 또는 여비정산서에 의하여 정산하고 시내출장은 시내출장비 지출명세서 또는 지출결의서를 증빙서류로 사용한다.

▶ **여비교통비 증빙 방법**
1. 출장지 숙박요금, 음식점 등에 대하여 거래 건별로 그 금액이 3만원을 초과하는 경우 신용카드를 사용하여 결제하거나 세금계산서를 수취하여야 한다.
2. 출장여비를 내부지급기준에 의하여 일정 금액을 실비로 지급하는 경우라 하더라도 원칙적으로 지출증빙을 수취하여야 한다. 단, 현실적으로 증빙을 수취하기

어려운 경우(시내버스요금, 택시요금 등)에는 회사 내부 품의서 또는 출장여비신청서 등을 지출증빙으로 사용할 수 있는 것이나 사회통념상 적정한 것으로 인정되는 범위내의 금액인 경우에 한하여 손금산입할 수 있다.

3. 법인이 업무와 관련하여 출장하는 사용인에게 지급한 교통비, 숙박비, 식대등이 당해 법인의 여비지급규정 및 객관적인 거래증빙에 의하여 법인에게 귀속시키는 것이 정당함이 입증된 경우에 손금에 산입한다.

4. 철도비지니스카드는 구입시 주로 할인혜택을 받기 위한 카드로 일정기간(6개월 또는 1년)동안만 할인혜택을 받을 수 있는 제도이며, 계약기간 종료시 당초 구입비를 돌려받을 수 없는 비용으로 여비교통비로 처리한다.

5. 출장여비 청구 및 정산서에 지출 영수증 등을 첨부하여야 하며, 택시요금 등 영수증 수취가 불가능한 경우에는 그 지출내역을 기록한다.

6. 시외출장과 관련하여 출장자가 자가운전신청서를 작성하여 제출하고 한 달 단위 또는 일 단위로 3만원을 초과하여 지출하였다하더라도 거래 건별로 3만원을 초과하지 않는 경우 정규영수증을 수취하지 않아도 지출증빙가산세가 적용되지 아니한다.

▶ **시내출장비 지출증빙**

임직원의 시내 및 당일 인근지역 출장에 따른 교통비로서 시내출장비의 경우 시내버스요금, 택시요금, 직원소유 차량 업무용 운행경비 (고속도로 통행료, 유류대, 주차비 등) 등으로 영수증 수취가 현실적으로 어려운 경우 그 지급규정을 만들고 시내여비교통비지출일지 등을 작성한다. (목적지와 업무내용 등 기재)

회사 실정에 따라 시내출장이 많은 직원의 경우 직원 소유차량을 직접 운전하여 업무수행에 이용할 시 시내출장비를 별도로 지급하는 대신 월정액을 시내출장비로 지급할 수 있다. 이 경우 월 20만원 이하의 출장여비는 증빙서류가 없어도 세법상 정당한 지출로 인정되며, 시내출장비를 월정액으로 지급받은 직원의 근로소득에도 합산하지 아니한다. (비과세소득)

▣ **시내교통비 지출증빙서류**

1. 시내버스요금, 택시요금 : 지출증빙 수취의무 없음
2. 통행료 영수증 : 통행료영수증, 정액권영수증, 정액카드 등

▶ 시외출장비 지출증빙

출장비 지급규정 등을 두어 출장비를 지급하여야 하며, 그 지출에 대한 증빙서류 수취가 가능한 지출은 증빙서류를 수취하여 출장여비 정산서 등에 첨부하여 두어야 한다. 법인이 업무와 관련하여 출장하는 사용인에게 지급한 교통비, 숙박비, 식대 등이 당해 법인의 여비지급규정 및 객관적인 거래증빙에 의하여 법인에게 귀속시키는 것이 정당함이 입증된 경우에는 소득금액계산상 손금에 산입하는 것이나, 이 경우 당해 사용인이 지출한 경비 중 사업자로부터 거래 건당 3만원을 초과하는 지출금액에 대하여 정규영수증을 수취하지 아니한 경우에는 정규영수증 미수취에 대한 증빙불비가산세가 적용된다. 단, 사규에 의하여 정액으로 지급되는 실비 정도의 일일교통비는 정규영수증 수취 대상이 아니다.

◆ 시외출장비 지출증빙서류
○ 항공료 : 항공권
○ 호텔비 : 호텔비 지급영수증
○ 식사비 : 음식점이 발행한 영수증

□ 항공료 및 고속철도요금 신용카드결제시 매입세액공제 여부
1. 여객운송사업자가 교부하는 항공권은 부가가치세법시행령 제79조의 2의 규정에 의하여 영수증 교부의무자의 범위에 해당하는 것이므로 부가가치세법 제16조의 세금계산서 발급대상에서 제외되는 것이며, 부가가치세법 제32조의 2에서 규정하는 신용카드사용 매입세액공제 대상에 제외되는 것임.
2. 부가가치세 과세사업자가 자기의 과세사업과 관련하여 출장시 고속철도건설촉진법에 규정된 고속철도에 의한 여객운송용역을 공급하는 자로부터 용역을 공급받는 경우 공급자는 영수증만을 교부하는 것으로서 당해 영수증을 교부받은 사업자는 당해 영수증에 의하여는 거래징수당한 부가가치세를 공제(환급)할 수 없는 것임

▶ 여비교통비 회계처리 사례

① 《출장비 지급》 직원 김문식의 출장과 관련하여 시외 출장비 500,000원을 6. 2 국민은행 보통예금에서 인출하여 즉시 지급하다.

| 가지급금 | 500,000 | / | 보통예금 | 500,000 |

② 《출장비 정산》 6. 30 직원 김문식이 출장을 마치고 출장여비를 정산한바 실제 사용한 출장비는 420,000원으로 잔액 80,000원은 현금으로 회수하다.

| 여비교통비 | 420,000 / 가지급금 | 500,000 |
| 현금 | 80,000 | |

● 해외 여비교통비

해외출장비란 법인이 업무와 관련하여 임직원이 해외에 출장을 가는 경우 그 소요되는 경비를 말한다. 해외출장비는 업무상 해외출장으로 객관적인 거래증빙 등이 있는 경우 손금에 산입할 수 있다. 해외출장비 정산시 해외는 국내와는 달리 적격증빙 수취의무가 적용되지 아니하나 해외출장과 관련한 증빙이 없다거나 있다 하더라도 외국영수증이므로 이런경우 해외출장비정산서를 통하여 출장비를 정산하여야 한다.

업무와 관련한 해외출장시 대개의 경우 출장업무를 종료할 때까지 그 금액이 확정되지 않으므로 대략의 금액을 산정하여 해외출장여비를 지급한다.
이 경우 해외출장여비 지급시 출장자에 대한 가지급금으로 일단 출금 처리하고 해외출장을 마친 후 출장경비 정산시 이미 지급한 가지급금(해외출장여비로 대략 지급한 금액)과 대체처리하고 해외출장과 관련하여 확정된 해외출장여비를 여비교통비로 처리한다.

▶ 해외출장사용경비정산서
1. 회사의 업무상 해외출장여비에 한하여 비용으로 계상하여야 하며, 해외출장사용경비정산서에 해외출장여비명세서를 기록하여야 한다.
2. 해외출장비는 사용금액이 많고 외국화폐의 원화환산, 각종 지출영수증에 대한 계산의 어려움 등으로 가능한 출장자가 해외출장사용경비정산서를 직접 작성하도록 하며, 해외출장사용경비정산서에 지출에 관한 영수증을 첨부한다.

□ 법인세법 기본통칙 19-19…22 [해외여비의 손금산입기준]
임원 또는 사용인의 해외여행에 관련하여 지급하는 여비는 그 해외여행이 당해 법인의 업무수행상 통상 필요하다고 인정되는 부분의 금액에 한한다. 따라서 법인의 업무수행상 필요하다고 인정되지 아니하는 해외여행의 여비와 법인의 업무수행상 필요하다고 인정되는 금액을 초과하는 부분의 금액은 원칙적으로 당해 임원 또는 사용인에 대한 급여로 한다. 다만, 그 해외여행이 여행기간의 거의 전기간을 통하여 분명히 법인의 업무수행상 필요하다고 인정되는 것인 경우에는 그 해외여행을 위해 지급하는 여비는 사회통념상 합리적인 기준에 의하여 계산하고 있는 등, 부당하게 다액이 아니라고 인정되는 한 전액을 당해 법인의 손금으로 한다. (2001.11.1. 번호개정)

□ 법인세법 기본통칙 19-19…23 [업무수행상 필요한 해외여행의 판정]
① 임원 또는 사용인의 해외여행이 법인의 업무수행상 필요한 것인가는 그 여행의 목적, 여행지, 여행기간 등을 참작하여 판정한다. 다만, 다음 각호의 1에 해당하는 여행은 원칙적으로 법인의 업무수행상 필요한 해외여행으로 보지 아니한다. (2001.11.1. 개정)부칙
1. 관광여행의 허가를 얻어 행하는 여행
2. 여행알선업자 등이 행하는 단체여행에 응모하여 행하는 여행
3. 동업자단체, 기타 이에 준하는 단체가 주최하여 행하는 단체여행으로서 주로 관광목적이라고 인정되는 것
② 제1항 단서에 해당하는 경우에도 그 해외여행기간중에 있어서의 여행지, 수행한 일의 내용 등으로 보아 법인의 업무와 직접 관련이 있는 것이 있다고 인정될 때에는 법인이 지급하는 그 해외여행에 소요되는 여비 가운데 법인의 업무에 직접 관련이 있는 부분에 직접 소요된 비용(왕복교통비는 제외한다)은 여비로서 손금에 산입한다.

□ 법인세법기본통칙 19-19…24 [해외여행동반자의 여비처리]
임원이 법인의 업무수행상 필요하다고 인정되는 해외여행에 그 친족 또는 그 업무에 상시 종사하고 있지 아니하는 자를 동반한 경우에 있어서 그 동반자와 관련된 여비를 법인이 부담하는 때의 그 여비는 그 임원에 대한 급여로 한다. 다만, 그 동반이 다음 각호의 1의 경우와 같이 분명히 그 해외여행의 목적을 달성하기 위하여 필요한 동반이라고 인정되는 때에는 그러하지 아니하다. (2001.11.1. 번호개정)부칙
1. 그 임원이 상시 보좌를 필요로 하는 신체장애자이므로 동반하는 경우
2. 국제회의 참석 등에 배우자를 필수적으로 동반하도록 하는 경우
3. 그 여행의 목적을 수행하기 위하여 외국어에 능숙한 자 또는 고도의 전문적 지식을 지니는 자를 필요로 하는 경우에 그러한 적임자가 법인의 임원이나 사용인 가운데 없기 때문에 임시로 위촉한 자를 동반하는 경우

◼ 해외 여비교통비 지출증빙서류

국외에서 제공받는 재화와 용역에 대하여는 세금계산서 등 적격지출증빙 수취대상에 해당하지 아니하므로 거래 건 당 3만원을 초과하는 경비지출의 경우에도 정규영수증 수취대상거래는 아니나 해외출장지에서 교부받은 해당 국가의 영수증은 반드시 지출증빙으로 보관하여야 한다.

해외출장비는 그 경비를 원화로 지급하든 외화로 지급하든 관계없이 실제 해외에서 출장과 관련한 비용을 사용한 경우 그 증빙서류(출장국의 현지에서 발행한 영수증)에 의하여 정산하는 경우 해외출장비로 처리할 수 있는 것이나 해외출장과 관련하여 일정 금액을 포괄적으로 지급하는 경우 영수증에 의하여 해외출장비로 사용한 것이 확인되는 금액은 법인의 손금에 해당하나 그 지급근거를 전혀 찾을 수 없는 경우에는 그 귀속자를 밝혀 소득처분(손금불산입 상여처분)하여야 한다. 한편, 국외에서 접대를 하는 경우 건당 3만원 초과 기업업무추진비에 대하여는 국내와 같이 신용카드를 사용하여 신용카드매출전표를 수취하여야 하는 것이며, 신용카드로 결제하지 않은 경우 손금불산입된다. 다만, 현금외의 다른 결제수단이 없는 아프리카 지역등의 경우에는 예외로 한다.

◆ **여행사를 이용한 해외출장시 증빙서류** (부가46015-1296, 2000.06.02)
관광진흥법에 의한 일반여행업을 영위하는 사업자가 여행객에게 여행용역을 제공하고 그 대가를 받는 경우에 부가가치세 과세표준은 여행객으로부터 받는 대금·요금·수수료 기타 명목여하에 불구하고 대가관계에 있는 모든 금전적 가치있는 것을 포함하는 것이나, 여행알선수수료와 여행객이 부담하여야 하는 숙박비, 교통비, 식사비, 입장료 등을 구분 계약하여 그 대가를 받는 경우에는 당해 숙박비, 교통비, 식사비, 입장료 등은 부가가치세 과세표준에 포함하지 아니하는 것이며, 당해 숙박비 등에 대하여는 부가가치세법 제16조 제1항의 규정에 의한 세금계산서를 여행객에게 발급할 수 없는 것이다.
통상적으로 여행사의 알선용역과 숙박비 등을 구분하여 그 대가를 지급하게 되므로 여행사에게 지급되는 여행사의 알선수수료에 대해서는 세금계산서를 수취하는 등 정규증빙을 발급받아야 하며, 해외에서 실제로 용역을 제공받게 되는 숙박비, 교통비 등과 해외항공용역(항공권)에 대해서는 증빙수취특례가 적용되어 관련 영수증 등으로 증빙이 가능하며 가산세 적용이 배제된다.

◆ 여행사가 여행경비를 대신 지급하는 경우 지출증빙 (법인46012-268, 2000.11.16)

법인이 여행사에게 여행알선용역의 대가를 지급함에 있어서 당해 용역의 대가에 해당하는 수수료 외에 교통비, 숙박비, 입장료 등 여행경비를 함께 지급한 후 동 여행 경비를 여행사로 하여금 대신 지급하도록 한 경우 그 위탁 지급한 여행 경비에 대하여도 법인세법 시행령 제158조 제2항 각호에 규정한 경우(국외에서 재화 또는 용역을 공급받은 경우 및 항공기의 항행용역을 제공받은 경우 등에는 지출증빙서류의 수취특례가 적용)를 제외하고는 당해 법인이 실제 용역을 제공한 자로부터 같은법 제116조 제2항 각호의 지출증빙서류를 수취하여야 하는 것으로 이를 수취하지 아니한 경우에는 법인세법 제76조 제5항의 규정에 의한 가산세(증빙불비가산세)를 납부하여야 하는 것이나, 이 경우에도 입장권 등 다른 객관적인 자료에 의하여 당해 법인의 사업과 관련하여 지출된 사실이 확인되는 경우에는 이를 각 사업연도의 소득금액 계산시 손금에 산입하는 것임.

해외 여비교통비 회계처리 사례

■ 일반적인 경우

① 《해외출장여비 지급》 직원의 해외출장과 관련하여 출장여비 2,000,000원을 보통예금에서 인출하여 지급하다.

| 가지급금 | 2,000,000 | / | 보통예금 | 2,000,000 |

② 《해외출장여비 정산》 해외 출장 후 출장여비 2,000,000원을 전액 사용하였고, 법인신용카드로 해외에서 800,000원을 사용한 바 지출영수증 및 신용카드전표를 수취하여 여비교통비로 처리하다.

| 여비교통비 | 2,800,000 | / | 가지급금 | 2,000,000 |
| | | | 미지급금 | 800,000 |

■ 해외출장비 지급시 외화로 환전하여 지급하고 잔여 외화 반환시

① 《해외출장여비 지급》 직원 해외출장과 관련하여 출장여비를 미화 $1,000로 환전하여 지급하다. 환전시 환율은 $당 1,100원이며, 보통예금에서 인출하여 결제하다.

| 가지급금 | 1,100,000 | / | 보통예금 | 1,100,000 |

▶ 해외출장비를 외화로 환산하여 지급한 경우 환전 당시 금액을 가지급금으로 처리한다.

② 《해외출장비 미사용금액 외화회수》 해외 출장 후 출장여비 $900을 사용하고, $100은 반환받아 보관하다.

| 여비교통비 | 990,000 | / | 가지급금 | 1,100,000 |
| 현금 | 110,000 | | | |

* 해외여비를 외화로 지급하였으나 출장 후 미사용한 외화를 일부 반납한 경우 환전당시 원화환산금액을 해외출장비에서 차감 정산하여 입금처리한다.

③ 《외화환전》 $100을 외국환은행에서 원화로 환전하다. (매입율 1,000원/$)

| 현금 | 100,000 | / | 현금 | 110,000 |
| 외환차손 | 10,000 | | | |

▶ 임직원 해외출장시 출장여비를 외화로 환전하지 아니하고 현금으로 지급하였으나 출장 종료 후 출장여비 미사용금액을 외화로 반납한 경우 반납한 당시의 기준환율(재정환율)을 적용하여 입금처리한 다음 반납한 외화를 금융기관에서 원화로 환산할 시 반납시점과 환산시점의 환율차이에 대한 금액은 외화차손익으로 처리한다.

기업업무추진비(접대비)

기업업무추진비(2024년 이후 접대비 명칭 변경)라 함은 사업상 필요에 의하여 특정거래처나 이해관계자에 대한 접대 및 교제비, 사례비 기타 명목 여하에 불구하고 이와 유사한 성질의 비용으로서 기업의 업무와 관련하여 지출한 금액을 말한다. 따라서 기업이 업무와 관련 없이 지출한 기부금과는 그 성격이 다르며, 불특정다수를 상대로 회사의 광고선전을 목적으로 지출하는 광고선전비와도 구별된다.

기업업무추진비는 소비성 지출로 기업의 접대비 지출에 대한 비용을 과세당국이 모두 인정한다면, 소비.향락적인 문화를 조장할 수 있고, 조세회피의 수단, 기업의 불건전한 소비지출로 인한 투자 저해 등 여러 가지 사회문제가 발생될 수 있으므로 과세당국은 기업의 업무추진비 지출에 대하여 세법에서 엄격하게 규정하여 일정 금액 이상의 지출 및 그 증빙서류가 적절하지 않은 경우 세무상 비용으로 인정하지 않고 있다.

▶ 기업업무추진비에 해당하는 지출 항목

○ 접대, 교제 등을 위한 비용 : 사업상 필요에 의하여 사업과 관계가 있는 자에게 접대, 향응, 위안, 선물기증 등 접대행위로 지출된 모든 금품의 가액
○ 사례금, 정보제공, 거래의 알선 및 중개 등 법인의 사업상 효익을 유발시킨 자에게 통상적으로 인정할 수 없는 가액의 금품을 지급한 경우
○ 회의비 중 사회통념상 인정될 수 있는 범위를 초과하는 금액과 유흥을 위하여 지출하는 금액

[세법상 기업업무추진비의 판별기준] 다음에 해당하는 경우에는 모두 업무추진비로 본다.
① 지출의 목적 ~ 업무와 관련하여 지출하는 것으로 새로운 사업개발이나 현재 사업상 거래관계를 보다 원활하게 하기 위한 활동을 포함한다.
② 지출의 상대방 ~ 업무와 관련있는 자로서 법인이 경영하는 사업과 직접 관계가 있는 자이거나, 간접적 이해관계에 있는 특정인을 상대한 접대이어야 한다.
③ 통상 필요로 하는 범위내의 금액 ~ 사업상의 대화, 교섭 등 이익을 얻기 위한 교제, 응대, 위안, 사례 등 접대활동과 관련하여 통상 필요로 하는 금액으로 한다.

■ 기업업무추진비가 아닌 지출 항목

○ 광고선전을 목적으로 불특정다수인에게 견본품, 달력, 수첩, 부채, 컵 등 이와 유사한 물품을 불특정다수인에게 기증하기 위하여 지출한 비용은 광고선전비에 해당한다.
○ 일정 요건(성명이 뚜렷하고 영구히 새겨진 증정품, 펜.사무용품 등 일반인에게 보편적으로 나누어줄 수 있는 식별가능 품목 등)을 갖춘 10,000원 이하 소액 물품 구입비의 경우 조건없이 전액 광고선전비로 인정한다.
○ 업무와 관련 없이 특정인에게 기증하는 금품은 기부금에 해당한다.

■ 기업업무추진비 지출증빙서류

[1] 1회 지출한 기업업무추진비 지출금액이 3만원 이하인 경우
원칙적으로 세금계산서, 현금영수증 등 정규영수증을 수취하여야 하나 간이영수증 등을 수취한 경우에도 적법한 증빙서류로 인정된다.

[2] 1회 지출한 기업업무추진비가 3만원을 초과하는 경우

1회의 접대에 지출한 접대비 중 3만원을 초과하는 업무추진비에 대하여는 법인명의 카드를 사용하여 결제(직불카드 포함)하거나 세금계산서, 계산서, 현금영수증 등을 수취하여야 적격증빙으로 인정된다. 한편, 직원 개인명의카드를 사용하는 경우 업무추진비 이외의 지출은 업무관련성이 인정될 시 손금으로 인정이 되나 법인의 경우 1만원을 초과하는 금액은 법인카드로 결제하여야 손금으로 인정될 수 있다.

[개정 세법] 적격증빙 없는 소액접대비 기준금액 인상(법인령 §41, 소득령 §83)
적격증빙이 없더라도 손금불산입하지 않는 소액접대비 기준금액
[적격증빙] 신용카드매출전표, 현금영수증, 세금계산서 등
(종전) 1만원 → (개정) 3만원
<적용시기> 2021.1.1. 이후 지출하는 분부터 적용

[3] 기업업무추진비 지출과 관련하여 적법한 증빙을 수취할 수 없는 경우

계정과목을 기업업무추진비로 회계처리한 다음 세무조정에서 손금불산입한다. 증빙불비가산세는 별개로 하더라도 그 지출을 증빙할 수 있는 증빙서류는 구비하여 두어야 세무조정시 불이익처분을 받지 아니한다. 왜냐하면, 영수증 자체가 없는 경우 기업업무추진비를 손금불산입하고, 대표이사 또는 그 사용자에 대한 상여 등으로 처분하나 정규영수증은 아니더라도 관련 영수증을 구비하여 둔 경우 세무조정시 손금불산입하고, 그 소득처분은 기타사외유출로 할 수 있기 때문이다.

[4] 거래처 경조사비 지출증빙

거래처에 대한 경조사비의 경우 적격증빙 수취가 현실적으로 불가능한 경우가 대부분이지만, 화환대 등 적격증빙 수취가 가능한 것은 계산서 등 적격증빙을 수취하여야 한다. 단, 축의금 및 조의금 등은 적격증빙을 수취할 수 없는 경우라도 **20만원 이하의 금액**은 업무추진비로 인정될 수 있다.

[5] 해외업무추진비 지출증빙

국외에서 접대를 하는 경우에도 건당 1만원 초과 업무추진비에 대하여는 국내와 같이 정규지출증빙을 수취하여야 하는 것이며, 이를 수취하지 아니하는 경우에는 손금산입할 수 없다. 다만, 현금 외에 다른 지출수단이 없어 신용카드전표 등의 증빙을 구비하기 어려운 경우의 당해 국외지역은 예외로 한다.

▶ 기업업무추진비 회계처리 사례

① 《거래처 접대》 6. 2 거래처 직원을 접대하고 식대 및 주대 300,000원을 법인명의 국민카드로 결제하다.

| 기업업무추진비 | 300,000 | / | 미지급금 | 300,000 |

② 《신용카드대금 결제》 6. 30 거래처 접대시 사용한 국민카드 대금 300,000원이 보통예금에서 이체되다.

| 미지급금 | 300,000 | / | 보통예금 | 300,000 |

● 기업업무추진비의 세무상 유의 사항

■ 개인카드로 기업업무추진비를 지출한 경우 세무처리

구 분	세무처리 내용
건당 지출액이 3만원(2021년 이후 1만원 → 3만원) 초과	법인 : 손금불산입하고 기타 사외유출로 처분함 개인 : 1만원을 초과하는 경우에도 필요경비로 인정됨
건당 지출액이 3만원(2021년 이후 1만원 → 3만원) 초과	법인, 개인사업자 구분없이 접대비로 인정된다.

◆ 접대비와 관련한 상품권 등 구입시 지출증빙 (부가 46015 - 3650, 2000.10.26)
상품권 등을 구입하는 것은 재화 또는 용역을 공급받는 것이 아니므로 세금계산서 또는 계산서를 수취해야 하는 것은 아니다. 다만, 접대비로서 1만원을 초과하는 상품권을 구입하는 경우에는 신용카드 등으로 구입하지 아니하는 경우 손금불산입된다.

■ 기업업무추진비 한도초과액의 손금불산입

기업업무추진비(정규영수증 미수취로 손금불산입하는 금액 제외)로서 다음 ① + ② 의 합계액을 초과하는 금액은 세무조정에서 손금불산입하여야 한다.

[개정 세법] 중소기업 접대비 한도액 상향조정 (법인세법 §25, 소득세법 §35)
① 1,200만원[중소기업의 경우 3,600만원] × 당해 사업연도의 월수 / 12
(종전) 1,200만원[중소기업 2,400만원] → (개정) 1,200만원[중소기업 3,600만원]
② 수입금액을 일반수입금액과 특정수입금액으로 구분하여 다음과 같이 계산한 금액
▶ 특수관계자와의 거래에서 발생한 수입금액에 대하여는 그 수입금액에 적용률을 곱하여 산출한 금액의 10% 상당액

종 전		개 정	
수입금액	적용률	수입금액	적용률
100억원 이하	1만분의 20	100억원 이하	1만분의 30
100억원 초과 500억원 이하	2천만원 + (100억원을 초과하는 금액의 1만분의 10)	100억원 초과 500억원 이하	3천만원 + [(수입금액 - 100억원) × 1만분의 20]
500억원 초과	6천만원 + (500억원을 초과하는 금액의 1만분의 3)	500억원 초과	1억1천만원 + [(수입금액 - 500억원) × 1만분의 3]

<적용시기> 2020.1.1. 이후 개시하는 사업연도(과세기간) 분부터 적용

통신비

통신과 관련하여 발생하는 비용으로 전화요금, 휴대폰사용요금, 정보통신이용료, 초고속인터넷사용료, 등기 및 우편요금, T.V 수신료 등이 있다.

▶ **정액으로 지급하는 통신비 세무처리**
근로자가 소유하고 있는 휴대폰을 회사의 업무에 사용하도록 하고 당해 통신비의 일정액을 회사가 부담하는 경우 업무수행상 필요하다고 인정되는 부분은 손금에 산입할 수 있다. 단, 통신비지급규정을 만들고 통신비보조금에 대한 직원개인별 통신비영수증을 수취하여 두어야 한다. 그러나 업무와 관련하여 발생한 휴대폰비영수증을 제시하고 지급받는 대신에 전직원에 대하여 월정액으로 지급하는 금액인 경우 직원개인별 근로소득으로 처분하여야 하며, 이 때 통신비는 실비변상비적급여에 해당하지 않으므로 과세소득에 포함하여 처리한다.

▣ 통신비 지출증빙서류

전화요금, 휴대폰사용료 등은 전화사업자, 휴대전화사업자가 전자세금계산서를 발행하며, 그 발행내역은 국세청 「이세로」에서 확인할 수 있으며, 전자세금계산서가 정규영수증에 해당한다. 한편, 대표자 명의의 휴대폰을 회사용도로 사용하고 이와 관련하여 실제 소요된 경비를 지급하는 경우 손금 산입이 가능할 것이다.

▶ 통신비 회계처리 사례

① 《우편요금 지급》 6. 22 우편물 발송시 등기요금 3,340원을 현금 지급하다.

| 통신비 | 3,340 / 현금 | 3,340 |

② 《전화요금청구서 수취》 전화요금청구서(작성일 6. 15 공급가액 162,570원, 부가세 16,257원, 자동이체 할인액 1,000원, 단수할인액 7월 청구금액합계 177,820원)를 6. 11 수취하다. 단, 공급받는자란에는 공급받는자의 사업자등록번호가 기재되어 있다.

| 통신비 | 162,570 / 미지급비용 | 177,820 |
| 부가세대급금 | 16,257 / 잡이익 | 1,007 |

* 할인액 1,000원 및 원단위 이하 절사금액 7원은 잡이익으로 처리한다.

③ 《전화요금 자동이체》 6. 25 사무실 전화요금 177,820원이 국민은행 보통예금에서 자동 인출되다.

| 미지급비용 | 177,820 / 보통예금 | 177,820 |

▣ 수도광열비

수도광열비에는 상.하수도요금, 도시가스요금, 냉·난방용 유대, 난방용 가스요금, 전기료 등이 있다. 단, 원가를 구분하여 계산하는 제조업 및 건설업 등의 경우 전기요금은 '전력비' 라는 별도의 계정과목을 사용한다.

● 수도광열비 지출증빙서류

전기요금, 도시가스요금은 한국전력공사, 도시가스공사가 발행하는 영수증을 증빙으로 수취한다. 한편, 당해 사업자가 발행하는 영수증은 그 양식이 일반세금계산서 양식은 아니나 국세청으로부터 승인을 받은 세금계산서로 당해 사업자 명의로 가입한 전기요금, 도시가스요금은 매입세금계산서로 분류하여 매입세액을 공제받는다.

○ 상.하수도요금 : 상하수도요금 영수증
○ 도시가스요금 : 도시가스공사가 발행한 요금영수증
○ 기타 냉난방비용 : 3만원 초과시 세금계산서 등 적격증빙 수취대상

■ 사무실, 공장 임차시 수도광열비 지출증빙

① 상하수도요금은 면세되므로 계산서를 수취하여야 한다.
② 전기요금 및 가스요금청구서가 임대인 명의로 청구되고 임대인이 관리비 명목으로 청구하는 경우 임대인으로부터 세금계산서를 수취하여야 한다.

▷ 수도광열비 회계처리 사례

①《상수도요금 납부》 6. 25 상.하수도요금 210,000원을 현금으로 납부하다.

수도광열비	210,000 / 현금	210,000

* 수도요금은 그 납부일에 전표처리한다.

②《도시가스요금 청구서 수취》 6월 10일 도시가스공사로부터 가스요금 지로영수증(작성일자 6. 15 공급가액 287,240원 세액 28,724원, 단수할인액 4원, 청구금액 315,960원)을 수취하다.

수도광열비	287,240	/ 미지급비용	315,960
부가세대급금	28,724	잡이익	4

③ 《도시가스요금 자동이체》 6. 25 도시가스요금 315,960원이 국민은행 보통예금에서 자동 인출되다.

| 미지급비용 | 315,960 | / | 보통예금 | 315,960 |

● 수도광열비 세무상 유의사항

비영업용승용자동차의 유류대를 제외한 난방용 유류대 발생비용에 대하여 세금계산서를 수취하거나 신용카드로 결제한 경우 그 매입세액을 공제받을 수 있으므로 공제받을 수 있는 매입세액을 불공제처리하지 않도록 유의한다.

전력비

제조경비의 전기요금은 판매비와 일반관리비의 수도광열비와 구분하여 전력비로 처리하여야 한다.

● 전력비 지출증빙서류

■ 전자세금계산서 및 전기요금 청구서

① 한국전력공사는 사업자인 경우 전기요금에 대하여 전자세금계산서를 발급하며, 전자세금계산서가 정규영수증에 해당한다. 한편, 부가가치세 과세사업자는 전자세금계산서의 매입세액을 매출세액에서 공제를 받을 수 있다.

② 전기요금청구서에 당해 사업자의 사업자등록번호가 기재되지 않은 경우 일반영수증으로 그 납부일에 청구서영수증을 전표 이면에 첨부하여 보관한다.
한편, 한국전력공사가 발행한 전기요금청구서는 거래금액이 3만원을 초과하는 경우에도 적법한 영수증이다.

◆ 전기요금의 매입세액공제
전기요금은 공급받는자가 사업자인 경우 그 매입세액을 공제받을 수 있으므로 공급받는자가 사업자명의로 되어 있지 않는 경우 한국전력공사에 사업자명의로 신청하여 매입세액을 공제받을 수 있도록 한다.

◆ 임차한 건물의 전력비 지출증빙
건물 등의 임대인이 임차인으로부터 전기요금 등 관리비를 징수하는 방법은 임대인이 임대건물 전체에 대한 전기요금 매입세금계산서를 수취하고, 각 세입자별로 해당 금액에 대하여 세금계산서를 발행하여 발급하는 방법과 단순히 납부의 대행만을 위하여 그 금액을 임대료와 구분하여 계산하는 경우가 있다. 전기요금 등 관리비와 임대료를 구분하여 계산하는 경우 관리비 등의 항목은 통상 별도의 세금계산서를 발행하지 아니하고 수령하는 바 이 경우 임차인은 관리비영수증을 증빙서류로 사용할 수 있으나 그 금액이 3만원을 초과하는 경우 임대인에게 세금계산서 발행을 요구하여 세금계산서를 수취하여야 한다.

◆ 임차인이 임대인으로부터 발급받은 전기요금 세금계산서 (부가46015-18, 2001.01.05)
부동산임대사업자가 한국전력공사로부터 전기요금에 대한 세금계산서를 발급받고 부가가치세법시행규칙 제18조의 규정에 의하여 전력을 실지로 소비하는 자인 임차인에게 세금계산서를 발급하는 경우 임차인에게 발급한 세금계산서상의 공급가액은 부동산임대사업자의 과세표준에 포함하는 것이며, 동 부동산임대사업자가 한국전력공사로부터 발급받은 세금계산서상의 매입세액을 공제받을 수 있는 것임. 이 경우 임차인은 부동산임대사업자로 부터 발급받은 세금계산서상의 매입세액을 공제받을 수 있는 것임

◆ 임차인이 실제 부담한 임대인명의 전기요금청구서와 지출증빙
임차사업자가 실제 전기를 사용하고 이와 관련한 요금을 부담한 경우 임차사업장의 소득금액을 계산함에 있어 손금에 산입할 수 있다. 즉, 명의는 임대인으로 되어 있지만, 당해 임차사업장에서 임대인에게 입금한 사실 또는 이러한 상황을 명시하여 당해 임차인이 납부한다는 계약서 및 실제 납입한 공과금 출금계좌 등의 객관적 증빙을 보관하는 경우 임차인의 경비로 인정될 수 있는 것이다.

전력비 회계처리 사례

■ 전자세금계산서를 수취한 경우

① 《전자세금계산서 수취》 6. 7 생산공장의 전기사용료에 대하여 전자세금계산서를 (공급받는자란에 당해 사업자의 사업자등록번호가 기재되어 있음) 수취하다.
작성일자 6. 9 공급가액 568,250원, 부가세 56,825원, T.V 수신료 2,500원 전력기금 21,020원 청구금액 648,590원(청구시 원 단위 이하금액 절사함)

전력비	591,765 /	미지급비용	648,590
부가세대급금	56,825		

* T.V 수신료는 통신비에 해당하나 전력비에 포함하여 처리하여도 무방하다.
* 전력기금은 부가세가 과세되지 않는 것이나 공급가액에 포함하여 처리한다.
* 공장의 전기요금은 제조경비로 처리하여야 한다.
* 원단위 이하금액은 전기요금청구시 한국전력공사에서 절사함

② 《전기요금 자동이체》 6. 25 생산공장의 전기요금 648,590원이 국민은행 보통예금에서 자동 인출되다.

미지급비용	648,590 /	보통예금	648,590

■ 세금계산서에 해당하지 않는 전기요금청구서를 수취한 경우

① 《전기요금청구서 수취》 6. 10 사무실 전기요금청구서(금액 80,000원)를 수취하다. 단, 공급받는자란에는 사업자등록번호가 기재되어 있지 않다.

수도광열비	80,000 /	미지급비용	80,000

* 사무실의 전기요금은 수도광열비로 처리한다.

② 《전기요금 현금납부》 6. 25 전기요금 80,000원을 현금으로 납부하다.

미지급비용	80,000 /	현금	80,000

세금과공과금

기업이 부담하는 각종 세금 및 공과금으로 자동차세, 균등할 주민세(8. 31 납기), 인지세, 증지대, 재산세, 종합부동산세, 등록면허세, 사업소세, 환경개선부담금, 벌금 및 과태료, 상공회의소회비, 적십자회비, 조합비, 협회비, 각종 분담금, 각종 세금 미납에 따른 가산세 및 가산금 등을 통칭한다.

손금으로 인정되는 세금과 손금으로 인정되지 않는 세금

세금은 법인의 순자산을 감소시키는 것으로 업무와 관련한 것은 손금으로 인정이 되지만, 가산세, 벌금, 과태료 등은 손금인정이 되지 아니한다.

[1] 손금으로 인정되는 세금
- 손금인정되는 세금 : 재산세, 종합부동산세, 등록면허세, 인지세, 증지대, 사업소세, 자동차세, 균등할주민세 환경개선부담금 등
- 취득원가에 가산한 후 감가상각으로 손금으로 처리되는 세금 : 취득세 등

[2] 손금인정되지 않는 세금
- 각 사업연도에 납부하였거나 납부할 법인세 또는 법인세분 지방소득세와 각 세법에 규정된 의무불이행으로 인하여 납부하였거나 납부할 세액(가산세 포함)
- 종합소득세 및 소득세분 지방소득세, 농어촌특별세
- 벌금, 과료, 과태료, 가산금 및 체납처분비

◆ 자산 또는 비용으로 처리하여야 하는 매입세액 및 세금과공과금에 해당하는 매출세액
과세사업자가 재화 또는 용역을 공급받고 발급받은 부가가치세매입세액은 부가가치세매출세액에서 공제받을 수 있는 일종의 채권으로 세금과공과금에 해당하지 아니한다. 단, 다음 각 호의 경우 세금과공과로 처리하거나 해당 계정과목에 포함하여 처리하여야 한다.
① 해당 계정과목에 포함하여야 하는 것
- 면세사업자의 매입세액
- 비영업용승용자동차의 취득시 매입세액(차량운반구로 처리) 및 유지비용(차량유지비등)
- 접대비 관련 매입세액

② 세금과공과금으로 처리하여야 하는 것
- 간주임대료에 대한 부가가치세액
- 개인적공급(간주공급)시 회사가 부담하는 부가가치세액

◆ 수입인지 회계처리
수입인지를 매입하는 즉시 인지세 과세대상 문건에 첨부하는 경우에는 '세금과공과금'으로 처리하나 미리 매입하여 두는 경우에는 '선급비용'으로 처리한다.

■ 공과금

공과금이란 상공회의소회비, 적십자회비, 조합비, 협회비, 국민연금 회사부담금 등을 말하며, 공과금은 원칙적으로 손금으로 인정이 되나, 법령에 의하여 의무적으로 납부하는 것이 아닌 것 및 법령에 의한 의무 불이행 또는 금지·제한 등 위반에 대한 제재로서 부과되는 것은 손금으로 인정이 되지 않는다.

주무 관청에 등록된 조합, 협회 등이 법령 또는 정관에 규정한 바에 따라 경상경비를 충당할 목적으로 협회 회원사에게 월정액 또는 사업 실적에 따라 정기적으로 부과하는 정상적인 회비는 '세금과공과금'에 해당하나 정상적인 회비 이외의 특별회비는 '일반기부금(2024년 이후 명칭 변경 지정기부금 → 일반기부금)'에 해당한다. 한편, 주무관청에 등록되어 있지 아니하고 영업자가 임의로 조직한 단체 또는 조합에 대하여 회원 또는 조합원의 자격으로 지출하는 회비는 '지정기부금'에 해당한다.

■ 세금과공과금 지출증빙서류

국가 및 지방자치단체, 비영리법인(법인세법 시행령 제2조제1항의 규정에 해당하는 수익사업과 관련된 부분은 제외한다)과의 거래는 적격증빙 수취대상이 아니므로 해당기관에서 발행한 영수증을 증빙서류로 보관한다.

○ 조세 : 국가 또는 지방자치단체에 발행하는 납부영수증
○ 공과금 : 상공회의소회비, 대한적십자회비, 직업훈련부담금 등의 공과금은 적격증빙수취대상이 아니므로 각 기관이 발행한 영수증을 수취한다.

➡ 세금과공과금 회계처리 사례

① 《재산세 납부》 7. 31 회사 건물에 대한 재산세 250,000원을 현금으로 납부하다.

세금과공과금	250,000 /	현금	250,000

② 《간주임대료 납부》 1기 부가가치세 신고시 임대보증금에 대한 간주임대료 5,000,000원에 대한 부가가치세액 500,000원 및 부가세예수금 2,000,000원을 보통예금에서 인출하여 납부하다.

세금과공과금	500,000 /	보통예금	2,500,000
부가세예수금	2,000,000		

◉ 감가상각비

♣ 결산 참조

◉ 지급임차료

지급임차료란 토지, 건물, 기계장치, 차량운반구 등을 임차하고 지급하는 사용료를 말한다.

건물의 임차와 관련하여 임차료는 별도로 지급을 하고 청소비, 소독비, 승강기유지비, 수선유지비, 오물수거비, 화재보험료, 전기료, 수도료 등의 관리비를 지급하는 경우에도 모두 '지급임차료'로 처리하여도 무방하지만, 지출 성격에 맞는 적절한 계정과목으로 처리하여도 된다.

● 지급임차료 지출증빙서류

■ 임차료

(1) 임대인이 법인 또는 일반과세자인 경우
임차료에 대하여 세금계산서를 수취하여야 한다.
(2) 임대인이 간이과세자인 경우
임차료를 금융기관을 통하여 송금하고 송금영수증 등을 증빙서류로 첨부하여 두어야 한다.

■ 임차보증금

임차보증금은 적격증빙 수취대상이 아니므로 임대인으로부터 받은 영수증 및 전세계약서 등을 보관한다.

▶ 임차인이 부담하는 전기요금이 3만원을 초과하는 경우
임대사업자의 경우 전기요금은 통상 한국전력에서 해당 건물 전기요금을 임대사업자(건물주) 명의로 세금계산서를 일괄고지하기 때문에 임대사업자는 임차인에게 사무실별로 수금하여 임대사업자가 대신 납부한다. 한편, 임차인은 전기요금이 3만원을 초과하는 경우 세금계산서를 수취하여야 하므로 임대인에게 세금계산서 발행을 요구하여야 한다.

▶ 부동산임대업자의 전기요금에 대한 세금계산서 발급
부동산임대사업자가 한국전력공사로부터 전기요금에 대한 세금계산서를 발급받고 전력을 실지로 소비하는 자인 임차인에게 세금계산서를 발급하는 경우 임차인에게 발급한 세금계산서상의 공급가액은 부동산임대사업자의 과세표준에 포함하는 것이며, 동 부동산임대사업자가 한국전력공사로부터 발급받은 세금계산서상의 매입세액을 공제받을 수 있는 것임. 이 경우 임차인은 부동산임대사업자로 부터 발급받은 세금계산서상의 매입세액을 공제받을 수 있는 것임

▶ 간이과세자로부터 부동산임대용역을 공급받은 경우 증빙수취방법
간이과세자로부터 부동산임대용역을 공급받은 경우에 그 거래금액을 금융기관을 통하여 지급하고 과세표준확정신고서에 그 송금명세서를 첨부하여 관할세무서장에게 제출한 경우에는 증빙불비가산세를 적용하지 아니하는 것임.

▶ **미등록사업자와의 부동산임대용역거래시 지출증빙특례적용 여부**

거주자가 미등록사업자로부터 부동산임대용역을 공급받는 경우에는 지출증빙특례규정이 적용되지 아니하는 것임.

▣ 지급임차료 회계처리 사례

■ 임차료 세금계산서 수취 및 결제

① 《임차료에 대한 세금계산서 수취》 5월분 사무실 임차료에 대한 세금계산서(공급가액 2,000,000원 세액 200,000원)를 5. 31수취하다.

지급임차료	2,000,000	/	미지급비용	2,200,000
부가세대급금	200,000			

② 《임차료 계좌이체 지급》 6. 10 사무실 임차료 2,200,000원을 농협 보통예금에서 인터넷뱅킹으로 송금하다. 그리고 송금수수료 1,000원이 같이 인출되다.

미지급비용	2,200,000	/	보통예금	2,201,000
지급수수료	1,000			

■ 선급임차료 지급 및 임차료 계상

① 《임차료 선급》 1년분 임차료 6,000,000원을 7. 1 보통예금에서 인출하여 선급하다.

선급비용	6,000,000	/	보통예금	6,000,000

② 《선급임차료를 임차료로 대체》 회계기말에 선급임차료 중 당해 사업연도분을 지급임차료로 대체하다.

지급임차료	3,000,000	/	선급비용	3,000,000

* 지급임차료 : 선급비용(6,000,000원) × 6개월/12개월

경상연구개발비

연구와 관련하여 발생한 비용은 연구개발비로 처리한다. 단, 무형자산 항목인 개발비 요건을 충족하는 경우 개발비로 처리하여야 한다. 즉, 개발비 중 무형자산인 개발비 요건을 충족하지 못하는 경우 당기비용인 경상연구개발비로 처리하고, 무형자산인 개발비 요건에 충족하는 경우에는 무형자산인 개발비로 처리한다.

■ 무형자산인 개발비와 당기 비용인 경상연구개발비 구분

①항과 ②항의 요건을 모두 충족하는 경우 무형자산인 개발비로 처리하고 그렇지 않은 경우에는 발생한 연도에 비용항목인 경상개발비로 처리한다.

① 아래와 같은 개발단계에 속하는 활동일 것
- 생산 전 또는 사용 전의 시작품과 모형을 설계, 제작 및 시험하는 활동
- 새로운 기술과 관련된 공구, 금형, 주형 등을 설계하는 활동
- 상업적 생산목적이 아닌 소규모의 시험공장을 설계, 건설 및 가동하는 활동
- 새롭거나 개선된 재료, 장치, 제품, 공정, 시스템 및 용역 등에 대하여 최종적으로 선정된 안을 설계, 제작 및 시험하는 활동

② 개발단계에서 발생한 지출은 다음의 조건을 모두 충족하는 경우
- 무형자산을 사용 또는 판매하기 위해 그 자산을 완성시킬 수 있는 기술적 실현 가능성을 제시할 수 있다.
- 무형자산을 완성해 그것을 사용하거나 판매하려는 기업의 의도가 있다.
- 완성된 무형자산을 사용하거나 판매할 수 있는 기업의 능력을 제시할 수 있다
- 무형자산이 어떻게 미래 경제적 효익을 창출할 것인가를 보여줄 수 있다. 예를 들면, 무형자산의 산출물, 그 무형자산에 대한 시장의 존재 또는 무형자산이 내부적으로 사용될 것이라면 그 유용성을 제시하여야 한다.
- 무형자산의 개발을 완료하고 그것을 판매 또는 사용하는 데 필요한 기술적, 금전적 자원을 충분히 확보하고 있다는 사실을 제시할 수 있다.
- 개발단계에서 발생한 무형자산 관련 지출을 신뢰성 있게 구분하여 측정할 수 있다.

◼ 경상연구개발비 지출증빙서류

경상개발비와 관련한 지출시 증빙서류는 적격증빙 수취대상으로 일반적인 기준에 의하며, 인건비 등은 급여대장, 원천징수영수증 등을 증빙으로 보관한다.

▶ 경상연구개발비 회계처리 사례

① 《개발비 지급》 신제품 개발과 관련하여 시험용재료 1천만원(부가세 별도)어치를 구입하고 세금계산서를 수취하다. 대금은 보통예금에서 인출하여 지급하다.

경상개발비	10,000,000	/ 보통예금	11,000,000
부가세대급금	1,000,000		

◼ 수선비

수선비란 보유중인 자산의 유지 및 보수관리를 위하여 지출하는 비용을 말한다. 단, 차량의 수리와 관련한 비용은 차량유지비로 처리한다. 수선비와 관련하여 발생한 수익적 지출은 비용(수선비)으로 처리하고 당해 자산의 가치를 현실적으로 증가시키는 자본적 지출은 당해 자산 금액으로 처리한다.

다시 말하면, 사업자가 소유하는 사업용 유형자산의 원상을 회복하거나 능률유지를 위하여 지출한 수선비는 수익적 지출로 비용 발생시 손금으로 처리하고, 당해 사업용 비유동자산(고정자산)의 내용연수를 연장시키거나 그 가치를 현실적으로 증가시키는 수선비는 자본적 지출로 당해 비유동자산(고정자산)의 원본에 가산한 다음 감가상각을 통하여 비용화한다.

◼ 수익적 지출(수선비 계정으로 처리)

법인이 각 사업연도에 지출한 수선비가 다음 각 호에 해당하는 경우로서 그 수선비를 당해 사업연도의 손금으로 계상한 경우 이를 자본적 지출에 포함되지 아니하는 것으로 한다. 즉, 비용으로 처리한다.

① 거래단위별로 그 **취득가액이 100만원 이하**인 것

다음 각 호의 것을 제외하고 그 취득가액이 거래단위별로 100만원 이하인 감가상각자산에 대하여는 이를 그 사업에 사용한 날이 속하는 사업연도의 손금으로 계상한 것에 한하여 이를 손금에 산입한다.

1. 그 고유업무의 성질상 대량으로 보유하는 자산
2. 그 사업의 개시 또는 확장을 위하여 취득한 자산

거래단위라 함은 이를 취득한 법인이 그 취득한 자산을 독립적으로 사업에 직접 사용할 수 있는 것을 말한다.

② 다음의 자산

1. 영화필름, 공구(금형을 포함한다), 가구, 전기기구, 가스기기, 가정용 기구·비품, 시계, 시험기기, 측정기기 및 간판
2. 전화기(휴대용 전화기를 포함한다) 및 개인용 컴퓨터(그 주변기기 포함)

③ 법인이 각 사업연도에 지출한 수선비가 다음의 하나에 해당하는 경우로서 그 수선비를 당해 사업연도의 손금으로 계상한 경우에는 이를 자본적 지출에 포함되지 아니하는 것으로 한다.

1. 개별자산별로 수선비로 지출한 금액이 **600만원 미만**인 경우
2. 개별자산별로 수선비로 지출한 금액이 직전 사업연도종료일 현재재무상태표상의 자산가액(취득가액에서 감가상각누계액상당액을 차감한 금액을 말한다)의 100분의 5에 미달하는 경우
3. 3년 미만의 기간마다 주기적인 수선을 위하여 지출하는 경우

[세법 개정] 소액수선비에 대한 감가상각비 부담 완화(소득령 §67, 법인령 §31)
개별자산별로 수선비로 지출한 금액이 300만원 미만인 경우 → 600만원 미만
<적용시기> 2020.1.1. 이후 개시하는 사업연도·과세기간 분부터 적용

④ 다음의 지출

1. 건물 또는 벽의 도장
2. 파손된 유리나 기와의 대체
3. 기계의 소모된 부속품 또는 벨트의 대체

4. 자동차 타이어의 대체
5. 재해를 입은 자산에 대한 외장의 복구·도장 및 유리의 삽입
6. 기타 조업가능한 상태의 유지등을 위한 지출

▣ 자본적 지출

법인이 소유하는 감가상각자산의 내용연수를 연장시키거나 당해 자산의 가치를 현실적으로 증가시키기 위하여 지출한 수선비를 말하며, 다음 각 호의 1에 해당하는 것에 대한 지출을 포함하는 것으로 한다.
1. 본래의 용도를 변경하기 위한 개조
2. 엘리베이터 또는 냉난방장치의 설치
3. 빌딩 등에 있어서 피난시설 등의 설치
4. 재해 등으로 인하여 멸실 또는 훼손되어 본래의 용도에 이용할 가치가 없는 건축물·기계·설비 등의 복구 및 기타 개량·확장·증설 등

▶ 비유동자산(고정자산)에 대한 자본적 지출 예시
■ 설치 중인 기계장치의 시운전을 위하여 지출된 비용에서 시운전기간 중 생산된 시제품을 처분하여 회수된 금액을 공제한 잔액은 기계장치의 자본적 지출로 한다.
■ 수입기계장치를 설치하기 위하여 지출한 외국인 기술자에 대한 식비 등 체재비는 기계장치에 대한 자본적 지출로 한다.

□ 감가상각이 완료된 자산에 대한 자본적 지출액 처리 [법인세법 기본통칙 23-28…2]
감가상각이 완료된 고정자산에 대하여 자본적 지출이 발생한 경우에는 당초 신고한 내용연수에 의한 상각률에 따라 이를 상각한다. (2001. 11. 1. 개정)

[개정 세법] 즉시상각 적용자산에서 금형 제외(법인령 §31⑥, 소득령 §67⑦)
□ 즉시상각 대상자산
공구, 어구, 영화필름, 가구, 전기기구, 가스, 시험기기, 측정기기 등
(개정) 금형을 즉시상각 적용자산에서 제외
<적용시기> 2020.1.1. 이후 개시하는 사업연도(과세기간) 분부터 적용

● 수선비 지출증빙서류

수선비 지출에 대한 증빙서류는 적격증빙 수취대상으로 3만원 초과지출에 대하여 세금계산서 등 정규영수증을 수취하여야 한다. 단, 개인에게 수리용역을 제공받고, 그 대가를 지급하는 경우에는 일용노무비 지급방법에 따라 처리한다.

▷ 수선비 회계처리 사례

① 《비품수리》 6. 30 사무실 복사기를 수리하고 수리비 88,000원(부가세 포함)을 현금으로 지급하고 세금계산서를 수취하다.

수선비	80,000	현금	88,000
부가세대급금	8,000		

■ 보험료

보험이란 사망·화재·사고 등 뜻하지 않은 사고에 대비하여, 미리 일정한 보험료를 납부하고, 사고가 일어났을 때 보험금을 수령하여 그 손해를 보상받는 제도로 보험 가입과 관련하여 납부하는 제비용을 말한다. 보험료에는 승용자동차 보험료, 승용차 운전자보험, 사무실 화재보험료, 상해보험료, 손해보험료, 보증보험료, 해상보험료 등이 있다. 법인이 종업원의 업무상 재해 및 사망을 보험금 지급사유로 하고 당해 법인을 수익자로 하여 만기시에 일정액을 환급받는 보험에 가입하고 보험료를 불입하는 경우 만기환급금에 상당하는 보험료 상당액은 자산으로 계상하고 기타의 부분은 손비로 처리하는 것이며, 법인이 보험사고의 발생으로 받는 보험금 및 재해 종업원의 치료비로 충당한 금액은 각각 당해 사업연도의 익금 또는 손금으로 각각 계상하여야 한다.

▶ 회사가 부담한 보험료를 근로소득으로 처분하여야 하는 보험료
임원 또는 직원이나 그 배우자를 수익자로 하는 보험, 신탁 또는 공제와 관련하여 사용자가 부담하는 보험료, 신탁부금 또는 공제부금

■ 보험료 지출증빙서류

공급자가 금융보험업자인 경우 금융·보험용역에 대하여는 적격증빙 수취대상 사업자가 아니므로 금융보험업자가 발행하는 영수증을 증빙서류로 보관한다.

▶ 보험료 회계처리 사례

■ 건물보험료 납부 및 선급보험료 계상

① 《건물보험료 납부》 6. 5 건물 화재보험료 1년분 1,200,000원을 보통예금에서 인출하여 지급하다. (보험기간 6. 5 ~ 다음해 6. 4)

| 보험료 | 1,200,000 | / | 보통예금 | 1,2000,000 |

② 《미경과보험료 계상》 회계기말에 건물 화재보험료 미경과분을 선급비용으로 대체하다
- 미경과 보험료 : 보험료(1,200,000원) × 미경과일수(175일)/365일 = 575,342원

| 선급비용 | 575,342 | / | 보험료 | 575,342 |

■ 차량보험료 납부 및 선급보험료 계상

① 《차량보험료 납부》 4. 1 차량종합보험료 760,000원(종합보험료 560,000원 임의보험료 200,000원, 보험기간 : 4. 1 ~ 다음해 3. 31)이 계산되어 종합보험료는 일시납, 임의보험료는 2회 분납하기로 하고, 1회분 보험료 660,000원(종합보험료 560,000원 + 임의보험료 1회분 100,000원)을 보통예금에서 인출하여 지급하다.

| 보험료 | 760,000 | / | 보통예금 | 660,000 |
| | | | 미지급비용 | 100,000 |

② 《차량보험료 분납》 10. 1 임의보험료 2회분 100,000원을 보통예금에서 인출하여 지급하다.

| 미지급비용 | 100,000 | / | 보통예금 | 100,000 |

③ 《미경과보험료 계산》 회계기말(12. 31)에 미경과보험료를 계산하여 선급비용으로 대체하다.

선급비용	187,397 / 보험료	187,397

* 선급비용(187,397) : 보험료(760,000원) × 90/365(다음해 1/1 ~ 3/31)

■ 저축성 보험료 및 보장성 보험료 납부 회계처리

① 《상해보험료 납부》 종업원의 업무상 재해 및 사망을 보험금 지급사유로 하고 당해 법인을 수익자로 하여 만기시에 일정 금액을 환급받는 보험에 가입하고 적립식 보험료 100,000원 및 보장성보험료 20,000원을 보통예금에서 이체하여 불입하다.

장기성예금	100,000 / 보통예금	120,000
보험료	20,000	

- 장기성예금 : 적립식보험료
- 보험료 : 소멸성 보험료
  ○ 만기수익자가 법인일 경우
- 적립성 : 장기성예금, 소멸성 : 보험료
  ○ 상해보험가입시 만기수익자가 직원일 경우
- 적립되는 부분 : 급여에 합산, 소멸성 : 급여에 합산

[핵심 실무] 보험료의 손금산입 방법 등 (서면2팀-1631, 2006.08.28.)
○ 법인이 피보험자를 임원(대표이사 포함) 또는 종업원으로, 수익자를 법인으로 하여 보장성 보험과 저축성 보험에 가입한 경우, 법인이 납입한 보험료 중 만기환급금에 상당하는 보험료 상당액은 자산으로 계상하고, 기타의 부분은 이를 보험기간의 경과에 따라 손금에 산입하는 것임.
○ 법인이 보험계약자이고, 임원이 피보험자 또는 수익자인 경우 법인이 납입한 보험료 중 법인세법 시행령 제43조의 규정에 따라 정관, 주주총회 또는 이사회 결의에 의해 결정된 급여지급기준을 초과하는 금액은 손금불산입하여 상여처분하는 것임.
○ 법인이 보험계약자이고 종업원이 피보험자 또는 수익자인 경우 법인이 납입한 보험료는 종업원의 급여로 보아 손금에 산입하는 것임.

🇶 차량유지비

회사의 업무를 위하여 운행하는 차량의 유지 및 관리비를 차량유지비라 하며, 유류대, 차량수리비, 통행료, 주차요금, 세차비, 검사비, 부품교환대, 오일교환대 등이 있다. 차량수리비의 경우 수리와 관련한 매입세액을 공제받기 위해서는 수리한 차량이 부가가치세법상 그 취득 및 유지비용이 공제되는 차량(9인승 이상 승합차, 화물차 등)이어야 한다. 따라서 차량의 유지비용이 공제되는 차량(9인승 이상 승합차, 화물자동차 등)인 경우 그 유지비 발생과 관련하여 세금계산서를 수취하거나, 신용카드로 결제하고 수취한 신용카드매출전표에 공급가액과 세액이 구분되어 있는 경우 그 매입세액을 공제받을 수 있다.

▶ 차량유지비 계정과목 분류
- 자동차세 : 세금과공과금
- 자동차보험료 : 보험료
- 출장계획에 의하여 출장시 운행하는 차량의 유지비 : 여비교통비
- 리스차량에 대한 사용료 : 지급임차료
- 차량의 취득과 관련하여 지출하는 취득세, 기타비용 : 차량운반구
- 과실로 인하여 타인의 차량을 수리하여 준 경우 : 잡손실
- 차량소모품 : 차량유지비
- 차량수리비 : 수선비
- 차량검사비용 : 차량유지비
- 주차요금 : 출장시 주차요금 → 여비교통비, 기타의 경우 → 차량유지비

◆ 직원 소유 차량을 업무에 사용하고 그 유지비를 지급한 경우 경비 인정 여부
직원이 회사업무를 위해서 직원 본인차로 운행을 하고 유지비를 청구할 경우 그 유지와 관련한 비용을 직원 개인신용카드로 사용하여 지출하거나 적법한 영수증을 수취하여 청구하고 회사가 그 비용을 지급하는 경우 비용으로 인정이 되나 업무와 관련한 지출임을 입증하여야 한다. 한편, 이와는 별도로 월정액으로 차량유지비를 지급할 시에는 동 차량유지비는 해당 직원에 대한 급여로 처리하여야 한다.

♣ 상세내용 → 업무용승용차 편 참조

🅠 운반비

기업이 영업활동을 영위하는 과정에서 발생하는 운송비용을 처리하는 계정으로 택배요금, 용달운임, 퀵서비스요금, 상차비, 하차비, 화물배송비, 선박 또는 항공운임요금, 기계장치 이전비용 등이 있다. 한편, 수출과 관련하여 부담하는 운반비는 '수출제비용'에 포함하여 처리한다. (수출비용을 항목별로 구분하여 운반비로 처리하기도 함)

▶ 매입과 관련한 운반비용의 회계처리
매입과 관련한 운반비용은 당해 자산의 취득원가에 산입한다.

▣ 운반비 지출증빙서류

적격증빙 수취대상으로 운반용역을 제공받은 경우에는 세금계산서를 수취하여야 하며, 간이과세자로부터 운송용역을 공급받는 경우에는 금융기관을 통하여 그 대금을 송금하고 법인세과세표준신고시 '경비 등 송금명세서'를 제출하여야 한다.

◆ 용달사업자로부터 용달용역을 제공받는 경우 지출증빙
용달사업자가 일반과세자인 경우 세금계산서를 발급받아야 하는 것이며, 간이과세자인 경우 공급받은 재화 또는 용역의 거래금액을 금융기관을 통하여 지급한 경우로서 법인세법 제60조의 규정에 의한 법인세과세표준신고서에 송금사실을 기재한 경비 등의 송금명세서를 첨부하여 납세지관할세무서장에게 제출하는 경우 간이영수증을 수취하여도 됨

▣ 운반비 회계처리 사례

① 《택배비 지급》 6. 10 거래업체에 견본품을 택배로 보내고 택배비 50,000원을 현금으로 지급하다.

| 운반비 | 50,000 | 현금 | 50,000 |

② 《상품 매입 및 운반비 지급》 6. 10 상품 2,000,000원(부가세별도)을 구입하고, 세금계산서를 수취한 후 그 대금은 보통예금에서 인출하여 즉시 결제하다.
한편, 상품구입과 관련한 용달비용 100,000원에 대하여 간이영수증을 수취하고 그 대금은 보통예금에서 인터넷뱅킹으로 용달업자에게 이체하다.

상품	2,000,000	/	보통예금	2,200,000
부가세대급금	200,000			

상품	100,000	/	보통예금	100,000

교육훈련비

교육훈련비란 직무와 관련하여 임.직원의 사내.외 교육훈련을 위하여 지출하는 비용으로 강사초빙비용, 학원수강료, 위탁교육비, 연수원 임차비, 간부수련비, 워크샵비용 등이 있다.

교육훈련비 지출증빙서류

(1) 교육훈련기관에 지급하는 교육비
교육훈련기관은 부가가치세가 면제되는 사업자로서 적격증빙인 계산서를 수취하여야 한다.

(2) 사내 강사료
소속 직원이 사내 직원을 대상으로 교육을 실시하고 회사가 지불하는 강사료는 직원의 급여로 처분하여 근로소득세를 원천징수하여야 한다.

(3) 외부강사료
계속적이고 반복적으로 강사활동을 영위하는 자인 경우 사업소득으로 외부강사료 지급시 사업소득세(지급금액의 3%) 및 지방소득세(사업소득세의 10%)로 원천징수하여 납부한다. 단, 일시적으로 강의를 하는 자의 경우에는 기타소득세를 원천징수하여야 한다. 징수한 사업소득세 또는 기타소득세는 징수일의 다음달 10일까지 납부하여야 하며, 지급명세서를 작성하여 다음해 2월말일(사업소득의 경우 3월 10일)까지 관할세무서에 제출하여야 한다.

◆ 인적용역 사업소득 또는 기타소득 원천징수
○ 사업소득 원천징수세액 = 지급금액 × 3%
○ 기타소득 원천징수세액 = [지급금액 - 필요경비(지급금액 × 60%)] × 20%
필요경비를 공제한 후의 금액이 5만원 이하인 경우 기타소득세를 과세하지 아니한다. 예를 들어 기타소득에 해당하는 강사료 지급금액이 25만원 이하인 경우 징수하지 않음

교육훈련비 회계처리 사례

■ 외부강사료 지급

① 《강사료 지급 및 기타소득세 징수》 직원 직무교육을 위하여 외부강사(일시제공)를 초빙하여 교육을 실시하고, 강사료 300,000원에서 기타소득세 12,000원 및 지방소득세 1,200원을 차감한 286,800원을 보통예금에서 인출하여 지급하다.

교육훈련비	300,000	/	보통예금	286,800
			예수금	13,200

* 기타소득세 계산 : [지급금액(300,000) - 필요경비(240,000)] × 20%

② 《기타소득세 납부》 다음달 10일 기타소득세 및 지방소득세를 납부하다.

예수금	13,200	/	보통예금	13,200

■ 노동부에서 교육비 중 일정 금액을 무상으로 지원받는 경우

① 《교육훈련비 지급》 7. 10 직원의 직무교육훈련과 관련하여 교육훈련기관에 등록하고 교육비 1,000,000원을 현금으로 지급하다.

교육훈련비	1,000,000	/	현금	1,000,000

②《교육비 환급》7. 30 직업능력개발훈련대상으로 노동부로부터 교육훈련보조금 800,000원이 국민은행 보통예금에 입금되다.

보통예금	800,000 / 잡이익	800,000

도서인쇄비

도서인쇄비란 도서구입 및 각종 인쇄비용을 말하며, 신문대금, 서식인쇄비, 도서구입비, 고무인 및 도장제작비, 명함제작비, 사진현상비용, 인터넷사이트 정보이용료(주로 문서로 된 것) 등이 있다.

도서인쇄비 지출증빙서류

적격증빙 수취대상으로 그 금액이 3만원을 초과하는 경우 세금계산서 등 정규 지출증빙서류를 수취하여야 한다. 단, 도서구입의 경우 도서는 면세대상으로 그 금액이 3만원을 초과하는 경우 계산서 또는 현금영수증을 수취하거나 카드로 결제한 다음 신용카드매출전표를 보관하여야 한다.

도서인쇄비 회계처리 사례

①《신문대금 지급》신문대금 12,000원을 현금으로 지급하다.

도서인쇄비	12,000 / 현금	12,000

②《도서 구입》세법편람을 70,000원에 현금 구입하고, 계산서를 수취하다.

도서인쇄비	70,000 / 현금	70,000

회의비

업무와 관련한 회의 진행시 소요되는 각종 비용으로 식음료 및 다과비용, 기타 회의진행 관련 비용, 세미나 비용 등의 지급시 처리하는 계정과목이다.
단, 회의비 중 사회통념상 인정될 수 있는 범위를 초과하는 금액과 유흥을 위하여 지출하는 금액은 기업업무추진비로 처리하여야 한다.

회의비 지출증빙서류

적격증빙 수취대상으로 그 금액이 3만원을 초과하는 경우 세금계산서를, 면세거래인 경우에는 계산서 등을 수취하거나 신용카드로 결제하여야 적법한 증빙으로 인정되며, 현금결제시 현금영수증을 수취한 경우에도 적법한 증빙으로 인정된다.

회의비 회계처리 사례

① 《회의진행시 다과 구입》 업무와 관련한 회의 진행시 회의참석자들을 위한 과일, 음료, 다과 등 127,000원 어치를 할인점에서 구입하고 대금은 현금으로 지급하다. 한편, 영수증으로 현금영수증을 수취하다.
현금영수증내역 : 과세 공급가액 70,000원, 세액 7,000원, 면세가액 50,000원

회의비	120,000 / 현금	127,000
부가세대급금	7,000	

포장비

포장비는 상품, 또는 제품의 포장과 관련하여 발생하는 비용으로 포장지, 포장박스, 쇼핑백 구입비 등을 말한다. 제품포장과 관련된 비용은 그 내역에 따라 구분하여 정리한다.

예를 들어 화장품과 같이 포장이 제품의 일부로 구성되는 경우에는 재료비에 해당하는 것이나 제품과는 별도로 배송 등을 위하여 포장을 하는 경우에는 포장비로 처리한다. 한편, 포장용품이 비록 소모성비용이라 할지라도 업무의 특성상 대량으로 보유하여야 하는 자산이라면, 자산으로 처리한 후 감가상각을 통하여 비용화한다.

▣ 포장비 지출증빙서류

적격증빙 수취대상으로 3만원을 초과하는 거래시에는 세금계산서를 수취하여야 하며, 간이과세자로부터 구입시에는 신용카드로 결제하여야 한다.

▣ 포장비 회계처리 사례

① 《포장박스 매입》 상품배송용 포장박스 1,500,000원(부가세 별도)을 구입하고, 그 대금은 나중에 지급하기로 하다.

포장비	1,500,000	/ 미지급비용	1,650,000
부가세대급금	150,000		

사무용품비

사무용품비란 사무와 관련한 제비용을 처리하는 계정으로 문구대금, 서식대금, 사무용소모품 등이 있다. 한편, 사무용품비는 소모품비, 비품과 그 성격이 유사한 바 이를 구분하여 설명하면, 다음과 같다.

▶ 비품

캐비넷, 책걸상, 책장, 컴퓨터, 냉장고, 복사기, 팩시밀리, 프린트, 전화기 등을 비품이라고 한다. 이들 제품을 구입하고 비품으로 계정과목처리하면, 매 년 감가상각을 하여야 하므로 매우 번거롭다.

세법에서는 비품 중 거래단위별로 그 취득금액이 100만원 이하인 경우 그 구입연도에 전액비용으로 처리할 수 있도록 규정하고 있으므로 취득금액이 100만원을 초과하는 경우에만 그 계정과목을 비품으로 처리하고, 100만원 이하인 경우에는 소모품비 또는 사무용품비로 처리한다.

▶ 소모품비

캐비넷, 책걸상, 책장, 전화기, 냉장고 등의 취득금액이 100만원 이하인 것, 위생용품, 철물 및 전기용품 등

▶ 사무용품비

컴퓨터, 복사기, 프린트기, 스캐너 등의 취득금액이 100만원 이하인 것, 문구, 복사지, 노트 등

■ 사무용품비 지출증빙서류

사무용품비 지출에 대한 증빙서류는 적격증빙 수취대상으로 3만원 초과지출에 대하여는 세금계산서, 현금영수증 등 정규영수증을 수취하여야 한다. 한편, 사무용품비 등을 문구점에서 빈번히 구매하는 경우 고정거래처를 두고 매 번의 거래시에는 거래장을 사용하고 월 말에 일괄하여 세금계산서 또는 현금영수증을 수취하거나 신용카드를 사용하여 결제하는 경우 그 매입세액을 공제받을 수 있다.

Q 소모품비

청소용구 및 쓰레기봉투 등 각종 소모, 전기자재 및 철물, 전화기, 책상유리제작비, 랜카드 구입비, 기타 소모품 및 비품으로 취득가액이 100만원 이하인 것으로 한다.

▶ 소모품과 소모품비 구분

소모품이란 당기에 비용처리한 소모품비 중 사용.소비되지 아니하고, 기말에 재고로

남아 있는 부분을 당좌자산인 소모품으로 대체하는 경우 사용하는 계정과목으로 자산에 해당한다.

소모품비 회계처리 사례

① 《소모품 구입》 생산현장에 필요한 잡자재 2,000,000원(부가세 별도)을 구입하고, 현금 결제한 다음 세금계산서를 수취하다.

| 소모품비 | 2,000,000 / 현금 | 2,200,000 |
| 부가세대급금 | 200,000 | |

② 《소모품 대체》 기말 결산시점에 소모품에 대한 재고조사를 실시한 바 재고소모품이 800,000원으로 당해 연도 소모품비에서 차감하는 결산분개를 하다.

| 소모품 | 800,000 / 소모품비 | 800,000 |

지급수수료

지급수수료란 주로 용역(서비스)을 제공받고 그 대가를 지급하는 경우 처리하는 계정과목으로 지급수수료 계정과목으로 처리하는 지출항목은 다음과 같다.

송금수수료, 각종 증명서발급수수료, 신용보증수수료, 전기가스점검수수료, 기장수수료, 세무조정수수료, 근저당 설정비용, 컨설팅수수료, 감정수수료, 공증수수료, 컴퓨터유지보수비 및 소프트웨어유지비용, 비자발급수수료, 도매인 관련 등록비 및 수수료, 청소용역비, 품질검사수수료, 채권추심수수료, 카드연회비 등

지급수수료 지출증빙서류

(1) 금융기관 등에 지급하는 수수료 지출증빙
적격증빙수취대상이 아니므로 금융기관이 발행하는 영수증 또는 계산서 등을 수취하면 된다.

(2) 기타 지급수수료 지출증빙

청소용역비, 전산유지보수료, 시험검사수수료 등 부가가치세가 과세되는 용역을 제공받는 경우에는 세금계산서를 수취하여야 하며, 정화조청소용역, 일반폐기물처리용역, 작업환경 측정용역 등 면세용역을 제공받는 경우에는 해당 사업자로부터 계산서를 수취하여야 한다.

지급수수료 회계처리 사례

① 《신용보증수수료 지급》 신용보증기금에 신용보증수수료 1,200,000원을 국민은행 보통예금 인터넷뱅킹으로 송금하다. 송금수수료 500원도 같이 인출되다.

지급수수료	1,200,500	/	보통예금	1,200,500

보관료

보관료란 주로 상품, 제품 등 재고자산을 창고업자에게 보관하고 그에 대한 창고보관료, 보관수수료 등 대가를 지급할 경우 처리하는 계정이다.

보관료 지출증빙서류

적격증빙 수취대상으로 3만원을 초과하는 거래시에는 세금계산서 등 적격증빙을 수취하여야 한다.

보관료 회계처리 사례

① 《창고보관료 발생》 상품을 보관하고, 상품보관료 1,500,000원(부가세 별도)에 대하여 세금계산서를 수취하고 그 대금은 나중에 지급하기로 하다.

보관료	1,500,000	/	미지급비용	1,650,000
부가세대급금	150,000			

광고선전비

광고선전비란 상품이나 제품 등의 판매촉진이나 기업이미지 제고 등을 위하여 불특정다수를 상대로 각종 매체를 통하여 홍보하는 비용을 말한다.
T.V, 인터넷, 라디오편집 및 광고비, 신문, 잡지광고비, 전단지제작비 및 전단지 배포비, 카다로그 제작비용, 간판설치비, 마케팅대행비, 교차로 및 벼룩시장 광고비.

◆ 광고선전비, 기업업무추진비, 기부금 구분
- 광고선전의 목적으로 불특정다수인에게 견본품, 달력, 수첩, 부채, 컵 등 이와 유사한 물품을 불특정다수인에게 기증하기 위하여 지출한 비용은 광고선전비에 해당한다.
- 업무와 관련하여 특정인에게 향응을 제공하거나 선물 등 물품을 제공하는 것은 기업업무추진비로 처리한다.
- 업무와 관련 없이 특정인에게 기증하는 금품은 기부금에 해당한다.

▶ 협찬금 계정과목
회사 상품 또는 제품의 선전을 위하여 지급하는 협찬금은 광고선전비로 처리한다.

▶ 간판설치비 계정과목
간판의 취득금액이 100만원을 초과하는 경우에는 '비품'으로 처리하여 매년 감가상각을 하여야 하나, 취득금액이 100만원 이하인 경우 '광고선전비'로 처리한다.

▶ 전시회 참가와 관련한 제비용 계정과목
광고선전비로 처리한다. 예를 들어 전시회 참가용으로 제품을 전시하고 사은품을 무료로 증정한 것은 광고선전비로 처리하고, 전시장에서 판매를 한 것은 통상의 매출로 처리한다.

▶ 홈페이지 제작비용 계정과목
법인이 대외 홍보를 목적으로 인터넷 홈페이지를 구축하면서 소요되는 비용은 자산(기구 및 비품)으로 계상한다. 단, 인터넷 쇼핑몰을 운영하는 회사의 경우 인터넷 홈페이지의 구축비용은 일반적으로 측정가능성을 충족하고, 당해 지출로 인하여 미래 경제적 효익의 유입을 매우 높게 기대할 수 있기 때문에 기타의 무형자산으로 처리하는 것이 적절하다.

◆ 소액 광고물품의 광고선전비 처리[법인세법 시행령 제19조 18]
광고선전 목적으로 기증한 물품의 구입비용[특정인에게 기증한 물품(개당 3만원 이하의 물품은 제외한다)의 경우에는 연간 5만원 이내의 금액으로 한정한다]

▣ 광고선전비 지출증빙서류

적격증빙 수취대상으로 3만원을 초과하는 거래시에는 세금계산서 등 정규영수증을 수취하여야 하며, 간이과세자로부터 구입시에는 신용카드로 결제하여야 적법한 증빙으로 인정받을 수 있다.

▣ 광고선전비 회계처리 사례

① 《신문광고비 지급》 회사 홍보를 위하여 일간신문에 광고를 의뢰하고, 광고비용 5,500,000원(부가세 포함)을 보통예금에서 계좌이체하고, 세금계산서를 발급받다. 그리고 송금수수료 1,000원이 보통예금에서 같이 인출되다.

광고선전비	5,000,000	/ 보통예금	5,501,000
부가세대급금	500,000		
지급수수료	1,000		

◎ 판매촉진비

판매촉진비란 판매의 촉진을 위하여 상품 등의 다량 구매자나 고정거래처의 매출에 따른 거래수량이나 거래금액에 따라 장려의 뜻으로 지급하는 금액 등을 처리하는 계정으로 기업회계기준에서는 일정 기간의 거래수량이나 거래금액에 따라 매출액을 차감하는 것은 매출에누리에 포함한다고 하여 판매장려금을 매출에누리와 동일하게 매출액의 차감항목으로 규정하고 있다.

그러나 세법의 규정은 판매장려금에 대하여 부가가치세를 과세하지 않으므로 실무에서는 판매비와관리비로 처리한다. 한편, 판매장려금을 지급받는 자는 장려금을 반드시 영업외수익으로 처리하여야 한다.

◆ **판매장려금은 부가가치세가 과세되지 아니하는 것임** (부가46015-6, 1999.1.5)
사업자가 자기 재화의 판매촉진을 위하여 거래상대자의 판매실적(공급이후)에 따라 재화 또는 용역의 공급없이 판매장려금을 금전으로 지급(또는 수령)하는 경우 당해 판매장려금에 대하여는 부가가치세가 과세되지 아니하는 것이나 별도의 판매관련 알선 등의 용역을 제공하고 그 대가를 리베이트(또는 수수료) 형식으로 받는 경우, 당해 제품 등을 공급받은 자가 동 제품 등을 공급자가 제시한 특정한 조건에 맞게 판매한 경우 별도로 지급하는 금액에 대하여는 부가가치세법 제1조의 규정에 의하여 부가가치세가 과세되는 것임

판매촉진비 지출증빙서류

판매촉진비는 재화 또는 용역을 공급받고 그 대가를 지급받은 것이 아니므로 정규영수증 수취대상 거래에 해당하지 아니한다.

판매촉진비 회계처리 사례

금전으로 지급하는 판매장려금

① 《판매촉진비 현금 지급》(주)한도물산은 상반기 매출금액 1억원을 초과 달성한 고정 매출처에 판매촉진비 3,000,000원을 현금으로 지급하다.

판매촉진비	3,000,000	/	현금	3,000,000

물품으로 지급하는 판매장려금품

판매실적에 따라 물품으로 지급하는 판매장려금품은 부가가치세법상 간주공급에 해당되며, 물품시가를 과세표준으로 하여 부가가치세를 계산하여 납부하여야 한다. 단, 부가가치세는 거래상대방으로부터 거래징수하여 납부하는 것이 아니므로 이 경우 세금과공과금으로 처리한다.

▶ **판매장려금을 재화로 지급하는 경우에는 사업상증여에 해당하는 것임**
사업자가 자기의 사업과 관련하여 취득한 부가가치세가 과세되는 재화를 자기의 고객

(거래처 등)에게 증여하는 경우에는 부가가치세가 과세되는 것이며, 이 경우 부가가치세 과세표준은 당해 재화의 시가가 되는 것이고, 세금계산서 발급의무는 면제되는 것임

① 《판매촉진비 지급》 (주)한성전자는 상반기 매출금액 5억원을 초과 달성한 고정매출처에게 매입원가 2,000,000원인 상품(시가 3,000,000원)을 판매장려금품으로 지급하다.

판매촉진비	2,000,000	/ 상품	2,000,000
세금과공과금	300,000	부가세예수금	300,000

♣ 대손상각비

♣ 결산 참조

♣ 견본비

상품 또는 제품의 판매를 위하여 거래처에 무상으로 제공하는 상품 또는 제품 샘플비용을 말한다. 견본품은 상품을 판매하기 위하여 타인으로부터 취득한 상품의 일부를 견본품으로 제공하는 경우와 샘플용 견본품을 별도로 제작하는 경우가 있다.

소량이고 일시적으로 견본품을 제작하는 경우 견본품 제작과 관련한 비용은 견본비로 처리하고, 회사가 계속적으로 샘플을 별도로 제작하는 경우에는 원가계산에 의하여 견본품원가를 재고자산으로 계상한 다음 그 사용 시 견본비로 대체처리 하여야 한다.

◆ 사업상 증여와 부가가치세 (부가46410-2689, 1999.09.03)
사업자가 자기의 사업과 관련하여 생산하거나 취득한 재화를 자기의 고객이나 불특정다수인에게 증여하는 경우로서 증여되는 재화의 대가가 주된 거래인 재화의 공급대가에 포함되지 아니한 경우에는 부가가치세가 과세되는 것입니다. 이 경우 부가가치세 과세표준은 당해 재화의 시가가 되는 것이고, 동법시행령 제57조의 규정에 의하여 세금계

산서 발급의무는 면제되는 것임. 다만, 당해 증여되는 재화에 대한 매입세액을 공제받지 아니하는 경우에는 과세되는 재화의 공급으로 보지 아니하는 것임.

◆ 견본품의 부가가치세 과세 여부 (부가, 부가22601-1091 , 1985.06.14)
사업자가 자기의 사업을 위하여 그 대가를 받지 아니하고 다른 사업자에게 인도 또는 양도하는 견본품은 부가가치세가 과세되지 아니하나, 그 대가를 받는 경우에는 부가가치세가 과세됨

▣ 견본비 지출증빙서류

견본품을 별도로 구입하는 경우, 견본품을 제작하는데 소요되는 비용은 적격증빙 수취대상으로 세금계산서 등 정규영수증을 수취하여야 한다.

▶ 견본비 회계처리 사례

①《견본품 제작》제품홍보를 위하여 동일물산에 샘플용 견본품 제작을 의뢰하다. 7. 20 샘플용품을 공급받고 매입세금계산서(공급가액 200만원, 부가세 20만원)를 수취하다. 그 대금 중 2,000,000원은 보유하고 있던 어음을 배서양도하고, 잔액은 현금으로 지급하다.

견본비	2,000,000	/	받을어음	2,000,000
부가세대급금	200,000		현금	200,000

◉ 외주가공비

외주가공비란 재화를 가공할 목적으로 외부에 용역을 주는 것을 말한다. 예를 들어 제품의 제조과정 중 조립 등 일부를 외부에 맡기고 그 비용 지출할 시 처리하는 계정으로 '외주비'라고도 한다. 또한 기업이 가내부업적인 용역을 가정주부 등으로부터 제공받고 그 대가를 지급하는 것은 대표적인 '외주비'에 속한다.

◨ 외주가공비 지출증빙서류

적격증빙수취대상으로 세금계산서등 정규영수증을 수취하여야 한다. 단, 외주가공의 경우에도 부품의 단순 조립 등을 위하여 사업자등록을 하지 않은 개인(동네 아주머니 등)에게 가공을 의뢰하는 경우 '잡급'으로 처리한다.

◆ 가정주부로부터 임가공용역을 제공받는 경우 지출증빙(법인 46012 - 77, 2000.1.11)
법인이 가정주부로부터 소득세법기본통칙 14 - 1에 해당하는 가내부업적인 용역을 제공받고 소득세법 제14조 제3항 제2호에 해당하는 대가를 지급하는 경우에는 법인세법 제116조 제2항의 지출증빙서류수취대상에서 제외됨.

▶ 외주가공비 회계처리 사례

① 《외주가공비 발생》 제품제조공정의 일부를 하청업체에게 가공하게 하고, 가공료 5,000,000원(부가세 별도)에 대하여 세금계산서를 수취하고 그 대금은 나중에 지급하기로 하다.

외주가공비	5,000,000	미지급비용	5,500,000
부가세대급금	500,000		

◨ 하자보수비

판매한 상품에 대한 하자보수와 관련하여 A/S 기간 동안 소요되는 부품 구입비용은 소모품비로 처리하나 그 금액이 많은 경우 이를 별도로 구분하여 처리하기 위하여 하자보수비 또는 기업의 특성에 맞는 별도 계정과목을 만들어 사용한다.

사업자가 재화를 공급함에 있어 사전약정에 의하여 당초 공급한 재화가 일정기간 내에 품질불량 등으로 하자가 발생한 때에는 동일한 종류의 다른 재화를 무상으로 교체하여 주기로 한 경우 당초 공급한 재화의 하자로 인하여 무상으로 재화를 교체하여 주는 것은 재화의 공급에 해당하지 아니한다.

◼ 하자보수비 지출증빙서류

하자와 관련하여 물품 등을 구입하는 경우 정규영수증인 세금계산서를 수취하거나 신용카드로 결제하여야 한다.

▷ 하자보수비 회계처리 사례

① 《하자발생에 따른 부품교체》 판매한 제품에 하자가 발생하여(무상수리 기한내) 부품 300,000원 상당액을 교체하여 주다.

하자보수비	330,000	/ 소모품	300,000

◨ 잡비

기타 달리 분류되지 않는 비용으로 그 금액이 소액이고, 자주 발생하지 않는 비용으로 영업활동과 관련한 비용은 잡비로 처리한다.

오.폐수처리비, 정화조청소비, 청소비, 세탁비, 렌트차량수리비, 방화관리용역비

▶ 잡비, 소모품비와 잡손실 구분

기타 달리 분류되지 않는 비용으로 영업활동과 관련한 비용은 잡비로 처리하고, 영업활동과 관련없이 발생하는 비용은 잡손실로 처리한다.

◼ 잡비 지출증빙서류

○ 국가기관, 공공기관에 지급한 것 : 해당 기관이 발행한 영수증
○ 일반과세자와의 거래 : 세금계산서, 신용카드전표, 현금영수증 등
○ 간이과세자 : 신용카드결제 도는 현금영수증
○ 사업자가 아닌 개인 : 일용노무비로 처리(잡급 참조)

3 영업외비용

> 영업외비용이란 직접적인 영업활동과 관련 없이 발생하는 비용으로 이자비용, 외환차손, 유가증권처분손실, 기부금, 잡손실, 외화환산손실, 법인세추납액, 재고자산감모손실, 유형자산처분손실, 등이 있다.

이자비용

이자비용이란 타인으로부터 금전 등을 차입하고 그 차입금에 대한 대가로 지불하는 비용을 말하며 금융기관 차입금에 대한 이자비용, 어음할인료, 기타 이자비용 등이 있다. 금융기관 등 제도권으로부터 차입한 차입금에 대한 이자는 회계처리에 있어 달리 문제될 점은 없으나 개인 또는 사채업자 등으로부터 금전을 차입하고 그 이자를 지급하는 경우 법원칙에 의하여 회계처리를 하기가 쉽지 않은 문제로 경리실무자들은 많은 어려움이 있을 것으로 판단되나 기업 현실에서 이자지급시 처리할 수 없는 문제는 개별 기업이 적절한 방법을 강구하여야 할 것이다.

■ 이자 지급과 이자소득세 및 지방소득세 원천징수

▶ 이자소득에 대한 원천징수세율

지급자	지급받는자	원천징수	지방소득세
개인	개인	이자소득세 25%	이자소득세의 10%
	법인	법인세 25%	법인세의 10%
	금융기관 등에 이자 지급	징수하지 않음	징수하지 않음
법인	개인	이자소득세 25%	이자소득세의 10%
	법인	법인세 25%	법인세의 10%
	금융기관 등에 이자 지급	징수하지 않음	징수하지 않음

▣ 이자비용 지출증빙서류

금융·보험용역을 제공받은 경우 정규영수증 수취대상거래가 아니다. 따라서 금융기관에 이자비용을 지급한 것은 해당 금융기관이 발행한 영수증 등을 수취하여 거래증빙으로 보관하면 되나 금융기관이 아닌 개인사채업자 등에게 이자비용을 지급한 경우에는 당해 사업자가 이자소득세 원천징수의무자로 이자소득세를 징수한 다음 징수일의 다음달 10일까지 원천징수이행상황신고서에 포함하여 신고하고, 이자소득세를 납부하여야 하며, 다음해 2월 말일까지 이자소득 지급에 관한 지급명세서를 관할세무서에 제출하여야 한다.

▶ 이자비용 회계처리 사례

■ 금융기관에 이자를 지급한 경우

① 《차입금 이자지급》 우리은행 단기차입금 1억원에 대한 이자비용 780,820원이 우리은행 보통예금에서 자동인출 되다.

이자비용	780,820 / 보통예금	780,820

■ 개인 또는 사채업자로부터 차입한 차입금에 대한 이자 지급

① 《개인사채이자 지급》 개인 사채(私債)에 대한 이자 1,000,000원을 지급하면서 이자소득세 250,000원 및 지방소득세 25,000원을 공제한 725,000원을 국민은행 보통예금에서 인출하여 지급하다.

이자비용	1,000,000 / 보통예금	725,000
	예수금	275,000

② 《이자소득세 납부》 개인 사채(私債)에 대한 이자지급시 징수한 이자소득세 250,000원 및 지방소득세 25,000원을 보통예금에서 인출하여 납부하다.

예수금	275,000 / 보통예금	275,000

■ 이자 선급과 결산분개

① 《선이자 지급》 9. 30 국민은행에 1년 만기 단기차입금 50,000,000원을 차입하고, 1년 분 이자비용 4,000,000원 및 기타 근저당수수료 등 차입관련 수수료비용 850,000원을 공제한 45,150,000원이 국민은행 보통예금에 입금되다.

보통예금	45,150,000	/ 단기차입금	50,000,000
지급수수료	850,000		
이자비용	4,000,000		

② 《선급이자 계상》 결산시 이자 선급액에 대하여 선급비용으로 계상하다.

선급비용	2,991,780	/ 이자비용	2,991,780

* 선급비용: 4,000,000원 × 273(미경과일수)/365 = 2,991,780원

▣ 이자비용 세무상 유의사항

대표이사 등 특수관계자에게 업무와 관련 없이 회사의 자금을 대여한 가지급금이 있고, 인정이자를 계상하여 법인의 익금에 산입한 경우로서 차입금이자가 있는 경우 지급이자에 총차입금에서 차지하는 가지급금 등의 비율을 곱하여 계산한 금액을 세무조정에서 손금불산입하여야 한다.

■ 지급이자 손금불산입액 계산

$$\text{지급이자} \times \frac{\text{업무무관 부동산 적수 + 업무무관 동산적수 + 업무무관 가지급금 적수}}{\text{차입금 적수}}$$

- 차입금 및 가지급금 등의 가액은 적수로 계산한다.
- 적수계산 : 적수계산 대상 차입금, 부동산, 동산 등의 매일 잔액을 1회계 기간 동안 합한 금액을 말한다.

외환차손

♣ 외환차익 참조

외화환산손실

♣ 외화환산이익 참조

기부금

기부금은 기업의 사업활동과는 직접적인 관계없이 타인에게 무상으로 기부하는 금품으로 기업의 사회적 책임 측면에서 정부는 기부금 지출을 장려하여야 할 것이나 그 지출이 과다할 경우 기업의 재무구조를 악화시키고 모든 기부금품에 대하여 손금으로 인정한다면, 조세회피의 수단으로 악용될 수도 있는바 세법에서는 기부금의 순기능과 역기능을 고려하여 기부금의 종류[특례기부금(2024년 이후 명칭 변경 : 법정기부금 → 특례기부금), 일반기부금(2024년 이후 명칭 변경 : 지정기부금 → 일반기부금)]에 따라 손금인정범위를 구체적으로 정하고 있다.

▶ 사업자가 자기의 상품 또는 제품을 국가 등에 기부하는 경우 부가가치세 과세 여부
사업자가 자기 과세사업과 관련하여 생산하거나 취득한 재화를 국가·지방자치단체·지방자치단체조합 또는 공익단체에 무상으로 공급하는 재화 또는 용역은 부가가치세가 면제되는 것이나 기타 무상으로 기부하는 것은 사업상증여에 해당하여 부가가치세가 과세되는 것임

▶ 인가받지 못한 사회복지시설 또는 단체(개인)에 기부한 경우 손금 인정 여부
세법상 기부금공제대상이 아니므로 손금으로 인정을 받을 수 없다. 따라서 일반기부금 대상단체에 해당하지 않는 경우 기부금으로 처리하고 세무조정에서 손금불산입하여야 한다. 다만, 이를 지급한 사실을 입증하는 증빙(보통예금 이체, 영수증)을 갖추어 두어야 한다.

▣ 기부금 지출증빙서류

기부금은 사업과 관련하여 사업자로부터 재화와 용역을 공급받고 대가를 지급하는 것이 아니므로 법인세법 제116조(지출증빙서류의 수취 및 보관) 및 제76조 제5항 (지출증빙가산세) 규정은 적용되지 아니한다. 단, 특례기부금 또는 일반기부금을 기부한 경우 기부금영수증(별지 제63호의 3 서식)을 수취하여 보관하여야 한다.

▣ 기부금 회계처리 사례

① 《기부금 지급》 대한맹아인협회에 1,000,000원을 현금으로 기부하다.

기부금	1,000,000	/	현금	1,000,000

● 기부금 세무상 유의사항

① 법인이 지출하는 기부금은 소득금액의 50% 한도내에서 손금으로 용인되는 기부금(법정기부금)과 소득금액의 10% 한도내에서 손금에 산입하는 일반기부금 및 손금에 산입하지 않는 비일반기부금으로 구분되며, 일반기부금 중 손금산입 범위액을 초과하는 금액과 비일반기부금은 손금에 산입할 수 없다.
* 지정기부금 대상단체 : 법인세법 시행령 제36조 및 법인세법 시행규칙 제18조 참조
② 기부금을 미지급금으로 계상한 경우 실제로 지출할 때까지는 기부금으로 보지 아니한다.
③ 기부금을 금전 외의 자산으로 제공한 경우 이를 제공한 때의 장부가액으로 기부금을 계상한다.

▣ 유가증권처분손실

유가증권처분손실이란 유가증권의 처분시 처분금액이 장부상 가액보다 적은 경우 발생하는 손실금액을 말한다.

기업이 일시적으로 여유자금이 발생하는 경우 단기 투자목적으로 주식 등 유가증권을 취득하기도 하지만, 중소기업의 경우 회사자금을 주식에 투자하는 경우는 자주 발생하지 않는다. 다만, 유형자산(차량운반구, 부동산 등)의 취득, 국가기관, 지방자치단체와의 거래시에 국채, 공채 등을 취득하여야 하는 경우가 있다. 이런 경우 취득한 국채, 공채는 그 회수기간이 길고 이자율이 낮으므로 대개의 경우 취득 즉시 증권회사, 사채업자 등에게 할인하여 현금화 하기도 한다.

▶ 유가증권처분손실 회계처리 사례

① 《상장주식 취득》 단기 투자를 목적으로 (주)진로의 주식 10,000,000원을 보통예금에서 인출하여 취득하고, 취득시 부대비용으로 50,000원을 현금으로 지급하다.

| 단기매매증권 | 10,000,000 | / | 보통예금 | 10,000,000 |
| 지급수수료 | 50,000 | | 현금 | 50,000 |

* 유가증권 중 단기매매를 목적으로 취득한 것은 구분하여 단기매매증권으로 처리한다.
* 유가증권을 취득할 때 제수수료는 지급수수료로 처리한다.

② 《주식 매각》 (주)진로의 주식을 8,000,000원에 매각하고, 매각대금 중 수수료 100,000원을 공제한 7,900,000원이 보통예금에 입금하다.

| 보통예금 | 7,900,000 | / | 단기매매증권 | 10,500,000 |
| 유가증권처분손실 | 2,600,000 | | | |

* 매각시 수수료 등 제비용을 지급수수료로 구분하여 처리하기도 한다.

▣ 투자자산처분손실

장기보유주식, 투자부동산 등 투자를 목적으로 소유하였으나 처분시 손실이 발생한 경우 처리하는 계정으로 투자자산의 장부가액보다 처분가액이 적은 경우 그 차액을 말한다.

▶ 투자자산처분손실 회계처리 사례

① 《투자주식 취득》 (주)갑을은 장기 투자를 목적으로 삼양사 주식 1,000주(주당 40,000원)를 취득하고 그 대금은 보통예금에서 인출하여 지급하다.

매도가능증권	40,000,000	/	보통예금	40,000,000

② 《투자주식 처분》 삼양사의 주식을 주당 30,000원에 처분하다. 그 대금은 보통예금에 입금되다.

보통예금	30,000,000	/	매도가능증권	40,000,000
투자자산처분손실	10,000,000			

◼ 유형자산처분손실

유형자산처분손실이란 토지, 건물, 기계장치, 비품, 차량운반구 등 유형자산의 처분가액이 장부상 가액보다 적은 경우 발생하는 손실금액을 말한다. 유형자산 처분시 해당 유형자산에 대한 감가상각누계액이 설정되어 있는 경우 감가상각누계액과 먼저 상계하여야 한다. 그리고 유형자산의 처분시 해당 연도 처분 월까지의 감가상각비를 계상하지 않아도 되므로 처분연도의 감가상각충당금은 계상하지 않는다.

▶ 유형자산처분손실 회계처리 사례

◎ 《기계장치 처분》 취득가액 2천만원인 기계장치를 3,000,000원(부가세 별도)에 처분하고 그 대금은 현금으로 수취하다. (감가상각누계액 5,000,000원)

현금	3,300,000	/	기계장치	20,000,000
감가상각누계액	5,000,000		부가세예수금	300,000
유형자산처분손실	12,000,000			

▶ 유형자산처분손실
매각금액(부가세 제외금액) - 장부가액(취득가액 - 감가상각누계액)

● 유형자산처분손실 세무상 유의사항

유형자산 처분시 유형자산에 대한 감가상각비를 세법상 감가상각비 한도내의 금액을 계상한 경우에는 달리 문제될 점이 없으나 세법상 감가상각비 한도액을 초과 계상하여 세무조정에서 손금불산입한 경우 당해 자산의 양도시 상각부인액은 양도일이 속하는 사업연도의 세무조정에서 손금산입한다. 왜냐하면, 상각부인액이란 기업이 장부상 계상한 감가상각비가 세법에 규정한 범위액을 초과하는 경우 그 초과액에 대하여 손금으로 인정하지 아니한 금액으로 감가상각자산의 양도시 잔존가액은 세무조정에서 상각부인을 하기 전 잔액이다. 따라서 상각부인액은 손익귀속연도의 차이로 인한 금액으로 처분시 손금산입하여야 한다.

▣ 유형자산감액손실

유형자산의 가치하락 또는 시장가치의 급격한 하락 등으로 인하여 유형자산의 미래 경제적 효익이 장부가액에 현저하게 미달할 가능성이 있는 경우에는 기업회계기준에 의하여 감액손실로 처리할 수 있다. 한편, 천재지변.화재 등 사유로 인하여 손실이 발생한 금액은 재해손실에 해당하며, 재해손실은 개정 기업회계기준서에 의하여 영업외비용으로 분류한다.

▣ 유형자산감액손실 증빙서류

유형자산 폐기시에는 유형자산을 매각하지 아니하고, 폐기하였다는 사실을 구체적으로 입증할 수 있는 관련 증빙자료를 반드시 보관하여야 한다.

▣ 유형자산감액손실 회계처리 사례

◎《유형자산 폐기》회사의 기계장치가 진부화되어 더 이상 사용이 불가능하게 되었다. 따라서 해당 기계장치를 폐기하다. 폐기시 잔존가치에서 1,000원을 공제한

금액을 전액 감액손실로 처리하다. (기계장치 취득원가 15,000,000원, 감가상각누계액 9,000,000원)

감가상각누계액	9,000,000	/ 기계장치	14,999,000
유형자산감액손실	5,999,000		

● 유형자산감액손실 세무상 유의사항

유형자산이 진부화되거나 시장가치가 급격히 하락한 자산에 대하여 기업회계기준에 의하여 감액손실을 계상한 경우 세법에서는 이를 인정하지 않으므로 외부회계감사를 받지 않는 중소기업의 경우 유형자산감액손실을 계상하지 않아도 무방하다. 단, 시설개체나 기술낙후로 인하여 생산설비의 일부를 폐기하는 경우에 한하여 유형자산감액손실을 계상할 수 있다.

전기오류수정손실

♣ 전기오류수정이익 참조

▷ 전기오류수정손실 회계처리 사례

■ 전기 비용 항목을 자산으로 처리한 경우

[예제] 전기에 기계장치 수리비 2백만원을 수선비로 처리하여야 하였으나 기계장치로 처리하였다. 따라서 당기에 전기 법인세 신고내용을 수정신고하고, 기계장치에서 차감하는 분개처리를 하다.

<전기 세무조정>
손금산입   2,000,000 (△유보)

<당기 회계처리> 기계장치 2백만원을 차감하는 분개처리를 하다.

| 전기오류수정손실 | 2,000,000 / 기계장치 | 2,000,000 |

<당기 세무조정> 손금불산입
전기오류수정손실 2,000,000원 (유보)

■ 부채가 장부에 누락된 경우

실제 부채가 있으나 장부상 누락된 경우로서 그 원인을 알 수 없는 경우 전기오류수정손실로 처리할 수 있으며, 이 경우 잉여금 항목의 전기오류수정손실로 처리하는 경우 별도의 세무조정은 하지 않아도 된다.

[예제] 거래처 외상매입금 1백만원이 있으나 장부에 누락되었음을 발견하고, 잉여금 항목의 전기오류수정손실로 처리하다.

| 전기오류수정손실 | 1,000,000 / 외상매입금 | 1,000,000 |

Q 잡손실

영업활동과 관계없이 발생하는 기타 손실금액을 말한다. 단, 잡손실이 중요한 금액인 경우 별도의 계정을 만들어 사용한다. 한편, 영업활동과 관련하여 발생하는 손실금액은 잡비로 처리한다.

소액의 손해배상금, 지체상금, 소액의 매출대금회수손실, 현금분실금액, 기타 손실금액, 업무와 관련하여 손해를 입은 피해자에 대한 보상금 또는 병원치료비등

▶ 잡비와 잡손실 계정과목 구분
통상의 거래에서 빈번히 발생하지 않는 영업외적인 손실금액은 잡손실로 처리하며, 영업활동과 관련있는 손실금액은 잡비로 처리한다.

▣ 잡손실 증빙서류

정규영수증을 수취하지 않아도 되는 예외거래를 제외한 경우 이외에는 정규영수증을 수취하여야 한다. 단, 손해배상금의 경우 재화나 용역의 공급에 해당하지 아니하므로 적격증빙수취대상거래는 아니나 지급사실에 대한 증빙서류(손해배상금 수령증 등)는 수취하여야 손금으로 인정받을 수 있다.

▶ 잡손실 회계처리 사례

◎ 《피해합의금 지급》 직원이 업무 중 차량 접촉사고를 일으켜 피해합의금 십만원을 현금으로 지급하다. 피해합의금은 회사가 부담하기로 하다.

잡손실	100,000 / 현금		100,000

◎ 재해손실

재해손실이란 화재, 천재지변, 풍수해 등으로 인하여 재고자산 및 유형자산이 멸실된 경우 처리하는 계정이다.

▶ 재해손실 회계처리 사례

① 《화재로 인한 건물 소실》 화재로 인하여 공장 건물이 전소되었다. 건물 취득가액 600,000,000원, 감가상각누계액 100,000,000원

감가상각누계액	100,000,000 / 건물		600,000,000
미결산	500,000,000		

② 《화재보험금 수령》 보험회사로부터 보험금 400,000,000원을 수령하다.

보통예금	400,000,000 / 미결산		500,000,000
재해손실	100,000,000		

4 법인세비용

법인세비용이란 법인세법에 의하여 당해 사업연도에 부담할 법인세 및 법인세에 부가되는 세액의 합계액을 말한다. 법인세는 사업소득과 관련하여 발생한 비용이 아니라 법령에 의하여 납부하는 세금으로 손금산입대상이 아니다. 따라서 법인세는 세무조정에서 손금불산입처리한다.

◎ 법인세비용

법인세는 결산 시점에 결산서상 당기순이익을 기준으로 납부할 법인세 및 법인세분 지방소득세를 산출하여 장부상 계상한 다음 세무조정으로 인하여 실제 납부할 법인세와 차액이 발생하는 경우 추가로 납부하는 금액은 '법인세비용' 또는 '법인세추납액'으로 처리하며, 실제 납부할 금액이 회계기말에 계상한 법인세보다 적은 경우 그 차액은 '법인세환급액'으로 처리한다.

▶ 법인세추납액은 법인 세무조정 등에 의하여 실제 납부할 세금이 전년도 결산시 장부상 계상한 미지급법인세 잔액보다 많은 경우 또는 세무조사 등에 의하여 추징되는 법인세를 처리하는 계정으로 영업외비용으로 처리한 다음 세무조정에서 손금불산입한다.

▶ 법인세환급액은 전년도 결산시점 장부상 잡혀있는 미지급법인세 잔액이 법인 세무조정 결과 실제 납부할 세금보다 많은 경우 처리하는 계정으로 법인세환급액은 영업외수익으로 처리한 다음 세무조정에서 익금불산입한다.

회계기말에 납부할 법인세를 계상하여 '법인세비용'으로 처리하여야 하나 회계기말에 납부할 세액을 계상하지 아니하고, 실제 납부시에만 회계처리하는 경우에도 과세소득에 영향이 없고, 그 결과가 동일하므로 실무에서는 회계기말에 별도로 납부할 세액을 계상하지 아니하고 납부시에만 '법인세비용'으로 처리하기도 한다.

법인세는 회계기간 중 법인세중간예납세액을 납부하여야 하며, 법인이 예금에 대한 이자수입이 발생하는 경우 금융기관이 법인에게 예금이자를 지급할 시 이자소득세를 원천징수하게 되므로 미리 납부하는 경우가 있다. 미리 납부하는 법인세는 '선납세금'으로 처리한 다음 납부할 법인세에서 차감한다.

■ 법인세

법인세법의 규정에 의하여 법인의 각 사업연도소득에 대하여 사업연도종료일(12월말 법인 12. 31)로부터 3개월 내에 신고 및 납부하여야 하는 세금이다.

■ 법인세분 지방소득세

법인세와는 별도로 지방세법의 규정에 의하여 법인세의 10%를 사업연도종료일(12월말 법인 12. 31)로부터 4개월 내에 신고 및 납부하여야 하는 세금이다.

■ 법인세 중간예납세액

내국법인으로서 각 사업연도의 기간이 6월을 초과하는 법인은 당해 사업연도개시일부터 6월간을 중간예납기간으로 하여 직전 사업연도의 법인세로서 확정된 산출세액(가산세를 포함하며, 토지등 양도소득에 대한 법인세를 제외한다)에서 다음 각 항의 금액을 공제한 금액을 직전 사업연도의 월수(12개월)로 나눈 금액에 6을 곱하여 계산한 금액(중간예납세액)을 그 중간예납기간(12월말 법인의 경우 6. 30)이 경과한 날부터 2월 이내(8. 31)에 납세지 관할세무서·금융기관 또는 체신관서에 납부하여야 하는 것이다.

① 직전 사업연도에 감면된 법인세액(소득에서 공제되는 금액을 제외한다)
② 직전 사업연도에 법인세로서 납부한 원천징수세액
③ 직전 사업연도에 법인세로서 납부한 수시부과세액

▶ 법인세 중간예납세액
[(직전사업연도 산출세액 + 가산세) - 감면세액 - 원천납부세액 - 수시부과세액] × 6/12

■ **선납세금**

금융기관 등으로부터 이자를 수령할 시 원천징수되는 이자소득원천징수세액은 선납세금으로 처리한 후 법인세 납부시 납부할 세금에서 공제한다.

▶ **법인세비용 회계처리 사례**

① 《이자수입에 대한 법인세 납부》 정기예금을 예치하여 둔 거래은행에서 정기예금 이자 1,000,000원이 발생하여 법인세 140,000원 및 지방소득세 14,000원을 원천징수하고 잔액 846,000원을 보통예금통장으로 입금하다.

보통예금	846,000 /	이자수익	1,000,000
선납세금	154,000		

② 《법인세 중간예납세액 납부》 법인세 중간예납세액 5,000,000원을 보통예금에서 인출하여 납부하다.

선납세금	5,000,000 /	보통예금	5,000,000

③ 《법인세 계상》 회계기말 결산시 법인세 10,000,000원 및 법인세분 지방소득세 1,000,000원을 계상하다.

법인세비용	11,000,000 /	선납세금	5,154,000
		미지급법인세	5,846,000

④ 《미지급법인세 납부》 세무조정 후 법인세 12,000,000원 및 법인세분 지방소득세 1,200,000원이 계상되어 납부할 법인세 12,000,000원에서 선납세금 5,154,000원을 공제한 6,846,000원을 보통예금에서 인출하여 납부하다.

미지급법인세	5,846,000 /	보통예금	6,846,000
법인세비용	1,000,000		

⑤《법인세분 지방소득세 납부》법인세분 지방소득세 1,200,000원을 보통예금에서 인출하여 납부하다.

법인세비용	1,200,000	/ 보통예금	1,200,000

법인세등추납액

법인세등추납액은 전년도 결산시점에 계상한 미지급법인세보다 법인 세무조정 등에 의하여 실제 납부할 세금이 많은 경우 또는 세무조사등에 의하여 추징되는 '법인세등'을 처리하는 계정으로 세무조정에서 손금불산입한다. 반면, 법인세환급액은 전년도 결산시점에 계상한 미지급법인세가 세무조정 후 실제 납부할 세금보다 많은 경우 처리하는 계정으로 법인세환급액은 그 발생 원인에 따라 전기오류수정이익(영업외수익)으로 처리한 다음 세무조정에서 익금불산입 하여야 한다.

법인세등추납액 회계처리 사례

①《법인세 등 추징세액 납부》법인세조사 결과 법인세 5,000,000원 및 동 가산세 1,500,000원, 부가가치세 3,000,000원 및 동 가산세 500,000원이 추징되어 보통예금에서 인출하여 납부하다.

법인세등추납액	8,000,000	/ 보통예금	10,000,000
세금과공과금	2,000,000		

3

결산정리·재무제표
차량세무·지출증빙

1 결산 및 결산과정

1 결 산

결산이란 1사업연도 (통상 1. 1 ~ 12. 31) 기간 동안 기업의 사업활동과 관련하여 발생한 수많은 거래를 기록한 자료를 근거로 기업회계기준에 의하여 일정 시점(12. 31)에 기업이 보유하고 있는 자산상태를 표시하는 재무상태표, 일정 기간(1. 1 ~ 12. 31) 동안 사업실적(손익)을 나타내는 손익계산서, 제조업 및 건설업의 경우 제조현장 및 건설현장에 직접 소요된 원가를 표시하는 원가명세서, 법인사업자의 경우 법인의 사업활동 결과 발생한 이익의 처분내역을 나타내는 이익잉여금처분계산서(손실이 발생한 경우에는 결손금처리계산서) 등을 작성하기 위한 일련의 과정을 말한다. 다시 말하면, 결산이란 기업이 일정 시점에 보유하고 있는 자산 및 부채, 자본 현황을 정확히 측정하고 일정 기간 동안의 사업실적을 보다 명백히 파악하기 위한 일련의 회계과정을 결산이라 한다.

재무제표란 이러한 결산 과정을 거쳐 작성한 재무상태표, 손익계산서, 이익잉여금처분계산서(또는 결손금처리계산서), 현금흐름표, 자본변동표로 구성되며, 주석을 포함한다.

보 충 | 현금흐름표

현금흐름표란 회계기간동안 발생한 현금유입과 현금유출에 관한 정보를 제공하는 재무보고서로 외부감사를 받는 법인의 경우 법인세신고시 제출하여야 한다. 따라서 외부회계감사를 받지 않는 중소기업의 경우 통상 현금흐름표를 작성하지 않는다.

2 결산과정은 왜 필요한가?

기업에서 발생한 각종 거래를 기록.정리한 다음 결산과정을 거치지 않고 총계 정원장을 마감 및 집계하여 사업연도 말 현재 시점의 기업 재산상황을 나타내는 재무상태표 및 사업연도 기간 동안의 사업실적을 나타내는 손익계산서를 작성한 경우 기업의 재무상태 및 경영성과를 정확하게 표현한 것인가? 를 살펴보면, 아래와 같은 문제점을 알 수 있을 것이다. 따라서 기업은 결산시 반드시 결산정리과정을 거쳐야 비로소 정확한 기업재무상태 및 경영성과를 알 수 있다. 최근 대부분의 기업은 장부정리 및 결산정리과정을 수기로 처리하지 않고 전산으로 처리하므로 본 장에서는 그 개념을 이해하는 정도의 대략적인 흐름만을 살펴보자.

○ 당기 중에 구매한 원재료(또는 상품)매입액 전액이 기말재고자산으로 남아 있어 매출원가에 반영되지 않았다.
○ 유형자산(건물, 기계장치, 차량운반구, 공구.기구, 비품 등)의 감가상각비가 당기 중 반영되지 않아 이익이 과대하게 계상되었다.
○ 기말 현재 현금시재가 장부상 현금시재와 차액이 있는 경우 차액이 반영되지 않았다.
○ 기업이 보유하고 있는 유가증권의 시가가 장부상 금액(취득원가)과 차이가 있는 경우 그 시가가 반영되지 않았다. (세법은 평가손익을 인정하지 아니함)
○ 당기 중에 지급한 각종 비용 중 그 기간이 다음연도까지 미치는 경우에도 당기에 전액 비용으로 계상함으로서 비용을 과대하게 계상하였다.
○ 당기 중에 발생한 수익 중 일부금액은 다음연도의 수익에 해당함에도 당기에 전액 수익으로 계상함으로서 이익을 과대하게 계상하였다.
○ 당기에 발생한 비용임에도 사업연도말까지 지급을 하지 않은 경우 비용이 과소 계상되었다.
○ 당기에 실현된 수익임에도 이를 수익에 반영하지 않아 수익이 과소 계상되었다. (임대료 등의 미수수익)
○ 장차 일시에 발생할 수 있는 손실에 대하여 당기에 일정금액을 비용에 반영하지 못하여 이익이 과대하게 계상되었다. (대손상각, 퇴직급여 등)

③ 결산정리과정

결 산 절 차		
결산 예비절차	결산 본 절차	결산보고서 작성
1 수정전 합계잔액시산표 2 보조장부와 대조 3 재고조사 실시 4 결산정리분개 5 정산표 작성	1 수정후 합계잔액시산표 2 장부마감과 이월	1 재무상태표 2 손익계산서 3 이익잉여금처분계산서 4 현금흐름표 5 부속명세서

◎ 결산 예비절차

❶ 합계잔액시산표 작성

기업에서 발생하는 모든 거래는 항상 분개 방식으로 기록하므로 계정과목을 집계하면 차변 계정과목 금액 합계와 대변 계정과목 금액합계는 언제나 일치하도록 되어 있다. 따라서 총계정원장(계정별원장)에 있는 모든 계정과목의 합계를 아래 예시와 같이 나열하여 표를 작성한 것이 시산표이다. 시산표는 잔액만을 표시하는 잔액시산표, 합계만을 표시하는 합계시산표, 합계 및 잔액을 표시하는 합계잔액시산표가 있으며 실무에서는 대부분 합계잔액시산표를 작성한다.

```
        차   변                          대   변
(계정과목)        ******        (계정과목)        ******
```

[합계잔액시산표]

차 변		계정과목	대 변	
잔 액	합 계		합 계	잔 액

❷ 보조장부와 대조

계정별원장만으로는 거래내용을 파악하기가 불충분한 경우 필요에 따라 보조장부를 작성한다. 보조장부에는 거래처원장, 기타 거래처원장(예금 통장별원장, 차입금별원장 등), 지급어음관리대장, 받을어음관리대장 등이 있으며 계정별원장 잔액과 보조장부 금액(채권.채무조회 및 거래처별 잔액 및 합계금액)의 일치 여부를 대조한다.

❸ 재고조사 실시

결산일 현재 재고자산을 조사하여 장부상 금액과 일치 여부를 검토한 다음 차액에 대하여 결산정리분개를 한다.

❹ 결산정리 분개

결산정리할 사항에 대하여 체크리스트를 작성하여 결산정리분개 후 계정별원장에 전기한다.

❺ 정산표 작성

수정전 잔액시산표를 기준으로 결산정리분개 사항을 정리기입한 후 차가감하여 손익계산서 및 재무상태표란 차변 및 대변란에 기입한다. 단, 전산처리시 별도로 정산표를 작성하지 않아도 자동으로 처리된다.

《정산표 양식》

계정과목	잔액시산표		정리기입		손익계산서		재무상태표	
	차변	대변	차변	대변	차변	대변	차변	대변

결산 본 절차

❶ 수정후 합계잔액시산표 작성

총계정원장(계정별원장)의 각 계정과목별 장부를 마감한다.

❷ 장부마감과 이월

제장부를 마감한 다음 이월한다. 전산처리시 자동으로 처리된다.

결산보고서 작성

❶ 재무상태표 작성

장부를 마감한 다음, 자산은 자산의 종류별(계정과목)로 구분하여 표시하고, 자산을 형성한 원천인 부채 및 자본을 종류별(계정과목)로 일정한 순서에 의하여 기록하여 작성한다. (자산 = 부채 + 자본)

❷ 손익계산서 작성

장부를 마감한 다음 매출을 표시하고, 매출과 관련하여 발생한 제비용(판매비 및 일반관리비)을 종류별로 표시한 다음 영업외 수익과 영업외 비용을 차가감한 후 당기순이익을 계산한다.

❸ 이익잉여금처분계산서 작성

법인기업의 경우 이익잉여금의 처분에 관한 내역서를 작성한다.

2 결산정리사항

1 상품매출원가 계산(도·소매업)

기업의 목적은 이윤추구다. 이윤을 얻기 위해서 도.소매업은 상품을 구입하여 판매하여야 하고, 제조기업은 원재료 등을 가공하여 제품을 생산하여 판매하여야 한다. 즉 판매를 통하여 이윤을 만들 수 있으며, 물품 등을 판매하기 위해서는 여러 가지 비용이 든다. 이 비용 중 판매한 물품 등의 물품구입원가를 매출원가라 하며, 제조업은 판매한 제품의 제품생산원가가 매출원가이다.

예를 들어 상품 한 개를 100,000원에 구입하여 130,000원에 판매하였다면, 상품의 매출원가는 100,000원이다. 그러나 상품 종류가 많고 동일한 상품이라도 구입시마다 상품단가가 다른 경우 각 개별 상품별로 판매한 상품의 구입원가(매출원가)를 계산하기란 현실적으로 어려우므로 일정 기간 동안 판매한 상품의 원가는 아래와 같이 계산한다.

기초상품가액에 당기 상품매입액을 합한 금액은 당기 중 판매가능한 상품가액이다. 당기 중 상품을 전액 판매하였다면, 당기매출액에 대한 매출원가는 기초상품가액에 당기 상품매입액을 합한 금액이다. 그러나 기말에 판매되지 않고 남아 있는 상품이 있다면, 판매가능한 상품가액에서 기말상품재고금액을 차감한 가액이 당기 매출원가다. 따라서 당기 매출원가를 산출하려면 반드시 기말상품재고를 파악하고 그 금액을 계산하여야 한다.

> 매출원가 = 기초상품재고액 + 당기 상품매입액 - 기말상품재고액

매입액

당기상품매입액은 상품의 총매입액에서 매입에누리와 환출 및 매입할인을 차감한 금액으로 한다. 즉, 수량부족, 불량 등의 사유로 에누리를 받은 금액 및 매입한 상품 중 반품한 상품을 차감하여야 한다.

[매입환출]
매입된 제품이 불량 등의 원인으로 반품한 것을 말한다.
[매입에누리]
수량부족, 불량 등의 사유로 매입대금을 할인받은 것
[매입할인]
매입자가 외상대금을 약속한 날짜보다 일찍 상환할 시 매출자가 외상매출대금의 일부를 깎아 준 금액을 말한다.

한편, 상품매입에 직접 소요된 제비용은 매입액에 포함한다. 예를 들어 매입상품의 운반비 또는 수입물품의 경우 수입시 발생하는 제비용(관세, 통관수수료, 운임 등)은 수입물품의 원가에 포함한다.

[사례] 도·소매업의 매출원가 계산
1. 회계연도 초일 현재 이월된 상품 : 3천만원
2. 1. 1 ~ 12. 31 기간 중 상품매입액 : 1억 7천만원
3. 당해 회계연도 중 판매 가능한 상품가액 : 2억원(기초상품재고액 + 당기매입액)
4. 12. 31 기말 현재 재고상품 : 2천만원
5. 매출원가(매출한 상품의 매입원가) : 1억 8천만원

◎《상품계정을 매출원가로 대체》당기에 판매가능한 상품(기초상품재고액 + 당기매입액) 중 기말재고상품을 제외한 1억 8천만원을 매출원가로 대체하다.

매출원가	180,000,000 / 상품	180,000,000

2 제품제조원가 및 매출원가 계산

제조기업의 경우 제품의 제조원가를 산출하기 위하여 제품 제조에 투입된 재료비, 노무비, 기타 경비 등을 집계한 다음 제품 생산과정에 있는 재공품 가액을 평가하여 차감한 후 제품계정에 대체하고, 기말제품가액을 평가하여 차감하여야 하는 등 그 계산절차가 매우 복잡하고 어려운 일로 제품의 제조원가를 정확히 산출하기란 쉽지 않으므로 소규모 기업의 경우 재공품재고액 등을 무시하고 생산공정에 투입된 총비용을 단순 계산하여 당기 완성제품가액을 산출한 다음 기초제품가액을 더하고 기말제품가액을 차감하여 매출원가를 계산하기도 한다.

▶ 제조업 매출원가계산 흐름도

- 재료비 : 매입한 원재료 중 제품제조에 투입한 금액(원재료 → 원재료비)

종합원가계산에 의한 제품제조원가 및 매출원가 계산

종합원가계산은 단일종류의 제품을 대량생산하는 업종에 적용하는 원가계산방법으로 식품, 금속, 제지제조업, 화학공업 등의 원가계산에 적합한 방법이다.

종합원가계산은 하나 이상의 제조공정을 이용하여 생산되는 제품에 원가를 배분하는 방법으로 각 공정별로 원가계산이 이루어진다.

종합원가계산에서는 각 제조공정별로 제조원가를 집계하고, 일정 기간 동안 그 공정에서 생산한 총생산량에 균등하게 배분하여 생산량의 단위당 원가를 계산하는 방법이다. 즉, 이 방법은 각 공정이나 부문별로 집계한 원가를 생산량으로 나누어 단위당 원가를 산출한다. (재공품수량은 완성품수량으로 환산하여 계상함)

종합원가계산에서는 원가요소를 일반적으로 재료비(직접재료비)와 가공비(직접노무비와 제조간접비)로 구분한다.

■ 종합원가계산 과정

종합원가계산방법에 위한 제품의 매출원가를 계산하기 위해서는 기말 현재 시점의 재고자산 가액을 평가하여 반영하여야 한다. 예를 들어 당기 중 총매출액이 5억원이고, 당기 중 제품생산과 관련하여 원재료를 구입한 금액 및 임금, 제조와 관련한 기타 경비의 총 합계액(생산원가)이 4억 1천만원으로 당기 중 생산된 제품이 전부 판매되었다면 당기 매출총이익은 9천만원이 될 것이다.

그러나 제조기업의 경우 회계기말에 재고자산(원재료, 재공품, 제품)을 제조원가에서 차감하여 원가계산을 하여야 한다.

○ 원재료 : 회계기말에 생산에 투입되지 않고 남아 있는 원재료 재고가액
○ 재공품 : 생산과정에 있는 미완성된 제품가액
○ 제품 : 완성된 제품 중 판매되지 않고 재고로 남아 있는 제품 재고가액

❶ 원재료비 계산

기초원재료재고액에 당기 원재료 매입액을 합한 금액에서 기말원재료재고액을 차감한 금액으로 한다.

```
Ⅰ 재료비                                150,000,000    ■ 재료비의 계산
  1 기초원재료재고액      40,000,000                      기초원재료재고액
  2 당기원재료매입액     180,000,000                    + 당기원재료매입액
     합    계           220,000,000                    - 기말원재료재고액
  3 기말원재료재고액      70,000,000
Ⅱ 노무비                                110,000,000
Ⅲ 경  비                                120,000,000
     외주가공비           60,000,000
     전력비               10,000,000
     유류대               20,000,000
     소모품비             10,000,000
     감가상각비           20,000,000
Ⅳ 당기 총제조원가                       380,000,000
```

• 재료비(1억 5천만원) = 기초원재료재고액(4천만원) + 당기원재료매입액(1억 8천만원)
  - 기말원재료재고액(7천만원)

❷ 재공품 계산

당기에 투입한 총제조원가에 전기 이월된 미완성 제품가액('재공품'이라 한다.)을 합한 금액이 당기에 제품을 생산할 수 있는 합계금액이며, 당기에 생산 가능한 합계금액에서 전기에서 이월된 재공품과 마찬가지로 당기 말 현재 생산과정에 있는 재공품을 차감한 금액이 당기에 완성된 제품의 제조원가이다.

> 제품제조원가 = 기초재공품재고액 + 당기제조원가 - 기말재공품재고액

단일 종류의 제품을 생산하는 종합원가계산의 경우 회계기말에 생산중에 있는 재공품가액을 별도로 평가하여 완성된 제품을 제품으로 대체한다.

반면, 개별원가계산의 경우 제품의 제조와 관련하여 발생한 모든 제조비용(직접재료비, 직접노무비, 제조간접비)은 제품별로 재공품 계정으로 대체한 다음 완성된 제품은 제품계정으로 대체한다.

◘ 당기 완성제품 제조원가 계산

Ⅰ 재료비		150,000,000	• 재료비의 계산
1 기초재료재고액	40,000,000		기초재료재고액
2 당기재료매입액	180,000,000		+ 당기재료매입액
합　계	220,000,000		- 기말재료재고액
3 기말재료재고액	70,000,000		
Ⅱ 노무비		110,000,000	
Ⅲ 경　비		120,000,000	
외주가공비	60,000,000		
전력비	10,000,000		
유류대	20,000,000		
소모품비	10,000,000		
감가상각비	20,000,000		
Ⅳ 당기 총제조원가		380,000,000	
Ⅴ 기초 재공품재고액		40,000,000	
합　　계		420,000,000	
Ⅵ 기말 재공품재고액		70,000,000	
Ⅶ 당기 완성제품제조원가		350,000,000 완성제품 10,000개	

❸ 기말재공품가액 계산

○ 전기에 이월된 재공품이 4천만원인 경우 당기에 생산 가능한 금액
　합계(4억 2천만원) = 기초재공품 (4천만원) + 총당기 제조비용(3억 8천만원)
○ 당기에 생산된 완성제품 개 수 : 10,000개
○ 생산 중에 있는 미완성제품 개 수 : 2,500개, 완성도가 80%인 경우
　◦ 완성제품의 생산원가와 미완성제품의 생산원가를 계산하려면 먼저 제품의 단위 당 생산원가를 계산한 다음 환산하여야 한다.

○ 제품 단위 당 생산원가 계산

제품 단위 당 생산가격 (3만 5천원) = [기초재공품재고액(4천만원) + 당기 총제조원가(3억8천만원)] ÷ [(완성제품수량:10,000개) + 완성품 환산량(2,000개)] = 4억 2천만원 ÷ 12,000개

* 완성품 환산량이란 미완성제품의 화폐적 평가를 위하여 생산 중에 있는 제품 수량(2,500개)에 완성도(80%)를 곱한 수량(2,000개)을 말하며, 완성도는 제품의 완성정도로 경험에 의하여 추정한다.

○ 완성제품가액(3억 5천만원) = 수량(10,000개) × 단위 당 생산가격(35,000원)

○ 미완성제품가액(7천만원) = 수량(2,500개) × 완성도(80%) × 35,000원

▶ 완성된 제품을 제외하고 생산 중에 있는 미완성제품(재공품)의 가액을 일정한 기준에 의하여 계산한다는 것은 현실적으로 대단히 어렵다. 따라서 소기업의 경우 재공품가액을 무시하거나 추정에 의하여 평가하기도 한다.

❹ 기말재고제품 계산

완성제품에는 판매된 제품과 기말에 판매되지 않고 남아 있는 제품이 있으므로 이를 반영하여야 매출원가를 계산할 수 있다. 예를 들어 전기이월 제품가액이 3천만원이고, 당기 완성제품가액이 3억 5천만원인 경우 당기에 판매 가능한 제품가액은 3억 8천만원이나 기말 현재 당기에 판매되지 않고 남아 있는 기말제품재고액이 3천 5백만원이 있는 경우 당기에 판매된 제품의 원가는 당기에 판매가능한 제품가액 3억 8천만원(11,000개)에서 기말 현재 판매되지 않고 차기로 이월되는 제품가액(3천 5백만원)을 차감한 3억 4천5백만원이 매출원가다.

매출원가 계산 (판매된 제품의 생산원가)
매출원가 = 기초제품재고액 + 당기 완성제품생산원가 - 기말제품재고액

◦ 당기에 판매가능한 완성제품가액 : 전기 생산제품 중 당기에 이월되어 온 완성제품(1,000개 : 3천만원) + 당기 완성제품생산액(10,000개: 3억 5천만원)

◦ 매출원가(3억 4천5백만원) : 전기이월 제품재고액(3천만원) + 당기 제품제조원가(3억 5천만원) - 기말제품재고액(3천 5백만원)

▶ **당기 매출원가 및 매출총이익 계산**

Ⅰ 매출액		500,000,000
Ⅱ 매출원가		345,000,000
기초제품재고액	30,000,000	
당기제품제조원가	350,000,000	
합　계	380,000,000	
기말제품재고액	35,000,000	
Ⅲ 매출총이익		155,000,000 (매출액 - 매출원가)

이와 같이 기말재고자산의 평가가액을 얼마로 하느냐에 따라 제품의 판매와 관련한 매출원가가 달라지므로 기말 재고자산의 적정평가는 매우 중요하다.

> **보 충** | **원가계산의 한계**

제품을 생산하여 판매하는 제조기업의 경우 제품의 생산원가가 얼마인가는 대단히 중요하다. 왜냐하면, 제품의 생산원가를 알아야 판매가격을 결정할 수 있고, 여러 가지 종류의 제품을 생산하여 판매할 시 각 제품의 생산원가에 대한 계산 자료가 있어야만 판매시 손실이 발생하는 특정제품의 생산을 중단할 수 있을 것이고, 이익이 많이 나는 제품은 더 많이 판매하기 위하여 노력할 것이다. 또한, 도급건설업의 경우 도급공사금액의 결정시 공사에 소요되는 원가를 예측하지 못하여 도급금액을 공사원가보다 낮게 측정한다면 손실이 발생할 수 있는 것이다. 이와 같이 제조업 또는 건설업을 운영하는 사업자에게 있어 원가의 계산은 대단히 중요함에도 원가계산 과정이 복잡하고 어려운 관계로 대다수 중소기업 은 원가를 일정 기준에 의하여 계산하지 않고 있는 실정이다.

◉ 개별원가계산에 의한 제조원가 및 매출원가 계산

개별원가계산은 제품의 종류나 규격이 상이한 개별적인 생산형태의 기업에 적용되는 원가계산방법으로 조선업, 건설업, 기계제조업 등 주문이나 수요에 따라 특정제품을 개별적으로 생산하는 소품종 개별생산방식, 주문자생산방식 기업의 원가계산에 적합하다.

개별원가계산은 제조지시서에 의하여 개별 작업별로 원가계산을 하여야 하기 때문에 제조직접비와 제조간접비의 구분은 매우 중요하며, 원가가 발생할 때마다 제조직접비는 각 제품에 부과하고, 제조간접비는 원가계산시점에 적정한 기준으로 각 제품별로 배부한다.

개별원가계산의 경우 개별 작업 중 기말 현재 완성된 것은 제품으로, 작업 중에 있는 것은 재공품으로 자동 계산되므로 종합원가계산에서와 같이 별도의 기말재공품 평가과정은 필요하지 않다.

■ 개별원가계산 절차

■ 개별원가 계산 사례

○ 선박 A : 제조비용 5억원 → 완성(기말재고)
○ 선박 B : 제조비용 28억원 → 완성 → 판매
○ 선박 C : 제조비용 2억원 → 미완성(기말재고)

▶ 제품별 부과 및 배부표 (단위 : 백만원)

제품 종류	제조비용 합계	재료비	노무비	제조간접비 합계	제조간접비			
					복리후생비	전력비	소모품비	감가상각비
합 계	3,500	1,500	1,000	1,000	100	300	100	500
선박 A	500	200	200	100	10	20	10	60
선박 B	2,800	1,200	750	850	80	270	80	420
선박 C	200	100	50	50	10	10	10	20

㉠ 두 가지 이상의 제품을 제조하는 개별원가계산에서 제품별로 추적이 가능한 직접재료비는 작업지시서 등에 의하여 각 제품별로 부과한다.

ⓒ 두 가지 이상의 제품을 제조하는 개별원가계산에서 재료비 중 제품별로 직접 추적할 수 없는 간접비는 제조간접비 계정으로 대체한 다음 일정한 기준에 의하여 각 제품별로 배부한다.

❶ [원재료의 원재료비 대체] 당기 원재료매입액 20억원 중 기말원재료재고액 5억원을 제외한 15억원을 원재료비로 대체하다.

| 원재료비 | 15억원 / 원재료 | 15억원 |

ⓐ 재료비의 제품별 부과

제조비용(A)	2억원 / 재료비	15억원
제조비용(B)	12억원	
제조비용(C)	1억원	

❷ [노무비 발생] 임금 10억원을 현금으로 지급하다.

| 임금 | 10억원 / 현금 | 10억원 |

ⓐ 임금의 제품별 부과

제조비용(A)	2억원 / 임금	10억원
제조비용(B)	7억 5천만원	
제조비용(C)	5천만원	

❸ [경비 발생]
㉠ 전력비 3억원을 현금으로 지급하다.

| 전력비 | 3억원 / 현금 | 3억원 |

ⓒ 복리후생비 1억원을 현금으로 지급하다.

| 복리후생비 | 1억원 / 현금 | 1억원 |

ⓒ 소모품비 1억원을 현금으로 지급하다.

| 소모품비 | 1억원 / 현금 | 1억원 |

㉣ 기계장치 감가상각비 5억원을 계상하다.

| 감가상각비 | 5억원 / 감가상각누계액 | 5억원 |

❹ **[경비의 제품별 배부]** 경비(10억원)를 특정한 배부기준(면적, 기계사용시간, 선박 톤수 등)에 의하여 제품별 제조비용으로 배부하다.

제조비용(A)	1억원	/	복리후생비	1억원
제조비용(B)	8억 5천만원		전력비	3억원
제조비용(C)	5천만원		소모품비	1억원
			감가상각비	5억원

❺ **[제조비용의 제품계정 대체]** 당기 총제조비용 35억원 중 기말재공품 2억원(선박 C)을 제외한 제품생산액 33억원(선박 A, 선박 B)을 제품계정으로 대체하다.

제품	33억원	/	제조비용	33억원

❻ **[제조비용의 재공품 대체]** 미완성제품 2억원(선박 C)을 재공품으로 대체하다.

재공품	2억원	/	제조비용	2억원

❼ **[제품 매출]** 선박 B를 40억원에 판매하고 그 대금은 현금으로 받다.

현금	40억원	/	제품매출	40억원

❽ **[당기 판매한 제품의 원가를 매출원가로 대체]** 당기에 판매한 선박 B의 제조비용은 28억원이고, 동 금액을 매출원가로 대체하다.

제품매출원가	28억원	/	제품	28억원

③ 감가상각비 계상

◐ 감가상각비 개요

사업과 관련하여 취득하는 거의 모든 재화 및 용역은 취득 시점에 비용이 된다. 그러나 어떤 경우에는 취득시점에 취득한 자산을 전액 비용으로 처리하는 것이 불합리한 경우가 있다. 예를 들면, 제품을 생산하기 위하여 향후 10년 간 사용할 수 있는 고가의 기계장치를 구입하였다고 하자. 이 기계장치는 향후 10년 간 사용이 가능함에도 취득시점에 전액비용으로 처리한다면 취득연도에 그 비용이 과다하게 계산되어 잘못된 손익이 계산될 것이다.

이와 같이 사업과 관련하여 취득한 물품(재화) 중 1년을 초과하여 기업의 수익을 얻는데 사용될 수 있는 물품은 그 사용 가능한 기간 동안 배분하여 비용으로 처리하여야 할 것이다. 예를 들어 기계장치를 1억원에 구입하고 앞으로 10년 동안 사용할 수 있다면, 1억원의 가치를 향후 10년 간 나누어 비용으로 처리하는 것이 합리적인 손익계산방법이며, 회계연도별로 자산의 사용가치를 측정하여 비용처리한 명칭을 '감가상각비'라 한다.

그러나 1억원에 취득한 기계장치를 결산연도마다 감가상각비를 정확히 계산하여 손익에 반영한다는 것은 현실적으로 불가능하다. 왜냐하면, 이 기계장치의 사용기간을 10년으로 정하였으나 그 기간 중 가치의 감소분을 객관적으로 측정하는 것이 사실상 불가능할 뿐만 아니라 새로운 생산시스템의 도입으로 전혀 쓸모가 없게 될 수도 있고, 과다한 사용으로 10년이 되기 전 완전히 노후될 수도 있을 것이기 때문이다.

그럼에도 불구하고 감가상각비의 계산을 기업이 임의대로 할 수 있도록 한다면, 기업은 자의적으로 감가상각비를 계산하여 특정연도의 손익을 과소계상하거나 과대계상하여 그 손익을 조정할 수 있으므로 법인세법은 업종별로 감가상각 대상자산의 내용연수를 정하여 두고 있다.

한편, 기업에서 상당기간 사용할 수 있는 전화기, 계산기, 팩스기 등의 경우를 살펴보면 금전적 가치가 있고, 유형의 실체가 존재하며, 그 기간도 1년을 초과하여 사용할 수 있으므로 자산으로 처리하여야 하는 것인가? 라는 의문이 생길 것이다. 만약, 이러한 소액의 자산을 전부 자산으로 처리한 다음 그 감소된 가치를 측정하여 비용화한다면, 회계처리가 매우 복잡하게 될 것이다. 따라서 그 가액이 중요하지 않는 자산의 경우 중요성의 원칙에 의하여 취득시점에 전부 비용처리하는 것이 합리적이므로 기업회계기준에서도 이를 인정하고 있다.

다만, 기업회계기준에서는 중요하지 않는 자산의 범위 및 그 가액에 대하여 구체적인 기준을 제시하고 있지 않아 실무적으로 어려움이 있을 수 있으나 세법에서는 건당 거래금액이 100만원 이하인 경우를 중요하지 않는 것으로 보고 취득시 비용으로 처리할 수 있도록 그 기준을 정한 바(이를 즉시상각의제라 한다.) 실무에서는 세법의 규정에 따라 건당 취득금액이 100만원 이하인 집기 및 비품은 취득시점에 전부 비용(소모품비, 사무용품비 등)으로 처리하여도 무방하다.

◎ 감가상각비 계산 특징

❶ 강제상각 및 임의상각제도

감가상각대상자산을 업무에 사용하는 경우 그 가치는 감소하며, 기업이 정확한 손익계상을 위해서는 기업회계기준이 정하는 바에 따라 회계기말에 감가상각비를 계상하여 비용처리(제조경비 또는 판매비와관리비) 하여야 하며, 이를 강제상각이라 한다. 다만, 법인세법에서는 기업이 감가상각비를 계상하지 않은 경우 감가상각비를 계상하지 않는 사업연도의 이익이 증가하여 법인세를 더 부담하게 되는 결과가 되므로 감가상각비의 계상을 강제할 필요가 없으므로 법인이 감가상각비를 손금으로 계상한 경우에 한하여 손금으로 인정하는 임의상각제도를 택하고 있다. 따라서 기업은 세무적 측면에서 이익이 발생한 사업연도에는 감가상각비를 계상하고, 손실이 발생한 연도에는 감가상각비를 계상하지 아니하기도 한다. 또한 금융거래 등의 목적으로 영업이익률 등을 높이기 위해서 감가상각을 하지 않는 경우도 있다.

▶ 유형자산 감가상각을 특정 회계연도에 계상하지 않는 경우

감가상각은 임의상각제도로 특정 연도에 감가상각을 하지 않아도 무방하다. 따라서 유형자산에 대하여 특정 연도에 감가상각을 하지 않을 경우 차후 감가상각을 하는 연도의 감가상각범위액은 취득가액에서 이미 설정한 감가상각누계액을 공제한 금액(장부가액)이다.

■ 감가상각비 = 장부가액(취득가액 - 감가상각누계액) × 상각율

단, 아래의 감면을 받은 사업연도에는 반드시 감가상각비를 계상하여야 하며, 외부감사대상법인의 경우 회계감사를 받아야 하므로 기업회계기준에 의하여 반드시 감가상각비를 계상하여야 한다.

■ 조세특례제한법

제6조(창업중소기업 등에 대한 세액감면)
제7조(중소기업에 대한 특별세액감면)
제63조(수도권과밀억제권역 밖으로 이전하는 중소기업에 대한 세액감면)
제63조의2(법인의 공장 및 본사를 수도권 밖으로 이전하는 경우 법인세 등 감면)
제64조(농공단지 입주기업 등에 대한 세액감면)
제66조(영농조합법인 등에 대한 법인세의 면제 등)
제67조(영어조합법인 등에 대한 법인세의 면제 등)
제68조(농업회사법인에 대한 법인세의 면제 등)

❷ 감가상각비는 세법상 상각범위액을 정함

비유동자산에 대한 감가상각비는 세법에서 정한 상각범위액(감가상각자산종류별로 내용연수를 정하여 두고 있으며, 상각률은 내용연수에 따라 결정됨) 한도로 손금산입할 수 있는 것으로 세법상 한도액을 초과하는 금액은 세무조정에서 손금불산입하여야 한다.

따라서 비상장중소기업의 경우 특별한 사정이 없는 한 세법상 한도내의 금액을 감가상각비로 계상하여 별도의 세무조정을 하지 않는 것이 일반적이다.

◨ 감가상각 대상자산

❶ 감가상각 대상자산 (법령 제24조 ①)

구 분	감가상각 대상자산
유형자산	건물 및 구축물, 차량 및 운반구, 공구, 기구 및 비품, 선박 및 항공기, 기계 및 장치, 동물 및 식물, 기타 이와 유사한 유형고정자산
무형자산	영업권, 의장권, 실용신안권, 상표권, 특허권, 어업권, 해저광물자원개발법에 의한 채취권, 유료도로관리권, 수리권, 전기가스공급시설이용권, 공업용수도시설이용권, 수도시설이용권, 열공급시설이용권, 광업권, 전신전화전용시설이용권, 전용측선이용권, 하수종말처리장시설관리권, 수도시설관리권, 댐사용권, 개발비, 사용수익기부자산, 주파수이용권

◆ 소프트웨어 감가상각방법 (서이46012-11017, 2003.5.21)
새로운 소프트웨어·설비·기기 등을 구입하거나 사용중인 소프트웨어를 버전업하는 데 소요되는 금액은 자산(기구 및 비품)으로 계상하여 감가상각하는 것임.

❷ 감가상각 대상에서 제외되는 자산(법령 제24조 ②)

유형자산 중 시간이 경과하여도 그 가치가 감소하지 않는 토지는 감가상각대상이 아니며, 건설중에 있는 자산은 그 기간 중 건물등의 가치가 감소하는 것이 아니므로 감가상각을 하지 아니한다.

① 사업에 사용하지 아니하는 자산(유휴설비를 제외함)
② 건설중인 것
③ 시간의 경과에 따라 그 가치가 감소되지 아니하는 것(예 : 토지)

🔲 감가상각 방법

❶ 감가상각 방법의 적용 (법령 제26조 ①, ④)

자산구분	신고하는 경우 상각방법	무신고한 경우 상각방법
건축물	정액법	정액법
기타유형 고정자산	정률법, 정액법 중 선택가능	정률법(광업용 유형고정자산은 생산량비례법)
무형자산	정액법	정액법
광업권	정액법, 생산량비례법 중 선택가능	생산량비례법

[개정 세법] 업무용 승용차의 감가상각방법, 감가상각비 한도액
정액법 상각, 연간 한도액 800만원, 임직원 전용보험 의무가입, 차량운행일지 작성
<시행시기> 법인 및 개인사업자 중 성실신고확인대상자 : 2016.1.1. 이후
　　　　　개인사업자 중 복식부기기장의무자 : 2017.1.1. 이후

♣ 상세내용 : (본서) 업무용 승용차 과세 특례
▷ 국세청 홈페이지 → 국세정보 → 분야별 해설책자

❷ 감가상각 방법

① **정액법 : 취득가액 × 상각률**
당해 감가상각자산의 취득가액에 당해 자산의 내용연수에 따른 상각률을 곱하여 계산하는 것으로 각 사업연도의 상각범위액이 매년 균등하게 되는 상각방법이다.

② **정률법 : 장부가액(취득가액 − 감가상각누계액) × 상각률**
당해 감가상각자산의 취득가액에서 이미 감가상각비로 손금에 산입한 금액(감가상각누계액)을 공제한 장부가액에 당해 자산의 내용연수에 따른 상각률(ex : 내용연수인 자산의 상각률 : 0.451)을 곱하여 계산하는 방법으로 각 사업연도의 상각범위액은 매년 체감되는 상각방법을 말한다.

③ 생산량비례법 : 취득가액 × 당해 사업연도의 채굴량 ÷ 총 채굴예정량
당해 감가상각자산의 취득가액을 그 자산이 속하는 광구의 총채굴예정량으로 나누어 계산한 금액에 당해 사업연도의 기간 중 그 광구에서 채굴한 양을 곱하여 계산한 금액을 각 사업연도의 상각범위액으로 하는 상각방법을 말한다.

감가상각비 계산요소 및 계산 사례

❶ 취득가액

감가상각자산의 취득을 위한 제반비용은 해당 자산의 취득가액에 포함한다.

① 매입한 유형자산 : 매입가액에 취득세, 등록세 기타 부대비용을 가산한 금액
② 자가 제조(건설)한 유형자산 : 원재료비, 노무비, 운임, 하역비, 보험료, 수수료, 공과금(취득세·등록세 포함), 설치비 기타 부대비용의 합계액
③ 기타의 경우 : 취득 당시의 시가

❷ 감가상각자산의 잔존가액 (법령 제26조 ⑥, ⑦)

감가상각자산의 잔존가액은 '0'으로 한다. 다만, 정률법에 의하여 상각하는 경우에는 취득가액의 5%에 상당하는 금액으로 하되, 그 금액은 당해 감가상각자산에 대한 미상각잔액이 최초로 취득가액의 5% 이하가 되는 사업연도의 상각범위액에 가산한다.

상각이 종료되는 감가상각자산은 취득가액의 5%와 1,000원 중 적은 금액을 차감한 잔액을 상각이 종료되는 시점에 감가상각비에 추가한다. 한편, 상각종료후 잔액은 상각완료자산 처분시 손금산입한다.

❸ 감가상각 내용연수

내용연수란 비유동자산의 감가상각 계산 기간을 말하며, 통상 법인세법 시행규칙에서 규정한 내용연수(시험연구용자산의 내용연수표, 무형고정자산의 내용연수표, 건축물 등의 기존내용연수 및 내용연수범위표, 업종별자산의 기존내용연수 및 내용연수범위표)에 의하여 감가상각비를 계상한다.

[별표 3] 무형고정자산의 내용연수표(제15조제2항관련)

☐ 법인세법 시행규칙 [별표 3] <개정 2019. 3. 20.>

무형자산의 내용연수표(제15조제2항 관련)

구 분	내용연수	무 형 자 산
1	5년	영업권, 디자인권, 실용신안권, 상표권
2	7년	특허권
3	10년	어업권, 「해저광물자원 개발법」에 따른 채취권(생산량비례법 선택 적용), 유료도로관리권, 수리권, 전기가스공급시설이용권, 공업용수도시설이용권, 수도시설이용권, 열공급시설이용권
4	20년	광업권(생산량비례법 선택 적용), 전신전화전용시설이용권. 전용측선이용권, 하수종말처리장시설관리권, 수도시설관리권
5	50년	댐사용권

[별표 6] <개정 2018. 3. 21.>
업종별자산의 기준내용연수 및 내용연수 범위표(제15조제3항 관련)

구분	기준내용연수 및 내용연수범위 (하한~상한)	적용대상자산(다음에 규정된 한국표준 산업분류상 해당업종에 사용되는 자산)	
		대분류	중분류
1	4년 (3년~5년)	제조업	15. 가죽, 가방 및 신발제조업. 다만, 원피가공 및 가죽제조업(1511)은 구분 4(6년~10년)를 적용한다.
		교육서비스업	85. 교육서비스업
2	5년 (4년~6년)	농업, 임업 및 어업	01. 농업. 다만, 과수의 경우에는 구분 9(15년~25년)를 적용한다. 02. 임업

	광업	05. 석탄, 원유 및 천연가스 광업
	제조업	18. 인쇄 및 기록매체복제업 21. 의료용 물질 및 의약품 제조업
	수도, 하수 및 폐기물 처리, 원료 재생업	37. 하수·폐수 및 분뇨 처리업 38. 폐기물 수집운반, 처리 및 원료재생업. 다만, 해체, 선별 및 원료재생업(383) 중 재생용 금속·비금속 가공원료 생산업은 구분 5(8년~12년)를 적용한다. 39. 환경 정화 및 복원업
	건설업	42. 전문직별 공사업
	도매 및 소매업	45. 자동차 및 부품 판매업 46. 도매 및 상품중개업 47. 소매업(자동차는 제외한다)
	운수업	49. 육상 운송 및 파이프라인 운송업. 다만, 철도 운송업(491) 및 도시철도 운송업(49211)은 구분 9(15년~25년)를 적용하고 택배업(49401) 및 늘찬 배달업(49402)은 구분 4(6년~10년)를 적용한다.
	정보통신업	58. 출판업 59. 영상·오디오 기록물 제작 및 배급업 60. 방송업 62. 컴퓨터 프로그래밍, 시스템 통합 및 관리업 63. 정보서비스업
	금융 및 보험업	64. 금융업 65. 보험 및 연금업 66. 금융 및 보험관련 서비스업
	전문, 과학 및 기술 서비스업	70. 연구개발업 71. 전문 서비스업 72. 건축기술, 엔지니어링, 기타 과학기술 서비스업 73. 기타 전문, 과학 및 기술 서비스업
	사업시설관리, 사업지원 및 임대서비스업	74. 사업시설관리 및 조경 서비스업 75. 사업지원 서비스업. 다만, 여행사 및 기타 여행 보조 서비스업(752)은 구분 4(6년~10년)를 적용한다. 76. 임대업(부동산은 제외한다)
	공공행정, 국방 및 사회보장행정	84. 공공행정, 국방 및 사회보장행정

		보건업 및 사회 복지 서비스업	86. 보건업
			87. 사회복지사업
		예술, 스포츠 및 여가 관련 서비스업	90. 창작, 예술 및 여가 관련 서비스업
			91. 스포츠 및 오락 관련 서비스업
		협회 및 단체, 수리 및 기타 개인 서비스업	94. 협회 및 단체
			96. 기타 개인 서비스업
		가구내 고용활동 및 달리 분류되지 않은 자가소비 생산활동	97. 가구내 고용활동
			98. 달리 분류되지 않은 자가소비를 위한 가구의 재화 및 서비스 생산활동
		국제 및 외국기관	99. 국제 및 외국기관
3	6년 (5년~7년)	제조업	26. 전자부품, 컴퓨터, 영상, 음향 및 통신장비 제조업. 다만, 마그네틱 및 광학 매체 제조업(2660)은 구분 4(6년~10년)를 적용하고, 전자코일, 변성기 및 기타 전자유도자 제조업(26294) 및 유선 통신장비 제조업(26410) 중 중앙통제실 송신용 침입 및 화재경보 시스템 제조는 구분 5(8년~12년)를 적용한다.
		정보통신업	61. 우편 및 통신업
4	8년 (6년~10년)	제조업	14. 의복, 의복 액세서리 및 모피제품 제조업. 다만, 편조의복 제조업(143) 및 편조의복 액세서리 제조업(1441)은 구분 5(8년~12년)를 적용한다.
			20. 화학물질 및 화학제품 제조업(의약품은 제외한다). 다만, 살균·살충제 및 농약 제조업(2032)은 구분 1(3년~5년)을 적용하고, 화약 및 불꽃제품 제조업(20494) 중 성냥 제조는 구분 5(8년~12년)를 적용한다.
			34. 산업용 기계 및 장비 수리업
		건설업	41. 종합건설업
		운수 및 창고업	52. 창고 및 운송관련 서비스업
		숙박 및 음식점업	55. 숙박업
			56. 음식점 및 주점업
		부동산업	68. 부동산업
		협회 및 단체, 수리 및 기타 개인 서비스업	95. 수리업

5	10년 (8년~12년)	농업, 임업 및 어업	03. 어업. 다만, 내수면 양식 어업(03212) 중 수생파충류 및 개구리 양식은 구분 2(4년~6년)를 적용한다.
		광업	06. 금속광업 07. 비금속 광물광업(연료용을 제외한다). 다만, 그 외 기타 비금속광물 광업(0729) 중 토탄 채굴은 구분 2(4년~6년)를 적용한다. 08. 광업 지원 서비스업. 다만, 광업지원서비스업(08000) 중 채굴목적 광물탐사활동, 유·무연탄 채굴 지원 서비스 및 갈탄 및 토탄 채굴 지원 서비스는 구분 2(4년~6년)를 적용한다.
		제조업	10. 식료품 제조업 11. 음료 제조업 13. 섬유제품 제조업(의복을 제외한다). 다만, 섬유제품 염색, 정리 및 마무리 가공업(134)은 구분 4(6년~10년)를 적용한다. 16. 목재 및 나무제품제조업(가구는 제외한다) 17. 펄프, 종이 및 종이제품 제조업 22. 고무제품 및 플라스틱제품 제조업 23. 비금속 광물제품 제조업. 다만, 기타 산업용 유리제품 제조업(23129) 중 평판 디스플레이용 유리의 제조업과 브라운관용 벌브유리의 제조업은 구분 2(4년~6년)를 적용한다. 24. 1차 금속 제조업. 다만, 기타 비철금속 제련, 정련 및 합금 제조업(24219) 중 우라늄 제련 및 정련업은 구분 4(6년~10년)를 적용한다. 25. 금속가공제품 제조업(기계 및 가구는 제외한다) 27. 의료, 정밀, 광학기기 및 시계 제조업 28. 전기장비 제조업 29. 기타 기계 및 장비 제조업 31. 기타 운송장비 제조업 32. 가구 제조업 33. 기타 제품 제조업
6	12년 (9년~15년)	제조업	12. 담배제조업 30. 자동차 및 트레일러 제조업
		운수업	50. 수상 운송업. 다만, 외항화물운송업(50112)은 구분 9(15년~25년)를 적용한다. 51. 항공 운송업
7	14년	제조업	19. 코크스, 연탄 및 석유정제품 제조업. 다만, 코

	(11년~17년)		크스 및 연탄 제조업(1910) 중 연탄, 갈탄·토탄의 응집 유·무연탄 및 기타 유·무연탄 제조는 구분 2(4년~6년)를 적용한다.
8	16년 (12년~20년)	전기, 가스, 증기 및 공기조절 공급업	35. 전기, 가스, 증기 및 공기조절 공급업
9	20년 (15년~25년)	수도, 하수 및 폐기물 처리, 원료재생업	36. 수도사업

<비고>
1. 이 표는 별표 3이나 별표 5의 적용을 받는 자산을 제외한 모든 감가상각자산에 대하여 적용한다.
2. 내용연수범위가 서로 다른 2 이상의 업종에 공통으로 사용되는 자산이 있는 경우에는 그 사용기간이나 사용정도의 비율에 따라 사용비율이 큰 업종의 기준내용연수 및 내용연수범위를 적용한다.

❹ 내용연수 신고

고정자산의 내용연수는 영업을 개시한 날이 속하는 사업연도의 법인세과세표준신고기한까지 신고한 다음 계속 적용하여야 한다. 한편, 법인세법에서는 기준내용연수를 제시하고 있으며, 신고내용연수는 기준내용연수에 25%를 가감한 범위내에서 신고한 내용연수를 적용할 수 있다.

① 내용연수를 신고하지 않는 경우에는 기준내용연수를 적용한다.

② 내용연수를 변경하고자 하는 경우에는 내용연수 범위안에서 법인이 적용할 내용연수를 다음에 게기하는 날이 속하는 사업연도의 과세표준신고기한까지 납 세지 관할세무서장에게 신고하여야 한다.

1. 신설법인과 새로 수익사업을 개시한 비영리내국법인은 그 영업을 개시한 날
2. 자산별.업종별 구분에 의한 기준내용연수가 다른 고정자산을 새로이 취득하거나, 새로운 업종의 사업을 개시한 경우에는 그 취득한 날 또는 개시한 날

❺ 상각률

상각률은 내용연수에 의하여 정하여지며, 법인세법 시행규칙 [별표4]에서 규정하고 있다.

내용연수 년	정액법에 의한 상각률 할분리	정률법에 의한 상각률 할분리
2	500	777
3	333	632
4	250	528
5	200	451
6	166	394
7	142	349
8	125	313
9	111	284
10	100	259
11	090	239
12	083	221
13	076	206
14	071	193
15	066	182
16	062	171
17	058	162
18	055	154
19	052	146
20	050	140

❻ 유형고정자산 감가상각비 계산 사례

▣ 정률법에 의한 감가상각방법

당해 감가상각자산의 취득가액에서 이미 감가상각비로 손금에 산입한 금액(감가상각누계액)을 공제한 장부가액에 당해 자산의 내용연수에 따른 상각률(ex : 내용연수인 자산의 상각률 : 0.451)을 곱하여 계산하는 방법으로 각 사업연도의 상각범위액은 매년 체감된다. [장부가액(취득가액 - 상각상각누계액) × 상각률]

▣ 정률법에 의한 감가상각비 계산

[예 제] 차량운반구, 취득일 : 20×3 12. 1 내용연수: 5년 (상각률 : 0.451) 취득금액 20,000,000원인 차량운반구의 연도별 감가상각비 계산

① 20×3 연도 감가상각비 계산 (취득일 이후 월할 상각)
· 취득가액(20,000,000원) × 0.451(상각률 45.1%) × 1/12 = 751,666원
* 1개월 미만의 월수는 1개월로 한다. 자산을 12. 1 취득한 경우 사용월수는 1월이다.
20×3년 상각액 751,666원, 20×3년 장부가액 19,248,334원

| 감가상각비 | 751,666 / 감가상각누계액 | 751,666 |

② 20×4년도 감가상각비 계산
· 장부가액 19,248,334원 [취득가액(20,000,000) - 감가상각누계액(751,666)]
  × 상각률(0.451) = 8,680,998원
· 20×4년 상각액 8,680,998원
* 20×4년 장부가액 10,567,336 (20,000,000 - 751,666 - 8,680,998)

| 감가상각비 | 8,680,998 / 감가상각누계액 | 8,680,998 |

▣ 신규 취득자산 등의 감가상각비 계산과 해당 월수 계산

① 사업연도 중 새로이 취득한 자산 ~ 사용월수에 따라 월할 상각한다. 월수는 역에 따라 계산하되, 1월 미만의 일수는 1월로 한다.
② 사업연도 중 양도한 자산 ~ 감가상각비 계상 의무는 없으나 양도시까지의 감가상각비를 계상할 수 있는 것이며, 이 경우 양도일까지 월수에 따라 상각범위액을 계산한다. (감가상각범위액 = 연상각범위액 × 사용월수/12)

▣ 소프트웨어 감가상각

[1] 기업회계기준상의 처리방법
업무지원용 소프트웨어의 경우 개발단계에서 발생한 지출은 개발비 요건을 모두

충족하는 경우에만 무형자산으로 인식하고, 그 외의 경우에는 경상개발비의 과목으로 하여 발생한 기간의 비용으로 인식한다. (기업회계기준해석 41)

[2] 법인세법상의 처리

소프트웨어는 당해 자산에 대한 감가상각비가 판매비와관리비를 구성하는 경우에는 법인세법시행규칙 [별표 5]의 구분 1의 기구 및 비품으로 보아 내용연수를 적용하는 것이며, 그 이외의 경우에는 업종별 자산의 내용연수를 적용한다.

❼ 무형고정자산 감가상각비 계산

무형자산으로 인식한 개발비는 관련제품의 판매 또는 사용이 가능한 시점부터 20년 이내의 기간 내에서 연단위로 신고한 내용연수에 따라 매사업연도별 경과월수에 비례하여 상각하며, 내용연수를 신고하지 않은 경우 상각연수는 5년으로 한다.

① 제품개발을 목적으로 지출한 비용 1억원(선급금으로 계상)을 개발비로 대체하다.

개발비	100,000,000 / 선급금	100,000,000

② 기말에 개발비를 정액법으로 감가상각(5년간 균등상각)하다.

개발비상각	20,000,000 / 개발비	20,000,000

4 퇴직급여충당부채 설정

개요

퇴직금은 종업원의 퇴직시 지급하는 비용으로 그 지급시 비용처리를 하는 것이 적법한 것으로 생각할 수 있다. 그러나 장기간 근무한 직원의 퇴직시 퇴직금을 지급하고, 퇴직금을 지급한 연도에 전액 비용으로 처리할 경우 퇴직금을 지급한 회계연도 비용이 일시에 과다하게 발생하여 퇴직한 연도에만 비용이 많이 계상되어, 불합리한 손익계산이 될 것이다.

예를 들어 20년 근속한 직원이 퇴사하게 되어 퇴사하기 직전 평균임금의 30일분에 해당하는 금액이 5백만원인 경우 총 1억원(5백만원 × 20년)을 퇴직금으로 지급하게 될 것이다. 이 경우 퇴직금을 지급하는 날이 속하는 회계연도에 비용으로 처리한다면, 퇴직금은 매년 5백만원 정도 발생하였음에도 퇴직한 연도에만 1억원을 일시 비용처리함으로서 기간 손익계산에 중대한 문제가 있음을 알 수 있다. 따라서 매 년 발생한 퇴직금상당액을 퇴직금으로 비용처리하여야 기간 손익을 보다 정확하게 계산할 수 있는 것이며, 이는 발생주의에 의한 비용처리의 대표적 사례에 해당한다.

그런데 문제는 세법의 규정이다. 기업이 퇴직금상당액을 매 년 발생주의에 의하여 비용처리하였으나 퇴직연금 등으로 사외에 불입하지 아니한 경우 세법에서는 일정 금액만을 손금으로 인정하여 왔으나 2016년 이후에는 전액 손금산입할 수 없으며, 세무조정에서 손금불산입하여야 한다.

퇴직금의 손금산입 및 세무조정

❶ 퇴직금의 손금산입

임원 또는 사용인이 사실상 퇴사하는 경우 및 현실적으로 퇴직하는 경우에 지급하는 것에 한하여 이를 손금에 산입한다.

❷ 퇴직금 계상 및 퇴직급여충당부채 설정 개요

충당부채란 지급의무 등이 확정되지는 않았지만, 당기의 수익에 대응하는 비용으로서 장래에 지출할 것이 확실하고 당기의 수익에서 차감하는 것이 합리적인 것에 대하여 적절한 기간 손익 계산을 위하여 합리적인 금액을 추정하여 비용으로 처리하고, 부채로 계상하는 금액을 말한다.

직원이 퇴사할 경우 통상 1년 근속에 1개월 정도의 급여에 해당하는 금액을 퇴직금으로 지급하여야 하는데 직원이 모두 퇴직을 하지 않고 계속 근무하다가 회사의 구조조정 등으로 일정 시점에 많은 직원이 퇴사할 경우 그 해의 퇴직금 비용이 과다하게 계상되며, 이러한 경우 불합리한 손익계산이 될 것이다. 따라서 당해 연도의 퇴직금 발생 상당액을 실제 지급하지는 않았으나 비용으로 계상하는 경우 그 금액은 장차 지급하여야 할 채무로서 퇴직급여충당부채란 부채계정을 설정하였다가 실제 퇴직금을 지급하는 때 퇴직급여충당부채를 변제한 것으로 처리한다.

▣ 퇴직급여충당금 설정대상 및 한도액

❶ 설정대상 및 손금산입방법

① 사업연도 종료일 현재 1년 이상 재직하고 있는 임원과 사용인에 한하여 설정한다. 단, 퇴직금지급규정이 있는 경우 1년 미만 근로자도 충당금을 설정할 수 있다.
② 퇴직급여충당금은 반드시 결산조정사항으로 결산에 그 금액이 반영되어야 하며, 세무조정사항으로 손금에 산입할 수 없다.

❷ 손금산입한도액

2016년 이후 퇴직연금에 불입하지 않은 퇴직금상당액은 전액 손금산입할 수 없으므로 기업회계기준에 의하여 퇴직급여충당부채를 설정하였으나 퇴직연금으로 불입하지 않은 퇴직금은 세무조정에서 전액 손금불산입하여야 한다.

▶ 퇴직급여충당부채 설정금액의 세무상 한도초과액 처리

세법에서는 퇴직급여충당금의 설정한도를 정하고 있고 이를 초과하여 설정한 금액은 손금불산입하여야 하므로 기업회계에서 정하는 바에 따라 퇴직급여충당부채를 설정하고 한도초과액은 세무조정으로 손금불산입하여야 한다. 예를 들어 퇴직급여충당부채를 1억원 설정하여 비용으로 계상하였으나 세법에서 정한 한도액이 없는 경우 한도초과액 1억원은 세무조정으로 손금불산입하고 유보처분하여야 한다.

[예제] 《퇴직급여충당부채 설정》 2018년 회계기말 현재 퇴직급여지급대상 전직원에 대한 퇴직급여추계액은 5억원이며, 전기까지 충당부채로 설정한 금액은 4억원(전기까지 퇴직급여충당부채 설정액 중 세무상 한도초과액 3억원)이다. 따라서 당기에 퇴직급여충당부채로 1억원을 설정하고, 당기 설정액 1억원은 전액 손금불산입 하다.

퇴직금	100,000,000 /	보통예금	47,000,000
		예수금	3,000,000

[세무조정] 손금불산입
퇴직금 100,000,000 (유보)

이후 직원 퇴사시 퇴직금으로 지급하는 금액을 퇴직급여충당부채와 상계함에 있어 한도초과로 손금불산입하고 유보 처분한 금액은 손금산입하고 유보 추인한다.

[예제] 《퇴직금 지급》 직원 김복남의 퇴사시 퇴직금 5천만원을 계상하여 지급하면서 퇴직소득세 및 지방소득세 3백만원을 차감한 47백만원을 보통예금에서 인출하여 지급하다. 퇴직금은 퇴직급여충당부채와 상계처리하다. 단, 퇴직급여충당부채로 설정한 금액은 전기이전에 세무조정에서 손금불산입하였다.

퇴직급여충당부채	50,000,000 /	보통예금	47,000,000
		예수금	3,000,000

[세무조정] 손금산입
퇴직금 50,000,000 (유보)

5 퇴직연금 손금산입

◎ 퇴직연금 개요 및 종류

퇴직연금제도는 회사가 근로자의 퇴직급여를 금융기관에 위탁하여 운용한 뒤 근로자가 퇴직할 때, 연금이나 일시금으로 주는 제도로서 기존의 퇴직금제도와 병행하여 실시할 수 있다. 다만, 2012년 7월 26일 이후부터 신설사업장은 퇴직연금을 도입하여야 하나 기존의 퇴직금제도를 실시하더라도 법적으로 문제될 점은 없다.

▶ 근로자 수에 따른 퇴직연금 의무가입 연도

2016년 근로자 300인 이상 사업장
2017년 근로자 300~100인 사업장
2018년 근로자 100~30인 사업장
2019년 근로자 30~10인 사업장
2022년 근로자 10인 미만 사업장

▶ 퇴직금과 퇴직연금 비교

구 분	퇴직금	확정급여형	확정기여형
비용부담주체	사용자	사용자	사용자
운용주체	사용자	사용자	근로자
퇴직급여 형태와 수준	일시금	연금 또는 일시금 (퇴직금과 같음)	연금 또는 일시금 (운용실적에 달라짐)
비용부담수준	근속기간 1년당 30일분의 평균임금	퇴직금과 같음	매년 임금 총액의 8.3%(1/12)
적립방식과 수급권보장	사내적립, 불안정	부분사외적립(100분의 60), 부분보장	전액사외 적립, 보장

❶ 퇴직연금제도 종류

퇴직연금제도에는 「확정급여형 퇴직연금제도」와 「확정기여형 퇴직연금제도」「개인형 퇴직연금제도」가 있으며, 사용자가 퇴직급여제도를 설정하거나 설정된 퇴직급여제도를 다른 종류의 퇴직급여제도로 변경하려는 경우에는 근로자의 과반수가 가입한 노동조합이 있는 경우에는 그 노동조합, 근로자의 과반수가 가입한 노동조합이 없는 경우에는 근로자 과반수의 동의를 받아야 한다.

▶ 확정급여형과 확정기여형의 비교

구 분	확정기여형(Defined Contribution)	확정급여형(Defined Benefit)
개 념	• 노사가 사전에 부담할 기여금을 확정 • 근로자가 일정한 연령에 달한 때에 그 운용 결과에 기초하여 급여를 지급	• 노사가 사전에 급여 수준·내용을 약정 • 근로자가 일정한 연령에 달한 때에 약정에 따른 급여를 지급
기여금	확정(연간 임금총액 8.3% 이상)	산출기초 변경시 변동
급 부	운영실적에 따름, 사용자가 근로자의 근로기간에 대하여 퇴직연금에 불입함으로써 퇴직금 지급의무가 종결됨	근로자 퇴사시 사용자가 퇴직연금으로 불입하여 둔 퇴직연금운용자산으로 퇴직금에 해당하는 금액(근속기간 1년당 30일분의 평균임금 이상)을 퇴사한 근로자의 개인형퇴직연금계좌로 이전함
적립금 운용	적립금 운용에 대한 권한과 책임이 근로자에게 있음(제시된 운용방법에 대하여 선택, 지시권이 근로자에게 있음)	적립금 운용에 대한 권한과 책임이 사용자에게 있음(제시된 운용방법에 대하여 선택, 지시권이 사용자에게 있음)
위험부담	물가, 이자율변동 근로자 부담	물가, 이자율변동 등 회사 부담
지급보장	운용방법에 원금보장상품 포함 및 동 제도 시행 초기에는 안정적 운영지도[주식직접투자금지, 간접투자상품(수익증권)의 주식 등 위험자산 편입비율 40%로 제한]	책임준비금제도 건전성 감독 지급보장장치 마련
기업부담	축소 불가	축소 가능(수익률이 높을 경우)
통산제도	용 이	어려움(대안 : IRP)
연금수리	용 이	어려움(대안 : IRP)
선호계층	단기근속자 및 젊은 층	장기근속자
주요대상 (예 상)	연봉제, 중소기업	중견기업, 대기업, 기존 사외적립기업

❷ 확정기여형퇴직연금제도(DC)

① 확정기여형(Defined Contribution) 퇴직연금제도는 퇴직급여의 지급을 위하여 **사용자가 부담하여야 할 부담금의 수준이 사전에 결정되어 있는 퇴직연금**을 말한다. 즉, 매 년 발생하는 퇴직금상당액(급여총액의 12분의 1)을 퇴직연금으로 불입함으로써 사용자는 퇴직금 지급의무가 종결된다.

② 확정기여형 퇴직연금에서는 근로자가 적립금의 운용에 대한 책임을 진다. 근로자는 퇴직연금규약에서 금융기관이 제시하는 운용방법 가운데서 선택하여 운용하면서 운용결과에 대해서 책임을 지며, 퇴직금은 퇴직연금으로 불입한 금액의 운용실적에 따라 차이가 있다. 따라서 퇴직연금으로 불입한 금액의 운용실적에 따라 근로자퇴직급여보장법의 규정에 의한 퇴직금(1년 근무에 퇴직전 30일분의 평균임금)에 비하여 적거나 많을 수도 있는 것이다.

③ 확정기여형 퇴직연금제도에서는 적립금이 사용자와 독립되어 개인명의로 적립되므로 근로자의 입장에서는 기업이 도산해도 수급권이 100%보장된다.

④ 기업의 입장에서는 퇴직급여에 대한 부담금이 일정하게 정해져 있으므로 효율적인 재정관리를 할 수 있고, 적립금 운용실적에 대하여 책임을 지지 않는다는 장점이 있다.

▶ 확정기여형퇴직연금 회계처리

확정기여형 퇴직연금제도를 설정한 경우에는 당해 회계기간에 대하여 회사가 납부하여야 할 부담금(기여금)을 퇴직급여(비용)로 인식하고, 퇴직연금운용자산, 퇴직급여충당부채 및 퇴직연금미지급금은 인식하지 아니한다. 즉, 확정기여형퇴직연금은 법인 외부에 퇴직급여재원을 100% 적립하기 위하여 지출하고 비용으로 계상한 것이므로 전액 손금으로 인정된다.

| 퇴직급여 | ***** | / | 현금및현금성자산 | ***** |

[1] 확정기여형퇴직연금으로 불입하였으나 1년 미만 근무한 직원이 퇴사하여 퇴직금불입액을 돌려받은 경우

확정기여형퇴직연금으로 불입하였으나 1년 미만 근무한 직원이 퇴사하여 퇴직금불입액을 돌려받은 경우 퇴직금에서 차감하되 운용수익은 영업외수익 항목의 퇴직연금운용수익 등으로 처리한다.

보통예금	***** / 퇴직급여	*****
	퇴직연금운용수익	*****

[2] 퇴직금제도에서 퇴직연금제도로 변경시 회계처리

① 퇴직급여제도를 변경하면서 기존 퇴직급여충당부채를 정산하는 경우 기존 퇴직급여충당금의 감소로 회계처리한다.

② 확정기여형퇴직연금제도가 장래 근무기간에 대하여 설정되어 과거 근무기간에 대하여는 기존 퇴직금제도가 유지되는 경우 임금수준의 변동에 따른 퇴직급여충당부채의 증감은 퇴직급여(비용)로 인식한다.

사례 퇴직금제도에서 확정기여형퇴직연금제도로 변경

B회사는 20×3년 12월 31일까지 퇴직금제도를 유지해왔으나 20×4년 1월 1일부터 확정기여형퇴직연금제도를 도입하기로 결정하였다. 20×4년 1월 1일 이후에는 연간 임금총액의 1/12에 해당하는 금액을 확정기여형퇴직연금제도의 부담금으로 납부한다.

1. 퇴직금제도와 관련된 퇴직급여충당부채 상당액 전액을 20×4년 1월 1일에 확정기여형퇴직연금에 불입하였다. 기존 퇴직급여충당부채 상당액과 20×4년에 발생한 퇴직급여(비용) 전액을 부담금으로 납부한 경우의 회계처리

퇴직급여충당부채	***** / 현금및현금성자산	*****
퇴직급여	***** / 현금및현금성자산	*****

2. 퇴직금제도와 관련된 퇴직급여충당부채 상당액은 확정기여형퇴직연금에 불입하지 않기로 결정하였다. 기존 퇴직금제도와 관련하여 임금 상승에 따른 효과를 반영하는 회계처리

퇴직급여	***** / 퇴직급여충당부채	*****

❸ 확정급여형 퇴직연금제도(DB)

① 확정급여형(Defined Benefit) 퇴직연금제도는 기존의 퇴직금제도와 같이 근로자가 지급받을 급여수준이 결정(1년근속에 대하여 평균임금의 30일분 이상)되어 있는 퇴직연금을 말한다.
• 퇴직급여 : (근속연수 × 30일분 평균임금 이상)으로 확정

② 사업주가 퇴직급여와 관련된 퇴직연금 적립금의 운용을 책임지는 형태이므로, 적립금의 운용실적에 따라 사업주가 부담해야 하는 기여금은 변동될 수 있다.

③ 근로자는 퇴직 후 지급받을 수 있는 퇴직금이 정하져 있으므로 안정적이다.

④ 확정급여형 연금제도에서는 기업주가 부담금의 40%까지는 사내에 적립할 수 있으며, 기업이 도산하는 경우에는 외부에 적립된 60%만 퇴직연금으로 보장받을 수 있다.

⑤ 근로자가 퇴직하는 경우 퇴직급여액(명예퇴직수당과 단체퇴직보험금을 포함) 전액(퇴직연금예치금 + 사용자가 추가로 지급하는 금액이 있는 경우 그 금액)을 퇴직한 날부터 60일 이내에 확정기여형퇴직연금 또는 개인퇴직계좌로 이체 또는 입금하여야 하며, 이 경우 퇴직급여액은 실제로 지급받기 전까지 퇴직소득으로 보지 아니하므로 과세이연된다.

▶ 개인퇴직계좌(IRA: Individual Retirement Account)란 IRP 시행전 퇴직급여제도의 일시금을 수령한 자 등이 그 수령액을 적립·운용하기 위하여 퇴직연금사업자에게 설정한 저축계정을 말한다. 개인퇴직계좌의 가입 여부는 임의사항이었으나 2012년 7월 26일 이후에는 퇴직금상당액을 반드시 개인형퇴직연금(IRP)으로 이전하여야 한다.

▶ 개인형퇴직연금제도(IRP, Individual Retirement Pension)는 개인퇴직계좌(IRA)를 보완한 제도다. 과거 퇴직연금제도에서는 근로자가 퇴사하는 경우 일시불로 퇴직금을 지급하였으나, 2012년 7월 26일 이후 만 55세 이상이거나 퇴직급여가 150만원 이하인 특정한 경우 이외에는 반드시 퇴직금 전액을 개인형퇴직연금으로 이전하여야 한다.

▶ 확정급여형퇴직연금 회계처리

[1] 기존의 퇴직금제도에서 퇴직연금제도로 변경시 회계처리

기존의 퇴직금제도에서 과거근무기간을 포함하여 확정급여형퇴직연금제도로 변경하는 경우, 기존 퇴직급여충당부채에 대해 부담금 납부의무가 생기더라도 이는 사내적립액을 사외적립액으로 대체할 의무에 지나지 않으므로 별도의 추가적인 부채로 인식하지 아니하고 납부하는 시점에 퇴직연금운용자산으로 인식한다.

| 퇴직연금운용자산 | ***** / 현금및현금성자산 | ***** |

[2] 확정급여형퇴직연금 불입액에 대한 회계처리

사용자가 확정급여형퇴직연금제도에 가입한 경우로서 퇴직금상당액 전액을 퇴직연금으로 불입하는 경우에는 퇴직급여충당부채의 비용처리에 대한 절차없이 퇴직급여 및 퇴직연금충당부채로 계상할 수 있지만, 근로자퇴직급여보장법에서는 가입자별 예상 퇴직급여를 합하는 방법에 따라 산정한 금액(기준책임준비금)에 100분의 60 이상을 곱하여 산출한 금액(최소적립금) 이상을 적립금으로 적립할 수 있도록 규정하고 있다.

이 경우 퇴직연금으로 적립하는 금액외의 금액에 대하여는 퇴직급여충당부채를 설정하여 비용처리를 하는 것이 수익비용대응의 원칙에 부합할 것이다. 다만, 세무상 한도액을 초과하는 금액은 세무조정에서 손금불산입하는 절차가 필요하다.

① 《확정급여형퇴직연금 적립》 20×3년 8월 10일 확정급여형 퇴직연금에 가입하고, 300,000,000원을 보통예금에서 인출하여 적립하다.

| 퇴직연금운용자산 | 300,000,000 / 보통예금 | 300,000,000 |

② 《퇴직급여충당금 설정》 회계기말에 퇴직급여충당금 200,000,000원을 설정하다.

| 퇴직급여 | 200,000,000 / 퇴직급여충당부채 | 200,000,000 |

③《퇴직연금에 대한 운용수익 입금》퇴직연금에 대한 투자수익 5,000,000원이 발생하다.

퇴직연금운용자산	5,000,000 /	퇴직연금운용수익	5,000,000

④《퇴직연금수수료 출금》퇴직연금에 대한 수수료 2,000,000원이 퇴직연금에서 퇴직연금사업자로 인출되다.

지급수수료	2,000,000 /	퇴직연금운용자산	2,000,000

⑤《결산조정에 의한 퇴직연금 손금산입》퇴직연금을 기말에 손금산입하는 회계처리를 하다. (손금산입대상 퇴직적립금 303,000,000원)

퇴직금	303,000,000 /	퇴직연금충당부채	303,000,000

⑥《퇴직연금운용사업자로부터 퇴직금을 수령하여 퇴직자에게 지급시》20×4년 5월 30일 직원의 퇴사에 따라 퇴직금 20,000,000원 중 12,000,000원은 퇴직연금운용사업자가 퇴사한 직원의 개인형퇴직연금(IRP)으로 이체하고 8,000,000원은 회사에서 개인형퇴직연금(IRP)으로 이체지급하다. 단, 퇴직소득세는 과세이연하다.

퇴직연금충당부채	12,000,000 /	퇴직연금운용자산	12,000,000
퇴직급여충당부채	8,000,000 /	보통예금	8,000,000

◨ 퇴직연금 손금산입

내국법인이 임원 또는 사용인의 퇴직을 퇴직급여의 지급사유로 하고 임원 또는 사용인을 수급자로 하는 퇴직연금의 부담금으로서 지출하는 금액은 해당 사업연도의 소득금액계산에 있어서 이를 손금에 산입한다.

❶ 확정기여형퇴직연금(DC)의 손금산입

① 확정기여형퇴직연금, 개인형퇴직연금제도에 따른 퇴직연금의 부담금은 전액 손금에 산입한다.
② 법인이 임직원의 퇴직을 연금의 지급사유로 하고 임원 또는 사용인을 수급자로 하는 확정기여형 퇴직연금을 설정하면서 퇴직연금 설정 전 근무기간분에 대한 부담금을 지출한 경우 그 지출금액은 퇴직급여충당금의 누적액에서 차감된 퇴직급여충당금에서 먼저 지출된 것으로 보는 것이며, 차감된 퇴직급여충당금을 초과하여 지출한 금액은 이를 손금에 산입할 수 있다.
③ 내국법인이 퇴직급여지급규정에 따라 계속 근로기간이 1년 미만인 근로자에게 퇴직급여를 지급하지 않음에도 확정기여형 퇴직연금에 가입하고 부담하는 보험료 등은 지출한 사업연도의 손금에 산입한다. (법인세과-1186, 2009.10.26.)
④ 법인의 확정기여형퇴직연금부담금은 매년 1회 이상 정기적으로 납부하여야 하는 것으로, 퇴직연금규약상 납입기일이 도래하기 전에 선 불입한 금액은 손금에 산입하지 아니한다. (법인세과-1020, 2010.10.29.)

▣ 임원 확정기여형퇴직연금

임원에 대하여 확정기여형 퇴직연금(D/C형)에 가입하고 법인이 그 부담금을 계속 불입한 경우 그 부담금 총액을 임원의 퇴직급여로 보아 그 전액을 불입 시점에 일단 법인의 손금으로 처리하되, 해당 임원이 현실적으로 퇴직하는 사업연도에 퇴직시까지 납부된 회사부담금의 누계액을 퇴직급여로 보아 아래의 손금산입한도를 초과하는 경우 퇴직일이 속하는 사업연도의 회사부담금에서 손금부인하되, 그 한도초과액이 퇴직일이 속하는 사업연도의 회사부담금을 초과하는 경우 그 초과액을 익금산입하여야 한다. [법령 제44조의2 ③ 단서 조항]

1. **정관** 또는 정관에서 위임된 퇴직급여지급규정(퇴직위로금 포함)으로 지급할 금액이 정하여진 경우 : 그 정관에 정하여진 금액 단, 임원퇴직금의 경우 정관의 규정에 있더라도 2호 금액의 2배를 한도로 한다.
2. 위 1호외의 경우 : 퇴직전 1년간 총급여 × 1/10 × 근속연수

[세법 개정] 임원 퇴직소득 한도 축소를 통한 과세 합리화(소득법 §20의3)
지급배수 하향 조정 : 3배 → 2배
<적용시기> 2020.1.1. 이후 퇴직하여 지급받는 소득 분부터 적용

❷ 확정급여형퇴직연금(DB)의 손금산입

■ 확정급여형퇴직연금의 손금산입범위액 계산

① 내국법인이 사용인의 퇴직을 퇴직급여의 지급사유로 하고 사용인을 수급자로 하는 퇴직연금의 부담금으로서 지출하는 금액은 해당 사업연도의 소득금액계산에 있어서 이를 손금에 산입한다.

② 내국법인이 임원의 퇴직금을 퇴직연금에 불입하는 경우에도 손금에 산입할 수 있으나 정관 또는 정관에서 위임한 임원 퇴직급여지급규정에 따라 지급하는 금액을 한도로 하되, 정관 또는 정관에서 위임한 임원 퇴직급여지급규정에도 불구하고, 2012년 이후 다음의 금액을 초과하는 금액은 근로소득으로 본다.

퇴직한 날부터 소급하여 3년동안(근무기간이 3년 미만인 경우에는 개월 수로 계산한 해당 근무기간) 지급받은 총급여의 연평균환산액 × 1/10 × 2012년 1월 1일 이후의 근속연수(1년 미만의 기간은 개월 수로 계산하며, 1개월 미만의 기간이 있는 경우에는 이를 1개월로 본다) × 3

③ 확정급여형퇴직연금은 제1호 및 제2호의 금액 중 큰 금액에서 제3호의 금액을 뺀 금액을 한도로 손금에 산입하며, 둘 이상의 부담금이 있는 경우에는 먼저 계약이 체결된 퇴직연금등의 부담금부터 손금에 산입한다.
1. 해당 사업연도종료일 현재 재직하는 임원 또는 사용인(확정기여형 퇴직연금등이 설정된 사람은 제외)의 전원이 퇴직할 경우에 퇴직급여로 지급되어야 할 금액의 추계액(손금에 산입하지 아니하는 금액 제외)에서 해당 사업연도종료일 현재의 퇴직급여충당금을 공제한 금액에 상당하는 연금에 대한 부담금

2. 다음 각 목의 금액을 더한 금액(손금불산입 금액 제외)에서 해당 사업연도 종료일 현재의 퇴직급여충당금을 공제한 금액에 상당하는 연금에 대한 부담금
가.「근로자퇴직급여 보장법」제16조 제1항 제1호에 따른 금액 (2014. 2. 21. 신설)
나. 해당 사업연도종료일 현재 재직하는 임원 또는 사용인(확정기여형 퇴직연금등이 설정된 사람 제외) 중 확정급여형퇴직연금제도에 가입하지 아니한 사람 전원이 퇴직할 경우에 퇴직급여로 지급되어야 할 금액의 추계액과 확정급여형퇴직연금제도에 가입한 사람으로서 그 재직기간 중 가입하지 아니한 기간이 있는 사람 전원이 퇴직할 경우에 그 가입하지 아니한 기간에 대하여 퇴직급여로 지급되어야 할 금액의 추계액을 더한 금액

3. 직전 사업연도종료일까지 지급한 부담금

▣ 확정급여형퇴직연금 세무조정

① 퇴직연금 등을 납입하고 퇴직연금운용자산 등으로 자산계상한 경우에는 결산조정에 의해 법인의 손금으로 계상하지 아니하였더라도 신고조정(세무조정)으로 손금에 산입할 수 있다.

② 퇴직연금 등을 손금산입한 법인의 임원 또는 사용인이 실제로 퇴직하는 경우 손금산입할 퇴직금의 범위액은 퇴직급여지급규정에 의한 퇴직금상당액에서 당해 사용인의 퇴직으로 인하여 퇴직연금사업자 등으로부터 수령한 퇴직연금, 퇴직급여충당금 순으로 차감한 금액으로 한다. 다만, 신고조정에 의하여 퇴직연금 등을 이미 손금에 산입한 경우 퇴직금으로 지급한 퇴직연금을 퇴직금으로 계상한 후 동 금액을 익금에 산입해야 한다.

6 대손충당금

Q 대손충당금 설정

기업이 보유하고 있는 매출채권(외상매출금, 받을어음)은 거래처의 파산, 폐업, 부도 등의 사유로 회수를 할 수 없는 경우가 발생할 수 있다. 회수할 수 없는 채권은 손실로 '대손상각비'라고 한다.

결산시점에 기업이 보유하고 있는 매출채권 중 일부 금액은 회수가 안 될 수도 있기 때문에 당기의 손익을 보다 정확히 계산하기 위하여 매출채권 중 일정금액을 회수 불가능한 채권으로 추정하여 미리 비용으로 계산하는 절차가 필요하며 아래와 같이 처리한다.

❶ 기업회계기준에 의한 대손충당금 설정

회수가 불확실한 채권은 합리적이고 객관적인 기준에 따라 산출한 대손추산액을 대손충당금으로 설정한다.

충당부채는 지출의 시기 또는 금액이 불확실한 부채를 말하며 다음의 인식요건을 모두 충족하는 경우에 인식한다.

1. 과거사건이나 거래의 결과로 현재의무가 존재한다.
2. 당해 의무를 이행하기 위하여 자원이 유출될 가능성이 매우 높다.
3. 그 의무의 이행에 소요되는 금액을 신뢰성 있게 추정할 수 있다.

현재의무의 존재 여부가 분명하지 않은 경우에는 모든 이용 가능한 증거를 고려하여 대차대조표일 현재 의무가 존재할 가능성이 매우 높다고 판단되면, 과거사건이 현재의무를 발생시킨 것으로 본다.

❷ 법인세법 규정에 의한 대손충당금 설정

기업회계기준에서 대손충당금 설정에 대하여 합리적이고 객관적인 기준에 따라 산출한 대손추산액을 대손충당금으로 설정할 수 있도록 규정하고 있으나 그 구체적인 기준을 제시하고 있지 않는 사유로 기업의 합리적인 판단에 의하여 대손충당금을 설정할 수 있다. 그러나 합리적이고 객관적인 기준의 통일적 모델이 없어 주관적인 판단이 개입될 요소가 있을 수 있다.

기업회계기준에 의한 기업의 대손충당금 계상금액을 세법에서 그대로 인정을 한다면, 개별 기업이 조세를 회피할 목적으로 회계기준을 해석하여 대손상각비를 과다 계상하여 이익을 과소계상할 수 있을 것이다,
이 경우 과세관청과 개별기업은 상반된 입장 차이(과세관청의 조세징수 목적과 기업의 합법적 절세)로 인하여 분쟁이 발생할 수 있을 것이며, 세무적 측면에서 혼란이 야기될 수 있을 것이므로 세법은 기업의 대손충당금 설정한도액을 매출채권의 1% 또는 대손실적률 중 큰 금액의 범위내에서 손금에 산입하도록 규정하고 있으며, 대손충당금 한도액을 초과하여 대손충당금을 설정하고, 대손상각비를 계상한 경우 초과하는 금액은 손금으로 인정하고 있지 있다.

이와 같은 사유로 대부분 중소기업의 경우 대손상각비로 계상하는 금액은 세법상 한도내의 금액으로 하고 있으며, 세법상 한도내의 금액을 대손충당금으로 설정하는 경우 별도의 세무조정은 필요하지 않으므로 본 절에서는 세법상 한도금액의 계산방법에 대하여 상술하기로 한다.

매출채권의 대손충당금을 손금으로 계상한 내국법인이 대손금이 발생한 경우 그 대손금은 대손충당금과 먼저 상계하여야 하고, 대손금과 상계하고 남은 대손충당금의 금액은 다음 사업연도의 소득금액계산에 있어서 이를 익금에 산입한다.
한편, 손금에 산입한 대손금중 회수한 금액은 그 회수한 날이 속하는 사업연도의 소득금액계산에 있어서 이를 익금에 산입한다.

대손충당금 설정 대상 채권 및 설정 금액

대손충당금 설정대상 채권

① 외상매출금 ~ 상품, 제품의 판매가액 중 미수금액, 가공료, 용역 등의 제공에 의한 사업수입금액의 미수액
② 대여금 ~ 금전소비대차계약 등에 의하여 타인에게 대여한 금액
③ 기타 이에 준하는 채권 ~ 어음상의 채권 및 미수금 등

대손충당금 설정대상 채권은 법인세법상 특별히 대손충당금을 설정할 수 없는 것으로 규정되어 있는 다음의 채권을 제외하고는 원칙적으로 제한이 없다.

○ 채무보증으로 인하여 발생한 구상채권
○ 특수관계자에게 업무와 관련없이 지급한 가지급금
○ 할인어음, 배서양도한 어음, 수탁물품의 판매대금

대손충당금 설정

당해 사업연도종료일 현재 외상매출금·대여금 기타 이에 준하는 채권의 장부가액의 합계액의 100분의 1에 상당하는 금액과 채권잔액에 대손실적률을 곱하여 계산한 금액 중 큰 금액으로 한다.

대손실적률에 의한 대손충당금 계상

대손실적율 = 당해 사업연도 대손금 ÷ 직전 사업연도종료일 현재의 채권잔액

🅠 대손충당금 계상 및 상계, 환입

❶ 대손충당금 계상

대손충당금은 결산시 설정하여야 하며, 세무조정에 의하여 설정할 수 없다. 즉, 결산시 대손상각비를 비용 처리하고, 대손충당금을 설정하여야 한다는 뜻이다.

대손상각비 ***** / 대손충당금 *****

❷ 총액법에 의한 설정

법인세법상 대손충당금 설정은 총액법 즉, 대손충당금잔액을 모두 환입하고 당기의 대손추정액을 다시 설정하는 방법으로 설정한다. 단, 당해 사업연도 대손충당금 설정 범위액내에서 익금에 산입하여야 할 대손충당금을 차감한 잔액만을 설정한 경우에도 이는 단순한 기표상의 생략으로 보아 각각 익금 또는 손금에 산입한 것으로 본다. (법인세법시행규칙 제32조 ①)

❸ 대손발생시 대손충당금과 우선 상계

대손충당금을 손금으로 계상한 내국법인이 대손금이 발생한 경우에는 그 대손금을 대손충당금과 먼저 상계하여야 하고, 대손금과 상계하고 남은 대손충당금은 기말결산시 소득금액계산에 있어서 이를 익금에 산입한다.

대손충당금 ***** / 외상매출금 *****

❹ 대손금 회수시 처리

손금에 산입한 대손금중 회수한 금액은 그 회수한 날이 속하는 사업연도의 소득금액계산에 있어 이를 익금에 산입한다.

🅠 대손금

대손금이란 회수가 불가능한 채권으로 세법의 규정에 의한 대손금에 해당하는 경우 대손상각처리한다. 즉, 내국법인이 보유하고 있는 채권 중 채무자의 파산, 부도 등으로 회수 할 수 없는 채권의 금액은 당해 사업연도의 소득금액계산에 있어서 이를 손금에 산입한다.

❶ 대손금 범위 (법령 제19조의 2)

① 법률적으로 청구권이 소멸하여 회수할 수 없게 된 채권
㉠ 소멸시효가 완성된 다음의 채권
- 외상매출금 및 미수금으로서 상법상의 소멸시효(5년 → 민법 단기소멸시효 3년)가 완성된 것
- 어음법에 의한 소멸시효(3년)가 완성된 어음
- 수표법에 의한 소멸시효(6개월)가 완성된 수표
- 대여금 및 선급금으로서 민법상의 소멸시효(10년)가 완성된 것

② 민사집행법 제102조의 규정에 의하여 채무자의 재산에 대한 경매가 취소된 압류채권

③ 물품의 수출로 인하여 발행한 채권으로서 한국은행총재 또는 외국환은행의 장으로부터 채권회수의무를 면제받은 것

④「채무자 회생 및 파산에 관한 법률」에 의한 회생계획인가 또는 변제계획인가 결정에 따라 회수불능으로 확정된 채권

> ①, ②, ③, ④항의 사유로 대손상각을 하는 세무조정 또는 결산조정에 의하여 대손상각처리를 할 수 있으나
> ⑤, ⑥, ⑦, ⑧항의 사유인 경우 결산조정을 한 경우에만 대손상각처리를 할 수 있다.
> 결산조정이란 장부에서 대손상각비를 계상하여야 하는 것을 말한다.
> 결산조정 : 대손상각비 / 외상매출금

⑤ 채무자의 상태로 보아 회수할 수 없다고 인정되는 채권
㉠ 파산한 자에 대한 채권 : 파산법 제14조에서 규정하는 파산채권으로서 법원의 파산선고로 회수할 수 없는 채권
㉡ 사망·실종·행방불명된 자에 대한 채권 : 사망하였거나 실종선고를 받은 채무자에 대한 채권으로서 채무자 소유의 재산이 없는 채권
㉢ 해산한 법인 등에 대한 채권
㉣ 강제집행불능조서가 작성된 채무자에 대한 채권
㉤ 형의 집행 중에 있는 채무자에 대한 채권
㉥ 사업을 폐지한 채무자에 대한 채권
▶ 사업을 폐업한 채무자에 대한 채권으로 회수 가능한 재산이 없는 경우
▶ 합병 이외의 사유로 해산한 법인이 청산을 종료하지 아니한 때에도 사업재개의 전망이 없고 채무의 초과로 회수할 재산이 전혀 없음이 명백한 경우
▶ 압류 또는 근저당권설정 재산 이외의 다른 재산이 없는 경우 압류 또는 근저당권설정 재산의 시가상당액을 초과하는 채권의 가액은 대손처리할 수 있으며, 압류재산에 선순위 채권이 있는 경우 실제 선순위 채권가액을 차감하고 계산한다.

▶ **거래처가 폐업한 경우 매출채권 대손상각**
채무자가 단순히 사업을 폐지하였다고 하여 대손처리할 수는 없으며, 당해 채권의 회수를 위하여 강제집행 등의 법적 제반 절차를 취하여 채무자의 무재산으로 채권회수가 불가능함이 객관적으로 인정되는 경우에는 소멸시효가 완성되기 전에 대손처리할 수 있는 것이다. 한편, 채권회수를 위한 법적 제반 절차를 취하지 아니하고 소멸시효가 완성된 경우에는 기업업무추진비로 보는 것임

▶ **대손요건을 충족하지 못하는 외상매출금, 미수금 등을 장부상 제거하고자 경우**
대손상각처리할 수 없으며, 이 경우 기업업무추진비로 처리한 시부인계산하여야 한다.

⑥ 부도수표·어음상의 채권 등
■ 부도발생일로부터 6월 이상 경과한 수표 또는 어음상의 채권 및 부도발생일 이전에 발생한 중소기업의 외상매출금 다만, 당해 법인이 채무자의 재산에 대해 저당권을 설정하고 있는 경우를 제외한다.
* 위 요건에 해당하는 경우 채무자가 부도발생일 이후 사업계속 여부, 다른 재산 소유 여부에 대하여 별도의 조사 없이 대손처리할 수 있으며, 추후 회수하는 때에는 익금에 산입한다.

⑦ 세무서장으로부터 국세결손처분을 받은 채무자에 대한 채권
단, 저당권을 설정하고 있는 경우 제외한다.

⑧ 회수기일을 6월 이상 경과한 채권 중 회수비용이 당해 채권가액을 초과하여 회수실익이 없다고 인정되는 20만원 이하의 채권 (채무자별 채권가액의 합계액을 기준으로 한다.)

⑨ 기업회계기준에 의한 채권의 재조정에 따라 채권의 장부가액과 현재가치의 차액을 대손금으로 계상한 금액

⑩ 채권의 일부를 회수하기 위하여 해당 채권의 일부를 포기하여야 할 불가피한 사유가 있는 경우 포기한 그 채권금액. 다만, 부당행위계산부인에 해당하는 경우에는 그러하지 아니하다.

[세법 개정] 대손금 손금산입 범위 확대(법인령 §19의2①, 소득령 §55②)
중소기업의 외상매출금 및 미수금으로서 회수기일이 2년 이상 지난 외상매출금등. 다만, 특수관계인과의 거래로 인하여 발생한 외상매출금등은 제외한다.
<적용시기> 2020.1.1. 이후 개시하는 사업연도(과세기간) 분부터 적용

[핵심 실무] 회수기일이 2년 이상 지난 외상매출금은 장부에 대손상각비를 계상한 경우에 한하여 대손처리를 할 수 있으며, 세무조정에 의하여 대손상각비로 손금산입할 수는 없음

◆ 중소기업의 매출채권의 대손 여부
(법인, 서면-2021-법인-0073, 2021.02.08)
중소기업인 내국법인의 외상매출금(특수관계인과의 거래로 인하여 발생한 것은 제외)으로서 회수기일이 2년 이상 지난 외상매출금은 채무자가 사업을 계속 영위하는지 여부에 상관 없이 「법인세법 시행령」 제19조의2 제3항에 따라 대손금으로 비용 계상한 날이 속하는 사업연도에 손금으로 산입할 수 있는 것임.

❷ 대손처리할 수 없는 채권

① 채무보증으로 인하여 발생한 구상채권
② 특수관계자에게 업무와 관련없이 지급한 가지급금

🅠 대손충당금 회계처리 사례

▣ 대손충당금 설정 및 환입

① 《대손상각비 및 대손충당금 설정》 회계기말(20×4. 12. 31)에 외상매출금 잔액 2억원 및 받을어음 잔액 1억원에 대하여 1%의 대손충당금을 설정하다.

대손상각비	3,000,000 /	대손충당금(외상매출금)	2,000,000
		대손충당금(받을어음)	1,000,000

② 《대손 발생 : 회수 불능채권이 대손충당금 잔액보다 적은 경우》 20×5. 6. 30 (주)대웅물산에 대한 외상매출금 500,000원이 회수 불가능하여 대손처리하다.
단, 외상매출금에 대한 대손충당금잔액은 2,000,000원이다.

대손충당금(외상매출금)	500,000 /	외상매출금	500,000

③ 《대손충당금 설정 : 전기에 설정한 대손충당금 잔액이 있는 경우》 회계기말 (20×5. 12. 31)에 외상매출금 잔액 3억원, 받을어음 잔액 2억원에 대하여 1%의 대손상각비를 계상하다. 단, 대손충당금 잔액은 2,500,000원이다.
(대손충당금 잔액 : 외상매출금 1,500,000원, 받을어음 1,000,000원)

대손상각비	2,500,000 /	대손충당금(외상매출금)	1,500,000
		대손충당금(받을어음)	1,000,000

* 당기 대손충당금 설정가능금액(5,000,000원)에서 이월된 대손충당금 잔액을 차감한 금액(5,000,000원 - 2,500,000원)에 대하여 대손상각비로 계상한다.

◎ 《이월된 대손충당금이 당기 대손충당금 설정가능금액을 초과하는 경우》결산시에 외상매출금 2억원 및 받을어음 1억원에 대하여 1%의 대손상각비를 계상하다. 단, 외상매출금 대손충당금 잔액은 3,000,000원이며, 받을어음 대손충당금 잔액은 2,000,000원이다.

대손충당금(외상매출금)	1,000,000 /	대손충당금환입	2,000,000
대손충당금(받을어음)	1,000,000		

■ 대손 발생 및 대손상각, 대손세액공제 회계처리

① 《대손 발생 : 회수 불능채권이 대손충당금 잔액보다 많은 경우》
20×4. 5 .31 (주)한라상사에 대한 외상매출금 2,000,000원이 회수 불가능하여 대손처리하다. 단, 대손충당금잔액은 1,500,000원이다.

대손충당금(외상매출금)	1,500,000 /	외상매출금	2,000,000
대손상각비	500,000		

* 대손충당금잔액이 부족한 경우 부족한 금액은 당기의 비용인 대손상각비로 처리한다.

② 《받을어음 부도발생》 매출처 (주)경주건설에서 수취한 받을어음 110,000,000원이 만기일인 20×4. 5 .31 부도발생하다.

부도어음	110,000,000 /	받을어음	110,000,000

③ 《대손세액공제신청》 부도발생일로부터 6개월이 경과한 날(20×4. 12. 1)이 속하는 부가가치세 확정신고시 대손세액공제를 신청하다.

부가세예수금	10,000,000 /	부도어음	10,000,000

• 부가세예수금 : 부도어음금액(110,000,000원) × 10/110

④ 《대손상각》 회계기말(20×4. 12. 31)에 부도어음을 대손상각처리하다. 단, 받을어음 대손충당금 잔액은 5,000,000원이다.

대손충당금(받을어음)	5,000,000 /	부도어음	99,999,000
대손상각비	94,999,000		

7 기타 결산정리 사항

현금과부족 정리

결산시점에 장부상 현금잔액과 실지 현금잔액이 차액이 발생하는 경우가 있다. 이 경우 그 원인을 밝히어 정리하여야 하며, 원인이 밝혀지지 않는 경우 장부상금액보다 실제 현금잔액이 많으면 잡이익으로, 실제 현금잔액이 적으면 잡손실로 처리한다.

① 《현금과부족 발생》 현금의 실제금액이 장부상 금액보다 200,000원이 부족한 것을 발견하다.

현금과부족	200,000	/ 현금	200,000

② 《현금과부족 정리》 현금과부족의 원인을 조사한바 150,000원은 직원식대를 지급한 금액을 장부상 누락한 금액이고, 50,000원은 그 원인을 알 수 없어 잡손실로 처리하다.

복리후생비	150,000	/ 현금과부족	200,000
잡손실	50,000		

선급비용 계상

일정 계약에 따라 용역을 제공받기로 하고, 그 대가를 지급하였으나 결산시점에 그 용역제공의 기한이 종료되지 않은 경우 아직 남아 있는 용역제공 기간에 해당하는 비용은 선급한 것으로 기간 손익을 정확히 계산하기 위하여 선급한 비용을 계상하여 다음연도에 해당 비용으로 대체한다.

▶ 선급비용 회계처리 사례

■ 보증보험료 지급 및 선급비용 계상

① 《보증보험료 지급》 20×4. 7. 16 보증보험료 2,300,000원을 보통예금에서 인출하여 지급하다. (보증보험기간 2년 : 20×4. 07. 16 ~ 20×6. 07. 15)

보험료	2,300,000	/	보통예금	2,300,000

② 《선급비용 계산》 20×4년도 기말결산시 보험료 미경과분을 선급비용으로 대체하다.

선급비용	1,767,534	/	보험료	1,767,534

* 계산근거 : 보험료(2,300,000원) × 미경과일수(561일) ÷ 보험가입 총일수(730일)

③ 《선급비용 보험료 대체》 20×5사업연도 결산시 선급보험료 중 당해 연도 귀속분 1,150,000원을 보험료로 대체하다.

보험료	1,150,000	/	선급비용	1,150,000

* 계산근거 : 보험료(2,300,000원) × 경과일수(365일) ÷ 보험가입 총일수(730일)

■ 자동차보험 분납 및 선급비용 계산

① 《자동차보험료 1회분 납부》 5. 20 자동차 보험료 1,344,810원을 2회에 걸쳐 분납하기로 하고, 1회분 보험료 1,021,840원을 보통예금에서 인출하여 납부하다. 2회분 보험료 322,970원은 11. 20 납부하기로 하다.
(보험계약기간 20×4. 05. 20 ~ 20×5. 05. 19)

보험료	1,344,810	/	보통예금	1,021,840
			미지급비용	322,970

② 《자동차보험료 2회분 납부》 11. 20 자동차보험료 2회분 322,970원을 보통예금에서 인출하여 납부하다.

| 미지급비용 | 322,970 | / | 보통예금 | 322,970 |

③ 《미경과보험료 계산》 결산시 미경과보험료를 선급비용으로 계산하다.

| 선급비용 | 512,133 | / | 보험료 | 512,133 |

* 계산근거 : 보험료(1,344,810원) × 미경과일수(139일) ÷ 보험가입 총일수(365일)

미지급비용 계상

당기에 속하는 비용이 발생하였으나 그 대가를 지급하지 않은 경우 보다 정확한 손익계산을 위하여 당기에 비용으로 처리하고 미지급한 금액은 미지급비용으로 회계처리하는 결산분개를 하여야 한다.

예를 들면, 급료 미지급액, 이자비용 미지급액, 세금과공과 미지급액 등이 있다.

① 《미지급비용 계산》 급여일은 급여 해당 월의 다음달 10일이다. 12월 분 급여는 결산기말 현재시점에 지급하지 않은 금액이나 12월분 급여를 당해 연도 비용으로 처리하여야 하므로 급여 30,000,000원을 미지급비용으로 계상하다.

| 급여 | 30,000,000 | / | 미지급비용 | 30,000,000 |

② 《미지급비용 지급》 다음연도 1월 10일 급여 30,000,000원 지급시 근로소득세 및 4대 보험 예수금 등 2,500,000원을 공제한 27,500,000원을 국민은행 보통예금에서 인출하여 지급하다.

| 미지급비용 | 30,000,000 | / | 보통예금 | 27,500,000 |
| | | | 예수금 | 2,500,000 |

재고자산감모손실 계상

재고자산은 기말 재고수량과 이에 적용할 단가를 결정함으로써 평가된다. 기말 재고수량은 실사법과 계속기록법에 의해서 결정되는데 이 중 계속기록법의 경우 결정된 수량은 장부상 수량이므로 멸실, 파손 등의 사유로 실제 창고에 보관되어 있는 재고수량하고는 다를 수 있다. 이 경우 수량부족분 또는 파손손실에 대한 재고금액을 재고자산감모손실로 처리한다. 반면, 재고자산평가손실은 재고자산의 진부화 등으로 재고자산의 가치가 하락한 경우 장부상 잔액과 현재가치의 손실차액을 말한다.

> 재고자산감모손실 = (장부상 수량 − 실제 수량) × 장부상 단가

재고자산감모손실 중 정상적으로 발생한 감모손실은 재고자산 수량부족이 사전에 예측된 것이므로 매출원가로 처리하여야 한다. 왜냐하면 정상적인 감모수량에 대한 판매가격은 매출액에 이미 반영되어 있기 때문이다. 한편, 사전에 예측하지 못한 비정상적인 감모손실은 영업외비용으로 처리한다.

재고자산감모손실 회계처리 사례

① 《당기매입액을 매출원가로 대체》 기초상품 1천만원 및 당기 상품매입액 5천만원에서 기말상품재고액 1천만원을 차감한 4천만원을 상품매출원가로 대체하다.

상품매출원가	40,000,000 / 상품	40,000,000

② 《재고감모손실 매출원가 및 재고자산감모손실 대체》 장부상 기말재고수량은 100개이나 (단가 100,000원) 실제 재고를 조사한 바 90개다. 재고자산 감모수량 중 3개는 정상적인 감모이며, 7개는 비정상적인 감모로 판명되다.

매출원가	300,000 / 상품	1,000,000
재고자산감모손실	700,000	

- 재무상태표상 기말상품재고액 : 9,000,000원
- 손익계산서상 기말상품재고액 : 9,700,000원
- 700,000원은 영업외비용에서 재고자산감모손실로 차감된다.

재고자산평가손실 계상

재고자산평가손실이란 가치하락, 품질저하 등의 사유로 재고자산의 가치가 장부상 가액보다 하락한 경우 재고자산의 현재가치를 평가하여 그 손실금액을 재고자산에서 감액하는 경우 발생하는 손실금액을 말한다. 그러나 현행 세법에서는 파손, 부패의 경우에는 재고자산감모손실이 용인되나 가치하락, 품질저하 등의 경우에는 재고자산평가방법 신고기한내에 저가법으로 별도의 신고를 한 경우에 한하여 재고자산평가손실을 인정하고 있다. 따라서 적법한 절차에 의하지 아니하고 기업이 임의로 재고자산의 평가손실을 결산에 반영한 경우 전액 손금불산입하고 유보 처분하여야 한다.

저가법에 의한 재고자산평가손실 계상

재고자산을 원가법과 기업회계기준이 정하는 바에 따라 시가로 평가한 가액 중 낮은 편의 가액을 평가액으로 하는 방법
기업회계기준에 의하면, 매도가능증권에 해당하는 투자유가증권은 회계기말에 시가로 평가를 하여 원가와 시가와의 차액에 대하여는 자본조정에 계상하였다가 처분시에 자본조정계정을 소멸시키도록 규정하고 있다. (미실현손익을 당기손익에 반영하지 아니함)

미수수익 계상

당기에 속하는 수익중 미수액으로 한다. 예를 들면, 미수임대료, 미수이자수익 등이 있다. 미수수익은 계약에 의한 계속적인 역무의 제공이라는 점에서 상품 등의 판매에 의한 외상매출금, 또는 유가증권·토지·건물 등의 매각대금의 미수금과는 구별된다. 즉, 미수수익은 역무의 제공이 당기 기간에 속하는 것이나 그 대가를 수취하지 못한 경우(통상 결산시) 기간 손익을 정확히 반영하기 위하여(이자수익 등) 계상한다. 미수수익은 수익실현주의에 의한 회계원칙으로 인하여 발생한다.

▣ 미수수익 회계처리 사례

① 《가지급금 인정이자에 대한 미수수익 계상》 결산시 대표이사 가지급금에 대한 인정이자 2,000,000원을 미수하여 이자수익을 계상하다.

| 미수수익 | 2,000,000 / 이자수익 | 2,000,000 |

* 상환기간 및 이자율에 대한 약정이 있어야 한다.

② 《인정이자 수취》 다음해 3. 31 대표이사 가지급금에 대한 인정이자 미수취분 2,000,000원을 현금으로 수취하다.

| 현금 | 2,000,000 / 미수수익 | 2,000,000 |

▣ 미수수익과 관련한 세무상 유의사항

원천징수되는 이자 등은 결산을 확정함에 있어서 이미 경과한 기간에 대응하는 이자를 이자수익으로 계상한 경우에는 익금불산입하는 것이며, 지급이자의 경우 결산시 이미 경과한 기간에 대응하는 이자 등을 당해 사업연도의 손금으로 계상한 경우 별도의 세무조정은 필요하지 않다. 즉, 세법에서는 원천징수되는 이자수익에 대하여 현금주의로 계상하도록 규정하고 있는바 이자수익의 귀속시기는 이자입금일(원본전입일, 해약일)로 결산을 확정함에 있어 수취하지 않은 이자(미수수익)을 미수수익으로 계상한 경우 세무조정에서 익금불산입하여야 한다. 따라서 외부회계감사를 받지 않는 중소기업의 경우 정기적금, 정기예금 등 금융상품의 미수취이자를 결산시 반영하지 않아도 무방하다.

선수수익 계상 (수익의 이연)

당기에 수익으로 계상하였으나 수익의 귀속연도가 다음연도에 해당하는 금액이 있는 경우 보다 정확한 손익계산을 위하여 결산시점에 다음연도에 해당하는 수익에 대하여 당기 수익에서 차감하는 결산분개를 하여야 한다. 예를 들면, 임대료를 미리 선수한 경우 다음연도에 해당하는 임대료는 수입임대료에서 차감하여야 한다.

① 《임대료 수입》 6. 1 공장의 일부를 월세 1,000,000원으로 임대하여 주기로 하고, 1년분 임대료 12,000,000원 및 부가가치세 1,200,000원을 현금으로 수취하고 세금계산서를 발급하여 주다.

현금	13,200,000 /	임대료수입	12,000,000
		부가세예수금	1,200,000

② 《선수수익 계상》 회계기말에 공장 임대료로 수취한 금액 중 내년도 임대료에 해당하는 5,000,000원으로 임대료수입에서 차감하고, 선수수익으로 계상하다.

임대료수입	5,000,000 /	선수수익	5,000,000

유가증권 평가

유가증권은 단기매매증권, 매도가능증권, 만기보유증권으로 구분하여 분류한다.

① 단기매매증권은 기말 현재 유가증권의 공정가액과 장부가액의 차액을 영업외손익인 유가증권평가손익으로 처리하여야 하며, 시장성있는 유가증권은 시장가격을 공정가액으로 보며 시장가격은 재무상태표일 현재의 종가로 한다.

② 유가증권은 종목별로 평가하되, 평가이익과 평가손실이 동시에 발생되는 경우에는 상계하여 순액만을 유가증권평가손익으로 표시하여야 한다.

매도가능증권에 대하여 회계기말에 평가손익을 계상한 경우 평가손익은 자본 계정의 기타포괄손익누계액에 반영한다.

◎ 《단기매매증권 평가》 단기매매목적으로 보유한 상장법인인 (주)삼양사 주식 장부가액은 10,000,000원이고, 회계기말 공정가액은 12,000,000원으로 유가증권평가이익 2,000,000원을 계상하다.

단기매매증권	2,000,000 /	유가증권평가이익	2,000,000

▣ 유가증권 평가에 관한 법인세법 규정

법인세법에서는 총평균법, 이동평균법, 개별법(채권에 한함)에 의한 원가법만 인정되므로 유가증권 평가손익은 인정되지 아니한다. 따라서 외부회계감사를 받지 않는 중소기업의 경우 유가증권평가손익을 인식하지 않아도 무방하다.

한편, 유가증권평가손익을 결산시에 반영한 경우 유가증권평가이익은 세무조정사항에서 익금불산입하고 유보처분하여야 하며, 유가증권평가손실은 세무조정사항에서 손금불산입하고 유보처분하여야 한다.

◐ 장기차입금의 유동성장기부채 대체

유동성 장기부채란 당초 차입기한이 1년을 초과하여 장기차입금으로 회계처리하였으나 기간이 경과하여 결산일로부터 1년 이내에 상환하여야 할 부채를 장기차입금 등 장기부채와 구분하기 위하여 유동성장기부채로 대체한다.

▷ 유동성장기부채 회계처리 사례

① 《장기차입금 조달》 20×1. 6. 1 우리은행에서 시설자금 100,000,000원을 차입하고 근저당 설정수수료 및 기타 수수료 600,000원을 차감한 99,400,000원이 우리은행 보통예금에 입금되다.
(대출 상환기한 : 20×6. 5. 31, 대출이자율 9%, 만기 일시상환 방식)

보통예금	99,400,000 /	장기차입금	100,000,000
지급수수료	600,000		

② 《장기차입금을 유동성 장기부채로 전환》 20×5년도 회계기말에 장기차입금중 다음해에 상환하여야 할 금액 100,000,000원을 유동성장기부채로 대체하다.

유동성장기부채	100,000,000 /	장기차입금	100,000,000

가지급금 및 가수금 정리

가지급금 또는 가수금 등의 미결산항목은 그 내용을 나타내는 적절한 과목으로 표시한다.

◎ 《가지급금 정리》 회계기말(20×4. 12 .31)에 대표이사에 대한 가지급금 1천만원을 '주임종단기대여금'으로 대체처리하다.

| 주임종단기대여금 | 10,000,000 | / | 가지급금 | 10,000,000 |

부가세예수금 및 부가세대급금 정리

부가세예수금과 부가세대급금은 상계처리한 다음 부가세예수금은 잔액은 관할 세무서에 대한 미지급금으로 부가세대급금 잔액은 관할 세무서에 미수금으로 대체처리하여야 한다. 단, 외부감사를 받지 않는 중소기업의 경우 납부시 부가세예수금과 부가세대급금을 상계처리하고, 잔액은 납부한 것으로 처리하여도 무방하다.

◎ 《부가세예수금과 부가세대급금 상계》 2기 확정 부가가치세 과세기간 종료일인 12월 31일 2기 확정기간의 부가세예수금 합계 30,000,000원에서 부가세대급금 합계 20,000,000원을 상계처리하고, 잔액은 미지급금으로 계상하다.

| 부가세예수금 | 30,000,000 | / | 부가세대급금 | 20,000,000 |
| | | | 미지급금 | 10,000,000 |

법인세비용 계상

♣ 법인세비용 참고

당기순이익의 미처분이익잉여금 대체

■ 당기순이익의 미처분이익잉여금 대체 과정 [법인]

(1) 비용 계정의 손익계정 대체
(2) 수익 계정의 손익계정 대체
(3) 수익에서 비용을 차감한 금액(손익 차액)의 미처분이익잉여금 대체

(1) 수익계정의 손익계정 대체

제품매출	4,000,000,0000	/	손익	4,010,000,000
이자수익	10,000,000			

(2) 비용계정의 손익계정 대체

손익	3,500,000,000	/	제품매출원가	2,800,000,000
			급여	300,000,000
			복리후생비	50,000,000
			여비교통비	20,000,000
			기업업무추진비	40,000,000
			통신비	10,000,000
			세금과공과금	5,000,000
			감가상각비	200,000,000
			보험료	5,000,000
			차량유지비	20,000,000
			사무용품비	10,000,000
			지급수수료	3,000,000
			대손상각비	10,000,000
			이자비용	17,000,000
			잡손실	10,000,000

(3) 당기순이익의 미처분이익잉여금 대체

손익	500,000,000	/	미처분이익잉여금	500,000,000

◆ **수익·비용 계정의 손익 계정 대체 과정**

아래의 분개과정을 거쳐 손익계정으로 대체된 다음 차액은 미처분이익잉여금으로 대체처리되고, 미처분이익잉여금은 다시 이월이익잉여금으로 대체된다.

```
       수익 계정                   비용 계정                    손익계정
손    익 ***|매    출    ***   매출원가 ***|손    익 ***    매 출 원 가 ***|매    출 ***
            영업외수익 ***    판매관리비 ***                판매관리비 ***|영업외수익 ***
                             영업외비용 ***                영업외비용 ***
                                                         미처분이익잉여금 ***
```

■ 전기이월이익잉여금, 미처분이익잉여금, 차기이월이익잉여금

법인기업의 경우 사업활동 결과 얻은 기업의 이익은 주주총회의 결의를 거쳐 확정이 된다. 주주총회는 통상 다음해 3월 중 개최되므로 회계기말(20×4년 12월 31일)에는 주주총회 결의 전으로서 이익을 어떻게 처분할 것인지가 미확정된 상태이므로 당기에 발생한 이익은 손익계정을 거쳐 미처분이익잉여금으로 대체처리하는 것이다. 그리고 20×5년 3월 중 주주총회에서 이익을 처분하게 되면, 미처분이익잉여금이 이월이익잉여금으로 대체되는 것이다.

20×5년 3월 중 주주총회의 결의로 미처분이익잉여금을 처분하여 이월이익잉여금으로 대체한 금액은 20×5년 회계기말에 다시 미처분이익잉여금으로 대체처리하고, 20×4년의 이익도 미처분이익잉여금으로 대체하게 된다. 따라서 회계기말의 재무상태표에는 전기 이전에 누적된 이익잉여금과 당기의 이익이 미처분이익잉여금으로 보고되는 것이다.

(1) 이월이익잉여금의 미처분이익잉여금 대체

이월이익잉여금	1000,000,000	/	미처분이익잉여금	1,000,000,000

(2) 미처분이익잉여금 처분 및 이월이익잉여금 대체

미처분이익잉여금	1,500,000,000	미지급배당금	200,000,000
		이익준비금	20,000,000
		이월이익잉여금	1,280,000,000

8 결산체크리스트

계정과목	체크사항(자산 항목)
현　　　금	• 장부잔액과 실제잔액과의 과부족은 정확히 처리하였는가? • 경리,총무,공장등 소액현금 출납이 분산된 경우 합계하였는가? • 기말 출납 마감 후 회수된 현금, 수표는 입금처리 되었는가?
은 행 예 금	• 은행별, 예금종류별 장부의 잔액합계와 계정잔액은 일치하였는가? • 은행잔액과 회사잔액의 차이는 있는가? 차액조정은 하였는가? • 당좌차월은 당좌예금과 차월로 구분 계상되었나? • 발행한 당좌수표 중 결제되지 않은 것이 있는가?
받 을 어 음	• 어음명세서 합계와 계정잔액은 일치하는가? • 보관한 어음중 기일이 경과한 것은 없는가? • 부도어음으로 처리되지 않은 것은 없는가? • 기일을 연기시킨 어음은 별도관리 되고 있는가?
외 상 매 출 금	• 거래처별 잔액의 합계는 시산표의 계정과 일치하는가? • 거래처별 잔액이 부수(-)로 나타나는 것은 없는가? • 거래처별 잔액확인은 정확히 하였는가? • 기말 현재 반품, 취소된 거래는 없는가?
유 가 증 권	• 공정가액과 장부가액의 차액에 대하여 평가손익을 계상하였는가? • 유가증권은 기업회계기준에 의하여 정확히 분류하였는가? • 평가손익은 세무조정에서 익금불산입 또는 손금불산입하였는가??
재 고 자 산	• 실제재고조사는 계획대로 행하여 졌는가? • 재고수불부의 잔액과 실제 수량은 일치하는가? • 재고조사차이는 정당한 절차로 처리되었는가? • 재고자산평가는 신고한 방법에 따랐는가? • 진부화, 유효기간 경과 등으로 판매불가능한 것은 없는가? • B/S에 계상된 금액은 P/L의 기말재고액과 일치하는가? • 재고자산 기말재고금액을 제외한 금액을 매출원가로 대체하였는가?
가 지 급 금	• 정산해야 할 것은 없는가? • 오래된 가불금이 남아 있는 상태로 있지는 않은가? • 다른 계정과목(대여금,전도금,외상매출금등)에 대체될 것은 없는가? • 다른 계정과목에 정산이 끝난 것이 남아 있지 않은가?
부가세대급금	• 부가세예수금과 상계처리하였는가? • 공제받지못할 부가세대급금은 비용 또는 자산으로 처리하였는가?
전　도　금	• 전도금 중 비용정산되지 않은 금액은 있는가? • 대여금으로 정리해야 될 것은 없는가?

계정과목	체크사항(자산 항목)
토 지	• 자본적지출 및 수익적지출을 정확히 계상하였는가?
	• 등기부 체크는 하였는가? (미등기,담보권,물건표시등)
건 물	• 감가상각은 정해진 방법에 따랐는가?
	• 토지, 구축물로 처리하여야 할 것은 없는가?
	• 수익적 지출과 자본적 지출의 구분은 정확한가?
기 계 장 치 공 구 기 구	• 수익적지출 및 자본적지출의 구분은 정확히 하였는가?
	• 고정자산 관리대장은 정리되어 있는가?
	• 현물수량과 장부재고는 일치하는가?
	• 기중 취득한 것은 월할 감가상각 하였는가?
차 량 운 반 구	• 중고취득자산의 내용연수는 적정한가?
	• 매입세액불공제차량의 매입세액을 차량운반구로 처리하였는가?
	• 수선비, 검사비등은 수선비로 처리되었는가?
건설중인자산	• 건설중인자산 계정의 분류는 정확한가?
	• 당기에 완성하여 본계정으로 교체할 것은 체크하였는가?
	• 건설중인자산의 사용개시로 상각할 수 있는 것은 없는가?
무 형 자 산	• 기업회계기준, 세법에 규정한 내용연수에 따라 상각하였는가?
	• 기업회계기준에 의한 무형자산 요건을 충족하였는가?
대 여 금	• 대여금에 대하여 계약서가 작성되어 있는가?
	• 계약서 조건대로 금액이나 기일이 반제 실행되고 있는가?
	• 수입이자는 정확히 계산되었나?
	• 장기와 단기의 구분은 정확한가?

계정과목	체크사항(부채 항목)
지 급 어 음	• 어음잔액명세와 시산표의 계정잔액은 일치하는가?
	• 기일이 도래한 것은 없는가?
	• 부외로 발행한 어음은 없는가?
	• 어음용지의 미사용 매수는(번호) 체크하였나?
외 상 매 입 금	• 장부상 매입처별 잔액과 실제 잔액은 일치하는가?
	• 외상매입금 대장에서 전기분 외상매입금 잔액이 남아있지 않는가?
	• 잔고가 부수(-)로 되어있는 거래처는 없는가?
차 입 금	• 계약서는 작성되어 있는가?
	• 원금, 이자 모두 조건대로 반제하고 있는가?
	• 지급이자는 규정대로 계산되고 있는가?
	• 장기와 단기의 구분은 정확하게 행해지고 있는가?
	• 지급이자 중 세법상 부인되는 금액은 적법하게 세무조정하였는가?
미 지 급 비 용	• 기초로부터 이월된 것이 남아있지 않은가?
	• 당기에 지불 완료된 금액이 미지급비용으로 남아 있지는 않는가?

계정과목	체크사항(부채 항목)
예 수 금	• 예수금의 내역은 종류별로 구분관리 하고 있는가?
부가세예수금	• 회계기말의 부가세대급금과 상계처리하였는가?
	• 부가세대급금과 상계처리한 금액을 미지급금으로 대체처리하였는가?
미지급법인세	• 법인세등의 계산은 정확하게 계산되었는가?
	• 중간예납신고 및 납부는 정확하게 되어있는가?
	• 선납세금(이자소득세) 및 중간예납세액을 법인세등과 대체하였는가?
퇴직급여충당금	• 퇴직급여충당금 설정금액은 회계기준에 따르고 있는가?
	• 기중 퇴직자의 충당금대체는 정확하게 처리하였는가?
	• 세법상 한도 초과 금액을 세무조정에서 손금불산입하였는가?
계정과목	체크사항(자본 항목)
자 본 금	• 기중 자본금 증감내용을 장부상 반영하였는가?
	• 주주 변동시 주식변동상황명세서를 법인세신고서에 첨부하였는가?
이 익 준 비 금	• 자본금에 1/2에 도달해 있지 않은가?
	• 현금배당에 대한 적립이 되어 있는가?
당기미처분이익	• 재무상태표,손익계산서 등 항목과 금액이 일치하고 있는가?
계정과목	체크사항(손익 항목)
매 출 액	• 매출계상 기준은 기업회계기준에 의하여 정확히 처리되있는가?
	• 매출환입, 매출에누리, 매출할인금액은 매출에서 차감하였는가?
	• 장기건설의 경우 작업진행율에 의하여 수입금액을 조정하였는가?
매 출 원 가	• 매입환출, 매입에누리, 매입할인은 매입액에서 차감하였는가?
	• 반품해야 할 것의 처리는 끝났는가?
	• 상품, 원재료, 재공품, 제품의 기말재고는 시산표와 일치하는가?
급 여	• 회계기말 현재 미지급한 급여를 급여로 계상하였는가?
	• 비과세급여와 과세급여의 구분은 정확히 하였는가?
복 리 후 생 비	• 급여로 처리되어야 할 금액이 포함되어 있지 않는가?
	• 기업업무추진비(대외 경조비 등)에 해당하는 금액이 포함되어 있지 않는가?
	• 비과세되는 식대 등은 세법상 비과세에 해당하는가?
여 비 교 통 비	• 가지급금 중 여비교통비로 대체하여야 할 금액은 없는가?
	• 해외출장여비의 정산은 정확히 처리하였는가?
소 모 품 비 사 무 용 품 비	• 자본적 지출을 경비처리한 것은 없는가?
	• 제조원가 및 판매비와관리비의 구분이 정확한가?
	• 기말 미사용분에 대하여 소모품으로 대체하였는가?
	• 당기 사용분에 대해서만 비용처리 하였는가?
지 급 임 차 료	• 계상기준은 계약내용에 따르고 있는가?
	• 미지급임차료를 지급임차료로 계상하였는가?
	• 선급한 임차료는 당기 임차료에서 차감하였는가?

계정과목	체크사항(손익 항목)
보 험 료	• 보험료 중 차기 이후에 해당하는 금액은 선급비용으로 대체하였는가?
	• 전기이월 선급보험료 중 당기 해당 금액을 보험료로 대체하였는가?
수 선 비	• 자본적지출로 계상하여야 할 것이 포함되어 있지 않는가?
감 가 상 각 비	• 세법상 한도초과액이 있는 경우 손금불산입하였는가?
	• 감면등이 있는 경우 감가상각비를 의제상각하였는가?
	• 기중 취득자산에 대하여 월할 상각을 하였는가?
광 고 선 전 비	• 기업업무추진비로 들어가야 할 것이 포함되어 있지 않는가?
	• 광고목적의 비품등은 자산계상 되어 있는가?
세금과공과금	• 세금과공과금의 납부는 납기내에 모두 납부하였는가?
	• 과태료, 벌과금, 가산세 등은 세무조정에서 손금불산입하였는가?
접 대 비	• 계정 구분(기부금,광고선전비,복리후생비,회의비등)은 정확한가?
	• 20만원을 초과하는 경조사비는 손금불산입처리하였는가?
	• 개인카드로 지출한 금액 중 1만원 초과금액은 손금불산입하였는가?
	• 세무상 기업업무추진비 한도초과액을 손금불산입하였는가?
대 손 상 각 비	• 매출채권에 대한 대손상각비가 적법하게 계상되었는가?
	• 대손상각비로 처리한 금액은 세법상 요건을 모두 충족하는가?
이 자 수 익	• 은행예금이자는 누락없이 계상되어 있는가?
	• 수입이자에 대한 선납세금은 바르게 처리하였는가?
	• 원천징수되는 이자 등의 미수수익을 이자수익으로 계상한 경우
	• 미수이자를 이자수익으로 계상한 경우 세무조정에서 익금불산입하였는가?
	• 대여금에 대한 미수이자를 적정하게 계상하였는가?
수 입 배 당 금	• 배당계산서,통지서등은 수취하였는가?
	• 기말 현재 미입금된 금액은 없는가?
	• 배당금 수취시 선납세금은 정확하게 처리되고 있는가?
이 자 비 용	• 계상기준은 약정에 따르고 있는가?
	• 차기 이후의 기간에 해당하는 이자를 선급비용으로 대체하였는가?
기 부 금	• 기부한 단체에서 발행한 영수증을 수취하였는가?
	• 미지급이나 가지급으로 처리한 것은 없는가?(현금주의)
	• 세법상 기부금한도초과액이 있는가?
유 가 증 권 처 분 손 익	• 매각분의 원가는 정확히 계산되었는가?
	• 매도가능증권의 평가손실을 매각시 반영하였는가?
	• 단기매매증권평가손익은 세무조정에서 익금불산입, 손금불산입하였는가?
법 인 세 비 용	• 법인세등(산출세액 - 공제감면세액 + 지방소득세 법인세분)은 정확히 계산하고, 선납세금을 차감한 금액을 미지급법인세로 계상하였는가?
주 석 사 항	• 기업회계기준에서 정하고 있는 주석사항은 모두 기재 하였는가?

3 재무제표

1 재무제표

재무제표란 결산보고서라고도 하며, 일정한 기간 동안의 경영성과와 회계기말의 재정상태 등에 대한 회계정보를 투자자, 채권자 및 정부당국 등과 같은 이해관계자 집단에 보고하기 위한 각종 보고서를 말한다.

재무제표는 재무상태표, 손익계산서, 현금흐름표, 자본변동표로 구성되며, 주석을 포함한다. 전달하고자 하는 정보의 성격을 충실히 나타내는 범위 내에서 이 장에서 사용하는 재무제표의 명칭이 아닌 다른 명칭을 보충적으로 병기할 수 있다.

● 재무제표 항목의 구분과 통합표시

① 중요한 항목은 재무제표의 본문이나 주석에 그 내용을 가장 잘 나타낼 수 있도록 구분하여 표시하며, 중요하지 않은 항목은 성격이나 기능이 유사한 항목과 통합하여 표시할 수 있다.

② 재무제표의 표시와 관련하여 재무제표 본문과 주석에 적용하는 중요성에 대한 판단기준은 서로 다를 수 있다. 예를 들어, 재무제표 본문에는 통합하여 표시한 항목이라 할지라도 주석에는 이를 구분하여 표시할 만큼 중요한 항목이 될 수 있다. 이러한 경우에는 재무제표 본문에 통합하여 표시한 항목의 세부 내용을 주석으로 기재한다.

③ 일반기업회계기준에서 재무제표의 본문이나 주석에 구분 표시하도록 정한 항목이라 할지라도 그 성격이나 금액이 중요하지 아니한 것은 유사한 항목으로 통합하여 표시할 수 있다.

2 재무제표의 유용성 및 재무제표의 종류

◨ 재무제표의 유용성

❶ 세무 신고

결산과정을 거쳐 작성한 재무제표는 법인사업자는 법인세, 개인사업자는 사업소득세를 계상하기 위한 가장 중요한 근거자료로서 법인세신고시 또는 종합소득세신고시 세무서에 반드시 제출하여야 한다.

❷ 이해관계자에 대한 기업의 사업실적 자료 제출

기업의 이해관계자(금융기관, 정부기관, 납품업체, 종업원)에게 1년간의 경영성과(손익계산서) 및 회계기말의 재무상태(재무상태표)를 제출하여 이해관계자의 의사결정을 도와주는 정보의 원천이 된다.

◨ 재무제표 종류

재무제표는 각종 금융거래, 국가가 중소기업에 자금 등을 지원하는 경우 해당 기업의 재무제표를 분석하여 기업의 신용도, 안정성, 성장가능성 등을 평가하여 지원여부를 결정하므로 사업자는 재무제표에 대한 내용을 이해하여야 한다.

재무제표는 재무상태표, 손익계산서, 현금흐름표, 자본변동표로 구성되며, 주석을 포함한다. 전달하고자 하는 정보의 성격을 충실히 나타내는 범위 내에서 이 장에서 사용하는 재무제표의 명칭이 아닌 다른 명칭을 보충적으로 병기할 수 있다.

❶ 재무상태표

재무상태표란 일정시점(12월말 법인인 경우 12. 31)에 기업이 보유하고 있는 자산 및 부채, 자본내역을 일정한 순서(유동성배열)에 의하여 나타내는 재산목록표를 말한다.

자산 = 부채(타인자본) + 자본(자본금 + 자본잉여금 + 이익잉여금)

❷ 손익계산서

손익계산서란 1사업연도 (12월말 법인 1. 1 ~ 12. 31) 기간 동안의 경영성과를 표시하는 경영성적표를 말하며, 그 형식은 아래와 같다.

① 매출총이익 = 매출 - 매출원가
② 영업손익 = 매출총이익 - 판매비와관리비
③ 법인세비용차감전순이익 = 영업손익 + 영업외수익 - 영업외비용
④ 당기순손익 = 법인세비용차감전순손익 - 법인세비용

❸ 현금흐름표

현금흐름표는 기업의 현금흐름을 나타내는 표로서 현금의 변동내용을 명확하게 보고하기 위하여 당해 회계기간에 속하는 현금의 유입과 유출내용을 표시하는 재무제표이며, 외부감사대상법인이 아닌 법인은 작성하지 않아도 무방하다.

❹ 자본변동표

자본변동표는 자본의 크기와 그 변동에 관한 정보를 제공하는 재무보고서로서, 자본을 구성하고 있는 자본금, 자본잉여금, 자본조정, 기타포괄손익누계액, 이익잉여금(또는 결손금)의 변동에 대한 포괄적인 정보를 제공한다.

❺ 주석

주석은 재무제표상의 해당 과목 또는 금액에 기호를 붙이고 난외 또는 별지에 동일한 기호를 표시하여 그 내용을 간결·명료하게 기재하는 방법으로 한다.

③ 기타 결산 보고자료

❶ 이익잉여금처분계산서

이익잉여금처분계산서란 기업이 당해 사업연도 영업활동 결과 발생한 이익(손익계산서의 당기순이익)과 전년도까지 매 년 장부상 발생한 이익을 처분하지 아니하여 이월되어 온 전기이월이익잉여금을 합한 금액을 당기에 어떻게 처분하였는가를 나타내는 계산서이다. 예를 들어 법인기업의 경우 주주는 기업의 경영활동 결과 발생한 이익금 중 일부를 배당이라는 형태로 출자에 대한 경제적 이익을 얻게 된다. 따라서 이익잉여금을 주주에게 배당하지 않는 경우 기업의 이익금은 장부상 계속 축적된다. 한편, 이사회에서는 주주총회 전 이익잉여금의 처분계획을 의결할 수 있고, 이사회에서 의결한 처분계획은 대부분 주주총회에서 수용하게 되므로 이사회의 의결사항을 재무제표에 공시하게 되면, 정보이용자들은 당기순이익의 처분에 관한 정보를 제공받을 수 있을 것이다. 따라서 당기순이익에 대한 이사회의 결의사항을 반영한 재무제표를 작성하는 것이 적절하므로 실무에서는 이 방법에 의한다.

❷ 원가명세서

원가명세서는 기업회계기준에 의한 재무제표에는 해당하지 아니하나 제조업의 경우 제조현장에서 발생한 제조원가를 계산하기 위하여 제조원가명세서를 작성한다. 한편, 건설업의 경우 공사현장에서 발생한 공사원가를 계산하기 위하여 공사원가명세서를 작성한다.

재 무 상 태 표

제 기 200× 년 월 일현재

제 기 200× 년 월 일현재

회사명: 단위: 원

과　　　　목	제 (당)기		제 (전)기	
	금　　액		금　　액	
자　　　　산				
Ⅰ 유　동　자　산				
(1) 당　좌　자　산				
현금 및 현금성자산				
단 기 투 자 자 산				
매　출　채　권				
(대 손 충 당 금)				
단 기 대 여 금				
선　　급　　금				
선　급　비　용				
미　　수　　금				
선　납　세　금				
부 가 세 대 급 금				
(2) 재　고　자　산				
상　　　　　품				
제　　　　　품				
재　　공　　품				
원　　재　　료				
반　　제　　품				
Ⅱ 비 유 동 자 산				
(1) 투　자　자　산				
투　자　부　동　산				
장 기 투 자 증 권				
(2) 유　형　자　산				
토　　　　　지				
건　　　　　물				
(감 가 상 각 누 계 액)				

기　계　장　치				
(감가상각누계액)				
차　량　운　반　구				
(감가상각누계액)				
비　　　　　품				
(3) 무　형　자　산				
영　　　업　　　권				
산　업　재　산　권				
개　　　발　　　비				
(4) 기타비유동자산				
장　기　매　출　채　권				
임　차　보　증　금				
장　기　선　급　금				
자　산　총　계				
부　　　　　채				
Ⅰ 유　동　부　채				
단　기　차　입　금				
매　입　채　무				
미　지　급　법　인　세				
미　지　급　비　용				
유　동　성　장　기　부　채				
Ⅱ 비　유　동　부　채				
사　　　　　채				
장　기　차　입　금				
부　채　총　계				
자　　　　　본				
Ⅰ 자　본　금				
자　　　본　　　금				
Ⅱ 자　본　잉　여　금				
Ⅲ 자　본　조　정				
Ⅳ 기타포괄손익누계액				
Ⅴ 이　익　잉　여　금				
자　본　총　계				
부채와자본총계				

손 익 계 산 서

제 기 200×년 월 일부터 200×년 월 일까지
제 기 200×년 월 일부터 200×년 월 일까지

회사명: 단위: 원

과 목	제 (당)기		제 (전)기	
	금	액	금	액
Ⅰ 매 출 액				
Ⅱ 매 출 원 가				
1 기초제품재고액				
2 당기제품제조원가				
3 기말제품재고액				
Ⅲ 매 출 총 이 익				
Ⅳ 판 매 비 와 관 리 비				
1 급 여				
2 잡 급				
3 퇴 직 급 여				
4 복 리 후 생 비				
5 여 비 교 통 비				
6 기 업 업 무 추 진 비				
7 통 신 비				
8 수 도 광 열 비				
9 전 력 비				
10 세 금 과 공 과				
11 감 가 상 각 비				
12 지 급 임 차 료				
13 수 선 비				
14 보 험 료				
15 광 고 선 전 비				
16 연 구 비				
17 경 상 개 발 비				
18 대 손 상 각 비				
19 * * * * * * * *				
Ⅴ 영 업 이 익				

과 목	제 (당)기		제 (전)기	
	금 액		금 액	
Ⅵ 영 업 외 수 익				
1 이 자 수 익				
2 배 당 금 수 익				
3 임 대 료				
4 단기투자자산처분이익				
5 단기투자자산평가이익				
6 외 환 차 익				
7 외 화 환 산 이 익				
8 유 형 자 산 처 분 이 익				
9 전 기 오 류 수 정 이 익				
10 보 험 차 익				
Ⅶ 영 업 외 비 용				
1 이 자 비 용				
2 기 타 의 대 손 상 각 비				
3 단기투자자산처분손실				
4 단기투자자산평가손실				
5 재 고 자 산 감 모 손 실				
6 외 환 차 손				
7 외 화 환 산 손 실				
8 기 부 금				
9 투 자 자 산 처 분 손 실				
10 유 형 자 산 처 분 손 실				
11 전 기 오 류 수 정 손 실				
12 재 해 손 실				
Ⅺ 법인세비용차감전순이익				
Ⅻ 법 인 세 비 용				
Ⅷ 당 기 순 이 익				
Ⅸ 주 당 손 익				

☐ 기업회계기준서 제14호 "중소기업 회계처리 특례"

■ 법인세비용은 법인세법 등의 법령에 의하여 납부하여야 할 금액으로 할 수 있다.

■ 손익계산서에서 1주당 경상이익 및 1주당 당기순이익은 주기하지 아니할 수 있다.

이익잉여금처분계산서

제 기 200×년 월 일부터   제 기 200×년 월 일부터
　　200×년 월 일까지　　　　　　200×년 월 일까지
처분확정일 200×년 월 일　　처분확정일 200×년 월 일

회사명:　　　　　　　　　　　　　　　　　　　　　　단위: 원

과　　　　목	제 (당)기 금　　액	제 (전)기 금　　액
Ⅰ 처분전이익잉여금		
1 전기이월이익잉여금		
(또는 전기이월결손금)		
2 당 기 순 이 익		
(또는 당 기 순 손 실)		
Ⅱ 임의적립금등의이입액		
1 ××× 적 립 금		
2 ××× 적 립 금		
합　　　　　　계		
Ⅲ 이익잉여금처분액		
1 이 익 준 비 금		
2 기타법정적립금		
3 배　　　당　　　금		
가 현　금　배　당		
나 주　식　배　당		
4 ＊＊＊＊＊＊＊＊＊		
Ⅳ 차기이월이익잉여금		

- Ⅰ 처분전 이익잉여금 = 1 전기이월이익잉여금 + 2 당기순이익
- 처분가능한 이익잉여금 = Ⅰ처분전 이익잉여금 + Ⅱ 임의적립금 등의 이입액
- Ⅳ 차기이월이익잉여금 = 처분 가능한 이익잉여금 - Ⅲ 이익잉여금처분액

▶ 현금흐름표 및 자본변동표 (2006.12.31 이후 개시하는 사업연도부터 작성)

현금흐름표는 외부감사대상법인이 아닌 경우 제출할 의무가 없다. 따라서 자본변동표의 경우에도 이에 준하여 제출을 요구할 것으로 예상되나 추후 별도의 법률개정이 있을 것임

제 조 원 가 명 세 서

과　　　　　목	당　기		전　기	
Ⅰ　재　　　　료　　　　비				
1 기초 재료 재고액				
2 당기 재료 매입액				
계				
3 기말 재료 재고액				
Ⅱ　노　　　　무　　　　비				
1 임　　　　　　　　금				
2 퇴　직　급　여				
Ⅲ　경　　　　　　　　　비				
1 전　　　력　　　비				
2 가　스　수　도　비				
3 운　　　　　　　　임				
4 감　가　상　각　비				
5 수　　　선　　　비				
6 소　　모　　품　　비				
7 세　금　과　공　과				
8 임　　　차　　　료				
9 보　　　험　　　료				
10 복　리　후　생　비				
11 여　비　교　통　비				
12 통　　　신　　　비				
Ⅳ　당기 총 제조비용				
Ⅴ　기초재공품재고액				
Ⅵ　합　　　　　　　계				
Ⅶ　기말재공품재고액				
Ⅷ　타　계　정　대　체　액				
Ⅸ　당기제품제조원가				

4 경영분석

재무제표의 내용은 각종 금융거래 및 신용보증기금의 신용보증서발급 및 신용상태평가, 공사입찰, 국가, 지방자치단체, 중소기업청 및 중소기업진흥공단 등으로부터 각종 정책자금을 지원 받을 시 중요한 평가자료(특히 부채비율)로 이용되므로 중소기업 경영자는 재무제표에 대한 평가가 어떠한 방식으로 이루어지는 지를 충분히 이해하여 자체 결산시 또는 세무관계를 세무사사무소에 대행하고 있는 경우 세무사사무소와 협의하여 경영분석시 좋은 평가를 받을 수 있도록 한다.

1 유동성 분석

유동비율

$$\text{유동비율} = \frac{\text{유동자산}}{\text{유동부채}} \times 100\ \%$$

유동비율이란 유동자산을 단기간 내에 현금화하여 유동부채를 상환할 수 있는 기업의 단기 안정성을 나타내는 지표로 유동비율이 높을수록 안정성이 높으며 그만큼 부도위험도 줄어든다. 유동비율은 200% 이상인 경우 우량한 것으로 판단한다. 예를 들어 기업이 유형자산은 많으나 유동자산이 부족할 경우 단기에 부채를 상환할 수 있는 능력이 줄어들어 지급어음의 결제시 재산이 있음에도 불구하고 재산을 빠른 시간 내에 현금화하지 못하여 일시적으로 부도를 내는 경우(유동성 리스크)가 있을 수 있다.

● 유동자산

유동자산이란 단기간에 현금화할 수 있는 자산으로 재무상태표의 당좌자산과 재고자산을 합한 금액이다.

● 유동부채

유동부채란 단기에(변제기간이 통상 1년 이하) 지급하여야 하는 부채(빚)로서 외상매입금, 미지급금, 지급어음, 단기차입금, 선수금, 미지급세금 등이 있다.

● 당좌비율

$$당좌비율 = \frac{당좌자산}{유동부채} \times 100\%$$

당좌비율이란 유동자산 중 (1) 당좌자산 만을 유동부채로 나눈 비율로 유동자산에 포함되어 있는 재고자산 등은 판매되지 않으면 단기간 내에 현금화하기가 어려우므로 초단기간 내에 기업의 지급운용능력을 평가하기 위한 비율로서 당좌비율이 높을수록 기업의 자금안정성이 높으며, 100% 이상시 우량한 것으로 판단한다.

② 안정성 분석

🅠 부채비율

$$\text{부채비율} = \frac{\text{총부채}}{\text{자기자본}} \times 100\ \%$$

부채비율이란 기업의 총부채를 자기자본으로 나눈 금액을 말하며, 기업이 소유 하고 있는 모든 재산은 타인자본과 자기자본으로 구성된다. 부채비율은 기업 신용도 평가에 있어 가장 중요한 평가요소로서 부채비율이 높을수록 기업의 안정성은 위험하므로 낮을수록 좋다.

> **보충** | 부채비율 및 자금지원 제약
>
> 부채비율이 2배를 초과하는 기업은 동종업종과 비교하여 정부 자금지원대상에서 제외되며, 신용보증기금, 금융기관 이용시 여러 가지 제약을 받는다.

● 자기자본

① 법인설립자본금 : 법인등기부상 자본금
② 전기이월이익잉여금 : 전기로부터 이월되어 온 이익잉여금
③ 당기순이익 : 당기의 영업활동 결과 발생한 이익금
④ 기타 자본잉여금 및 이익잉여금, 자본조정 등

● 총부채(타인자본)

[1] 총부채 : 유동부채 + 비유동부채

명칭 여하를 불문하고 재무상태표상 타인으로부터 차입한 모든 빚(법인의 대표이사로부터 일시 차입한 가수금도 포함)을 총부채라 한다.

[2] 비유동부채

통상 상환 또는 변제기간이 1년을 초과하는 장기차입금, 사채, 외화장기차입금 등을 말한다.

자기자본비율

$$자기자본비율 = \frac{자기자본}{총자본} \times 100\%$$

총자본(자기자본 + 타인자본)에서 자기자본이 차지하는 비율을 표시한 것으로 40% 이상시 우량한 기업으로 판단 할 수 있다. 즉, 부채비율은 낮을수록 자기자본비율은 높을수록 우량한 기업으로 평가한다.

고정비율

$$고정비율 = \frac{고정자산}{자기자본} \times 100\%$$

고정비율이란 자기자본으로 취득한 고정자산을 비율로 표시한 것으로 고정비율이 높을 경우 결과적으로 고정자산(비유동자산)을 제외한 유동자산은 타인자본임을 나타내며 100%이하인 경우를 표준비율로 하고 있다.

③ 수익성 분석

▣ 매출액 영업이익율

$$\text{매출액 영업이익율} = \frac{\text{영업이익}}{\text{매출액}} \times 100\,\%$$

매출액 영업이익율이란 손익계산서상 매출액에서 영업이익이 차지하는 비율을 말하며, 영업이익율은 높을수록 좋다.

- 영업이익 = 매출액 - 매출원가 - 판매비와관리비

▣ 총자본 영업이익율

$$\text{총자본 영업이익율} = \frac{\text{영업이익}}{\text{총자본}} \times 100\,\%$$

총자본 영업이익율이란 기업의 총자본(자기자본 + 타인자본)으로 얼마의 이익을 창출하였느냐를 나타내는 경영지수로 6% 이상이면 경영성과가 양호한 것으로 판단할 수 있다.

▣ 매출액 총이익율

$$\text{매출액 총이익율} = \frac{\text{매출총이익}}{\text{매출액}} \times 100\,\%$$

4 경영분석의 의의

위의 경영분석자료에 관한 산식 및 비율, 회전율 등은 업종별로 그 유용성에 한계가 있으므로, 일반적인 비율 또는 회전율을 참고하여 작성한 참고자료이며, 세무사 사무소에서 재무제표를 작성하는 중소기업의 경우에는 회사의 경영실적에 대한 경영분석 자료라기보다는 각종 금융거래 및 신용보증기금의 신용보증서 발급 및 신용상태평가, 공사입찰, 국가, 지방자치단체, 중소기업청 및 중소기업진흥공단으로부터 각종 정책자금을 지원 받을 경우 평가자료로 활용된다.

경영분석을 소홀히 한 경우 발생할 수 있는 문제들

❶ 개인기업의 법인전환

자산(재고품 및 고정자산 등)이 많은 개인기업을 법인기업으로 전환할 시 법인전환비용을 줄이기 위하여 자본금을 적게 책정한 경우
개인기업이 법인전환 후 법인의 자산(재산)은 납입자본금 + 타인자본으로 구성된다. 따라서 전체 법인 자산에서 납입자본금 + 타인자본(금융권 부채)을 차감한 나머지 잔액은 전액 대표이사 가수금(부채)으로 계상하여야 하므로 법인전환 후 부채비율을 계산하면, 자본금으로 흡수되지 아니한 개인기업의 자산이 대표자 가수금으로 총 부채에 합산되어 기업의 부채비율이 매우 높아짐으로써 신용도가 극히 낮아지는 결과를 초래하게 되어 금융거래 및 정부지원자금 신청시 어려움을 겪는 경우가 종종 발생한다.

❷ 부채비율이 높아 정부지원대상에서 제외된 경우

제조업의 경우 금융거래, 신용보증서발급 및 중소기업청 및 중소기업진흥공단으로부터 여러 가지 자금지원을 받을 경우가 많으므로 경영분석비율을 제고(提高)하는데 주의를 기울여야 한다.

경 영 분 석 비 율 표

구　　　　분		당　기 (　　년)	전　기 (　　년)	전전기 (　　년)
매출액총이익률	매출총이익 / 매출액			
매출액영업이익률	영업이익 / 매출액			
매출액순이익률	순이익 / 매출액			
원자재회전율	매출액 / 원자재			
총자본이익률	순이익 / 총자본			
자기자본이익률	순이익 / 자기자본			
재공품(반제품)회전률	매출액 / 재공품반제품			
상품회전율	매출액 / 상품			
총자본회전율	매출액 / 총자본			
자기자본회전율	매출액 / 자기자본			
고정비율	자기자본 / 고정자산			
부채비율	자기자본 / 부채			
유동비율	유동자산 / 유동부채			
당좌비율	당좌자산 / 유동부채			
수취비율	수취 a/c / 재고자산			

차량 및 리스 세무회계 업무용 승용차 과세 특례

01 차량과 관련한 세무회계

1 차량 취득과 취득세 및 공채 매입

❶ 차량 취득세

차량을 취득한 자는 그 취득한 날부터 60일 이내에 과세표준(차량가액에 개별소비세 및 교육세를 포함한 가액으로 한다.)에 해당 세율을 적용하여 산출한 세액을 신고 및 납부하여야 하며 차량의 취득세는 다음과 같다.

구 분		세 율	비 고
승용차	비영업용 승용자동차	차량가격의 1천분의 70	
	경자동차	차량가격의 1천분의 40	
그 밖의 자동차	비영업용	차량가격의 1천분의 50	
	영업용	차량가격의 1천분의 40	
기타		차량가격의 1천분의 20	

* 비영업용 승용자동차란 운수회사 등이 영업에 사용하지 않는 자동차를 말한다.
* 경형 자동차란 배기량이 1000cc 미만으로서 길이 3.6미터, 너비 1.6미터, 높이 2.0 미터 이하인 자동차를 말한다(「자동차관리법 시행규칙」 별표 1).

▶ 차량에 부과되는 세금
1. 개별소비세 : 차량가격의 5% (경형자동차는 개별소비세 면제)
2. 교육세 : 개별소비세의 30%
3. 부가가치세 : 공급가액 + 개별소비세 + 교육세의 10%

❷ 공채

차량의 취득시 지방자치단체에서 발행한 공채인 지방채를 매입하여야 하며, 지방자치단체별로 그 매입비율이 각각 다르다. 예를 들어 서울시의 경우 차종 및 배기량에 따라 차량가격의 5~ 20%에 상당하는 금액의 도시철도공채를 매입하여야 한다. 국공채는 상환기간이 길고 이자율이 낮아 통상 증권회사등에 할인하며, 할인료만을 차량 취득가액에 포함하여 처리할 수 있다.

❸ 차량운반구 취득가액 및 매입세액 공제

차량운반구 취득 및 구입시에 지출되는 매입 부대비용, 차량운반구의 취득과 관련한 세금과공과금(취득세 등) 및 제비용(등록대행수수료, 인지세, 번호판대 등)은 차량운반구 취득가액에 포함한다.

[1] 매입세액 처리

화물차, 9인승이상 승합차등의 매입세액은 매출세액에서 공제를 받을 수 있으나 비영업용승용차의 구입 및 유지와 관련한 매입세액은 매출세액에서 공제를 받을 수 없다. 영업용승용차라 함은 운수사업자(택시운수업, 렌트카업체 등)가 승용차를 이용하여 직접 사업에 사용하는 경우를 말한다.

따라서 운수사업자 등이 아닌 사업자가 사업을 위하여 구입하는 승용차는 모두 비영업용승용차에 해당하며, 그 취득 및 유지(유류대, 수리비 등)와 관련한 매입세액은 공제받을 수 없다. 또한 **비영업용소형승용차의 임차(렌트비용) 및 주차관련 비용도 그 매입세액을 공제받을 수 없다.**

▶ 매입세액을 공제받을 수 없는 승용자동차
① 정원 8인승 이하 승용자동차
② 지프형자동차, 캠핑용 자동차(캠핑용 트레일러를 포함한다)
③ 2륜자동차. 단, 내연기관을 원동기로 하는 것은 그 총배기량이 125씨씨를 초과하는 것 및 내연기관외의 것은 정격출력이 1킬로와트를 초과하는 것

▶ 매입세액을 공제받을 수 있는 승용자동차
① 9인승 이상 자동차 및 승합차
② 밴차량(운전석 앞자리는 사람의 탑승이 가능하고, 뒷부분은 화물 적재 차량)
③ 배기량이 1,000cc 이하의 것으로서 길이가 3.6미터 이하이고 폭이 1.6미터 이하인 것(모닝, 마티즈, 아토스 등)
④ 2륜자동차 중 내연기관을 원동기로 하는 것은 그 총배기량이 125cc 이하인 것 및 내연기관외의 것은 그 정격출력이 1킬로와트 이하인 것

[2] 기타 비용
차량의 취득과 관련한 모든 비용은 차량운반구로 처리를 하여야 하므로 차량번호판대, 탁송료, 책임보험료 등은 모두 차량운반구 가액에 포함한다.

[3] 장기할부매입의 경우 이자비용처리
자산을 법인세법 시행령 제68조 제3항의 규정에 의한 장기할부 조건 등으로 구매하는 경우 발생한 채무를 기업회계기준에 의한 현재가치로 평가하여 현재가치할인차금으로 계상하는 경우 해당 현재가치할인차금을 자산의 가액에 가산하지 않는 것이며, 현재가치할인차금 상각액은 지급이자 손금불산입 대상이 되지 않는다.

한편, 할부구입과 관련하여 현재가치할인차금을 계상하지 않는 경우 해당 이자는 자산(차량)의 가액에 포함하여야 한다. 그러나 자산(차량)의 판매회사가 아닌 캐피탈 등으로부터 할부대금을 차입하고, 그 이자비용을 지급하는 경우 당해 이자는 그 지급시 이자비용으로 처리하여야 할 것으로 판단된다.

▶ 차량 매입 회계처리

① 《화물차 매입》 업무용 화물차를 구입하기 위하여 현대자동차판매(주)와 계약하고, 차량대금 중 일부인 2,500,000원 및 탁송료154,000원을 제외한 잔액은 현대캐피탈(주)에 36개월 할부로 지급하기로 하고, 기타 비용은 보통예금에서 결제하다.

1. 세금계산서 수취내용

차량대금   35,000,000원   부가가치세 3,500,000원

탁송료   140,000원   부가가치세   14,000원

2. 기타 차량취득비용 합계 1,827,000원

취득세 1,757,000원, 단기의무보험료 4,000원. 번호판대 35,000원

증지대(수입인지) 2,000원, 공채매입 및 할인료 29,000원

| 차량운반구 | 35,140,000 | / | 보통예금 | 2,654,000 |
| 부가세대급금 | 3,514,000 | | 미지급금 | 36,000,000 |

▷ 비영업용승용자동차를 취득하는 경우에는 그 매입세액은 공제받을 수 없으므로 부가세대급금은 차량운반구의 취득가액에 포함하여 처리한다.

| 차량운반구 | 1,827,000 | / | 보통예금 | 1,827,000 |

▷ 공채매입 및 할인료 : 유형자산의 취득과 관련하여 국·공채 등을 불가피하게 매입하는 경우 당해 채권의 매입가액과 현재가치와의 차액은 취득가액으로 할 수 있다.

② 《차량할부대출 수수료 지급》 현대캐피탈(주)에 차량할부 수수료 300,000원을 보통예금에서 인출하여 결제하다.

| 지급수수료 | 300,000 | / | 보통예금 | 300,000 |

③ 《차량할부원리금 지급》 차량할부원금 890,000원 및 할부이자 230,000원이 국민은행 보통예금에서 자동이체 되다.

| 미지급금 | 890,000 | / | 보통예금 | 1,120,000 |
| 이자비용 | 230,000 | | | |

2 차량운반구 매각 및 차량 사고 세무회계

❶ 차량 매각

법인의 경우 유형자산처분시 당기 감가상각비는 계상하지 않아도 된다. 왜냐하면, 감가상각비로 계상하지 않은 금액은 유형자산처분손실에 더하여지거나 유형자산처분이익이 줄어들게 되어 법인의 손익에는 영향이 없기 때문이다. 다만, 업무용승용차의 경우 의무적으로 감가상각을 하여야 하므로 처분연도 감가상각비를 계상하여야 한다.

▶ **직원에게 차량을 유상으로 매각하는 경우**
세금계산서 발급대상 사업자의 경우 주민등록분으로 세금계산서를 발급하여야 한다.

◆ 부가, 부가22601-998 , 1990.07.30
제조업을 영위하는 사업자가 자기의 제품을 종업원에게 판매하는 경우에는 세금계산서를 교부해야 하는 것임.

차량운반구 매각 회계처리

[예제] 《매각 월까지의 감가상각비 계상》 차량 매각 연도에 처분일(9월 10일 처분)까지의 감가상각비를 계상하다.
취득가액(14,000,000원) - 감가상각누계액(6,000,000원) × 상각률(45.1%) × 9개월 (1개월 이하의 일수는 1개월로 한다.)/12개월

감가상각비	2,706,000	/ 감가상각누계액	2,706,000

[예제] 《차량 매각》 차량운반구를 매각하고 세금계산서를 발행하다. 차량매각대금 5,500,000원(공급가액 5,000,000원, 세액 500,000원)은 현금으로 영수하다.
취득가액 14,000,000원, 감가상각누계액 8,706,000원

현금	5,500,000	/ 차량운반구	14,000,000
감가상각누계액	8,706,000	부가세예수금	500,000
유형자산처분손실	294,000		

❷ 개인사업자 차량운반구 처분손익 세무회계

[1] 유형자산처분이익
개인사업자로서 복식부기의무자의 경우 차량, 기계장치 등 유형자산 처분에 따른 이익은 사업소득의 총수입금액에 산입한다. (간편장부대상자는 총수입금액에 산입하지 아니함)

단, 사업용으로 사용하던 토지, 건물 등 양도소득세 과세대상 물건을 처분하는 경우 발생하는 이익은 사업소득과는 별도로 양도소득세를 신고·납부하여야 한다.

[2] 유형자산처분손실
개인사업자로서 복식부기의무자의 경우 차량, 기계장치 등 유형자산 처분에 따른 손실은 필요경비에 산입한다.(간편장부대상자는 필요경비에 산입하지 아니함)

♣ 차량과 관련한 처분손실 필요경비 상세 내용 → 업무용승용차 과세합리화 참조

[개정 세법] 2018년 이후 복식부기의무자의 사업용 유형 고정자산(부동산 제외)처분소득은 사업소득에 포함함

[예제] 기계장치 취득가액 4000 감가상각누계액 2000 처분가액 1000(부가세 별도)
보통예금   1100   /   부가세예수금   100
감가상각누계액   2000   기계장치   4000
유형자산처분손실   1000

<세무조정>
총수입금액 산입
기계장치 매각금액 1000
필요경비 산입
기계장치 장부가액 2000 (취득가액 4000 - 감가상각누계액 2000)
필요경비불산입
유형자산처분손실 1000

[재정 세법] 개인사업자의 사업용 유형고정자산 처분손익 과세 신설(소득세법 제19조 제1항·제25조 제3항, 같은 법 시행령 제37조의2·제55조 제1항·제144조 제3항)

종 전	개 정
☐ 사업소득의 범위 ○ 영리를 목적으로 자기의 계산과 책임하에 계속적·반복적으로 행하는 활동을 통하여 얻는 소득 <추 가> ※ 유형 고정자산 처분손익 중 복식부기의무자의 업무용 승용차 처분손익에 한정하여 과세 <신 설> <신 설>	☐ 사업소득의 범위 확대 ○ (좌 동) ○ 복식부기의무자의 사업용 유형 고정자산(부동산 제외) 처분소득 ☐ 과세대상 유형고정자산의 범위 ○ 영 제62조제2항제1호에 따른 감가상각자산* * 차량 및 운반구, 공구, 기구 및 비품, 선박 및 항공기, 기계 및 장치 등 ☐ 필요경비 ○ 유형고정자산의 양도 당시 장부가액
☐ 수입금액 추계결정·경정 시 수입금액 가산 항목 ○ 국가 등으로부터 지급받은 보조금 또는 장려금 ○ 신용카드 매출세액 공제액 <추 가>	☐ 유형고정자산 양도가액 가산 (좌 동) ○ 복식부기의무자의 유형고정자산 양도가액

<적용시기 및 적용례>
○ 2018.1.1. 이후 개시하는 과세기간 분부터 적용
※ 건설기계 처분손익 과세의 경우 2018.1.1. 이후 취득하여 2020.1.1. 이후 양도하는 분부터 적용

❸ 차량 무상 양도

[1] 급여로 처리
사업자가 과세사업으로 사용하던 재화를 사용인(종업원)에게 무상으로 증여하는 경우 시가상당액을 급여로 처리를 하여야 한다.

[2] 부가가치세 과세 여부
과세사업에 사용하던 재화를 사용인(종업원)에게 무상으로 증여하는 경우에는 당초 매입세액 공제 여부에 관계없이 개인적 공급으로 보아 부가가치세가 과세된다.

[예제] 《차량 무상 양도》 차량운반구(비영업용, 소나타)를 종업원에게 무상 양도하다.
장부가액 25,000,000원, 감가상각누계액 22,000,000원, 시가 4,000,000원

급여	4,400,000	/ 차량운반구	25,000,000
감가상각누계액	22,000,000	유형자산처분이익	1,000,000
		부가세예수금	400,000

❹ 차량사고 발생시 보험료 처리

차량사고시 보험회사로부터 보험금을 지급받는 차량정비사업자는 차량정비용역에 대한 세금계산서를 통상 실제 자기 책임하에 자동차수리용역을 제공받는 자(차량사고업체)에게 발행하며, 부가가치세를 부담하는 자가 일반과세사업자인 경우 그 매입세액은 납부할 세액에서 공제를 받을 수 있다. 다시 말하면, 차량정비사업자는 차량수리용역에 대한 수리대금은 보험회사로부터 수령하는 것이나 세금계산서는 실제 자기 책임하에 자동차수리용역을 제공받는 자(통상 차량사고업체)에게 발행하므로 차량사고업체는 매입세액만 부담하는 것으로서 동 매입세액에 대한 회계처리만 한다.

▶ 차량사고 관련 회계처리 사례

① 《차량사고 및 세금계산서 수취》 회사 화물자동차의 교통사고로 인해 당해 차량을 자기 책임하에 수리하고 보험처리를 하였다. 차량수리비 1,500,000원 중 면책금

300,000원은 회사가 부담하여야 하므로 보험회사는 면책금을 제외한 1,200,000원을 차량정비사업자에게 지급하였으며, 차량정비사업자는 차량정비용역에 대하여 당 사 앞으로 세금계산서(공급가액 1,500,000원, 세액 150,000원)를 발행한 바 매입세액 120,000원 및 면책금 330,000원을 보통예금에서 인출하여 지급하다.

부가세대급금	150,000	보통예금	450,000
수선비	300,000		

- 부가세대급금 : 차량수리비는 보험회사가 부담하고 차량사고업체는 매입세액만 부담하는 것으로서 동 매입세액에 대한 회계처리만 한다.
- 수선비 : 면책금 지급금액은 수선비로 처리한다.

◆ 차량사고에 대한 세금계산서 발행 (제도46015-10277,2001.03.27)
차량정비사업자가 사고자동차에 대한 보험수리용역을 제공함에 있어서 세금계산서를 발급하는 경우 당해 용역대가의 지급자 또는 차량소유자 여부를 불문하고 실제 자기책임하에 자동차수리용역을 제공받는 자에게 세금계산서를 발급하여야 하는 것으로, 과세사업을 영위하는 사업자가 차량의 교통사고로 인해 당해 차량을 자기책임하에 수리하는 경우 수리용역에 대한 세금계산서는 용역의 대가의 지급자와 관계없이 실제 자동차수리용역을 받은 당해 사업자 명의로 발급받는 것이며 동 매입세액은 매출세액에서 공제받을 수 있는 것임.

◆ 면책금
면책금이란 자동차 종합보험가입시 자기차량손해에서 일정금액(5만원, 10만원 등 가입자가 보험계약시 선택함)을 차주가 부담하도록 하는 제도를 말하는 것이며, 이 제도는 가입자가 부담가능한 정도의 소액 손해를 보험처리 대상에서 제외함으로써, 보험회사는 사무처리의 효율을 높이고 가입자에게는 보험료 부담을 낮추게 하기 위한 제도이다. 면책금 지급금액은 차량수리비로 간주하여 차량유지비 또는 잡손실로 처리한다.

②《차량사고 및 세금계산서 수취》승용자동차(소나타)의 교통사고로 인해 당해 차량을 자동차정비업소에 수리를 맡기고 보험처리하였다.
자동차정비업소는 보험회사로부터 수리비 1,000,000원은 지급받고, 수리비에 대하여 당 사에 세금계산서를 발급하였으며, 부가가치세는 당 사가 부담하여야 하므로 100,000원을 보통예금에서 이체하여 지급하다.

수선비	100,000	보통예금	100,000

02 업무용 승용차 과세합리화

1 개요

기업이 승용차를 구입하여 업무용으로 사용하는 경우 그와 관련한 모든 비용을 특별한 제한없이 기업의 비용으로 인정을 받을 수 있음으로 인하여 그동안 고급승용차를 취득하여 개인적으로 이용하는 경우에도 과세관청이 개인적 용도 사용에 대한 사실 관계를 확인하기가 현실적으로 어려워 납세자는 승용차 관련 비용을 손금(법인) 또는 필요경비(개인사업자)로 산입하여 세금을 줄일 수가 있었다. 이러한 문제점으로 과세당국은 2016년 이후 기업의 승용차 관련 비용에 대하여 일정한 기준을 마련하여 업무 관련성을 입증하지 못하는 경우 손금불산입하고, 사적비용인 경우 대표이사 등에 대한 상여 처분을 하도록 하는 법령을 신설하였다.

2 적용대상 차량과 임직원보험 및 관련비용

❶ 적용대상 차량 및 제외차량

[1] 적용대상 차량
「개별소비세법」 제1조제2항제3호에 해당하는 승용자동차(부가가치세법 제39조에 따른 부가가치세 매입세액공제가 적용되지 않는 승용자동차)

□ 개별소비세법 제1조제2항제3호
3. 다음 각 목의 자동차에 대해서는 그 물품가격에 해당 세율을 적용한다.
가. 배기량이 2천씨씨를 초과하는 승용자동차와 캠핑용자동차: 100분의 5
나. 배기량이 2천씨씨 이하인 승용자동차(배기량이 1천씨씨 이하인 것으로서 **대통령령으로 정하는 규격의 것은 제외한다**)와 이륜자동차 : 100분의 5
다. 전기승용자동차(「자동차관리법」 제3조제2항에 따른 세부기준을 고려하여 대통령령으로 정하는 규격의 것은 제외한다): 100분의 5

[2] 적용대상에서 제외되는 차량
1. 경차 (정원 8명 이하의 자동차로 한정하되, 배기량이 1,000씨씨 이하의 것으로서 길이가 3.6미터 이하이고 폭이 1.6미터 이하인 것)
2. 화물차, 승합차
3. 운수업, 자동차판매업 등에서 사업에 직접 사용하는 승용자동차
4. 장례식장 및 장의관련업을 영위하는 법인이 소유하거나 임차한 운구용 승용차

❷ 임직원 전용자동차 보험 가입과 비용 인정

[1] 임직원 전용 자동차보험 가입하는 경우
① 운행기록을 통해 입증된 업무사용 비율만큼 비용 인정
② 운행기록을 작성하지 않은 경우 승용차 관련비용(감가상각비 등 차량 관련 모든 비용을 포함한 금액)은 대당 1500만원까지 인정

▶ 임직원 전용 보험가입 대상
① 법인의 경우 업무용 승용차로 인정받기 위해서는 임직원만 운전 가능한 자동차보험에 가입하여 가족들이 사적으로 사용하지 않도록 일차적으로 제한
② 개인사업자의 경우 승용차를 가정과 사업장에서 함께 사용할 수 있음을 감안하여 임직원 전용 자동차보험 가입 의무 대상에서 제외

[2] 임직원 전용 자동차보험에 가입하지 않은 경우
법인의 경우 전액 손금불산입하여야 하며, 손금불산입된 금액은 귀속자에게 소득처분(귀속자가 불분명한 경우 대표자에게 소득 처분)하여야 한다.

◆ 사업연도 중 일부기간만 업무전용자동차보험에 가입한 경우(법령 제50조의2 제9항)
해당 사업연도 중 일부기간만 업무전용자동차보험에 가입한 경우 : 가입일수 비율에 의하여 손금인정

[3] 리스 또는 렌트차량의 보험가입
법인이 리스 또는 차량을 렌트하는 경우 계약서 작성시 보험 관련하여 특약 사항으로 임직원에 대해서만 보험 적용을 하는 것으로 별도로 가입하여야 함

[개정 세법] 개인사업자의 업무용자동차 전용보험 가입의무 신설
(종전) 개인사업자는 업무용자동차 전용보험* 가입의무가 없음
* 사업관련 종사자만 보장 적용
** 현재 법인은 전용보험 미가입시 업무용승용차 관련비용 전액 손금불산입
(개정) 개인사업자 중 성실신고확인대상자, 변호사·의사 등 전문직 종사자에 대하여 업무용자동차 전용보험 가입의무* 신설
* 사업자별 1대는 전용보험 가입대상에서 제외, 미가입 시 비용의 50%만 인정
<시행시기> 2021.1.1. 이후 업무용승용차 관련 지출 분부터 적용(1년 유예)

[핵심 실무] 개인사업자가 2개 이상의 사업장이 있는 경우 전체 사업장 기준(사업자 기준)으로 1대를 제외한 차량은 업무용승용차 전용보험에 가입을 하여야 함

❸ 업무용 승용차 관련 비용의 범위

업무용승용차 관련 비용이란 업무용승용차에 대한 감가상각비, 임차료, 유류비, 보험료, 수선비, 자동차세, 통행료 및 금융리스부채에 대한 이자비용 등 업무용승용차의 취득·유지를 위하여 지출한 비용을 말한다.

❹ 업무용 승용차 운행기록 작성 및 차량관련 비용 손금산입

[1] 개요

업무용 승용차와 관련하여 연간 비용으로 처리할 금액이 1500만원을 초과하는 경우로서 1500만원(법인 부동산임대업 500만원)을 초과하는 금액을 손금산입하고자 하는 경우에는 업무용승용차별로 운행기록 등을 작성·비치하여야 하며, 납세지 관할 세무서장이 요구할 경우 이를 즉시 제출하여야 한다. (법인세법 시행령 제50조의2)

[세법 개정] 업무용승용차 운행기록부 작성의무 기준금액 완화
(법인령 §50의2⑦, 소득령 §78의3⑥)
(개정) 1,000만원 → 1,500만원
<적용시기> 2020.1.1. 이후 개시하는 사업연도(과세기간) 분부터 적용

[2] 업무용 사용금액 한도내 손금산입

① 업무용 승용차에 대하여 임직원보험에 가입한 경우라도 업무용 사용금액에 해당하지 아니하는 금액은 소득금액을 계산할 때 손금에 산입하지 아니한다.

② 업무용 사용금액이란 다음의 요건 중 하나를 충족하는 경우로서 업무용승용차 관련비용에 업무사용비율을 곱한 금액으로 한다.
1. 해당 사업연도 전체 기간(임차한 승용차의 경우 해당 사업연도 중에 임차한 기간을 말한다) 동안 해당 법인의 임원 또는 사용인이 직접 운전한 경우
2. 계약에 따라 타인이 해당 법인의 업무를 위하여 운전하는 경우만 보상하는 자동차보험(업무전용자동차보험)에 가입한 경우

▶ 업무용 사용금액
업무용 승용차 관련 비용 × 업무사용비율(업무용 사용거리/총 주행거리)

▶ 업무용 사용거리 [법인세법 시행규칙 제26조의3조 제4항]
업무용 사용거리란 제조.판매시설 등 해당 법인의 사업장 방문, 거래처.대리점 방문, 회의 참석, 판촉 활동, **출.퇴근** 등 업무수행에 따라 주행한 거리를 말한다.

[4] 업무용승용차 관련비용 등에 관한 명세서 제출의무

업무용승용차 관련비용 등을 손금에 산입한 법인은 업무용승용차 관련비용 등에 관한 명세서를 납세지 관할 세무서장에게 제출하여야 한다.

[개정 세법] 업무용 승용차 관련 비용 명세서 미제출 가산세 등 신설
(소득법 §81의14, 법인법 §74의2 신설)
(대상) 업무용 승용차 관련 비용을 손금산입하여 신고한 사업자가 해당 명세서 미제출·불성실 제출
(가산세액) 미제출·불성실 제출로 구분 규정
- 미제출 : 업무용 승용차 관련 비용 손금산입액 : 신고액 전체 × 1%
- 불성실 제출 : 업무용 승용차 관련 비용 손금산입액(신고액) 중 명세서 상 사실과 다르게 제출한 금액 × 1%

<적용시기> '22.1.1. 이후 개시하는 과세연도 분부터 적용

♣ 업무용승용차 운행기록부 : 국세청 홈페이지 → 국세청뉴스 → 고시
♣ 업무용승용차 관련비용 명세서 : 국세법령정보시스템 → 법령서식

❺ 운행기록을 작성하지 않은 경우 차량관련 비용 손금산입

임직원만 운전 가능한 자동차보험에 가입한 경우 차량 관련 비용을 1500만원까지 손금에 산입할 수 있다. 단, 1500만원 중 감가상각비는 최대 800만원만 손금에 산입할 수 있다.

▶ 운행기록을 작성하지 않은 경우 업무 사용비율

1. 해당 사업연도의 업무용승용차 관련비용이 1500만원(해당 사업연도가 1년 미만인 경우에는 1천만원에 해당 사업연도의 개월수를 곱하고 이를 12로 나누어 산출한 금액을 말한다.) 이하인 경우: 100분의 100
2. 해당 사업연도 업무용승용차 관련비용이 1500만원을 초과하는 경우: 1500만원을 업무용승용차 관련비용으로 나눈 비율

▶ 운행기록을 작성하지 않은 경우 감가상각비

운행기록을 작성하지 않는 경우로서 차량 관련 비용이 1500만원을 초과하는 경우 차량 감가상각비가 800만원을 초과하더라도 800만원을 감가상각비로 손금산입할 수 있는 것은 아니다. 예를 들어 차량 감가상각비가 2000만원이고, 감가상각비를 제외한 차량관련 비용이 2000만원인 경우 업무사용비율은 25%[1500만원 ÷ 4000만원(차량 전체비용)]로서 감가상각비는 500만원만 손금산입할 수 있는 것이다.

❻ 임직원 명의 차량의 유지비용

법인이 업무용승용차를 취득하거나 임차한 경우에 적용되는 것이므로 직원 개인명의의 차량을 이용하는 경우 종전의 규정에 따라 법인의 업무에 실제 사용하는 경우 법인의 손금에 산입할 수 있을 것으로 판단된다.

③ 업무용승용차 감가상각비

❶ 감가상각비 계산 방법

[1] 감가상각 방법
2016년 1월 1일 이후 취득한 차량의 경우 5년간 정액법으로 의무화

▶ **2015년 12월 31일 이전 취득한 승용차의 감가상각비 계상**
2015.12.31. 이전 취득한 승용차는 기존의 감가상각방법을 적용하되, 연간 감가상각비 한도액은 800만원으로 하며, 강제상각규정은 적용하지 않는다.

[2] 감가상각비 계상
감가상각비 × 업무사용비율(업무사용비율이란 총 사용거리 중 업무용 사용거리가 차지하는 비율을 말한다.) 단, 800만원(법인 부동산임대업 400만원)을 한도로 한다.

[3] 리스 또는 렌트 차량의 감가상각비 계상
1) 시설대여업자로부터 임차한 승용차 : 임차료에서 해당 임차료에 포함되어 있는 보험료, 자동차세, 수선유지비를 차감한 금액. 다만, 수선유지비를 별도로 구분하기 어려운 경우 임차료(보험료와 자동차세를 차감한 금액을 말한다)의 100분의 7을 수선유지비로 계산할 수 있다.
2) 자동차대여사업자로부터 임차한 승용차 : 임차료의 100분의 70에 해당하는 금액

❷ 감가상각비 한도액 및 이월공제

[1] 법인 소유 차량
감가상각비에 업무사용 비율을 곱한 금액으로 하되, 감가상각비는 매년 800만원까지만 인정하며, 초과금액은 이월하여야 한다.

▶ **사업연도 중 취득한 업무용 승용차**
800만원 × 보유 월수 ÷ 12

▶ **한도초과액**

해당 사업연도 감가상각비 한도액인 대당 800만원 초과하는 감가상각비는 다음연도 이후 800만원에 미달하는 경우 미달하는 금액을 손금추인 할 수 있으며, 처분시까지 손금산입하지 못한 금액은 처분시에 손금추인할 수 있을 것으로 판단이 되나 향후 과세당국의 유권해석이 필요한 사안이다.

[2] 리스 또는 렌트 차량 감가상각비 한도초과액 소득처분

리스 또는 렌트 차량의 경우 임차료(보험료, 자동차세 등을 제외한 금액) 중 감가상각비 상당액에 대해서만 적용하되, 매 년 800만원까지만 손금으로 인정이 되므로 감가상각비 상당액에 업무사용비율을 곱한 금액이 800만원을 초과하는 경우 해당 금액은 손금불산입하고, 유보로 처분한 후 다음 사업연도부터 해당 업무용승용차의 업무사용금액 중 감가상각비 상당액이 800만원에 미달하는 경우 그 미달하는 금액을 한도로 손금에 산입한다. 단, 업무사용이 아닌 금액은 손금불산입하고, 상여로 처분하여야 한다.

[사례] 렌트 차량 감가상각비 상당액 1500만원 업무사용비율 80%
당해 연도 손금산입한도액 : 800만원
세무조정 손금불산입 : 700만원
감가상각비 : 400만원(유보) → 다음연도 이후 유보 추인하여 손금산입
감가상각비 : 300만원(상여)

▶ **리스 중 승계하여 매입한 차량의 감가상각비는 1대의 차량으로 보고 감가상각비를 계상하여야 하는 것임**

리스 중 소유권을 이전한 경우 동일한 차량으로 보아 손금산입 한도를 적용하는 것으로 판단됨

[핵심 실무] 리스차량을 리스기간 만료로 취득한 경우
업무전용자동차보험에 가입하였으나, 운행기록 등을 작성·비치하지 아니한 업무용승용차를 임차하여 사용하다가 임차기간의 만료로 사업연도 중에 취득하여 계속 사용하는 경우 업무용승용차 관련비용의 손금산입 한도액은 임차 또는 취득 구분 없이 하나의 업무용승용차로 계산하는 것임
(서면-2017-법령해석법인-0554 [법령해석과-3700], 2017.12.26.)

▶ **리스차량 감가상각비 상당액**

임차료 - 해당 임차료에 포함되어 있는 보험료, 자동차세, 수선유지비
단, 수선유지비를 별도로 구분하기 어려운 경우 임차료(보험료와 자동차세를 차감한 금액을 말한다)의 100분의 7을 수선유지비로 계산할 수 있다.

▶ **렌트차량 감가상각비 상당액**

임차료의 100분의 70에 해당하는 금액

▶ **사업연도 중 임차하거나 사업연도 중 임차가 종료된 경우 감가상각비 계상**

해당 사업연도 중에 임차한 기간으로 계산을 하여야 할 것으로 판단이 되며, 월수의 계산은 월수는 역에 따라 계산하되, 1월 미만의 일수는 1월로 한다.

❸ 감가상각비 한도초과액 소득처분

[1] 감가상각비 한도초과액

감가상각비 한도초과액은 손금불산입 (유보) 처분한 이후 감가상각비가 800만원에 미달하는 경우 그 미달하는 금액을 한도로 손금추인(△유보)한다. 단, 차량임차료에 대한 감가상각비 한도초과액은 기타사외유출로 처분한 후 '업무용승용차 관련비용 명세서 3. 감가상각비(상당액) 한도초과금액 이월명세'에 기재하여 관리한다.

[2] 기타 차량유지관련 비용 중 업무관련임을 입증하지 못하는 경우

업무에 사용하였으나 운행일지 등에 의하여 입증을 하지 못함으로서 손금불산입된 금액은 기타사외유출로 처리할 수 있으나 사적으로 사용한 승용차 관련 비용은 손금불산입하고 해당 사용자에게 상여처분을 하여야 한다.

❹ 업무용 차량 매각시 처분손실 손금산입

업무용승용차를 처분하여 발생하는 세무상 손실로서 승용차별로 800만원을 초과하는 금액은 이월하여 매 년 800만원을 한도로 손금에 산입한다. (월할 상각은 하지 않음)

한편, 매각연도 이전 감가상각비한도초과액이 있는 경우 처분연도에 전액 손금추인하며, 처분손실은 세무상 금액으로 하되, 800만원을 초과하는 금액은 다음연도 이후 매년 800만원을 한도로 손금추인한다.

[사례] 업무용 승용차 처분손실 및 한도초과금액 손금불산입액 계산 (단위 천원)

회계		세무	
취득가액	80,000	취득가액	80,000
감가상각비 누계액	70,000	감가상각비 누계액	70,000
		(세무상) 감가상각 누계액	40,000
		[세무조정] 한도초과액 이월	30,000
장부가액	10,000	(세무상) 장부가액	40,000
처분가액	30,000	처분가액	30,000
처분이익(손실)	20,000	(세무상) 처분손실	(10,000)
		[세무조정] 당기손금산입액	30,000
		[세무조정] 처분연도 손금	8,000
		한도초과 이월 손금산입	2,000

<세무조정>
(손금산입) 전기이전 한도초과액 30,000 (△유보)
(손금산입) 처분연도 처분손실 한도액 8,000 (△유보)
(손금불산입) 처분손실 한도초과액 2,000 (유보 또는 기타사외유출)

□ 법인세법 제27조의2(업무용승용차 관련비용의 손금불산입 등 특례)
④ 업무용승용차를 처분하여 발생하는 손실로서 업무용승용차별로 800만원(해당 사업연도가 1년 미만인 경우 800만원에 해당 사업연도의 월수를 곱하고 이를 12로 나누어 산출한 금액을 말한다)을 초과하는 금액은 대통령령으로 정하는 방법에 따라 이월하여 손금에 산입한다. <개정 2018. 12. 24.>
⑬ 법 제27조의2제4항에서 "대통령령으로 정하는 방법"이란 해당 사업연도의 다음 사업연도부터 800만원을 균등하게 손금에 산입하되, 남은 금액이 800만원 미만인 사업연도에는 남은 금액을 모두 손금에 산입하는 방법을 말한다. <개정 2020. 2. 11.>

❹ 업무용승용차 과세 특례 적용시기

○ 법인 : 2016.1.1. 이후 지출하는 분부터 적용.
○ 개인(복식부기의무자) : 2017.1.1. 이후 적용

■ 업무용승용차 관련 비용의 법인과 개인사업자의 비교

구 분		법 인	개 인
적용 대상		모든 법인	복식부기의무자

시행 시기		2016.1.1. 이후 개시하는 사업연도 발생분부터 적용	1. 성실신고확인대상사업자
			   2016. 1.1. 이후
			2. 복식부기의무자
			   2017. 1.1. 이후

업무전용자동차 보험가입 의무		임직원 전용자동차 보험에 가입하여야 하며, 가입하지 않는 경우 업무용 승용차 관련 비용을 전액 손금불산입함	가입의무 없음
감가상각비 손금산입	감가상각비 연간 한도액 800만원	1. 2015.12.31. 이전에 취득한 업무용승용차 - 종전에 신고한 상각방법과 내용연수를 적용하여 계산 2. 2016.1.1. 이후 개시하는 사업연도 에 취득한 업무용승용차 - 정액법으로 내용연수 5년 적용 감가상각	1.성실신고확인대상자 - 법인과 같음 2.기타 복식부기의무자 1) 2016.12.31. 이전에 취득한 업무용승용차 : 종전 신고한 상각방법과 내용연수를 적용하여 계산 2) 2017.1.1. 이후에 취득한 업무용승용차 : 정액법으로 내용연수 5년을 적용하여 계산

	감가상각비 한도초과액 손금불산입의 소득처분	1. 자사 소유차량 → 유보
		2. 리스차량 또는 렌트차량
		   유보(법령 제50조의2 ⑨ 2)
		   기타사외유출(법령 제106조 ① 3)
			1. 자사 소유차량 → 유보
			2. 리스차량 또는 렌트차량
			   유보 또는 인출

	업무사용비율을 초과한 감가상각비의 소득처분	손금불산입하고 귀속자에 대한 상여 등으로 소득처분	필요경비불산입하고 인출로 소득처분
기타	업무사용금액	업무사용금액은 전액 손금산입	업무사용금액 전액 필요경비산입
	업무사용비율을 초과한 금액	손금불산입하고 귀속자에 대한 상여 등으로 소득처분	필요경비불산입하고 인출로 소득처분
차량 처분시 발생하는 손실		800만원을 초과하는 금액은 이월하여 800만원씩 손금산입	800만원을 초과하는 금액은 이월하여 800만원씩 필요경비에 산입

차량 처분시 발생하는 이익		처분연도에 전액 익금산입	전액 총수입금액 산입
			1. 성실신고확인대상사업자
			   2016. 1.1. 이후
			2. 복식부기의무자
			   2017. 1.1. 이후

법인 해산 또는 폐업시		해산시 이월된 금액 중 남은 금액을 해산등기일이 속하는 사업연도에 전부 손금산입	복식부기의무자가 사업을 폐업하는 경우 폐업일이 속하는 과세연도에 전부 필요경비 산입

03 금융리스 및 운용리스 세무회계

리스란 '임차하다' 라는 뜻으로 기계, 자동차 등 고가의 자산을 대여하는 회사로부터 임차(리스)하여 사용하는 것을 말한다. 리스계약은 시설이나 장비를 대여하는 회사 즉, 리스회사와 시설이나 장비를 임차하는 자가 계약을 체결하고 리스료를 지불하며, 계약 내용에 따라 금융리스와 운용리스로 구분한다.

1 금융리스

❶ 개요

금융리스란 리스계약의 해지가 불가능하고, 리스계약기간이 끝나게 되면 그 자산의 소유권이 리스이용자(임차인)에게 이전되거나 리스기간이 리스자산의 사용가능기간보다 긴 계약을 말한다. 따라서 금융리스의 경우 리스이용자가 비록 해당 자산을 빌려서 사용하고 있지만, 실질적으로는 해당 자산을 취득한 것과 동일한 효력이 발생하므로 금융리스의 경우 리스물건을 자산으로 계상하고, 리스료로 납부하여야 할 금액은 미지급금으로 처리한 다음 감가상각비를 계상하여 비용처리하여야 한다.

❷ 금융리스 조건(다음 중 한 가지 이상 충족)

① 리스기간 종료시 또는 그 이전에 리스이용자에게 리스자산의 소유권 이전
(무상 또는 당초 계약시 정한 금액)
② 리스기간 종료시 리스실행일 현재 취득가액의 10% 이하 금액으로 구매 할 수 있는 권리가 리스이용자에게 주어진 경우
③ 리스기간이 기준내용연수의 75%이상인 경우
④ 리스자산 용도가 특정목적으로 한정되어 다른 용도로 전용이 불가능한 경우

⑤ 리스실행일 현재 최소 리스료를 기업회계기준으로 현재가치 평가한 가액이 당해 리스자산 장부가액의 90%이상인 경우

❸ 금융리스 회계처리

[예제] 3월 1일 차량운반구를 60,000,000원에 36개월간 사용하기로 리스계약을 체결하다. 6,000,000원은 보증금으로 지급하고 잔액 54,000,000원에 대하여 매월 1,800,000원씩(이자 매월 300,000원 가정) 36개월간 지급하기로 하다.

① 금융리스 차량 계약금 지급시 회계처리

선급금	6,000,000 / 보통예금	6,000,000

② 금융리스 차량 인수시

차량운반구	60,000,000 / 선급금	6,000,000
	장기차입금	54,000,000

③ 금융리스 차량의 취득과 관련한 제비용 지급시

차량운반구	5,000,000 / 보통예금	5,000,000

④ 매월 리스료 납부시 회계처리

장기차입금	1,500,000 / 보통예금	1,800,000
이자비용	300,000	

⑤ 감가상각비 계상 및 회계처리

감가상각비	24,429,166 / 감가상각누계액	24,429,166

* 감가상각비 : 취득가액 65,000,000원 × 0.451 × 10/12

▶ 금융리스 차량의 양도 및 세금계산서 발급 여부

금융리스의 경우 리스이용자가 새로운 리스이용자에게 당해 리스자산을 넘겨주는 것은 자산의 양도로서 부가가치세가 과세되며, 리스이용자는 새로운 리스이용자에게 세금계산서를 발급하여야 한다.

❹ 판매 후 리스

[1] 개요
판매 후 리스란 리스이용자가 리스회사에게 자산을 판매하고 그 자산을 리스하여 사용하는 거래로 실질은 리스회사가 리스이용자에게 자산을 담보로 금융을 제공하는 것에 해당된다.

□ 판매 후 리스에 대한 세금계산서 발급 (서면3팀-636, 2006.03.31.)
사업자가 신규로 제조하거나 구입한 시설 또는 사용하여 온 시설을 시설대여업법에 의하여 인가를 받은 시설대여회사에 판매한 후 그 시설을 리스하는 경우 당해 사업자는 자기를 공급자 및 공급받는자로 하여 세금계산서를 교부하는 것임.

[2] 판매 후 리스(금융리스) 회계처리
매매에 따른 손익을 리스실행일에 인식하지 아니하고 리스자산 감가상각기간 동안 이연하여 균등하게 상각 또는 환입한다. (5년 정액법 가정)

(1) 리스실행일 20×4.01.01

현금(보통예금)	100,000,000	기계장치	80,000,000
		이연처분이익	20,000,000

(2) 회계기말 20×4.12.31

이연처분이익	4,000,000	유형자산처분이익	4,000,000

□ 법인세법 기본통칙 23-24…1 【 리스의 회계처리 】
㉠ 취득 또는 사용하던 자산을 리스회사에 매각하고 리스거래를 통하여 재사용하는 "판매 후 리스거래"의 경우 회계처리는 다음 각 호에 의한다. <신설 2001.11.01>
1. 금융리스에 해당하는 판매후 리스거래의 경우 매매에 따른 손익을 리스실행일에 인식하지 아니하고 해당 리스자산의 감가상각기간 동안 이연하여 균등하게 상각 또는 환입한다. <개정 2009.11.10>
2. 판매 후 리스거래가 운용리스에 해당하고 리스료 및 판매가격이 시가에 근거하여 결정된 경우 제1호 및 제2호의 규정에 불구하고 당해 매매와 관련된 손익을 인식할 수 있다. <개정 2009.11.10>

2 운용리스

❶ 개요

운용리스란 일정한 기간(리스계약기간) 사용 후에 그 해당자산을 리스회사에 반환하는 순수한 의미의 리스(임차)를 말하는 것으로 금융리스에 속하지 않는 리스를 말한다. 기업이 부채비율을 낮추고, 자기자본비율을 높게 유지하려고 하면, 금융리스보다는 운용리스를 이용하는 것이 적절하다. 왜냐하면, 금융리스는 미지급금이라는 부채를 계상하게 되므로 부채비율이 높아지게 되나 운용리스는 별도의 부채를 계상하지 아니하고, 리스료만 경비로 처리하기 때문이다.

□ 법인세법 기본통칙 121-164…6 【시설대여업자의 계산서 작성·교부의무】
「여신전문금융업법」에 의한 시설대여업자가 규칙 제13조의 규정에 의한 금융리스 이외의 리스(운용리스)를 실행하고 리스이용자로부터 리스료를 수취하는 경우에는 계산서를 작성하여 리스이용자에게 교부하여야 한다. (2008. 7. 25. 개정)

▶ **운용리스의 경우 시설 투자와 관련한 세액공제적용대상은 아님**
시설투자를 한 경우 조세특례제한법의 규정에 의하여 투자관련 세액공제를 받을 수 있으나 운용리스의 경우 순수한 의미의 투자가 아니므로 투자와 관련한 세액공제 대상은 아니다.

❷ 운용리스자산의 부가가치세 매입세액

운용리스자산의 경우 일반적으로 세금계산서를 수취하지 않으므로 매입세액공제와는 무관하다. 다만, 사업자가 인가를 받은 시설대여회사로부터 시설 등을 임차하고 당해 시설 등을 공급자 또는 세관장으로부터 직접 인도받는 경우에는 리스이용자가 공급자로부터 재화를 공급받거나 외국으로부터 재화를 직접 수입한 것으로 보아 공급자 또는 세관장으로부터 세금계산서를 발급받을 수 있다. 이 경우 매입세액은 리스이용자가 부담하여야 하고 매입세액에 대하여만 회계처리를 한다.

(1) 매입세액공제 리스차량에 대하여 세금계산서를 수취한 경우

부가세대급금	**** / 보통예금	****

(2) 매입세액불공제 리스차량에 대하여 세금계산서(공급가액 3천만원, 세액 3백만원)를 수취한 경우 (리스기간 36개월 가정)

선급비용	3,000,000 / 보통예금	3,000,000

(3) 회계기말에 선급비용 중 총리스기간(36개월 가정)에서 당해 연도 리스기간(6개월)에 상당하는 금액을 지급임차료로 대체하는 분개처리

리스료	500,00 / 선급비용	500,000

❸ 운용리스 회계처리

[예제] 2월 1일 차량운반구를 60,000,000원에 36개월간 사용하기로 리스계약을 체결하다. 6,000,000원은 리스보증금으로 지급하고 잔액 54,000,000원에 대하여 매월 1,800,000원씩(이자 매월 300,000원 가정) 36개월간 지급하기로 하다.

① 리스보증금 지급시 회계처리

리스보증금	6,000,000 / 보통예금	6,000,000

② 매월 리스료 납부시 회계처리

리스료	1,500,000 / 보통예금	1,800,000
이자비용	300,000	

- 리스료 : 지급임차료 계정을 사용하여도 무방하다.
* 리스료 연체시 납부하는 금액은 '이자비용'으로 처리한다.

③ 보험료 납부시 회계처리

보험료	1,000,000 / 보통예금	1,000,000

* 운용리스와 관련하여 리스사용자가 보험료를 부담하여야 하는 경우 보험료 계정으로 처리한다.

▶ **운용리스 차량의 양도 및 세금계산서 발급 여부**

사업자가 운용리스로 차량을 사용하던 중 새로운 리스이용자에게 당해 리스자산을 넘겨주는 것은 재화의 공급에 해당하지 아니하여 세금계산서 발급대상에 해당하지 않는다. 이 경우 리스사업자로부터 영수증은 받아 두면 될 것이다. 단, 새로운 리스이용자에게 대가를 받고 임차인의 지위를 양도하는 경우 그 대가에 대하여는 부가가치세가 과세되어 세금계산서 발급대상에 해당한다.

❹ 이용자리스(부가가치세 환급리스)

[1] 개념

일반적인 운용리스의 경우에는 차량의 명의가 리스회사 명의로 되지만, 부가세 환급 대상차량의 경우는 이용자(고객)명의로 차량이 등록되고 부가세 환급을 받을 수 있는 리스상품으로 사업자가 매입세액공제 대상 차량을 구입하는 경우 부가가치세 환급이 자동차리스에서도 적용된다.

[2] 부가가치세 매입 대상 차종

(1) 경차 : 모닝, 스파크, 레이, 다마스, 라보
(2) 승합차 : 카니발, 스타렉스, 코란도투리스
(3) 화물차 : 봉고, 포터, 코란도 스포츠

[3] 부가세환급리스의 진행 방법

① 차량 가격에서 부가세를 뺀 나머지 금액으로 리스를 진행하게 된다.
② 부가세 금액은 차량회사(리스일 경우, 리스회사)에 입금을 하여 세금계산서를 받게 된다.
③ 매입 세금계산서는 해당 분기에 부가세 신고를 하여 매입세액 공제를 받는다.

[4] 이용자리스 회계처리

이용자리스는 일종의 운용리스로서 부가가치세에 대하여는 별도로 회계처리를 하고, 그 외의 회계처리방법은 운용리스와 같다.

부가세대급금	**** /	보통예금	****

6 지출증빙 및 정규영수증

1 정규영수증

❶ 개요

기업은 사업과 관련한 각종 경비지출시 반드시 그 지출을 입증할 수 있는 증빙서류를 첨부하여 보관하여야 한다. 지출에 대한 증빙서류에 대한 법적규제가 없는 경우 사업자가 실제 사용하지 않은 비용에 대하여 사용한 것으로 처리하여

비용을 과다 계상하여 사업과 관련한 소득을 줄여 탈세 수단으로 이용할 수 있으므로 세법은 지출에 대한 증빙을 5년간 보관하여 둘 것을 규정하고 있다.

한편, 비용에 대한 영수증으로 수취하는 **세금계산서, 면세 계산서, 신용카드매출전표, 현금영수증** 등은 그 발급내용이 전부 국세청 전산시스템으로 연계되어 매출자의 매출신고내용 및 매입자의 비용 정당성 여부를 동시에 통제할 수 있다. 따라서 이러한 영수증을 '정규영수증'이라고 하며, 세법에서는 사업자의 비용지출에 대하여 정규영수증을 수취하도록 하여 매출자의 매출신고 누락을 방지하고 매입자가 가짜로 비용처리하는 것을 철저히 관리하는 것이다.

일반적인 지출의 경우 거래금액이 3만원을 초과할 시 세법에서 정규영수증 수취 예외거래를 제외하고는 반드시 **세금계산서 또는 계산서, 현금영수증**을 수취하거나, **신용카드를 사용**하여 지출하여야 적법한 증빙으로 인정하고 있으며, 비용 지출에 대하여 정규영수증을 수취하지 않은 경우 그 거래금액의 **100분의 2**에 해당하는 금액을 가산세로 징수하도록 규정하고 있다.

▶ **정규영수증 미수취시에도 비용처리는 할 수 있음**

법인 또는 개인사업자가 업무와 관련하여 지출한 비용에 대하여 지출증빙서류를 수취하지 아니한 경우에도 다른 객관적인 자료에 의하여 그 지급사실이 확인되는 경우에는 손금 또는 필요경비에 산입할 수 있다.

❷ 정규영수증 종류

[1] 세금계산서

[2] 계산서

[3] 신용카드매출전표

구 분	내 용
법인카드	법인의 신용으로 발급되며, 카드에 법인의 이름만 기재되고, 법인계좌에서 출금되며, 법인의 임직원이 공용으로 사용할 수 있는 카드
직불카드	직불카드회원과 신용카드가맹점간에 전자 또는 자기적 방법에 의하여 금융거래계좌에 이체하는 등의 방법으로 물품 또는 용역의 제공과 그 대가의 지급을 동시에 이행할 수 있도록 신용카드업자가 발행한 증표
백화점카드	기획재정부장관으로부터 신용카드업의 허가를 받은 백화점운용사업자가 발행하여 금융기관을 통하여 이용대금을 결제하는 카드
선불카드	신용카드업자가 대금을 미리 받고 이에 상당하는 금액을 전자 또는 자기적 방법으로 기록하여 발행한 증표로서 그 소지자의 제시에 따라 신용카드가맹점이 그 기록된 범위 내에서 물품 또는 용역을 제공할 수 있도록 한 카드

▶ **임직원개인명의 신용카드를 업무용으로 사용한 경우 정규영수증으로 인정된다. 단, 법인의 기업업무추진비는 손금산입할 수 없는 것임**

신용카드의 명의와 관련하여 법인사업자의 법인명이나 개인사업자의 대표자 명의의 신용카드를 사용하여야 하나 종업원 개인명의의 신용카드를 사용하고 매출전표를 수취한 경우에도 정규증빙으로 인정된다. 단, 법인 업무추진비의 경우로서 **3만원**을 초과하는 업무추진비는 법인카드로 사용한 경우에만 인정된다. 이 때 법인개별카드(개인형 법인카드)는 법인카드로 간주한다.(법인 46012-2098, 2000.10.12)

▶ **임직원 개인명의카드를 업무용도로 사용한 경우 임직원 개인은 연말정산시 신용카드소득공제는 받을 수 없음**
임직원 개인명의의 신용카드를 법인의 비용 지출에 대한 결제수단으로 사용한 경우 임직원 개인은 신용카드사용금액에 대하여 연말정산시 신용카드소득공제를 받을 수 없다.

[4] 현금영수증
현금영수증이란 현금영수증가맹점이 재화 또는 용역을 공급하고 그 대금을 현금으로 받는 경우 당해 재화 또는 용역을 공급받는자에게 물품 등의 판매시 현금영수증 발급장치에 의해 발급하는 것으로서 거래일시. 금액 등 결제내역이 기재된 영수증을 말하며, 현금영수증 지출증빙효력은 신용카드매출전표와 동일하다.

❸ 지출증명서류 합계표 작성 및 보관의무

법인으로서 직전 사업연도의 수입금액이 30억원 이상으로서 법 제116조(지출증명서류의 수취 및 보관)에 따라 지출증명서류를 수취하여 보관한 법인은 기획재정부령으로 정하는 지출증명서류 합계표를 작성하여 보관하여야 한다.
<신설 2016. 2. 12., 2021. 2. 17.> [법인세법 시행령 제158조 제6항]

♣ 서식 : 국세법령정보시스템 → 별표서식 → 법령서식

❹ 정규영수증 과소 수취에 대한 해명 요구

국세청은 법인의 법인세신고 및 개인사업자의 종합소득세 신고내용에 대하여 손금 또는 필요경비로 계상한 금액과 정규영수증을 제출한 금액을 분석하여 손금 또는 필요경비 대비 정규영수증 제출비율이 상대적으로 낮은 사업자에 대하여 실제 경비를 지출하지 않았음에도 경비를 지출한 것처럼 허위로 법인세 또는 소득세를 신고한 혐의가 있는 것으로 보고, 손금산입한 금액과 정규영수증 제출금액에 중대한 차이가 경우 그 사유를 사업자에게 소명요구를 하거나 수정신고를 하도록 하고 있다. 그리고 관할 세무서는 사업자가 지출에 대한 증빙을 제출하지 못한 금액에 대하여

사업자가 소득을 누락한 것으로 보고 법인세 또는 소득세를 추징함으로써 사업자가 소득을 정당하게 신고하지 않으면 안되도록 시스템을 만들었다.

한편, 소규모 사업자의 경우 어려운 현실을 감안하여 소득세 신고시 비용처리란 금액과 정규영수증 제출 내용에 대하여 해명요구를 유보하여 왔지만, 최근 국세청은 소상공인에 대해서도 종합소득세 신고 내용을 분석하여 사업자가 비용처리한 금액과 정규영수증 제출금액을 대비하여 정규영수증 제출비율이 상대적으로 낮은 업체로서 그 차이 금액이 중요한 경우 해명자료를 요구하고 있으며, 사업자가 이와 같이 정규영수증 없이 경비처리한 금액에 대한 해명자료를 받은 경우 정말 어려운 문제가 발생할 수 있다.

이 경우 사업자는 지출에 대한 증빙이 없다하여 이미 간편장부 또는 복식부기기장에 의하여 신고한 내용에 대하여 추계에 의한 종합소득세 신고도 할 수 없고, 관할 세무서에서는 사업자가 장부 및 증빙이 부족하다하여 추계에 의한 결정을 하지 않음으로 사업자가 지출에 대한 명확한 증빙서류를 소명할 수 없는 경우 소명하지 못한 금액을 소득으로 추정하여 감당하기 어려운 세금을 부과할 수도 있다 보니 이러한 소명요구를 받은 사업자가 겪어야 하는 어려움은 매우 심각한 문제다.

뿐만 아니라 소상공인의 거래처가 소득세 또는 법인세를 줄이기 위하여 소상공인에게 실제 거래금액보다 세금계산서를 더 발행하여 줄 것을 요구하거나 압박하는 경우 소상공인은 거래처와의 거래에 생존권이 달려 있다 보니 부득이 실제 거래없이 세금계산서를 발행하는 경우가 있고, 이 경우 거래처는 소득을 줄여 세금을 줄일 수 있으나 소상공인 자신은 종합소득세신고를 함에 있어 가공 매출로 인하여 가공 매출분에 대한 경비가 부족하여 정규영수증 없이 실제 지출하지 않은 것을 지출한 것처럼 장부에 계상하여 소득세 신고를 하게 되는 경우가 있다.

그런데 국세청은 이제 소상공인의 경우에도 소득세 신고서의 경비금액과 정규영수증 제출비율을 분석하여 그 금액이 중요한 경우 해명자료를 요구함으로써 소상공인은 세금문제로 치명적인 어려움을 겪게 되는 것이다. 이러한 국세청의 압박은 향후에도 계속될 것이므로 소규모사업자라 하더라도 지출에 대한 증빙없이 필요경비로 계상하는 일은 없도록 종합소득세 신고시 유의를 하여야 하며, 경비 영수증이 없는 금액이 중요한 경우 종합소득세를 추계로 신고를 하여야 할 것이다.

2 정규영수증 수취대상 및 수취대상이 아닌 경우

❶ 정규영수증 수취대상 거래

■ **건별 거래금액이 3만원 초과 거래**

재화 또는 용역의 거래 건당 공급대가(부가세 포함)가 3만원을 초과하는 거래인 경우 정규영수증을 수취하여야 한다. 따라서 거래 건당 3만원 이하인 거래의 경우 정규영수증을 수취하지 않아도 가산세는 적용되지 아니한다.

한편, 공급대가가 3만원을 초과하는 동일거래에 대해서 여러 장의 간이영수증을 분할하여 수취하는 경우 적격증빙수취의무에 위반되는 것으로 적격증빙을 수취하지 못한 것으로 보아 증빙불비가산세가 적용된다.

■ **사업자와의 거래**

정규지출증빙에 관련된 규정은 거래상대방이 아래의 사업자인 경우에 적용되며 거래상대방이 사업자가 아닌 경우에는 적용되지 아니한다. 다만, 거래상대방이 사업자등록을 하지 않았다하더라도 사업의 계속성이 있는 경우 재화 또는 용역을 공급받은 사업자는 정규영수증 미수취에 대한 가산세를 부담하여야 한다.

[1] **법인사업자**
내국법인 및 수익사업을 영위하는 비영리법인(외국법인을 포함한다.)

[2] **개인사업자**
영수증 발행대상사업자 및 간이과세자를 제외한 모든 개인사업자

❷ 정규영수증 수취대상이 아닌 경우

■ 정규영수증 수취대상 제외사업자와의 거래

아래 사업자와의 거래시에는 세금계산서, 계산서, 신용카드매출전표, 현금영수증 등 정규영수증을 수취하지 아니하고 일반영수증을 수취하여도 적격증빙미수취 가산세가 적용되지 아니한다.

[1] 비영리법인
비영리법인과의 거래 단, 법인세법시행령 제2조 제1항의 규정에 해당하는 수익사업과 관련된 부분은 정규영수증을 수취하여야 한다.

○ 지출사례 : 비영리법인에 지출하는 조합비, 협회비, 기부금 등

[2] 국가 및 지방자치단체
국가 및 지방자치단체에 납부하는 각종 세금은 정규영수증 수취의무가 없으며, 납부영수증을 증빙으로 갖추어 되면 된다.

○ 지출사례 : 각종 세금과공과금, 벌과금 등

[3] 금융보험업을 영위하는 법인(금융·보험용역 제공에 한함)
거래상대방 공급자가 금융보험업자인 경우 적격증빙수취대상이 아니므로 해당 기관이 발행하는 영수증을 증빙으로 보관하면 된다. 단, 금융보험업자로부터 금융보험용역이 아닌 임대용역을 제공받는 경우에는 반드시 세금계산서 등 정규영수증을 수취하여야 한다.

○ 지출사례 : 보증보험료, 어음할인료, 대출이자, 할부이자, 송금수수료, 환전수수료, 신용카드수수료, 보험료(손해, 화재보험, 보증보험, 해상보험 등), 리스료

[4] 읍·면지역에 소재 간이과세자로서 신용카드가맹점이 아닌 사업자
읍·면지역(도농복합 시지역의 읍면지역 포함)에 소재하는 간이과세자로 신용카드가

맹점이 아닌 사업자인 경우 해당 사업자가 발행하는 간이영수증 등을 지출증빙으로 수취하면 된다. 시지역의 간이과세자인 경우 정규영수증인 현금영수증을 수취하거나 신용카드로 결제하여야 정당한 증빙으로 인정이 된다.

[5] 국내사업장이 없는 외국법인
국내사업장이 없는 외국법인과의 거래시 정규영수증 수취의무가 없으며, 이 경우 지출에 대한 증빙으로 영수증(형식은 무관함)을 갖추어 두면 된다.

❸ 정규영수증을 수취하지 않아도 되는 거래

[1] 거래 건당 공급대가(부가세 포함)가 3만원 이하인 거래
거래 건 당 3만원 이하인 거래의 경우 정규영수증을 수취하지 않아도 가산세는 적용되지 아니한다. 3만원 초과 거래 여부의 판단은 거래 1건별 영수증금액(부가세 포함)을 기준으로 판단하며, 동일한 거래에 대하여 영수증을 분할하여 발급받은 경우에도 합산한 금액을 1건의 거래로 본다.

[2] 다음의 어느 하나에 해당하는 거래
① 농·어민(농업중 작물재배업·축산업·복합농업, 임업 또는 어업에 종사하는자를 말하며, 법인을 제외한다)으로부터 재화 또는 용역을 직접 공급받은 경우
② 재화의 공급으로 보지 아니하는 사업의 양도(사업의 포괄양도.양수)에 의하여 재화를 공급받은 경우
③ 방송용역을 제공받은 경우
④ 전기통신사업법에 의한 전기통신사업자로부터 전기통신용역을 공급받은 경우
⑤ 국외에서 재화 또는 용역을 공급받은 경우(세관장이 세금계산서 또는 계산서를 발급한 경우를 제외한다)
⑥ 공매.경매 또는 수용에 의하여 재화를 공급받은 경우
⑦ 토지 또는 주택을 구입하거나 주택의 임대업을 영위하는 자(법인을 제외한다)로부터 주택임대용역을 공급받은 경우
⑧ 택시운송용역을 제공받은 경우
⑨ 금융.보험용역을 제공받은 경우

⑩ **건물 또는 토지 구입** ~ 건물 또는 토지를 구입하는 경우로서 거래내용이 확인되는 매매계약서 사본을 법인세과세표준신고서에 첨부하여 납세지 관할세무서장에게 제출하는 경우 단, 과세대상 건물을 구입하는 경우로서 그 매입세액을 공제받고자하는 경우에는 세금계산서를 수취하여야 한다. (법인세법 시행령 제164조 ③)
⑪ 입장권.승차권.승선권 등을 구입하여 용역을 제공받은 경우
⑫ 항공기의 항행용역을 제공받는 경우
⑬ 부동산임대용역을 제공받은 경우로서 전세금 또는 임대보증금에 대한 부가가치세액(간주임대료에 대한 부가가치세액)을 임차인이 부담하는 경우
⑭ 재화공급계약.용역제공계약 등에 의하여 확정된 대가의 지급지연으로 인하여 연체이자를 지급하는 경우
⑮ 「유료도로법」에 따른 유료도로를 이용하고 통행료를 지급하는 경우

> 다음의 하나에 해당하는 경우로서 공급받은 재화 또는 용역의 거래금액을 금융기관을 통하여 지급한 경우로서 법인사업자는 법인세과세표준신고서에 송금사실을 기재한 경비 등의 '송금명세서'를 개인사업자는 영수증수취명세서를 관할 세무서장에게 제출하는 경우

① 간이과세자로부터 부동산임대용역을 제공받은 경우

◆ 간이과세자로부터 부동산임대용역을 공급받은 경우 증빙수취방법
간이과세자로부터 부동산임대용역을 공급받은 경우에 그 거래금액을 금융기관을 통하여 지급하고 과세표준확정신고서에 그 송금명세서를 첨부하여 관할세무서장에게 제출한 경우에는 증빙불비가산세를 적용하지 아니하는 것임. 따라서 그 거래금액을 금융기관을 통하지 아니하고 지급한 경우에는 증빙불비가산세의 적용대상이 되는 것이나, 그 거래금액을 지급하지 아니하여 송금명세서를 첨부하지 못한 경우에는 증빙불비가산세의 적용대상에 해당하지 아니하는 것임(제도 46011 - 11294, 2001.6.1)

② 임가공용역을 제공받은 경우(법인과의 거래를 제외한다)

◆ 가정주부로부터 임가공용역을 제공받는 경우(법인 46012 - 77, 2000.1.11)
법인이 가정주부로부터 가내부업적인 용역을 제공받고 소득세법 제14조 제3항 제2호에 해당하는 대가를 지급하는 경우에는 지출증빙서류수취대상에서 제외됨.

③ 운수업을 영위하는 간이과세자가 제공하는 운송용역을 공급받은 경우

◆ 화물운송대행용역의 지출증빙(법인 46012 - 3828, 1999.10.28)
지출증빙서류의 수취특례가 적용되는 운수업을 영위하는 자(부가가치세법상 간이과세자에 한함)가 제공하는 운송용역에는 직접 화물운수사업체를 갖지 아니하고 수수료 또는 계약에 의하여 화물운송에 관한 책임을 지고 탁송자로부터 수령자에게 화물을 운송하는 화물운송대행용역은 포함되지 아니함.

④ 간이과세자로부터 재활용폐자원 등이나 재활가능자원을 공급받은 경우
⑤ 항공법에 의한 상업서류 송달용역을 제공받는 경우
⑥ 부동산중개업법에 의한 중개업자에게 수수료를 지급하는 경우
⑦ 기타 국세청장이 정하여 고시하는 경우
1. 인터넷, PC통신 및 TV홈쇼핑을 통하여 재화 또는 용역을 공급받는 경우
2. 우편송달에 의한 주문판매를 통하여 재화를 공급받는 경우

[3] 재화 또는 용역의 공급으로 보지 아니하는 거래

재화 또는 용역의 공급으로 보지 아니하는 거래는 정규영수증 수취대상이 아니므로 예를 들어 다음에 예시하는 거래는 해당 거래사실을 입증할 수 있는 증빙을 갖추어 두면 된다.
○ 조합 또는 협회에 지출하는 경상회비,
○ 판매장려금(현금 지급) 또는 포상금 등 지급
○ 거래의 해약으로 인한 위약금, 손해배상금 등
○ 기부금

[4] 원천징수대상 소득을 지급하는 경우

원천징수대상 소득(근로소득, 퇴직소득, 이자소득, 기타소득, 원천징수대상 사업소득을 지급하는 경우 그 지급에 대한 명세서를 기재한 지급명세서를 제출하여야 하며, 이 경우 지급명세서가 그 지출에 대한 증빙이 되므로 별도의 정규영수증 수취의무가 없다.

③ 정규영수증 미수취에 대한 가산세 등

❶ 개인사업자

[1] 증빙불비가산세
① 적용대상 ~ 소규모사업자가 아닌 사업자
* 소규모사업자 : 직전연도 수입금액이 4,800만원 미만인 사업자 및 신규사업자
② 가산세 ~ 정규증빙서류 미수취금액의 100분의 2

[2] 영수증수취명세서 미제출가산세
① 적용대상 ~ 소규모사업자(직전연도 수입금액이 4,800만원 미만)가 아닌 사업자
② 가산세 ~ 영수증수취명세서를 과세표준확정신고기한 내에 제출하지 아니하거나, 제출한 영수증수취명세서가 불분명한 경우 미제출 거래금액의 100분의 1

❷ 법인사업자

① 정규증빙서류 미수취금액의 100분의 2
② 법인은 '경비등의 송금명세서'를 법인세 신고시 제출하여야 하나 제출하지 않는 경우에도 가산세는 없다.

❸ 정규영수증 수취시 사업자 주의사항

■ 개인과의 거래

[1] 개인(사업자 미등록자)으로부터 과세재화를 공급받는 경우
사업자등록이 없는 개인으로부터 과세재화를 공급받는 경우 당해 개인이 물품 또는 재화를 계속적으로 공급하는 사업성을 가진 자가 아닌 경우에는 정규영수증 수

취대상이 아니다. 따라서 사업자등록이 없는 개인으로부터 물품 등을 구입하는 경우 그 지급사실을 증명할 수 있는 영수증(형식은 무방하나 공급자의 인적사항과 연락처, 금액 등을 기재한 영수증)을 수취하고, 금융기관을 통하여 송금한 송금영수증을 보관하면 된다. (개인으로부터 중고자동차 매입 등) 다만, 사업자등록이 없는 개인이라도 사업성이 있고, 물품 등을 계속적으로 공급하는 경우(미등록 부동산임대업자 등)로서 3만원을 초과하는 거래에 대하여 정규영수증을 수취하지 않은 경우 증빙불비가산세(거래금액의2%)를 부담하여야 한다.

[2] 개인으로부터 일용노무를 제공받는 경우
1) 개인으로부터 일용노무를 제공받는 경우 통상 '잡급'으로 처리하며, 지출증빙서류 수취대상은 아니나 그 지급에 대한 송금영수증, 작업일지(일용노무비대장 등) 등을 보관하여 두고, 그 지급일이 속하는 분기의 다음달 말일(2023년 이후 지급일의 다음달 말일)까지 지급명세서를 관할 세무서에 제출하여야 한다.
2) 일용근로자의 일당이 15만원을 초과하는 경우 근로소득세를 원천징수하여 그 징수일의 다음 달 10일까지 납부하여야 한다.

[3] 정규영수증 수취의무 면제 거래
사업자가 아닌 자와의 거래로서 아래에 해당하는 경우 정규영수증이 없더라도 증빙불비가산세는 적용되지 아니한다. 단, 그 거래사실을 입증할 수 있는 입금증, 송금영수증, 계약서등은 보관하여야 한다.
1. 폐업한 사업자로부터 폐업시 잔존재화를 공급받는 경우
2. 개인으로부터 중고자동차를 취득하거나 종업원 개인 소유차량을 취득하는 경우

■ 면세사업자와의 거래

사업자가 면세재화 또는 용역을 거래할 때에는 거래상대방이 계산서를 발급할 수 있으므로 이들과 거래시에는 반드시 계산서를 발급받거나 신용카드로 결제하여야 하며,(단, 지출증빙수취 특례규정에 해당하는 경우는 제외함) 발급받은 계산서는 매입처별계산서합계표를 작성하여 다음 해 2월 10일까지 제출하여야 하며, 법인 또는 복식부기의무자인 개인사업자가 수취한 계산서합계표를 익연도 2월 10일까지 제출하지 아니할 경우 공급가액의 1%를 가산세로 부담하여야 한다.

■ 간이과세자와의 거래

1) 거래상대방이 간이과세자인 경우 간이과세자는 부가가치세가 과세되는 거래에 대하여 세금계산서를 발급할 수 없기 때문에 지출증빙서류 특례규정에 해당하는 경우를 제외하고, 신용카드로 결제하여야 한다.
2) 간이과세자가 신용카드가맹점이 아닌 경우 신용카드결제가 불가능하므로 간이과세자와의 거래금액이 3만원을 초과할 시 부득이 증빙불비가산세를 부담할 수밖에 없을 것이다. 단, 읍.면지역에 소재하는 간이과세자가 신용카드가맹점이 아닌 경우 증빙불비가산세는 해당되지 아니한다.

▶ 간이과세자와의 거래시 증빙수취 방법
(1) 간이과세자가 읍, 면지역에 소재한 경우로서 신용카드가맹점이 아닌 경우에는 간이영수증을 증빙으로 수취하면 된다.
(2) 간이과세자가 도시지역에 소재한 경우에는 신용카드로 결제하고, 신용카드매출전표를 수취하여야 한다.
(3) 간이과세자가 도시지역에 소재한 사업자로 신용카드가맹점이 아닌 경우 거래금액을 금융기관을 통하여 지급하고 과세표준확정신고서에 그 송금명세서를 첨부하여 관할세무서장에게 제출한 경우 손금인정은 되지만, 증빙불비가산세는 적용된다.
(4) 간이과세자이나 세금계산서 발급대상 간이과세자와 거래를 한 경우 세금계산서를 수취하여야 한다.

▶ 일반과세자의 간이과세자 전환 및 세금계산서 발급
1. 전년도 공급대가가 4800만원 이상 8000만원 미만인 경우
7월 1일 : 간이과세자 전환 → 세금계산서 발급가능
2. 전년도 공급대가가 4800만원 미만인 경우
7월 1일 : 간이과세자 전환 → 세금계산서 발급을 할 수 없음

▶ 세금계산서 발급대상 간이과세자 조회
홈택스 → 조회/발급 → 사업자등록상태조회(휴폐업조회)
세금계산서 발급이 가능한 경우 "부가가치세 간이과세자(세금계산서 발급사업자)"로 표시됨

4 영수증 관리 및 보관

❶ 매출 및 매입 세금계산서 관리 및 보관

■ 매출세금계산서

개인사업자가 종이로 발행한 매출세금계산서는 작성일자순으로 제1기(1.1 ~ 6.30)와 제2기 (7.1 ~ 12.31)를 구분하여 별도로 철하여 보관한다. 단, 매출세금계산서가 많은 경우 월별 또는 3개월 단위로 철하여도 되지만, 다른 과세기간의 세금계산서를 같이 철하여서는 안된다.

[1] 월합계 세금계산서
계속 거래처의 경우 매 번의 거래시에는 '거래명세서'를 발급하고 1개월간의 거래를 합한 '월합계 세금계산서'를 발급할 수 있으며, 월합계로 세금계산서를 발행하는 경우 매 번의 거래에 관한 명세인 거래명세서를 작성하여야 한다.

[2] 거래명세서 관리 및 보관방법
거래명세서란 거래에 관한 내역서를 말하며, 거래명세서는 거래에 관한 내역서로 영수증은 아니며, 거래명세서는 해당 업체별로 월별로 별도 철하여 보관하여야 한다.

■ 매입세금계산서

종이로 발급받은 매입세금계산서는 작성일자순으로 제1기(1.1 ~ 6.30)와 제2기 (7.1. ~ 12.31.)를 구분하여 별도로 철하여 보관하여야 한다. 단, 매입세금계산서가 많은 경우 월별 또는 3개월 단위로 철하여도 되지만, 다른 과세기간의 세금계산서를 같이 철하여서는 안된다.

❷ 면세 계산서 관리 및 보관

① 계산서란 면세사업자(쌀집, 정육점, 수목 도.소매업, 서점, 학원, 정화조사업자 등)가 면세되는 물품 또는 서비스를 공급하고 발행하는 계산서로 세금계산서 양식에 세액란이 없는 것을 말한다. 면세 계산서를 수취한 경우 세금계산서와 같은 방법으로 철하여 보관한다.

② 면세사업자가 면세 계산서를 발급한 경우 다음해 2월 10일까지 매출처별계산서 합계표를 작성하여 관할 세무서에 제출하여야 한다. 면세사업자가 면세 계산서를 발급받은 경우 다음해 2월 10일가지 매입처별계산서 합계표를 작성하여 관할 세무서에 제출하여야 한다.

❸ 신용카드매출전표 및 현금영수증 관리 및 보관

[1] 신용카드매출전표
신용카드매출전표 중 매입세액을 공제받는 것은 별도로 구분하여 거래일자별로 1기(1.1 ~ 6.30)와 2기(7.1 ~ 12.31)로 나누어 철한다. 단, 신용카드매출전표가 많은 경우 1개월 또는 3개월 단위로 구분하여 철하여 두면 된다.

▶ 신용카드매출전표를 분실한 경우
신용카드매출전표 등을 분실했을 때 신용카드업자로부터 교부받은 신용카드 월별이용대금명세서를 보관하고 있는 경우에는 신용카드매출전표 등을 수취하여 보관하고 있는 것으로 보는 것임. (서면1팀-527, 2006.04.26)

[핵심 실무] 신용카드매출전표 보관
1. 신용카드 월별이용대금명세서를 보관하고 있는 경우 신용카드매출전표를 보관하지 않아도 무방하나
2. 신용카드매출전표등에 의한 매입세액을 공제받은 경우에는「부가가치세법」제46조에 따라 신용카드매출전표 등을 그 거래사실이 속하는 과세기간에 대한 확정신고 기한 후 5년간 보관하여야 하는 것임. (부가, 서면-2017-부가-1802, 2017.11.30.)

[2] 현금영수증 관리 및 보관방법
① 현금영수증 중 매입세액을 공제받는 것과 매입세액을 공제받지 못하는 것(신용카드매출전표와 동일함)을 구분하여야 하며, 매입세액을 공제받는 것은 별도로 전표 등에 첨부하여 보관하고, 거래일자를 기준으로 과세기간별로 '현금영수증수취명세서'를 작성하여 둔다.
② 매입세액을 공제받지 못하는 것은 영수증으로 전표 등에 일반영수증과 같이 첨부하여 두면 된다.

❹ 기타 영수증 관리 및 보관방법

정규영수증외의 영수증인 간이영수증, 각종 수수료 납부영수증, 세금납부영수증, 금전등록기 영수증 등을 수취한 경우 영수증의 종류나 규격, 형태에 상관없이 전표 또는 지출결의서 뒷면에 첨부하여 보관한다.

■ 일반영수증 및 간이영수증 보관

세법에서 특정한 거래에 대하여는 정규영수증을 수취하지 아니한 경우에도 적법한 증빙서류로 인정되며, 이러한 영수증은 전표 등에 첨부하여 보관한다.

■ 영수증 보관기간

① 법인은 각 사업연도에 그 사업과 관련된 모든 거래에 관한 증빙서류를 작성 또는 수취하여 법인세 신고기한이 지난 날부터 5년간 보관하여야 한다.

② 개인사업자의 경우 각 과세연도에 그 사업과 관련된 모든 거래에 관한 증빙서류를 작성 또는 수취하여 소득세 신고기한이 지난 날부터 5년간 보관하여야 한다.

2023년 주요 개정 세법

■ 법인세 분야

▣ 법인세 세율 및 과세표준 구간 조정(법인법 §55)

종 전	개 정
□ 법인세율 과세체계 ㅇ 세율 및 과세표준 | 과세표준 | 세 율 | |---|---| | 2억원 이하 | 10% | | 2~200억원 | 20% | | 200~3,000억원 | 22% | | 3,000억원 초과 | 25% |	□ 법인세율 인하 및 과표구간 조정 ㅇ 세율 1% 인하 | 과세표준 | 세 율 | |---|---| | 2억원 이하 | 9% | | 2~200억원 | 19% | | 200~3,000억원 | 21% | | 3,000억원 초과 | 24% |

<적용시기> '23.1.1. 이후 개시하는 사업연도 분부터 적용

▣ 이월결손금 공제한도 상향(법인법 §13 · 45 · 46의4 · 76의13 · 91)

종 전	개 정
□ 이월결손금 공제한도 ㅇ 일반법인, 연결법인, 합병·분할법인, 외국법인: 각 사업연도 소득의 60% ㅇ 중소기업: 소득의 100%	□ 이월결손금 공제한도 확대 ㅇ 60% → 80% ㅇ (좌 동)

<적용시기> '23.1.1. 이후 개시하는 사업연도 분부터 적용

■ 중간예납 의무 면제대상 확대(법인법 §63)
(현행) 직전사업연도 중소기업으로서 중간예납세액이 30만원 미만 내국법인
(개정) 30만원 → 50만원
<적용시기> '23.1.1. 이후 개시하는 사업연도 분부터 적용

■ 수입배당금 익금불산입 조정 합리화(법인법 §18의2·18의3)

비상장법인	
지분율	익금불산입률
100%	100%
50%이상 100%미만	50%
50%미만	30%

기업형태 구분 없음	
지분율	익금불산입률
50%이상	100%
20%이상 50%미만	80%
20%미만	30%

<적용시기> '23.1.1. 이후 배당받는 분부터 적용

■ 스톡옵션 세제지원 강화(조특법 §16의2·3)

종 전	개 정
□ 벤처기업 스톡옵션* 행사이익** 비과세 및 분할납부 특례 * 비상장 벤처기업 및 코넥스상장 벤처기업 임직원이 부여받은 주식매수선택권 ** 행사시 시가와 행사가액의 차액	□ 비과세 한도 상향 및 분할납부 특례 대상 확대
○ (비과세) 행사이익에 대해 연간 5천만원 한도 비과세 <신 설>	○ 비과세 한도 상향: 연간 5천만원 → 2억원 - 누적한도*: 5억원 * 근로자가 해당 벤처기업으로부터 받은 스톡옵션 행사이익의 누계액
○ (분할납부) 행사이익에 대한 소득세 5년간 분할납부 가능 <추 가>	○ (좌 동) - 분할납부 대상에 코스피·코스닥상장 벤처기업 스톡옵션 행사이익 포함

<적용시기> '23.1.1. 이후 스톡옵션을 행사하는 분부터 적용

■ 통합고용세액공제 신설(조특법 §29의8 신설)

종 전	개 정
□ 고용지원 관련 세액공제 제도 ❶ 고용증대 세액공제(§29의7) : 고용증가인원 × 1인당 세액공제액	○ (적용대상) 모든 기업* * (제외) 소비성 서비스업 ○ (기본공제) : 고용증가인원 × 1인당 세액공제액

종전 - ❶ 고용증대 세액공제 공제액 (단위:만원)

구 분	중소 (3년 지원) 수도권	중소 (3년 지원) 지방	중견 (3년 지원)	대기업 (2년 지원)
상시근로자	700	770	450	-
청년 정규직, 장애인, 60세 이상 등	1,100	1,200	800	400

* 청년 연령범위(시행령): 15~29세

❷ 사회보험료 세액공제(§30의4)
: 고용증가인원 × 사용자분 사회보험료 × 공제율

구 분	중소 (공제율)
상시근로자 (2년 지원)	50%**
청년*, 경력단절여성 (2년 지원)	100%

 * 청년 연령범위(시행령): 15~29세
 ** 전기통신업, 인쇄물 출판업 등의 서비스업종을 영위하는 기업은 75%

개정 - 공제액 (단위:만원)

구 분	중소 (3년 지원) 수도권	중소 (3년 지원) 지방	중견 (3년 지원)	대기업 (2년 지원)
상시근로자	850	950	450	-
청년 정규직, 장애인, 60세 이상, 경력단절여성 등	1,450	1,550	800	400

- 우대공제 대상인 청년 연령범위* 확대 경력단절여성을 우대공제 대상에 추가
 * 청년 연령범위(시행령): 15~34세
 ** 일부 서비스업종 우대는 폐지

- 공제 후 2년 이내 상시근로자 수가 감소하는 경우 공제금액 상당액을 추징

<적용시기> '23.1.1. 이후 개시하는 과세연도 분부터 적용
* '23년 및 '24년 과세연도 분에 대해서는 기업이 '통합고용세액공제'와 기존 '고용증대 및 사회보험료 세액공제' 중 선택하여 적용 가능(중복 적용 불가)

종 전	개 정
❸ 경력단절여성 세액공제(§29의3①) 　: 경력단절여성 채용자 인건비 × 공제율 	구 분	공제율	
---	---	---
	중소	중견
경력단절여성 (2년 지원)	30%	15%	 ❹ 정규직 전환 세액공제(§30의2) 　: 정규직 전환 인원 × 공제액 　　* 전체 상시근로자 수 미감소 시 	구 분	공제액 (단위:만원)	
---	---	---
	중소	중견
정규직 전환자 (1년 지원)	1,000	700	 ❺ 육아휴직복귀자 세액공제(§29의3②) 　: 육아휴직 복귀자 인건비 × 공제율 　　* 전체 상시근로자 수 미감소 시 	구 분	공제율	
---	---	---
	중소	중견
육아휴직 복귀자 (1년 지원)	30%	15%		○ (추가공제) 　: 정규직 전환·육아휴직 복귀자 인원 × 공제액 　　* 전체 상시근로자 수 미감소 시 | 구 분	공제액 (단위:만원)	
---	---	---
	중소	중견
정규직 전환자 (1년 지원) 육아휴직 복귀자 (1년 지원)	1,300	900	 - 전환일·복귀일로부터 2년 이내 해당 근로자와의 근로관계 종료 시 공제금액 상당액 추징

<적용시기> '23.1.1. 이후 개시하는 과세연도 분부터 적용

* '23년 및 '24년 과세연도 분에 대해서는 기업이 '통합고용세액공제'와 기존 '고용증대 및 사회보험료 세액공제' 중 선택하여 적용 가능(중복 적용 불가)

■ 세법상 특수관계인으로서 친족범위 합리화(국기령 §1의2①)

종 전	개 정
□ 세법상 특수관계인 중 친족의 범위 ○ 6촌 이내의 혈족 ○ 4촌 이내의 인척 ○ 배우자(사실상의 혼인관계에 있는 자 포함) ○ 친생자로서 다른 사람에게 친양자 입양된 자 및 그 배우자·직계비속 <추 가>	□ 특수관계인 중 친족 범위 축소 ○ 4촌 이내의 혈족 ○ 3촌 이내의 인척 ○ (좌 동) ○ 혼외 출생자의 생부·생모

<적용시기> '23.3.1. 이후 시행

■ 소득세 분야

■ 소득세 과세표준 구간 조정 (소득세법 §55①)

종 전			개 정		
□ 소득세 과세표준 및 세율			□ 과세표준 조정		
과 세 표 준	세율	누진공제액	과 세 표 준	세율	누진공제액
1,200만원 이하	6%		1,400만원 이하	6%	
1,200만원 4,600만원 이하	15%	108만원	1,400만원 5,000만원 이하	15%	126만원
4,600만원 8,800만원 이하	24%	522만원	5,000만원 8,800만원 이하	24%	576만원
8,800만원 1.5억원 이하	35%	1,490만원	8,800만원 1.5억원 이하	35%	1,544만원
1.5억원 3억원 이하	38%	1,940만원	1.5억원 3억원 이하	38%	1,994만원
3억원 5억원 이하	40%	2,540만원	3억원 5억원 이하	40%	2,594만원
5억원 10억원 이하	42%	3,540만원	5억원 10억원 이하	42%	3,594만원
10억원 초과	45%	6,540만원	10억원 초과	45%	6,594만원

<적용시기> '23.1.1. 이후 발생하는 소득 분부터 적용

■ 퇴직소득세 부담 완화(소득법 §48①)

종 전		개 정	
□ 퇴직소득 근속연수공제액		□ 근속연수공제액 확대	
근속연수	공 제 액	근속연수	공 제 액
5년 이하	30만원 × 근속연수	5년 이하	100만원 × 근속연수
6~10년	150만원 + 50만원 × (근속연수-5년)	6~10년	500만원 + 200만원×(근속연수-5년)
11~20년	400만원 + 80만원 × (근속연수-10년)	11~20년	1,500만 원+ 250만원 × (근속연수-10년)
20년 초과	1,200만원 + 120만원 × (근속연수-20년)	20년 초과	4,000만원 + 300만원 × (근속연수-20년)

<적용시기> '23.1.1. 이후 퇴직하는 분부터 적용

■ 일용근로소득 원천징수영수증 발급기한 단축(소득법 §143)

종 전	개 정
□ 근로소득 원천징수영수증 발급기한 ㅇ (일용근로소득) 소득 지급일이 속하는 분기의 마지막 달의 다음 달 말일까지	□ 일용근로소득의 경우 발급기한 단축 ㅇ 소득 지급일이 속하는 달의 다음 달 말일까지

<적용시기> '23.1.1. 이후 지급하는 소득분부터 적용

■ 간이지급명세서 제출 주기 단축(소득법 §164의3)

종 전	개 정
□ 간이지급명세서 제출 ㅇ (원천징수대상 사업소득) 매월 ㅇ (상용근로소득) 매 반기 <추 가>	□ 제출주기 단축 ㅇ (좌 동) ㅇ 매월 ㅇ (인적용역 관련 기타소득) 매월

<적용시기> '24.1.1. 이후 지급하는 소득분부터 적용

■ 식대 비과세 한도 확대(소득령 §17의2)

종 전	개 정 안
□ 비과세되는 식사대 범위 ㅇ 근로자가 사내급식 또는 이와 유사한 방법으로 제공받는 식사 또는 음식물 ㅇ 사내급식 등을 제공받지 않는 근로자가 받는 월 10만원 이하의 식사대	□ 비과세 한도 확대 ㅇ (좌 동) ㅇ월 10만원 이하 → **월 20만원 이하**

<적용시기> '23.1.1. 이후 발생하는 소득 분부터 적용

[개정 세법] 상세 내용 → 경영정보사(경영정보문화사 자매회사) 홈페이지

■ 2023년 개시하는 과세연도분부터 중소기업 취업자에 대한 소득세 감면한도를 과세기간별 150만원에서 200만원으로 상향함(조세특례제한법 제30조)

■ 간주임대료 계산 및 주택임차자금 차입금 기준 이자율 조정(소득칙 §23·57, 법인칙 §6)
ㅇ 연 1.2% → 2.9%
「국세기본법 시행규칙」의 국세환급 가산금 이자율과 동일 수준
<적용시기>
ㅇ (간주임대료) 규칙 시행일이 속하는 과세기간 분부터 적용(소득칙)
'23.1.1. 이후 개시하는 사업연도 분부터 적용(법인칙)
ㅇ (주택임차자금차입금) 규칙 시행일 이후 차입하는 분부터 적용

2024년도 지급명세서, 간이지급명세서 제출

[상세 내용] 경영정보사 홈페이지

■ 경영정보사 홈페이지 무료이용
(지정) 아이디 aa11
(지정) 비밀번호 aa1111

▶ 지급명세서 제출기한

[개정 세법] 일용근로자 지급명세서 제출기한 단축(소득법 §164 ①)
(종전) 분기 다음달 말일
(개정) 지급일의 다음달 말일
<적용시기> 2021.7.1. 이후 제출분부터

▶ 간이지급지급명세서 제출 기한 등 요약

[세법 개정] 근로소득 간이지급명세서 제출대상 소득 범위 조정
(제출대상 소득 범위 조정) 반기 근무분 소득 → 반기 동안 지급한 소득
<적용시기> 2020.1.1. 이후 제출하는 분부터 적용

[개정 세법] 근로소득 간이지급명세서 제출기한 단축 (소득세법 제164의3)
(현행) 반기 마지막 달의 다음 달 말일
(개정) 소득 지급일이 속하는 달의 다음 달 말일(제135조 또는 제144조의5를 적용받는 소득에 대해서는 해당 소득에 대한 과세기간 종료일)
<적용시기> 2026.1.1. 이후 제출하는 분부터 적용

[개정 세법] 원천징수대상 사업소득에 대한 간이지급명세서
(종전) 지급일이 속하는 반기의 마지막 달의 다음 달 말일
(개정) 매월 지급일이 속하는 달의 다음 달 말일
<적용시기> '21.7.1. 이후 지급하는 소득분부터 적용

[개정 세법] 인적용역 관련 기타소득에 대한 간이지급명세서 (소득법 § 164①)
(현행) 제출의무 없음
(개정) 매월 지급일이 속하는 달의 다음 달 말일까지 제출
〈적용시기〉 '24.1.1. 이후 지급하는 소득분부터 적용

▶ 12월 근로소득 또는 원천징수대상 사업소득을 다음해 1월에 지급하는 경우 간이지급명세서 제출기한
해당 귀속연도 근로소득 또는 원천징수대상 사업소득을 12월 말일까지 미지급한 경우 12월에 지급한 것으로 보아 작성한다.

[개정 세법] 간이지급명세서 제출시 지급명세서 제출 면제(소득법 §164)

종 전	개 정
<신 설>	□ 간이지급명세서 제출 사업자에 대한 지급명세서 제출 특례 ○ (적용대상) 원천징수대상 사업소득, 인적용역 관련 기타소득 ○ (적용방법) 간이지급명세서(매월)를 모두 제출 시 지급명세서(연 1회) 제출 면제 다만, 연말정산 사업소득은 간이지급명세서와 지급명세서를 모두 제출하여야 함

<적용시기>
○ (원천징수대상 사업소득) '23.1.1. 이후 지급하는 소득분부터 적용
○ (인적용역 관련 기타소득) '24.1.1. 이후 지급하는 소득분부터 적용

법인관리 & 세금폭탄 사례
가산세 세무실무 & 절세전략 [전2권]

▶ 발행처 : 경영정보사
▶ [인터넷 서점] → "세금 폭탄" 검색

▶ 제1부 법인관리
상법의 규정에 의한 법인관리, 정관 작성, 주주총회 및 이사회를 개최하여야 하는 사안, 주주총회의사록, 이사회회의록의 작성, 등기부등본 기재사항의 변경에 대한 내용, 이사·감사의 선임 및 공증, 자본금 총액 10억원 미만 주식회사의 상법 적용 등에 대한 내용 수록

▶ 제2부 자본관리 · 이익배당, 주식이동 · 주식평가
주주명부 및 주권관리, 자본금 변동에 관한 내용 및 자본금 변동시 세무상 유의하여야 하는 사항, 가수금의 출자전환, 법인의 이익배당 및 배당과 관련한 세무실무, 비상장법인의 자기주식 취득과 관련한 세무 문제, 주식 양도양수와 관련한 유의사항, 주식이동시 반드시 검토하여야 할 사항, 비상장주식의 평가 및 평가방법

▶ 제3부 임원 급여 · 상여금 · 퇴직금 보험료 · 가지급금 세무문제
임원 급여, 상여금, 퇴직금 지급시 유의하여야 하는 상법 및 법인세법 규정, 임원 및 근로자 퇴직금 중간정산, 법인의 임직원 인적보험료 불입액에 대한 세무상 문제 등 수록

▶ 제4부 세금폭탄 사례
세법에 대한 지식 부족, 업무 착오, 의사 결정 및 사실 판단의 오류, 의도적인 탈세 등에 의하여 과세당국으로부터 세금이 추징되는 다양한 사례 등을 수록

▶ 제5부 세금절세 전략
근로·배당·퇴직소득의 세금 비교 및 절세 효과, 연구인력개발비의 세액공제, 중소기업에 대한 조세지원 및 세법의 중소기업, 각종 감면제도

▶ 제6부 사례별 세무회계 리스크 관리
대손상각 및 대손세액공제. 회생계획인가에 따른 매출채권 정리, 퇴직연금 손금산입 방법, 국고보조금 세무회계, 리스자산의 세무회계, 업무용 승용자동차의 손금산입 범위 등

법인세 핵심세무
주식회사의 상법
임원 급여·퇴직금
법인 부동산 세금

경영정보사 편

- ◆ 제1부 법인설립 및 법인관리
- ◆ 제2부 이익배당, 주식이동 · 주식평가
- ◆ 제3부 법인의 핵심 세무
- ◆ 제4부 법인의 부동산 세무
- ◆ 제5부 법인 폐업, 해산·청산 실무

경영정보사

■ 저자 이진규 (약력)
(현)삼일인포마인 세무상담위원
    2015년 ~
(현)비즈폼, 이지분개 세무상담위원
    2005년 ~
(현)경영정보사 도서 집필 및 발간
(전)국세청 세무조사관

■ 저자 저서
세법의 가산세 & 세무조사
법인기업의 세무회계실무
세법의 가산세 및 세무회계실무
부가가치세 및 원천세 실무
세금개요 및 절세

법인관리, 세무컨설팅
이익배당, 핵심 세무
법인의 부동산 세무

2025년 1월 05일 재판 발행
저　　자 : 이 진 규
발 행 인 : 강 현 자
발 행 처 : 경영정보사
신고번호 : 제2021-000026호

주　　소 : 대구광역시 동구 동촌로 255
전　　화 : 080 - 250 - 5771
홈페이지 : www.ruddud.co.kr
이 메 일 : lee24171@naver.com

정　　가　32,000원

머리말

이 책은 상법의 규정에 의한 법인관리, 정관 작성, 주주총회 및 이사회를 개최하여야 하는 사안, 주주총회의사록, 이사회회의록의 작성, 등기부등본 기재사항의 변경에 대한 내용, 이사·감사의 선임 및 공증, 자본금 총액 10억원 미만 주식회사의 상법 적용 등에 대한 실무적인 내용과

주주명부 및 주권관리, 자본금 변동에 관한 내용 및 자본금 변동시 세무상 유의하여야 하는 사항, 가수금의 출자전환, 법인의 이익배당 및 배당과 관련한 세무실무, 비상장법인의 자기주식 취득과 관련한 세무 문제, 자기주식의 취득 및 매매와 관련한 회계처리, 주식 양도양수와 관련한 유의사항 및 세무신고 등의 업무에 관한 사항, 주식이동시 반드시 검토하여야 할 사항, 과점주주의 간주취득세 납부의무, 비상장주식의 평가 및 평가방법, 주식 또는 자산의 저가 및 고가양도에 대한 세무상 문제 등에 관한 내용을 수록하였습니다.

그리고 법인의 임원 급여, 상여금, 퇴직금 지급시 유의하여야 하는 상법 및 법인세법 규정, 법인의 임원에게 사업과 관련없는 가지급금 지급시 발생하는 세무상 문제, 임원 및 근로자 퇴직금 중간정산, 법인의 임직원 인적보험료 불입액에 대한 세무상 문제 등 법인기업의 세무와 관련하여 실무적으로 주의를 요하는 핵심적인 내용을 저자의 세무 상담 경험을 통하여 정리하였습니다.

특히 이 책은 세무리스크가 발생할 수 있는 까다로운 부분을 사례별로 예시를 들었으며, 업무적으로 실수할 수 있는 내용들을 수록하여 실무에서 유용하게 활용할 수 있도록 각고의 노력을 기울여 편집하였습니다.

끝으로 세무회계업무를 담당하시는 분들에게 본서가 유익한 참고자료가 되기를 간절히 바랍니다.

2025년 1월
이 진 규

법인관리, 법인 핵심 세무

제1부　　법인설립 및 법인관리

제1부에서는 상법의 규정에 의한 법인관리, 정관 작성, 주주총회 및 이사회를 개최하여야 하는 사안, 주주총회의사록, 이사회회의록의 작성, 등기부등본 기재사항의 변경에 대한 내용, 이사·감사의 선임 및 공증, 자본금 총액 10억원 미만 주식회사의 상법 적용, 외부감사제도 및 감사임선임 등에 대한 실무적인 내용을 수록하였습니다.

제2부　　자본관리 · 이익배당, 주식이동 · 주식평가

제2부에서는 주주명부 및 주권관리, 주식의 종류, 자본금 변동에 관한 내용 및 자본금 증자 및 감자시 세무상 유의하여야 하는 사항, 가수금의 출자전환, 법인의 이익배당 및 배당과 관련한 세무실무, 배당소득세 원천징수, 비상장법인의 자기주식 취득과 관련한 세무 문제, 자기주식의 취득 및 매매와 관련한 회계처리, 주식 양도양수와 관련한 유의사항 및 주식변동상황명세서의 작성제출, 주식이동시 반드시 검토하여야 할 사항, 지방세기본법과 상속세및증여세법의 특수관계자, 과점주주의 간주취득세 납부의무, 비상장주식의 평가 및 평가방법, 자산 및 부채의 종류별 평가, 주식평가와 관련하여 유의할 사항, 주식 또는 자산의 저가 및 고가양도에 대한 세무상 문제, 부당행위계산부인, 특수관계자와의 거래시 유의하여야 할 사항 등에 관한 내용을 수록하였습니다.

제3부　　　　　　　　　　법인의 핵심 세무

제3부에서는 임원 급여, 상여금, 퇴직금 지급시 유의하여야 하는 상법 및 법인세법 규정, 법인의 임원에게 사업과 관련없는 가지급금 지급시 발생하는 세무상 문제, 임원 및 근로자 퇴직금 중간정산, 법인의 임직원 인적보험료 불입액에 대한 세무상 문제, 직원 경조사비 세무처리, 내일채움공제제도, 대손상각 및 대손세액공제, 국고보조금 세무회계 등의 내용을 수록하였습니다.

제4부　　　　　　　　　　법인의 부동산 세무

제4부에서는 법인의 부동산 취득과 관련한 취득세 및 제세공과금에 대한 내용을 수록하였으며, 특히 대도시 법인의 취득세 중과세제도에 대하여 상술하였습니다.

그리고 법인의 부동산 보유에 대한 재산세, 종합부동산에 과세구조에 대하여 설명하여 두었으며, 또한 법인의 부동산 양도시 발생하는 세금구조 및 주택 및 비사업용토지의 추가 과세제도, 토지 및 건물 양도시 안분계산 등에 대한 내용을 자세히 수록하였습니다.

제5부　　　　　　　　　법인 폐업, 해산·청산 세무

제5부에서는 법인이 폐업하는 경우 상법 규정에 의한 해산·청산절차 및 세무상 주의하여야 할 내용등에 대한 실무적인 내용을 수록하였습니다.

목차

법인관리, 세무컨설팅
법인 핵심 세무

CONTENTS .....

| 경영정보사 홈페이지 무료 이용 |
| (아이디) aa11 |
| (비밀번호) aa1111 |

제1부 법인설립 및 법인관리

제1장 법인 및 개인사업자 차이, 법인 설립 및 사업자등록

[1] 법인 및 개인사업자 세금 차이   3

❶ 법인 및 법인관리 개요   3
    법인 설립 이유   4
    주주명부 관리   4

❷ 법인과 개인사업자 차이   6
    장부 기장   6
    법인의 대표이사 또는 개인사업자의 회사 자금 입출금   7
    법인 대표이사 급여 및 주주   9
    개인사업자의 대표자 소득   9
    폐업 절차   10

❸ 개인사업자의 종합소득세   11
    분리과세 대상소득   11
    개인사업자의 사업소득에 포함하지 않는 소득   12
    개인사업자의 사업소득에 포함하여야 하는 소득   13
    종합소득세 신고시 사업소득과 별도로 합산하여야 하는 소득   13
    소득의 구분 및 종류   15
    종합소득세 과세표준 및 세율과 산출세액   15

❹ 법인 세금 16
　법인의 소득 계산 16
　신설 법인의 사업연도 17
　신설 법인의 법인세 계산 17
　법인세 계산 요약 18
　실질과세 19

[2] 법인 설립 및 사업자등록

❶ 법인의 주식, 자본금 20
　주식회사의 자본금 20
　상장법인과 비상장법인 20

❷ 비상장법인 설립 절차 및 등기 21

❸ 법인설립 23

제2장　법인 등기부등본 변경 의무

[1] 법인 등기부등본　24

❶ 개요 24

❷ 법인 등기부등본의 등기사항 25

[2] 법인 등기부등본 변경 등기　31

❶ 대표이사 및+ 이사·감사 변경 및 변경 등기 절차 31

❷ 대표이사 주소변경 및 변경 등기 절차 37

❸ 법인 상호 변경 몇 변경 등기 절차 38

❹ 자본금 변경 등기 40

❺ 기타 법인등기부 등본 변경 41

■ 변경등기를 상법에 정한 기한내에 하지 못한 경우 과태료 44

제3장 법인 정관이란 무엇이며, 정관 변경은 언제하는가?

[1] 법인 정관   45

❶ 정관이란?   45

❷ 정관의 절대적 기재사항   46

❸ 정관의 상대적 기재사항   47

❹ 임의적 기재사항   51

[2] 정관 변경   52

❶ 개념   52

❷ 정관변경 절차   52

❸ 정관 변경   53
    법인세법 중 정관의 규정을 필요로 하는 내용   55

제4장 주주총회 또는 이사회는 어떤 경우에 개최하여야 하는가?

[1] 이사, 대표이사, 감사   57

❶ 이사, 대표이사, 사외이사 선임 등   57

❷ 감사 선임 등   61

[2] 주주총회   65

❶ 개요   65
    정기주주총회 및 임시주주총회   65

❷ 주주총회 보통결의사항   66

❸	주주총회 특별결의사항	66
❹	주주총회 소집·결의절차 및 의사록 작성 사례	67
	주주총회 의사록 작성 사례	68
	정기주주총회 의사록	70
	임시주주총회 의사록	72
	정기주주총회 소집통지서	73
	임시주주총회 소집통지서	74
	임시주주총회 참석장	75

[3] 이사회   76

❶	개요	76
❷	이사회 구성 (상법 제383조)	76
❸	이사회의 권한 및 결의사항	76
❹	이사회 소집 및 결의절차	79
	이사회 소집통지서	80
	이사회 의사록	81
	정관의 정함 및 주주총회 또는 이사회 결의를 거쳐야 하는 사안 요약	82
	집행임원제도	83

[4] 주주총회 및 이사회의사록 공증 및 등기부 변경   84

❶	개요	84
❷	공증을 받아야 하는 주주총회 및 이사회의사록	85
	정관 변경 및 주주총회의사록 또는 이사회의사록 공증	85
	주주총회의사록 또는 이사회의사록 공증 및 법인 변경등기	87
❸	공증을 받지 않아도 되는 주주총회 및 이사회의사록	90

[5] 자본금 총액 10억원 미만 주식회사의 상법 적용   91

❶	개요	91
	이사의 인원	91

감사		91
자본금납입금의 증명		91
주주총회 소집통지 간소화		91

❷ 이사회 결의사항을 주주총회의 결의로 하는 경우 92

❸ 이사회 결의가 있는 때 → 주주총회 소집이 있는 때 97

❹ 상법의 규정이 적용되지 않는 사항 98

❺ 대표이사, 이사가 이사회의 기능을 담당하는 사항 100

제5장 외부감사제도 및 감사인 선임

[1] 외부감사제도 및 외부감사대상법인   102

❶ 외부감사제도 102

❷ 외부감사 대상법인 102

❸ 연도별 외부감사 대상법인 104

❹ [신설] 외부감사인 선임규정 및 평가기준 105

❺ 감사인을 선임하지 않은 경우 제재 조치 106

❻ 감사의견 107

[2] 비상장법인 감사인 선임 및 보고   108

❶ 감사 또는 감사인선임위원회 승인 108

❷ 사업연도 개시 후 4개월 이내 외부감사인 선임 108

❸ 정기총회 보고 108

❹ 금융감독원 보고 109

제2부 자본관리 · 이익배당, 주식이동 · 주식평가

제1장 주주명부, 주권 관리 및 주식 종류

[1] 주주명부 및 주권   113

❶ 개요   113

❷ 주주명부 기재사항 및 작성   113

❸ 주식   116

[2] 주식 종류   117

❶ 개요   117

❷ 주식 종류   117
    보통주   117
    우선주   118
    상환우선주와 전환우선주 비교   118
    상환주식   119

제2장 자본금 증자 또는 감자 및 세무상 유의할 사항

[1] 자본금 증자   120

❶ 유상 증자   120
    실권주 처리   122
    유상증자 절차   123
    자본금 증자 등기시 필요서류   127

❷ 무상증자   128
    무상증자 절차   128
    무상증자 등기   129

[2] 자본금 증자시 유의하여야 할 사항　　　　　　　　　**131**

❶ 불균등증자시 증여세 과세　　　　　　　　　　　　　131
　주식의 저가 발행 및 증여세　　　　　　　　　　　　132
　주식의 고가 발행 및 증여세　　　　　　　　　　　　135

❷ 자본금 증자와 관련한 세무실무　　　　　　　　　　137
　주식변동상황명세서 제출　　　　　　　　　　　　　137
　과점주주가 되는 경우 취득세 신고 및 납부　　　　　137
　무상증자시 배당소득세 원천징수　　　　　　　　　　137

❸ 자본금 증자 회계처리　　　　　　　　　　　　　　　138

[3] 가수금의 출자전환　　　　　　　　　　　　　　　　**140**

❶ 개요　　　　　　　　　　　　　　　　　　　　　　　140

❷ 가수금 출자전환 등기절차　　　　　　　　　　　　　142

❸ 가수금 출자전환의 세무상 문제　　　　　　　　　　143
　시가가 아닌 금액으로 출자전환한 경우 세무상 문제 등　144
　가수금의 출자 전환시 기타 유의사항 등　　　　　　149

[4] 자본금 감자　　　　　　　　　　　　　　　　　　　**150**

❶ 유상 감자 및 무상 감자　　　　　　　　　　　　　　150

❷ 자본금 감자 등기　　　　　　　　　　　　　　　　　151

❸ 감자에 따른 의제배당　　　　　　　　　　　　　　　152

❹ 자본금 감자 회계처리　　　　　　　　　　　　　　　153

제3장　법인의 이익 배당 및 배당 관련 세무실무

[1] 법인의 주주에 대한 이익배당　　　　　　　　　　　**154**

❶	이익배당	154
	이익의 배당과 관련한 상법규정	155
❷	중간배당	159
❸	이익잉여금 처분	161
❹	이익잉여금처분계산서	163
■	배당금 지급 회계처리 사례	163

[2] 배당과 관련한 세무실무　　166

❶	배당소득세 원천징수	166
	이익잉여금을 자본금으로 전입하는 경우의 세무적인 문제	167
	배당권리 포기	167
	배당소득세 원천징수영수증 발급 및 제출	170
❷	배당소득 분리과세 및 종합과세	170
	종합과세되는 배당소득의 배당세액공제	171
	금융소득금액이 2천만원을 초과하는 경우 산출세액의 계산특례	171

제4장 비상장법인의 자기주식 취득 관련한 세무 문제

[1] 자기 주식 취득 목적 및 취득 유형　　173

❶	개요	173
❷	자기주식 취득 목적	174
❸	자기주식 취득 유형 및 절차	175
	매매 목적의 자기 주식 취득	175
	주주총회의 결의	176
	배당가능이익으로 자기주식 취득	176
	균등취득	176
	자기주식 취득과 관련한 상법 규정	176
	자본금 감소를 위한 자기주식 취득	176
	특정 목적에 의한 자기주식 취득	177

[2] 비상장법인의 자기주식 거래와 조세 문제　　　　　　　　　　178

❶ 개요　　　　　　　　　　　　　　　　　　　　　　　　　178
　법인이 주식을 매매 목적으로 매입하는 경우　　　　　　　　　178
　법인이 자본금 감자 목적으로 주식을 매입하는 경우　　　　　　178
　매매 목적과 감자 목적 구분 기준　　　　　　　　　　　　　　179

❷ 자기주식 취득의 세무상 문제　　　　　　　　　　　　　　　181
　자기주식을 장기 보유하는 경우　　　　　　　　　　　　　　　181
　법인의 주주가 출자지분의 반환을 청구하는 경우　　　　　　　181
　가지급금을 줄이기 위하여 자기주식을 취득한 경우 문제　　　　181
　비상장법인 자기주식 취득시 세무리스크 예방을 위한 조건　　　184
　시가보다 높거나 낮은 금액으로 매입하는 경우 세무상 문제　　　185
　자본금 감자를 위하여 자기주식을 취득하는 경우 세무상 문제　　186

❸ 주식을 당해 법인에 매도하는 경우 세무신고 등　　　　　　　187

[3] 자기주식 관련 회계처리　　　　　　　　　　　　　　　　189

❶ 매매목적인 경우　　　　　　　　　　　　　　　　　　　　　189

❷ 소각목적인 경우　　　　　　　　　　　　　　　　　　　　　190

❸ 자기주식과 관련한 일반기업회계기준　　　　　　　　　　　　192

제5장　주식 양도양수와 관련한 유의사항 및 세무신고 등

[1] 주식양도양수(비상장법인)　　　　　　　　　　　　　　　193

❶ 주식양도양수 계약서 작성　　　　　　　　　　　　　　　　　193

❷ 증권거래세 신고 및 납부　　　　　　　　　　　　　　　　　193

❸ 양도소득세 신고 및 납부　　　　　　　　　　　　　　　　　195

❹ 주식등변동상황명세서 제출　　　　　　　　　　　　　　　　197

❺ 신설법인의 주주등의 명세서 제출　　　　　　　　　　　　　198

[2] 주식 이동시 반드시 검토할 사항   **199**

❶ 과점주주의 국세 제2차 납세의무   199

❷ 과점주주의 취득세 납세의무 등   202
     과점주주 지분 변동에 대한 취득세 과세 대상 여부   203
     과점주주의 취득세 과세표준   204

[3] 지방세기본법의 특수관계자   **206**

❶ 개요   206

❷ 지방세법상 과점주주 개념 및 특수관계자   206

❸ 간주 취득세 과세표준   210

❹ 간주 취득세와 관련한 사례   211

❺ 상증법의 특정주주 및 임직원간 특수관계자 여부   215

제6장   비상장주식 평가 및 평가방법

[1] 비상장주식 평가   **216**

❶ 개요   216

❷ 상증법에 의한 비상장법인 주식 평가   217

❸ 1주당 순손익가치 계산   220

❹ 1주당 순자산가치   227

[2] 주식 평가와 관련하여 유의할 사항   **230**

❶ 주식 평가액의 할증   230
❷ 부동산 과다 보유법인의 평가액   232

❸ 각 사업연도 소득금액이 변동된 경우 232
❹ 사업개시일부터 3년 미만인 경우 233
❺ 추정 이익의 계상 233

[3] 상증법에 의한 자산 및 부채 종류별 평가 235

❶ 유동자산 235
❷ 비유동자산(유형자산) 237
❸ 비유동자산(무형자산) 241
❹ 부채 244
■ 기타 자산 평가시 유의할 사항 245

제7장 주식 또는 자산의 저가양도에 대한 세무적 문제

[1] 부당행위계산부인 248

❶ 개요 248
❷ 부당행위계산부인 사례 252

[2] 특수관계자인 개인에게 저가 양도 255

❶ 증여세 분야 255
❷ 양도소득세 분야 259
❸ 비상장주식 저가양도시 세무리스크 및 결정 사례 260

[3] 개인이 특수관계자인 법인에게 저가 양도 263

❶ 개요 263
❷ 양도소득세 분야 263
❸ 상속세 및 증여세 분야 264

[4] 특수관계자 외의 거래와 부당행위계산부인 266

❶ 특수관계인간의 거래가 아닌 경우 증여세 과세기준 266
❷ 정상가액 이하 거래에 대한 세무리스크 및 결정 사례 267

제3부 법인의 핵심 세무

제1장 특수관계자 가지급금 및 사적비용의 세무상 문제

[1] 가지급금   271

❶ 개요   271
❷ 가지급금의 범위   272
❸ 가지급금 인정이자 계산   273
❹ 가지급금인정이자 세무조정 및 소득처분   276

[2] 지급이자 손금불산입   279

❶ 개요   279
❷ 채권자 불분명 사채이자   279
❸ 지급받은 자가 불분명한 채권·증권이자   279
❹ 건설자금이자   280
❺ 업무무관 자산 등에 대한 지급이자 손금불산입   280

[3] 임원 사적비용의 세무문제   283

❶ 법인카드를 임원 개인용도로 사용한 경우   283
❷ 임원 및 임원자녀 대학·대학원 학비 지원금   283

제2장 법인의 임원 급여 및 상여금의 세무상 문제

[1] 임원 급여   286

❶ 상법 규정   286
❷ 법인세법 규정   287
❸ 세무상 문제   287
❹ 임원 급여를 적법하게 지급하는 방법   288
❺ 임원 급여 인상시 유의할 사항   289

[2] 임원상여금 290

❶ 상법 규정 290
❷ 법인세법 규정 290
❸ 세무상 문제 291
❹ 임원 상여금을 적법하게 지급하는 방법 292

제3장 임원 퇴직금 세무상 문제

[1] 법인의 임원 294

❶ 세법 규정 294
❷ 상법 규정 295
❸ 근로기준법 해석 기준 296

[2] 임원퇴직금 무엇이 문제인가? 298

❶ 개요 298
❷ 임원 퇴직금한도액 298
❸ 임원 퇴직금의 정관 위임 및 주주총회 결의 300
❹ 퇴직금 배수 또는 누진율 적용 및 추가 보수 지급 301
❺ 확정급여형퇴직연금(DB)의 손금산입 305
❻ 임원 확정기여형퇴직연금 306

[3] 임원 및 근로자 퇴직금 중간정산 306

❶ 개요 306
❷ 임원 퇴직금 중간정산 306
❸ 근로자 퇴직금 중간정산 308

제4장 법인의 임직원 인적보험료 불입액에 대한 세무상 문제

[1] 보험 가입전 알아두어야 할 사항 309

❶ 보험 용어 309

❷ 보험의 종류 312
❸ 변액보험 및 변액연금보험 314

[2] 보험료 세무회계 317

❶ 개요 317
❷ 회사가 부담한 보험료의 세무회계 처리 317
❸ 보험금 수입에 대한 세무회계 325

제5장 법인의 핵심 세무실무

[1] 종업원 선물, 포상금, 경조사비 등 326

❶ 종업원 선물 326
❷ 종업원 경조사비 327
❸ 종업원 공로금, 상금 및 경품 328
❹ 종업원 포상금 329
❺ 근로제공외 인적용역을 제공하는 경우 소득구분 330
❻ 자사제품 등의 종업원에 대한 할인판매 330
❼ 부서단위로 지급하는 성과상여금의 소득세 원천징수 332
❽ 선택적복지제도 운영에 따른 소득세 과세여부 332

[2] 대손상각 및 대손세액공제 334

❶ 대손상각 334
    거래처가 폐업한 경우 대손상각 337
    소멸시효 완성에 의한 대손상각 339
    부도어음 대손상각 343
    장기 미회수채권 정리 344
❷ 수출과 관련한 매출채권의 대손처리 346
❸ 대손세액공제 348

[3] 국고보조금 세무회계 354

[4] 2025년 주요 개정 세법 364

제4부 법인의 부동산 세무

제1장 법인의 부동산 취득 및 양도 세무

[1] 부동산 취득 관련 제비용 및 회계처리   373

❶ 부동산 취득과 관련한 세금 및 제비용   373

❷ 부동산 취득과 회계처리   377

[2] 법인의 대도시 취득세 중과세   384

❶ 개요   384

❷ 과밀억제권역에서 본점 신축 또는 증축 취득세 중과세   385

❸ 대도시내 부동산 취득 및 중과세   389

❹ 공장의 취득세 중과세   399

❺ 취득세가 중과세되는 경우 신고 및 납부   401

[3] 재산세 및 주민세 재산분   403

❶ 재산세   403

❷ 주민세   407
주민세 사업소분   407
주민세 종업원분   410

[4] 종합부동산세 과세대상 및 신고 · 납부   412

❶ 종합부동산세 개요   412

❷ 종합부동산세 납세의무자 및 과세대상   413

❸ 종합부동산세 과세표준 및 세율 ... 414

❹ 종합부동산세 고지 및 납부 ... 417

❺ 종합부동산세 합산대상에서 제외되는 주택 ... 418
합산배제 사원용주택 등 ... 419
합산배제신고를 하지 못한 경우 ... 420

[5] 법인의 주택 취득·보유·양도 개정 세법 ... 421

❶ 개요 ... 421

❷ 법인의 주택 취득·보유·양도에 대한 세법 개정 내용 ... 421

제2장 법인의 부동산 양도와 세무

[1] 법인의 부동산 양도와 법인세 ... 423

❶ 개요 ... 423

❷ 법인세 과세표준 ... 423

❸ 법인세 산출세액 계산 ... 424
법인세 산출세액 = 과세표준 × 법인세율 ... 424
토지등 양도소득에 대한 과세특례 ... 424

[2] 추가 과세 대상 주택 및 비사업용토지 ... 425

❶ 주택 추가 과세 및 기숙사, 사택 ... 425
추가 과세 대상 주택 ... 425
추가 과세 대상이 아닌 주택 ... 426
기숙사 및 사원 주거용 주택 세무실무 ... 426

❷ 비사업용토지 ... 430

❸ 토지와 건물 일괄 공급시 과세표준 안분계산 ... 432

제5부 법인 폐업, 해산·청산 실무

제1장 법인 폐업 및 해산·청산

❶ 법인 폐업 신고 ··· 437

❷ 주식회사의 해산 및 청산 절차 ··· 439

제2장 법인 폐업 세무실무

❶ 폐업시 재고재화 과세 및 부가가치세 신고·납부 ··· 443

❷ 법인 폐업 및 청산시 법인세 신고·납부 ··· 447

❸ 의제배당 및 배당소득 원천징수 ··· 462

❹ 퇴직소득 및 근로소득신고와 연말정산 ··· 464

❺ 4대보험 정산 및 사업장 탈퇴신고 ··· 466

개정 세법 등 확인

[1] 2024년, 2025년 개정 세법 내용, 도서 수정사항 및 업무 참고자료는 경영정보사 홈페이지에서 확인할 수 있습니다.
[2] 경영정보사 홈페이지 접속 방법
1. www.ruddud.co.kr
2. 네이버, 구글 등에서 '경영정보사' 검색
[3] 경영정보사 홈페이지 무료 이용
(아이디) aa11
(비밀번호) aa1111

상법과 법인관리

1

법인 및 개인사업자 차이 법인 설립 및 사업자등록

1 법인 및 개인사업자 세금 차이

❶ 법인 및 법인관리 개요

1 법인

[1] 법인 등기

법인사업자란 사업의 주체가 대표이사 개인이 아니라 상법상 등록된 법인이 법률상 모든 권리.의무의 주체가 된다. 따라서 법인으로 사업을 하고자 하는 경우 반드시 정관을 작성하여야 하며, 법인등기를 하여야 한다.

[2] 법인 주주 및 배당

영리를 목적으로 하는 법인사업자의 경우 사업을 하기 위하여 자본금이 필요하며, 이 때 자본금을 출자하는 자가 주주(자본주)인 것이다. 그러므로 주주는 경영자가 아니라 사업자금을 출자한 자에 불과한 것으로 법적인 절차에 의하여 경영자로 선임된 경우를 제외하고는 사업에 참여할 수 없다.

다만, 출자자(주주)는 법인이 사업을 잘 운영하여 이익이 발생할 시 법인의 이익 중 일부를 배당이라는 형태로 출자에 대한 이익을 얻게 되는 것이다.

[3] 법인 설립 이유

우리나라 대다수 중소기업의 경우 위와 같은 형태로 법인을 운영하는 경우는 드물며, 현실은 법인이라는 형태만 갖추고 있을 뿐이며 개인기업과 같이 법인을 설립한 자가 경영자이며, 사실상 최대주주로서 개인기업과 유사한 형태로 운영되고 있는 실정이다. 그럼에도 불구하고 사업자들은 왜 법인형태의 기업을 선호하는가 하면, 다음의 사유로 법인체로 사업을 운영하고자 하는 것이다.

① 주식회사라는 상호를 사용함으로서 대외적인 공신력이 있다고 생각한다.
② 일부 업종(특히 건설업)의 경우 법인사업자로 등록되어야만 공사입찰, 납품 등에서 유리한 조건으로 작용할 수 있다.
③ 세법상 개인사업자에 비하여 상대적으로 소득에 대한 세율이 낮다.
④ 세금을 체납할 시 납부하지 못한 세금에 대하여 개인사업자의 경우 사업자 본인이 무한책임을 져야 하나 주식회사인 법인사업자의 경우에는 출자형식상(주주명부상) 최대주주와 그와 특수관계자가 보유한 주식금액(출자금액)이 50% 이하인 경우 대표이사의 개인재산은 강제적인 세금 징수가 불가능하다.

2 법인관리 개요

[1] 법인등기 사항의 변경 등기의무 (법원 등기소)

법인등기 사항의 변경(사업의 목적 변경, 자본금 총액, 발행할 주식의 총수, 본점 이전, 지점 설립, 이사감사의 변경, 대표이사 주소변경, 상호변경 등)이 있는 경우 2주내에 변경등기를 하여야 하며, 변경등기를 상법에 정한 기한내에 하지 못한 경우 상법 제635조에 의하여 500만원 이하의 과태료가 부과될 수 있으므로 주의를 하여야 한다.
<상세 내용> (본문) 법인 등기부등본 변경 등기

[2] 주주명부 관리

법인의 주식 소유자는 매우 중요한 문제이다. 그런데 비상장법인의 주식은 법인 설립시 또는 자본금 증자시 주주에게 교부하고, 이후 주주간에 양도양수를 할 수 있다. 한편, 주주명단은 정관이나 법인등기부등본에 등재되는 것이 아니므로 관리상 문제가 발생할 수 있으므로 반드시 주주명부를 작성하여 회사에 보관하여야 한다.

주주명부에는 ①주주의 성명과 주소 ②주주별 주식의 종류와 수 ③주권을 발행한 때에는 그 주권의 번호 ④주식의 취득년월일을 기재하여야 하되, 특정한 양식은 없으나 다음 양식을 참고하여 주주명부를 작성하여 두면 된다.

주 주 명 부

년 월 일 현재

성 명	주 소	주권번호	주식 수	비율(%)
주민등록번호	취득연월일	1주 금액	출자금액	비 고
합 계				

상 호:
대 표 이 사:
주 소:

[3] 주주등의 명세서 제출 (관할 세무서)

법인을 등기한 후 법인사업자등록시 주주등의 명세서를 제출하여야 하며, 제출하지 않는 경우 주식 등의 액면금액의 0.5%를 가산세로 부담하여야 한다.
<상세 내용> (본문) 신설법인의 주주등의 명세서 제출

[4] 주주등변동상황명세서 제출등 (관할 세무서)

1) 자본금 변동이 있는 경우 법인 등기부등본 변경 등기 및 법인세 신고시 주식변동상황명세서를 제출하여야 하며, 주식변동상황명세서를 제출하지 않는 경우 변동된 주식가액의 1%를 가산세로 부담하여야 한다.
2) 법인장부에 자본금 변경에 대한 내용을 정리하여야 한다.
<상세 내용> (본문) 주식양도양수

♣ 주주등의 명세서 주주등변동상황명세서 양식
☐ 국세청 홈페이지 → 국세청책제도 → 세무서식

❷ 법인과 개인사업자 차이

[1] 사업자등록
1) 법인은 앞에서 살펴본 바와 같이 상법의 규정에 의하여 법인 설립등기를 한 후에 사업자등록을 할 수 있다.
2) 개인사업자는 특별한 절차를 필요로 하지 않는다. 다만, 인허가를 요하는 사업의 경우 인허가를 먼저 받은 이후 사업자등록을 할 수 있다.(통신판매업의 경우 사업자등록 이후에 통신판매업 신고를 할 수 있음)

[2] 장부 기장
1) 법인은 법인의 자산, 부채, 자본 증감 및 수익, 비용 거래에 대하여 반드시 복식부기장(차변 / 대변 형식)을 하여야 한다. 복식부기 기장은 세무회계에 대한 전문적인 교육을 받은 경우가 아니면, 어려우므로 사업 시작 시점부터 세무사사무소에 장부기장을 맡겨야 한다.
2) 개인사업자의 경우 최초 과세연도 소득은 추계(수입금액 × 국세청에서 정한 단순경비율)에 의하여 계산하여 본인이 종합소득세를 신고할 수 있을 것이나 다음연도 이후의 수입금액이 아래 기준금액을 초과하는 경우 복식부기 기장을 하여야 하므로 세무사사무소에 장부기장을 맡겨야 한다.

◆ (개인사업자) 복식부기대상자 [직전연도 수입금액이 아래 금액 이상인 사업자]
▶ 직전연도 수입금액은 연간으로 환산하지 않음

업 종 별	기준금액
가. 농업·임업 및 어업, 광업, 도매 및 소매업(상품중개업 제외), 부동산매매업, 그 밖에 나목 및 다목에 해당되지 아니하는 사업	3억원
나. 제조업, 숙박 및 음식점업, 전기·가스·증기 및 공기조절 공급업, 수도·하수·폐기물처리·원료재생업, 건설업(비주거용 건물 건설업은 제외), 부동산 개발 및 공급업(주거용 건물 개발 및 공급업에 한정), 운수업 및 창고업, 정보통신업, 금융 및 보험업, 상품중개업	1억5천만원
다. 부동산임대업, 부동산업(부동산매매업은 제외), 전문·과학 및 기술서비스업, 사업시설관리·사업지원 및 임대서비스업, 교육서비스업, 보건업 및 사회복지서비스업, 예술·스포츠 및 여가 관련 서비스업, 협회 및 단체, 수리 및 기타 개인서비스업, 가구내 고용활동	7천500만원

[3] 법인세 신고납부 및 종합소득세 신고납부

1) 법인은 1사업연도 기간 (12월말 법인의 경우 1. 1 ~ 12. 31)동안의 사업 활동 결과 발생한 법인소득에 대하여 법인세율을 곱하여 계산한 산출세액에서 각종 감면세액을 공제한 결정세액을 다음 해 3월 31일까지 법인의 본점소재지를 관할하는 세무서에 납부하여야 한다.
2) 개인사업자는 과세기간(1. 1 ~ 12. 31) 동안의 사업활동 결과 발생한 소득에 대하여 다음해 5월 31일까지 관할세무서에 신고.납부하여야 한다.

[4] 법인의 대표이사 또는 개인사업자의 회사 자금 입출금

법인은 상법상 하나의 독립된 경제주체로서 대표이사의 개인소유가 아니다. 따라서 법인의 대표이사 등이 법인자금을 사적용도로 인출하여 가는 경우 사업과 무관한 지출로 보아 법인이 대표이사 등에게 자금을 대여한 것(가지급금)으로 보게 된다.

법인 자금을 대표이사 등이 무상으로 사용하는 경우 당좌대출이자율(2022년 4.6%) 또는 법인이 금융기관 등으로부터 금전 등의 차입에 대한 이자율 상당액(인정이자)을 법인의 소득에 추가(익금산입)하여 법인세를 추가 부담하여야 하며, 인정이자를 법인 대표이사 등의 근로소득으로 처분을 하여 대표이사 등은 근로소득세를 추가로 부담하여야 하는 문제기 발생하게 되므로 대표이사 등에게 법인 자금을 사적용도로 지급하지 않도록 하여야 하며, 부득이한 경우에도 최소화 하여야 할 것이다.

한편, 법인의 대표이사가 주주이고, 사실상 법인을 지배하고 있더라도 법인자금은 정당한 절차(급여지급, 배당금 지급 등)를 거쳐 지급을 하여야 한다. 반면, 개인사업자는 사업과 관련한 소득에 대하여 종합소득세만 정당하게 신고하는 경우 회사자금의 입출금이 자유로우며, 세무상 특별한 문제가 발생하지 않는다.

[5] 법인의 대표이사 또는 개인사업자의 대표자 변경

1) 법인의 대표이사는 이사회의 결의에 의하여 변경할 수 있으며, 대표이사를 변경하는 경우 법인 등기부등본 변경등기를 하여야 한다.
2) 개인기업의 대표자는 변경할 수 없으며, 대표자를 변경하는 경우 폐업후 사업자등록을 다시 하여야 한다.

[6] 법인의 자본금과 개인사업자 자본금

1) 법인의 자본금(주주의 출자금)은 정관에서 정한 자본금 범위내에서 자본금으로 출자한 금액(통상 100만원 이상)은 법인등기부등본에 등기를 하여야 하며, 자본금을 증액하거나 감액하는 경우 변경등기를 하여야 한다.

□ 상법 제329조(자본금의 구성) -요약-
① 회사는 정관으로 정한 경우에는 주식의 전부를 무액면주식으로 발행할 수 있다.
② 액면주식의 금액은 균일하여야 한다.
③ 액면주식 1주의 금액은 100원 이상으로 하여야 한다.

▶ 법인의 가지급금 및 가수금
1. 법인의 대표이사 등에게 법인자금을 일시 대여하거나 사적 용도로 지급하는 경우 가지급금으로 처리를 한 후 회수하여야 하며, 회수되지 않은 가지급금에 대하여는 회수될 때까지 관리를 하여야 한다.
2. 법인의 자금 부족등으로 대표이사 등이 개인돈을 법인에 입금한 경우 가수금으로 처리한 후 변제를 하거나 가지급금이 있는 경우 가지급금과 상계처리한다.

2) 개인기업의 사업주가 회사 자금을 가져가거나 또는 사업주 본인의 돈을 입금하는 경우 인출금으로 처리한 후 인출금 잔액은 회계기말에 자본금으로 대체처리를 하여야 한다.

1. 대표자가 회사 자금을 인출하여 감 → (인출금 2000 / 보통예금 2000)
2. 대표자가 본인 자금을 입금함 → (보통예금 1000 / 인출금 1000)
3. 회계기말 → (자본금 1000 / 인출금 1000)

[7] 소득의 귀속

1) 법인의 경우 사업을 영위하여 얻은 소득은 법인의 소득이 되어 법인의 순자산이 증가하게 된다. [이익 발생 → 순자산(자산 - 부채) 증가]
2) 개인사업자의 경우 사업을 영위하여 얻은 소득으로 증가한 순자산은 사업주 본인 것으로 특별한 절차 없이 인출하여 가져갈 수 있다. 단, 사업소득으로 발생한 이익에 대하여 종합소득세는 신고 및 납부하여야 한다.

[8] 법인 대표이사 급여 및 주주

1) 법인의 대표이사는 법인의 경영자로서 주주총회의 승인을 받아 임명되며, 대표이사는 정관의 규정 등에 의하여 급여를 지급받게 되며, 대표이사가 법인으로부터 받는 급여는 근로소득에 해당하므로 법인에서 대표이사에게 급여 지급시 간이세액표에 의하여 근로소득세 및 지방소득세를 원천징수하여 납부하여야 하며, 다음해 2월말일까지 연말정산을 한 후 3월 10일까지 연말정산에 대한 지급명세서를 관할 세무서에 제출하여야 한다.

법인의 대표이사는 법인의 경영자로서 주주가 아니더라도 주주총회의 승인을 받아 대표이사가 될 수 있다.

2) 법인의 주주는 법인에 자본금을 출자한 자로서 법인이 사업을 영위하여 이익이 발생하게 되면, 주주총회의 결의를 거쳐 주주는 배당금을 지급받게 된다. 법인이 주주에게 배당금을 지급하는 경우 배당소득세(배당금의 14%) 및 지방소득세(배당소득세의 10%)를 원천징수하여 신고 및 납부하게 되므로 배당소득이 발생하는 경우 주주는 15.4%의 세금을 부담하게 된다.

단, 연간 금융소득(이자소득 + 배당소득)이 2천만원을 초과하게 되면, 종합소득세 신고를 하여야 하며, 소득이 많은 경우 최대 45%(지방소득세 4.5% 별도)의 세율로 계산한 소득세를 부담하여야 한다.

3) 비상장법인의 경우 통상 법인의 최대주주가 대표이사를 맡게 되며, 이 경우 법인으로부터 대표이사로서 급여를 받을 수 있고, 또한 주주로서 배당금을 지급받을 수 있다.

[9] 개인사업자의 대표자 소득

1) 개인사업자는 본인의 사업소득(총수입금액 - 필요경비)에 대하여 종합소득세를 신고 및 납부하여야 하며, 개인사업자가 종합소득에 합산하여야 하는 다른 소득이 있는 경우 종합소득세 신고시 그 소득을 합산하여 신고 및 납부를 하여야 한다.
따라서 개인사업자는 법인과 달리 사업장으로부터 급여를 지급받을 수 없으며, 급여 명목으로 지급한 금액은 사업자의 필요경비에 해당하지 아니하므로 자본금의 감소(인출금 / 보통예금)로 처리를 하여야 한다.

[10] 법인세 및 사업소득에 대한 종합소득세 부담

1) 법인의 경우 법인 소득에 대하여 법인세를 개인사업자는 사업소득에 종합소득세를 부담하여야 하는데 법인세율(9% ~ 24%)이 종합소득세 관련 기본세율(6% ~ 45%)보다 낮으나 세금 부담의 유불리는 소득 조건, 사업자의 개인 조건 등에 따라 현저히 달라지게 되므로 세율에 의한 단순원리로 판단할 수는 없다.

개인사업을 영위하다 세금 부담이 많아지게 되는 경우 법인으로 전환을 할 수 있으므로 사업 초기 법인으로 하여야 하는 특별한 사정이 없는 한 개인사업자로 사업자등록을 하면 될 것이다.

[11] 폐업 절차

1) 법인은 부가가치세법의 규정에 의하여 관할 세무서에 폐업을 하더라도 법인 실체가 없어지는 것이 아니며, 상법에 의한 해산등기 및 청산종결등기를 하여야 법인은 완전히 없어지게 된다.
2) 개인사업자가 폐업하는 경우 관할 세무서에 폐업신고서를 제출함으로서 사업장은 폐업이 된다.

❸ 개인사업자의 종합소득세

1 개요

[1] 종합소득세

사업소득이 있는 거주자의 경우 반드시 종합소득세 신고를 하며, 개인의 소득세를 종합소득세라 함은 사업과 관련한 소득이외의 다른 소득도 합산하여 신고하여야 하기 때문이다.

사업소득이 있는 거주자가 근로소득이 있거나 연간 금융소득(이자소득 + 배당소득)이 2천만원을 초과하는 경우(거주자별로 연간 2천만원 이하인 경우 분리과세됨) 또는 기타소득금액(기타소득 - 필요경비)이 3백만원을 초과하는 경우 사업소득과 구분하여 별도 합산하여 종합소득세 신고를 하여야 한다.

▶ 분리과세
조세 정책 목적에 의하여 일부 소득은 종합소득에 합산하지 아니하고, 소득을 지급하는 자가 소득세를 징수함으로써 소득을 지급받는 자의 납세의무가 종결되는 것을 분리과세라 하며, 분리과세대상소득은 종합소득에 합산하지 아니한다.

분리과세 대상소득
• 이자소득과 배당소득의 합계액이 2,000만원 이하의 경우
• 일용근로소득
• 기타소득금액(기타소득 - 필요경비)이 300만원 이하의 기타소득
• 사적연금(금융기관 연금 등)이 1500만원 이하인 경우

[2] 거주자별 과세

종합소득세는 연령, 성별 등에 불문하고 한 개인(거주자)의 소득을 기준으로 신고하여야 한다. 예를 들어 사업자의 배우자가 별도의 사업을 하는 경우 사업자 및 그의 배우자가 각각 별도로 종합소득세를 계산하여 신고 및 납부를 하여야 한다.

2 개인사업자의 사업소득에 포함하지 않는 소득

법인사업자는 사업의 관련성 여부와 관계없이 법인에서 발생한 모든 소득을 원칙적으로 법인의 소득금액으로 계상하여야 하나 개인사업자의 경우 사업과 직접 관련이 없는 아래의 것은 사업소득의 총수입금액에 산입하지 아니하거나 필요경비에 산입하지 아니한다.

[1] 이자소득 및 배당소득

개인사업자의 이자소득 및 배당소득은 이자소득, 배당소득으로 별도 과세되므로 사업과 관련한 총수입금액에 포함하지 아니한다. 단, 이자 및 배당소득이 2천만원을 초과하는 경우 종합소득에 합산하여야 한다.

[2] 유형자산처분손익

개인사업자의 경우 유형자산의 처분시 발생하는 유형자산처분손익은 총수입금액이나 필요경비에 산입하지 아니한다. 단, 복식부기의무자의 경우 유형자산처분이익은 총수입금액에 포함하여야 하며, 유형자산처분손실은 필요경비 산입하여야 한다.

한편, 유형자산 중 양도소득세 과세대상이 되는 것(토지, 건물 등)은 사업소득과 별도로 양도소득세를 신고.납부하여야 한다.

[3] 유형자산폐기손실

개인사업자가 유형자산을 폐기하는 경우 발생하는 유형자산폐기손실의 경우에도 원칙적으로 필요경비에 산입할 수 없다. 다만, 시설개체 또는 기술낙후 등으로 인하여 유형자산을 폐기하는 경우 장부가액과 처분가액의 차액은 필요경비에 산입할 수 있다. 따라서 유형자산을 폐기함과 동시에 처분하는 경우에는 그 차액을 필요경비에 산입할 수 있으나 폐기하였으나 처분하지 않는 경우에는 처분일에 필요경비에 산입하여야 한다.

[3] 대표자에 대한 인건비

법인이 대표이사에게 지급하는 급여 등 인건비는 법인의 손금에 산입하고, 대표이사는 근로를 제공하고 받은 대가에 해당하므로 근로소득세를 납부하여야 하나 개인

사업자는 대표자가 사업의 주체로서 해당 사업과 관련하여 발생한 사업소득을 종합소득에 합산한 다음 종합소득세를 납부하게 되므로 필요경비에 산입하지 아니한다. 따라서 개인사업자의 대표자에게 급여 명목으로 지급한 인건비는 자본금의 반환으로 처리하여야 한다.

[4] 업무와 관련 없는 자금 인출

법인의 경우 법인의 특수관계자에게 법인의 자금을 무상 또는 차입금의 평균이자율보다 적은 이자율로 대여하는 경우 인정이자를 계상한 다음 상여로 처분을 하여야 한다.

반면, 개인사업자의 사업주가 회사의 자금을 인출하여 가져가는 경우에는 출자금의 반환으로 보아 인정이자를 계상하지 아니한다. 다만, 차입금에 대한 지급이자가 있는 경우로서 출자금을 초과하여 인출하여 가져가는 경우 초과 인출금에 상당하는 지급이자는 필요경비에 산입하지 아니한다.

③ 개인사업자의 사업소득에 포함하여야 하는 소득

[1] 자산수증이익 및 채무면제이익

사업과 관련이 있는 경우에는 총수입금액에 산입하여야 하나 사업과 관련이 없는 경우에는 증여세를 신고납부하여야 한다.

[2] 국고보조금 및 판매장려금 수입

사업을 영위하는 거주자가 사업과 관련한 국고보조금 또는 거래처로부터 판매장려금을 받는 경우 총수입금액에 산입하여야 한다.

④ 종합소득세 신고시 사업소득과 별도로 합산하여야 하는 소득

[1] 사업소득자가 근로소득이 있는 경우

근로소득은 소득을 지급하는 사업주가 연말정산을 하여 세금을 신고 및 납부하므로 근로소득만 있는 경우 별도로 종합소득세 신고는 하지 않는다. 다만, 근로자가 사업소득 등 다른 종합과세 대상소득에 있는 경우 종합소득과 합산하여 종합소득세 신고 및 납부를 하여야 한다.

[2] 이자·배당소득 연간 합계액이 2천만원을 초과하는 경우
이자 및 배당소득의 연간 합계액이 2천만원 이하인 경우 종합소득에 합산하지 아니하나 2천만원을 초과하는 경우에는 종합소득에 합산하여 신고하여야 한다.

[3] 공적연금 및 사적연금이 1500만원을 초과하는 경우
① 공적연금(국민연금, 공무원연금, 군인연금, 사립학교교직원연금 등) 만이 있는 경우 근로소득과 같은 방법으로 연말정산에 의하여 납세의무가 종결되나 사업소득 등 다른 종합소득 신고대상소득이 있는 경우 금액에 관계없이 공적연금은 종합소득에 합산을 하여야 한다.
② 사적연금(금융기관 연금 등) 중 세액공제받은 연금계좌 납입액 및 연금계좌의 운용실적에 따라 증가한 금액으로 수령하는 연금이 1500만원을 초과하는 경우 종합소득세 신고를 하여야 한다.

[개정 세법] 노후 연금소득에 대한 세부담 완화 (소득세법 제14조제3항)
분리과세하는 연금소득 기준금액을 연간 연금소득 합계액 '1천200만원 이하'에서 '1천500만원 이하'로 상향 조정함.
<적용시기> '24.1.1. 이후 발생하는 소득 분부터 적용

[4] 기타소득금액이 300만원을 초과하는 경우
사업소득, 근로소득, 이자소득, 배당소득, 연금소득에 해당하지 않는 소득을 기타소득이라 하며, 기타소득금액(기타소득 - 필요경비)이 연 300만원을 초과하는 경우 종합소득세 신고를 하여야 한다.

■ 종합소득에 합산하지 않는 소득
1) 퇴직소득 → 퇴직소득세로 별도 신고납부
2) 부동산 양도에 대한 양도소득 → 개인사업자가 사업에 사용하던 부동산을 양도하는 경우 양도소득세를 별도로 신고납부하여야 하나 법인은 법인의 소득에 포함하여 신고하여야 하므로 법인은 양도소득세 신고납부가 없다.
3) 증여 또는 상속을 받은 경우 → 증여세 또는 상속세로 별도 신고납부

5 종합소득세 과세표준 및 세율과 산출세액

소득금액(총수입금액 - 필요경비)에서 이월결손금 공제 후의 종합소득금액에서 소득공제를 공제한 금액을 과세표준(세금을 부과하는 기준이 되는 금액)이라 하며, 과세표준에 기본세율을 곱한 금액이 산출세액이다.

▶ 2023년 이후 귀속분 소득세 기본세율 (소득세법 §55①)

2022년 기본세율			2023년 이후 기본세율		
과세표준 구간	세율	누진공제액	과세표준 구간	세율	누진공제액
1,200만원 이하	6%		1,400만원 이하	6%	
1,200만원 초과 4,600만원 이하	15%	108만원	1,400만원 5,000만원 이하	15%	126만원
4,600만원 초과 8,800만원 이하	24%	522만원	5,000만원 8,800만원 이하	24%	576만원
8,800만원 초과 1억5천만원 이하	35%	1,490만원	8,800만원 1.5억원 이하	35%	1,544만원
1억5천만원 초과 3억원 이하	38%	1,940만원	1.5억원 3억원 이하	38%	1,994만원
3억원 초과 5억원 이하	40%	2,540만원	3억원 5억원 이하	40%	2,594만원
5억원 초과 10억원 이하	42%	3,540만원	5억원 10억원 이하	42%	3,594만원
10억원 초과	45%	6,540만원	10억원 초과	45%	6,594만원

❹ 법인 세금

1️⃣ 개요

[1] 법인의 소득 계산

법인은 소득의 종류를 별도로 구분하지 아니하고, 법인에서 발생한 모든 소득에 대하여 법인의 소득으로 계산하여 법인세를 신고 및 납부하여야 하며, 이를 포괄주의 과세라 한다.

예를 들어 법인이 사업과 관련하여 직접 발생한 소득이 아닌 예금에 대한 이자소득, 주식투자 등에 대한 배당소득, 부동산 등의 양도시 발생하는 양도소득 등이 있는 경우에도 전부 영업외수익으로 계상하여 법인세를 납부하여야 한다.

법인의 과세소득은 기업회계기준에 의하여 계상한 소득(당기순이익)에서 조세정책 목적으로 법인이 계상한 비용 중 인정하지 아니하는 금액(손금불산입이라고 한다.) 및 회계상 수익은 아니더라도 세법에서 수익으로 계상하여야 할 금액을 더하고, 회계상 비용이 아니나 비용으로 인정하는 금액 등을 차감한 소득으로 계산하는 세무조정 절차를 거쳐 각 사업연도소득을 확정하며,

각 사업연도소득에서 전기 이전에 발생한 결손금 등을 공제한 금액을 과세표준으로 하여 과세표준에 세율을 곱하여 법인세액을 산출한다,

또한 법인세 산출세액에서 조세정책 목적에 의한 각종 세액감면 및 세액공제를 한 후에 가산세 등을 추가하여 납부할 세액을 결정하며, 이러한 일련의 과정이 거쳐 납부할 법인세를 계산한다.

▶ 익금, 손금, 총수입금액, 필요경비

법인의 경우 세무상 수익은 익금이라고 하며, 세무상 비용은 손금이라고 하나 개인사업자의 경우 세무상 수익은 총수입금액이라고 하며, 세무상 비용은 필요경비라고 한다.

[2] 법인세 신고 및 납부

법인은 1사업연도 기간 (12월말 법인의 경우 1. 1 ~ 12. 31)동안의 사업 활동 결과 발생한 법인소득에 대하여 법인세율을 곱하여 계산한 산출세액에서 각종 감면세액을 공제한 결정세액을 다음 해 3월 31일까지 법인의 본점소재지를 관할하는 세무서에 납부하여야 한다.

▶ 법인의 사업연도

개인사업자의 종합소득세 과세기간 단위는 법인의 소득은 일정 기간 단위로 구분하여 계산하여야 하며, 구분 계산의 단위 기간을 사업연도라 한다. 사업연도는 법령 또는 법인의 정관등에서 정하는 1회계기간으로 한다.

> **참 고** 외국의 회계기간
>
> 우리나라의 예산회계법은 회계연도를 매년 1월 1일에 시작하여 12월 31일에 종료한다. 외국의 경우 우리나라와 같은 1~12월제(프랑스, 독일, 이탈리아·러시아 등) 즉, 역년제(曆年制)를 채택한 나라도 있으나, 영국, 일본은 4~3월 기간을 회계연도로 하고 있고, 미국은 10~9월 기간을 회계연도로 하고 있다. 따라서 외국법인이나 외국인 투자기업의 경우 자국의 회계연도에 맞추어 3월말 법인, 9월말법인으로 사업연도를 별도로 신고하고 있다.

> **참 고** 손익계산 기간(회계연도, 과세기간, 사업연도)
>
> 손익계산 기간은 1월 1일(신규사업자의 경우 개업일)부터 12월 31일 기간으로 하며, 손익계산 기간을 회계상으로는 회계연도라고 하며, 세법에서는 개인사업자는 과세기간, 법인은 사업연도라고 한다.

▶ 신설 법인의 사업연도 [법인세법 시행령 제3조]

신설법인의 최초 사업연도는 본점 또는 주사무소에서 설립등기를 한 날로부터 그 법인의 정관에서 규정하는 사업연도의 종료일까지로 함

▶ 신설 법인의 법인세 계산

산출세액 = [(과세표준×12/사업연도의 월수) × 세율] × (사업연도의 월수/12)

■ 법인세 계산 요약

구 분	세무조정	비 고
결산상 당기순이익		법인세 차감 후 당기순이익
+ 가산	손금불산입	법인세비용, 접대비한도초과액, 벌과금 등
		감가상각비 및 퇴직급여충당부채 한도초과액
		자본금 증자비용, 자산의 평가차손
	익금산입	가지급금인정이자
- 차감	익금불산입	자산의 임의 평가차익
	손금산입	전기 이전에 손금불산입액 중 유보 처분한 금액의 당기 손금추인액
= 각 사업연도소득금액		
- 이월결손금		2009.01.01 이후 발생한 결손금 : 10년 이내
		2021.01.01 이후 발생한 결손금 : 15년 이내
- 비과세소득		실무에서 발생하는 경우 거의 없음
- 소득공제		고용유지중소기업 소득공제 [조특법 제30조의3]
= 과세표준		
× 세율		종전/개정 세율표 (아래 참조)
= 법인세 산출세액		특정 토지의 양도소득에 대한 법인세는 별도 계산
- 감면 또는 공제세액 (조세특례제한법)		창업중소기업 등에 대한 특별세액감면 (제6조)
		중소기업에 대한 특별세액감면 (제7조)
		연구·인력개발비에 대한 세액공제 (제10조)
		통합투자세액공제 (제24조)
		고용을 증대시킨 기업에 대한 세액공제 (제29조의7)
+ 가산세		증빙불비가산세 등
= 법인세총부담세액		결정세액이라고도 함
- 기납부세액		중간예납세액, 원천납부세액
= 법인세 납부세액		법인세로 납부할 세액

세율표:

과세표준 구간	종전 세율	개정 세율
2억원 이하	10%	9%
2억원 초과 200억원 이하	20%	19%
200억원 초과	22%	21%
3000억원 초과	25%	24%

[개정] '23.1.1. 이후 개시하는 사업연도 분부터 적용

2 실질과세

각 사업연도 소득금액은 그 사업연도에 속하는 익금의 총액에서 손금의 총액을 공제한 금액으로 하고, 손금의 총액이 익금의 총액을 초과하는 경우 그 초과하는 금액은 각 사업연도의 결손금으로 한다.

각 사업연도의 소득금액 계산은 실질과세원칙에 의하여 자산 또는 사업에서 생기는 수입의 전부 또는 일부가 법률상 귀속되는 법인과 실질상 귀속되는 법인이 서로 다른 경우에는 그 수입이 실질상 귀속되는 법인에 대하여 법인세법을 적용하며, 법인세의 과세소득이 되는 금액의 계산에 관한 규정은 소득·수익등의 명칭이나 형식에 불구하고 그 실질내용에 따라 이를 적용한다.

□ 과세사실의 판단기준【법인세법 기본통칙 4-0…4】
법인세의 과세소득 또는 토지등의 양도차익을 계산함에 있어서 구체적인 세법적용의 기준이 되는 과세사실의 판단은 당해 법인의 기장내용, 계정과목, 거래명의에 불구하고 그 거래의 실질내용을 기준으로 한다.

□ 법인명의로 등기되지 아니한 자산의 취급【법인세법 기본통칙 4-0…7】
공부상의 등기가 법인의 명의로 되어있지 아니하더라도 사실상 당해 법인이 취득하였음이 확인되는 경우에는 이를 법인의 자산으로 본다.

□ 타인명의 차입금에 대한 취급【법인세법 기본통칙 4-0…8】
① 차입금의 명의인과 실질적인 차용인이 다른 경우에는 실질적인 차용인의 차입금으로 한다.
② 제1항의 실질적인 차용인은 금전대차계약의 체결, 담보의 제공, 차입금의 수령, 각종 비용의 부담 등 차입에 관한 업무의 실질적인 행위내용과 차입한 금액의 용도 등을 기준으로 판단한다. 이 경우 차입금을 분할한 경우에는 차입한 금액의 전부 또는 일부를 타인에게 다시 대여한 것으로 인정되는 경우에 한하여 당해 차입금 총액을 당초 차용인의 차입금으로 한다. (2001. 11. 1. 개정)

2 법인 설립 및 사업자등록

❶ 법인의 주식, 자본금

[1] 법인
법인이란 법률에 의하여 권리능력이 인정된 법적인 독립체로서 법인 자체가 권리의무의 주체가 되며, 법인은 영리법인(주식회사, 유한회사, 합자회사, 합명회사)과 비영리법인(사단법인, 재단법인 등)으로 구분된다.

우리나라의 대부분 영리법인은 주식회사의 형태이며, 본장에서는 주식회사의 설립 등에 대하여 살펴보기로 한다.

[2] 주식회사
주식회사란 주식의 발행을 통해 여러 사람으로부터 자본금을 조달받고 설립된 회사를 말한다. 다만, 주주 1명이 자본금 전액을 출자할 수도 있으며, 이를 1인법인이라고도 한다.

[3] 주식회사의 자본금
자본금은 주주가 출자하여 회사성립의 기초가 된 자금을 말하며, 주식회사의 최저자본금은 종전에는 5000만원 이상이었으나, 「상법」 개정으로 최저자본금제도를 폐지되었으므로 자본금을 100원으로 하여 법인을 설립할 수도 있다. 다만, 통상 100만원 이상을 자본금으로 하여 법인을 설립한다.

[4] 주식
주주가 법인에 자본금 출자를 하게 되면, 법인은 그 증표로 주식을 발행하여 주주에게 교부하여야 하며, 1주의 금액은 100원 이상으로 한다

[5] 상장법인과 비상장법인

상장법인이란 법인이 일정한 요건을 갖추어 증권시장에 상장된 증권을 발행한 법인을 말하며, 상장법인의 주식은 한국거래소에 등록되어 주식시장[유가증권시장(코스피), 코스닥시장]에서 거래할 수 있다.

비상장법인은 상장법인을 제외한 법인으로 우리나라 대부분 법인은 비상장법인에 해당하며, 비상장법인의 주식은 시장성이 없으므로 특정인간의 계약으로 이루어진다.

❷ 비상장법인 설립 절차 및 등기

[1] 발기인 조합 구성

발기인은 실질적으로는 주식회사의 설립을 기획하고 추진하는 주체이며 법적으로는 정관에 발기인으로서 기명날인 또는 서명한 자를 의미한다(상법 제289조 1항).

발기인이 수인인 경우 발기인 상호간에 회사설립을 목적으로 하는 계약을 체결하게 되는데 그 결과 나타나는 조합을 발기인조합이라고 한다.

▶ 발기설립과 모집설립
발기설립이란 설립시 발행하는 주식의 전부를 발기인이 인수하는 방법(주로 비상장법인)이며, 모집설립은 설립시에 발행하는 주식 중 일부만을 발기인이 인수하고, 나머지 주식에 대해서는 따로 주주를 모집하여 인수시키는 방법을 말한다.

[2] 정관 작성 및 정관 인증

정관이란 회사의 조직과 활동에 관한 기본규칙을 기재한 서면을 말하는 것으로 상법은 주식회사의 설립관계를 명확히 하기 위하여 공증인의 인증을 유효요건으로 하고 있다.(상법 제292조)

▶ 정관의 절대적 기재사항
① 목적
② 상호

③ 회사가 발행할 주식의 총수(발행예정주식총수, 수권주식총수)
④ 액면주식을 발행하는 경우 1주의 금액
⑤ 회사의 설립시에 발행하는 주식의 총수
⑥ 본점의 소재지
⑦ 회사가 공고를 하는 방법
⑧ 발기인의 성명·주민등록번호 및 주소

[3] 발기인의 주식인수

발기인은 회사 설립시 발행하는 주식 전부를 인수하여야 하며, 주식을 인수하기 위해서는 서면에 주식 인수 내용을 기재하고 서명한다.

[4] 주금납입

발기인이 주식을 인수한 때에는 지체없이 그 인수금액의 전액을 은행에 납입하여야 하며, 납입은행은 발기설립시에 발기인이 지정한다.

[5] 발기인총회(창립총회)개최

주식대금의 납입과 현물출자(현물출자의 경우)의 이행이 완료되면 발기인은 지체없이 발기인총회를 개최하여야 한다. 이 때 결의는 의결권의 과반수로 하며(상법 제296조), 발기인은 의사록을 작성하여 의사의 경과와 그 결과를 기재하고 기명날인 또는 서명하여야 한다(상법 제297조).

[6] 이사와 감사 선임

발기인총회에서는 의결권의 과반수로 이사와 감사를 선임하여야 한다. 선임된 이사와 감사는 취임 후 지체없이 회사의 설립에 관한 모든 사항이 법령 또는 정관의 규정에 위반되지 않는지 여부를 조사하여 발기인에게 보고하여야 한다.

[7] 법인 설립등기

발기인총회(창립총회)가 종료하면 그 대표이사의 신청으로 법원에 설립등기를 하여야 한다(비송사건절차법 제149조). 이러한 설립등기에 의해 회사는 비로소 법인격을 취득하게 된다(상법 제171조 1항).

[8] 법인설립신고 및 사업자등록

설립등기를 마친 후 본점 소재지 관할 세무서에 법인설립 신고 및 사업자등록을 함으로써 사업을 할 수 있다.

▶ 법인설립 신고 및 사업자등록 신청서에 첨부해야 할 서류
1. 법인설립신고 및 사업자등록신청서
2. (법인명의)임대차계약서 사본(사업장을 임차한 경우)
3. 주주 또는 출자자명세서
4. 사업허가·등록·신고필증 사본(해당 법인)
허가(등록, 신고) 전에 등록하는 경우 허가(등록)신청서 등 사본 또는 사업계획서

❸ 법인설립

[1] 법무사사무소 대행

위에서 법인 설립절차에 대하여 간략히 살펴 보았으나 법인을 설립하여 사업을 하고자 하는 경우 여러 가지 복잡한 절차가 필요하므로 법인 설립은 법무사사무소 등에 의뢰를 하는 것이 바람직하다.

[2] 법인설립비용

법인을 설립하고자 하는 경우 여러 가지 복잡한 절차를 거쳐야 하므로 대부분의 경우 법무사사무소에 법인설립에 대한 업무를 의뢰하게 되며, 이 경우 비용이 발생하게 되므로 법인 설립비용을 줄이기 위해서는 아래 사이트를 참고한다.

▶ 법인 설립비용을 줄일 수 있는 참고사이트
법인설립지원센터
법인등기 헬프미

[3] 법인 설립에 대한 자세한 내용 및 본인이 직접 설립

본인이 직접 법인을 설립하고자 하거나 법인설립에 대하여 자세한 내용을 알고자 하면, 정부기관에서 운영하는 "온라인 법인설립시스템"을 참고한다.

법인 등기부등본 변경 및 변경사항 등기의무

1 법인 등기부등본

❶ 개요

자연인인 개인은 특별한 절차없이 생존하는 기간 동안 본인이 권리·의무의 주체가 되어 법률이 정하는 바에 따라 그 행위를 할 수 있다.

법인은 특정한 목적을 달성하기 위하여 사람의 결합이나 특정한 재산에 대하여 자연인과 마찬가지로 법률관계의 주체로서의 지위를 인정하게 하는 것으로 법인은 자연인과 달리 반드시 **법인등기**라는 절차를 거쳐 설립이 되며, 등기된 법인은 법인격(권리능력)이 부여되는 것이며, 등기된 법인은 독립적인 권리의무의 주체가 되어 권리능력을 행사하는 것이다. 우리가 잘 알고 있는 주식회사는 영리를 목적으로 하는 사단법인으로서 상법의 규정에 의하여 설립하는 회사로서 상법상의 회사는 다음과 같이 정의하고 있다.

☐ 상법 제169조(회사의 의의) 이 법에서 "회사"란 상행위나 그 밖의 <u>영리</u>를 목적으로 하여 설립한 법인을 말한다.

영리란 법인이 이윤추구에 목적을 둔 영리사업을 영위할 뿐만 아니라 그러한 사업활동에서 발생한 이윤을 이익배당·잔여재산의 분배 등의 형태로 법인의 구성원에게 귀속시키는 것을 말한다. 따라서 영리법인은 구성원이 반드시 존재해야 하므로 사단법인에 한하고, 재단법인은 영리법인이 될 수 없다.

◆ 상장법인과 비상장법인

영리법인은 한국증권거래소에 주식을 상장하고 있는 여부를 기준으로 상장법인(코스피, 코스닥 상장법인)과 비상장법인으로 분류하고 있으며, 처음 설립하는 법인 또는 중소기업은 모두 비상장법인에 해당한다.

❷ 법인 등기부등본의 등기사항

[1] 상호

정관에 기재된 상호를 기재하며, 상호 중에는 법령에 특별한 규정이 없는 한 "주식회사"라는 문자를 반드시 사용하여야 한다. 등기부상 로마자 등의 표기를 병기하고자 할 경우(대법원 등기예규 제1455호 참조)는 상호 오른쪽에 괄호를 사용하여 병기할 수 있으며, 병기되는 로마자 등의 표기는 반드시 정관에 기재되어 있어야 한다. (예 : 주식회사 에이비씨건설 (ABC Constructions Co., Ltd))

[2] 본점

이사회에서 결의한 본점소재지를 기재하며, 정관에는 본점소재지를 최소행정구역을 표시하면 되지만, 신청서에는 그 소재 지번까지 정확히 기재하여야 한다.

[3] 공고방법

정관에 기재된 공고방법을 기재하며, 관보나 시사에 관한 사항을 게재하는 일간신문이어야 한다. 일간신문은 특정한 1개 또는 수 개의 신문을 기재하여야 하며 추상적, 선택적(A신문 또는 B신문)으로 기재하여서는 안된다.

[4] 1주의 금액

정관에 기재된 1주의 금액을 기재한다. 1주의 금액은 100원 이상이어야 하며, 균일하여야 한다.

[5] 발행할 주식의 총수

회사가 발행할 수 있는 주식 수의 한도로서 정관에 기재된 발행할 주식의 총수를 기재한다.

[6] 발행주식의 총수와 그 종류 및 각각의 수

정관에 규정된 설립시에 발행하는 주식의 총수와 그 종류 및 각각의 수를 기재한다. 종류주식을 발행한 경우에는 회사가 정관에 정한 종류주식의 명칭(예 : 제1종종류주식, 제2종종류주식 등)을 기재하고, 그 내용은 종류주식의 내용란에 기재한다.

▶ **보통주 및 종류주식(우선주)**

주식은 보통주와 종류주식으로 구분된다. 보통주는 주주로서의 모든 권한을 부여받는 주식으로 우리가 일반적으로 말하는 주식이란 보통주를 말한다.
종류주식이란 주식의 일부 권한에 대해 제한을 두는 주식을 의미한다. 예를 들어 보통주보다 배당우선권을 갖고 있으나 의결권을 갖지 못하는 우선주가 대표적이다. 우선주의 종류로는 일정 기간 후 현금으로 상환을 하도록 한 상환주식, 일정기간 후 보통주로 전환하도록 약정이 된 전환주식 등이 있다.

[7] 자본금총액

회사 설립시에 발행하는 주식총수의 액면총액이 자본금총액이다.

[8] 목적

정관에 규정된 목적을 기재하며, 영업의 목적은 영리사업으로 영업내용을 구체적으로 명확히 기재하여야 한다."제조업","도매업"등과 같이 포괄적이고 불분명하게 기재하여서는 안된다.

[9] 이사·감사의 성명 및 주민등록번호

사내이사.사외이사.기타비상무이사와 감사의 성명.주민등록번호를 기재하고 주민등록번호가 없는 재외국민 또는 외국인의 경우에는 주민등록번호 대신 생년월일을 기재하여야 한다. 외국인의 성명은 국적과 원지음을 한글 등으로 기재한 후, 괄호를 사용하여 로마자 등의 표기를 병기할 수 있다(예 : 사내이사 미합중국인 존에프

케네디(John. F. Kennedy)). 이사의 수는 3인 이상이어야 하나, 소규모회사(자본금의 총액이 10억 원 미만인 회사, 이하 소규모회사라 함)에서는 1명 또는 2명으로 할 수 있으며 감사를 선임하지 않을 수 있다.

[10] 대표이사의 성명, 주민등록번호 및 주소
회사를 대표할 이사(집행임원 설치회사의 경우에는 집행임원)의 성명, 주민등록번호 및 주소를 기재한다.

[11] 종류주식의 내용
정관의 규정에 따라 이익의 배당, 잔여재산의 분배, 주주총회에서의 의결권의 행사, 상환 및 전환 등에 관하여 내용이 다른 종류주식을 발행한 경우 그 내용을 기재한다.

[12] 지점
이사회에서 지점 설치를 결의하였을 때 기재하며, 본점과 동일하게 소재 지번까지 기재하여야 한다. 설립등기시 본·지점 일괄신청을 하지 않았을 경우, 설립등기 후 2주 이내에 지점소재지 관할등기소에 지점설치 등기신청을 하여야 한다.

[13] 존립기간 또는 해산사유
정관으로 회사의 존립기간이나 해산사유를 정하였을 때 기재하는 사항이며 정관의 상대적인 기재이다.

[14] 기타
상법 제317조 제2항 각호에 규정된 등기사항 중 위 기재사항 이외에 등기를 하고자 하는 사항에 대하여 기재를 하는 항목으로 정관에 주식의 양도에 관하여 이사회의 승인을 얻도록 정한 때, 주식매수선택권을 부여하도록 정한 때에는 그 규정, 명의개서대리인을 둔 때에는 그 상호와 본점소재지 등이 이에 해당된다.

2 법인 등기부등본 변경 등기

> 법인 등기부등본 변경 등기란 등기된 사항에 변경이 있는 경우 그 내용을 등기부에 변경하여 반영하는 것을 말한다. 등기부등본의 변경사항이 있는 경우 변경 등기를 하여야 하며, 변경 등기를 하지 않는 경우 과태료가 부과된다.

❶ 대표이사 및 이사·감사 변경 및 변경 등기 절차

1 이사·감사의 임기 및 변경 등기

[1] 이사의 선임, 임기, 변경 등기

① 주식회사의 이사 임기는 취임일로부터 3년이며, (감사는 선임한 회계연도를 포함하여 3년) 법인 이사는 변경이 없더라도 3년마다 변경등기를 하여야 한다. 이사나 감사의 임기가 만료되면 다시 선임할 수 있고, 교체할 수도 있다.
② 이사의 상법상 임기는 3년을 초과할 수 없으므로 3년이 경과하면 재선임하여 변경등기를 하여야 하며, 변경등기를 하지 아니한 경우 과태료가 부과된다.
③ 이사는 주주총회에서 선임한다.

□ 상법 제383조 (원수, 임기) ① 이사는 3명 이상이어야 한다. 다만, 자본금 총액이 10억원 미만인 회사는 1명 또는 2명으로 할 수 있다. 〈개정 2009.5.28〉
② 이사의 임기는 3년을 초과하지 못한다. 〈개정 1984.4.10.〉
제382조(이사의 선임, 회사와의 관계 및 사외이사) ① 이사는 주주총회에서 선임한다.

▶ **등기이사 및 미등기이사**
1. 등기이사란 법인등기부등본에 등기된 이사를 말한다.
2. 미등기이사란 법인등기부등본에 등기되지 아니한 이사를 말한다. 미등기이사는 영업상 필요에 의하여 이사의 직함을 부여하였으나, 주주총회에서 정식적으로 이사로 선임한 것이 아니므로 이사회의 의결권이 없다.

[2] 감사의 선임, 임기 및 변경등기

① 감사는 주주총회에서 선임한다.
② 의결권없는 주식을 제외한 발행주식의 총수의 100분의 3을 초과하는 수의 주식을 가진 주주는 그 초과하는 주식에 관하여 제1항의 감사의 선임에 있어서는 의결권을 행사하지 못한다.
③ 자본금의 총액이 10억원 미만인 회사의 경우 감사를 선임하지 아니할 수 있다.
④ 감사의 임기는 취임후 3년내의 최종의 결산기에 관한 정기총회의 종결시까지로 한다.

▶ 감사 변경 등기시 유의할 사항

감사는 선임한 회계연도를 포함하여 3년마다 임기변경을 하여야 한다. 예를 들어 20×3.1.20. 감사 선임을 한 경우 감사는 20×5년 말에 임기가 만료가 되고, 이사는 20×6.1.20. 임기가 만료가 되는 것으로 만료일에 변경등기를 하여야 한다. 즉, 감사는 회계연도 기준으로 3년 임기이고, 이사는 만 3년의 임기를 뜻한다. 다만, 정관에 "감사의 임기를 회계년도말부터 정기 주총일까지 연장할 수 있다."라고 정하여 두면 정기주총일(최대기한은 3월 31일)까지 임기가 연장이 되며, 이 경우 정기주총일에 감사변경등기를 하면 된다.

2 변경등기 사유

[1] 임원의 퇴임

임원의 퇴임 등기는 이사가 사임하거나 이사의 해임, 이사의 사망 또는 그 밖의 결격사유가 발생하는 경우에 퇴임한 이사의 성명과 퇴임사유 등을 기재하여 임원의 퇴임등기를 한다.

▶ 이사의 사임으로 임원의 퇴임등기를 하는 경우

사임의 의사를 확인하는 사임서 및 인감증명서 등을 첨부하여 법인 변경등기 신청서를 법원 등기소에 제출하여야 한다.

▶ 이사의 해임으로 임원의 퇴임등기를 하는 경우

법인 변경등기 신청서와 함께 해임을 증명하는 서면을 제출하여야 한다. 이때 해임을 증명하는 주주총회의사록을 첨부해야 되고 그 의사록은 공증을 받아야 한다.

▶ 이사의 사망으로 퇴임하는 경우

사망사실을 기재한 가족관계 등록사항별 증명서와 법인 변경등기신청서를 법원에 제출하여야 한다.

[2] 임원의 취임

기존 이사의 임기 만료 등으로 새로이 이사를 선임하는 경우 취임한 이사의 성명, 주민등록번호와 취임취지 및 등기연월일을 기재하여 임원취임등기를 하여야 한다. 이사의 취임등기를 위해 법인의 변경등기 신청서와 이사를 선임한 공증 받은 주주총회의사록, 취임승낙서(주주총회의사록에 취임을 승낙한 취지가 기재되어 있고 취임예정자가 그 의사록에 날인한 경우에는 취임승낙서를 별도로 첨부하지 않아도 됨), 취임승낙자의 인감증명서 및 인감 제출, 주민등록번호 또는 생년월일을 증명하는 서면 등을 함께 제출하여야 한다.

[3] 임원의 중임

① 이사의 임기가 만료된 후 재선되어 다시 이사로 취임하는 경우에도 법인 변경등기를 해야 한다. 즉 동일인이 다시 취임하여 전임 임기만료일과 후임 임기개시일이 동일한 경우에도 이사의 임기가 연장되는 것이 아니라 이사의 지위가 새로 시작되기 때문에 취임등기와 퇴임등기를 하여야 한다.
② 이사의 임기만료 전에 중임되는 임기를 새로 시작해야 하는 경우에는 이사의 사임서를 받아 사임으로 인한 퇴임과 취임 등기를 하면 된다. 중임등기를 신청하기 위해서는 공증받은 주주총회의사록, 주민등록등본, 인감 및 인감증명서, 법인의 변경등기 신청서 등을 법원에 제출하여야 한다.

3 변경 절차 및 변경 등기 신청

[1] 임원 변경 절차

① 임기 중인 경우 사임서 제출(임기가 모두 종료되었다면 생략)
② 주주총회를 개최하여 임원을 선임하고 주주총회 의사록 작성
③ 주주총회 의사록 공증(공증사무소)
④ 주식회사 변경등기 신청

▶ 공증시 필요한 서류

o 주주총회 의사록 또는 이사회 의사록 3부
o 과반수 이상 주주 또는 과반수 이상 이사의 인감증명서
o 공증위임장 (과반수 이상 주주 또는 과반수 이상 이사의 인감 날인)
o 정관사본(원본대조필 도장 날인)
o 주주명부
o 진술서

[2] 변경 등기 신청시 구비 서류

(1) 필수 서류

o 주식회사 변경등기 신청서(대법원 사이트에서 다운)
o 공증받은 주주총회의사록 또는 이사회의사록(해임, 선임 등의 경우) 1통
o 사임서(인감증명서포함) 각1통
o 취임승낙서(인감증명서 포함) 1통
o 주민등록표등(초)본(선임한 경우) 1통
o 등록면허세 영수필확인서 1통

(2) 추가 서류

o 가족관계 등록사항별 증명서(사망한 경우) 1통
o 판결 또는 결정등본 및 확정증명원(재판에 의한 경우) 1통
o 정관(필요한 경우) 1통
o 인감신고서(취임하는 대표이사) 1통
o 위임장(대리인이 신청할 경우) 1통

관련 자료

대법원인터넷등기소 → 자료센터 → 검색어 "이사"
▮ 주식회사변경등기(대표이사)
▮ 주식회사변경등기(이사감사)

■ 법무사사무소 의뢰시

[1] 구비 서류
변경 등기 신청시 구비서류 참조

[2] 비용
1. 등록면허세 : 23,000원 (지방세법 제28조 제1항 제6호 바목 그 밖의 등기)
2. 지방교육세 : 4,600원 (지방세법 제151조 제1항 제2호)
3. 공증비용 : 30,000원 (공증인 수수료 규칙 제21조 제2항)
  * 대표이사의 경우 주주총회의사록과 이사회 의사록 공증 60,000원
4. 등기신청수수료 : 6,000원 (등기사항증명서 등 수수료규칙 제5조의 3 제2항)
5. 법무사 수수료 (대한법무사협회 법무사 보수표)
  * 일반적인 경우 공과금과 법무사 수수료를 포함하여 200,000 ~ 250,000원 수준

4 세무 관련 업무

[1] 사업자등록 정정
법인의 대표이사를 변경한 경우 지체없이 대표이사 변경을 증명할 수 있는 서류(등기부등본)를 첨부하여 사업자등록정정신청을 하여야 한다. 다만, 정정신청을 늦게 한 경우라도 가산세는 없으나 가능한 빠른 시간내에 정정신고를 하여야 한다.

[2] 가지급금 및 가수금 정리
법인의 대표이사가 변경되는 경우로서 기존 대표이사에 대한 가지급금이 있는 경우 상여처분을 하거나 회수하여야 하며, 가수금이 있는 경우에는 법인이 상환을 하여야 한다.

□ 법인세법 기본통칙 4-0…6 【가지급금 등의 처리기준】
① 특수관계자와의 자금거래에서 발생한 가지급금 등과 동 이자상당액이 다음 각호의 1에 해당하는 경우에는 이를 영 제106조의 규정에 의하여 처분한 것으로 본다. 다만, 회수하지 아니한 정당한 사유가 있거나, 회수할 것임이 객관적으로 입증되는 경우에는 그러하지 아니한다.

1. 특수관계가 소멸할 때까지 회수되지 아니한 가지급금 등과 미수이자 (1993. 2. 1. 개정)
2. 특수관계가 계속되는 경우 이자발생일이 속하는 사업연도 종료일로부터 1년이 되는 날까지 회수하지 아니한 미수이자 (1993. 2. 1. 개정)

② 제1항의 규정에 의한 가지급금 등은 다음 각호에 게기하는 날이 속하는 사업연도에 처분한 것으로 본다.
1. 가지급금 등 : 특수관계가 소멸하는 날
2. 미수이자 : 발생일이 속하는 사업연도 종료일로부터 1년이 되는 날. 다만, 1년 이내에 특수관계가 소멸하는 경우 특수관계가 소멸하는 날 (1993. 2. 1. 개정)

③ 제1항의 규정에 의하여 처분한 것으로 보는 미수이자를 그 후에 영수하는 때에는 이를 이월익금으로 보아 영수하는 사업연도의 소득금액 계산상 익금에 산입하지 아니한다.

④ 제1항의 규정에 의하여 처분한 것으로 보는 미수이자에 상당하는 다른 상대방의 미지급이자는 이를 실제로 지급할 때까지는 채무로 보지 아니한다. 따라서 동 미지급이자는 그 발생일이 속하는 사업연도 종료일부터 1년이 되는 날이 속하는 사업연도의 소득금액 계산상 익금에 산입하고, 동 미지급이자를 실제로 지급하는 사업연도의 소득금액 계산상 손금에 산입한다.

⑤ 제1항 단서에서 "회수하지 아니한 정당한 사유가 있거나, 회수할 것임이 객관적으로 입증되는 경우"라 함은 다음 각호의 1의 경우로 한다. (1988. 3. 1. 신설)
1. 채권·채무에 대한 쟁송으로 회수가 불가능한 상태에 있는 경우
2. 회수할 채권에 상당하는 재산의 담보제공 또는 소유재산에 대한 강제집행으로 채권을 확보하고 있는 경우
3. 당해 채권과 상계 가능한 채무를 보유하고 있는 경우
4. 기타 제1호 내지 제3호와 유사한 사유에 해당하는 경우

5 기타 업무

① 거래처 통보
② 금융기관에 대표이사 변경 통보
③ 대표이사 인감 변경
④ 국민연금 및 건강보험 자격상실 및 자격취득 신고
⑤ 명함, 봉투 등 회사가 사용하는 서류의 변경
⑥ 인터넷 홈페이지 대표이사 변경

▣ 법인 등기 등에 대한 등록면허세 및 지방교육세

■ 등록면허세

[1] 법인 등기 (설립과 납입)
납입한 주식금액이나 출자금액 또는 현금 외의 출자가액의 1천분의 4
단, 세액이 112,500원 미만인 때에는 112,500원으로 한다.

[2] 자본증가 또는 출자증가
납입한 금액 또는 현금 외의 출자가액의 1천분의 4

[3] 사무소 이전 등
1) 본점 또는 주사무소의 이전 : 건당 112,500원
2) 지점 또는 분사무소의 설치 : 건당 42,000원
3) 그 밖의 등기: 건당 42,000원

▶ 등록면허세 중과세
다음 각 호의 어느 하나에 해당하는 등기를 할 때에는 그 세율을 [1], [2], [3] 해당 세율의 100분의 300으로 한다. 다만, 과밀억제권역과밀억제권역(「산업집적활성화 및 공장설립에 관한 법률」을 적용받는 산업단지는 제외한다. 이하 이 조에서 "대도시"라 한다)에 설치가 불가피하다고 인정되는 업종(지방세법 시행령 제26조 참조)에 대하여는 그러하지 아니하며, 그 밖의 등기의 경우에도 중과세에서 제외한다.

| 보 충 | 수도권과밀억제권역(수도권정비계획법 시행령 별표1) |

- 서울특별시, 하남시, 고양시, 수원시, 성남시, 안양시, 부천시
- 광명시, 과천시, 의왕시, 군포시, 의정부시, 구리시
- 인천광역시(강화군, 옹진군, 서구 대곡동·불로동·마전동·금곡동·오류동·왕길동·당하동· 원당동, 인천경제자유구역 및 남동 국가산업단지는 제외)
- 남양주시(호평동, 평내동, 금곡동, 일패동, 이패동, 삼패동, 가운동, 수석동, 지금동 및 도농동만 해당한다)
- 시흥시[반월특수지역(반월특수지역에서 해제된 지역 포함)은 제외한다]

1. 대도시에서 법인을 설립(설립 후 또는 휴면법인을 인수한 후 5년 이내에 자본 또는 출자액을 증가하는 경우를 포함한다)하거나 지점이나 분사무소를 설치함에 따른 등기
2. 대도시 밖에 있는 법인의 본점이나 주사무소를 대도시로 전입(전입 후 5년 이내에 자본 또는 출자액이 증가하는 경우를 포함한다)함에 따른 등기. 이 경우 전입은 법인의 설립으로 보아 세율을 적용한다.

[4] 상호 등 등기
1. 상호의 설정 또는 취득 : 건당 78,700원
2. 지배인의 선임 또는 대리권의 소멸 : 건당 12,000원

☐ 지방세법 제28조(세율) ① 등록면허세는 등록에 대하여 제27조의 과세표준에 다음 각 호에서 정하는 세율을 적용하여 계산한 금액을 그 세액으로 한다. 다만, 제1호부터 제5호까지 및 제5호의2의 규정에 따라 산출한 세액이 해당 각 호의 그 밖의 등기 또는 등록 세율보다 적을 때에는 그 밖의 등기 또는 등록 세율을 적용한다.
<개정 2016. 12. 27., 2017. 7. 26., 2017. 12. 26., 2019. 8. 27.>

6. 법인 등기
가. 상사회사, 그 밖의 영리법인의 설립 또는 합병으로 인한 존속법인
  1) 설립과 납입: 납입한 주식금액이나 출자금액 또는 현금 외의 출자가액의 1천분의 4(세액이 11만2천5백원 미만인 때에는 11만2천5백원으로 한다. 이하 이 목부터 다목까지에서 같다)
  2) 자본증가 또는 출자증가: 납입한 금액 또는 현금 외의 출자가액의 1천분의 4
나. 비영리법인의 설립 또는 합병으로 인한 존속법인
  1) 설립과 납입: 납입한 출자총액 또는 재산가액의 1천분의 2
  2) 출자총액 또는 재산총액의 증가: 납입한 출자 또는 재산가액의 1천분의 2
다. 자산재평가적립금에 의한 자본 또는 출자금액의 증가 및 출자총액 또는 자산총액의 증가(「자산재평가법」에 따른 자본전입의 경우는 제외한다): 증가한 금액의 1천분의 1
라. 본점 또는 주사무소의 이전: 건당 11만2천5백원
마. 지점 또는 분사무소의 설치: 건당 4만2백원
바. 그 밖의 등기: 건당 4만2백원
7. 상호 등 등기

가. 상호의 설정 또는 취득: 건당 7만8천7백원
나. 지배인의 선임 또는 대리권의 소멸: 건당 1만2천원
다. 선박관리인의 선임 또는 대리권의 소멸: 건당 1만2천원

■ 지방교육세

등록면허세액의 100분의 20에 해당하는 금액을 지방교육세로 추가하여 납부하여야 한다.

◆ 등록면허세 신고 및 납부

① 등록을 하려는 자는 그 과세표준에 해당 세율을 적용하여 산출한 세액을 **등록을 하기 전**까지 지방자치단체의 장에게 신고하고 납부하여야 한다.
② 등록면허세 과세물건을 등록한 후에 해당 과세물건이 중과세의 세율 적용대상이 되었을 때에는 그 날부터 30일 이내에 중과세의 세율을 적용하여 산출한 세액에서 이미 납부한 세액을 공제한 금액을 세액으로 하여 납세지를 관할하는 지방자치단체의 장에게 신고하고 납부하여야 한다.

■ 법인등기 신청시 등록면허세 납부방법

[1] 인터넷으로 신고, 납부하는 방법
1) 서울시세금납부시스템(http://etax.seoul.go.kr/) 접속 → 신고납부 → 등록면허세 → (로그인 필요) → 등록면허세(등록분) → 납세의무자 정보입력 → 등기/등록 내역에서 물건구분(법인등기), 등기종류 선택 → 나머지 사항 입력 후 납부 → 납부확인서를 출력하여 등기소에 제출함
2) 위택스(http://www.wetax.go.kr/) 접속 → 등록면허세 → 신고납부

[2] 대법원인터넷등기소(http://www.iros.go.kr/) → 고지서 발급
대법원인터넷등기소(http://www.iros.go.kr/)
왼쪽 메뉴 중 등록면허세(등록)정액분 신고 → 기재사항 입력 후 출력 → 은행납부

❷ 대표이사 주소변경 및 변경 등기 절차

1 대표이사 주소변경

대표이사는 주식회사의 필수적 상설기관으로서 그 성명과 주민등록번호뿐만 아니라 주소도 등기를 하여야 한다. 따라서 대표이사의 주소가 변경된 경우 그에 따른 변경등기를 하여야 한다.

2 대표이사 주소변경 등기를 하지 않은 경우 과태료

법인기업의 대표이사 주소가 변경된 경우 변경된 날로부터 **2주일** 이내에 주소 변경등기를 하여야 하며, 이 기한을 넘기는 경우 500만원 이하의 과태료가 부과될 수 있다.

3 대표이사 주소변경 등기 시 필요서류

[1] 대표이사 주민등록등(초)본
최근 3개월 이내, 변경된 주소지 내역이 나타난 것

▶ **대표이사가 외국인 또는 재외국민인 경우**
1. 대표이사가 외국인인 경우 본국 관공서나 본국 공증인의 공증, 또는 외국주재 한국대사관이나 영사관의 확인을 받은 확인서로 주민등록등(초)본을 대신할 수 있다.
2. 국내에 외국인등록을 한 외국국적자인 경우 외국인등록표등본을 첨부하고 주소는 외국인등록표등본에 나타난 국내 체류지로 한다.
3 대표이사가 재외국민인 경우 국내에 입국한 때는 국내거소신고사실증명, 거주사실증명, 또는 재외국민등록부등본을 첨부한다.

[2] 등록면허세 영수필확인서
본점소재지 관할 시, 군, 구청장으로부터 등록면허세납부서를(지방세법 제 137조 제1항) 발부 받아 납부한 후 등록면허세 영수필확인서를 첨부하여야 한다. 다만,

정액으로 부과되는 등록면허세의 경우 인터넷등기소(www.iros.go.kr)에서 납부서를 작성, 출력할 수 있으므로 수납기관에 납부한 후 제출하면 된다.

[3] 대리인 방문 시 위임장

등기신청권자인 대표이사의 위임에 의한 대리인이 신청을 할 경우 그 권한을 증명하는 서면으로 위임장을 첨부하여야 한다. 실무상 수임자, 위임자, 위임내용을 기재하고 등기소에 제출(신고)된 대표이사의 인감을 날인한다.

[4] 대표이사 인감

등기소에 제출된 대표이사의 인감을 날인하여야 한다.

관련 자료

대법원인터넷등기소 → 자료센터 → 검색어 "주소"
- 주식회사변경등기(대표이사주소변경)

---

4 사업자등록정정 및 기타 업무

대표이사의 주소가 변경된 경우에는 사업자등록정정신청대상이 아니므로 별도의 신고를 하지 않으며, 기타 업무도 특별히 처리할 내용은 없다.

❸ 법인 상호 변경 및 변경 등기 절차

1 법인 상호 변경

[1] 주주총회의 특별결의 및 정관 변경

1) 회사의 상호는 정관의 필요적인 기재사항이다. 따라서 상호를 변경하려면 정관 변경 절차를 거쳐야 하므로 주주총회의 특별결의에 거쳐야 한다.

2) 상호는 동일상호에 해당할 경우 등기가 불가능하므로 회사는 상호의 변경전에 우선 관할 등기소에 상호검색을 통하여 변경예정인 상호가 동일상호에 해당되지는 않는지 여부를 확인하여야 한다.

☐ 상업등기법 제29조(등기할 수 없는 상호) 동일한 특별시, 광역시, 특별자치시, 시(행정시를 포함한다. 이하 같다) 또는 군(광역시의 군은 제외한다. 이하 같다)에서는 동종의 영업을 위하여 다른 상인이 등기한 상호(商號)와 동일한 상호를 등기할 수 없다.

[2] 법인인감변경
상호를 변경한 경우 새로운 상호에 맞게 다시 인감을 새겨서 변경하여야 하며, 이 경우 인감변경절차를 거쳐야한다.

2 상호 변경 등기 절차

[1] 상호 변경등기
상호는 본점과 지점에서의 등기사항이므로 대표이사(또는 1인이사)가 주주총회에서 상호가 변경된 날로 부터 본점소재지에서는 2주간, 지점소재지에서는 3주간내에 그 변경등기를 신청하여야 한다.

[2] 상호 등기 변경 신청시 준비서류
1. 정관사본 1통
2. 법인등기부등본 1통
3. 법인인감도장
4. 주주명부(1통) 및 주주총회의사록
   * 주식총수 1/3이상의 주주 인감증명서 1통 및 인감도장
5. 법인인감도장 변경시 대표이사 인감증명서 1통, 인감도장

관련 자료

대법원인터넷등기소 → 자료센터 → 검색어 "상호"
■ 주식회사변경등기(상호·목적·공고방법변경)

[3] 사업자등록증 변경(정정)

법인 상호를 변경한 경우 지체없이 상호 변경을 증명할 수 있는 서류(등기부등본)를 첨부하여 사업자등록 정정신청을 하여야 한다. 다만, 정정신청을 늦게 한 경우라도 가산세는 없다.

[4] 기타 처리할 업무

1. 차량, 공장 등의 각종 등록증 및 인허가(벤처, ISO, 특허, 실용신안등)의 변경
2. 각종 공과금(전화, 전기요금 등)의 상호변경
3. 공인인증서 및 은행통장의 명의 변경
4. 4대보험 관리공단의 상호변경
5. 로고, 명함, 봉투 등 회사가 사용하는 서류의 변경
6. 인터넷 서비스업과 관련된 홈페이지 의 상호변경

❹ 자본금 변경 등기

1 개요

주식회사의 자본금은 이사회 또는 주주총회의 결의에 의하여 증액 또는 감액할 수 있으며, 그 내용은 다음과 같다.

[1] 자본금 증자

자본금 증자의 경우 이사회 결의만으로 유상증자가 가능하지만, 수권주(정관 및 법인 등기부등본에 기재된 발행할 주식의 총수)를 초과하여 발행을 하려면 정관을 변경하여야 하므로 주주총회 특별결의를 거쳐야 하며, 주주총회 특별결의는 주주의 의결권의 3분의 2이상의 수와 발행주식총수의 3분의 1 이상의 수로써 의결한다.

[2] 자본금 감자

자본금을 감소하고자 하는 경우에는 주주총회의 **특별결의**를 거쳐야 한다. 다만, 결손 보전을 위한 자본금 감소는 보통결의(제368조제1항)에 의한다.

> 상법
>
> 제368조(총회의 결의방법과 의결권의 행사) ①총회의 결의는 이 법 또는 정관에 다른 정함이 있는 경우를 제외하고는 출석한 주주의 의결권의 과반수와 발행주식총수의 4분의 1 이상의 수로써 하여야 한다. 〈개정 1995.12.29.〉
>
> 제434조(정관변경의 특별결의) 제433조제1항의 결의는 출석한 주주의 의결권의 3분의 2 이상의 수와 발행주식총수의 3분의 1 이상의 수로써 하여야 한다.
>
> 제438조(자본금 감소의 결의) ① 자본금의 감소에는 제434조에 따른 결의가 있어야 한다.
> ② 제1항에도 불구하고 결손의 보전(補塡)을 위한 자본금의 감소는 제368조제1항의 결의에 의한다.
> ③ 자본금의 감소에 관한 의안의 주요내용은 제363조에 따른 통지에 적어야 한다.

[3] 기타 자본금 변동내용

1. 준비금의 자본전입
2. 주식배당에 의한 자본금 변경등기
3. 자기주식소각. 상환주식소각

2 자본금 변경 등기 절차

자본금 변경 등기에 관한 절차는 자본금 증자 및 감자 편에서 상술한다.

❺ 기타 법인등기부 등본 변경

> 법인설립, 이사변경, 대표이사 주소변경, 상호변경, 자본금 변경외에 다음과 같은 변경 사유 발생시 법인등기부 등본을 정정하여야 하며, 이에 대한 내용은 대법원 인터넷 등기소의 자료센터에서 해당 자료를 다운로드받아 참고한다.

[1] 본점 이전에 관한 사항

본점을 이전하는 경우 주주총회의 특별결의를 거쳐 주주총회회의록을 공증한 다음 본점 이전일로부터(이전일자를 예정하여 미리 등기할 수는 없음) 본점소재지에서는 2주 이내, 지점소재지에서는 3주 이내에 대표이사 또는 그 대리인이 등기신청을 하여야 한다.

▶ 주주총회 또는 이사회결의 및 공증

① 회사가 정관에 규정된 최소행정구역 내로 본점을 이전한 경우에는 정관을 변경할 필요 없이 이사회의 결의만으로 본점을 이전할 수 있다. 다만 정관상에 본점소재지가 구체적인 소재 장소까지 기재되어 있는 경우에는 주주총회의 결의에 의하여 정관을 변경하여 한다(이 경우 공증 받은 주주총회의사록을 첨부하여야 함).
② 이사회의 의사에 관하여는 의사록을 작성하여야 하며 의사록에는 의사의 의안, 경과, 그 결과 등을 기재하고 출석한 이사 및 감사가 기명날인 또는 서명하여야 하며, 등기를 신청할 때에 이사회의사록에 공증인의 인증을 받아 제출하여야 한다.

[2] 지점의 설치, 이전, 폐지에 관한 사항

지점을 설치 또는 이전하는 경우 지점 소재지에 지점설치의 등기를 하거나, 신지점소재지에서 지점이전의 등기를 해야 한다. 이때 회사성립의 연월일과 지점을 설치 또는 이전하는 뜻 및 그 연월일을 등기해야 한다. (상업등기법 제57조)
지점을 설치하는 경우 해당 사업장의 사업개시일부터 20일 내에 납세지(회사 등기부상의 본점 또는 주사무소의 소재지) 관할 세무서장에게 사업자등록을 신청하여야 한다.

회사의 성립 후에 지점을 설치하는 경우에는 본점소재지에서는 2주 내에 그 지점소재지와 설치 연월일을 등기하고, 그 지점소재지에서는 3주 내에 다음의 사항을 등기해야 한다. (「상법」 제269조에 따른 「상법」 제181조제2항 본문의 준용)
1. 목적
2. 상호
3. 본점의 소재지
4. 대표이사의 성명·주민등록번호·주소
5. 존립기간 기타 해산사유를 정한 때에는 그 기간 또는 사유

▶ 주주총회 또는 이사회결의 및 공증

1. 회사의 정관에 지점 설치방법에 관한 별도의 규정이 없는 때에는 이사회의 결의만으로 지점을 설치할 수 있다. 다만 정관상에 지점(소재지 등)에 관한 규정이 있는 때에는 주주총회의 결의에 의하여 정관을 변경하여 지점에 관한 사항을 규정하여야 한다. (이 경우 공증 받은 주주총회의사록을 첨부하여야 함)
2. 이사회의 의사에 관하여는 의사록을 작성하여야 하며 의사록에는 의사의 의안, 경과 등을 기재하고 출석한 이사 및 감사가 기명날인 또는 서명하여야 한다.

▶ 지점폐지 등기

지점을 폐지한 때에는 본점소재지에서는 2주 내에, 지점소재지에서는 3주 내에 지점폐지사항을 등기해야 한다(「상법」 제269조에 따른 「상법」 제183조의 준용).

[3] 발행할 주식의 총수

발행할 주식의 총수를 변경하고자 하는 경우 정관 변경후 등기부등본 정정을 하여야 한다.

[4] 사업 목적

사업목적을 변경하고자 하는 경우 정관 변경후 등기부등본 정정을 하여야 한다.

[5] 전환증권의 발행 및 행사에 관한 사항

1. 전환주식의 전환
2. 전환사채의 전환권행사
3. 신주인수권부사채의 신주인수권 행사
4. 신주인수권부사채발행
5. 주식매수선택권규정설정
6. 전환사채발행
7. 전환형 조건부자본증권의 발행 및 전환

[6] 합병 및 분할 관련 등기

1. 흡수합병시 존속회사에서의 경우

2. 신설합병시 신설회사의 경우
3. 합병시 소멸회사에서의 경우
4. 분할로 인한 주식회사설립등기
5. 회사분할로 인한 신설회사설립의 경우
6. 피분할회사가 존속하는 경우
7. 분할시 소멸회사에서의 경우
8. 흡수분할합병의 분할합병상대방회사에서의 경우
9. 분할합병으로 인한 신설회사에서의 경우

[7] 주식회사 해산 관련 등기
1. 해산등기
2. 청산인취임등기
3. 청산인변경등기
4. 청산종결등기

관련 자료

대법원인터넷등기소 → 자료센터 → 검색어 "주식회사"

■ 변경등기를 상법에 정한 기한내에 하지 못한 경우 과태료

상법 제635조에서는 상법을 위반한 경우 과태로 부과에 대한 전반적인 내용을 규정하고 있으며, 등기의무를 위반한 경우 500만원 이하의 과태료를 부과하는 것으로 규정하고 있다. 한편, 비송사건절차법 제149조는 회사 등기는 법령에 다른 규정이 없으면, 그 대표자가 신청한다고 규정하고 있어 주식회사의 등기신청의무자는 그 회사의 대표이사가 된다. 따라서 등기신청 의무를 해태한 경우에 과태료는 법인이 아닌 등기신청의무자인 대표이사 개인에게 부과되므로 등기 변경사유가 있는 경우 반드시 기한내에 등기를 하여 과태료를 부과받는 일이 없도록 하여야 한다.

법인 정관이란 무엇이며, 정관 변경은 언제하는가?

1 법인 정관

❶ 정관이란?

정관(定款)이란 법인의 조직과 활동에 관한 근본 규칙, 또는 그 근본 규칙을 기재한 서면을 말하며, 주식회사의 경우 법인 설립시 반드시 정관을 작성(원시 작성)하여야 하며, 이후 정관 변경 사유가 발생하는 경우 주주총회의 특별결의로 정관을 변경하여야 한다.

정관에는 모든 법인이 반드시 기재하여야 하는 절대적 기재사항과 당해 정관에 기재하여야 효력이 발생하는 상대적 기재사항 및 해당 법인의 사업목적 등을 위하여 기재하는 임의적 기재사항으로 구분한다.

정관은 공증인의 인증을 받음으로써 효력이 생긴다. 다만, 자본금 총액이 10억원 미만인 회사를 발기설립(發起設立)하는 경우에는 각 발기인이 정관에 기명날인 또는 서명함으로써 효력이 생긴다.

□ 상법 제288조(발기인) 주식회사를 설립함에는 발기인이 정관을 작성하여야 한다.
제292조(정관의 효력발생) 정관은 공증인의 인증을 받음으로써 효력이 생긴다. 다만, 자본금 총액이 10억원 미만인 회사를 제295조제1항에 따라 발기설립(發起設立)하는 경우에는 제289조제1항에 따라 각 발기인이 정관에 기명날인 또는 서명함으로써 효력이 생긴다.

> **참 고** 정관작성시 참고하면 도움이 되는 곳
> ① 법무부, 주식회사 표준정관
> ② 한국상장회사협의회(www.klca.or.kr) → 법률정보 → 표준규정 → 상장회사 표준정관
> ③ KRX 한국거래소(www.krx.co.kr) → 종합자료실 → 코스닥등록법인 표준정관

❷ 정관의 절대적 기재사항

> 정관의 절대적 기재사항은 반드시 정관에 기재하여야 하는 사항으로서 그 기재가 없거나 위법하면 정관 자체가 무효로 되는 사항으로서 상법 제289조 제1항에서 정하고 있다.

① 목적
② 상호
③ 회사가 발행할 주식의 총수(발행예정주식총수, 수권주식총수)
④ 액면주식을 발행하는 경우 1주의 금액
⑤ 회사의 설립시에 발행하는 주식의 총수
⑥ 본점의 소재지
⑦ 회사가 공고를 하는 방법
⑧ 발기인의 성명·주민등록번호 및 주소

☐ 상법 제289조(정관의 작성, 절대적 기재사항) ①발기인은 정관을 작성하여 다음의 사항을 적고 각 발기인이 기명날인 또는 서명하여야 한다. 〈개정 2011.4.14.〉
1. 목적
2. 상호
3. 회사가 발행할 주식의 총수
4. 액면주식을 발행하는 경우 1주의 금액
5. 회사의 설립 시에 발행하는 주식의 총수
6. 본점의 소재지

7. 회사가 공고를 하는 방법
8. 발기인의 성명·주민등록번호 및 주소
③ 회사의 공고는 관보 또는 시사에 관한 사항을 게재하는 일간신문에 하여야 한다. 다만, 회사는 그 공고를 정관으로 정하는 바에 따라 전자적 방법으로 할 수 있다.

❸ 정관의 상대적 기재사항

> 정관의 상대적 기재사항은, 반드시 정관에 기재할 필요가 있는 것은 아니지만, 정관에 기재해야만 그 효력이 인정되는 사항을 말한다.

1 변태설립사항 [상법 제290조]

① 발기인이 받을 특별이익과 이를 받을 자의 성명
② 현물출자를 하는 자의 성명과 그 목적인 재산의 종류, 수량, 가격과 이에 대하여 부여할 주식의 종류와 수
③ 회사성립후에 양수할 것을 약정한 재산의 종류, 수량, 가격과 그 양도인의 성명
④ 회사가 부담할 설립비용과 발기인이 받을 보수액

2 주식에 관한 사항

[1] 설립 당시의 주식발행사항 [상법 제291조]
회사설립 시에 발행하는 주식에 관하여 다음의 사항은 정관으로 달리 정하지 아니하면 발기인 전원의 동의로 이를 정한다.
1. 주식의 종류와 수
2. 액면주식의 경우에 액면 이상의 주식을 발행할 때에는 그 수와 금액
3. 무액면 주식을 발행하는 경우에는 주식의 발행가액과 주식의 발행가액 중 자본금으로 계상하는 금액

[2] 자기주식 취득의 주주총회 결의를 이사회 결의로 갈음

자기주식을 취득하려는 회사는 미리 주주총회의 결의로 다음 각 호의 사항을 결정하여야 한다. 다만, **이사회 결의로 이익배당을 할 수 있다고 정관으로 정하고 있는 경우** 이사회의 결의로써 주주총회의 결의를 갈음할 수 있다. (상법 제341조 제2항)
1. 취득할 수 있는 주식의 종류 및 수
2. 취득가액의 총액의 한도
3. 1년을 초과하지 아니하는 범위에서 자기주식을 취득할 수 있는 기간

[3] 자기주식 처분의 내용[상법 제342조]

회사가 보유하는 자기의 주식을 처분하는 경우에 다음 각 호의 사항으로서 정관에 규정이 없는 것은 이사회가 결정한다.
1. 처분할 주식의 종류와 수
2. 처분할 주식의 처분가액과 납입기일
3. 주식을 처분할 상대방 및 처분방법

[4] 신주의 발행을 주주총회에서 결정하기로 하는 경우 [상법 제416조]

회사가 그 성립 후에 주식을 발행하는 경우에는 다음의 사항으로서 정관에 규정이 없는 것은 이사회가 결정한다. 다만, 상법에 다른 규정이 있거나 정관으로 주주총회에서 결정하기로 정한 경우에는 그러하지 아니하다.
1. 신주의 종류와 수
2. 신주의 발행가액과 납입기일
3. 무액면 주식의 경우에는 신주의 발행가액 중 자본금으로 계상하는 금액
4. 신주의 인수방법
5. 현물출자를 하는 자의 성명과 그 목적인 재산의 종류, 수량, 가액과 이에 대하여 부여할 주식의 종류와 수
6. 주주가 가지는 신주인수권을 양도할 수 있는 것에 관한 사항

[5] 기타 사항

① 무액면 주식의 발행, 액면 주식과 무액면 주식 사이의 전환(상법 제329조)
② 주식의 양도에 관하여 이사회의 승인을 받도록 하는 경우(상법 제335조제1항)
③ 명의개서 대리인의 설치(상법 제337조제2항)

④ 주식매수선택권의 부여(상법 제340조의2)
⑤ 종류주식을 발행하는 경우 각종 주식의 내용과 수(상법 제344조, 제344조의2, 제344조의3)
⑥ 이익에 의한 주식의 소각(상법 제345조 제1항)
⑦ 상환에 관한 종류주식 발행(상법 제345조 제3항)
⑧ 주식전환에 관한 종류주식 발행(상법 제346조)
⑨ 전자주주명부의 작성(상법 제352조의2 제1항)
⑩ 주주명부의 폐쇄기간과 기준일의 지정(상법 제354조제4항)
⑪ 주식의 전자등록(상법 제356조의2)
⑫ 주권불소지제도의 배제(상법 제358조의2제1항)
⑬ 주주의 청구가 있는 때에만 신주인수권증서를 발행한다는 것과 그 청구기간 이사회가 아닌 주주총회의 권한으로 하는 경우(상법 제416조제1항 단서)
⑭ 제3자에 대한 신주인수권의 부여(상법 제418조제2항)
⑮ 신주인수권의 전자등록(상법 제420조의4)

3 주주총회에 관한 사항

① 법정 결의사항 이외의 사항을 주주총회의 결의사항으로 정하려는 경우(상법 제361조)
② 본점소재지 또는 그 인접지 이외의 지에서 주주총회를 소집할 수 있도록 하는 경우(상법 제364조)
③ 정족수의 배제 기타 총회의 결의방법에 관한 다른 규정(상법 제368조제1항)
④ 주주총회의 의장에 관한 사항(상법 제366조의2제1항)
⑤ 서면에 의한 주주의 의결권 행사(상법 제368조의3)

4 이사 · 감사 · 집행임원 · 청산인에 관한 사항

① 이사 선임 방법으로서의 집중투표의 배제(상법 제382조의2 1항)
② 이사의 임기연장(상법 제383조 3항)
③ 2명의 이사를 둔 주식회사의 대표이사 선정 여부와 방법(상법 제383조 제6항)

④ 이사의 자격주에 관한 사항(상법 제387조)
⑤ 주주총회에 의한 대표이사의 선정(상법 제389조 1항)
⑥ 이사회(청산인회)의 소집통지기간의 단축(상법 제390조 3항, 제542조 2항)
⑦ 이사회(청산인회)의 결의요건의 가중(상법 제391조 1항, 제542조 2항)
⑧ 동영상 및 음성 통신수단에 의한 이사회 결의방법의 배제(상법 제391조 2항)
⑨ 이사회내 위원회의 설치(상법 제393조의2 1항)
⑩ 이사회내 위원회에의 이사회 권한 위임의 배제(상법 제393조의2제2항)
⑪ 집행임원의 임기연장(상법 제408조의3)
⑫ 감사 선임시 의결권 행사의 제한비율 인하(상법 제409조 3항)
⑬ 감사위원회 설치(상법 제415조의2)

5 상장회사에 대한 특례

① 이사회 결의에 의한 주식매수선택권 부여(상법 제542조의3 3항)
② 소수주주에 대한 주주총회 소집의 통지방법(상법 제542조의4)
③ 소수주주권 행사 요건 완화(상법 제542조의6 7항)
④ 집중투표제 배제 위한 의결권 행사의 제한비율 인하(상법 제542조의7제3항)
⑤ 최대주주 등의 주식의 합계로 감사 또는 사외이사가 아닌 감사위원회위원을 선임하거나 해임할 때 의결권 행사의 제한비율 인하(상법 제542조의12제3항)

6 기타

① 재무제표의 이사회 승인(상법 제449조의2)
② 준비금 자본전입을 이사회가 아닌 주주총회에서 결정(상법 제461조 제1항 단서)
③ 중간배당에 관한 규정(상법 제462조의3 1항)
④ 현물배당 결정(상법 제462조의4)
⑤ 사채의 발행을 이사회에서 대표이사에게 위임하는 경우(상법 제469조제4항)
⑥ 사채권 전자등록(상법 제478조 3항)
⑦ 전환사채, 신주인수권부사채 발행사항을 이사회가 아닌 주주총회에게 결정하는 경우(상법 제513조 2항, 제516조의2 2항)

⑧ 주주외의 자에게 전환사채, 신주인수권부사채를 발행하는 경우 특정한 사항 결정(상법 제513조 3항, 제516조의2 4항)
⑨ 신주인수권증권 전자발행(상법 제516조의7)
⑩ 회사의 존립기간 또는 해산사유(상법 제517조 1호)
 청산인의 지정(상법 제531조 1항)

❹ 임의적 기재사항

> 정관의 임의적 기재사항은 정관에 기재하지 않아도 정관 자체의 효력이 무효화되는 것은 아니며, 정관에 기재하지 않아도 주주총회 또는 이사회의 결의에 의하여 그 효력이 발생하지만, 해당 사항의 존재나 내용을 명확히 하는 등의 목적으로 정관에 기재하는 사항 임의적 기재사항도 정관에 기재된 이상 그 사항을 변경하기 위해서는 주주총회 특별결의로 정관변경절차를 거쳐야 한다.

① 주권의 종류
② 주권의 재발행 절차
③ 주식의 명의개서의 절차
④ 기명주식에 대한 질권의 등록 또는 신탁표시에 관한 사항
⑤ 주주와 법정대리인의 주소, 성명, 인감의 신고 등에 관한 사항
⑥ 정기주주총회의 소집시기
⑦ 주주총회의 구체적인 개최장소
⑧ 주주의 의결권의 대리행사에 관한 사항
⑨ 이사·감사의 원수
⑩ 이사·보선이사 또는 대표이사의 임기
⑪ 회사의 영업연도
⑫ 이익의 처분방법

2 정관 변경

❶ 개념

정관변경이란 정관의 기재사항을 추가하거나 삭제하거나 수정하는 것을 말한다. 정관변경을 엄격하게 해석하는 입장에서는 간단한 자구나 구두점의 수정, 가감도 정관변경이며, 절대적 기재사항이건, 임의적 기재사항이건 정관에 기재된 사항의 변경은 모두 정관변경으로 본다.

❷ 정관변경 절차

[1] 주주총회 특별결의
정관의 변경은 주주총회의 특별결의에 의하여야 하며, 정관변경을 위한 총회소집의 통지와 공고에는 의안의 요령을 기재하여야 한다. 즉 정관변경의 내용을 구체적으로 표시하여야 한다. 그러나 정관의 기재사항이 어떠한 사실에만 기초를 두고 있는 경우에는 정관은 그 사실의 변경에 의하여 총회의 결의 없이 변경된다.

[2] 정관의 효력 발생
정관변경의 효력은 주주총회의 결의와 동시에 발생하며 원시정관의 경우와 달리 공증인의 인증은 필요로 하지 않는다.

[3] 정관변경의 등기
정관변경은 등기사항이 아니지만 정관변경의 결과 등기사항에 변경이 생길 때에는 본점소재지에서는 2주간내에, 지점소재지에서는 3주간내에 변경등기를 하여야 한다.

▶ **종류 주주총회**
수종의 주식을 발행하고 있는 경우에 정관변경이 어느 종류의 주주에게 손해를 미치게 될 때에는 주주총회의 결의 외에 그 종류의 주주총회의 결의가 있어야 한다.

❸ 정관 변경

1 절대적 기재사항

[1] 목적 변경
회사의 목적은 정관의 절대적 기재사항으로서 사업 목적을 추가 또는 변경하고자 하는 경우 주주총회의 특별결의로 결의를 한 다음 법인 등기부등본 변경등기를 하여야 한다.

[2] 상호 변경
상호 변경은 정관의 절대적 기재사항으로 상호를 변경하고자 하는 경우 정관을 변경한 다음 법인등기부등본 변경등기를 하여야 한다.

상호는 동일한 특별시, 광역시, 특별자치시, 시(행정시 포함) 또는 군(광역시의 군은 제외)에서는 동종의 영업을 위하여 다른 상인이 등기한 상호(商號)와 동일한 상호를 등기할 수 없으므로 동종 업종의 동일 상호가 있는지 여부를 대한민국 법원 인터넷등기소 홈페이지 하단 '법인상호' 검색에서 확인을 하여야 한다.

☐ 상업등기법 제29조(등기할 수 없는 상호) 동일한 특별시, 광역시, 특별자치시, 시(행정시를 포함한다. 이하 같다) 또는 군(광역시의 군은 제외한다. 이하 같다)에서는 동종의 영업을 위하여 다른 상인이 등기한 상호(商號)와 동일한 상호를 등기할 수 없다.
제30조(등기사항) 상호의 등기를 할 때에는 다음 각 호의 사항을 등기하여야 한다.
1. 상호
2. 영업소의 소재지
3. 영업의 종류
4. 상호사용자의 성명 · 주민등록번호 및 주소

[3] 발행예정주식총수의 변경

회사의 발행예정주식총수는 정관의 절대적 기재사항으로서 발행예정주식총수를 증액하고자 하는 경우 정관변경 절차에 따라 변경할 수 있다.

[4] 1주 금액 인상

1주의 금액은 정관의 절대적 기재사항이기 때문에 주금액의 변경을 하고자 하는 경우에는 정관 변경을 하여야 한다. 주금액의 인상이 추가출자를 요할 때에는 출자의무의 이행이 종료한 때에, 추가출자가 없이 주금액을 인상하는 경우에는 주식병합의 절차가 종료한 때에 그 효력이 발생한다.

[5] 본점 소재지

본점 소재지는 정관의 절대적 기재사항으로서 본점 소재지를 변경하고자하는 경우 주주총회의 특별결의로 결의를 한 다음 법인 등기부등본 변경등기를 하여야 한다.

[6] 회사가 공고를 하는 방법

회사가 공고를 하는 방법은 정관의 절대적 기재사항으로서 공고방법을 변경하고자 하는 경우 주주총회의 특별결의로 결의를 한 다음 법인 등기부등본 변경등기를 하여야 한다.

> **상법**
>
> 제433조(정관변경의 방법) ①정관의 변경은 주주총회의 결의에 의하여야 한다.
> ②정관의 변경에 관한 의안의 요령은 제363조에 따른 통지에 기재하여야 한다.
> 〈개정 2014.5.20.〉
> 제434조(정관변경의 특별결의) 제433조제1항의 결의는 출석한 주주의 의결권의 3분의 2 이상의 수와 발행주식총수의 3분의 1 이상의 수로써 하여야 한다.

◆ 법인등기부등본 변경

정관을 변경하는 경우 주주총회 결의를 거쳐야 하며, 정관 변경 내용 중 법인등기부등본의 변경을 요하는 사항이 있는 경우 주주총회회의록에 공증인의 공증을 받아 법인 등기부등본 변경을 하여야 하며, 등기부등본의 변경에 대한 자세한 내용은 등기부등본편을 참고한다.

2 상대적 기재사항 및 임의 기재사항

정관변경이란 정관의 기재사항을 추가하거나 삭제하거나 수정하는 것을 말한다. 정관변경을 엄격하게 해석하는 입장에서는 간단한 자구나 구두점의 수정, 가감도 정관변경이며, 절대적 기재사항이건, 임의적 기재사항이건 정관에 기재된 사항의 변경은 모두 정관변경으로 본다. 따라서 주주총회의 특별결의를 거쳐 정관을 변경하여야 한다.

▣ 법인세법 중 정관의 규정을 필요로 하는 내용

[1] 사업연도 [법인세법 제6조(사업연도)]
① 사업연도는 법령이나 법인의 정관(定款) 등에서 정하는 1회계기간으로 한다. 다만, 그 기간은 1년을 초과하지 못한다.
② 법령이나 정관 등에 사업연도에 관한 규정이 없는 내국법인은 따로 사업연도를 정하여 제109조제1항에 따른 법인 설립신고 또는 제111조에 따른 사업자등록과 함께 납세지 관할 세무서장(제12조에 따른 세무서장을 말한다. 이하 같다)에게 사업연도를 신고하여야 한다.

[2] 퇴직급여 [법인세법 시행령 제44조(퇴직급여의 손금불산입)]

② 현실적인 퇴직은 법인이 퇴직급여를 실제로 지급한 경우로서 다음 각 호의 어느 하나에 해당하는 경우를 포함하는 것으로 한다. <개정 2019. 2. 12., 2022. 2. 15.>
1. 법인의 직원이 해당 법인의 임원으로 취임한 때
2. 법인의 임원 또는 직원이 그 법인의 조직변경·합병·분할 또는 사업양도에 의하여 퇴직한 때
3. 「근로자퇴직급여 보장법」 제8조제2항에 따라 퇴직급여를 중간정산(종전에 퇴직급여를 중간정산하여 지급한 적이 있는 경우에는 직전 중간정산 대상기간이 종료한 다음 날부터 기산하여 퇴직급여를 중간정산한 것을 말한다. 이하 제5호에서 같다)하여 지급한 때
4. 삭제 <2015. 2. 3.>
5. 정관 또는 정관에서 위임된 퇴직급여지급규정에 따라 장기 요양 등 기획재정부령으로 정하는 사유로 그 때까지의 퇴직급여를 중간정산하여 임원에게 지급한 때

④ 법인이 임원에게 지급한 퇴직급여 중 다음 각 호의 어느 하나에 해당하는 금액을 초과하는 금액은 손금에 산입하지 아니한다. <개정 2019. 2. 12.>
1. 정관에 퇴직급여(퇴직위로금 등을 포함한다)로 지급할 금액이 정하여진 경우에는 정관에 정하여진 금액
2. 제1호 외의 경우에는 그 임원이 퇴직하는 날부터 소급하여 1년 동안 해당 임원에게 지급한 총급여액[「소득세법」 제20조제1항제1호 및 제2호에 따른 금액(같은 법 제12조에 따른 비과세소득은 제외한다)으로 하되, 제43조에 따라 손금에 산입하지 아니하는 금액은 제외한다]의 10분의 1에 상당하는 금액에 기획재정부령으로 정하는 방법에 의하여 계산한 근속연수를 곱한 금액. 이 경우 해당 임원이 직원에서 임원으로 된 때에 퇴직금을 지급하지 아니한 경우에는 직원으로 근무한 기간을 근속연수에 합산할 수 있다.

[3] 상여금 [법인세법 시행령 제43조(상여금 등의 손금불산입)]

② 법인이 임원에게 지급하는 상여금중 정관·주주총회·사원총회 또는 이사회의 결의에 의하여 결정된 급여지급기준에 의하여 지급하는 금액을 초과하여 지급한 경우 그 초과금액은 이를 손금에 산입하지 아니한다.
③ 법인이 지배주주등(특수관계에 있는 자를 포함한다. 이하 이 항에서 같다)인 임원 또는 직원에게 정당한 사유없이 동일직위에 있는 지배주주등 외의 임원 또는 직원에게 지급하는 금액을 초과하여 보수를 지급한 경우 그 초과금액은 이를 손금에 산입하지 아니한다. <개정 2008. 2. 22., 2019. 2. 12.>

법인의 주주총회 또는 이사회는
어떤 경우에 개최하여야 하는가?

1 이사, 대표이사, 감사

❶ 이사, 대표이사, 사외이사 선임 등

1 이사 선임

[1] 이사의 임무 및 선임
이사(理事)는 대외적으로 법인을 대표하고 대내적으로는 법인의 사무를 집행하는 상설 필요기관으로 이사는 주주총회에서 선임하며, 회사와 이사의 관계는 민법의 위임에 관한 규정을 준용한다.

[2] 이사의 인원 및 임기 (상법 제383조)
① 이사는 3명 이상이어야 한다. 다만, 자본금 총액이 10억원 미만인 회사는 1명 또는 2명으로 할 수 있다.
② 이사의 임기는 3년을 초과하지 못한다.
③ 제2항의 임기는 정관으로 그 임기 중의 최종의 결산기에 관한 정기주주총회의 종결에 이르기까지 연장할 수 있다.

[3] 이사의 보수 (상법 제388조)
이사의 보수는 정관에 그 액을 정하지 아니한 때에는 주주총회의 결의로 이를 정한다.

[4] 이사 등과 회사 간의 거래 (상법 제398조)

다음 각 호의 어느 하나에 해당하는 자가 자기 또는 제3자의 계산으로 회사와 거래를 하기 위하여는 미리 이사회에서 해당 거래에 관한 중요사실을 밝히고 이사회의 승인을 받아야 한다. 이 경우 이사회의 승인은 이사 3분의 2 이상의 수로써 하여야 하고, 그 거래의 내용과 절차는 공정하여야 한다.

1. 이사 또는 주요주주
2. 제1호의 자의 배우자 및 직계존비속
3. 제1호의 자의 배우자의 직계존비속
4. 제1호부터 제3호까지의 자가 단독 또는 공동으로 의결권 있는 발행주식 총수의 100분의 50 이상을 가진 회사 및 그 자회사
5. 제1호부터 제3호까지의 자가 제4호의 회사와 합하여 의결권 있는 발행주식총수의 100분의 50 이상을 가진 회사

▶ **주요주주(상법 제542조의8 제2항 제6호)**

누구의 명의로 하든지 자기의 계산으로 의결권 없는 주식을 제외한 발행주식총수의 100분의 10 이상의 주식을 소유하거나 이사·집행임원·감사의 선임과 해임 등 상장회사의 주요 경영사항에 대하여 사실상의 영향력을 행사하는 주주(이하 "주요주주"라 한다) 및 그의 배우자와 직계 존속·비속

[5] 이사 해임 (상법 제385조)

이사는 언제든지 주주총회의 특별결의로 이를 해임할 수 있다. 그러나 이사의 임기를 정한 경우에 정당한 이유없이 그 임기 만료전에 이를 해임한 때에는 그 이사는 회사에 대하여 해임으로 인한 손해의 배상을 청구할 수 있다.

▶ **이사 해임 절차**

1. 주총소집을 위한 이사회 개최
2. 이사회에서 임원의 해임을 위한 주총소집 결의
3. 주총소집일 2주전 각 주주에게 주총소집통지 발송
4. 특별결의로 해임 결의(참석주식수의 2/3가 찬성하고 그 주식수는 곧 전체주식수의 1/3이상 이어야 한다)

▣ 등기이사 및 미등기이사

등기이사란 법인등기부등본에 등기된 이사를 말하며, 미등기이사란 법인등기부등본에 등기되지 아니한 이사를 말하며, 그 책임과 권한은 다음과 같다.

[1] 주주총회에서 이사로 선임되었고, 당사자의 취임승낙이 있은 경우
주주총회에서 정식적으로 이사로 선임되었고, 당사자의 취임승낙이 있었으며, 다만, 등기만 되지 않은 경우에는 이 이사는 등기여부와 관계없이 법률상 이사의 직에 있으며, 이 경우 이사회에서 의결권이 있다.

[2] 주주총회에서 선임하지 않았거나, 당사자의 취임승낙이 없는 경우
법률상 이사가 아니므로 이사회의 의결권이 없다. 이 경우 영업상 필요에 의하여 이사의 직함을 부여하였으나, 주총에서 정식적으로 이사로 선임한 것이 아니므로 그의 직함여부와 관계없이 법률상으로는 이사가 아니므로 이사회의 의결권이 없다.

② 대표이사 (상법 제389조)

대표이사는 대외적으로 회사를 대표하고 대내적으로 업무집행을 하는 자로서 대표이사는 원칙적으로 이사회에서 선임하지만, 정관에 의하여 주주총회에서 직접 선임할 수 있다.

③ 사외이사

[1] 사외이사란?
사외이사란 해당 회사의 상무(常務)에 종사하지 아니하는 이사로서 다음 각 호의 어느 하나에 해당하지 아니하는 자로 한다.
1. 회사의 상무에 종사하는 이사·집행임원 및 피용자 또는 최근 2년 이내에 회사의 상무에 종사한 이사·감사·집행임원 및 피용자
2. 최대주주가 자연인인 경우 본인과 그 배우자 및 직계 존속·비속
3. 최대주주가 법인인 경우 그 법인의 이사·감사·집행임원 및 피용자

4. 이사·감사·집행임원의 배우자 및 직계 존속·비속
5. 회사의 모회사 또는 자회사의 이사·감사·집행임원 및 피용자
6. 회사와 거래관계 등 중요한 이해관계에 있는 법인의 이사·감사·집행임원 및 피용자
7. 회사의 이사·집행임원 및 피용자가 이사·집행임원으로 있는 다른 회사의 이사·감사·집행임원 및 피용자

[2] 사외이사제도의 목적

이사회가 최고경영자를 임명하며, 업무집행에 관한 회사의 의사를 결정하고 이사의 업무집행을 감시.감독하여야 함에도 지배주주인 경영자가 이사회를 지배하여 독선적 경영을 함으로써 일반주주의 이익을 크게 해치는 문제가 야기될 수 있으므로 경영진과 독립적인 관계에 있는 사외이사를 기업의 의사결정기구인 이사회에 참여시켜 업무집행에 대한 감시.감독업무를 수행하고 정책결정을 위한 조언 및 전문지식의 제공 등 회사의 건전한 발전을 위한 내부견제의 직무를 수행함으로써 기업경영의 투명성을 제고하고 지배구조의 선진화를 달성하는데 그 목적이 있다.

[3] 사외이사를 두어야 하는 회사 (상법 제542조의8 ①)

상장회사는 자산 규모 등을 고려하여 다음에 정하는 경우를 제외하고는 사외이사를 두어야 한다.

1. 벤처기업 중 최근 사업연도 말 현재의 자산총액이 1천억원 미만으로서 코스닥시장 또는 코넥스시장에 상장된 주권을 발행한 벤처기업인 경우
2. 회생절차가 개시되었거나 파산선고를 받은 상장회사인 경우
3. 유가증권시장, 코스닥시장 또는 코넥스시장에 주권을 신규로 상장한 상장회사
4. 기업구조조정 부동산투자회사인 경우
5. 해산을 결의한 상장회사인 경우

[4] 사외이사 수 (상법 제542조의8 ②)

상장회사는 이사 총수의 4분의 1 이상을 사외이사로 하여야 한다. 다만, 최근 사업연도 말 현재의 자산총액이 2조원 이상인 상장회사의 사외이사는 3명 이상으로 하되, 이사 총수의 과반수가 되도록 하여야 한다.

❷ 감사 선임 등

▨ 감사의 업무, 선임 및 해임 등

[1] 감사란?
감사란 이사의 업무집행과 회계를 감사할 권한을 가진 주식회사의 필요상설기관을 말한다.

[2] 감사 선임 (상법 제409조)
감사는 주주총회에서 선임한다. 의결권 없는 주식을 제외한 발행주식총수의 100분의 3을 초과하는 수의 주식을 가진 주주는 그 초과하는 주식에 관하여는 의결권을 행사할 수 없다. 감사의 임기는 취임후 3년내의 최종의 결산기에 관한 정기총회의 종결일까지이다.

[3] 자본금 10억원 미만인 회사의 감사
① 자본금의 총액이 10억원 미만인 회사의 경우에는 감사를 선임하지 아니할 수 있다.
② 감사를 선임하지 아니한 경우 상법 제412조, 제412조의2 및 제412조의5제1항·제2항 중 "감사"는 각각 "주주총회"로 본다.
제412조(감사의 직무와 보고요구, 조사의 권한)
제412조의2(이사의 보고의무)
제412조의5(자회사의 조사권)

[4] 감사의 업무
감사는 이사의 직무를 감사한다. 업무감사를 위하여 감사는 언제든지 이사에 대하여 영업에 관한 보고를 요구하거나 회사의 재산 상태를 조사할 수 있다. 감사결과에 대한 의견은 이사회에서의 의견진술 및 보고, 주총에서의 의견진술, 감사록, 감사보고서의 작성 제출로 한다.

[5] 감사 임기 (상법 제410조)
취임 후 3년내의 최종의 결산기에 관한 정기총회의 종결시까지로 한다.

▶ 이사 또는 감사 변경 등기
감사는 선임한 회계연도를 포함하여 3년마다 임기변경을 하여야 한다. 예를 들어 20×3.1.20. 감사 선임을 한 경우 감사는 20×5년 말에 임기가 만료가 되고, 이사는 20×6.1.20. 임기가 만료가 되는 것으로 만료일에 변경등기를 하여야 한다. 즉, 감사는 회계연도 기준으로 3년 임기이고, 이사는 만 3년의 임기를 뜻한다. 다만, 정관에 "감사의 임기를 회계년도말부터 정기 주총일까지 연장할 수 있다." 라고 정하여 두면 정기주총일(최대기한은 3월 31일)까지 임기가 연장이 되며, 이 경우 정기주총일에 감사변경등기를 하면 된다.

[6] 감사의 보수 (상법 제415조 → 상법 제388조 준용)
감사의 보수는 정관에 그 액을 정하지 아니한 때에는 주주총회의 결의로 이를 정한다.

[7] 감사 해임 (상법 제415조 → 상법 제385조 준용)
이사는 언제든지 주주총회의 특별결의로 이를 해임할 수 있다. 그러나 이사의 임기를 정한 경우에 정당한 이유없이 그 임기만료전에 이를 해임한 때에는 그 이사는 회사에 대하여 해임으로 인한 손해의 배상을 청구할 수 있다.

2 감사의 감사절차

[1] 이사는 감사에게 재무제표 등을 제출하여야 함 (상법 제447조의3)
이사는 매 결산기에 재무제표와 그 부속명세서 및 영업보고서를 작성하여 이사회의 승인을 받고 정기총회 6주전에 감사에게 제출하여야 한다.

☐ 상법 제447조의3(재무제표등의 제출) 이사는 정기총회회일의 6주간전에 제447조 및 제447조의2의 서류를 감사에게 제출하여야 한다.

□ 상법 제447조(재무제표의 작성) ① 이사는 결산기마다 다음 각 호의 서류와 그 부속명세서를 작성하여 이사회의 승인을 받아야 한다.
1. 대차대조표
2. 손익계산서
3. 그 밖에 회사의 재무상태와 경영성과를 표시하는 것으로서 대통령령으로 정하는 서류

△ 제16조(주식회사 재무제표의 범위 등) ① 법 제447조제1항제3호에서 "대통령령으로 정하는 서류"란 다음 각 호의 어느 하나에 해당하는 서류를 말한다. 다만, 「주식회사의 외부감사에 관한 법률」 제2조에 따른 외부감사 대상 회사의 경우에는 다음 각 호의 모든 서류, 현금흐름표 및 주석(註釋)을 말한다.
1. 자본변동표
2. 이익잉여금 처분계산서 또는 결손금 처리계산서

제447조의2(영업보고서의 작성) ①이사는 매결산기에 영업보고서를 작성하여 이사회의 승인을 얻어야 한다.
②영업보고서에는 대통령령이 정하는 바에 의하여 영업에 관한 중요한 사항을 기재하여야 한다.

△ 제17조(영업보고서의 기재사항) 법 제447조의2제2항에 따라 영업보고서에 기재할 사항은 다음 각 호와 같다.
1. 회사의 목적 및 중요한 사업 내용, 영업소·공장 및 종업원의 상황과 주식·사채의 상황
2. 해당 영업연도의 영업의 경과 및 성과(자금조달 및 설비투자의 상황을 포함한다)
3. 모회사와의 관계, 자회사의 상황, 그 밖에 중요한 기업결합의 상황
4. 과거 3년간의 영업성적 및 재산상태의 변동상황
5. 회사가 대처할 과제
6. 해당 영업연도의 이사·감사의 성명, 회사에서의 지위 및 담당 업무 또는 주된 직업과 회사와의 거래관계
7. 상위 5인 이상의 대주주(주주가 회사인 경우에는 그 회사의 자회사가 보유하는 주식을 합산한다), 그 보유주식 수 및 회사와의 거래관계, 해당 대주주에 대한 회사의 출자 상황
8. 회사, 회사와 그 자회사 또는 회사의 자회사가 다른 회사의 발행주식총수의 10분의 1을 초과하는 주식을 가지고 있는 경우에는 그 주식 수, 그 다른 회사의 명칭 및 그 다른 회사가 가지고 있는 회사의 주식 수

9. 중요한 채권자 및 채권액, 해당 채권자가 가지고 있는 회사의 주식 수
10. 결산기 후에 생긴 중요한 사실
11. 그 밖에 영업에 관한 사항으로서 중요하다고 인정되는 사항

[2] 감사는 이사에게 감사보고서를 제출하여야 함 (상법 제447조의4)

감사는 상법 제447조의3(재무제표등의 제출)의 서류를 받은 날부터 4주 내에 감사보고서를 이사에게 제출하여야 한다.

☐ 상법 제447조의4(감사보고서) ① 감사는 제447조의3의 서류를 받은 날부터 4주 내에 감사보고서를 이사에게 제출하여야 한다.
② 제1항의 감사보고서에는 다음 각 호의 사항을 적어야 한다.
1. 감사방법의 개요
2. 회계장부에 기재될 사항이 기재되지 아니하거나 부실기재된 경우 또는 대차대조표나 손익계산서의 기재 내용이 회계장부와 맞지 아니하는 경우에는 그 뜻
3. 대차대조표 및 손익계산서가 법령과 정관에 따라 회사의 재무상태와 경영성과를 적정하게 표시하고 있는 경우에는 그 뜻
4. 대차대조표 또는 손익계산서가 법령이나 정관을 위반하여 회사의 재무상태와 경영성과를 적정하게 표시하지 아니하는 경우에는 그 뜻과 이유
5. 대차대조표 또는 손익계산서의 작성에 관한 회계방침의 변경이 타당한지 여부와 그 이유
6. 영업보고서가 법령과 정관에 따라 회사의 상황을 적정하게 표시하고 있는지 여부
7. 이익잉여금의 처분 또는 결손금의 처리가 법령 또는 정관에 맞는지 여부
8. 이익잉여금의 처분 또는 결손금의 처리가 회사의 재무상태나 그 밖의 사정에 비추어 현저하게 부당한 경우에는 그 뜻
9. 제447조의 부속명세서에 기재할 사항이 기재되지 아니하거나 부실기재된 경우 또는 회계장부·대차대조표·손익계산서나 영업보고서의 기재 내용과 맞지 아니하게 기재된 경우에는 그 뜻
10. 이사의 직무수행에 관하여 부정한 행위 또는 법령이나 정관의 규정을 위반하는 중대한 사실이 있는 경우에는 그 사실
③ 감사가 감사를 하기 위하여 필요한 조사를 할 수 없었던 경우에는 감사보고서에 그 뜻과 이유를 적어야 한다.

2 주주총회

❶ 개요

[1] 주주총회

주주총회(株主總會)는 주주전원에 의하여 구성되고 회사의 기본조직과 경영에 관한 중요한 사항을 의결하는 필요적 기관이다. 주주총회는 형식상으로는 주식회사의 최고기관이며, 그 결의는 이사회를 구속하는 것이나, 총회가 결의할 수 있는 사항은 법령 또는 정관에 정하는 바에 한정된다(361조). 법률상으로는 주주총회에 회사의 지배권이 있으나, 현실적으로는 경영자에게 지배권이 있는 경우가 많다.

상법은 실질적인 소유와 경영의 분리를 위하여 주주총회 결의사항을 정하고 있으며, 주주총회의 결의는 보통결의사항과 특별결의사항으로 구분하고 있다. 한편, 법인의 정관에서 주주총회의 결의사항을 별도로 정할 수 있다.

[2] 정기주주총회 및 임시주주총회

주주총회는 매년 1회 정한 시기에 열리는 정기총회와 임시총회가 있다. 상법은 정기주주총회에 대하여는 매년 1회 소집하는 것으로 하고 있으며, 임시주주총회는 주주총회를 개최하여야 하는 사안이 발생될 때마다 주주총회를 개최하는 것으로 정기주주총회가 아닌 것을 임시주주총회라 한다.

예를 들어 정기주주총회는 12월 결산법인인 경우 결산기와 아울러 그 정기주주총회가 개최되며, 임시주주총회는 연도 중 이사 등의 임기 만료, 중임, 사임이 필요한 경우 정기주주총회까지 기다릴 수 없으므로 주주총회를 열어 의안을 상정 처리하게 되며, 이것을 임시주주총회라 한다.

☐ 상법 제365조(총회의 소집) ① 정기총회는 매년 1회 일정한 시기에 이를 소집하여야 한다.
② 연 2회 이상의 결산기를 정한 회사는 매기에 총회를 소집하여야 한다.
③ 임시총회는 필요있는 경우에 수시 이를 소집한다.

❷ 주주총회 보통결의사항

주주총회의 보통결의는 상법 또는 정관에 다른 정함이 있는 경우를 제외하고는 출석한 주주의 의결권의 과반수와 발행주식총수의 4분의 1 이상의 수로써 하여야 하며, 주주총회에서 결의하여야 할 사항은 다음과 같다.

1. 이익배당
2. 이사 및 감사의 급여, 상여금 기타보수 및 퇴직금의 결정
3. 재무제표 및 보고서의 승인
4. 이사, 감사의 선임
5. 기타 법률의 규정에 의하여 주주총회의 의결을 요하는 사항 및 이사회에서 요구하는 사항

❸ 주주총회 특별결의사항

주주총회 특별결의는 출석한 주주의 의결권의 3분의 2이상의 수와 발행주식총수의 3분의1 이상의 수로 하여야 하며, 주주총회에서 특별 결의하여야 할 사항은 다음과 같다.

1. 정관변경
2. 수권자본의 증가
3. 회사의 합병, 분할, 분할합병, 해산, 청산 또는 회사정리법에 따른 회사정리
4. 본 회사의 영업 및 자산의 전부 또는 2분의1 이상의 양도, 또는 다른 회사의 영업 및 자산의 전부 또는 2분의1 이상의 양수
5. 이사, 감사 및 청산인의 해임
6. 자본의 감소
7. 주식매수선택권을 부여받을 자의 성명, 주식매수선택권의 부여방법, 주식매수선택권의 행사가격 및 행사기간, 주식매수선택권을 부여받을 자 각각에 대하여 주식매수선택권의 행사로 교부할 주식의 종류 및 수
8. 기타 법령의 규정에 의한 경우

❹ 주주총회 소집·결의절차 및 의사록 작성 사례

1 주주총회 소집·결의절차

[1] 주총소집을 위한 이사회 개최

주주총회는 일반적으로 이사회에서 주주총회의 안건과 일정을 결의하여 소집하며, 이사회를 개최하기 위하여는 1주일전에 이사회 개최사실을 이사 및 감사에게 통보하여야 한다. 다만 이사와 감사 전원이 참석한 경우에는 소집통보 절차없이 이사회를 개최할 수 있다. 이사회는 주주총회의 일시, 장소, 의안 등을 정하며, 이사회의 소집결의에 따른 구체적인 처리는 대표이사가 한다.

[2] 주주총회 소집의 통고 또는 공고

주주총회의 소집은 상법에 별다른 규정이 있는 경우를 제외하고는 이사회가 결정하고(362조), 이 결정에 기하여 대표이사가 구체적인 소집절차를 밟게 된다. 주주총회를 소집함에는 회일(會日)을 정하여 2주간 전에 의결권이 없는 주주를 제외한 각 주주에 대하여 서면(書面)으로 통지를 발송하여야 하고, 그 통지서에는 회의의 목적사항을 기재하여야 한다.(363조 1항·2항·4항)

[3] 소집장소

총회는 정관에 다른 규정이 없으면 본점소재지 또는 이에 인접한 장소에 소집하여야 한다.

[4] 결의사항

주주총회는 통지, 공고된 목적 이외의 사항에 대하여는 결의할 수 없다.

[5] 주주총회 결의요건

(1) 보통결의

주주총회의 결의는 상법 또는 정관에 다른 정함이 있는 경우를 제외하고는 출석한 주주의 의결권의 과반수와 발행주식총수의 4분의 1 이상의 수로써 한다.

(2) 특별결의

출석한 주주의 의결권의 3분의 2이상의 수와 발행주식총수의 3분의 1 이상의 수로써 하는 결의이다. 정관변경은 원칙적으로 특별결의를 요하며, 기타 특별결의를 요하는 사항은 상법에 특정되어 있다.

[6] 주주총회 의사록 작성

주주총회를 개최한 경우 의사록을 작성하여야 한다. 의사록에는 의사의 경과요령과 그 결과를 기재하고 의장과 출석한 이사가 기명날인 또는 서명하여야 한다. 주주총회의사록에 감사는 기명날인 또는 서명할 권리가 없다.

[7] 주주총회 의사록 인증

주주총회의사록은 원칙적으로 인증받을 필요가 없다. 다만 등기소에 등기 첨부서류로 제출되는 주주총회의사록은 공증인의 인증을 받아야 한다.

2 주주총회 의사록 작성 사례

[1] 재무제표 승인

의장은 20×5년도 영업보고서를 유인물로 제출하여 위 안건을 일괄 상정한 후 우선 감사로부터 감사 보고부터 듣겠다고 하자 감사 ○○○은 앞으로 나와서 위 사업연도에 대한 회계 및 제반 장부를 감사한바 법령 및 정관 규정에 따라 정확하게 표시되어 있었다는 취지의 보고가 끝나자 의장은 이의 승인을 구한즉 주주 전원은 만장일치 원안대로 승인가결하다.

[2] 이익배당 승인

의장은 상법 제449조에 의거, 제○○기 이익잉여금처분계산서(안)에 대하여 설명한 후 총 이익잉여금 50억원 중 배당으로 10억원 이익준비금으로 1억원을 처분하고 나머지 39억원은 차기 이월이익잉여금으로 처리하기로 승인을 요청한 바, 주주간 심의 후 전원 이의 없이 만장일치로 승인 가결함

■ 배당금액 : 보통주 주당 12% 현금배당

[3] 정관 변경 승인

의장은 본회사 경영형편상 회사의 정관을 "별첨"과 같이 변경할 필요가 있음을 설명하고, 별지 정관안을 낭독하고 축조설명을 가한 후 그 승인여부를 물은 바 전원 이의없이 찬성하여 회사의 정관을 별첨과 같이 변경하다.

[4] 이사 및 감사 보선

의장은 금일 이사 ○○○은 사정에 의하여 사임하고, 감사 ○○○ 금일 임기만료이며, 감사 ○○○은 20×2년 월 일 취임하였는바 본 총회는 동 감사가 취임후 3년내에 도래한 최종의 결산기에 관한 정기주주총회이므로 동 감사의 임기는 금일 (20×5년 3월 31일) 만료되므로 금일 총회에서 이사와 감사를 보선하여 줄 것을 구하고 그 선출방법을 자문한 즉 무기명 비밀투표로 선출하자고 전원 일치되어 즉시 투표한 결과 다음 사람이 이사와 감사에 선임 및 재선되다.

위 이사와 감사는 즉석에서 그 취임 및 중임을 각 승낙하다. 단, 감사의 선임은 상법 제409조 제2항의 규정에 의하여 의결권 없는 주식을 제외한 발행주식의 총수의 100분의 3을 초과하는 수의 주식을 가진 주주는 그 초과하는 주식에 관하여 의결권을 행사하지 아니하다.

[5] 임원보수 한도 승인

의장은 본회사의 임원의 보수의 한도를 다음과 같이 결정할 것을 제안하고 그 가부를 물은바, 전원 이의없이 찬성하다.

○ 이사의 보수한도 :   원
○ 감사의 보수한도 :   원

[6] 임원퇴직금 규정 승인

의장은 본회사의 임원퇴직금 지급기준 및 그 운용에 관하여 임원퇴직금 규정(별첨)을 신설할 필요가 있음을 설명하고, 별첨 규정안에 대하여 상세히 설명한 후 그 가부를 물은바, 전원 이의없이 찬성하여 임원퇴직금 규정을 승인하다.

정기주주총회 의사록

20×5년 월 일 오전 시 분 본점 사무실에서 정기주주총회를 개최하다.

    주식총수   주   주주총수   명
    출석주주수   명   이주식수   주

    의장인 대표이사 ○○○은 의장석에 등단하여 위와 같이 법정수에 달하게 출석하였으므로 본 총회는 적법하게 성립되었음을 고한 후 다음 의안을 부의한 후 그 심의를 구하다.

제1호 의안 : 20×5년도 대차대조표, 손익계산서 및 이익잉여금처분승인의 건
의장은 20×5년도 영업보고서를 유인물로 제출하여 위 안건을 일괄 상정한 후 우선 감사로부터 감사 보고부터 듣겠다고 하자 감사 ○○○은 앞으로 나와서 위 사업연도에 대한 회계 및 제반 장부를 감사한바 법령 및 정관 규정에 따라 정확하게 표시되어 있었다는 취지의 보고가 끝나자 의장은 이의 승인을 구한즉 주주 전원은 만장일치 원안대로 승인가결하다.

제2호 의안 : 정관 일부변경(안) 승인의 건
의장은 본회사 경영형편상 회사의 정관을 "별첨"과 같이 변경할 필요가 있음을 설명하고, 별지 정관안을 낭독하고 축조설명을 가한 후 그 승인여부를 물은 바 전원 이의없이 찬성하여 회사의 정관을 별첨과 같이 변경하다.

제3호 의안 : 이사 및 감사 보선의 건
의장은 금일 이사 ○○○은 사정에 의하여 사임하고, 감사 ○○○ 금일 임기만료이며, 감사 ○○○은 20×2년 월 일 취임하였는바 본 총회는 동 감사가 취임 후 3년내에 도래한 최종의 결산기에 관한 정기주주총회이므로 동 감사의 임기는 금일(20×5년 3월 31일) 만료되므로 금일 총회에서 이사와 감사를 보선하여 줄 것을 구하고 그 선출방법을 자문한 즉 무기명 비밀투표로 선출하자고 전원 일치되어 즉시 투표한 결과 다음 사람이 이사와 감사에 선임 및 재선되다.

이   사   ○○○(선임)
감   사   ○○○(중임)

위 이사와 감사는 즉석에서 그 취임 및 중임을 각 승낙하다. 단, 감사의 선임은 상법 제409조 제2항의 규정에 의하여 의결권 없는 주식을 제외한 발행주식의 총수의 100분의 3을 초과하는 수의 주식을 가진 주주는 그 초과하는 주식에 관하여 의결권을 행사하지 아니하다.

제4호 의안 : 임원보수 한도 승인의 건
의장은 본회사의 임원의 보수의 한도를 다음과 같이 결정할 것을 제안하고 그 가부를 물은바, 전원 이의없이 찬성하다.

- 이사의 보수한도 :　　　　원
- 감사의 보수한도 :　　　　원

제5호 의안 : 임원퇴직금 규정 승인에 관한 건
의장은 본회사의 임원퇴직금 지급기준 및 그 운용에 관하여 임원퇴직금 규정(별첨)을 신설할 필요가 있음을 설명하고, 별첨 규정안에 대하여 상세히 설명한 후 그 가부를 물은바, 전원 이의없이 찬성하여 임원퇴직금 규정을 승인하다.

의장은 이상으로서 회의목적인 의안 전부의 심의를 종료하였으므로 폐회한다고 선언하다.(회의종료시간 11시 00분)

위 의사의 경과요령과 결과를 명확히 하기 위하여 이 의사록을 작성하고 의장과 출석한 이사가 기명날인 또는 서명하다.

20×5년 3월 22일

이상으로서 금일의 의안 전부 심의 종료하였으므로 의장은 폐회를 선언하다.

위 결의를 명확히 하기 위하여 본 의사록을 작성하고 의장과 출석한 주주가 다음에 기명날인하다.

20×5년 3월 22일
대한물산 주식회사
의장 대표이사　○○○
주　　　주　　　○○○
주　　　주　　　○○○

임시주주총회 의사록

20○○년 ○○월 ○○일 00:00 본회사 본점회의실에서 임시주주총회를 개최하다.

주주 총수　　0 명　　　발행주식총수　　000 주
출석주주수　 0 명　　　이의 주식수　　　　주

　의장 대표이사 ○○○은 정관규정에 따라 의장석에 등단하여 위와같이 법정수에 달하는 주주가 출석하였으므로 본 총회가 적법히 성립되였음을 알리고 개회를 선언한 후 다음의 의안을 부의하고 심의를 구한 바 만장일치로 다음과 같이 가결하다.

의안 : 이사 선임의 건

　의장은 본 회사의 형편상 이사선임이 불가피함을 설명하고 그 선출방법을 물은 바, 무기명 비밀투표를 선출하기로 전원일치되어 그 즉시 투표를 실시한 결과 다음과 같이 선출되다.

　이사 성명 전우치 (주민등록번호 650401 - 1234567)
　위 피선자는 그 즉석에서 취임을 승낙하다.

　의장은 이상으로서 총회의 목적인 의안 전부의 심의를 종료하였으므로 폐회한다고 선언하다. (회의종료시간 00:00)

　위 의사의 경과요령과 결과를 명확히 하기위하여 이 의사록을 작성하고 의장과 출석한 이사가 기명 날인하다.

　　　　　　　　　　　　　　　20×5년 월   일
　　　　　　　　　　　　　　　대한물산 주식회사
　　　　　　　　　　　　　　　의장 대표이사 홍길동
　　　　　　　　　　　　　　　　　　이사

정기주주총회 소집통지서

주주님의 건승과 댁내의 평안을 기원합니다.
당사는 상법 제 365조와 정관 제 18조에 의거 제 7기 정기주주총회를 아래와 같이 개최하오니 참석하여 주시기 바랍니다.

◼ 아　래 ◼

1. 일　　시 : 20×5년　월　일( )　시
2. 장　　소 :
3. 회의목적사항
가. 보고사항 : 감사보고 및 영업보고
나. 부의 안건
제1호 의안 : 제7기(20×5.1.1 ~20×5.12.31) 대차대조표, 손익계산서 및 결손금 처리계산서(안) 승인의 건
제2호 의안 : 정관 일부변경(안) 승인의 건
제3호 의안 : 이사 및 감사 보선의 건
제4호 의한 : 이사 및 감사보수 지급한도 승인의 건
제5호 의안 : 임원퇴직금 규정 승인에 관한 건
4. 실질주주 의결권 행사에 관한 사항
증권회사에 주권을 예탁하고 계신 실질주주께서는 의결권을 직접 행사하거나 또는 불행사하고자 하는 경우에 그 뜻을 주주총회일의 5일전까지 한국예탁결제원에 통지하시기 바랍니다. 그러지 아니할 경우에는 자본시장과 금융투자업에 관한 법률 제314조 제5항 및 제6항에 의거 한국예탁결제원이 그 의결권을 대신 행사하게 됩니다.
5. 주주총회 참석시 준비물
1) 직접행사 : 주총참석장, 신분증
2) 대리행사 : 주총참석장, 위임장, 대리인의 신분증
6. 기타사항
주주총회 기념품은 지급하지 아니하오니 이점 양지하여 주시기 바랍니다.

20×5. 2. 20.
한국물산 주식회사
대표이사 ○○○ (직인생략)

제○○기 임시주주총회 소집통지서

　　주주님의 건승과 댁내의 평안을 기원합니다.
당사는 상법 제363조와 정관 제19조에 의하여 제○○기 임시주주총회를 아래와 같이 소집하오니 참석하여 주시기 바랍니다. (※ 소액주주에 대한 소집통지는 상법 제542조의4와 정관 제19조에 의하여 이 공고로 갈음하오니 양지하여 주시기 바랍니다.)

- 아　　　래 -

1. 일　시 : 20×5년 ○○월 ○○일(목) 오전 10시
2. 장　소 : 서울 종로구 종로1번지 ○○물산 주식회사 본사 1층 강당
3. 회의목적사항
　　이사 선임
4. 의결권의 대리행사에 관한 사항
　　주주께서는 주주총회에 참석하시어 직접 의결권을 행사하시거나 또는 위임장에 의하여 대리 행사를 하실 수 있습니다.
5. 주주총회 참석시 준비물
- 직접행사 : 주총참석장, 신분증
- 대리행사 : 주총참석장, 위임장(주주와 대리인의 인적사항 기재, 인감 날인), 대리인의 신분증

※ 당사는 주주총회에서 기념품을 준비하지 않기로 하였습니다.
　　주주여러분의 깊은 이해를 바랍니다.

20×5년　12월　11일

○○물산 주식회사
대표이사 ○　○　○ (직인생략)

임시주주 총회 참석장

본인은 ○○물산(주)의 주주로서 20×5년 12월 4일에 개최하는 임시 주주총회에 참석할 것임을 확인합니다.

□ 다　음 □

1. 임시 주주총회 일시 : 20×5년 12월 4일(금) 오후 6시
2. 임시 주주총회 장소 : 서울 종로구 종로1번지 ○○물산 주식회사 본사 1층

성　　명		주민등록번호	
주　　소			
의결권 주식수		무의결권 주식수	
참석구분	본인(　) 대리인(　)	대리인과의 관계	

20×5년　12월　4일

주주　○ ○ ○ (인)

위　임　장

본인은 ○○물산(주)의 주주로서 20×5년 12월 4일(금)에 개최하는 임시주주총회에 다음과 같은 사항을 대리인에게 위임합니다.

- 다　음 -

1. 임시 주주총회 일시 : 20×5년 12월 4일 오후 6시
2. 임시 주주총회 장소 :
3. 위임에 관한 사항
    1) 임시주주총회 목적사항에 대한 의결권 행사
    2) 기타 임시주주총회 참석등에 관한 일체의 행위

대리인	성　　　　명 : (인)
	주　　　　소 :
	주민등록번호 :

20×5년 12월 4일

3 이사회

❶ 개요

주주총회에서 회사의 경영 및 업무집행을 위하여 선임한 이사의 회의체인 이사회)는 회사의 활동을 공동으로 감독하는 필요적 상설기관이다. 주식회사의 이사회는 상법 제393조에 의하여 개최하며, 형식적으로는 기업의 경영 관리에 대한 최고 의사결정기관으로서 이사회는 대표이사 선임, 경영 목표의 설정, 업무적·재무적 성과의 평가, 이익 배분 등에 대하여 권한을 가진다. 그러나 현실적으로 대부분 기업의 경우 경영관리의 실권을 창업주인 대표이사와 그의 친인척이 장악하고 있어 상법의 규정에 의한 기능을 다하지는 못하고 있으나 상법의 규정을 이행하지 않는 경우 벌칙 및 과태료 처분을 받을 수 있으므로 이사회를 개최하고, 적법한 절차를 거쳐 의사결정을 하여야 한다.

❷ 이사회 구성 (상법 제383조)

① 이사는 3명 이상이어야 한다. 다만, **자본금 총액이 10억원 미만인 회사는 1명 또는 2명으로 할 수 있다.**
② 이사의 임기는 3년을 초과하지 못한다.
③ 제2항의 임기는 정관으로 그 임기 중의 최종의 결산기에 관한 정기주주총회의 종결에 이르기까지 연장할 수 있다.

❸ 이사회의 권한 및 결의사항

1 이사회의 권한(상법 제393조)

① 이사회는 이사의 직무의 집행을 감독한다.

② 중요한 자산의 처분 및 양도, 대규모 재산의 차입, 지배인의 선임 또는 해임과 지점의 설치·이전 또는 폐지 등 회사의 업무집행은 이사회의 결의로 한다.
③ 이사는 대표이사로 하여금 다른 이사 또는 피용자의 업무에 관하여 이사회에 보고할 것을 요구할 수 있다.
④ 이사는 3월에 1회 이상 업무의 집행상황을 이사회에 보고하여야 한다.

2 이사회 결의사항

[1] 상법 규정

▶ 주식양도에 관한 이사회의 승인 : 제335조(주식의 양도성), 제335조의2(양도승인의 청구), 제335조의7(주식의 양수인에 의한 승인청구)
▶ 주식매수선택권의 부여의 취소 : 제340조의3(주식매수선택권의 부여) 제1항 제5호
▶ 자기주식 취득의 승인 : 제341조(자기주식의 취득)
▶ 정관의 규정이 없는 경우 자기주식의 처분 : 제342조(자기주식의 처분)
▶ 자기주식의 소각 : 제343조(주식의 소각)
▶ 반대주주의 주식매수청구권 : 제360조의5(반대주주의 주식매수청구권)
▶ 주주총회의 소집결정 : 제362조(소집의 결정)
▶ 주주총회의 소집 및 제출안건에 관한 사항 : 제362조(소집의 결정)
▶ 대표이사의 선임 : 제389조(대표이사) → 대표이사 해임(주주총회)
▶ 재무제표의 승인 : 제447조(재무제표의 작성)
▶ 영업보고서의 승인 제447조의2(영업보고서의 작성)
▶ 이익배당의 결정 : 제462조(이익의 배당)
▶ 중간배당의 결의 : 제462조의3(중간배당)

◆ 기타 결의사항

▶ 간이주식교환의 승인 제360조의9(간이주식교환)
▶ 소규모주식교환의 승인 제360조의10(소규모 주식교환)
▶ 지배주주 매도청구의 결의
▶ 주주제안에 관한 처리 제363조의2(주주제안권)
▶ 소수주주의 소집청구에 관한 처리 제366조(소수주주에 의한 소집청구)

- 총회에서 전자적 방법에 의한 의결권 행사
- 공동 대표이사의 결정
- 이사회 소집이사의 결정
- 이사회 의결정족수의 상향조정
- 원격통신수단회의의 허용
- 이사회의 연기, 속행
- 대표이사에 대한 다른 이사 또는 피용자의 업무에 관한 보고요구
- 이사에 대한 3월에 1회 이상 업무 집행상황의 보고요구
- 이사회내 위원회의 설치
- 주주총회의 승인을 요하는 사항의 제안
- 이사의 경업거래 승인
- 회사의 기회 및 자산의 이용 승인
- 이사 등과 회사 간 거래의 승인
- 집행임원과 대표집행임원의 선임, 해임결의
- 감사의 총회 소집청구에 대한 처리
- 신주발행사항의 결정
- 무액면주식을 발행하는 경우 자본금으로 계상할 금액의 결정
- 준비금의 자본전입
- 배당금 지급시기의 결정
- 사채발행 및 사채발행의 위임, 사채관리회사의 선임, 사채관리회사의 해임청구
- 사채관리회사의 사무승계자 선정
- 전환사채 발행사항의 결정
- 신주인수권부사채 발행사항의 결정
- 합병의 결의
- 채권자보호절차 이사회승인
- 분할, 분할합병의 결의, 승인

[2] 기타

상법의 규정이 아니더라도 회사의 주요 사안에 대한 결정을 위하여 이사는 이사회를 소집할 수 있다.

❹ 이사회 소집 및 결의절차

[1] 이사회 소집권자
이사회는 각 이사가 소집하도록 되어 있으며, 이사회 결의로 소집권이 있는 이사를 별도로 정할 수도 있다. 이사회를 소집함에는 회일을 정하고, 그 1주간전 각 이사 및 감사에게 통지서를 발송하여야 한다. (상법 제390조) 단, 감사는 이사회를 단독으로 소집할 수 없고, 소집권자에게 소집청구를 하여야 한다.

[2] 이사회 소집통지
소집권자는 회일의 1주전에 각 이사 및 감사에게 소집통지를 하여야 한다. 그러나 그 기간은 정관으로 단축할 수 있으며, 통지는 서면, 구두, 전화, 이메일 등으로 통지할 수 있다. 유의할 점은 감사에게 통지하지 않아 감사가 참석하지 않은 이사회는 무효이다. 반면, 주주총회 소집은 반드시 서면으로 하여야 한다.

[3] 이사회 결의방법 (상법 제391조)
① 이사회의 결의는 이사과반수의 출석과 출석이사의 과반수로 하여야 한다. 그러나 정관으로 그 비율을 높게 정할 수 있다.
② 정관에서 달리 정하는 경우를 제외하고 이사회는 이사의 전부 또는 일부가 직접 회의에 출석하지 아니하고 모든 이사가 음성을 동시에 송수신하는 원격통신수단에 의하여 결의에 참가하는 것을 허용할 수 있다. 이 경우 당해 이사는 이사회에 직접 출석한 것으로 본다.

[4] 감사의 출석 및 의견진술
감사는 이사회의 구성원이 아니므로 결의에 참석할 수는 없지만 이사회에 출석하여 의견을 진술할 수는 있다. 또한 회의록에 서명또는 기명 날인할 권리가 있다. 회의록에 감사의 서명 또는 기명날인이 없는 경우 회의록은 성립할 수 없다.

[5] 이사회 의사록 작성
이사회의 안건, 그 결과, 반대하는 자가 있는 경우 반대이유를 기재하고 이사 및 감사가 서명날인한 이사회의사록을 작성하여야 한다.

이사회 소집통지서

이사님의 건승과 댁내의 평안을 기원드립니다
당사는 상법 제390조 및 정관 제00조 규정에 의거하여 이사회를 아래와 같이 소집하오니 참석하여 주시기 바랍니다

- 아　　래 -

1. 일시 : 2008년 12월 9일 (월) 오전 09시 30분

2. 장소 : 서울시 구로구 구로동 235
   문의전화번호 : 02) 700-7000

3. 회의 목적사항
   임시주주총회 개최의 건
   제1호의 안 : 이사　　　해임 및 이사 선임의 건
   제2호의 안 : 감사　　　사임 및 감사 선임의 건

4. 이사회 참석시 준비물 : 신분증. 도장

　　　　　　　　　　　　　　2008년 11월 21일
　　　　　　　　　　　　　　주식회사
　　　　　　　　　　　　　　대표이사　　　　(인감날인 생략)

이사회 의사록

1. 일　　시 : 20　년　월　일(　)　시
2. 장　　소 : 당사 중역 소회의실(○○시 ○○구 ○○동　　번지)
3. 출석이사 : 총　　명중　　명

　시　　분에 의장 ○○○대표가 의장석에 착석하여 상기　명의 이사 출석으로 본회의가 적법하게 성립되었음을 확인하고 개회를 선언, 의사를 진행하다.

의　　안 : 제　기 재무제표 및 영업보고서 승인의 건

경영지원실장인 ○○○ 부사장이 "제○○기 재무제표 및 영업보고서 승인의 건"을 설명하고, 제○○기 주총에 따른 보통주 배당을 시가대비　%인 주당　원(액면가 대비　　%)씩 배당할 것을 설명함.

이에 의장이 상기 "제○○기 재무제표 및 영업보고서 승인의 건"에 대하여 참석이사에게 승인 여부를 묻자 참석이사 전원은 이의없이 본 건을 승인함.

이상으로 20　년　월 이사회의 안건 심의를 마친 후 ○○○의장이 폐회를 선언하다. 이에 이사회는 사실을 명확히 하기 위하여 본 회의록을 작성하고 출석이사 전원이 이에 기명 날인하다.

　　　　　　　　　　　　　　　　20　년　월　일
　　　　　　　　　　　　　　　　주식회사 ○○○○
　　　　　　　　　　　　　　　　대표이사 :　　　　(인)
　　　　　　　　　　　　　　　　이　사 :　　　　(인)
　　　　　　　　　　　　　　　　이　사 :　　　　(인)

◘ 정관의 정함 및 주주총회 또는 이사회 결의를 거쳐야 하는 주요 사안 요약

구 분	상법 조문	정관의 규정	정관	주총	이사회
주 식 의 분 할	제329조의2			●	
주식매수선택권	제340조의2	정관에 정함 → 주주총회		●	
자기주식 취득	제341조			◎	
		정관 → 이익배당 이사회 결의			○
자기주식 처분	제342조	정관 규정	○		
		정관 규정 없는 경우 → 이사회 결정			○
자기주식 소각	제343조				○
종류주식 발행	제344조	정관에서 정함	○		
총회소집 결정	제362조				○
총회의장 선임	제366조의2			◎	
영업 양도 양수	제374조			●	
이 사 선 임	제382조			◎	
이 사 해 임	제385조			●	
이 사 의 보 수	제388조	정관에서 정함	○		
		정관에서 정하지 않은 경우 → 주총		◎	
대표이사 선정	제389조				○
		정관에서 정하는 경우 → 주총		◎	
경 업 금 지	제397조				○
감 사 선 임	제409조			◎	
신주 발행 사항	제416조	정관에서 정하지 않은 경우 → 이사회			○
		정관에서 결정 → 주주총회		◎	
정 관 변 경	제433조			●	
재무제표 승인	제447조				○
영업보고서 승인	제447조의2				○
자 본 금 감 소	제438조 ①			●	
결 손 보 전	제438조 ②			◎	
재무제표 승인특칙	제449조의2	정관에서 정하는 경우 → 이사회			○
준 비 금 의 자 본 금 전 입	제461조				○
		정관에서 정하는 경우 → 주총		◎	
이 익 배 당	제462조			◎	
		이사회에서 재무제표를 승인한 경우			○
주 식 배 당	제462조의2			◎	
중 간 배 당	제462조의3	정관에 정함(연1회)			○
배 당 지급시기	제464조의2			◎	○
사 채 의 발 행	제469조				○
전환사채의 발행	제513조	정관에서 정하지 않은 경우 → 이사회			○
		정관에서 정함 → 주주총회		●	
신 주 인 수 권 부 사 채 발 행	제516조의2	정관에서 정하지 않은 경우 → 이사회			○
		정관에서 정함 → 주주총회		●	
해 산	제517조			●	
합 병	제522조			●	

● 주총 특별결의 : 출석한 주주의 의결권의 2/3 이상의수와 발행주식총수의 1/3 이상의 수
◎ 주총 보통결의 : 출석한 주주의 의결권의 과반수와 발행주식총수의1/4 이상의 다수

■ 집행임원제도

[1] 개요
CEO, CFO, CIO 혹은 상무, 상무보, 이사, 전무, 상무 등 등기되지 않은 상태로 회사에 의해 권리와 의무가 위임되어 있던 고위 경영자를 등기하여 활용하는 제도라고 할 수 있다.

이러한 경영자들은 현재까지 미등기임원 기타 등등의 이름으로 불리우며, 사실상 상법상 이사의 권리와 비슷한 권한을 가지고 있으면서도 실제로는 대표이사에 종속되어 있던 것을, 기업지배구조 개선의 차원에서 집행임원으로 명칭을 자리하고 선진적으로 기업 운영을 하고자 도입한 제도이다.

[2] 집행임원제도 도입
1) 집행임원 : 이사회의 경영방침에 따라 회사의 업무집행을 전담하는 기관, 흔히 CEO(대표집행임원).CFO (재무집행임원) 등으로 불리움
2) 기업내에서 업무집행을 전담하고 있는 전문경영인에 대한 법적 지위를 부여하여 내부적으로 경영의 안정성을 확보하고 대외적으로 거래의 안전을 도모하기 위하여 집행임원제도를 도입함
3) 집행임원은 이사회에 의하여 선임되고 임기는 원칙적으로 2년 이하이며, 법인등기부에 등기하여 대외적으로 공시되어 현행 등기이사와 유사한 법적 권한과 책임을 부여받게 됨
4) 제도 도입 여부는 개별 회사가 자율적으로 선택하도록 하고 이사와 집행임원의 겸임을 허용
5) 현행 주식회사는 "이사회 + 대표이사" 체제이나, 집행임원을 도입한 회사는 대표이사를 둘 수 없고 "이사회 + 대표집행임원" 체제로 됨

4 주주총회 및 이사회의사록 공증 및 등기부 변경

❶ 개요

주식회사 설립등기 후 법인등기부상의 기재사항이 변경되는 경우에는 상법 및 기타 법률의 정하는 바에 따라 소정의 절차를 거쳐 변경등기를 필하여야 한다.

주식회사의 등기사항에 변경이 있음에도 불구하고 소정의 기간 내에 변경등기를 하지 않으면 500만원 이하의 과태료가 부과되므로 유의하여야 한다.

주주총회 또는 이사회의 안건이 상법 또는 상업등기법상 등기하여야 할 다음의 사안인 경우 주주총회의사록 또는 이사회의사록 3통(공증인. 등기신청서. 회사보관용)을 작성하여 공증한 다음 공증받은 이사회의사록을 첨부하여 그 사유발생일로부터 14일 이내에 변경등기를 하여야 한다.(위반시 500만원이하 과태료 제재)

정관을 변경하는 경우 주주총회의 특별결의를 거쳐야 하며, 절대적 기재사항이건, 임의적 기재사항이건 정관에 기재된 사항의 변경은 모두 정관변경으로 본다.

정관을 변경하는 경우로서 그 내용 중 법인등기부등본을 변경하여야 하는 다음의 사안이 있는 경우 주주총회의사록에 대하여 공증인의 공증을 받아 등기부등본 변경 신청시 첨부하여야 한다.

1. 목적
2. 상호
3. 회사가 발행할 주식의 총수
4. 액면주식을 발행하는 경우 1주의 금액
5. 발행할 주식의 총수
6. 본점의 소재지
7. 회사가 공고를 하는 방법

❷ 공증을 받아야 하는 주주총회 및 이사회의사록

법인 등기부등본의 내용을 변경하여야 하는 다음의 사안에 대하여 주주총회 또는 이사회에서 그 변경에 관한 내용을 의결한 경우 주주총회의사록 또는 이사회의사록에 대하여 공증인의 공증을 받은 다음 변경등기 신청을 하여야 한다.

1 정관 변경 및 주주총회의사록 또는 이사회의사록 공증

[1] 본점 이전
정관변경(주주총회 특별결의) → 주주총회의사록 공증 → 등기부등본 변경등기 신청

▶ **주주총회 또는 이사회결의 및 공증**
1) 회사가 정관에 규정된 최소행정구역 내로 본점을 이전한 경우에는 정관을 변경할 필요 없이 이사회의 결의만으로 본점을 이전할 수 있다. 다만 정관상에 본점소재지가 구체적인 소재 장소까지 기재되어 있는 경우에는 주주총회의 결의에 의하여 정관을 변경하여 한다(이 경우 공증 받은 주주총회의사록을 첨부하여야 함).
2) 이사회의 의결로 본점을 이전하는 경우 이사회의사록을 작성하여야 하며 등기부등본 변경신청시에는 공증인의 인증을 받아 제출하여야 한다.

[2] 지점의 설치, 이전, 폐지
정관변경(주주총회 특별결의) → 주주총회의사록 공증 → 등기부등본 변경등기 신청

▶ **주주총회 또는 이사회결의 및 공증**
1) 회사의 정관에 지점 설치방법에 관한 별도의 규정이 없는 때에는 이사회의 결의만으로 지점을 설치할 수 있다. 다만 정관상에 지점(소재지 등)에 관한 규정이 있는 때에는 주주총회의 결의에 의하여 정관을 변경하여 지점에 관한 사항을 규정하여야 한다. (이 경우 공증 받은 주주총회의사록을 첨부하여야 함)
2) 이사회의 의결로 지점을 설치하는 경우 이사회의사록을 작성하여야 하며 등기부등본 변경 신청시에는 공증인의 인증을 받아 제출하여야 한다.

[3] 상호 변경

회사의 상호는 정관의 절대적 기재사항이다. 따라서 상호를 변경하는 경우 정관변경 절차를 거쳐야 하며, 정관의 변경은 주주총회의 특별결의가 있어야 한다. 주주총회 결의를 거쳐 상호를 변경한 경우 그 변경에 관한 내용을 등기하여야 한다.

상호의 변경으로 등기를 하는 경우 변경사항이 있는 때부터 본점소재지에서는 2주 이내, 지점소재지에서는 3주 이내에 관할 법원등기소에서 등기하여야 하며, 변경 등기신청시 공증한 주주총회의사록을 첨부하여야 한다.

[4] 사업목적 변경

사업 목적은 정관의 절대적인 기재사항이다. 따라서 목적 사업을 추가 또는 삭제하는 경우 정관변경 절차를 거쳐야 하며, 정관의 변경은 주주총회의 특별결의에 의한다. 한편, 주주총회 결의를 거쳐 사업 목적을 변경한 경우 그 변경에 관한 내용을 등기하여야 한다.

사업 목적의 변경으로 등기를 하는 경우 변경사항이 있는 때부터 본점소재지에서는 2주 이내, 지점소재지에서는 3주 이내에 관할 법원등기소에서 등기하여야 하며, 변경 등기신청시 공증한 주주총회의사록을 첨부하여야 한다.

[5] 회사가 발행할 주식의 총수 및 액면주식을 발행하는 경우 1주의 금액

'회사가 발행할 주식의 총수' 및 '액면주식을 발행하는 경우 1주의 금액'은 정관의 절대적인 기재사항이다. 따라서 이를 변경하여야 하는 경우 정관변경 절차를 거쳐야 하며, 주주총회의 특별결의를 거쳐 그 변경에 관한 내용을 등기하여야 한다.

[6] 회사가 공고를 하는 방법

'회사가 공고를 하는 방법'은 정관의 절대적 기재사항이다. 따라서 이를 변경하여야 하는 경우 정관변경 절차를 거쳐야 하며, 주주총회의 특별결의를 거쳐 그 변경에 관한 내용을 등기하여야 한다.

2 주주총회의사록 또는 이사회의사록 공증 및 법인 변경등기

정관의 변경을 요하지 아니하는 사안이나 법인 등기부등본의 변경을 요하는 다음의 변경사항 등이 발생한 경우에는 주주총회의사록 또는 이사회의사록을 공증받아 변경등기 신청시 첨부 서면으로 제출하여야 한다.

[1] 이사, 감사의 선임, 중임, 해임 (임기 3년 경과, 사망, 해임 등)

주주총회 특별결의 → 주주총회의사록 공증 → 등기부등본 변경등기 신청

▶ **이사 변경등기 신청기한**

주식회사 이사의 취임등기 기간은 그 취임의 효력이 발생한 날로부터 진행된다고 할 것이므로, 이사의 임기만료 전에 개최된 정기주주총회에서 미리 이사를 중임하기로 하는 결의가 이루어진 경우, 상법 제317조 제4항 및 제183조의 규정에 의한 등기기간은 그 취임의 효력이 발생한 날, 즉 이사의 임기만료로 퇴임함과 동시에 주주총회의 결의에 의하여 중임되어 새로이 임기를 개시하게 된 날로부터 진행된다고 할 것이다. (1998.10.08. 등기선례5-842)

[2] 대표이사 선임

이사회 결의 → 이사회의사록 공증 → 등기부등본 변경등기 신청

▶ **정관에서 주주총회에서 선정할 것으로 정한 경우**

주주총회 일반결의 → 주주총회의사록 공증 → 등기부등본 변경등기 신청

[3] 수권 자본금의 범위내에서 신주 발행

이사회 결의 → 이사회의사록 공증 → 등기부등본 변경등기 신청 수권 자본금이란

정관에서 '회사가 발행할 주식의 총수'에 '1주의 금액'의 금액을 곱한 금액을 말하며, 수권 자본금의 범위내에서 자본금을 증액하는 경우 정관으로 주주총회에서 정하기로 규정한 경우를 제외하고는 발행예정주식총수의 범위 내에서 이사회에서 결정하며, 이 경우 이사회의 결의를 거쳐 법인등기부 등본의 발행주식의 총수 및 자본금의 액을 변경하는 변경등기 신청을 하여야 한다.

[4] 준비금의 자본금 전입으로 인한 변경등기
이사회 결의 → 이사회의사록 공증 → 등기부등본 변경등기 신청

▶ **준비금의 자본금 전입**
준비금의 자본금 전입이란 법인의 이익잉여금 일부를 배당 등으로의 처분을 제한하기 위하여 이익잉여금을 자본준비금(예를 들어 현금배당시 배당금액의 10분의1을 자본금의 2분의1에 달할 때까지 이익잉여금을 자본준비금 항목으로 대체하여 두어야 함)으로 대체하여 둔 것으로 준비금은 자본금으로 전환할 수 있다.

[5] 주식의 배당으로 인한 변경등기
주주총회 일반결의 → 주주총회의사록 공증 → 등기부등본 변경등기 신청

▶ **주식 배당 및 무상증자**
주식배당은 이익잉여금의 일부를 주주들에게 주식으로 교부하여 자본금으로 전환하는 것을 말하며,(이익잉여금 / 자본금) 무상증자란 자본잉여금(주식발행초과금, 감자차익 등)을 자본금으로 전환하는 것을 말한다. (주식발행초과금 / 자본금)

무상증자와 주식배당을 실시하는 재원은 기업이 이익을 창출하여 자본화되어 있는 자본으로(이익 = 자본) 기업회계상 자기자본 중 자본금을 초과하는 금액을 말한다. 무상증자와 주식배당은 모두 자본금을 제외한 자본 항목을 자본금으로 전입하는 것이다. 따라서 무상증자 및 주식배당을 하더라도 자기자본에는 변화가 없다.

[6] 자본금 감소로 인한 변경등기
주주총회 특별결의 → 주주총회의사록 공증 → 등기부등본 변경등기 신청

[7] 주식매수선택권의 등기
주주총회 특별결의 → 주주총회의사록 공증 → 등기부등본 변경등기 신청

(1) 주식매수선택권의 부여방법
회사는 ①주식매수선택권의 행사가격으로 새로이 주식을 발행하여 교부하거나, ②

자기주식을 교부하거나, ③주식매수선택권의 행사가격과 시가와의 차액을 현금 또는 자기주식으로 교부하는 방법으로 주식매수선택권을 부여할 수 있다.

(2) 부여절차
1) 정관의 규정
정관에는 ①일정한 경우 주식매수선택권을 부여 할 수 있다는 뜻, ②주식매수선택권의 행사로 발행하거나 양도할 주식의 종류와 총수, ③주식매수선택권을 부여받을 자의 자격요건, ④일정한 경우 이사회의 결의로 주식매수선택권의 부여를 취소할 수 있다는 뜻을 정하여야 한다.
2) 주주총회의 특별결의
정관의 규정 이외에 주주총회에서 ①주식매수선택권을 부여받을 자의 성명, ②주식매수선택권의 부여방법 ③주식매수선택권의 행사가격 및 그 조정에 관한 사항 ④주식매수선택권의 행사기간, ⑤주식매수선택권을 부여받을 자 각각에 대하여 주식매수선택권의 행사로 발행하거나 양도할 주식의 종류 및 수 등을 정하여야 한다.

☐ 상업등기법 제69조(주식매수선택권의 등기사항) 「상법」 제340조의2제1항에 따라 이사 등에게 주식매수선택권을 부여하기로 정하였을 때에는 같은 법 제340조의3제1항 각 호의 사항을 등기하여야 한다.

[8] 주식매수선택권의 행사로 인한 변경등기

자기주식을 교부하는 경우 별도의 등기를 필요로 하지 않지만, 주식매수선택권의 행사가격으로 새로이 주식을 발행하여 교부하는 경우에는 '[3] 수권 자본금의 범위 내에서 신주 발행'에 따라 등기부등본의 변경등기를 하여야 한다.

☐ 상업등기규칙 제134조(주식매수선택권의 행사로 인한 변경등기) 주식매수선택권의 행사로 인한 변경등기를 신청하는 경우에는 다음 각 호의 정보를 제공하여야 한다.
1. 「상법」 제516조의9제1항에 따른 청구가 있음을 증명하는 정보
2. 제133조제4호 및 제5호의 정보

[9] 기타 변경 등기할 사항
▶ 신주인수권부사채에 부여된 신주인수권의 행사로 인한 변경등기

- ▶ 주식의 병합 또는 분할로 인한 변경등기
- ▶ 무액면주식에 관한 변경등기
- ▶ 명의개서대리인을 둠으로 인한 변경등기
- ▶ 전환사채 등의 등기
- ▶ 해산등기와 이사 등에 관한 등기
- ▶ 주식교환으로 인한 변경등기
- ▶ 주식이전으로 인한 설립등
- ▶ 합병으로 인한 변경등기
- ▶ 합병으로 인한 설립등기
- ▶ 분할 또는 분할합병으로 인한 설립등기
- ▶ 분할합병으로 인한 변경등기

❸ 공증을 받지 않아도 되는 주주총회 및 이사회의사록

법인의 등기부등본 변경사항이 아닌 주주총회의사록 및 이사회의사록은 별도의 공증을 받지 않아도 된다.

한편, 법인의 등기부등본 변경사항이라 하더라도 주주총회 또는 이사회의 결의가 필요하지 않는 변경사항의 경우 주주총회의사록 또는 이사회의사록을 첨부 서면으로 제출하지 아니한다.

예를 들어 대표이사 주소변경의 경우 법인 등기부등본 변경등기를 하여야 하나 변경등기 신청시 주주총회의사록 또는 이사회의사록을 첨부 서면으로 제출하지 않아도 되는 것이다.

5 자본금 총액 10억원 미만 주식회사 상법 적용

❶ 개요

자본금 총액이 10억원 미만인 회사의 경우에도 상법의 규정을 모두 적용하도록 하는 경우 과다한 비용의 지출, 효율성 등에 문제가 있으므로 자본금 총액이 10억원 미만인 회사에 대하여 상법에서는 여러 가지 특례 규정을 두고 있으며, 그 내용을 살펴보면 다음과 같다.

[1] 이사의 인원(상법 제383조)

이사는 3명 이상이어야 한다. 다만, 자본금 총액이 10억원 미만인 회사는 1명 또는 2명으로 할 수 있다.

☐ 상법 제383조(원수, 임기) ① 이사는 3명 이상이어야 한다. 다만, 자본금 총액이 10억원 미만인 회사는 1명 또는 2명으로 할 수 있다.

[2] 감사

자본금의 총액이 10억원 미만인 회사의 경우 감사를 선임하지 아니할 수 있다.

[3] 설립시 정관의 공증인 인증 대신 기명날인 또는 서명(상법 제292조)

정관은 공증인의 인증을 받음으로써 효력이 생긴다. 다만, 자본금 총액이 10억원 미만인 회사를 제295조제1항에 따라 발기설립(發起設立)하는 경우에는 제289조제1항에 따라 각 발기인이 정관에 기명날인 또는 서명함으로써 효력이 생긴다. 유한회사도 같다.

[4] 자본금납입금의 증명(상법 제318조3항, 제425조)

자본금 총액이 10억원 미만인 회사를 제295조 제1항에 따라 발기설립하는 경우 및 증자 시 납입증명서를 은행이나 그 밖의 금융기관의 잔고증명서(발기인 대표 명의)로 대체할 수 있다.

[5] 주주총회 소집통지 간소화(상법 제363조 ④)

주주총회는 원칙적으로 출석한 주주의 결의권의 3분의 2이상의 수와 발행주식총수의 3분의 1이상의 수로써 하여야 한다. 또한 주주소집을 2주전에 해야 하는 등 절차가 까다롭다. 그러나 자본금 총액이 10억원 미만인 회사는 주주 전원의 동의가 있을 경우에는 소집절차 없이 주주총회를 개최할 수 있고, 서면에 의한 결의로써 주주총회의 결의를 갈음할 수 있다. 결의의 목적사항에 대하여 주주 전원이 서면으로 동의를 한 때에는 서면에 의한 결의가 있는 것으로 본다. 이에 해당하는 것 중 하나가 정관변경이다.

▶ 1인 주주인 경우 1인 주주총회도 적법함

[6] 정관 변경의 방법(상법 433조①, 434조)

정관의 변경은 주주총회의 결의에 의하여야 한다. 주주총회는 출석한 주주의 결의권의 3분의 2이상의 수와 발행주식총수의 3분의 1이상의 수로써 하여야 한다. 이 경우 주주소집을 2주전에 해야하는 등 절차가 까다로우나 자본금 10억 미만인 회사는 주주 전원의 동의가 있을 경우에는 소집절차 없이 주주총회를 개최할 수 있고, 서면에 의한 결의로써 주주총회의 결의를 갈음할 수 있다.

❷ 이사회 결의사항을 주주총회의 결의로 하는 경우

자본금 총액이 10억원 미만인 회사로서 이사가 1명 또는 2명인 경우 상법에서 이사회의 결의사항으로 하고 있는 내용에 대하여 **주주총회의 결의**로 대체하도록 하고 있으며, 그 내용은 다음과 같다.

[1] 주식양도에 관한 이사회의 승인

제302조(주식인수의 청약, 주식청약서의 기재사항) 제2항제5호의2
5의2. 주식의 양도에 관하여 이사회의 승인을 얻도록 정한 때에는 그 규정

제317조(설립의 등기) 제2항제3호의2
3의2. 주식의 양도에 관하여 이사회의 승인을 얻도록 정한 때에는 그 규정

제335조(주식의 양도성) 제1항 단서 및 제2항
①주식은 타인에게 양도할 수 있다. 다만, 회사는 정관으로 정하는 바에 따라 그 발행하는 주식의 양도에 관하여 이사회의 승인을 받도록 할 수 있다.
②제1항 단서의 규정에 위반하여 이사회의 승인을 얻지 아니한 주식의 양도는 회사에 대하여 효력이 없다.

제335조의2(양도승인의 청구) 제1항·제3항
①주식의 양도에 관하여 이사회의 승인을 얻어야 하는 경우에는 주식을 양도하고자 하는 주주는 회사에 대하여 양도의 상대방 및 양도하고자 하는 주식의 종류와 수를 기재한 서면으로 양도의 승인을 청구할 수 있다.
③회사가 제2항의 기간내에 주주에게 거부의 통지를 하지 아니한 때에는 주식의 양도에 관하여 이사회의 승인이 있는 것으로 본다.

제335조의3(양도상대방의 지정청구) 제1항·제2항
①주주가 양도의 상대방을 지정하여 줄 것을 청구한 경우에는 이사회는 이를 지정하고, 그 청구가 있은 날부터 2주간내에 주주 및 지정된 상대방에게 서면으로 이를 통지하여야 한다.
②제1항의 기간내에 주주에게 상대방지정의 통지를 하지 아니한 때에는 주식의 양도에 관하여 이사회의 승인이 있는 것으로 본다.

제335조의7(주식의 양수인에 의한 승인청구)제1항
①주식의 양도에 관하여 이사회의 승인을 얻어야 하는 경우에 주식을 취득한 자는 회사에 대하여 그 주식의 종류와 수를 기재한 서면으로 그 취득의 승인을 청구할 수 있다.

제356조(주권의 기재사항) 제6호의2
6의2. 주식의 양도에 관하여 이사회의 승인을 얻도록 정한 때에는 그 규정

[2] 주식매수선택권 부여의 취소

제340조의3(주식매수선택권의 부여) 제1항제5호
5. 일정한 경우 이사회결의로 주식매수선택권의 부여를 취소할 수 있다는 뜻

[3] 이사의 경업거래 승인

제397조(경업금지) 제1항·제2항

① 이사는 이사회의 승인이 없으면 자기 또는 제삼자의 계산으로 회사의 영업부류에 속한 거래를 하거나 동종영업을 목적으로 하는 다른 회사의 무한책임사원이나 이사가 되지 못한다.

② 이사가 제1항의 규정에 위반하여 거래를 한 경우에 회사는 이사회의 결의로 그 이사의 거래가 자기의 계산으로 한 것인 때에는 이를 회사의 계산으로 한 것으로 볼 수 있고 제삼자의 계산으로 한 것인 때에는 그 이사에 대하여 이로 인한 이득의 양도를 청구할 수 있다.

[4] 회사의 기회 및 자산의 이용 승인

제397조의2(회사의 기회 및 자산의 유용 금지) 제1항

① 이사는 이사회의 승인 없이 현재 또는 장래에 회사의 이익이 될 수 있는 다음 각 호의 어느 하나에 해당하는 회사의 사업기회를 자기 또는 제3자의 이익을 위하여 이용하여서는 아니 된다. 이 경우 이사회의 승인은 이사 3분의 2 이상의 수로써 하여야 한다.
1. 직무를 수행하는 과정에서 알게 되거나 회사의 정보를 이용한 사업기회
2. 회사가 수행하고 있거나 수행할 사업과 밀접한 관계가 있는 사업기회

[5] 이사와 회사의 거래 승인

제398조(이사 등과 회사 간의 거래)

다음 각 호의 어느 하나에 해당하는 자가 자기 또는 제3자의 계산으로 회사와 거래를 하기 위하여는 미리 이사회에서 해당 거래에 관한 중요사실을 밝히고 이사회의 승인을 받아야 한다. 이 경우 이사회의 승인은 이사 3분의 2 이상의 수로써 하여야 하고, 그 거래의 내용과 절차는 공정하여야 한다.
1. 이사 또는 제542조의8제2항제6호에 따른 주요주주
2. 제1호의 자의 배우자 및 직계존비속
3. 제1호의 자의 배우자의 직계존비속
4. 제1호부터 제3호까지의 자가 단독 또는 공동으로 의결권 있는 발행주식 총수의 100분의 50 이상을 가진 회사 및 그 자회사
5. 제1호부터 제3호까지의 자가 제4호의 회사와 합하여 의결권 있는 발행주식총수의 100분의 50 이상을 가진 회사

[6] 신주발행사항의 결정

제416조(발행사항의 결정) 본문

회사가 그 성립 후에 주식을 발행하는 경우에는 다음의 사항으로서 정관에 규정이 없는 것은 이사회가 결정한다. 다만, 이 법에 다른 규정이 있거나 정관으로 주주총회에서 결정하기로 정한 경우에는 그러하지 아니하다.

1. 신주의 종류와 수
2. 신주의 발행가액과 납입기일
2의2. 무액면주식의 경우에는 신주의 발행가액 중 자본금으로 계상하는 금액
3. 신주의 인수방법
4. 현물출자를 하는 자의 성명과 그 목적인 재산의 종류, 수량, 가액과 이에 대하여 부여할 주식의 종류와 수
5. 주주가 가지는 신주인수권을 양도할 수 있는 것에 관한 사항
6. 주주의 청구가 있는 때에만 신주인수권증서를 발행한다는 것과 그 청구기간

[7] 무액면주식 발행의 경우 신주발행사항으로서 자본금으로 계상할 금액

제451조(자본금)

② 회사가 무액면주식을 발행하는 경우 회사의 자본금은 주식 발행가액의 2분의 1 이상의 금액으로서 이사회(제416조 단서에서 정한 주식발행의 경우에는 주주총회를 말한다)에서 자본금으로 계상하기로 한 금액의 총액으로 한다. 이 경우 주식의 발행가액 중 자본금으로 계상하지 아니하는 금액은 자본준비금으로 계상하여야 한다.

[8] 준비금의 자본전입 결정

제461조(준비금의 자본금 전입) 제1항 본문 및 제3항

①회사는 이사회의 결의에 의하여 준비금의 전부 또는 일부를 자본금에 전입할 수 있다. 그러나 정관으로 주주총회에서 결정하기로 정한 경우에는 그러하지 아니하다.
③제1항의 이사회의 결의가 있은 때에는 회사는 일정한 날을 정하여 그 날에 주주명부에 기재된 주주가 제2항의 신주의 주주가 된다는 뜻을 그 날의 2주간전에 공고하여야 한다. 그러나 그 날이 제354조제1항의 기간 중인 때에는 그 기간의 초일의 2주간 전에 이를 공고하여야 한다.

[9] 중간배당의 결의

제462조의3(중간배당)

①년 1회의 결산기를 정한 회사는 영업년도중 1회에 한하여 이사회의 결의로 일정한 날을 정하여 그 날의 주주에 대하여 이익을 배당(이하 이 조에서 "중간배당"이라 한다)할 수 있음을 정관으로 정할 수 있다.

[10] 배당금 지급시기의 결정

제464조의2(이익배당의 지급시기)

①회사는 제464조에 따른 이익배당을 제462조제2항의 주주총회나 이사회의 결의 또는 제462조의3제1항의 결의를 한 날부터 1개월 내에 하여야 한다. 다만, 주주총회 또는 이사회에서 배당금의 지급시기를 따로 정한 경우에는 그러하지 아니하다.

[11] 사채모집의 결정

제469조(사채의 발행)

①회사는 이사회의 결의에 의하여 사채(社債)를 발행할 수 있다.

[12] 전환사채 발행사항의 결정

제513조(전환사채의 발행) 제2항 본문

①회사는 전환사채를 발행할 수 있다.

②제1항의 경우에 다음의 사항으로서 정관에 규정이 없는 것은 이사회가 이를 결정한다. 그러나 정관으로 주주총회에서 이를 결정하기로 정한 경우에는 그러하지 아니하다.

1. 전환사채의 총액
2. 전환의 조건
3. 전환으로 인하여 발행할 주식의 내용
4. 전환을 청구할 수 있는 기간
5. 주주에게 전환사채의 인수권을 준다는 뜻과 인수권의 목적인 전환사채의 액
6. 주주외의 자에게 전환사채를 발행하는 것과 이에 대하여 발행할 전환사채의 액

[13] 신주인수권부사채 발행사항의 결정

제516조의2(신주인수권부사채의 발행) 제2항 본문(준용되는 경우를 포함한다)

①회사는 신주인수권부사채를 발행할 수 있다.

②제1항의 경우에 다음의 사항으로서 정관에 규정이 없는 것은 이사회가 이를 결정한다. 그러나 정관으로 주주총회에서 이를 결정하도록 정한 경우에는 그러하지 아니하다.
1. 신주인수권부사채의 총액
2. 각 신주인수권부사채에 부여된 신주인수권의 내용
3. 신주인수권을 행사할 수 있는 기간
4. 신주인수권만을 양도할 수 있는 것에 관한 사항
5. 신주인수권을 행사하려는 자의 청구가 있는 때에는 신주인수권부사채의 상환에 갈음하여 그 발행가액으로 제516조의9제1항의 납입이 있는 것으로 본다는 뜻
6. 삭제 〈1995.12.29.〉
7. 주주에게 신주인수권부사채의 인수권을 준다는 뜻과 인수권의 목적인 신주인수권부사채의 액
8. 주주외의 자에게 신주인수권부사채를 발행하는 것과 이에 대하여 발행할 신주인수권부사채의 액

❸ 이사회 결의가 있는 때 → 주주총회 소집이 있는 때

[1] 반대주주의 주식매수청구권
제360조의5(반대주주의 주식매수청구권) ①제360조의3제1항의 규정에 의한 승인사항에 관하여 이사회의 결의가 있는 때에 그 결의에 반대하는 주주는 주주총회 전에 회사에 대하여 서면으로 그 결의에 반대하는 의사를 통지한 경우에는 그 총회의 결의일부터 20일 이내에 주식의 종류와 수를 기재한 서면으로 회사에 대하여 자기가 소유하고 있는 주식의 매수를 청구할 수 있다.

[2] 합병반대주주의 주식매수청구권
제522조의3(합병반대주주의 주식매수청구권) ①제522조제1항의 규정에 의한 결의사항에 관하여 이사회의 결의가 있는 때에 그 결의에 반대하는 주주는 주주총회전에 회사에 대하여 서면으로 그 결의에 반대하는 의사를 통지한 경우에는 그 총회의 결의일부터 20일 이내에 주식의 종류와 수를 기재한 서면으로 회사에 대하여 자기가 소유하고 있는 주식의 매수를 청구할 수 있다.

❹ 상법의 규정이 적용되지 않는 사항

자본금 총액이 10억원 미만인 회사로서 이사가 1명 또는 2명인 경우 다음의 상법 규정은 적용하지 아니한다.

[1] 이사회의 권한
제341조(자기주식의 취득) 제2항 단서
②제1항에 따라 자기주식을 취득하려는 회사는 미리 주주총회의 결의로 다음 각 호의 사항을 결정하여야 한다. 다만, 이사회의 결의로 이익배당을 할 수 있다고 정관으로 정하고 있는 경우에는 이사회의 결의로써 주주총회의 결의를 갈음할 수 있다.
1. 취득할 수 있는 주식의 종류 및 수
2. 취득가액의 총액의 한도
3. 1년을 초과하지 아니하는 범위에서 자기주식을 취득할 수 있는 기간

[2] 이사회의 소집
제390조(이사회의 소집) ①이사회는 각 이사가 소집한다. 그러나 이사회의 결의로 소집할 이사를 정한 때에는 그러하지 아니하다.
- 이하 중략 -

[3] 이사회의 결의방법
제391조(이사회의 결의방법) ①이사회의 결의는 이사과반수의 출석과 출석이사의 과반수로 하여야 한다. 그러나 정관으로 그 비율을 높게 정할 수 있다.
②정관에서 달리 정하는 경우를 제외하고 이사회는 이사의 전부 또는 일부가 직접 회의에 출석하지 아니하고 모든 이사가 음성을 동시에 송수신하는 원격통신수단에 의하여 결의에 참가하는 것을 허용할 수 있다. 이 경우 당해 이사는 이사회에 직접 출석한 것으로 본다. 〈신설 1999.12.31., 2011.4.14.〉

[4] 감사의 이사회 출석
제391조의2(감사의 이사회출석·의견진술권)

[5] 의사록 작성과 비치

제391조의3(이사회의 의사록) ①이사회의 의사에 관하여는 의사록을 작성하여야 한다.
②의사록에는 의사의 안건, 경과요령, 그 결과, 반대하는 자와 그 반대이유를 기재하고 출석한 이사 및 감사가 기명날인 또는 서명하여야 한다. 〈개정 1999.12.31.〉

[6] 이사회의 연기, 속행

제392조(이사회의 연기·속행) 제372조의 규정은 이사회에 관하여 이를 준용한다.

[7] 이사회의 이사 직무감독 및 대표이사의 이사회 보고의무

제393조제2항부터 제4항까지
②이사회는 이사의 직무의 집행을 감독한다.
③이사는 대표이사로 하여금 다른 이사 또는 피용자의 업무에 관하여 이사회에 보고할 것을 요구할 수 있다. 〈신설 2001.7.24.〉
④이사는 3월에 1회 이상 업무의 집행상황을 이사회에 보고하여야 한다.

[8] 이사회 결의에 찬성한 이사의 연대책임

제399조(회사에 대한 책임) 제2항
①이사가 고의 또는 과실로 법령 또는 정관에 위반한 행위를 하거나 그 임무를 게을리 한 경우에는 그 이사는 회사에 대하여 연대하여 손해를 배상할 책임이 있다.
②전항의 행위가 이사회의 결의에 의한 것인 때에는 그 결의에 찬성한 이사도 전항의 책임이 있다.

[9] 집행임원과 관련된 이사회의 규정

제408조의2 ~ 제408조의7

[10] 감사의 이사회 소집청구

제412조의4 (감사의 이사회 소집 청구)

[11] 재무제표에 대한 이사회의 승인

제449조의2 (재무제표 등의 승인에 대한 특칙)

[12] 이사회의 이익배당의 결의

제462조(이익의 배당) 제2항 단서

②이익배당은 주주총회의 결의로 정한다. 다만, 제449조의2제1항에 따라 재무제표를 이사회가 승인하는 경우에는 이사회의 결의로 정한다.

[13] 합병과 관련한 이사회 업무

제526조(흡수합병의 보고총회) 제3항

제527조(신설합병의 창립총회) 제4항

제527조의2(간이합병)

제527조의3(소규모합병) 제1항

❺ 대표이사, 이사가 이사회의 기능을 담당하는 사항

자본금 총액이 10억원 미만인 회사로서 이사가 1명 또는 2명인 경우 각 이사(정관에 따라 대표이사를 정한 경우에는 그 대표이사를 말한다)가 회사를 대표하며 다음에 정하는 이사회의 기능을 담당한다.

[1] 이사회의 자기주식 소각결정

제343조(주식의 소각) 제1항 단서

①주식은 자본금 감소에 관한 규정에 따라서만 소각(消却)할 수 있다. 다만, 이사회의 결의에 의하여 회사가 보유하는 자기주식을 소각하는 경우에는 그러하지 아니하다.

[2] 전환주식의 경우 전환의 통지 및 공고

제346조(주식의 전환에 관한 종류주식) 제3항

[3] 이사회의 총회 소집 결정

제362조(소집의 결정)

총회의 소집은 본법에 다른 규정이 있는 경우외에는 이사회가 이를 결정한다.

[4] 주주제안에 관한 이사회의 처리
제363조의2(주주제안권) 제3항

[5] 소수주주의 이사회에 대한 임시주주총회의 소집 청구
제366조(소수주주에 의한 소집청구)

[6] 전자적 방법 의결권행사에 관한 이사회 결의
제368조의4(전자적 방법에 의한 의결권의 행사) 제1항
①회사는 이사회의 결의로 주주가 총회에 출석하지 아니하고 전자적 방법으로 의결권을 행사할 수 있음을 정할 수 있다.

[7] 중요자산의 처분, 대규모 차입, 지점의 설치, 이전, 폐지 등
제393조(이사회의 권한) 제1항
①중요한 자산의 처분 및 양도, 대규모 재산의 차입, 지배인의 선임 또는 해임과 지점의 설치·이전 또는 폐지 등 회사의 업무집행은 이사회의 결의로 한다.

[8] 감사의 이사회에 대한 임시총회 소집청구
제412조의3(총회의 소집청구) 제1항
①감사는 회의의 목적사항과 소집의 이유를 기재한 서면을 이사회에 제출하여 임시총회의 소집을 청구할 수 있다.

[9] 중간배당의 경우 이사회의 기준일 결정
제462조의3(중간배당)
① 년 1회의 결산기를 정한 회사는 영업년도중 1회에 한하여 이사회의 결의로 일정한 날을 정하여 그 날의 주주에 대하여 이익을 배당(이하 이 조에서 "중간배당"이라 한다)할 수 있음을 정관으로 정할 수 있다.

외부감사제도 및 감사인 선임

1 외부감사제도 및 외부감사대상법인

❶ 외부감사제도

외부감사제도란 기업이 작성한 재무보고서의 정당성 여부를 검증하여 이해관계자(정보이용자)들에게 재무상태에 대한 공정한 정보제공을 위한 제도로서 「주식회사 등의 외부감사에 관한 법률」에 의하여 독립된 감사인이 감사를 시행하는 것을 말한다.

❷ 외부감사대상법인

외부감사대상법인은 「주식회사 등의 외부감사에 관한 법률」 및 같은 법 시행령에서 구체적으로 정하고 있으며, 기업 환경의 변화에 따라 금융위원회에서 외부감사대상법인 기준을 제정하여 시행하고 있다.

외부감사대상법인은 「주식회사 등의 외부감사에 관한 법률 시행령」에서 제정하고 있으며, 비상장법인의 외부감사대상법인은 다음과 같다.

[1] 2018년 개정 규정에 의한 외부감사대상법인
1. 직전 사업연도 말의 자산총액이 500억원 이상인 회사

2. 직전 사업연도의 매출액이 500억원 이상인 회사
3. 아래 요건 충족으로 외부감사대상에서 제외되는 회사가 아닌 회사
비상장회사(상장예정법인 제외)의 경우 4개 기준(자산, 부채, 종업원 수, 매출액) 중 3개를 충족하면(소규모 회사) 외부감사 대상에서 제외된다.

자산	부채	매출액	종업원 수
120억원 미만	70억원 미만	100억원 미만	100인 미만

[2] 2020.10.23. 개정 규정에 의한 외부감사대상법인
○ 직전 사업연도말의 자산총액이 500억원 이상인 회사
○ 직전 사업연도말의 매출액이 500억원 이상인 회사
○ 다음의 사항 중 2개(유한회사: 3개) 이상에 해당하는 회사
 - 직전 사업연도 말의 자산총액이 120억원 이상
 - 직전 사업연도 말의 부채총액이 70억원 이상
 - 직전 사업연도의 매출액이 100억원 이상
 - 직전 사업연도 말의 종업원이 100명 이상
 - 직전 사업연도 말의 사원이 50명 이상(유한회사 限)
○ 주권상장법인 및 해당 또는 다음 사업연도에 주권상장법인이 되려는 회사

□ 주식회사 등의 외부감사에 관한 법률 (약칭: 외부감사법)
제4조(외부감사의 대상) ① 다음 각 호의 어느 하나에 해당하는 회사는 재무제표를 작성하여 회사로부터 독립된 외부의 감사인(재무제표 및 연결재무제표의 감사인은 동일하여야 한다. 이하 같다)에 의한 회계감사를 받아야 한다.
1. 주권상장법인
2. 해당 사업연도 또는 다음 사업연도 중에 주권상장법인이 되려는 회사
3. 그 밖에 직전 **사업연도** 말의 자산, 부채, 종업원수 또는 매출액 등 대통령령으로 정하는 기준에 해당하는 회사. 다만, 해당 회사가 유한회사인 경우에는 본문의 요건 외에 사원 수, 유한회사로 조직변경 후 기간 등을 고려하여 <u>대통령령</u>으로 정하는 기준에 해당하는 유한회사에 한정한다.

□ 주식회사 등의 외부감사에 관한 법률 시행령

제5조(외부감사의 대상) ① 법 제4조제1항제3호 본문에서 "직전 사업연도 말의 자산, 부채, 종업원 수 또는 매출액 등 대통령령으로 정하는 기준에 해당하는 회사"란 다음 각 호의 어느 하나에 해당하는 회사를 말한다. <개정 2020. 10. 13.>

1. 직전 사업연도 말의 자산총액이 500억원 이상인 회사
2. 직전 사업연도의 매출액(직전 사업연도가 12개월 미만인 경우에는 12개월로 환산하며, 1개월 미만은 1개월로 본다. 이하 같다)이 500억원 이상인 회사
3. 다음 각 목의 사항 중 2개 이상에 해당하는 회사
 가. 직전 사업연도 말의 자산총액이 120억원 이상
 나. 직전 사업연도 말의 부채총액이 70억원 이상
 다. 직전 사업연도의 매출액이 100억원 이상
 라. 직전 사업연도 말의 종업원(「근로기준법」 제2조제1항제1호에 따른 근로자를 말하며, 다음의 어느 하나에 해당하는 사람은 제외한다. 이하 같다)이 100명 이상
  1) 「소득세법 시행령」 제20조제1항 각 호의 어느 하나에 해당하는 사람
  2) 「파견근로자보호 등에 관한 법률」 제2조제5호에 따른 파견근로자

부 칙 <대통령령 제31113호, 2020. 10. 13.>
제1조(시행일) 이 영은 공포한 날부터 시행한다.

❸ 연도별 외부감사 대상법인

[1] 2019년 회계연도(12월말 비상장법인)

2019년 회계연도의 경우 개정 규정을 적용하며, 비상장 회사(상장예정법인 제외)의 경우 4개 기준(자산, 부채, 종업원 수, 매출액) 중 3개를 충족하면(소규모 회사) 외부감사 대상에서 제외된다.

▶ 개정 규정에 의한 외부감사대상법인

아래 4개 기준(자산, 부채, 종업원 수, 매출액) 중 3개를 충족하면(소규모 회사) 외부감사 대상에서 제외됨

자산	부채	매출액	종업원 수
120억원 미만	70억원 미만	100억원 미만	100인 미만

[2] 2020년 ~ 2024년 회계연도(12월말 비상장법인)

① 2020년 회계연도 기준으로 아래 4개 기준(자산, 부채, 종업원 수, 매출액) 중 **2개 이상**을 충족하면 외부감사 대상에 해당한다.

자산	부채	매출액	종업원 수
120억원 이상	70억원 이상	100억원 이상	100인 이상

② 주식회사로서 직전 사업연도의 자산 또는 부채총액 등의 규모가 외부감사대상 법인에 해당하는 경우 사업연도 개시 후 45일(**외부감사 첫해는 4개월 이내**) 이내에 외부감사인을 선임하여야 한다.

❹ 외부감사인 선임규정 및 평가기준

감사인 선임권한이 경영진에서 감사로 이관되고, '감사인 선임시 준수사항 및 감사인 후보 평가기준'의 문서화 등이 새롭게 도입하였으며, 선임규정 및 평가기준 대상법인에 대하여 법령에서 별도로 정한 내용이 없으므로 외부감사대상법인은 모두 해당 규정을 준수하여야 한다.

다만, 감사인 선임시 준수사항 및 감사인 후보 평가기준에 대한 법정서식은 현재 없으므로 아래 내용을 참고하여 작성하면 될 것이다.

▶ 감사인 선임시 준수사항 및 감사인 후보 평가기준에 포함할 사항

1. 감사시간·감사인력·감사보수 및 감사계획의 적정성
2. 감사인의 독립성 및 전문성
3. 직전 사업연도에 해당 회사에 대하여 감사업무를 한 감사인의 의견진술 내용 및 다음 각 목의 사항. 다만, 직전 사업연도에 회계감사를 받지 아니한 경우에는 제외한다.
   가. 전기감사인이 감사인 선임 시 합의한 감사시간·감사인력·감사보수·감사계획 등을 충실하게 이행하였는지에 대한 평가 결과

나. 전기감사인이 감사업무와 관련하여 회사에 회계처리기준 해석, 자산 가치평가 등에 대한 자문을 외부기관에 할 것을 요구한 경우 요구 내용에 대한 감사·감사위원회와 전기감사인 간의 협의 내용, 자문 결과 및 그 활용 내용
　다. 해당 사업연도의 감사·감사위원회와 전기감사인 간의 대면 회의 개최횟수, 참석자 인적사항, 주요 발언 내용 등
　라. 그 밖에 감사인 선정의 객관성 및 신뢰성을 확보하기 위하여 필요한 기준으로서 금융위원회가 정하는 사항

❺ 감사인을 선임하지 않은 경우 제재 조치

증권선물위원회(금감원)는 외부감사인을 직권으로 지정하고 있으며, 동 감사인과 감사계약을 체결하지 않는 회사는 검찰에 고발당하게 된다.

▶ 미선임회사 2014년 67사, 2015년 38사, 2016년 96사에 대해 감사인 지정

❻ 감사의견

공인회계사가 기업의 재무제표를 감사한 후 그 내용이 회계기준에 의하여 정당하게 작성된 것에 대하여 의견을 표명하며, 이를 감사의견이라고 한다. 감사의견은 적정의견, 한정의견, 부적정의견, 의견거절 등으로 표명한다.

[1] 적정의견
감사인이 회계감사기준에 의거해 감사를 한 결과 해당 기업의 재무제표가 기업회계기준에 따라 적정하게 작성되어 신뢰할 수 있다는 뜻이다.

[2] 한정의견
감사를 실시한 결과 기업회계 준칙에 따르지 않은 몇가지 사항이 있지만 해당 사항이 재무제표에 그다지 큰 영향을 미치지 않는다고 판단한 경우에 제시하는 의견이다.

[3] 부적정의견
기업회계 기준에 위배되는 사항이 재무제표에 중대한 영향을 미쳐 기업 경영상태가 전체적으로 왜곡됐다고 판단된 경우 감사인이 표명하는 의견이다.

[4] 의견거절
감사인이 감사보고서를 만드는데 필요한 증거를 얻지 못해 재무제표 전체에 대한 의견표명이 불가능한 경우 또는 감사인이 독립적인 감사업무를 수행할 수 없는 경우에 의견거절이란 감사의견을 제시한다.

◆ 감사의견 결과
'적정의견'은 재무제표가 기업회계 기준을 준수해 작성됐다는 것을 의미하는 것으로 그 자체가 건전한 회사라는 것을 나타내지는 않는다.
반면에 '한정의견' 이하의 경우 정상적인 회계처리를 하면 부실이 늘어날 가능성이 크기 때문에 이들 회사는 문제가 있다고 볼 수도 있으며, 한정의견, 부적정의견, 의견거절을 통틀어 '비적정의견'이라고 한다.

2 비상장법인 감사인 선임 및 보고

❶ 감사 승인

감사인 선임시 감사의 사전 승인을 받아야 한다.

❷ 사업연도 개시 후 45일 이내 외부감사인 선임

주식회사로서 직전 사업연도의 자산 또는 부채총액 등의 규모가 외부감사대상법인에 해당하는 경우 사업연도 개시 후 45일 이내에 외부감사인을 선임하여야 한다.

■ 외부감사 첫해는 4개월 이내 선임 보고

▶ **외부감사인 선정 및 감사보수의 결정**
1. 회사는 자유수임의 원칙에 의거 원하는 감사인(회계법인 및 감사반)을 선정할 수 있음
2. 감사인 리스트는 한국공인회계사 홈페이지(www.kicpa.or.kr)의 "한국공인회계사회-감사인.세무대리인소개"에서 확인 가능하며, 회계법인의 사업보고서는 금융감독원 회계포탈 홈페이지 "회계감리-회계법인사업보고서"에서 확인 가능
3. 감사보수는 원칙적으로 감사서비스 시장에서 기업 특성에 따른 감사투입시간, 감사리스크와 감사인 특성 등을 고려하여 기업과 감사인간 협의에 의해 결정
4. 계약기간은 1년으로 한다.

❸ 정기총회 보고

정기총회 이후 감사인이 선임된 경우 → 서면통지, 회사 인터넷 홈페이지 공고 등의 방법으로 보고

❹ 금융감독원 보고

금융감독원내 증권선물위원회(금융감독원 회계제도실)에 다음에 정하는 바에 따라 보고하여야 한다.

[1] 감사계약 체결 후 2주일 이내 감사계약서 등 관련 서류 금감원
회사는 감사인과 감사계약 체결후 2주일 이내 감사계약서 등 관련 서류를 금감원에 제출 (감사인은 감사계약체결보고서 제출)

[2] 보고방법
감사인선임보고시스템(filer.fss.or.kr)에 의한 전자보고 또는 등기우편 발송

<유의사항> 초도감사인 경우 선임보고에 앞서 "DART고유번호"(금융위 부여 회사코드) 발급 필요 : 외부감사인 선임보고시스템(filer.fss.or.kr) → 고유번호 발급신청 → 하루 정도 후 신청결과 조회
비상장법인이 당기에 전기감사인을 다시 선임한 경우에는 선임보고 생략

[3] 제출서류
○ 공문
○ 외부감사계약서 사본
○ 감사인선임위원회 의사록 사본 또는 감사의 승인서 원본
○ 법인등기부등본
○ 감사인 교체사유서 및 전기감사인 의견진술내용 (감사인이 변경된 경우 제출)
○ 전기감사인의 감사인 변경동의서
- 전기 감사의견이 적정의견이 아니며 당기에 감사인을 변경한 경우 제출

♣ 상세내용 : 금융감독원 회계포탈 참조

2

자본관리 · 이익배당
주식이동 · 주식평가

① 주주명부, 주권 관리 및 주식 종류

1 주주명부 및 주권

❶ 개요

주주란 주식회사에 자금을 출자한 자를 말하며, 기업은 상법의 규정에 의하여 출자자인 주주명부를 작성하여 보관하여야 한다.

법인 설립시 출자자인 주주명부를 작성하여야 하며, 법인 설립 신고시 관할세무서에 '주주등의 명세서'를 제출하여야 한다.

주주명부는 등기를 요하거나 정관에 기재하는 사항이 아니므로 별도로 관리 및 보관하여야 하며, 주주 변동, 자본금 증자 등이 있는 경우 수정 작성하여야 한다.

❷ 주주명부 기재사항 및 작성

[1] 주주명부 기재사항 (상법 제352조)
주식을 발행한 때에는 주주명부에 다음의 사항을 기재하여야 한다.
1. 주주의 성명과 주소
2. 각 주주가 가진 주식의 종류와 그 수
3. 각 주주가 가진 주식의 주권을 발행한 때에는 그 주권의 번호

4. 각 주식의 취득년월일

주 주 명 부

성명 (법인명)	주민등록번호 (사업자등록번호)	주식종류	주권번호	지분율	대주주 관 계	전화번호	비고
	주소	주식수	주 당 액면가액	금 액	취득연월일	휴대전화	
홍길동	640206-1******	보통주	*****		본인		
	서울 강남 서초 ***	10,000	500	5,000,000	2017.05.10		
계							

[2] 전환주식 기재사항 (상법 제347조)

전환주식을 발행한 때에는 상법 제347조에 기재한 사항도 주주명부에 기재하여야 한다.

☐ 상법 제347조(전환주식발행의 절차) 제346조의 경우에는 주식청약서 또는 신주인수권증서에 다음의 사항을 적어야 한다. 〈개정 1984. 4. 10., 2011. 4. 14.〉
1. 주식을 다른 종류의 주식으로 전환할 수 있다는 뜻
2. 전환의 조건
3. 전환으로 인하여 발행할 주식의 내용
4. 전환청구기간 또는 전환의 기간

[3] 전자주주명부 (상법 제352조의2)
① 회사는 정관으로 정하는 바에 따라 전자문서로 주주명부(전자주주명부)를 작성할 수 있다.
② 전자주주명부에는 주주명부 기재사항 외에 전자우편주소를 적어야 한다.

[4] 주주명부의 폐쇄, 기준일 (상법 제354조)
① 회사는 의결권을 행사하거나 배당을 받을 자 기타 주주 또는 질권자로서 권리를 행사할 자를 정하기 위하여 일정한 기간을 정하여 주주명부의 기재변경을 정지하거나 일정한 날에 주주명부에 기재된 주주 또는 질권자를 그 권리를 행사할 주주 또는 질권자로 볼 수 있다.
② 제1항의 기간은 3월을 초과하지 못한다.
③ 제1항의 날은 주주 또는 질권자로서 권리를 행사할 날에 앞선 3월내의 날로 정하여야 한다.
④ 회사가 제1항의 기간 또는 날을 정한 때에는 그 기간 또는 날의 2주간전에 이를 공고하여야 한다. 그러나 정관으로 그 기간 또는 날을 지정한 때에는 그러하지 아니하다.

[5] 주주명부의 효력 (상법 제337조)
주식의 이전은 취득자의 성명과 주소를 주주명부에 기재하지 아니하면 회사에 대항하지 못한다.

[6] 주주명부의 열람 및 등사 (상법 제396조 제2항)
주주 또는 회사의 채권자는 영업시간 이내 언제든지 주주명부의 열람 또는 등사가 가능하다.

[7] 주주명부 등의 비치 (상법 제396조)
이사는 회사의 정관, 주주총회의 의사록을 본점과 지점에, **주주명부**, 사채원부를 본점에 비치하여야 한다. 이 경우 명의개서대리인을 둔 때에는 주주명부나 사채원부 또는 그 복본을 명의개서대리인의 영업소에 비치할 수 있다.

❸ 주식

[1] 개요
① 주식은 주식회사에 출자를 한 주주에게 그 출자에 대한 증표로 발생하는 증권을 말하며, 주권이라고도 한다. 주권은 주주의 회사에 대한 법률관계를 나타내는 유가증권으로서 회사는 신주의 납입기일 후 지체 없이 주권을 발행하여야 한다.
② 액면주식의 금액은 균일하여야 하며, 액면주식 1주의 금액은 100원 이상으로 하여야 한다.

[2] 주권의 기재사항 (상법 제356조)
주권에는 다음의 사항과 번호를 기재하고 대표이사가 기명날인 또는 서명하여야 한다.
1. 회사의 상호
2. 회사의 성립년월일
3. 회사가 발행할 주식의 총수
4. 액면주식을 발행하는 경우 1주의 금액
5. 회사의 성립후 발행된 주식에 관하여는 그 발행 연월일
6. 종류주식이 있는 경우에는 그 주식의 종류와 내용
7. 주식의 양도에 관하여 이사회의 승인을 얻도록 정한 때에는 그 규정

[3] 주권의 전자등록 (상법 제356조의2)
회사는 주권을 발행하는 대신 정관으로 정하는 바에 따라 전자등록기관(유가증권 등의 전자등록 업무를 취급하는 것으로 지정된 기관)의 전자등록부에 주식을 등록할 수 있다.

[4] 주권의 불소지 (상법 제358조의2)
①주주는 정관에 다른 정함이 있는 경우를 제외하고는 그 주식에 대하여 주권의 소지를 하지 아니하겠다는 뜻을 회사에 신고할 수 있다.
②제1항의 신고가 있는 때에는 회사는 지체없이 주권을 발행하지 아니한다는 뜻을 주주명부와 그 복본에 기재하고, 그 사실을 주주에게 통지하여야 한다. 이 경우 회사는 그 주권을 발행할 수 없다.

② 주식 종류

❶ 개요

주식은 보통주와 종류주식으로 구분하며, 그 내용은 다음과 같다.

[1] 보통주
보통주는 주주로서의 모든 권한을 부여받는 주식으로 일반적인 경우 보통주에 해당한다.

[2] 종류주식
종류주식이란 일부 권한에 대해 제한을 두는 주식을 의미하며, 종류주식에는 우선주, 후배주 등이 있다.

☐ 상법 제344조(종류주식) ① 회사는 이익의 배당, 잔여재산의 분배, 주주총회에서의 의결권의 행사, 상환 및 전환 등에 관하여 내용이 다른 종류의 주식(이하 "종류주식"이라 한다)을 발행할 수 있다.
② 제1항의 경우에는 정관으로 각 종류주식의 내용과 수를 정하여야 한다.
③ 회사가 종류주식을 발행하는 때에는 정관에 다른 정함이 없는 경우에도 주식의 종류에 따라 신주의 인수, 주식의 병합·분할·소각 또는 회사의 합병·분할로 인한 주

❷ 주식 종류

[1] 보통주
보통주란 배당을 먼저 받을 수 있는 등의 특별한 권리를 부여받지 않은 일반 주식을 말한다. 보통주를 갖는 주주는 배당을 받을 권리 및 주주총회에 참석하여 결의를 할 수 있는 의결권이 부여된다는 점이 가장 큰 특징이다.

[2] 우선주

우선주는 보통주보다 배당우선권을 갖되, 의결권을 갖지 못하는 주식으로서 우선주의 종류로는 일정 기간 후 현금으로 상환을 하도록 한 상환주식, 일정기간 후 보통주로 전환하도록 약정이 된 전환주식 등이 있다.

우선주는 배당우선의 내용이 있는 우선주에 대해서만 인정하고 상환가액, 상환기간, 상환방법 등을 정관에 기재하여야 하되, 실제 발행은 이사회의 결의에 의하여 할 수 있다. 상환의 결정은 회사측에 의하여 일방적으로 이루어질 수도 있고 주주의 청구에 의하여 이루어질 수도 있다.

우선주의 경우 투자자의 입장에서 보통주보다 높은 배당을 받을 수 있는 장점이 있지만, 기업이 이익을 내는 것을 전제로 하기 때문에 채권보다 변제순위가 뒤떨어지고 담보도 없어 기업이 파산한 경우 투자금을 돌려받기 어렵다.

상환우선주는 발행할 때에 그 상환이 예정되어 있다는 점에서 경제적으로 사채와 유사한 성격이 있는 주식이라고 할 수 있다. 그러나 이익이 있는 경우에만 그 상환이 가능하므로 사채와 다르다.

상법상 회사가 우선주를 상환할 때는 반드시 이익이 있어야 한다. 또한 상환우선주를 발행하는 기업에서는 정관의 규정에 따라 이를 상환하기 위하여 매년 이익의 일부를 상환기금(감채기금)으로 적립해야 한다.

◘ 상환우선주와 전환우선주 비교

구 분	상환우선주	전환우선주
성 격	회사채와 유사함	주식과 유사함
소 각	만기시 소각	만기시 보통주로 전환
배 당	보통주보다 우선 배당	보통주보다 우선 배당

우선주는 남은 이익의 배당에 대한 참가여부에 따라 참가적 우선주와 비참가적 우선주로, 배당의 누적여부에 따라 누적적 우선주와 비누적적 우선주로 구분한다

[3] 후배주

배당이나 남은 재산의 분배 등의 이익분배의 참가순위가 보통주보다 후위인 주식을 말한다. 즉, 보통주 다음에 배당 받을 권리를 가진 주식으로 후배주는 열위주 또는 후취주라고도 하는데, 주로 회사의 대주주나 발기인, 경영자 등이 소유한다

[4] 혼합주

이익배당은 보통주에 우선하고 남은재산분배에 있어서는 열등한 지위에 있는 주식을 말한다.

[5] 상환주식 (상법 제345조)

회사가 자금이 필요한 경우 발행하였으나 일정 기간이 지난 후 해당 주식을 회수하여 소각하려는 경우에 발행하는 주식을 말한다.

[6] 전환주식

회사가 권리내용이 다른 여러 종류주식을 발행하는 경우 다른 종류주식으로 전환할 수 있는 권리, 즉 전환권이 인정되는 주식을 말한다. 회사가 전환주식을 발행하는 경우, 전환의 조건, 전환의 청구기간, 전환으로 인하여 발행할 주식의 수와 내용을 정해야 하며(상법 제346조제1항), 주식청약서 또는 신주인수권증서에도 그 내용을 적어야 한다.(상법 제347조)

2. 자본금 증자 또는 감자 및 세무상 유의할 사항

1 자본금 증자

> 자본금 증자란 법인의 자본금을 증액하는 것으로 주주의 출자(금전 등이 법인에 새로 유입됨)에 의한 유상증자와 자본의 형태만 변경(자본잉여금, 이익잉여금 등을 자본금 항목으로 변경하는 것으로 새로운 자산이 법인에 유입되는 것은 아님)하는 무상증자로 구분된다.

❶ 유상 증자

1 개요

유상 증자란 회사가 자본금을 증액하기 위하여 출자자로부터 금전 등을 받고, 그에 대한 대가로 법인의 주식을 교부하는 것을 말한다. 즉, 신주을 발행하여 자금을 조달하는 것을 말한다.

법인의 정관에는 발행 예정 주식총수만을 기재해 놓고, 자본총액은 기재하지 않기 때문에 자본금을 증액하고자 하는 경우 정관변경 없이 이사회의 결의로 신주를 발행하여 자본금을 증액할 수 있다. 단, 이사가 1인인 회사는 언제나 주주총회에서 결정하여야 한다(상법 제383조 제4항).

2 유상증자 방식

[1] 주주배정 증자방식
주주에게 그가 가진 주식수에 따라서 신주를 배정하기 위해 신주인수 청약을 할 기회를 부여하는 방식

▶ 공고 및 청약최고
상법에 규정된 정식절차에 따라 신문에 배정일을 2주간 공고하고, 또 2주간 청약최고하여야 한다.

> **상법**
>
> 제418조(신주인수권의 내용 및 배정일의 지정·공고) ①주주는 그가 가진 주식 수에 따라서 신주의 배정을 받을 권리가 있다. 〈개정 2001.7.24.〉
> ②회사는 제1항의 규정에 불구하고 정관에 정하는 바에 따라 주주 외의 자에게 신주를 배정할 수 있다. 다만, 이 경우에는 신기술의 도입, 재무구조의 개선 등 회사의 경영상 목적을 달성하기 위하여 필요한 경우에 한한다. 〈신설 2001.7.24.〉
> ③회사는 일정한 날을 정하여 그 날에 주주명부에 기재된 주주가 제1항의 권리를 가진다는 뜻과 신주인수권을 양도할 수 있을 경우에는 그 뜻을 그 날의 2주간전에 공고하여야 한다. 그러나 그 날이 제354조제1항의 기간 중인 때에는 그 기간의 초일의 2주간전에 이를 공고하여야 한다. 〈신설 1984.4.10.〉
> ④ 제2항에 따라 주주 외의 자에게 신주를 배정하는 경우 회사는 제416조제1호, 제2호, 제2호의2, 제3호 및 제4호에서 정하는 사항을 그 납입기일의 2주 전까지 주주에게 통지하거나 공고하여야 한다. 〈신설 2011.4.14.〉
>
> 제419조(신주인수권자에 대한 최고) ①회사는 신주의 인수권을 가진 자에 대하여 그 인수권을 가지는 주식의 종류 및 수와 일정한 기일까지 주식인수의 청약을 하지 아니하면 그 권리를 잃는다는 뜻을 통지하여야 한다. 이 경우 제416조제5호 및 제6호에 규정한 사항의 정함이 있는 때에는 그 내용도 통지하여야 한다.
> ②제1항의 통지는 제1항의 기일의 2주간전에 이를 하여야 한다.
> ③제1항의 통지에도 불구하고 그 기일까지 주식인수의 청약을 하지 아니한 때에는 신주의 인수권을 가진 자는 그 권리를 잃는다. 〈개정 2014.5.20.〉

제420조(주식청약서) 이사는 주식청약서를 작성하여 다음의 사항을 적어야 한다. 〈개정 1984.4.10., 2011.4.14.〉
1. 제289조제1항제2호 내지 제4호에 게기한 사항
2. 제302조제2항제7호·제9호 및 제10호에 게기한 사항
3. 제416조제1호 내지 제4호에 게기한 사항
4. 제417조에 따른 주식을 발행한 경우에는 그 발행조건과 미상각액(未償却額)
5. 주주에 대한 신주인수권의 제한에 관한 사항 또는 특정한 제삼자에게 이를 부여할 것을 정한 때에는 그 사항
6. 주식발행의 결의연월일

제420조의2(신주인수권증서의 발행) ①제416조제5호에 규정한 사항을 정한 경우에 회사는 동조제6호의 정함이 있는 때에는 그 정함에 따라, 그 정함이 없는 때에는 제419조제1항의 기일의 2주간전에 신주인수권증서를 발행하여야 한다.
②신주인수권증서에는 다음 사항과 번호를 기재하고 이사가 기명날인 또는 서명하여야 한다. 〈개정 1995.12.29.〉
1. 신주인수권증서라는 뜻의 표시
2. 제420조에 규정한 사항
3. 신주인수권의 목적인 주식의 종류와 수
4. 일정기일까지 주식의 청약을 하지 아니할 때에는 그 권리를 잃는다는 뜻

제420조의3(신주인수권의 양도) ①신주인수권의 양도는 신주인수권증서의 교부에 의하여서만 이를 행한다.
②제336조제2항 및 수표법 제21조의 규정은 신주인수권증서에 관하여 이를 준용한다.

제420조의4(신주인수권의 전자등록) 회사는 신주인수권증서를 발행하는 대신 정관으로 정하는 바에 따라 전자등록기관의 전자등록부에 신주인수권을 등록할 수 있다. 이 경우 제356조의2제2항부터 제4항까지의 규정을 준용한다.

▶ **실권주 처리**

기존 주주가 그 인수를 포기한 실권주는 주로 이사회 결의를 통해 기존 주주, 제3자 또는 일반인에게 공모하는 방법으로 처리가 가능하나 신주발행을 위한 이사회

결의에서 실권주 처리방법을 정하여야 하고, 실권주 발생시 별도의 이사회결의를 거쳐야 실권주를 일반 공모 또는 제3자 배정 방법에 의해 처리할 수 있다.

[2] 기간 단축 방식
(1) 주주전원의 동의가 있는 경우 신문공고(배정일 공고)를 생략하여 이 기간을 단축할 수가 있으며, 실무상 주주전원의 동의가 가능한 비상장법인의 경우에 이 방법을 많이 이용하되, 주주 전원의 동의서 및 기간단축 동의서, 신주인수포기서를 작성하여 두어야 한다.
(가) 기간 단축 동의서 : 주주전원의 동의를 확인하기 위하여 증자등기 신청시 기간단축동의서를 첨부하여야 현재 주주 전원이 날인하여야 한다.
(나) 신주인수포기서 : 증자에 참여하지 않는 주주가 있거나 지분비율에 따라 할당된 신주중 일부만 인수하고 일부는 포기하는 주주가 있는 경우에는 신주인수포기서를 받아 두어야 한다.

(2) 주주전원의 동의로 기간 단축방식에 의하여 자본금 증자를 하는 경우 이사회의 결의로 다음의 방법으로 자유롭게 신주를 배정을 할 수 있다.
1. 신주를 기존주주들에게 그 지분비율대로 배정한 방법
2. 기존주주의 지분비율과 다르게 배정하는 방법
3. 기존주주는 배제하고 신주전부를 제3자에게 배정하는 방법

[3] 정관에 따른 제3자 배정방식의 증자
정관에 제3자에게 신주인수권을 부여하는 규정을 두는 경우 그 규정에 따라 이사회 결의로 유상증자를 할 수 있다. 이 경우 기존주주들은 배제되므로, 신문공고나 청약통지가 따로 필요하지 않다.

3 유상증자 절차

[1] 이사회의 신주발행 결정 (또는 주총결의)
(1) 신주의 종류와 수
발행예정주식총수 중 미발행주식의 범위내에서 발행할 주식의 수를 결정하여야 하며, 회사가 수종의 주식을 발행할 것으로 정한 때에는 그 종류도 결정하여야 한다.

(2) 신주의 발행가액
주식의 발행가액은 권면액(액면가액) 이상으로 발행하는 것이 원칙이며, 1주의 가격은 100원 이상으로 하여야 한다. 또한 1회에 발행하는 주식의 발행가액은 균일하게 정하여야 한다.

(3) 납입 기일
납입기일은 주식인수인이 주금의 납입 또는 현물출자의 이행을 하여야 할 기일로서 (상법 제421조) 그 날까지 주금의 납입 또는 현물출자의 이행을 한 주식인수인은 그 이튿날에 주주가 되고 이를 이행하지 아니한 주식인수인은 그 권리를 잃는다.

(4) 신주의 인수방법 (구주 배정 또는 제3자 배정)
신주인수권의 구체적 내용과 인수절차, 주식청약서의 작성, 주식에 대한 납입, 현물출자에 대한 검사절차 등을 정하여야 한다.

(5) 현물출자에 관한 사항
현물출자를 하는 자의 성명과 그 목적인 재산의 종류, 수량, 가액과 이에 대하여 부여할 주식의 종류와 수를 정하여야 한다.

(6) 주주가 가지는 신주인수권을 양도할 수 있는 것에 관한 사항
신주인수권이란 회사성립후에 발행하는 신주의 배정을 우선적으로 받을 권리로서 정관의 규정이 없는 경우 신주의 발행을 결정하는 이사회 또는 주주총회에서 이를 정하여야 한다.

(7) 주주의 청구가 있는 때에만 신주인수권증서를 발행한다는 것과 그 청구기간
신주인수권의 양도는 신주인수권증서의 교부에 의하여 행하여지므로 회사가 신주인수권을 양도할 수 있는 것으로 정한 때에는 반드시 신주인수권증서를 발행하여야 한다. 주주의 청구기간은 회사의 사무처리의 편의에 따라 결정할 것이나 그 기간의 만료일은 청약기일전이어야 한다.

▶ **자본금 10억원 미만으로 이사가 2인인 경우**
1. 증자에 관한 이사회결의는 주주총회결의로 한다. [상법 제383조(원수, 임기)]
2. 소규모회사는 주총 소집절차도 간소화되어 소집절차 없이 주총을 개최할 수 있고, 서면으로 주총결의를 갈음할 수도 있다.(주주전원의 동의요)

▶ **구주주 배정방식에 의한 자본금 증자 절차**
1. 이사회결의(단, 이사가 1인인 회사는 주주총회결의)
2. 기준일공고(기준일15일전)

3. 실권예고부최고(청약일 15일전)
4. 청약
5. 납입
6. 등기신청(납입일 익일)

▶ 주주배정 증자방식

주주배정 증자방식은 기존의 주주에게만 신주인수권을 부여하는 방법을 말하며, 기존 주주는 그가 가진 주식의 수에 따라서 신주의 배정을 받을 권리를 가진다.

신주배정기준일 공고를 이사회결의일에 앞서 미리 하고, 주주전원의 동의로 실권예고부최고 기간을 단축하면 3~4일 이내에 등기완료가 가능하다.

[2] 주주 모집

이사회 또는 주주총회에서 신주발행에 대하여 결정한 후 주주 모집을 하여야 하며, 신주배정일 공고 및 실권예고부 최고를 하여야 한다.

[3] 신주배정일 공고 (2주간)

정관에 다른 규정이 없는 한 주주는 그가 가진 주식의 수에 따라서 신주의 배정을 받을 권리가 있으므로(상법 제418조 제1항) 회사는 주식양수인의 신주인수권을 보호하기 위하여 일정한 날. 즉 배정일을 정하여 그 날에 주주명부에 기재된 주주가 신주인수권을 가진다는 뜻과 신주인수권을 양도할 수 있는 것으로 정한 때에는 그 뜻을 배정일의 2주간전에 공고하여야 한다.

[4] 실권예고부 최고

회사는 신주인수권을 가진 자에 대하여 그 인수권을 가지는 주식의 종류 및 수와 일정한 기일까지 주식인수의 청약을 하지 않으면 그 권리를 잃는다는 뜻을 그 기일의 2주간전에 통지하여야 하며, 신주인수권을 양도 할 수 있는 것으로 정한 때에는 그 뜻과 주주의 청구에 의하여 신주인수권증서를 발행할 것으로 정한 때에는 그 내용도 통지하여야 한다.

[5] 주식 청약

주식인수의 청약을 하고자 하는 자는 주식청약서 또는 신주인수권증서에 인수할 주식의 종류 및 수와 주소를 기재하고 기명날인하거나 서명하여야 한다(상법 제425조, 제420조의4 제1항,제302조).

주식의 청약은 반드시 주식청약서 또는 신주인수권증서에 의하여야 하며 이 서면에 의하지 아니한 청약 또는 이 서면이 법률에서 정한 요건을 구비하지 못한 경우의 청약에 의한 신주의 발행은 무효소송의 원인이 된다(상법 제427조). 다만, 현물출자를 하는 자는 주식청약서에 의하여 신주를 인수할 필요가 없다.

[6] 주주의 배정

신주의 청약이 있는 때에는 회사를 대표하는 이사는 배정을 하여야 한다. 신주인수권자의 청약에 대하여는 반드시 신주를 배정하여야 하나 그 외 자에 대하여는 자유롭게 결정한다.

[7] 현물의 검사(현물 출자시)

현물출자를 하는 자가 있는 때에는 회사를 대표하는 이사는 이에 관한 조사를 하기 위하여 법원에 검사인의 선임을 청구하거나 공인된 감정인으로 하여금 감정하게 하여야 한다.

[8] 출자의 이행

신주인수인들로부터 주금이 입금되면, 주금납입은행에 주금납입을 하여야 한다.
1. 은행계좌(회사 계좌가 아님)인 유가증권청약증거금계좌에 주금 총액 납입
2. 은행에서 주금납입보관증명서를 발급받음

▶ **주금납입시 필요서류**
ㅇ 법인등기부등본 1부, 법인인감증명서 1부, 법인도장
ㅇ 정관 사본 1부 및 사업자등록증 사본
ㅇ 대표이사 신분증 및 주주신분증
ㅇ 주금납입의뢰서, 이사회의사록(또는 주총의사록) 등
ㅇ 주주명부(증자전, 증자후)

[9] 신주발행의 효력발생

납입기일 다음날로부터 주주가 된다.

[10] 유상증자 등기 신청

회사가 신주를 발행하면 그 납입 기일의 다음날부터 신주발행의 효력이 발생하므로 이날을 신주발행으로 인한 변경등기의 원인일자 및 등기기간 기산일로 하여 본점소재지에서는 2주간 내에 대표이사가 등기를 신청하여야 한다.

▶ 자본금 증자 등기시 필요서류

o 정관 및 공증받은 이사회의사록 또는 주주총회의사록
o 주식의 인수를 증명하는 서면
o 주식청약서
o 주금납입보관증명서 또는 잔고증명서
  신주발행 결과 자본금총액이 10억 미만인 회사에 대하여는 '잔고증명서'로 대체할 수 있다. (개정 상업등기법 제82조 제5호 후단)
o 등록면허세영수필확인서
o 위임장(대리인이 신청할 경우)
o 제3자 배정의 경우 주주에게 통지 또는 공고하였음을 증명하는 서면

[11] 납입주금 출금

유상증자의 등기가 완료된 후 납입한 주금을 출금할 수 있으며, 출금시 다음의 서류를 주금 납입은행에 제출하면, 회사의 통장으로 이체하여 준다.

o 법인등기부등본(유상증자 후의 등본) 1통
o 법인인감도장

❷ 무상증자

1️⃣ 개요

① 무상증자란 법인기업의 준비금 또는 이익잉여금 등을 자본금으로 전입하면서 기존주주들에게 무상으로 신주를 발행(교부)하는 것을 말한다. 무상증자는 자금조달을 목적으로 하지 않고, 자본구성을 시정하거나 사내유보의 적정화 등을 위해 실시되는 것으로서 회사의 총자산에는 변동이 없이 재무제표상 항목간의 변경을 통하여 새로운 주식을 발행하는 형식적 증자로 실질적인 재산은 증가하지 않는다.

② 주식배당은 주주총회의 결의에 의하여 이익의 배당을 새로이 발행하는 주식으로써 할 수 있다. 그러나 주식에 의한 배당은 이익배당총액의 2분의 1에 상당하는 금액을 초과하지 못한다.

③ 무상증자를 하는 경우 그 증가액을 액면가로 나눈 수의 신주를 발행하여 기존 주주에게 무상으로 교부한다.

▶ **이익잉여금의 무상증자**
이익잉여금은 바로 무상증자의 재원으로 사용할 수 없다. 따라서 이익잉여금으로 무상증자를 하고자 하는 경우 정기주주총회에서 이익잉여금을 이익준비금으로 처분하여 이익준비금으로 전환한 후 무상증자를 하여야 한다. 한편, 자본금의 1/2을 초과하는 이익준비금은 임의적립금으로 보아 무상증자의 재원으로 사용할 수 없다.

2️⃣ 무상증자 절차

[1] 이사회 또는 주주총회 결의
원칙적으로 이사회의 결의에 의하여 준비금 등의 전부 또는 일부를 자본에 전입할 수 있지만, 정관으로 주주총회에서 결정하기로 정한 경우에는 주주총회의 결의로 할 수 있다. (상법 제461조)

[2] 배정일 지정 및 공고

(1) 이사회 결의에 의한 경우
배정기준일을 정하여 그 날에 주주명부에 기재된 주주가 신주(무상주)의 주주가 된다는 취지를 배정기준일의 2주간 전에 공고하여야 하며(상법 제461조), 배정기준일이 준비금 등의 자본전입(무상증자) 효력발생 시기이다.

(2) 주주총회 결의에 의한 경우
주주총회 결의로 무상증자를 하는 경우 배정일을 정하여 따로 공고를 할 필요가 없으며, 그 효력 발생시기는 주주총회 결의일이다.

[3] 자본전입 효력
무상증자를 하는 경우 자본 구성 항목의 변경(법정준비금 → 자본금)일 뿐으로 실질적인 자본 증가가 있는 것은 아니다.

[4] 통지·공고
자본전입(무상증자) 효력이 발생하면 이사는 지체없이 기명주주 및 등록질권자에게 주주가 받은 주식의 종류와 수를 통지하여야 한다(상법 제461조)

3 무상증자 등기

무상증자의 효력이 발생하면 2주간내에 발행주식총수와 그 종류 및 각각의 수, 자본의 총액을 변경하는 등기를 신청하여야 하며, 등기는 2~3일 가량이 소요된다.

[1] 이사회 결의로 무상증자시 등기 준비서류
o 법인등기부등본 1부, 법인인감증명서 1부, 법인인감도장
o 무상증자 전, 후 주주명부 각 2부 (총 4부)
o 이사(대표이사인 이사 제외) 과반수의 인감증명서1통, 인감도장
o 신문공고문 원본 1부
o 사업자등록증 사본 1부

[2] 정관에 따라 주주총회로 무상증자시 등기 준비서류

o 법인등기부등본 1부
o 법인인감도장
o 무상증자 전, 후 주주명부 각 2부(총 4부)
o 발행주식총수의 1/4이상 소유 주주의 인감도장, 인감증명서1부
o 정관사본 1부
o 준비금 증명서면 1부
o 사업자등록증 사본 1부

상법

제461조(준비금의 자본금 전입) ①회사는 이사회의 결의에 의하여 준비금의 전부 또는 일부를 자본금에 전입할 수 있다. 그러나 정관으로 주주총회에서 결정하기로 정한 경우에는 그러하지 아니하다. 〈개정 2011.4.14.〉
②제1항의 경우에는 주주에 대하여 그가 가진 주식의 수에 따라 주식을 발행하여야 한다. 이 경우 1주에 미달하는 단수에 대하여는 제443조제1항의 규정을 준용한다.
③제1항의 이사회의 결의가 있은 때에는 회사는 일정한 날을 정하여 그 날에 주주명부에 기재된 주주가 제2항의 신주의 주주가 된다는 뜻을 그 날의 2주간전에 공고하여야 한다. 그러나 그 날이 제354조제1항의 기간 중인 때에는 그 기간의 초일의 2주간전에 이를 공고하여야 한다.
④제1항 단서의 경우에 주주는 주주총회의 결의가 있은 때로부터 제2항의 신주의 주주가 된다.
⑤제3항 또는 제4항의 규정에 의하여 신주의 주주가 된 때에는 이사는 지체없이 신주를 받은 주주와 주주명부에 기재된 질권자에 대하여 그 주주가 받은 주식의 종류와 수를 통지하여야 한다. 〈개정 2014.5.20.〉
⑥제350조제3항 후단의 규정은 제1항의 경우에 이를 준용한다.

2 자본금 증자시 유의하여야 할 사항

❶ 불균등증자시 증여세 과세

1 개요

기업이 재무구조 개선 등의 사유로 자본금을 증자하는 경우 증자전 기존 주주의 지분비율대로 주식을 배정(기존 주주에게 신주인수권 부여 → 균등 증자)하여 자본금을 증자하여야 한다.

자본금을 증자하면서 기존 주주의 지분비율대로 주식을 배정하지 아니하고, 특정 주주에게 지분비율을 초과하여 배정하는 경우(불균등증자라 한다.)로서 주식 발행가액이 주식의 실질가치보다 낮은 경우 이익의 증여로 인한 증여세 문제가 발생한다.

예를 들어 자본금 증자시 발행하는 주식의 실질가치기 2억원임에도 1억원에 발행함에 있어 특정 주주가 지분비율을 초과하여 인수하는 경우 지분비율대로 주식을 배정받을 수 있는 권리를 포기한 주주로부터 받은 주식(실권주라 한다.)으로 특정 주주가 얻게 되는 이익에 대하여 증여세를 부담하여야 하는 문제가 있으며, 또한 새로운 주주가 주식을 인수하는 경우 주식을 실질가치보다 낮은 금액으로 인수함으로서 얻게 되는 이익은 증여로 보게 되는 것이다. 따라서 자본금을 증자하면서 기존 주주의 지분비율대로 균등하게 배정하지 않는 경우 반드시 주식의 시가를 계상하여 증여세 과세 여부를 충분히 검토하여야 한다.

◆ 서면4팀-1384, 2005.08.05.
법인이 자본을 증가시키기 위하여 신주를 발행함에 있어 각 주주의 지분비율대로 균등하게 신주를 인수함으로써 특정주주가 얻은 이익이 없는 경우에는 「상속세 및 증여세법」제39조의 규정에 의한 증여세 과세문제는 발생하지 아니함

♣ 비상장법인의 주식 시가 → 비상장주식의 주식평가 편 참고

2 주식의 저가 발행 및 증여세

1 저가발행한 경우로서 실권주를 배정한 경우

[1] 증여이익

법인이 자본을 증가시키기 위하여 새로운 주식을 발행함에 따라 신주를 **시가보다 낮은 가액으로 발행**하는 경우 다음의 어느 하나에 해당하는 이익을 얻은 경우 그 이익에 상당하는 금액을 이익을 얻은 자의 증여재산가액으로 한다. (상증법 제39조)

① 해당 법인의 주주가 신주를 배정받을 수 있는 권리의 전부 또는 일부를 포기한 경우로서 그 포기한 신주(실권주)를 배정(주권상장법인이 유가증권의 모집방법으로 배정하는 경우는 제외)하는 경우에는 그 실권주를 배정받은 자가 실권주를 배정받음으로써 얻은 이익

② 해당 법인의 주주가 아닌 자가 해당 법인으로부터 신주를 직접 배정받거나, 해당 법인의 주주가 그 소유주식 수에 비례하여 균등한 조건으로 배정받을 수 있는 수를 초과하여 신주를 직접 배정받음으로써 얻은 이익

[2] 증여이익의 계산 [(① - ②) × ③]

① 다음 산식에 의하여 계산한 1주당 가액. 다만, 주권상장법인 등의 경우로서 증자후의 1주당 평가가액이 다음 산식에 의하여 계산한 1주당 가액보다 적은 경우에는 당해 가액

[(증자전의 1주당 평가가액 × 증자전의 발행주식총수) + (신주 1주당 인수가액 × 증자에 의하여 증가한 주식수)] ÷ (증자전의 발행주식총수 + 증자에 의하여 증가한 주식수)

② 신주 1주당 인수가액

③ 배정받은 실권주수 또는 신주수(균등한 조건에 의하여 배정받을 신주수를 초과하여 배정받은 자의 경우에는 그 초과부분의 신주수)

[예제] 신주 배정 권리를 포기한 자의 실권주를 배정받은 자의 증여가액 계산

자본금   100,000,000원 (10,000주 × 액면가액 10,000원)

주주(갑) 70,000,000원 (7,000주)

주주(을) 20,000,000원 (2,000주)

주주(병) 10,000,000원 (1,000주)

자본금 증자전 1주당 주식시가 50,000원

20×5년 10월 자본금 증자

150,000,000원 (10,000주 × 발행가액 15,000원)

현금등   150,000,000 / 자본금   100,000,000
                    주식발행초과금   50,000,000

주주(갑)이 실권주 전부를 인수하여 10,000주를 주당 15,000원에 인수함

주주	관계	주식수	액면가액	출자금액	신주 배정 받을 권리	증자 주식수	증자이후 주식수	지분율
갑	본인	7,000	10,000	70,000,000	7,000	10,000	17,000	85&
을	동생	2,000	10,000	20,000,000	2,000	실권주	2,000	10%
병	타인	1,000	10,000	10,000,000	1,000	실권주	1,000	5%
합계		10,000		100,000,000	10,000	10,000	20,000	100%

[사례] 저가발행의 경우 증여재산가액

'갑'의 증여가액

(증자후 1주당 평가가액 - 1주당 인수가액) × 배정받은 실권주

(32,500원 - 15,000원) × 3,000주 = 52,500,000원

증자후 1주당 평가가액 = [(증자전 1주당 평가가액 × 증자전 발행주식총수) + (신주 1주당 인수가액 × 증자주식수)] ÷ (증자전 발행주식총수+증자주식수)

(50,000원 × 10,000주) + (15,000원 × 10,000주)/(10,000주 + 10,000주)

▶ 증자에 따른 이익의 증여시에는 증여재산가액으로 계상한 금액이 증여금액임

증자에 따른 이익의 증여시에는 증여재산가액으로 계상한 금액이 증여금액이 되는 것으로 신주를 배정받을 권리를 포기한 자와의 관계가 타인인 경우에도 상증법 시행령 제29조에 의하여 계상한 금액을 증여재산으로 한다.

증자에 따른 이익의 증여시에는 주식의 저가 또는 고가 양도시 차감하는 금액 [MIN(3억원, 시가의 30%)]은 적용하지 아니한다.

◆ 제도46014-10604, 2001.04.17
법인의 증자시 '주주가 아닌 자'가 신주를 직접 배정받음으로써 이익을 얻은 경우, 신주를 배정받은 자와 배정받지 않은 자의 '특수관계'여부에 관계없이 증여세 과세됨

◆ 조심2008중1960, 2008.11.20.
신주를 시가보다 낮은 가액으로 발행하는 경우로서 법인의 주주가 아닌 자가 당해 법인으로부터 신주를 직접 배정받음으로써 얻은 이익은 증여세가 과세됨

② 저가발행한 경우로서 실권주를 배정받지 아니한 경우

해당 법인의 주주가 신주를 배정받을 수 있는 권리의 전부 또는 일부를 포기한 경우로서 실권주를 배정하지 아니하는 경우에는 그 신주 인수를 포기한 자의 특수관계인이 신주를 인수함으로써 얻은 이익에 대하여도 증여세가 과세되며, 증여이익은 다음과 같다. [상증법 시행령 제29조]

아래 ①항의 규정에 의하여 계산한 가액에서 신주 1주당 인수가액을 차감한 가액이 ①항의 규정에 의하여 계산한 가액의 100분의 30 이상이거나 그 가액에 ③항의 규정에 의한 실권주수를 곱하여 계산한 가액이 3억원 이상인 경우의 당해 금액

① 다음 산식에 의하여 계산한 1주당 가액. 다만, 주권상장법인등의 경우로서 증자 후의 1주당 평가가액이 다음 산식에 의하여 계산한 1주당 가액보다 적은 경우에는 당해 가액

[(증자전의 1주당 평가가액×증자전의 발행주식총수)+(신주 1주당 인수가액×증자전의 지분비율대로 균등하게 증자하는 경우의 증가주식수)]÷(증자전의 발행주식총수+증자전의 지분비율대로 균등하게 증자하는 경우의 증가주식수)

② 신주 1주당 인수가액

③
실권주 총수×증자후 신주인수자의 지분비율 × (신주인수자의 특수관계인의 실권주수 / 실권주 총수)

③ 주식의 고가 발행 및 증여세

① 주주가 포기한 실권주를 배정한 경우

[1] 증여이익
해당 법인의 주주가 신주를 배정받을 수 있는 권리의 전부 또는 일부를 포기한 경우로서 실권주를 배정하는 경우에는 그 실권주를 배정받은 자가 그 실권주를 인수함으로써 그의 특수관계인에 해당하는 신주 인수 포기자가 얻은 이익

[2] 증여이익의 계산 [① - ② × ③]
① 신주 1주당 인수가액

② 다음 산식에 의하여 계산한 1주당 가액. 다만, 주권상장법인등의 경우로서 증자 후의 1주당 평가가액이 다음 산식에 의하여 계산한 1주당 가액보다 큰 경우에는 당해 가액

```
[(증자전의 1주당 평가가액 × 증자전의 발행주식총수) + (신주 1주당 인수가액 × 증자에 의하여 증가한 주식수)] ÷
   (증자전의 발행주식총수 + 증자에 의하여 증가한 주식수)
```

③
```
신주인수를 포기한 주주의 실권주수  ×  신주인수를 포기한 주주의 특수관계인이 인수한 실권주수
                                          실권주 총수
```

② 주주가 포기한 실권주를 배정하지 않은 경우

[1] 증여이익
해당 법인의 주주가 신주를 배정받을 수 있는 권리의 전부 또는 일부를 포기한 경우로서 실권주를 배정하지 아니하는 경우에는 그 신주를 인수함으로써 그의 특수관계인에 해당하는 신주 인수 포기자가 얻은 이익

[2] 증여이익의 계산

다음 산식에 의하여 계산한 금액(그 금액이 3억원 이상인 경우 또는 신주 1주당 인수가액에서 ①의 [2] ②의 가액을 차감한 금액이 ①의 [2] ②의 가액의 100분의 30 이상인 경우에 한한다)

| (제3호 가목의 가액 - 제3호 나목의 가액)× 신주인수를 포기한 주주의 실권주수 | × | 신주인수를 포기한 주주의 특수관계인이 인수한 신주수 ──────────────────── 증자전의 지분비율대로 균등하게 증자하는 경우의 증자 주식총수 |

* 제3호 가목의 가액이란 신주 1주당 인수가액을 말한다.
* 제3호 나목의 가액

[(증자전의 1주당 평가가액×증자전의 발행주식총수)+(신주 1주당 인수가액×증자에 의하여 증가한 주식수)] ÷ (증자전의 발행주식총수+증자에 의하여 증가한 주식수)

③ 주주가 아닌 자가 신주를 배정받은 경우 등

[1] 증여이익

해당 법인의 주주가 아닌 자가 해당 법인으로부터 신주를 직접 배정받거나, 해당 법인의 주주가 그 소유주식 수에 비례하여 균등한 조건으로 배정받을 수 있는 수를 초과하여 신주를 직접 배정받아 인수함으로써 그의 특수관계인이 얻은 이익

[2] 증여이익의 계산

| (제3호 가목의 가액 - 제3호 나목의 가액) × 신주를 배정받지 아니하거나 균등한 조건에 의하여 배정받을 신주수에 미달되게 신주를 배정받은 주주의 배정받지 아니하거나 그 미달되게 배정받은 부분의 신주수 | × | 신주를 배정받지 아니하거나 미달되게 배정받은 주주의 특수관계인이 인수한 신주수 주주가 아닌 자에게 배정된 신주 및 당해 법인의 주주가 균등한 조건에 의하여 배정받을 신주수를 초과하여 인수한 신주의 총수 |

* 제3호 가목의 가액이란 신주 1주당 인수가액을 말한다.
* 제3호 나목의 가액

[(증자전의 1주당 평가가액×증자전의 발행주식총수)+(신주 1주당 인수가액×증자에 의하여 증가한 주식수)] ÷ (증자전의 발행주식총수+증자에 의하여 증가한 주식수)

❷ 자본금 증자와 관련한 세무실무

1 주식등변동상황명세서 제출

사업연도 중에 증자 등에 따라 주주 등·지분비율·보유주식액면총액 및 보유출자총액 등이 변동되는 때에는 주식등변동상황명세서를 작성하여 법인세 신고서에 첨부하여 제출하여야 한다.

2 과점주주가 되는 경우 취득세 신고 및 납부

과점주주가 아니었던 자가 과점주주가 될 경우 그 법인이 소유한 부동산, 차량, 건설기계, 골프회원권 등 취득세 과세대상 물건에 대하여 과점주주가 다시 취득한 것으로 보아 과세표준에 과점주주 비율을 곱한 금액을 취득세로 신고 및 납부하여야 한다. 과점주주란 주주 1인과 그와 특수관계인이 보유하는 주식 총수가 발행주식 총수의 100분의 50을 초과하는 자를 말한다. <주식양도양수 편 참고>

3 무상증자시 배당소득세 원천징수

[1] 개요
이익잉여금을 자본금으로 전입하는 것은 기업의 이익을 주주들에게 현금배당하는 것이 아니지만, 주주총회의 결의에 의하여 기존의 주주에게 주식을 추가로 배정하는 것으로 주주의 입장에서는 주식 추가 배정금액만큼 현실적인 이익을 얻게 된다. 따라서 소득세법에서 주주가 얻게 되는 이익에 대하여 배당소득세를 징수 및 납부하도록 규정하고 있다.

[2] 의제배당
의제배당이란 법인의 잉여금의 전부 또는 일부를 자본 또는 출자의 금액에 전입함으로써 취득하는 주식 또는 출자의 가액을 말하며, 의제배당금액은 해당 주주, 사원, 그 밖의 출자자에게 배당한 것으로 본다. 다만, 자본준비금 및「자산재평가법」에 따른 재평가적립금을 자본에 전입하는 경우는 제외한다.

[3] 의제배당 원천징수시기

법인의 잉여금의 전부 또는 일부를 자본에 전입함으로써 취득하는 주식의 가액으로서 의제배당에 해당하는 경우 동 배당소득에 대한 원천징수시기는 「자본에의 전입을 결정한 날(다만 이사회의 결의에 의하는 경우에는 상법 제461조 제3항의 규정에 의하여 정한 날)」이며, 여기서 「자본에의 전입을 결정한 날」이라 함은 "주주총회에서 자본에 전입할 것을 결의한 날"을 말하며, 「상법 제461조 제3항의 규정에 의하여 정한 날」이라 함은 "신주배정기준일"을 말한다.

[4] 의제배당에 대한 배당소득세 및 지방소득세 원천징수

의제배당금액(액면가액)에 대하여 배당소득세 14%와 지방소득세(배당소득세의 10%)를 주주들로부터 원천징수하여 납부하여야 하되, 법인에 대하여는 원천징수하지 아니한다. 한편, 배당소득을 지급하는 법인은 이익잉여금을 자본에의 전입을 결정한 날을 배당시기로 보아 그 지급일이 속하는 과세기간의 다음 연도 2월 말일까지 지급명세서를 제출하여야 한다. 단, 법인에게 지급되는 의제배당에 대하여는 원천징수의무는 없으나 지급명세서는 제출하여야 한다.

❸ 자본금 증자 회계처리

▶ 자본금 증자내용 장부 반영

자본금 증자는 일상적인 거래가 아님으로 하여 세무회계사무소에서 장부기장을 할 때 누락하여 낭패를 겪는 일이 종종 발생하므로 주의를 하여야 한다.

[1] 액면발행

① 《자본금 증자》 자본금을 증자하기로 하고 주주로부터 증자금액 1억원이 회사의 보통예금에 입금되다.

보통예금	100,000,000	/ 주식청약증거금	100,000,000

• 주식청약증거금 : 자본금 납입시까지의 임시계정으로 가수금으로 처리하기도 한다.

② 《자본 전입》 자본금을 등기완료하다.

주식청약증거금	100,000,000	/ 자본금	100,000,000

③《자본금 증자비용 지급》법무사사무소에서 자본금 증자에 소요된 등록세, 교육세, 인지세 500,000원 공증수수료 300,000원, 법무사 수수료 440,000원(부가세 포함)을 청구하여 보통예금에서 인출하여 지급하다.

신주발행비	1,200,000	/ 보통예금	1,240,000
부가세대급금	40,000		

- 자본금 증자시 소요되는 주식발행비용은 주식할인발행차금에 해당하는 것으로 주식발행초과금에서 차감하여야 한다. 다만, 액면발행의 경우 실무에서는 비용항목인 '지급수수료'로 처리하기도 하며, 이 경우 지급수수료는 세무조정에서 손금불산입하여야 한다. [법인세법 제20조]

☐ 법인세법 제20조(자본거래 등으로 인한 손비의 손금불산입) 다음 각 호의 금액은 내국법인의 각 사업연도의 소득금액을 계산할 때 손금에 산입하지 아니한다.
2. 주식할인발행차금: 「상법」 제417조에 따라 액면미달의 가액으로 신주를 발행하는 경우 그 미달하는 금액과 신주발행비의 합계액

[개정] 유상증자 관련비용의 매입세액 공제 여부
[부가, 기준-2021-법령해석부가-0112] (2021.06.23)
사업자가 과세사업 확장, 설비투자 목적으로 유상증자를 하면서 관련 법률자문 및 컨설팅 자문용역을 제공받고 수수료를 지급한 경우로서 해당 자문용역이 자기의 과세사업과 직접 관련된 경우 수수료에 대한 매입세액은 공제할 수 있는 것임

[2] 할증발행

①《주금납입》(주)한일물산은 액면가 500원의 주식을 2,000원에 할증발행하기로 하다. 100,000주에 대한 납입금 1억원이 주주로부터 보통예금에 입금되다.

보통예금	200,000,000	/ 주식청약증거금	200,000,000

- 주식청약증거금 : 자본금 납입시까지의 임시계정으로 가수금으로 처리하기도 한다.

②《자본금 등기완료》법정자본금 등기를 완료하다.

주식청약증거금	200,000,000	/ 자본금	50,000,000
		주식발행초과금	150,000,000

- 주식발행초과금 : 자본잉여금에 해당한다.

3 가수금의 출자전환

❶ 개요

기업이 회사 자금이 부족하여 대표이사로부터 개인 자금을 빌린 경우 회사 입장에서는 부채(가수금)가 되며, 대표이사 입장에서는 회사경영실적에 따라 회수여부가 결정되는 불확실한 채권이라고 할 수 있다.

가수금이 증가하는 경우 기업은 부채 증가로 인하여 부채비율이 증가하게 되어 재무구조가 악화됨으로서 은행권 대출이 어려워져 정부정책자금 등의 지원을 제한받게 된다. 이러한 상황에서 재무구조를 개선하기 위한 가장 확실한 방법은 자본금을 증자하는 것이다.

자본금을 증자하기 위해서는 주주가 금전을 출자하는 것이 원칙이나 2011년 상법개정(상법개정전에는 가수금을 출자전환하기 위해서는 법원이 선임한 감정인의 조사를 받고, 법원의 승인을 받는 등의 행정적인 절차를 얻어야 하였음)으로 2012년 4월 이후 감정인의 조사나 법원의 승인이 없어도 대표이사 등이 기업으로부터 받을 돈인 가수금을 자본금으로 출자전환할 수 있으며, 가수금의 자본금으로의 출자전환절차 및 세무상 유의할 사항은 다음과 같다.

▶ [구] 상법 내용
제334조 삭제 <2011.4.14.>
[구법] 제334조 (주주의 회사에 대한 상계금지) 주주는 납입에 관하여 상계로써 회사에 대항하지 못한다.

▶ 현행 상법 내용
제422조(현물출자의 검사) ①현물출자를 하는 자가 있는 경우에는 이사는 제416조제4호의 사항을 조사하게 하기 위하여 검사인의 선임을 법원에 청구하여야 한다. 이 경우 공인된 감정인의 감정으로 검사인의 조사에 갈음할 수 있다.

② 다음 각 호의 어느 하나에 해당할 경우에는 제1항을 적용하지 아니한다.
1. 제416조제4호의 현물출자의 목적인 재산의 가액이 자본금의 5분의 1을 초과하지 아니하고 대통령령으로 정한 금액을 초과하지 아니하는 경우

제14조(현물출자 검사의 면제) ① 법 제422조제2항제1호에서 "대통령령으로 정한 금액"이란 5천만원을 말한다.

2. 제416조제4호의 현물출자의 목적인 재산이 거래소의 시세 있는 유가증권인 경우 제416조 본문에 따라 결정된 가격이 대통령령으로 정한 방법으로 산정된 시세를 초과하지 아니하는 경우

② 법 제422조제2항제2호에서 "대통령령으로 정한 방법으로 산정된 시세"란 다음 각 호의 금액 중 낮은 금액을 말한다.
1. 법 제416조에 따른 이사회 또는 주주총회의 결의가 있은 날(이하 이 조에서 "결의일"이라 한다)부터 소급하여 1개월간의 거래소에서의 평균 종가, 결의일부터 소급하여 1주일간의 거래소에서의 평균 종가 및 결의일 직전 거래일의 거래소에서의 종가를 산술평균하여 산정한 금액
2. 결의일 직전 거래일의 거래소에서의 종가
③ 제2항은 현물출자의 목적인 재산에 그 사용, 수익, 담보제공, 소유권 이전 등에 대한 물권적 또는 채권적 제한이나 부담이 설정된 경우에는 적용하지 아니한다.

3. 변제기가 돌아온 회사에 대한 금전채권을 출자의 목적으로 하는 경우로서 그 가액이 회사장부에 적혀 있는 가액을 초과하지 아니하는 경우

4. 그 밖에 제1호부터 제3호까지의 규정에 준하는 경우로서 대통령령으로 정하는 경우

③법원은 검사인의 조사보고서 또는 감정인 감정결과를 심사하여 제1항의 사항을 부당하다고 인정한 때에는 이를 변경하여 이사와 현물출자를 한 자에게 통고할 수 있다.

④전항의 변경에 불복하는 현물출자를 한 자는 그 주식의 인수를 취소할 수 있다.

⑤법원의 통고가 있은 후 2주내에 주식의 인수를 취소한 현물출자를 한 자가 없는 때에는 제1항의 사항은 통고에 따라 변경된 것으로 본다.

❷ 가수금 출자전환 등기절차

1 신주발행사항 결정

주식의 주주배정은 주주전원의 동의가 있어야 하므로 이사회 내지 주주총회 결의로 발행주식의 종류 및 신주배정방법 등을 결정한다(상법 416조).

▶ **이사회에서 현물출자에 관한 사항 결정**
1. 현물출자를 하는 자의 성명
2. 현물출자의 목적인 재산 그 가액
3. 현물 출자자에 대하여 부여할 주식의 종류와 수

2 인수대금 납입절차

상기 절차에서 신주를 배정받은 대표이사는 신주인수대금 납입기일에 회사에 대한 채권과 상계한다는 의사표시 및 이에 대한 회사의 동의를 받아야 하며,(상법 421조). 회사의 동의절차를 소명하기 위해 상계계약서를 첨부하여야 한다.
그리고 자본금 등기시 가수금 존부를 확인하기 위해 등기예규상 금전대차계약서 및 재무상태표 등을 서면으로 요구하므로 금전대차계약서 및 세무대리인의 부채 존부에 대한 실사확인서 등을 소명자료로 제출한다.

3 등기절차

가수금만을 출자전환하는 경우에는 별도의 주금보관증명서 내지 잔액증명서는 첨부할 필요가 없으며, 이사회 의사록을 공증받아 납입기일 익일부터 2주내에 등기신청하면 된다.

❸ 가수금 출자전환의 세무상 문제

1 개요

가수금을 자본금으로 출자전환하는 경우 가장 중요한 문제는 주식의 발행가액과 주식의 시가(상증법에 의한 평가금액)가 일치하여야 한하는 점이다.

가수금의 현물출자시 주식의 발행가액이란 특별한 사정이 없는 한 가수금과 상계하는 금액이며, 시가란 주식의 시장가치를 말한다. 다만, 대부분의 비상장법인 주식은 계속적인 거래를 하는 것이 아니므로 시가를 산정할 수 없다. 따라서 상증법에 의한 보충적 평가방법으로 1주당 가치를 계상하여 가수금을 자본금으로 전환하여야 할 것이다.

그럼에도 불구하고, 다수의 비상장기업이 다음과 같은 방법으로 주식을 양도양수하거나 자본금을 증자하고 있으며, 이 경우 주식변동에 대한 국세청의 과세자료 해명요구가 있을시 심각한 세금문제가 발생할 수 있으므로 다음의 내용을 숙지하여 세무리스크를 사전에 예방하여야 할 것이다.

▶ **주식이동 또는 자본금 증자시 세무상 문제가 되는 경우**
1. 액면가액으로 주주간에 주식을 양도양수하는 경우
2. 주주간에 임의의 가격을 책정하여 주식을 양도양수하는 경우
3. 가수금의 현물출자시 시가에 의하지 아니한 경우

2 비상장법인 주식의 시가

비상장주식의 경우 시가를 알 수 없으므로 상증법의 규정에 의한 보충적 평가방법으로 1주당 주식가액을 계상하여야 하며, 1주당 주식가액의 계상방법은 비상장법인의 주식평가편을 참고한다.

3 시가가 아닌 금액으로 출자전환한 경우 세무상 문제 등

1 법인세 분야

자본금 증자시 발행가액이 액면가액보다 높은 경우 그 차액은 주식발행초과금으로 자본화(자본잉여금)된다. 단, 주식의 시가(200)가 액면가액(100)보다 높고, 발행가액(400)보다 낮은 경우 시가에서 액면가액을 차감한 금액은 주식발행초과금으로 발행가액과 시가와의 차액은 채무면제이익(익금산입, 채무면제이익으로 이월결손금 보전에 충당하는 경우 익금불산입)으로 처리하여야 한다.

▶ **주식발행초과금 및 채무면제이익**

주식발행초과금은 자본거래로서 손익에는 영향을 미치지 않는 것이나 채무면제이익은 손익거래로서 영업외수익 항목에 해당하며, 가수금(400)을 자본금으로 전입함에 있어 시가(200)에 해당하는 금액은 자본화되나 시가를 초과하는 금액(200)은 법인이 부채(가수금)를 면제받은 것으로 보는 것이므로 영업외수익 항목인 채무면제이익으로 처리하는 것이다.

▶ **채무면제이익의 결손금보전 및 익금불산입**

채무면제이익은 법인의 익금에 해당함으로서 채무면제이익에 상당하는 금액에 대하여 법인세를 추가적으로 부담하여야 한다. (법인의 소득증가 → 법인세)
다만, 채무면제이익으로 결손금에 보전한 경우 익금에 산입하지 아니한다. (법인의 소득증가 → 결손금과 상계 → 증가한 소득 없음)

☐ 법인세법 집행기준 17-0-3【채무의 출자전환에 따른 주식발행액면초과액】
채무의 출자전환으로 주식 등을 발행하는 경우 주식발행액면초과액은 다음의 금액을 말한다.
○ 액면가액 < 주식 등의 시가 < 발행가액

○ 주식 등의 시가 < 액면가액 < 발행가액

◆ 채무출자전환에 따른 채무면제이익 계산방법 등
(서면-2017-법인-2449 [법인세과-3375] 2017.12.08.)
내국법인이 채무의 출자전환으로 발행하는 주식의 시가가 액면가액에 미달하는 경우에는 액면가액을 초과하여 발행된 금액을 채무면제이익으로 보아 익금에 산입하는 것이므로 액면가액과 시가와의 차액은 익금에 산입하지 않는 것임

[사례1] 액면가액 100 < 주식시가 200 < 발행가액(가수금) 400
가수금 400 → 발행가액 400

가수금	400	/	자본금	100
			주식발행초과금	100
			채무면제이익	200

[사례2] 주식시가 50 < 액면가액 100 < 발행가액(가수금) 400

| 가수금 | 400 | / | 자본금 | 100 |
| | | | 채무면제이익 | 300 |

[사례3] 주식시가 400 = 액면가액 400 = 발행가액 400

| 가수금 | 400 | / | 자본금 | 400 |

[사례4] 액면가액 200 < 발행가액 400 < 시가 800

| 가수금 | 400 | / | 자본금 | 200 |
| | | | 주식발행초과금 | 200 |

☐ 법인세법 제17조 【자본거래로 인한 수익의 익금불산입】
① 다음 각 호의 금액은 내국법인의 각 사업연도의 소득금액을 계산할 때 익금에 산입(算入)하지 아니한다. 〈개정 2015. 12. 15., 2018. 12. 24.〉
1. 주식발행액면초과액: 액면금액 이상으로 주식을 발행한 경우 그 액면금액을 초과한 금액(무액면주식의 경우에는 발행가액 중 자본금으로 계상한 금액을 초과하는 금액을 말한다). 다만, 채무의 출자전환으로 주식등을 발행하는 경우에는 그 주식등의 제52조제2항에 따른 시가를 초과하여 발행된 금액은 제외한다.

☐ 법인세법 집행기준 18-18-2 【채무면제이익 등의 이월결손금 보전에의 충당방법】
① 내국법인이 채무면제이익 등을 다음의 방법으로 처리했을 때 이월결손금 보전에 충당한 것으로 본다.
1. 이월결손금과 직접 상계하는 방법
2. 해당 사업연도 결산 주주총회 결의에 의하여 이월결손금을 보전하고 이익잉여금(결손금)처리계산서에 계상하는 방법
3. 기업회계기준에 따라 영업외수익으로 계상하고 자본금과 적립금조정명세서(규칙 별지 제50호 서식)에 동 금액을 이월결손금의 보전에 충당한다는 뜻을 표시하고 세무조정으로 익금불산입하는 방법

[사례1]

| 가수금 | 100 / 채무면제이익 | 100 |

<세무조정>
익금불산입(결손보전)
채무면제이익   100 (기타)

[사례2]

| 가수금 | 100 / 채무면제이익 | 100 |
| 채무면제이익 | 100   이월결손금 | 100 |

② 증여세 분야

법인의 가수금을 출자전환함으로 인하여 현물출자후의 주식 시가가 신주의 발행가액(가수금)보다 높은 경우 현물출자자는 이익을 얻게 될 것이다. 예를 들어 대표이사의 가수금이 4억원이나 출자전환한 주식의 환산시가가 10억원인 경우 대표이사는 법인에 대한 채권 4억원을 포기하는 대가로 환산시가 10억원에 상당하는 주식을 교부받음으로서 이익이 발생할 것이다. 따라서 상증법에서는 이러한 이익에 대하여 증여로 보아 증여세를 과세할 수 있도록 규정하고 있다.

이 경우 상증법 제39조의 3(현물출자에 따른 증여이익) 규정이 적용되어 증여세를 부담하여야 하는 문제가 발생할 수 있으며, 이러한 문제에 대하여 자세히 살펴보기로 한다.

[1] 증여세 과세대상
시가와 대가(발행가액)의 차액이 30% 이상이거나 증여이익이 3억원 이상인 경우에 한하여 증여세를 과세한다. (상증령 제29조의3 제3항)

[2] 증여이익의 계산
[① - ②] × 인수주식수
① 현물출자 후 1주당 가액 = [(출자전 1주당가액 × 출자전 발행주식)] + [(신주 1주당인수가액 × 출자로 증가주식수)] ÷ [출자전 주식수 + 출자로 증가한 주식수].
② 신주1주당 인수가액

[사례] 가수금의 출자전환시 주식을 시가 보다 낮은 가액을 발행한 경우
주식수　　　　　100,000주, 주당 액면가액　　10,000원
1주당 시가　　　80,000원
갑(대표이사)　　50,000주
을(타인)　　　　30,000주
병(타인)　　　　20,000주
가수금출자전환 (가수금 400,000,000원)
증자한 주식수 20,000주, 주당 발행가액　20,000원, 액면가액 10,000원

<회계처리>

가수금	400,000,000 /	자본금	200,000,000
		주식발행초과금	200,000,000

증여이익 = 1,000,000,000원
[①—②] × 인수주식수(20,000주)
① 현물출자 후 1주당 가액 : 70,000원
② 신주 1주당 발행가액(인수가액) : 20,000원

▶ **현물출자후 1주당 가액**
[(출자전 1주당가액 × 출자전 발행주식) + (신주 1주당인수가액 × 출자로 증가한 주식수)] ÷ [출자전 주식수 + 출자로 증가한 주식수]
[(80,000원 × 100,000주) + (20,000원 × 20,000주)] / (100,000주 + 20,000주)

□ 상속세 및 증여세법 제39조의3(현물출자에 따른 이익의 증여) ① 현물출자(現物出資)에 의하여 다음 각 호의 어느 하나에 해당하는 이익을 얻은 경우에는 현물출자 납입일을 증여일로 하여 그 이익에 상당하는 금액을 그 이익을 얻은 자의 증여재산가액으로 한다. 〈개정 2011.12.31., 2015.12.15.〉
1. 주식등을 시가보다 낮은 가액으로 인수함으로써 현물출자자가 얻은 이익
2. 주식등을 시가보다 높은 가액으로 인수함으로써 현물출자자의 특수관계인에 해당하는 주주등이 얻은 이익

▲ 상속세 및 증여세법 시행령 제29조의 3 【현물출자에 따른 이익의 계산방법 등】
제29조의3(현물출자에 따른 이익의 계산방법 등) ①법 제39조의3제1항에 따른 이익은 다음 각 호의 어느 하나에 따라 계산한 금액으로 한다. 다만, 현물출자 전·후의 주식 1주당 가액이 모두 영 이하인 경우에는 이익이 없는 것으로 본다. <개정 2012. 2. 2., 2013. 2. 15., 2013. 6. 11., 2016. 2. 5., 2022. 2. 15.>
1. 법 제39조의3제1항제1호에 따른 이익: 제29조제2항제1호가목을 준용하여 계산한 가액에서 같은 호 나목 가액을 차감한 가액에 현물출자자가 배정(「자본시장과 금융투자업에 관한 법률」에 따른 주권상장법인이 같은 법 제165조의6제1항제3호에 따른 방식으로 배정하는 경우는 제외한다)받은 신주수를 곱하여 계산한 금액. 이 경우 제29조제2항제1호가목 중 "증자"는 각각 이를 "현물출자"로 본다.

2. 법 제39조의3제1항제2호에 따른 이익: 제29조제2항제3호가목의 가액에서 같은 호 나목을 준용하여 계산한 가액을 차감한 가액에 현물출자자가 인수(「자본시장과 금융투자업에 관한 법률」에 따른 주권상장법인이 같은 법 제165조의6제1항제3호에 따른 방식으로 배정받은 주식을 제외한다)한 신주수와 현물출자자 외의 주주등(현물출자 전에 현물출자자의 특수관계인인 경우에 한정한다)의 지분비율을 각각 곱하여 계산한 금액. 이 경우 제29조제2항제3호나목 중 "증자"는 각각 이를 "현물출자"로 본다.

4 가수금의 출자 전환시 기타 유의사항 등

[1] 주식변동상황명세서 제출

사업연도 중에 증자 등에 따라 주주 등·지분비율·보유주식액면총액 및 보유출자총액 등이 변동되는 때에는 주식등변동상황명세서를 작성하여 법인세 신고서에 첨부하여 제출하여야 한다.

[2] 출자전환으로 과점주주가 되는 경우 취득세 납부

가수금의 출자전환으로 과점주주가 되는 경우 지방세법의 규정에 의하여 취득세 과세대상 물건에 대하여 취득세를 납부하여야 하므로 출자전환 전 취득세 과세대상 여부를 검토하여야 한다.

[3] 1인 주주의 경우 가수금 출자전환

가수금을 자본금으로 전환하면서 신주를 액면가액으로 발행하고 이를 1인 주주가 전부 인수하는 경우에는 증여문제나 부당행위계산의 부인 규정은 적용되지 않는다.

4 자본금 감자

❶ 유상 감자 및 무상 감자

1 유상 감자

[1] 개요
유상감자란 주주에게 투자금 반환을 목적으로 자본금을 감소시키면서 주주에게 주식대금을 반환하는 것을 말한다. 유상감자는 발행한 주식수를 감소하는 방법으로 자본 감소를 하며, 주식수를 감소하는 방법으로는 주식병합과 주식소각이 있다.

[2] 유상 감자 절차

(1) 주주총회 소집 통지
자본금 감소의 경우 주주총회의 특별결의가 필요하므로 주주에게 소집통지를 하여야 하며, 이 경우 감자에 관한 내용을 기재하여야 한다.

(2) 주주총회 특별결의(감자 결정)
주주총회 특별결의로 감자를 결의한다. 다만, 결손 보전을 위한 자본금 감소의 경우에는 보통결의에 의하여 자본금을 감자할 수 있다.

(3) 신문공고·통지
결의일로부터 2주간 내에 회사의 채권자들에 대하여 자본감소에 이의가 있으면 1개월 이상의 기간을 정하여 기간내에 제출할 것을 공고하여야 하고, 회사에서 알고 있는 채권자에게는 개별 최고를 하여야 한다.

(4) 감자의 효력발생 시기
원칙적으로 공고기간이 만료한 때에 감자 효력이 발생한다. 단, 채권자가 이의를 제기한 경우 그 채권자에 대하여 변제, 상당한 담보의 제공 등 채권자보호절차가 종료한 때에야 비로소 효력이 발생하게 된다.

> **상법**
>
> 제438조(자본금 감소의 결의) ① 자본금의 감소에는 제434조에 따른 결의가 있어야 한다.
> 제434조(정관변경의 특별결의) 제433조제1항의 결의는 출석한 주주의 의결권의 3분의 2 이상의 수와 발행주식총수의 3분의 1 이상의 수로써 하여야 한다.
> ② 제1항에도 불구하고 결손의 보전(補塡)을 위한 자본금의 감소는 제368조제1항의 결의에 의한다.
> 제368조(총회의 결의방법과 의결권의 행사) ①총회의 결의는 이 법 또는 정관에 다른 정함이 있는 경우를 제외하고는 출석한 주주의 의결권의 과반수와 발행주식총수의 4분의 1 이상의 수로써 하여야 한다.
> 제439조(자본금 감소의 방법, 절차) ① 자본금 감소의 결의에서는 그 감소의 방법을 정하여야 한다.
> ② 자본금 감소의 경우에는 제232조를 준용한다. 다만, 결손의 보전을 위하여 자본금을 감소하는 경우에는 그러하지 아니하다.
> ③ 사채권자가 이의를 제기하려면 사채권자집회의 결의가 있어야 한다. 이 경우에는 법원은 이해관계인의 청구에 의하여 사채권자를 위하여 이의 제기 기간을 연장할 수 있다.

2 무상 감자

무상 감자란 감자를 하더라도 주주에게 출자금을 반환하지 않는 방식의 감자를 말하며, 통상 결손 결손보전의 목적으로 실시한다. 즉, 무상 감자는 누적 적자 등으로 기업의 자본이 잠식된 경우 재무구조를 개선하여 위하여 무상 감자를 한다.

❷ 자본금 감자 등기 등

[1] 자본금 감자 등기

감자를 하게 되면, 발행주식총수와 자본금에 변동이 발생하므로 2주간 내에 자본 감소의 변경등기를 하여야 한다.

[2] 주식등변동상황명세서 제출 및 장부 정리

사업연도 중에 감자 등에 따라 주주 등·지분비율·보유주식액면총액 및 보유출자 총액 등이 변동되는 때에는 주식등변동상황명세서를 작성하여 법인세 신고서에 첨부하여 제출하여야 하며, 자본금 감자에 대한 장부기장을 누락하지 않도록 한다.

❸ 감자에 따른 의제배당

[1] 의제배당이란?

주식의 소각, 자본의 감소, 사원의 퇴사, 탈퇴 또는 출자의 감소로 인하여 주주·사원 또는 출자자가 취득하는 금전 기타 재산가액의 합계액이 주주 등이 당해 주식 또는 출자지분을 취득하기 위하여 소요된 금액을 초과하는 경우 그 초과금액은 주식을 소각하는 법인 등으로부터 이익을 배당받은 것으로 보아 배당소득으로 본다. (법인세법 제16조 제1항 제1호)

[2] 의제배당금액 계산 (① - ②)

① 주식의 소각 등으로 인하여 주주 등이 취득하는 금전 기타 재산가액의 합계액
② 소각된 주식을 취득하기 위하여 소요된 금액

[3] 배당 또는 분배의제의 시기

주주총회 또는 이사회에서 주식 소각, 자본 또는 출자의 감소를 결의한 날로 한다. 따라서 원천징수시기는 주식소각, 자본의 감소 또는 자본에의 전입을 결정한 날로 한다. 예를 들어 임시주주총회 결의일 (20×5.05.15.)에 주식소각 등을 결정하였다면, 결의일이 원천징수시기가 되는 것이므로 6월 10일까지 배당소득세 및 지방소득세를 신고 및 납부하여야 한다.

[4] 의제배당에 대한 배당소득세 징수 및 납부

자본금 감자시 주주에게 반환하는 금액에서 소각된 주식을 취득하기 위하여 소요된 금액을 차감한 금액을 배당소득으로 보아 그 금액의 14%를 배당소득세로 배당소득세의 10%를 지방소득세로 징수하여 신고 및 납부하여야 한다.

❹ 자본금 감자 회계처리

[1] 유상 감자 회계처리

[예제] 액면금액 5,000원 주식 100,000주, 발행 주식 중 5,000주를 매입소각할 것을 주주총회에서 결의하고 매입 소각함 (주당 매입가격 7,000원)

(1) 주식 매입

| 자기주식 | 35,000,000 / 현금 | 35,000,000 |

(2) 자기주식 소각

| 자본금 | 25,000,000 / 자기주식 | 35,000,000 |
| 감자차손 | 10,000,000 | |

- 감자차손이 발생한 경우로서 감자차익이 있는 경우 차감하여야 한다. 단, 주식발행초과금에서 차감할 수는 없다. 이는 주식발행초과금은 결손보전이나 자본전입 목적으로만 사용할 수 있기 때문이다.

▶ 배당 처분

주식의 소각, 자본의 감소로 인하여 주주가 취득하는 금전의 합계액이 주주 등이 당해 주식을 취득하기 위하여 소요된 금액을 초과하는 경우 그 초과금액은 주식을 소각하는 법인 등으로부터 이익을 배당받은 것으로 보아 배당소득으로 본다.

[2] 무상 감자 회계처리

[예제] 액면금액 5,000원 주식 100,000주 발행 주식 중 5,000주를 무상 소각할 것을 주주총회에서 결의하고 무상 소각함

(1) 주식 소각

| 자본금 | 25,000,000 / 감자차익(자본이익) | 25,000,000 |

(2) 감자차익으로 결손보전

| 감자차익 | 25,000,000 / 결손금 | 25,000,000 |

법인의 이익 배당 및 배당 관련 세무실무

1 법인의 주주에 대한 이익배당

❶ 이익 배당 및 배당절차

1 개요

[1] 법인의 이익 발생과 순자산 증가

법인기업의 주주는 배당을 받을 목적으로 출자를 한다. 따라서 주주는 출자한 기업에서 이익이 발생하는 경우 배당을 받을 권리를 가지게 된다. 이익이란 수익에서 비용을 차감한 것을 말하며, 이익이 발생하면, 이익이 발생한 만큼 기업의 순자산이 증가하게 된다.

예를 들어 회사의 사업연도 초 순자산총액(자산 - 부채)이 20억원이고, 1년간 사업을 하여 3억원의 이익이 발생하였다면, 회계연도 말 순자산총액은 23억원으로 3억원의 순자산이 증가하게 되는 것이다.

[2] 법인 주주에 대한 이익배당

배당이란 기업의 사업활동으로 증가한 자산을 주주총회의 결의를 거쳐 주주들에게 분배하는 것으로 배당처분을 하는 경우 주주에게 현금등을 지급하게 되므로 자산이 감소(유출)되고, 자본(이익잉여금)이 감소하게 된다.

2 이익배당 절차

➡ 12월 말 법인의 배당금 지급 일정

NO	일자 및 기간	
[1]	20×2.12.31.	정관에 의한 배당기준일
[2]	20×3.01.01. ~ 20×3.01.07.	정관에 의한 주주명부 폐쇄
[3]	20×3.02.16.	주주총회 6주전까지 결산, 이사회 개최(재무제표 및 영업보고서 승인) 및 재무제표를 감사에게 제출
[4]	20×3.03.16.	감사가 이사에게 감사보고서 제출
[5]	20×3.03.16.	정기주주총회 개최를 위한 이사회 소집
[6]	20×3.03.16.	정기주주총회 소집통보서 발송
[7]	20×3.03.31.	정기주주총회
[8]	20×3.04.01.	재무상태표 공고
[9]	20×3.04.30.	배당금 지급통보 및 배당금 지급(제464조의2)

[1] 배당기준일

배당 기준일이란 기업에서 배당을 할 때 배당금을 지급할 주주들을 결정하기 위해 기준으로 삼는 날을 말한다. 12월말 법인의 경우 배당기준일은 12월 31일로 한다.

■ 정관 제40조 (이익배당) 이익의 배당은 금전과 주식으로 할 수 있으며 매 결산기 말 현재의 주주명부에 기재된 주주 또는 등록된 질권자에게 지급한다.

[2] 주주명부 폐쇄

주주명부 폐쇄는 정기 또는 임시주주총회에서 의결권을 행사할 주주를 확정하기 위한 것으로 폐쇄기간(폐쇄기간은 정관으로 정함) 중 주식 양도 등으로 주주가 변경되었을 때도 새로운 주주의 성명과 주소 등을 주주명부에 기재할 수 없다.

□ 상법 제354조(주주명부의 폐쇄, 기준일) ①회사는 의결권을 행사하거나 배당을 받을 자 기타 주주 또는 질권자로서 권리를 행사할 자를 정하기 위하여 일정한 기간을 정하여 주주명부의 기재변경을 정지하거나 일정한 날에 주주명부에 기재된 주주 또는 질권자를 그 권리를 행사할 주주 또는 질권자로 볼 수 있다. <개정 1984. 4. 10.>
②제1항의 기간은 3월을 초과하지 못한다. <개정 1984. 4. 10.>

■ (예시) 법인 정관 제12조 (주주명부의 폐쇄 및 기준일)
① 회사는 매년 1월1일부터 1월 7일까지 권리에 관한 주주명부의 기재 변경을 정지한다.

[3] 이사는 감사에게 재무제표등을 제출하여야 함 (상법 제447조의3)
이사는 정기총회회일의 6주간전에 재무제표등을 감사에게 제출하여야 한다.

[4] 감사가 이사에게 감사보고서 제출 (상법 제447조의4)
감사는 재무제표등의 서류를 받은 날부터 4주 내에 감사보고서를 이사에게 제출하여야 한다.

[5] 정기주주총회 개최를 위한 이사회 소집
주주총회를 소집할 때에는 주주총회일의 2주 전에 각 주주에게 서면으로 통지를 발송하거나 각 주주의 동의를 받아 전자문서로 통지를 발송하여야 한다.
다만, 자본금 총액이 10억원 미만인 회사는 주주 전원의 동의가 있을 경우에는 소집절차 없이 주주총회를 개최할 수 있고, 서면에 의한 결의로써 주주총회의 결의를 갈음할 수 있다.

[6] 정기주주총회 소집통보서 발송(상법 제363조)
1) 주주총회를 소집할 때에는 **주주총회일의 2주 전에** 각 주주에게 서면으로 통지를 발송하거나 각 주주의 동의를 받아 전자문서로 통지를 발송하여야 한다.
단, 자본금 총액이 10억원 미만인 회사가 주주총회를 소집하는 경우에는 주주총회일의 10일 전에 각 주주에게 서면으로 통지를 발송하거나 각 주주의 동의를 받아 전자문서로 통지를 발송할 수 있다.
2) **자본금 총액이 10억원 미만인 회사는 주주 전원의 동의가 있을 경우에는 소집절차 없이 주주총회를 개최할 수 있고, 서면에 의한 결의로써 주주총회의 결의를 갈음할 수 있다.** 결의의 목적사항에 대하여 주주 전원이 서면으로 동의를 한 때에는 서면에 의한 결의가 있는 것으로 본다.

[7] 이익배당에 대한 주주총회 결의 (상법 제462조)
이익배당은 주주총회의 결의로 정하지만, 재무제표를 이사회가 승인하는 경우에 이사회의 결의로 정할 수 있다.

▶ **배당가능이익 (상법 제462조)**

회사는 재무상태표의 순자산액으로부터 다음의 금액을 공제한 금액을 한도로 하여 이익배당을 할 수 있다.

1. 자본금의 액
2. 그 결산기까지 적립된 자본준비금과 이익준비금의 합계액
3. 그 결산기에 적립하여야 할 이익준비금의 액

▶ **배당률 결정 및 지급**

이익배당은 주주평등의 원칙에 의하여 소유 주식수에 비례하여 지급하여야 한다.

[8] 재무상태표 공고(상법 제449조)

재무상태표는 일간신문에 하여야 하나 회사의 홈페이지에 공고를 할 수 있으며, 공고 기간은 3개월 이상으로 하여야 한다. 재무상태표를 공고하지 아니하는 경우 500만원 이하의 과태료가 부과될 수 있다.

☐ 상법 제289조(정관의 작성, 절대적 기재사항)
③ 회사의 공고는 관보 또는 시사에 관한 사항을 게재하는 일간신문에 하여야 한다. 다만, 회사는 그 공고를 정관으로 정하는 바에 따라 전자적 방법으로 할 수 있다.
④ 회사는 제3항에 따라 전자적 방법으로 공고할 경우 대통령령으로 정하는 기간까지 계속 공고하고, 재무제표를 전자적 방법으로 공고할 경우에는 제450조에서 정한 기간까지 계속 공고하여야 한다. 다만, 공고기간 이후에도 누구나 그 내용을 열람할 수 있도록 하여야 한다. <신설 2009. 5. 28.>
⑤ 회사가 전자적 방법으로 공고를 할 경우에는 게시 기간과 게시 내용에 대하여 증명하여야 한다. <신설 2009. 5. 28.>
⑥ 회사의 전자적 방법으로 하는 공고에 관하여 필요한 사항은 대통령령으로 정한다.

제6조(전자적 방법을 통한 회사의 공고) ① 법 제289조제3항 단서에 따라 회사가 전자적 방법으로 공고하려는 경우에는 회사의 인터넷 홈페이지에 게재하는 방법으로 하여야 한다.

② 법 제289조제3항 단서에 따라 회사가 정관에서 전자적 방법으로 공고할 것을 정한 경우에는 회사의 인터넷 홈페이지 주소를 등기하여야 한다.
③ 법 제289조제3항 단서에 따라 회사가 전자적 방법으로 공고하려는 경우에는 그 정보를 회사의 인터넷 홈페이지 초기화면에서 쉽게 찾을 수 있도록 하는 등 이용자의 편의를 위한 조치를 하여야 한다.
④ 법 제289조제3항 단서에 따라 회사가 정관에서 전자적 방법으로 공고할 것을 정한 경우라도 전산장애 또는 그 밖의 부득이한 사유로 전자적 방법으로 공고할 수 없는 경우에는 법 제289조제3항 본문에 따라 미리 정관에서 정하여 둔 관보 또는 시사에 관한 사항을 게재하는 일간신문에 공고하여야 한다.
⑤ 법 제289조제4항 본문에서 "대통령령으로 정하는 기간"이란 다음 각 호에서 정하는 날까지의 기간(이하 이 조에서 "공고기간"이라 한다)을 말한다.
1. 법에서 특정한 날부터 일정한 기간 전에 공고하도록 한 경우: 그 특정한 날
2. 법에서 공고에서 정하는 기간 내에 이의를 제출하거나 일정한 행위를 할 수 있도록 한 경우: 그 기간이 지난 날
3. 제1호와 제2호 외의 경우: 해당 공고를 한 날부터 3개월이 지난 날

□ 상법 제635조(과태료에 처할 행위) ① 회사의 발기인, 설립위원, 업무집행사원, 업무집행자, 이사, 집행임원, 감사, 감사위원회 위원, 외국회사의 대표자, 검사인, 제298조제3항·제299조의2·제310조제3항 또는 제313조제2항의 공증인, 제299조의2·제310조제3항 또는 제422조제1항의 감정인, 지배인, 청산인, 명의개서대리인, 사채모집을 위탁받은 회사와 그 사무승계자 또는 제386조제2항·제407조제1항·제415조·제542조제2항 또는 제567조의 직무대행자가 다음 각 호의 어느 하나에 해당하는 행위를 한 경우에는 500만원 이하의 과태료를 부과한다. 다만, 그 행위에 대하여 형(刑)을 과(科)할 때에는 그러하지 아니하다. <개정 2011. 4. 14.>
1. 이 편(編)에서 정한 등기를 게을리한 경우
2. 이 편에서 정한 공고 또는 통지를 게을리하거나 부정(不正)한 공고 또는 통지를 한 경우

[9] 배당금 지급 (상법 제464조의2)
회사는 이익배당을 주주총회나 이사회 결의를 한 날부터 1개월 내에 하여야 한다 다만, 주주총회 또는 이사회에서 배당금의 지급시기를 따로 정한 경우에는 그러하지 아니하다.

❷ 중간배당 및 배당절차

1 개요

배당은 결산을 확정한 후 연1회의 이익배당을 하는 것이 원칙이지만, **정관에 정함이 있는 경우**에는 이사회의 결의에 의하여 영업연도 중 1회에 한하여 일정한 날을 정하여 그 날의 주주에게 금전에 의한 중간배당을 실시할 수 있다.

중간배당은 금전에 의한 배당이므로 주식배당은 하지 못하며, 결산배당과 동일하게 결산시점에서 중간배당에 상당하는 이익준비금을 적립하여야 하며 원칙적으로 중간배당은 중간배당을 실시하는 회계연도의 직전 회계연도말 배당가능이익이므로 직전 회계연도말에 이월결손금이 있는 경우에는 중간배당을 할 수 없으며, 당해 회계연도에 결손이 발생하여 배당가능이익이 발생하지 않을 우려가 있는 경우에는 중간배당을 하지 못한다.

□ 상법 제462조의3(중간배당) ① 년 1회의 결산기를 정한 회사는 영업년도중 1회에 한하여 이사회의 결의로 일정한 날을 정하여 그 날의 주주에 대하여 이익을 배당(이하 이 조에서 "중간배당"이라 한다)할 수 있음을 정관으로 정할 수 있다. <개정 2011.4.14.>
② 중간배당은 직전 결산기의 대차대조표상의 순자산액에서 다음 각호의 금액을 공제한 액을 한도로 한다. <개정 2001.7.24., 2011.4.14.>
1. 직전 결산기의 자본금의 액
2. 직전 결산기까지 적립된 자본준비금과 이익준비금의 합계액
3. 직전 결산기의 정기총회에서 이익으로 배당하거나 또는 지급하기로 정한 금액
4. 중간배당에 따라 당해 결산기에 적립하여야 할 이익준비금

2 배당 절차

[1] 이사회 결의
배당은 이사회의 결의를 요한다(상법 제462의 3 ①). 이사회 결의로 배당이 확정되고 추후 주주총회의 추인을 요하지 아니하며, 그 자체로서 완결된 잉여금의 처분행위이다. 단, 상법에서 이사회 결의시기에 관하여 따로 규정한 바는 없다.

[2] 배당 기준일
중간배당의 기준일은 정관으로 정한다.

▶ 배당기준일의 주주에게 배당
배당을 받을 자는 정관이 정한 일정한 날(기준일)에 속한 주주이다.

▶ 기준일 2주전 주주명부 폐쇄(기준일)를 위한 이사회결의 및 신고
기준일로부터 2주간 전에 주주명부 폐쇄(기준일)를 위한 이사회 결의 및 공시(신고)한다.

[3] 금전 배당
1) 정기배당은 주식배당이 가능하나 배당의 경우는 금전배당으로만 하여야 한다.
2) 배당은 금전으로 하여야 하므로 배당할 금액의 10분의 1을 이익준비금으로 적립하여야 한다.

▶ 이익준비금 전입
중간배당의 경우에도 결산배당과 마찬가지로 현금배당액의 10분의 1이상을 이익준비금으로 적립을 하여야 하며, 이익잉여금의 이익준비금으로의 전입은 회계기말에 대체처리한다. (미처분이익잉여금 / 이익준비금)

[4] 상법이 정한 재원의 범위 내에서 배당
배당은 직전 결산기의 대차대조표상의 순재산액에서 직전결산기의 자본액, 법정준비금, 직전 결산기의 정기총회에서 이익으로 배당하거나 또는 지급하기로 정한 금액, 배당에 따라 적립하여야 할 이익준비금을 공제한 잔액을 한도로 한다.

▶ 중간배당 한도액
직전결산기의 대차대조표상의 순재산액 - [직전결산기의 자본액 +직전결산기까지의 적립된 법정준비금 + 직전 결산기의 정기총회에서 이익으로 배당하거나 또는 지급하기로 정한 금액 + 배당에 따라 적립하여야 할 이익준비금]

[5] 배당금 지급
재무제표의 승인 또는 배당에 관한 이사회 결의로 일정한 날(기준일)을 정하여 배당하기로 한 날로부터 1월 이내에 배당금을 지급하여야 한다.

2 중간배당에 대한 배당소득세 원천징수 및 납부

① 중간배당을 하는 경우 정기배당과 마찬가지로 배당소득세 및 지방소득세를 원천징수하여 신고 및 납부하여야 한다.
② 법인에게 중간배당을 하는 경우 배당소득세 등을 원천징수하지 아니한다. 다만, 배당금 지급에 대한 지급명세서는 제출하여야 한다.

❸ 이익잉여금 처분

[1] 미처분이익잉여금 처분
미처분이익잉여금은 주주총회의 의결로 이익잉여금을 처분하며, 일반적으로 다음과 같은 내용으로 처분한다.

① 미처분이익잉여금 ~ 당기순이익은 미처분이익잉여금으로 대체하며, 이익의 처분 후 이익잉여금으로 대체된다.

② 현금배당 ~ 이익잉여금 중 일부를 주주들에게 출자금액에 비례하여 현금으로 배당하는 것을 말하며, 배당결의 후 배당금 지급전까지 미지급배당금이란 명칭으로 재무제표에 공시되며, 현금배당시 미지급배당금과 상계처리한다.

③ 이익준비금 ~ 상법에서는 주식회사가 현금배당을 할 경우 그 배당액의 10분의 1이상을 이익준비금으로 적립하도록 규정하고 있다. 왜냐하면, 법인에서 발생한 이익금을 모두 배당하게 되면, 기업의 재무구조를 악화시킬 수 있기 때문에 일정 금액의 처분을 제한하는 것이다.

☐ 상법 제458조(이익준비금) 회사는 그 자본금의 2분의 1이 될 때까지 매 결산기 이익배당액의 10분의 1 이상을 이익준비금으로 적립하여야 한다. 다만, 주식배당의 경우에는 그러하지 아니하다.

▶ 이익잉여금의 무상증자

이익잉여금은 바로 무상증자의 재원으로 사용할 수 없다. 따라서 이익잉여금으로 무상증자를 하고자 하는 경우 정기주주총회에서 이익잉여금을 이익준비금으로 처분하여 이익준비금으로 전환한 후 무상증자를 하여야 한다. 한편, 자본금의 1/2을 초과하는 이익준비금은 임의적립금으로 보아 무상증자의 재원으로 사용할 수 없다.

④ 이월이익잉여금 ~ 이익잉여금 중 처분하지 않은 금액은 그대로 차기 이후로 이월되며, 이를 이월이익잉여금이라고 한다.

[2] 미지급배당금

회사는 사업활동 결과 발생한 이익을 임의대로 처분하는 것이 아니라 이사회의 결의 또는 주주총회의 결정으로 이익을 처분한다. 그러나 주주총회는 통상 당해 사업연도의 다음해 3월에 개최한다. 따라서 당해 회계연도의 이익발생에 관한 처분사항을 이익잉여금처분계산서에 반영할 수 없게 됨에 따라 기업의 재무정보이용자들은 재무제표를 통하여 회사의 이익 처분에 관한 중요한 정보를 알 수 없게 된다.

한편, 이사회에서는 주주총회 전 이익잉여금의 처분계획을 의결할 수 있고, 이사회에서 의결한 처분계획은 대부분 주주총회에서 수용하게 되므로 이사회의 의결사항을 재무제표에 공시하게 되면, 정보이용자들은 당기순이익의 처분에 관한 정보를 제공받을 수 있을 것이다. 따라서 당기순이익에 대한 이사회의 결의사항을 반영한 재무제표를 작성할 수 있으며, 이 경우 나중에 지급할 배당금을 미지급배당금으로 한다. 즉, 미지급배당금이란 주주들에게 지급할 배당금에 대하여 회계기말에 부채로 계상한 금액을 말한다.

[3] 배당기준일

배당기준일이란 배당을 받을 권리가 있는 주주를 확정짓는 날이다. 따라서 배당기준일에 주주명부에 기록된 자에 한하여 배당금이 지급되며, 배당기준일 이후에 취득한 주식의 주주는 권리락(權利落)된 상태로 배당을 받을 수 없다. 배당기준일은 통상 회계연도말이며, 배당기준일에는 별도의 회계처리를 하지 않는다.

❹ 이익잉여금처분계산서

이익잉여금처분계산서란 기업이 당해 사업연도 영업활동 결과 발생한 이익(손익계산서의 당기순이익)과 전년도까지 매 년 장부상 발생한 이익을 처분하지 아니하여 이월되어 온 전기이월이익잉여금을 합한 금액을 당기에 어떻게 처분하였는가를 나타내는 계산서이다.

▣ 배당금 지급 회계처리 사례

① 《미지급배당금 계상》 결산결과 당기순이익 3억원이 발생하였으며, 전기에 이월되어 온 잉여금 10억원이 있다. 회계기말에 이사회에서 당기에 처분할 수 있는 잉여금(미처분이익잉여금) 13억원을 아래와 같이 처분하기로 결의하다.
  ○ 주주에 대한 배당   100,000,000원   ○ 이익준비금   10,000,000원
  ○ 차기이월   1,190,000,000원

| 이월이익잉여금 | 1,000,000,000 | / | 미처분이익잉여금 | 1,300,000,000 |
| 당기순이익 | 300,000,000 | | | |

* 이월이익잉여금 및 당기순이익을 미처분이익잉여금으로 대체한 다음 처분한다.

미처분이익잉여금	1,300,000,000	/	미지급배당금	100,000,000
			이익준비금	10,000,000
			이월이익잉여금	1,190,000,000

② 《배당금지급 및 배당소득세 원천징수》 주주에 대한 배당금 1억원을 지급하기 위하여 배당소득세 14,000,000원(2023년 배당소득세율 : 14%) 및 지방소득세 1,400,000원을 공제한 84,600,000원을 보통예금에서 인출하여 주주에게 지급하다.

| 미지급배당금 | 100,000,000 | / | 보통예금 | 84,600,000 |
| | | | 예수금 | 15,400,000 |

③ 《배당소득세 및 지방소득세 납부》 배당금 지급일의 다음달 10일 배당소득세 14,000,000원 및 지방소득세 1,400,000원을 보통예금에서 인출하여 납부하다.

| 예수금 | 15,400,000 | / | 보통예금 | 15,400,000 |

참 고 배당 결의 이전 및 이후의 재무상태표 변동

▶ 아래 표는 배당이 자본에 미치는 영향을 이해하기 쉽도록 하기 위하여 작성한 것으로 실제 재무제표는 다음과 같이 작성되는 것이 아니다.

과 목	배당 결의 전	배당 결의일	배당금 지급 후
[자 산 총 계]	3,800,000,000	3,800,000,000	3,700,000,000
[유 동 부 채]	1,000,000,000	1,100,000,000	1,000,000,000
미지급배당금		100,000,000	
[비 유 동 부 채]	1,000,000,000	1,000,000,000	1,000,000,000
[자 본]	1,800,000,000	1,700,000,000	1,700,000,000
자 본 금	500,000,000	500,000,000	500,000,000
이 익 준 비 금		10,000,000	10,000,000
이 익 잉 여 금	1,300,000,000	1,190,000,000	1,190,000,000
미처분이익잉여금	1,300,000,000		
이월이익잉여금		1,190,000,000	1,190,000,000
(당 기 순 이 익) 300,000,000			
[부채와자본총계]	3,800,000,000	3,800,000,000	3,700,000,000

이익잉여금처분계산서

제□기 20×4년 01월 01일부터
　　　　20×4년 12월 31일까지
처분예정일 : 20×5년 3월 10일

제□기 20×3년 01월 01일부터
　　　　20×3년 12월 31일까지
처분확정일 : 20×4년 3월 10일

과 목	제 (당)기		제 (전)기	
	금	액	금	액
Ⅰ 미처분이익잉여금		1,300,000,000		
1.전기이월이익잉여금	1,000,000,000			
2.전기오류수정이익				
3.전기오류수정손실				
4.당 기 순 이 익	300,000,000			
Ⅱ 임의적립금등의이입액				
합 계		1,300,000,000		
Ⅲ 이익잉여금처분액				
1.이 익 준 비 금	10,000,000			
2.배 당 금	100,000,000			
Ⅳ 차기이월미처분이익잉여금		1,190,000,000		1,000,000,000

현금배당을 하는 경우 기업의 순자산이 유출되고 자본(잉여금)이 감소하는 결과가 되어 부채비율이 증가하므로 기업의 재무상태에는 나쁜 영향을 초래한다.
배당 전 부채비율 : 111.11% (부채 20억원 ÷ 자본 18억원)
배당 후 부채비율 : 117.65% (부채 20억원 ÷ 자본 17억원)

▣ 회계기말에 이익처분 결의를 하지 않는 경우의 이익처분

회계기말에 별도의 이익처분에 대한 결의를 하지 않는 경우 당기순이익 등은 재무상태표에 미처분이익잉여금으로 표시하며, 이후 배당처분시 미처분이익잉여금은 이월이익잉여금으로 대체 처리한다.

① 《이익잉여금 처분》 결산결과 당기순이익 2천만원이 발생하였다. 20×5년 3월 15일 주주총회에서 당기에 처분할 수 있는 잉여금(미처분이익잉여금) 2천만원을 아래와 같이 처분하기로 결의하다.

· 현금배당 10,000,000원 · 이익준비금 1,000,000원 · 차기이월 9,000,000원

미처분이익잉여금	20,000,000 /	미지급배당금	10,000,000
		이익준비금	1,000,000
		이월이익잉여금	9,000,000

② 《배당금 지급》 3월 31일 주주에 대한 배당금을 보통예금에서 인출하여 지급하면서 배당금 10,000,000원에 대한 배당소득세(배당금액의 14%) 1,400,000원 및 지방소득세(배당소득세의 10%) 140,000원을 차감한 8,460,000원을 지급하다.

미지급배당금	10,000,000 /	보통예금	8,460,000
		예수금	1,540,000

③ 《배당소득세 및 지방소득세 납부》 배당금 지급일의 다음달 10일 배당소득세 및 지방소득세를 보통예금에서 인출하여 납부하다.

예수금	1,540,000 /	보통예금	1,540,000

2 배당과 관련한 세무실무

❶ 배당소득세 원천징수

1 개요

법인이 주주에게 배당금을 지급하는 경우 그 지급액의 100분의 14를 배당소득세로 배당소득세의 10%를 지방소득세로 징수하여 징수일의 다음달 10일까지 관할 세무서에 신고 및 납부를 하여야 한다.

단, 법인에게 배당금을 지급하는 경우는 배당소득세를 원천징수하지 않는다. 다만, 배당금 지급에 대한 지급명세서는 다음해 2월 말일까지 제출하여야 한다.

[핵심 실무] 법인이 다른 법인에게 배당금을 지급하는 경우 원천징수이행상황신고서 작성
○ 귀속연월 : 당해 법인의 잉여금처분결의일
○ 지급연월 : 배당금 지급일

◆ 원천징수이행상황신고서 작성
법인 내·외국법인원천 A80 : 인원 및 총지급액 기재
원천징수이행상황신고서 부표 C76 비과세 소득 등 : 인원 및 총지급액 기재

◇ 귀속연월이 다른 소득을 같은 월에 함께 지급하여 소득세 등을 원천징수하는 경우 원천징수이행상황신고서를 귀속연월별로 각각 별지로 작성하여 제출하여야 함

▶ 배당소득 지급시기 의제
배당소득은 원천징수의무자가 배당소득을 지급하는 때를 지급시기로 한다. 다만, 배당소득을 실제 지급하지는 않았으나 세법의 규정에 의하여 일정한 시점에 배당소득을 지급한 것으로 간주하여 배당소득세를 원천징수하는 것을 배당소득 지급시기 의제라 하며, 다음의 시기에 배당소득을 지급한 것으로 의제한다.

1. 법인이 이익 또는 잉여금의 처분에 따른 배당 또는 분배금을 그 처분을 결정한 날부터 3개월이 되는 날까지 지급하지 아니한 경우에는 그 3개월이 되는 날에 그 배당소득을 지급한 것으로 보아 소득세를 원천징수한다. 다만, 11월 1일부터 12월 31일까지의 사이에 결정된 처분에 따라 다음 연도 2월 말일까지 배당소득을 지급하지 아니한 경우에는 그 처분을 결정한 날이 속하는 사업연도의 다음 연도 2월 말일에 그 배당소득을 지급한 것으로 본다.
2. 소득처분에 의한 배당소득의 지급시기 : 소득금액변동통지서를 받은 날
3. 법인소득을 신고함에 있어서 법인세법 시행령 제106조의 규정에 의하여 처분되는 배당소득(소령 131 ②) : 당해 법인의 법인세 과세표준 및 세액의 신고기일

2 이익잉여금을 자본금으로 전입하는 경우의 세무적인 문제

이익잉여금을 자본금으로 전입하는 것을 무상증자라고 하며, 무상증자는 기업의 이익을 주주들에게 현금배당을 하는 것이 아니라 주주총회의 결의에 의하여 기존의 주주에게 주식을 추가로 배정하는 것으로 주주의 입장에서는 주식 추가배정금액만큼 이익을 얻게 되는 것이다. 따라서 이와 같은 배당을 의제배당이라고 하며, 소득세법 제17조 제1항 제3호의 규정에 의한 의제배당에 해당되어 배당소득세(주식배당금액의 14%) 및 지방소득세(배당소득세의 10%)를 납부하여야 한다.

주식배당은 주주총회의 결의에 의하여 이익의 배당을 새로이 발행하는 주식으로 할 수 있다. 그러나 주식에 의한 배당은 이익배당총액의 2분의 1에 상당하는 금액을 초과하지 못한다.

무상증자는 법정준비금 (이익준비금, 자본준비금)으로 증자하는 것을 원칙으로 한다. 다만, 예외적으로 임의적립금을 주주총회의 결의에 의하여 이를 이익준비금으로 항목 변경을 통해 무상증자의 재원으로 활용이 가능하다.

3 배당권리 포기

① 법인이 이익이나 잉여금을 배당 또는 분배하는 경우로서 최대주주등이 지급받을 배당등의 금액의 전부 또는 일부를 포기하거나 본인이 보유한 주식등에 비례하여 균등하지 아니한 조건으로 배당등을 받음에 따라 그 최대주주등의 특수관계인

이 본인이 보유한 주식등에 비하여 높은 금액의 배당등을 받은 경우에는 법인이 배당등을 한 날을 증여일로 하여 그 최대주주등의 특수관계인이 본인이 보유한 주식등에 비례하여 균등하지 아니한 조건으로 배당등을 받은 금액을 그 최대주주등의 특수관계인의 증여재산가액으로 한다. 또한, 일부주주가 배당포기하는 경우 및 중간배당을 하는 경우에도 동 규정이 적용될 것으로 판단된다.

② 상속세 및 증여세법 제41조2 규정은 최대주주 등의 특수관계인에게 적용하는 것으로서, 만약 최대주주 등과 특수관계가 성립되지 아니한다면 동 규정을 적용하지 않는 것으로 판단된다.

③ 한편, 정기 주주총회의 결의에 의하여 이익배당으로 확정된 경우에는 그 후 각 주주가 배당받기를 포기하더라도 동 금액에 대하여 소득세법 제142조의 규정에 따라 원천징수를 하여야 하며, 또한 각 주주가 포기한 금액은 법인의 채무면제이익으로 익금에 산입하여야 한다. (법인22601-1846, 1989.05.24.)

▶ 초과 배당

초과배당금액에 대하여 증여세와 소득세를 비교하기 위하여 2016.03.21에 상속세 및 증여세법 시행규칙 제10조의3을 신설하여 초과배당금액에 대한 세율을 확정하였다.

[개정 세법] 초과배당 증여이익에 대한 과세체계 개선
법인의 최대주주가 배당을 포기하여 그 특수관계인에게 초과배당이 지급되는 경우 초과배당금액에 대한 소득세와 증여세를 비교하여 큰 금액을 과세하던 방식을 변경하여 소득세와 증여세를 함께 부과하되, 증여이익에서 소득세 상당액을 차감하도록 함.
<적용시기> '21.1.1. 이후 증여받는 분부터 적용

■ [개정 법령] 상속세 및 증여세법 제41조의2(초과배당에 따른 이익의 증여) -요약-
① 법인이 이익이나 잉여금을 배당 또는 분배하는 경우로서 그 법인의 대통령령으로 정하는 최대주주 또는 최대출자자가 본인이 지급받을 배당등의 금액의 전부 또는 일부를 포기하거나 본인이 보유한 주식등에 비례하여 균등하지 아니한 조건으로 배당등을 받음에 따라 그 최대주주등의 특수관계인이 본인이 보유한 주식등에 비하여 높은 금액의 배당등을 받은 경우에는 제4조의2제3항에도 불구하고 법인이 배당 또는 분배한 금액을 지급한 날을 증여일로 하여 그 최대주주등의 특수관계인이 본인이 보유한 주식등에 비

례하여 균등하지 아니한 조건으로 배당등을 받은 금액에서 해당 초과배당금액에 대한 소득세 상당액을 공제한 금액을 그 최대주주등의 특수관계인의 증여재산가액으로 한다. <개정 2018. 12. 31., 2020. 12. 22., 2021. 12. 21.>

② 제1항에 따라 초과배당금액에 대하여 증여세를 부과받은 자는 해당 초과배당금액에 대한 소득세를 납부할 때(납부할 세액이 없는 경우를 포함한다) 대통령령으로 정하는 바에 따라 제2호의 증여세액에서 제1호의 증여세액을 뺀 금액을 관할 세무서장에게 납부하여야 한다. 다만, 제1호의 증여세액이 제2호의 증여세액을 초과하는 경우에는 그 초과되는 금액을 환급받을 수 있다. <개정 2020. 12. 22.>
1. 제1항에 따른 증여재산가액을 기준으로 계산한 증여세액
2. 초과배당금액에 대한 실제 소득세액을 반영한 증여재산가액(이하 이 조에서 "정산증여재산가액"이라 한다)을 기준으로 계산한 증여세액

[개정세법] 초과배당 증여이익에 대한 과세 강화(상증법 §41의2, 상증령 §31의2)

종 전	개 정
□ 초과배당 증여이익 과세 ○ 증여자 : 배당을 포기한 최대주주 ○ 수증자 : 최대주주와 특수관계인 주주 ○ 증여이익(초과배당) : 최대주주와 특수관계인 주주가 자신의 지분율을 초과하여 받은 배당금 ○ 과세방식 : ❶「초과배당에 대한 소득세」와 ❷「초과배당에 대한 증여세」중 큰 금액	□ 초과배당 증여이익에 대한 과세 강화 ○ (좌 동) ○ 초과배당 증여이익에 대해 소득세·증여세 모두 과세 ① 초과배당에 대해 소득세 과세 ② (초과배당 - 소득세)에 대해 증여세 과세

<적용시기> '21.1.1. 이후 증여받는 분부터 적용

4 배당소득세 원천징수영수증 발급 및 제출

① 국내에서 배당소득을 지급하는 원천징수의무자는 이를 지급하는 때에 그 배당소득 기타 필요한 사항을 기재한 원천징수영수증을 배당소득을 지급받는 자에게 발급하여야 한다.

② 원천징수의무자는 지급명세서를 그 지급일이 속하는 연도의 다음연도 2월 말일까지 관할세무서에 제출하여야 한다.

③ 법인에게 배당금을 지급하는 경우는 배당소득세를 원천징수하지 않지만, 배당금 지급에 대한 지급명세서는 다음해 2월 말일까지 제출하여야 한다.

❷ 배당소득 분리과세 및 종합과세

1 분리과세

분리과세란 일용근로소득 또는 특정 소득(이자소득, 배당소득, 기타소득, 연금소득) 중 일정 금액 미만인 경우 종합소득에 합산하지 않아도 되는 소득을 말한다. 예를 들어 소액의 배당금을 받는 경우 종합소득세 신고를 하도록 법률이 정한다면, 납세자는 불편하고 세무당국은 납세관리를 위하여 많은 행정력이 필요하게 될 것이므로 연간 금융소득(이자소득 + 배당소득)이 2천만원 이하인 경우 그 지급을 하는 자가 소득세를 징수함으로써 납세의무를 종결하도록 하는 것이다. 따라서 이자 및 배당소득의 연간 합계액이 2,000만원 이하인 경우 종합소득에 합산하지 않는다.

2 종합과세

[1] 배당소득 종합과세
금융기관에서 지급받는 이자소득 및 법인의 배당소득에 대한 세율은 14%인데 최고 45%의 세율을 적용받는 다른 소득자와 과세형평에 문제가 있으므로 소득세법에서 금융소득이 2천만원을 초과하는 경우 종합소득세 신고를 하도록 규정하고 있다.

[2] 종합과세되는 배당소득의 배당세액공제

개인사업자는 사업소득에 대하여 종합소득세가 과세되어 납세가 종결되나 법인 사업자는 법인에서 발생한 소득에 대하여 법인세가 과세되고 법인세가 과세된 소득을 출자자인 주주등에게 배당하는 경우 다시 배당소득이 과세됨으로서 이중과세문제가 발생한다. 따라서 이중과세를 경감하기 위하여 주주단계의 소득세에서 일정한 세액을 차감하여 공제하여 주는 것을 배당세액공제라 한다.

[3] 배당소득금액 가산 및 배당소득세액공제(소득세법 제17조 제3항)

① 종합소득을 계산함에 있어 종합과세되는 배당소득이 있는 경우 당해연도의 총수입금액에 배당소득의 100분의 11에 상당하는 금액을 가산한 금액으로 한다. 다만, 배당소득중 배당세액공제가 배제되는 의제배당은 제외한다.

② 거주자의 종합소득금액에 배당소득의 100분의 11에 상당하는 금액(Gross-Up)이 합산되어 있는 경우 당해연도의 총수입금액에 가산한 금액(Gross- Up)에 상당하는 금액을 종합소득산출세액에서 공제한다.

③ 금융소득금액은 배당소득에 대한 귀속 법인세를 가산하고, 종합소득공제와 결손금을 공제하기 전의 금액이다.

▶ 배당세액공제액 (①과 ② 중 적은 금액)
① Gross - up 금액
② 산출세액 - 원천징수세율 방법의 산출세액

[세법 개정] 배당소득 이중과세 조정을 위한 배당가산율 조정(소득법 §17 ③)
(종전) 배당가산액 = 배당소득 × 11%
(개정) 배당가산액 = 배당소득 × 10%*
- 현행 법인세 최저세율(9%)을 기준으로 가산율 산정
<적용시기> '24.1.1. 이후 지급받는 소득 분부터 적용

[4] 금융소득금액이 2천만원을 초과하는 경우 산출세액의 계산특례

종합과세되는 금액이 2천만원을 초과하는 경우에는 종합과세로 인하여 기본세율이 적용되는 금융소득금액(금융소득금액 중 2천만원을 초과하는 금융소득금액)에 대한 산출세액이 최소한 분리과세시 납부하는 원천징수세액 이상이 되도록 하기 위하여 다음과 같이 산출세액을 계산한다.

▶ **종합소득산출세액 = ①과 ② 중 큰 금액**
① 일반산출세액 = (종합소득과세표준 - 2,000만원) × 기본세율 + 2,000만원 × 14%
② 비교산출세액 = (종합소득과세표준 - 금융소득금액) × 기본세율 + 금융소득 × 원천징수세율

사 례 배당소득이 2천만원 초과시 그로스업 및 배당세액공제 [2023년 귀속분]

< 자 료 >
(1) 2023귀속 종합소득현황
 ① 은행예금 이자 : 20,000,000원
 ② 비영업대금이익 : 10,000,000원
 ③ 비상장법인 배당 : 30,000,000원
 ④ 사업소득금액 : 50,000,000원
(2) 종합소득공제는 5,100,000원으로 가정

< 계 산 >
○ 금융소득 = ① + ② + ③ = 60,000,000원
○ 종합과세기준금액 초과금액 : 60,000,000 - 20,000,000 = 40,000,000원
 * 기준금액 초과금액은 이자, G-up제외 배당, G-up대상 배당 순으로 적용
○ 배당가산(Gross-up)대상 금액 : 30,000,000원
○ 배당가산액 : 30,000,000 × 11% = 3,300,000원
○ 종합소득 산출세액 계산[㉠, ㉡ 중 큰 금액] : 18,770,000원
 ㉠ 종합과세방식 : [(종합과세기준금액 초과금액 + 배당가산액 + 다른종합소득금액)
  - 종합소득공제] × 기본세율 - 누진공제액 + (종합과세기준금액 × 원천징수세율) = 산출세액
  [(40,000,000 + 3,300,000 + 50,000,000 - 5,100,000) × 35% - 14,900,000] +
  (20,000,000 × 14%) = 18,770,000원
 ㉡ 분리과세방식 :
  [(50,000,000 - 5,100,000) × 15% - 1,080,000] + [10,000,000 × 25% + 50,000,000
  × 14%] = 15,155,000원
○ 배당세액공제[㉮, ㉯ 중 적은 금액] : 3,300,000원
 ㉮ 배당가산액 : 30,000,000 × 11% = 3,300,000원
 ㉯ 위 종합소득 산출세액(18,770,000원) - 위 분리과세방식 산출세액(15,155,000원)
    = 3,615,000원

♣ 상세 내용 [국세청 홈페이지] → 국세정책/제도 → 통합자료실 → 국세청발간책자 → 분야별 해설책자 → 소득세 → **금융소득종합과세 해설**

비상장법인의 자기주식 취득 관련한 세무 문제

1 자기 주식 취득 목적 및 취득 유형

❶ 개요

주식회사는 주주로부터 금전 등을 자본으로 출자받고, 그에 대한 증표로 주식을 발행하여 주며, 주주는 출자에 대한 대가로 배당을 받을 권리를 가지며, 기업의 중요한 의사결정에 대한 의결권을 행사할 수 있게 된다.

법인의 주주는 당해 법인에 자본을 출자한 자이고, 법인은 주주가 출자한 금전등을 운용하여 사업목적(이윤 추구 등)을 달성하는 것이므로 원칙적으로 법인이 당해 법인의 주주가 될 수 없다.

왜냐하면, 법인이 자신의 자본금인 자기의 주식을 취득하는 경우 회사의 자본 기초가 부실화되어 회사와 주주 및 채권자의 이익을 침해하고, 대표이사 등에 의한 불공정한 회사지배를 초래하는 등 여러 가지 폐해가 발생할 수 있기 때문이다. 따라서 2011.4.14. 개정 전 상법에서는 자기 자본의 부실화를 예방하고자 자기주식의 취득을 원칙적으로 금지하고, 부득이한 사유가 있는 경우에 한하여 예외적으로 자기주식의 취득을 허용하였다. 단, 상장회사에 대하여는 1994년부터 증권거래법에 의하여 배당가능이익으로 자기주식을 취득할 수 있었다.(구 증권거래법 제189의 2)

한편, 회사의 자기주식 취득은 본질적으로 주주에 대한 이익배당과 유사하고, 자기주식을 모든 주주로부터 지분비율에 따라 균등하게 취득하는 경우 주주평등의 원칙에 위반하는 문제가 발생하지 않으며, 배당가능이익으로 재원을 한정하여 자기주식을 취득하는 경우 회사채권자의 이익을 해하지 않는다는 점 등을 이유로 2011. 4. 14. 개정된 상법은 자본시장법과 같이 배당가능이익의 범위 내에서 자기주식을 취득할 수 있도록 하였다. 이에 따라 비상장회사도 배당가능이익으로 자기주식을 취득하는 것이 허용되었다.

❷ 자기주식 취득 목적

1 상장법인

상장법인의 경우에는 여러 가지 목적으로 자기주식을 취득할 실익이 존재한다. 예를 들면 다음과 같다.

[1] 주가가 저(低)평가되어 있는 경우

시장에서 형성된 주가가 회사가 자체 평가한 주가보다 저가인 경우 자사주를 매입한 후 나중에 주가가 상승하면 매도하여 이익을 남길 수 있다.

[2] 지배주주의 경영권 안정

자사주는 의결권이 제한된다. 따라서 자사주를 매입하면 의결권 수가 줄어들어, 상대적으로 기존 최대 주주의 지배력이 커지는 효과가 있으며, 또한 경영권이 위협받을 때 자사주를 우호적인 주주에게 매각할 수도 있다.

[3] 주식매수선택권의 행사에 대한 자기주식의 교부

주식매수선택권(스톡옵션)을 부여받은 임직원 등이 이를 행사하는 경우 회사는 미리 보유한 자기주식을 예정된 가격에 양도하여야 하며, 이를 위해 회사는 발행주식총수의 100분의 10을 초과하지 않는 범위 내에서 자기주식을 취득할 수 있다. (상법 제340조의2)

[4] 임직원에 대한 상여금·공로금·장려금 등의 자기주식 지급

자사주를 매입하여 임직원에 대한 상여금 등으로 지급함으로서 임직원의 회사에 대한 근로의욕을 높여 기업의 이익증대를 도모할 수 있다.

[5] 장기안정주주 확보를 위한 우리사주조합에 대한 자기주식의 배분

자사주를 매입하여 우리사주조합에 자기주식을 배분함으로서 장기 안정주주의 확보를 도모할 수 있다.

[6] 자본금 감소

자본금을 감소하고자 하는 경우 주주로부터 주식을 매입하여 소각하는 절차를 거치게 되므로 자기주식을 취득하게 된다.

2 비상장법인

비상장법인의 경우 주식의 시가가 형성되어 있지 않고 주식매매가 자유롭게 이루어지지 않아 자본금 감소이외에는 자기주식을 취득하여야 하는 목적이 분명하지 않은 경우는 많다. 즉, 주식의 시가가 형성되어 있지 않고, 거래가 자유롭지 않은 주식을 매매 목적으로 취득하는 경우가 실무적으로 발생할 일은 별로 없을 것이다. 다만, 매매 목적으로 자기주식을 취득하여야 하는 경우 여러 가지 복잡한 세무상 문제가 발생할 수 있으므로 자기주식의 취득과 관련한 문제를 충분히 검토하여야 한다.

❸ 자기주식 취득 유형 및 절차

1 매매 목적의 자기 주식 취득

자기주식을 매매 목적으로 취득하는 경우 반드시 상법의 규정에 의하여 취득 및 매각을 하여야 하며, 배당가능이익으로 자기주식을 취득하는 경우와 특정목적에 의한 자기주식의 취득으로 구분한다.

[1] 주주총회의 결의
자기주식을 취득하려는 회사는 미리 주주총회의 결의로 다음 각 호의 사항을 결정하여야 한다. 다만, 이사회의 결의로 이익배당을 할 수 있다고 정관으로 정하고 있는 경우에는 이사회의 결의로써 주주총회의 결의를 갈음할 수 있다.
1. 취득할 수 있는 주식의 종류 및 수
2. 취득가액의 총액의 한도
3. 1년을 초과하지 아니하는 범위에서 자기주식을 취득할 수 있는 기간

[2] 배당가능이익으로 자기주식 취득
배당가능이익으로 자기주식을 취득하는 경우에는 주주평등의 원칙에 따라 자기의 명의와 계산으로 자기의 주식을 취득하여야 한다.

[3] 균등취득
주주평등의 원칙에 따라 자기주식을 취득하여야 한다. 거래소에서 시세가 있는 주식의 경우에는 거래소에서 취득하는 방법으로 취득하여야 하고, 거래소에서 시세가 없는 주식의 경우에는 각 주주가 가진 주식 수에 따라 균등한 조건으로 취득하는 방법에 따라 취득하여야 한다.

2 자본금 감소를 위한 자기주식 취득

[1] 종전 상법 규정
자본금 감소를 위하여 주식을 소각하는 경우 회사가 주주로부터 주식을 취득하여 소각의 효력이 발생할 때까지 보관하여야 하는데 이 과정에서 자기주식을 취득한 것과 같은 형태를 갖게 되므로 이를 허용하기 위하여 구 상법 제341조제1호에서 자기주식의 취득을 규정하고 있었다.

[2] 현행 상법규정
개정 상법 제343조에서 자본금 감소시 자기주식의 소각에 대하여 별도로 규정을 하고 있다.

☐ 제343조(주식의 소각) ① 주식은 자본금 감소에 관한 규정에 따라서만 소각(消却)할 수 있다. 다만, 이사회의 결의에 의하여 회사가 보유하는 자기주식을 소각하는 경우에는 그러하지 아니하다.
② 자본금감소에 관한 규정에 따라 주식을 소각하는 경우에는 제440조 및 제441조를 준용한다. [전문개정 2011.4.14.]

3 특정 목적에 의한 자기주식 취득

회사는 다음의 어느 하나에 해당하는 경우에는 배당가능이익이 없더라도 자기의 주식을 취득할 수 있다. (상법 제341조의2)

[1] 회사의 합병 또는 다른 회사의 영업전부의 양수로 인한 경우
흡수합병의 경우 소멸회사의 재산 중에 존속회사의 주식이 포함되어 있는 때나 영업양도의 경우 양도목적인 영업재산 중에 양수회사의 주식이 포함되어 있는 때에는 존속회사 또는 양수회사가 자기주식을 취득하게 된다.

[2] 회사의 권리를 실행함에 있어 그 목적을 달성하기 위하여 필요한 경우
회사가 채권을 실행할 때 회사의 채무자에게 자기주식 이외에는 다른 재산이 없어 그 주식을 대물변제로 받는 것이 전형적인 예이다.

[3] 단주(端株)의 처리를 위하여 필요한 경우
주주가 회사로부터 원시취득한 주식에 단주가 있을 경우 이를 환가하여 주주에게 대금으로 지급하기 위해서는 회사가 단주를 취득하여야 한다. 그러나 자본감소, 합병, 준비금의 자본전입, 주식배당 등과 같이 단주의 처리방법이 법정되어 있는 경우에는 그에 따라야 하므로 회사가 단주를 취득할 수 없다.

[4] 주주가 주식매수청구권을 행사한 경우
주주가 주식매수청구권을 행사하는 경우에는 회사가 자기주식을 취득할 의무가 발생하므로 자기주식을 취득할 수 있다.

2   비상장법인의 자기주식 거래와 조세 문제

❶ 개요

1   당해 법인이 주식을 매매 목적으로 매입하는 경우

자기주식 거래가 매매 목적인 경우 주식의 매도인은 주식의 양도차익에 대하여 양도소득세(중소기업 10%, 중소기업의 대주주 및 중소기업이 아닌 법인 20%)를 부담하여야 한다. 예를 들어 주식을 취득한 당해 법인이 취득한 주식을 자본금 감자가 아닌 양도 목적으로 취득하는 경우 양도자는 양도소득세 및 증권거래세(양도금액의 **0.35%**)를 신고 및 납부하여야 한다.

2   당해 법인이 자본금 감자 목적으로 주식을 매입하는 경우

자본금 감자를 위하여 주식을 소각할 목적으로 법인이 당해 법인의 주식을 매입하는 경우 주주는 양도소득세 및 증권거래세 과세대상에 해당하지 않는다. 단, 자본금 감자를 위하여 법인이 주주로부터 주식을 매입함에 있어 주주가 소각된 주식에 대하여 이익을 얻은 경우 의제배당으로 보아 배당소득세가 과세된다.

예를 들어 주주가 주식을 1억원에 매입한 후 2억원에 주식을 발행한 법인에게 매도하는 경우 주주는 1억원의 이익을 얻게 되며, 이 이익은 주식 가치의 상승으로 얻게 되는 이익으로 세법에서는 배당으로 의제하여 과세하는 것이다. 즉, 시가를 계상하여 주식을 취득하고, 이후 시가로 주식을 매도함에 있어 시가 상승분은 이익 등에 의하여 증가한 것으로서 법인이 경영활동 결과 창출한 이익에 대하여 주주에게 배당을 하지 않거나 창출된 이익보다 적은 금액을 배당함으로서 주식의 가치가 증가한 것이므로 세법에서는 주식 매도로 얻은 이익을 매도시점에 배당처분을 한 것으로 의제하여 배당소득세를 징수 및 납부하도록 한 것이다.

▶ 자기주식을 매매 목적으로 취득하였으나 차후 소각하는 경우

당초 이사회에서 자기주식의 취득을 매매 목적으로 결의하였다 하더라도 나중에 자기주식을 소각하는 경우 소각 목적으로 취득한 것으로 보아야 하며, 이 경우 배당소득(의제배당)으로 과세된다.

예를 들어 주주가 취득가액 1천만원인 주식을 1억원에 양도하고, 매매 목적의 형식을 취하고 있다하더라도 당해 법인이 주식을 인수한 후 자본금을 감자하는 경우에는 의제배당으로 보는 것이므로 당해 법인은 배당소득세를 원천징수하여 신고 및 납부하여야 한다. 그리고 배당소득을 얻은 주주의 경우 당해 연도 금융소득이 2천만원 이하인 경우에는 분리과세로 납세의무가 종결되나 2천만원을 초과하는 경우 종합소득에 합산하여 신고 및 납부를 하여야 한다.

3 매매 목적과 감자 목적 구분 기준

주식의 매매가 법인의 주식소각이나 자본감소의 절차의 일환으로 이루어진 것인 경우에는 의제배당에 해당하고, 그 매매가 단순한 주식매매인 경우에는 양도소득에 해당한다. 이 경우 주식의 매도가 자산거래인 주식의 양도에 해당하는가 또는 자본거래인 주식의 소각 내지 자본의 환급에 해당하는가는 그 사안에 따른 해석의 문제로서 그 거래의 내용과 당사자의 의사를 기초로 하여 판단하여야 할 것이지만, 실질과세의 원칙상 당해 계약서의 내용이나 형식과 아울러 당사자의 의사와 계약 체결의 경위, 대금의 결정방법, 거래의 경과 등 거래의 전체과정을 실질적으로 파악하여 판단하여야 한다.

실무에서 문제가 되는 것은 회사가 자기주식을 취득하여 일정기간 보유한 후에 자본감소절차를 이행하거나 주식을 소각하는 경우에 그 주식의 양도로 인한 소득이 양도소득인지 의제배당인지의 여부이다.

이에 관하여 조세심판원은 의제배당에 해당한다는 견해를 취하고 있고(조심2012중3513, 2012.11.26.), 법원은 의제배당으로 본 사례도 있고 양도소득으로 본 사례도 있으나 대체적으로 의제배당으로 보고 있다.

■ 의제배당으로 본 판결 : 대법원2001두6227, 2002.12.26. 판결,
　대법원2008두19628, 2010.10.28. 판결, 대법원2012두14507, 2012.10.11. 판결
■ 양도소득으로 본 판결 : 대법원2013두1843, 2013.5.24. 판결

따라서 주주가 당해 법인에게 주식을 매각하는 경우 그 사안에 사실 판단할 문제가 있으므로 일률적 기준을 적용할 수는 없으며, 쟁점이 될 경우 과세관청은 세금을 더 징수하는 방향으로 과세를 하게 되므로 판단이 어려운 경우 의제배당으로 처리를 하여야 세무리스크를 예방할 수 있을 것이다.

◆ 서면1팀-177, 2005.02.03
법인이 자기주식을 매입하는 경우 당해 법인에게 주식을 양도하는 주주의 소득이 양도소득에 해당하는지 배당소득에 해당하는지 여부는 그 거래의 실질내용에 따라 판단하는 것으로서, 그 매매가 단순한 주식매매인 경우에는 양도소득에 해당하는 것이나, 주식소각이나 자본감소 절차의 일환인 경우에는 배당소득(의제배당)에 해당하는 것임.

▶ **의제배당**

의제배당이란 피투자회사의 주주총회 또는 사원총회의 배당결의를 통하여 수령하는 배당은 아니지만 법인의 감자, 해산, 합병, 분할 또는 잉여금의 자본전입 등을 통하여 주주에게 귀속되는 이익배당 등과 유사한 성질의 경제적 이익이 있는 경우 세법에서는 이를 배당금으로 의제하여 법인세 또는 소득세를 과세한다.

즉, 주식의 소각, 자본의 감소, 또는 출자의 감소로 인하여 주주.사원 또는 출자자가 취득하는 금전 기타 재산가액의 합계액이 주주 등이 당해 주식 또는 출자지분을 취득하기 위하여 소요된 금액을 초과하는 경우 그 초과금액은 주식을 소각하는 법인 등으로부터 이익을 배당받은 것으로 보아 배당소득세가 과세된다.

▣ 의제배당 금액의 계산

| 주식의 소각 등으로 인하여 주주 등이 취득하는 금전 기타 재산가액의 합계액 | − | 소각된 주식을 취득하기 위하여 소요된 금액 |

❷ 자기주식 취득의 세무상 문제

1 자기주식을 장기 보유하는 경우

당해 법인이 취득한 자기주식을 당초 목적에 맞지 않게 장기 보유하는 경우 과세당국에서는 자기주식 취득 목적이 특정 주주에게 자금을 대여하기 위함이었다고 해석하여 자기주식 취득 자체를 무효 처분할 가능성이 매우 높다.

즉, 비상장법인이 자기 주식을 정당하게 취득하여 단기에 제3자에게 매매를 하는 경우라면, 세무상 특별한 문제는 발생하지 않은 것이나 장기간 보유하는 경우 법인의 자금을 주주에게 보유 기간 동안 무상으로 대여한 것으로 볼 수 있으므로 국세청은 비상장법인이 자기주식을 취득한 경우 사후관리 대상으로 분류하여 집중적인 관리를 하게 된다.

개정 상법에서 비상장법인의 자기주식 취득을 배당가능이익의 범위내에서 주주총회 등의 결의만으로 그 취득을 허용하였다하더라도 비상장법인은 자기 주식 취득의 정당한 사유가 명확하지 않는 경우 자기 주식을 취득하지 않는 것이 세무리스크를 예방할 수 있으므로 자기주식 취득을 통한 세금절세 방안은 강구하지 않는 것이 좋을 것으로 판단이 된다.

2 당해 법인의 주주가 출자지분의 반환을 청구하는 경우

주주간의 의견 갈등 등으로 주주가 출자지분의 반환을 청구하는 경우 이를 해결하기 위하여 취득하는 자기주식 거래는 특정 목적에 의한 자기주식 취득에 해당하지 아니하며, 당해 주주총회 특별 결의는 무효에 해당한다. 따라서 세법은 상법상 무효에 해당하는 자기주식 거래를 업무무관가지급금으로 판단한다. 결국 상법상 자기주식 취득이 허용되었지만, 특정인에 대한 자금 지원 목적인 자기주식 취득은 무효가 된다. 따라서 이와 같은 경우 자기주식 취득 시 소각 목적으로 하여 법인이 배당소득세를 원천징수(의제배당에 해당하는 경우)하거나 개인 간 주식양도양수 방식으로 주식을 인수하는 것이 세무리스크를 예방할 수 있을 것이다.

3 가지급금을 줄이기 위하여 자기주식을 취득한 경우 문제

비상장법인의 경우 주주인 대표이사의 가지급금을 줄이기 위한 방법으로 법인의 주주가 가지고 있는 주식을 법인 자금으로 매입하여 가지급금을 줄인 경우 과세당국에서는 이를 인정하지 아니하므로 특별히 유의하여야 할 것이다.

즉, 내국법인이 주주에게 우회적으로 자금을 지원할 목적이 없이, 개정상법에 따라 주주로부터 자기주식을 취득하면서 지급한 금액은 인정이자 계산 대상 가지급금에 해당되지 아니하는 것이나, 이에 해당하는지는 사실판단할 사항이라는 것이 국세청의 유권해석으로서 과세 당국의 판단에 따라 자기 주식매입자금을 가지급금으로 볼 수 있는 것이므로 이와 같은 방식의 자기주식 취득은 하지 않아야 할 것이다.

◆ 서면법규-168 (2014.2.25.)
내국법인이 주주에게 우회적으로 자금을 지원할 목적이 없이,「상법」(2011.4.14. 법률 제10600호로 개정된 것) 제341조에 따라 주주로부터 자기주식을 취득하면서 지급한 금액은 인정이자 계산 대상 가지급금에 해당되지 아니하는 것이며,
귀 서면질의의 경우가 이에 해당하는지는「상법」규정 위반 여부, 자기주식의 취득 목적, 취득 후 주주에게 재매각하는지 등 거래 내용의 제반 사항을 종합적으로 고려하여 사실판단하시기 바람

◆ 법인, 법인세과-389 , 2012.06.15
자기주식 취득행위가「상법」에 위반되어 무효에 해당하는 경우 그 취득대금을 정당한 사유 없이 회수하지 않거나 회수를 지연한 때에는 업무무관가지급금에 해당함

□ 상법 제341조(자기주식의 취득)
① 회사는 다음의 방법에 따라 자기의 명의와 계산으로 자기의 주식을 취득할 수 있다. 다만, 그 취득가액의 총액은 직전 결산기의 대차대조표상의 순자산액에서 제462조제1항 각 호의 금액을 뺀 금액을 초과하지 못한다.
1. 거래소에서 시세(時勢)가 있는 주식의 경우에는 거래소에서 취득하는 방법
2. 제345조제1항의 주식의 상환에 관한 종류주식의 경우 외에 각 주주가 가진 주식 수에 따라 균등한 조건으로 취득하는 것으로서 대통령령으로 정하는 방법

② 제1항에 따라 자기주식을 취득하려는 회사는 미리 주주총회의 결의로 다음 각 호의 사항을 결정하여야 한다. 다만, 이사회의 결의로 이익배당을 할 수 있다고 정관으로 정하고 있는 경우에는 이사회의 결의로써 주주총회의 결의를 갈음할 수 있다.
1. 취득할 수 있는 주식의 종류 및 수
2. 취득가액의 총액의 한도
3. 1년을 초과하지 아니하는 범위에서 자기주식을 취득할 수 있는 기간
③ 회사는 해당 영업연도의 결산기에 대차대조표상의 순자산액이 제462조제1항 각 호의 금액의 합계액에 미치지 못할 우려가 있는 경우에는 제1항에 따른 주식의 취득을 하여서는 아니 된다.
④ 해당 영업연도의 결산기에 대차대조표상의 순자산액이 제462조제1항 각 호의 금액의 합계액에 미치지 못함에도 불구하고 회사가 제1항에 따라 주식을 취득한 경우 이사는 회사에 대하여 연대하여 그 미치지 못한 금액을 배상할 책임이 있다. 다만, 이사가 제3항의 우려가 없다고 판단하는 때에 주의를 게을리하지 아니하였음을 증명한 경우에는 그러하지 아니하다

▲ 제9조(자기주식 취득 방법의 종류 등) ① 법 제341조제1항제2호에서 "대통령령으로 정하는 방법"이란 다음 각 호의 어느 하나에 해당하는 방법을 말한다.
1. 회사가 모든 주주에게 자기주식 취득의 통지 또는 공고를 하여 주식을 취득하는 방법
2. 「자본시장과 금융투자업에 관한 법률」 제133조부터 제146조까지의 규정에 따른 공개매수의 방법
② 자기주식을 취득한 회사는 지체 없이 취득 내용을 적은 자기주식 취득내역서를 본점에 6개월간 갖추어 두어야 한다. 이 경우 주주와 회사채권자는 영업시간 내에 언제든지 자기주식 취득내역서를 열람할 수 있으며, 회사가 정한 비용을 지급하고 그 서류의 등본이나 사본의 교부를 청구할 수 있다.

제10조(자기주식 취득의 방법) 회사가 제9조제1호에 따라 자기주식을 취득하는 경우에는 다음 각 호의 기준에 따라야 한다.
1. 법 제341조제2항에 따른 결정을 한 회사가 자기주식을 취득하려는 경우에는 이사회의 결의로써 다음 각 목의 사항을 정할 것. 이 경우 주식 취득의 조건은 이사회가 결의할 때마다 균등하게 정하여야 한다.
  가. 자기주식 취득의 목적
  나. 취득할 주식의 종류 및 수

다. 주식 1주를 취득하는 대가로 교부할 금전이나 그 밖의 재산(해당 회사의 주식은 제외한다. 이하 이 조에서 "금전등"이라 한다)의 내용 및 그 산정 방법

라. 주식 취득의 대가로 교부할 금전등의 총액

마. 20일 이상 60일 내의 범위에서 주식양도를 신청할 수 있는 기간(이하 이 조에서 "양도신청기간"이라 한다)

바. 양도신청기간이 끝나는 날부터 1개월의 범위에서 양도의 대가로 금전등을 교부하는 시기와 그 밖에 주식 취득의 조건

2. 회사는 양도신청기간이 시작하는 날의 2주 전까지 각 주주에게 회사의 재무 현황, 자기주식 보유 현황 및 제1호 각 목의 사항을 서면으로 또는 각 주주의 동의를 받아 전자문서로 통지할 것. 다만, 회사가 무기명식의 주권을 발행한 경우에는 양도신청기간이 시작하는 날의 3주 전에 공고하여야 한다.

3. 회사에 주식을 양도하려는 주주는 양도신청기간이 끝나는 날까지 양도하려는 주식의 종류와 수를 적은 서면으로 주식양도를 신청할 것

4. 주주가 제3호에 따라 회사에 대하여 주식 양도를 신청한 경우 회사와 그 주주 사이의 주식 취득을 위한 계약 성립의 시기는 양도신청기간이 끝나는 날로 정하고, 주주가 신청한 주식의 총수가 제1호나목의 취득할 주식의 총수를 초과하는 경우 계약 성립의 범위는 취득할 주식의 총수를 신청한 주식의 총수로 나눈 수에 제3호에 따라 주주가 신청한 주식의 수를 곱한 수(이 경우 끝수는 버린다)로 정할 것

◆ 법인, 조심-2016-서-1700 , 2016.07.07. [기각]
청구법인이 특정주주(대표이사)만 선택하여 그 주식을 취득한 것이 되어 「상법」을 위배하였다고 볼 수 있는 점, 청구법인의 쟁점주식 취득은 대표이사가 상속에 대비하기 위하여 자기주식으로 취득하도록 한 것으로 보이는 점 등에 비추어 처분청이 쟁점주식 취득대금을 업무무관가지급금으로 보아 과세한 처분은 잘못이 없음

4 비상장법인 자기주식 취득시 세무리스크 예방을 위한 조건

[1] 시가(시가가 없는 경우 상증법의 보충적 평가방법)로 취득을 하여야 한다.
자기주식을 취득하는 경우 주식을 시가로 평가(비상장주식 평가 편 참조)하여 주주의 지분율대로 균등하게 취득하여야 한다.

[2] 지분율에 의하여 균등취득을 하여야 한다.

법인이 자기 주식을 취득할 시 주주 지분비율대로 인수를 하여야 하며, 불균등하게 인수하는 경우 그로 인하여 이익을 얻는 자에게 증여세 등이 과세된다.

5 시가보다 높거나 낮은 금액으로 매입하는 경우 세무상 문제

1 시가보다 높은 가격으로 매입하는 경우

[1] 개인주주로부터 고가매입하는 경우

법인이 법인의 특수관계자(법인의 주주인 임직원, 지분율 1% 이상인 주주)로부터 주식을 시가보다 높은 가격으로 인수하는 경우 법인은 익금산입하고, 주주인 경우에는 배당처분을 하여야 하고, 주주인 임직원인 경우에는 상여로 처분하여야 한다.

법인이 특수관계인인 개인으로부터 자기주식을 시가보다 높은 가액으로 매입하여 법인의 조세를 부당하게 감소시킨 것으로 인정되는 경우(시가와 거래가액의 차액이 3억원 이상이거나 시가의 100분의 5에 상당하는 금액 이상인 경우에 한하여 적용)에는 부당행위계산의 부인 규정이 적용된다.

[2] 법인주주로부터 고가매입하는 경우

법인이 자기주식을 법인주주로부터 시가보다 높은 가액으로 매입한 경우 과세관청은 자기주식을 매입한 법인에 대하여 부당행위계산 부인 규정에 따라 시가로 매입한 것으로 보아 당해 법인의 소득금액을 계산한다. 이 경우 시가와 매입가액과의 차액을 익금에 산입하고 그 귀속자가 법인이므로 기타사외유출로 처분한다

2 시가보다 낮은 가격으로 매입하는 경우

[1] 개인주주로부터 저가매입하는 경우

법인이 법인의 특수관계자(법인의 임직원, 지분율 1% 이상인 주주)로부터 주식을 시가보다 낮은 가격으로 인수하는 경우 법인에게 주식을 양도하는 자는 양도소득세가 과세될 수 있으며, 법인의 특정 주주에게는 증여세가 과세될 수 있다.

이 경우 거주자의 양도소득금액을 계산함에 있어서는 그 양도가액을 시가에 의하여 계산한다(소득세법 시행령 167조 4항). 다만, **시가와 거래가액의 차액이 3억원 이상이거나 시가의 100분의 5에 상당하는 금액 이상**인 경우에 한한다.

한편, 법인이 자본감소목적이 아닌 매매 목적 등으로 자기주식을 취득하는 경우로서 특수관계인인 개인으로부터 유가증권을 시가보다 낮은 가액으로 매입하는 경우 시가와 그 매입가액의 차액에 상당하는 금액은 각 사업연도 소득금액 계산상 익금에 산입하여야 한다. (법인세법 제15조 제2항 제1호) 다만, 시가와 거래가액의 차액이 3억원 이상이거나 시가의 100분의 5에 상당하는 금액 이상인 경우에 한한다.(법인세법 시행령 제88조 ③)

[2] 법인주주로부터 저가매입하는 경우

법인이 특수관계인에게 시가보다 낮은 가격으로 자산을 양도한 때는 조세의 부담을 부당하게 감소시킨 것으로 보며,(법령 제88조 ① 3) 이 경우 그 자산을 저가로 양도한 법인에 대하여 부당행위계산부인규정을 적용하여 시가에 의하여 당해 법인의 소득금액을 계산한다. 다만, 시가와 거래가액의 차액이 3억원 이상이거나 시가의 100분의 5에 상당하는 금액 이상인 경우에 한한다.(법령 제88조 ③)

6 자본금 감자를 위하여 자기주식을 취득하는 경우 세무상 문제

[1] 지분비율에 의하지 아니하고 불균등감자를 하는 경우

법인이 자본감자시 주주의 지분 비율에 의하지 아니하고 일부 주주의 주식만을 소각함으로써 법인주주가 그와 특수관계에 있는 대주주에게 이익을 분여한 경우에는 부당행위계산의 부인에 해당하는 것이며, 주주간 특수관계인에 해당하지 아니하는 때에는 부당행위계산의 부인 규정이 적용되지 않는다.

[2] 상법 절차에 의하지 아니하고 주식을 무상소각하는 경우

법인이 상법상 적법한 감자절차에 의거 주식의 무상소각에 따른 이익이 발생한 경우에는 감자차익으로 보아 익금불산입하는 것이나 상법 등에 의하지 아니하고 자본감소를 위하여 주주로부터 자기주식을 무상으로 증여받은 때에는 그 정상가액을 자산수증이익으로 본다.

❸ 주식을 당해 법인에 매도하는 경우 세무신고 등

1 매매 목적인 경우

1 자기주식을 취득한 법인

법인세신고시 '주식등변동상황명세서'를 제출하여야 한다.

2 주식을 매각한 주주

[1] 양도소득세 신고·납부
양도소득세 및 증권거래세를 신고 및 납부하여야 한다.

[2] 증권거래세 신고 및 납부
주식을 당해 법인에 양도하는 주주는 증권거래세를 신고 및 납부하여야 한다. 단, 증권거래세는 주권 또는 지분의 계약상 또는 법률상의 원인에 의하여 유상으로 소유권이 이전되는 것을 과세대상으로 하는 것으로 자본 감자로 인하여 주주의 소유주식을 회사에 반납하는 경우에는 주권 등의 양도에 해당하지 아니하는 것이므로 증권거래세 과세대상이 아니다.

2 감자 목적인 경우

1 원천징수의무자

[1] 배당소득세 징수·납부 및 지급명세서 제출
주식의 소각, 자본의 감소로 인하여 주주가 취득하는 금전 기타 재산가액의 합계액이 주주 등이 당해 주식을 취득하기 위하여 소요된 금액을 초과하는 경우 그 초과금액은 주식을 소각하는 법인 등으로부터 이익을 배당받은 것으로 보아 배당소득으로 본다. 이 경우 의제배당으로 보아 그 지급시기에 배당소득세를 원천징수하여

다음 달 10일까지 신고 및 납부를 하여야 하며, 배당소득지급명세서를 제출하여야 한다.

[2] 주식등변동상황명세서 제출
주주가 당해 법인에 주식을 양도한 경우 당해 법인은 양도일이 속하는 과세기간의 법인세 신고시 주식등변동상황명세서를 제출하여야 한다.

② 해당 법인에 주식을 양도한 주주

의제배당을 합한 금융소득이 2천만원을 초과하는 경우 종합소득에 합산하여 종합소득세를 신고 및 납부하여야 한다.

▶ 양도소득으로 기 과세된 후 의제배당으로 확인되는 경우 과세문제
주주가 주식을 양도하고 그 양도로 인한 소득을 양도소득으로 보아 양도소득세 신고·납부를 하거나 과세관청이 주식양도소득에 대하여 양도소득세 부과를 한 후에 의제배당에 해당하는 것으로 확인된 경우 과세관청은 양도소득세 부과처분을 취소하고 의제배당에 대한 종합소득세를 부과하게 될 것이다.

주식의 양도로 인한 소득에 대하여 배당소득세를 부과한다는 것은 그 소득에 대하여는 양도소득세를 부과할 수 없다는 것을 의미하는 것이므로 배당소득세를 부과하기 위해서는 먼저 양도소득세 부과처분을 취소하여야 할 것이다. 그렇지 않으면 동일소득에 대하여 배당소득세와 양도소득세를 이중으로 과세하는 것이 된다.

◆ 서면4팀-2344, 2005.11.28.
법인이 주주로부터 주식을 매입하여 소각하는 경우 그에 따라 발생하는 주주의 소득이 주식의 양도로 인한 양도소득에 해당하는지, 자본의 환급으로 인한 배당소득(의제배당)에 해당하는지 여부는 그 거래의 실질내용에 따라 판단하는 것임. 그 매매의 경위와 목적, 계약체결과 대금결제의 방법 등에 비추어 그 매매가 법인의 주식소각이나 자본감소의 절차의 일환으로 이루어진 것인 경우에는 의제배당에 해당하는 것이며, 그 매매가 단순한 주식매매인 경우에는 양도소득에 해당하는 것임.

3 자기주식 관련 회계처리

❶ 매매목적인 경우

1 자기주식 취득

주식의 발행기업이 매입 등을 통하여 취득하는 자기주식은 취득원가를 자기주식의 과목으로 하여 자본조정으로 회계처리한다.

자기주식	100,000,000 /	현금및현금성자산	100,000,000

2 자기주식 처분

자기주식을 처분하는 경우 처분금액이 장부금액보다 크다면 그 차액을 자기주식처분이익으로 하여 자본잉여금으로 회계처리한다. 처분금액이 장부금액보다 작다면 그 차액을 자기주식처분이익의 범위내에서 상계처리하고, 미상계된 잔액이 있는 경우에는 자본조정의 자기주식처분손실로 회계처리한다. 이익잉여금(결손금) 처분(처리)으로 상각되지 않은 자기주식처분손실은 향후 발생하는 자기주식처분이익과 우선적으로 상계한다.

① 자기주식의 처분금액이 장부금액보다 큰 경우

현금및현금성자산	120,000,000 /	자기주식	100,000,000
		자기주식처분이익	20,000,000

<세무조정> 익금산입 자기주식처분이익 20,000,000원(기타)

② 자기주식의 처분금액이 장부금액보다 적은 경우

보통예금	80,000,000 /	자기주식	100,000,000
자기주식처분손실	20,000,000		

<세무조정> 손금산입 자기주식처분손실 20,000,000원(기타)

□ 법인세법 기본통칙 15-11…7【자기주식 처분손익의 처리】
① 자기주식을 취득하여 소각함으로써 생긴 손익은 각 사업연도 소득계산상 익금 또는 손금에 산입하지 아니하는 것이나, 매각함으로써 생긴 매각차손익은 익금 또는 손금으로 한다. 다만, 고가매입 또는 저가양도액은 그러하지 아니한다.
② 제1항 본문을 적용할 때에 자기주식의 취득가액은 해당 주식의 취득목적에 따라 매각목적 자기주식과 소각목적 자기주식으로 구분하여 영 제75조를 적용한다.

❷ 소각목적인 경우

발행기업이 자기주식을 소각하는 경우에는 감자의 회계처리(일반기준 15.11)와 동일하게 회계처리한다(일반기준 15.10).

기업이 이미 발행한 주식을 유상으로 재취득하여 소각하는 경우에 주식의 취득원가가 액면금액보다 작다면 그 차액을 감자차익으로 하여 자본잉여금으로 회계처리한다. 취득원가가 액면금액보다 크다면 그 차액을 감자차익의 범위내에서 상계처리하고, 미상계된 잔액이 있는 경우에는 자본조정의 감자차손으로 회계처리한다. 이익잉여금(결손금) 처분(처리)으로 상각되지 않은 감자차손은 향후 발생하는 감자차익과 우선적으로 상계한다.

1 자기주식 취득

주식의 발행기업이 매입 등을 통하여 취득하는 자기주식은 취득원가를 자기주식의 과목으로 하여 자본조정으로 회계처리한다.

| 자기주식 | 100,000,000 | / | 현금및현금성자산 | 100,000,000 |

▶ 자본 항목의 구분표시
1. 자본금
2. 자본잉여금 : 주식발행초과금, 감자차익, 자기주식처분이익
3. 자본조정 : 주식할인발행차금, 감자차손, 자기주식, 자기주식처분손실

4. 기타포괄손익누계액 : 매도가능증권평가손익, 해외사업환산대(손)
5. 이익잉여금 : 미처분이익잉여금, 처분후 이월이익잉여금

② 자기주식 처분

① 감소된 자본금액이 자기주식의 장부금액보다 적은 경우

| 자본금 | 50,000,000 | / | 자기주식 | 100,000,000 |
| 감자차손 | 50,000,000 | | | |

1. 감자차손은 감자차익의 범위 내에서 상계처리하고, 미상계잔액은 이후 발생하는 감자차익과 우선적으로 상계한다.
2. 감자차손은 세무상 손금에 해당하지 아니하므로 별도의 세무조정사항은 없다.

② 감소된 자본금액이 자기주식의 장부금액보다 큰 경우

| 자본금 | 200,000,000 | / | 자기주식 | 100,000,000 |
| | | | 감자차익 | 100,000,000 |

감자차익은 세무상 익금에 해당하지 아니하므로 별도의 세무조정사항은 없다.

■ 일반기업회계기준 제15장 자본
주식의 소각
실질적 감자 또는 유상감자
15.11 기업이 이미 발행한 주식을 유상으로 재취득하여 소각하는 경우에 주식의 취득원가가 액면금액보다 작다면 그 차액을 감자차익으로 하여 자본잉여금으로 회계처리한다. 취득원가가 액면금액보다 크다면 그 차액을 감자차익의 범위내에서 상계처리하고, 미상계된 잔액이 있는 경우에는 자본조정의 감자차손으로 회계처리한다. 이익잉여금(결손금) 처분(처리)으로 상각되지 않은 감자차손은 향후 발생하는 감자차익과 우선적으로 상계한다.

15.12 주식을 이익으로 소각하는 경우에는 소각하는 주식의 취득원가에 해당하는 이익잉여금을 감소시킨다.

❸ 자기주식과 관련한 일반기업회계기준

1 상환우선주 상환

상법의 규정에 의해 발행된 상환우선주의 상환과 관련하여 상환주식은 이를 취득한 때에 자기주식으로 처리하고, 상환절차를 완료한 때 이익잉여금의 감소로 회계처리한다. (문단 15.11)

① 자기주식 취득시

자기주식	××× /	현금 및 현금성자산	×××

② 상환절차 완료시
1. 이익잉여금으로 상환할 경우

상환주식상환액	××× /	자기주식	×××

2. 별도적립금으로 상환할 경우

상환주식상환적립금	××× /	자기주식	×××

2 주석 공시

자본거래 등과 관련된 다음의 사항은 주석으로 기재한다. (15.24)
⑴ 기업이 발행할 주식의 총수, 1주의 금액 및 발행한 주식의 수와 당해 회계연도 중에 증자, 감자, 주식배당 또는 기타의 사유로 자본금이 변동한 경우에는 그 내용
⑵ 발행주식 중 상호주식 등 법령에 의하여 의결권이 제한되어 있는 경우 그 내용
⑶ 자기주식의 취득경위 및 향후처리계획
⑷ 신주청약증거금에 대한 신주의 발행주식수, 주금납입기일 및 자본잉여금으로 적립될 금액
⑸ 주식을 이익으로 소각하는 경우 자본금이 발행주식의 액면총액과 일치하지 아니하는 사유

주식 양도양수와 관련한 유의사항 및 세무신고등

1 주식양도양수(비상장법인)

주식양도양수란 주주의 구성원을 변경하는 것을 말하는 것으로 아래의 절차를 거쳐 주식을 양도·양수한다. 단, 주식의 이동에 대하여는 별도의 등기 또는 등록을 요하지 않는다.

❶ 주식양도양수 계약서 작성

주식양도양수의 경우 주주간에 주식양수도 계약서를 작성한다. 취득가액과 양도가액이 동일한 경우에는 증권거래세만 납부하면 되나 비상장법인의 주식으로서 취득가액 이상으로 양도시 양도차익에 대하여 양도소득세를 납부하여야 한다.

❷ 증권거래세 신고 및 납부

주식양도일이 속하는 **반기의 말일부터 2개월 이내**에 '증권거래세과세표준신고서'를 양도인의 주소지 관할세무서에 제출하여야 하며(증권거래세법 제10조 ①, **양도가액의 0.35%**(증권거래세법 제8조)를 증권거래세로 납부하여야 한다.

[개정 세법] 증권거래세 단계적 인하(증권령 §5)

종 전	개 정
□ '23년부터 세율 인하	□ 코스피·코스닥 세율 인하시기 조정
<table><tr><th></th><th>'22년</th><th>'23년~</th></tr><tr><td>코스피</td><td>0.08%</td><td>0.05%</td></tr><tr><td>코스닥</td><td>0.23%</td><td>0.15%</td></tr></table>	<table><tr><th></th><th>'22년</th><th>'23년</th><th>'24년</th><th>'25년~</th></tr><tr><td>코스피</td><td>0.08%</td><td>0.05%</td><td>0.03%</td><td>0%</td></tr><tr><td>코스닥</td><td>0.23%</td><td>0.20%</td><td>0.18%</td><td>0.15%</td></tr></table>
* 농어촌특별세(코스피분)는 0.15% 별도	* 농어촌특별세(코스피분)는 0.15% 별도
※ 코넥스, 기타(비상장, 장외거래 등) 현행 유지	※ (좌 동)

<적용시기> '23.1.1. 이후 양도하는 분부터 적용

❸ 주식 양도에 대한 양도소득세 신고 및 납부

[1] 개요

비상장법인의 주식 양도에 따른 **양도차익**이 발생한 경우 양도일이 속하는 반기의 말일부터 2월 이내에 양도인의 주소지 관할세무서에 양도소득세를 신고·납부하여야 하며, 양도소득세의 10%를 지방소득세로 납부하여야 한다. 단, 건물, 부동산에 관한 권리의 가액의 합계액이 80% 이상인 부동산 과다 보유 법인의 주식양도에 대하여는 기타자산으로 과세한다.

◆ 비상장주식의 취득, 양도시기의 판정방법
(재일46014-1519,1997.06.23.)
비상장주식의 취득, 양도시기는 대금을 청산한 날이 되나 그전에 명의의 등록 및 개서를 한 경우 등록부 또는 명부에 기재된 명의등록일 또는 개서일을 그 취득·양도시기로 함

[2] 양도소득세 세율 [소득세법 제104조 ① 11]
① 중소기업 주식(대주주가 아닌 경우) : 10%
② 중소기업의 대주주 : 20%(과세표준 3억원 초과분 25%)
③ 중소기업이 아닌 경우 : 20%(과세표준 3억원 초과분 25%)
④ 일반법인(중소기업이 아닌 법인)의 주식으로 1년 미만 보유 주식 : 30%

[개정 세법] 비상장법인 주식 양도시 20%의 세율이 적용되는 대주주
주식등의 양도일이 속하는 사업연도의 직전사업연도 종료일 현재 주주 1인 및 특수관계자가 소유하고 있는 해당 법인의 주식등의 시가총액이 다음의 연도별 구분에 따른 금액 이상 또는 지분율 이상인 경우의 해당 주주 1인 및 특수관계자가 주식을 양도하는 경우 양도소득세율은 20%가 적용된다.

▶ 비상정법인 대주주의 범위 [소득령 제167조의8]
2021년 4월 1일 이후 : 지분율 4% 또는 시가 총액 10억원 이상

◆ 양도, 서면인터넷방문상담4팀-686 , 2004.05.18.
주식의 양도일이 속하는 사업연도의 직전사업연도 종료일 현재 당해 법인의 주식지분율이 대주주 지분율에 미달하더라도 당해 사업연도 중 주식취득으로 대주주 지분율 이상 보유하게 되는 경우 그 취득일 이후부터 당해 사업연도 종료일까지 대주주로 봄

■ 주식 양도소득세 부과대상 대주주 범위 (소득령§157 · 167의8)
□ 대주주 지분비율 및 종목별 보유액 요건

구 분	지분율	종목별 보유액
코스피	1% 이상	50억원 이상
코스닥	2% 이상	
코넥스	4% 이상	
비상장	4% 이상	10억원 이상

[개정 세법] 상장주식 양도세 과세대상 기준 개정 [소득세법 시행령 제157조]
보유금액 (종전) 10 억원 → (개정) 50 억원
<시행시기> 2024.1.1. 이후 양도분부터 직전사업연도 종료일 시가총액 50억원 이상으로 변경

[개정 세법] 국내상장주식 양도소득세 대주주 과세기준 규정(소득령 §157, §167의8)

종 전	개 정
□ 상장주식 '대주주' 과세기준 ㅇ (판정) 종목별 일정 지분율 또는 일정 보유금액 이상 　- (지분율) 코스피 1%, 코스닥 2%, 코넥스 4% 이상 　- (보유금액) 10억원 이상 		지분율	보유금액
---	---	---
코스피	1%	10억원
코스닥	2%	
코넥스	4%	| ㅇ 기타주주 합산 범위 ❶ 최대주주인 경우 　- 6촌혈족 　- 4촌인척 　- 배우자 　- 친생자로서 친양자 입양된자 및 그 배우자와 직계비속 　- 경영지배관계 있는 법인 < 추　가 > ❷ 최대주주가 아닌 경우 　- 직계존비속, 배우자, 경영지배관계 주식 합산	□ 기타주주 합산과세 정비 ㅇ (좌 동) ㅇ 최대주주가 아닌 경우 본인보유 주식만 계산 ❶ 친족 등 범위 조정 　- 4촌혈족 　- 3촌인척 　- (좌 동) 　- 혼외출생자의 생부·생모 < 삭 제 > ※ 비상장주식 대주주 판정시 친족 범위만 상장주식과 동일하게 변경

<적용시기> '23.1.1. 이후 양도하는 분부터 적용

▶ **주식을 양도한 경우 일반적인 양도소득세 산정방법**
(1) 양도가액 - 취득가액 - 필요경비(증권거래세 등) = 양도차익
(2) 양도차익 = 양도소득금액
(3) 양도소득금액 - 양도소득기본공제(2,500,000원) = 과세표준
(4) 과세표준 × 세율 = 산출세액

[3] 예정신고 및 확정신고
① 주식의 양도일이 속하는 **반기의 말일부터 2월 이내**에 신고·납부하여야 한다.
② 예정신고기간에 신고를 하지 않았거나 예정신고를 잘못한 경우에 신고하며, 주식 등의 양도일이 속하는 연도의 다음연도 5월말까지 신고한다.

▶ **양도소득세 신고시 첨부할 서류**
① 양도소득과세표준신고 및 자진납부계산서
② 주식양도소득금액 계산명세서
③ 양도시 및 취득시의 실지매매계약서 사본 등

[4] 법인이 보유주식을 양도하는 경우
법인이 보유주식을 양도하는 경우 발생하는 양도차익은 법인의 소득에 추가되어 법인세를 납부하는 것으로 법인은 양도소득세 신고납부의무가 없다.

❹ 주식등변동상황명세서등 제출

① 사업연도 중에 주식등의 변동사항이 있는 법인(조합법인등 제외)은 법인세 신고기한내에 '주식등변동상황명세서' 및 '주식·출자지분양도명세서'를 납세지 관할 세무서장에게 제출하여야 한다.

② 주식변동상황명세서를 제출하여야 할 내국법인이 주식변동상황명세서를 제출하지 아니하거나 변동상황을 누락하여 제출한 경우와 제출한 변동상황명세서가 불분명한 경우에 해당하는 경우 미제출·누락제출 및 불분명하게 제출한 주식등의 액면금액 또는 출자가액의 100분의1에 상당하는 금액 (산출세액이 없는 경우에도 가산세는 징수한다.)을 가산세로 징수한다. [법인세법 제75조의2]

▶ 제출한 명세서가 불분명한 경우
1) 제출된 변동상황명세서에 필요적 기재사항의 전부 또는 일부를 기재하지 아니하였거나 잘못 기재하여 주식등의 변동상황을 확인할 수 없는 경우
2) 제출된 변동상황명세서의 <u>필요적 기재사항</u>이 주식등의 실제소유자에 대한 사항과 다르게 기재되어 주식등의 변동사항을 확인할 수 없는 경우

▶ 필요적 기재사항
1) 주주등의 성명 또는 법인명, 주민등록번호·사업자등록번호 또는 고유번호
2) 주주등별 주식등의 보유현황
3) 사업연도 중의 주식등의 변동사유

◆ 감심2005-92, 2005.09.01.
주식 등 변동상황명세서(갑)표만 제출하고 (을)표를 제출하지 않은 경우 가산세를 부과할 수 없음

❺ 신설법인의 주주등의 명세서 제출

[1] 주주등의 명세서 제출의무
법인을 새로 설립한 경우 그 설립등기일부터 2개월 이내에 법인 설립신고를 하여야 하며, 이 경우 주주등의 명세서를 첨부하여 납세지 관할 세무서장에게 신고하여야 한다.

[2] 주주등의 명세서 미제출 가산세
주주등의 명세서를 제출하여야 함에도 이를 제출하지 않은 경우 등 다음 각 호의 어느 하나에 해당하는 경우에는 해당 주주등이 보유한 주식등의 액면금액 또는 출자가액의 1천분의 5를 가산세로 설립일이 속하는 사업연도의 법인세액에 더하여 납부하여야 한다. [법인세법 제75조의2 ①]

1. 명세서를 제출하지 아니한 경우
2. 명세서에 주주등의 명세의 전부 또는 일부를 누락하여 제출한 경우
3. 제출한 명세서가 불분명한 경우에 해당하는 경우

② 주식 이동시 반드시 검토할 사항

❶ 과점주주의 국세 제2차 납세의무

법인(증권시장에 상장한 법인 제외)의 재산으로 그 법인에 부과되거나 그 법인이 납부할 국세·가산금과 체납처분비에 충당하여도 부족한 경우에는 그 국세의 납세의무 성립일 현재 다음 각 호의 어느 하나에 해당하는 자는 그 부족한 금액에 대하여 제2차 납세의무를 지며, 제2차 납세의무자란 납세자가 납세의무를 이행할 수 없는 경우에 납세자를 갈음하여 납세의무를 지는 자를 말한다.

다만, 제2호에 따른 과점주주의 경우에는 그 부족한 금액을 그 법인의 발행주식 총수(의결권이 없는 주식은 제외) 또는 출자총액으로 나눈 금액에 해당 과점주주가 실질적으로 권리를 행사하는 주식 수 출자액을 곱하여 산출한 금액을 한도로 한다.

1. 무한책임사원
2. 주주 또는 유한책임사원 1명과 그의 특수관계인 중 다음에 정하는 자로서 그들의 소유주식 합계 또는 출자액 합계가 해당 법인의 발행주식 총수 또는 출자총액의 100분의 50을 초과하면서 그에 관한 권리를 실질적으로 행사하는 자들
• 친족관계
• 경제적 연관관계
• 경영지배관계 중 국세기본법 시행령 제1조의2제3항제1호가목 및 같은 항 제2호 가목 및 나목의 관계. 이 경우 같은 조 제4항을 적용할 때 같은 항 제1호가목 및 제2호나목 중 "100분의 30"은 "100분의 50"으로 본다.

□ 국세기본법 시행령 제20조(출자자의 제2차 납세의무의 특수관계인의 범위)
② 법 제39조제2호에서 "특수관계인 중 대통령령으로 정하는 자"란 해당 주주 또는 법 제39조제2호 각 목의 어느 하나에 해당하는 사원과 제18조의2 각 호의 어느 하나에 해당하는 관계에 있는 자를 말한다. <개정 2013. 8. 27., 2021. 2. 17.>

제18조의2(짜고 한 거짓 계약으로 추정되는 계약의 특수관계인의 범위) 법 제35조제6항 각 호 외의 부분 후단에서 "특수관계인 중 대통령령으로 정하는 자"란 해당 납세자와 다음 각 호의 어느 하나에 해당하는 관계에 있는 자를 말한다. <개정 2020. 2. 11.>
1. 친족관계
2. 경제적 연관관계
3. 경영지배관계 중 제1조의2제3항제1호가목 및 같은 항 제2호 가목 및 나목의 관계. 이 경우 같은 조 제4항을 적용할 때 같은 항 제1호가목 및 제2호나목 중 "100분의 30"은 "100분의 50"으로 본다.

□ 특수한 관계에 있는 사람의 범위 [국세기본법 제2조 및 시행령 제1조의2]
20. "특수관계인"이란 본인과 다음 각 목의 어느 하나에 해당하는 관계에 있는 자를 말한다. 이 경우 이 법 및 세법을 적용할 때 <u>본인도 그 특수관계인의 특수관계인으로 본다</u>.

가. 혈족·인척 등 <u>대통령령으로</u> 정하는 친족관계
□ 국세기본법 시행령 제1조의2(특수관계인의 범위)
① 법 제2조제20호가목에서 "혈족·인척 등 대통령령으로 정하는 친족관계"란 다음 각 호의 어느 하나에 해당하는 관계(친족관계)를 말한다. <개정 2023. 2. 28.>
1. 4촌 이내의 혈족
2. 3촌 이내의 인척
3. 배우자(사실상의 혼인관계에 있는 자를 포함한다)

[개정 세법] 세법상 특수관계인으로서 친족범위 합리화(국기령 §1의2①)
□ 세법상 특수관계인 중 친족의 범위
  ○ 6촌 이내의 혈족 → (개정) ○ 4촌 이내의 혈족
  ○ 4촌 이내의 인척 → (개정) ○ 3촌 이내의 인척
<적용시기> '23.3.1. 이후 시행

나. 임원·사용인 등 <u>대통령령으로</u> 정하는 경제적 연관관계
② 법 제2조제20호나목에서 "임원·사용인 등 대통령령으로 정하는 <u>경제적 연관관계</u>"란 다음 각 호의 어느 하나에 해당하는 관계(이하 "경제적 연관관계"라 한다)를 말한다.
1. 임원과 그 밖의 사용인
2. 본인의 금전이나 그 밖의 재산으로 생계를 유지하는 자
3. 제1호 및 제2호의 자와 생계를 함께하는 친족

다. 주주·출자자 등 대통령령으로 정하는 경영지배관계
③ 법 제2조제20호다목에서 "주주·출자자 등 대통령령으로 정하는 경영지배관계"란 다음 각 호의 구분에 따른 관계(이하 "경영지배관계"라 한다)를 말한다. -요약-

1. 본인이 개인인 경우
가. 본인이 직접 또는 그와 친족관계 또는 경제적 연관관계에 있는 자를 통하여 법인의 경영에 대하여 지배적인 영향력을 행사하고 있는 경우 그 법인
나. 본인이 직접 또는 그와 친족관계, 경제적 연관관계 또는 가목의 관계에 있는 자를 통하여 법인의 경영에 대하여 지배적인 영향력을 행사하고 있는 경우 그 법인

2. 본인이 법인인 경우
가. 개인 또는 법인이 직접 또는 그와 친족관계 또는 경제적 연관관계에 있는 자를 통하여 본인인 법인의 경영에 대하여 지배적인 영향력을 행사하고 있는 경우 그 개인 또는 법인
나. 본인이 직접 또는 그와 경제적 연관관계 또는 가목의 관계에 있는 자를 통하여 어느 법인의 경영에 대하여 지배적인 영향력을 행사하고 있는 경우 그 법인
다. 본인이 직접 또는 그와 경제적 연관관계, 가목 또는 나목의 관계에 있는 자를 통하여 어느 법인의 경영에 대하여 지배적인 영향력을 행사하고 있는 그 법인

④ 제3항제1호 각 목, 같은 항 제2호가목부터 다목까지의 규정을 적용할 때 다음 각 호의 구분에 따른 요건에 해당하는 경우 해당 법인의 경영에 대하여 지배적인 영향력을 행사하고 있는 것으로 본다.

1. 영리법인인 경우
가. 법인의 발행주식총수 또는 출자총액의 100분의 30 이상을 출자한 경우
나. 임원의 임면권의 행사, 사업방침의 결정 등 법인의 경영에 대하여 사실상 영향력을 행사하고 있다고 인정되는 경우
2. 비영리법인인 경우
가. 법인의 이사의 과반수를 차지하는 경우
나. 법인의 출연재산의 100분의 30 이상을 출연하고 그 중 1인이 설립자인 경우

□ 국세기본법 기본통칙 39-20…2 【사용인·기타 고용관계에 있는 자의 범위】
법인의 특정주주 1인과 사용인·기타 고용관계에 있지 않고 단순히 당해 법인의 사용인·기타 고용관계에 있는 주주는 그 특정주주 1인과는 영 제20조 제9호의 사용인·기타 고용관계에 있는 자에 해당하지 아니한다. (2004. 2. 19. 개정)

❷ 과점주주의 취득세 납세의무 등

1 과점주주의 취득세 납세의무

① 과점주주란 **주주 1인과** 그와 **특수관계인**이 보유하는 주식 총수가 발행주식 총수의 100분의 50을 초과하는 자를 말한다.

② 과점주주가 아니었던 자가 과점주주가 될 경우 그 법인이 소유한 부동산, 차량, 건설기계, 골프회원권 등 취득세 과세대상 물건에 대하여 과점주주가 다시 취득한 것으로 보아 과세표준에 과점주주 비율을 곱한 금액을 취득세로 신고 및 납부하여야 한다.

③ 과점주주는 취득세 대상 자산을 취득한 때에 취득세를 납부하는 것이 아니라 과점주주가 된 때에 납부하는 것으로 설립시점부터 과점주주인 경우에는 취득세를 중과하지 아니하나 설립 당시 과점주주인 자가 이후 **지분이 증가한 경우**에는 증가한 지분에 대하여 취득세를 납부할 의무가 발생한다.

예를 들어 특정 주주와 그와 친족 기타 특수관계에 있는 자가 해당 **법인의 발행주식 총수 또는 출자총액의 100분의 50 이상을 출자하고 있는 경우** 법인의 경영에 대하여 지배적인 영향력을 행사하고 있는 경우로 보아 특정주주 집단과 당해 법인은 특수관계자에 해당하며, 법인의 임원 및 사용인이 아닌 주주가 과점주주 집단에게 주식을 양도함으로써 과점주주 집단의 지분이 증가하는 경우 증가한 지분율에 대하여 취득세를 신고 및 납부한다.

③ 과점주주이었던 자가 지분의 양도등(증자 포함)으로 인해 과점주주에서 제외되었으나 지분 취득등으로 다시 과점주주가 된 경우로서 그 이전 과점주주 비율보다 지분율이 증가된 경우 이미 과점주주가 된 주주가 당해 법인의 주식 또는 지분을 취득함으로써 당해 법인의 주식 또는 지분의 총액에 대한 과점주주가 가진 주식 또는 지분 비율이 증가된 경우 그 증가된 분을 취득으로 보아 취득세를 부과한다.

▶ 과점주주 지분 변동에 대한 취득세 과세 대상 여부

구 분	과점주주 지분 변동	취득세 과세 여부
당초 과점주주		취득세 과세대상 아님
과점주주(×) →과점주주(○)	51%	과점주주 지분율에 취득세 과세
과점주주(○) →과점주주(○)	55% → 70%	15% 지분에 대하여 취득세 과세
과점주주(○) →과점주주(○)	80 → 55%	취득세 과세대상 아님

□ 특수한 관계에 있는 사람의 범위 [지방세기본법 제2조 및 시행령 제1조의2]

34. "특수관계인"이란 본인과 다음 각 목의 어느 하나에 해당하는 관계에 있는 자를 말한다. 이 경우 이 법 및 지방세관계법을 적용할 때 본인도 그 특수관계인의 특수관계인으로 본다.

가. 혈족·인척 등 대통령령으로 정하는 친족관계 -요약-

제2조(특수관계인의 범위) ① 「지방세기본법」 제2조제1항제34호가목에서 "혈족·인척 등 대통령령으로 정하는 친족관계"란 다음 각 호의 어느 하나에 해당하는 관계를 말한다. <개정 2024. 3. 26.>

1. 4촌 이내의 혈족
2. 3촌 이내의 인척
3. 배우자(사실상의 혼인관계에 있는 사람을 포함한다)

나. 임원·사용인 등 대통령령으로 정하는 경제적 연관관계

② 법 제2조제1항제34호나목에서 "임원·사용인 등 대통령령으로 정하는 경제적 연관관계"란 다음 각 호의 어느 하나에 해당하는 관계를 말한다.

1. 임원과 그 밖의 사용인
2. 본인의 금전이나 그 밖의 재산으로 생계를 유지하는 사람
3. 제1호 또는 제2호의 사람과 생계를 함께하는 친족

다. 주주·출자자 등 대통령령으로 정하는 경영지배관계

③ 법 제2조제1항제34호다목에서 "주주·출자자 등 대통령령으로 정하는 경영지배관계"란 다음 각 호의 구분에 따른 관계를 말한다.

1. 본인이 개인인 경우: 본인이 직접 또는 그와 친족관계 또는 경제적 연관관계에 있는 자를 통하여 법인의 경영에 대하여 지배적인 영향력을 행사하고 있는 경우 그 법인

2. 본인이 법인인 경우
가. 개인 또는 법인이 직접 또는 그와 친족관계 또는 경제적 연관관계에 있는 자를 통하여 본인인 법인의 경영에 대하여 지배적인 영향력을 행사하고 있는 경우 그 개인 또는 법인
나. 본인이 직접 또는 그와 경제적 연관관계 또는 가목의 관계에 있는 자를 통하여 어느 법인의 경영에 대하여 지배적인 영향력을 행사하고 있는 경우 그 법인

④ 제3항을 적용할 때 다음 각 호의 구분에 따른 요건에 해당하는 경우 해당 법인의 경영에 대하여 지배적인 영향력을 행사하고 있는 것으로 본다.
1. 영리법인인 경우
가. 법인의 발행주식 총수 또는 출자총액의 <u>100분의 50</u> 이상을 출자한 경우
나. 임원의 임면권의 행사, 사업방침의 결정 등 법인의 경영에 대하여 사실상 영향력을 행사하고 있다고 인정되는 경우

▶ 과점주주의 취득세 과세표준

법인이 취득세 과세대상인 부동산, 선박, 광업권, 어업권, 차량, 기계장비, 입목, 항공기, 골프회원권, 콘도미니엄회원권, 종합체육시설이용회원권, 승마회원권등을 보유하고 있는 상태에서 특정 주주와 그와 특수관계자에 해당하는 집단이 과점주주가 된 경우 과점주주가 법인의 자산을 지배하는 것으로 보아 해당 물건을 취득한 것으로 간주하는 간주취득이며,

취득세는 법인의 장부가액[취득일(과점주주 성립일)현재 과세대상물건의 총가액 중에서 감가상각누계액을 제외한 가액]에 취득세율(2%)을 곱한 금액에 과점주주 지분을 곱한 금액으로 계산하며, 간주 취득세로 납부하는 금액은 과점주주가 부담하여야 하며, 법인이 부담하는 경우 손금산입할 수 없으며, 해당 과점주주에 대한 상여로 처분을 하여야 한다.

■ 과세표준 = 부동산 등 취득세 과세대상자산의 총가액 × (과점주주가 취득한 주식의 수 또는 과점주주 집단의 증가한 주식의 수 /주식총수)

◆ 과점주주에 대한 중과세 대상물건의 중과세 적용 (세정-1185, 2007. 4. 12.)
본점사업용 부동산 등 중과세물건이 있는 법인의 주주가 개인 또는 법인인 경우에는 과

세요건 성립 당시에 본점사업용 부동산이 있다 하더라도 주식발행법인과 과점주주는 별개의 권리의무자이므로 과점주주에 대한 취득세를 과세함에 있어 대도시내 본점 또는 주사무소의 사업용 부동산에 대하여는 중과세를 할 수 없는 것임.

▶ 취득세 신고 납부 등

과점주주는 해당 주식을 취득한 날부터 60일 이내에 관계증빙서류를 구비하여 취득물건의 소재지를 관할하는 시장·군수·구청장에게 신고 및 납부하여야 한다.

◆ 법인의 과점주주가 납부한 취득세가 양도자산의 필요경비 여부
(양도, 기획재정부 재산세제과-1036 , 2010.10.28.)
주식의 양도에 따른 양도차익을 계산함에 있어서 「지방세법」제105조 제6항에 따라 해당 법인의 과점주주가 신고 · 납부한 취득세는 「소득세법」 제97조에 따른 양도자산의 필요경비에 포함되는 것임.

■ KGAAP 금융감독원 [2008-015]
주식취득시 과점주주가 되어 납부하는 취득세 등의 회계처리
▶ 갑설 : 주식취득 부대비용으로 보아 당해 주식의 취득원가에 포함
▶ 을설 : 주식 취득시 과점주주가 되는 예외적인 경우만 취득세를 납부하므로 취득원가가 아닌 당기비용임
[회신] 갑설이 타당함

2 과점주주 집단 내부에서의 주식 이동

과점주주 중 특정 주주 1인의 주식 또는 지분의 증가를 기준으로 판단하는 것이 아니라 일단의 과점주주 전체가 소유한 총주식 또는 지분비율의 증가를 기준으로 판단하여야 한다. 따라서 과점주주 사이에 주식 또는 지분이 이전되거나 기존의 과점주주와 친족 기타 특수관계에 있으나 당해 법인의 주주가 아니었던 자가 기존의 과점주주로부터 그 주식 또는 지분의 일부를 이전받아 새로이 과점주주에 포함되었다고 하더라도 일단의 과점주주 전체가 보유한 총주식 또는 지분의 비율에 변동이 없는 한 간주취득세의 과세대상이 될 수 없다. (대법원2012두12495, 2013.7.25. 판결)

3 지방세기본법의 특수관계자

❶ 개요

법인(주식을 한국증권거래소에 상장한 법인은 제외)의 주식 또는 지분을 취득함으로써 과점주주가 된 때, 그 과점주주는 당해 법인이 소유하고 있는 부동산 등 취득세 과세대상을 해당 지분비율만큼 취득한 것으로 본다. 다만, 법인설립시에 발행하는 주식 또는 지분을 취득함으로써 과점주주가 된 경우 또는 과점주주에 대한 취득세 납세의무성립일 현재 지방세법 또는 다른 법령에 의하여 취득세가 비과세·감면되는 부분에 대하여는 그러하지 아니한다.

법인의 과점주주가 아닌 주주 또는 유한책임사원이 다른 주주 또는 유한책임사원의 주식 또는 지분을 취득하여 최초로 과점주주가 된 경우, 최초로 과점주주가 된 날 현재 당해 과점주주가 소유하고 있는 법인의 주식 또는 지분을 모두 취득한 것으로 본다.

이미 과점주주가 된 주주 또는 유한책임사원이 당해 법인의 주식 또는 지분을 취득함으로서 당해 법인의 주식 또는 지분의 총액에 대한 과점 주주가 가진 주식 또는 지분의 비율이 증가된 경우, 그 증가된 부분을 취득한 것으로 보고, 증가된 후의 주식 또는 지분의 비중이 그 증가된 날을 기준으로 그 이전 5년 이내에 당해 과점주주가 가지고 있던 주식 또는 지분의 최고비율보다 증가되지 아니한 경우에는 간주 취득세 신고납부대상에 해당하지 아니한다.

❷ 지방세법상 과점주주 개념 및 특수관계자

[1] 과점주주란?

과점주주라 함은 주주 또는 유한책임사원 1인과 그의 특수관계인이 소유하는 주식 또는 출자액의 합계액이 해당 법인의 발행주식총수 또는 출자총액의 100분의 50을 초과하면서 그에 관한 권리를 실질적으로 행사하는 자를 말한다. 따라서 과점주주라 하더라도 실질적으로 그 권리를 행사하지 아니하면 취득세 납세의무가 없다.

[2] 간주 취득세 대상 법인
과점주주가 취득세 납세의무를 부담하기 위해서는 대상법인이 비상장법인이어야 한다. 이 경우 비상장법인이란 주식을 한국증권거래소에 상장한 법인 이외의 법인을 말한다.

▶ **코스닥등록법인의 과점주주 간주 취득세 감면**
☐ 지방세특례제한법 제57조의2(기업합병·분할 등에 대한 감면)
⑤ 다음 각 호의 어느 하나에 해당하는 경우에는 「지방세법」 제7조제5항에 따라 과점주주가 해당 법인의 부동산등(같은 조 제1항에 따른 부동산등을 말한다)을 취득한 것으로 보아 부과하는 취득세를 2024년 12월 31일까지 면제한다.
<개정 2019. 11. 26., 2020. 12. 29., 2021. 8. 17., 2021. 12. 28.>
8. 「자본시장과 금융투자업에 관한 법률」에 따른 증권시장으로서 <u>대통령령</u>으로 정하는 증권시장에 상장한 법인의 주식을 취득한 경우

☐ 지방세특례제한법 시행령 제28조의2(법인 합병의 범위 등)
④ 법 제57조의2제5항제8호에서 "대통령령으로 정하는 증권시장"이란 대통령령 제24697호 자본시장과 금융투자업에 관한 법률 시행령 일부개정령 부칙 제8조에 따른 코스닥시장을 말한다. <개정 2015. 12. 31.>

[3] 지방세기본법의 특수관계인
특수관계인이라 함은 다음의 하나에 해당하는 자를 말한다. 이 경우 과점주주를 판단할 때 본인도 그 특수관계인의 특수관계인으로 본다.

(1) 친족·인척관계에 있는 특수관계인
혈족·인척 등의 친족관계라 함은 4촌 이내의 혈족, 3촌 이내의 인척, 배우자, 사실상의 혼인관계에 있는 배우자, 친생자로서 다른 사람에게 친양자로 입양된 자 및 그 배우자·직계비속을 말한다. 4촌 이내의 혈족이면 부계혈족이나 모계혈족을 구분하지 아니하고 모두 특수관계인에 해당한다.

(2) 임원 · 사용인 등 경제적 연관관계에 있는 자

1. 임원과 그 밖의 사용인,
2. 본인의 금전이나 그 밖의 재산으로 생계를 유지하는 자,
3. 제1호 및 제2호의 사람과 생계를 함께하는 친족

▶ 법인의 단순한 임직원 상호관계는 특수관계인에 해당하지 않음

법인의 특정주주의 1인과 임원·기타 고용관계에 있지 않고, 단순히 해당 법인의 사용인·임원인 주주는 그 특정주주 1인과는 특수관계에 있는 자에 해당하지 아니한다. 예를 들어 갑법인의 사장·상무·부장·차장·직원 등의 임직원은 서로 친족관계가 아니면 특수관계인이 될 수 없다.

□ 지방세기본법 기본통칙 47…24-2【사용인 또는 그 밖에 고용관계에 있는 자의 범위】
법인의 특정주주 1인과 사용인 그 밖에 고용관계에 있지 않고 단순히 당해 법인의 「사용인 그 밖에 고용관계에 있는 주주」는 그 특정주주 1인과는 「지방세기본법 시행령」 제24조 제9호의 「사용인 또는 그 밖에 고용관계에 있는 자」에 해당하지 아니한다. (2011. 7. 1. 제정)

▶ 임직원이 특수관계에 해당하게 되는 경우

'갑'법인 및 '갑'법인의 임원, 사용인, 기타 고용관계에 있는 자가 '을'이라는 비상장법인에 출자를 하고, 임직원들도 '을'법인에 출자한 때에는 특수관계가 성립하게 된다.

◆ 부산광역시 본청 세정담당관-22621 (2009.12.17)
1. 사실관계

주주	갑법인지분율(%)	을법인 지분율(%)	비 고(주주관계)
A	49.28	47.00	갑법인 및 을법인의 현 대표이사
B	15.16	-	갑법인의 임원
C	22.79	16.50	갑법인의 전직 대표이사
D	4.18	10.00	을법인의 직원
E	8.59	-	퇴직임원 및 퇴직직원
갑법인	-	24.50	

2.질의사항

갑 법인의 주주 "A"를 기준으로 과점주주의 범위

3. 답변내용

1) 지방세법 제22조 제2호 본문에서 "과점주주는 주주 또는 유한책임사원 1인과 그와 대통령령이 정하는 친족 기타 특수관계에 있는 자들의 소유주식의 합계 또는 출자액의 합계가 당해 법인의 발행주식총수 또는 출자총액의 100분의 50을 초과하는 자들을 말한다"라고 규정하고, 같은법 시행령 제6조 제1항에서 법 제22조 제2호에서"대통령령이 정하는 친족 기타 특수관계에 있는 자"라 함은 다음 각호의 1에 해당하는 자를 말한다고 하면서, 제9호에서 "사용인 기타 고용관계에 있는 자"로 규정하고 있습니다.

2) 한편, 지방세 해석운용 매뉴얼 22…6-2에서"법인의 특정주주 1인과 사용인·기타 고용관계에 있지 않고 단순히 당해 법인의 사용인·기타 고용관계에 있는 주주는 그 특정주주 1인과는 영 제6조 제9호의 사용인·기타 고용관계에 있는 자에 해당하지 아니한다"라고 규정하고 있습니다.

3) 따라서 귀문의 경우, "갑"법인에 있어 주주 겸 대표이사 A를 기준으로 주주 B·C·D·E는 인척·사용인·기타 고용인 관계에 있지 않고 단순히 "갑"법인의 사용인·기타 고용관계에 있다면 과점주주가 성립될 수 없다고 판단됩니다.

(3) 주주 · 출자자등 경영지배관계에 있는 특수관계인

경영지배관계"란 다음 각 호의 구분에 따른 관계를 말한다.

1. 본인이 개인인 경우: 본인이 직접 또는 그와 친족관계 또는 경제적 연관관계에 있는 자를 통하여 법인의 경영에 대하여 지배적인 영향력을 행사하고 있는 경우 그 법인

2. 본인이 법인인 경우

가. 개인 또는 법인이 직접 또는 그와 친족관계 또는 경제적 연관관계에 있는 자를 통하여 본인인 법인의 경영에 대하여 지배적인 영향력을 행사하고 있는 경우 그 개인 또는 법인

나. 본인이 직접 또는 그와 경제적 연관관계 또는 가목의 관계에 있는 자를 통하여 어느 법인의 경영에 대하여 지배적인 영향력을 행사하고 있는 경우 그 법인

주주·출자자등 경영지배관계에 있는 특수관계인을 적용할 때 다음 각 호의 구분에 따른 요건에 해당하는 경우 해당 법인의 경영에 대하여 **지배적인 영향력**을 행사하고 있는 것으로 본다.

1. 영리법인인 경우
가. 법인의 발행주식 총수 또는 출자총액의 100분의 50 이상을 출자한 경우
나. 임원의 임면권의 행사, 사업방침의 결정 등 법인의 경영에 대하여 사실상 영향력을 행사하고 있다고 인정되는 경우
2. 비영리법인인 경우
가. 법인의 이사의 과반수를 차지하는 경우
나. 법인의 출연재산(설립을 위한 출연재산만 해당한다)의 100분의 30 이상을 출연하고 그 중 1인이 설립자인 경우

❸ 간주 취득세 과세표준

[1] 부동산등의 총가액

부동산등의 총가액이란 법인의 장부가액(과점주주가 성립되는 시점의 각 계정별 잔존가액)을 말하며, 법인이 장부상 계상한 감가상각충당금을 차감한 금액으로 한다.

◆ 세정13430-999, 2000.08.14.
과점주주에 대한 취득세 과세표준액은 과점주주성립일 현재 과세대상물건의 총가액 중에서 감가상각충당액을 제외한 가액을 말함으로 과점주주성립일까지 감가상각을 하지 않고 있다면 감가상각충당금을 제할 수 없으므로 과점주주성립일 현재 과세대상물건 총액이 과세표준액이 됨

[2] 간주 취득세 계산방법

과점주주 취득세 신고시 납세의무성립일 현재 취득세 범위에 해당되는 법인의 장부가액(과점주주가 성립되는 시점의 각 계정별 잔존가액)을 법인의 주식 또는 출자의 총수로 나눈 가액에 과점주주가 취득한 주식 또는 출자의 수를 곱한 금액을 과세표준액으로 한다.

◆ 경남세정-783, 2011.01.19.

(구)지방세법 제105조 제6항에서 법인의 주식 또는 지분을 취득함으로써 과점주주가 된 때에는 그 과점주주는 당해 법인의 부동산 등을 취득한 것으로 규정하고 있고, 과점주주는 과점주주가 된 때 법인의 부동산을 취득한 것으로 간주하여 취득세 납세의무가 성립하는 것이며, 과점주주 취득세 신고시 납세의무성립일 현재 구)지방세법 제104조에서 취득세 범위에 해당되는 법인의 장부가액(과점주주가 성립되는 시점의 각 계정별 잔존가액)을 법인의 주식 또는 출자의 총수로 나눈 가액에 과점주주가 취득한 주식 또는 출자의 수를 곱한 금액을 과세표준액으로 신고납부하여야 할 것으로 사료되나, 이에 해당하는지 여부 등은 과세권자(시장·군수)가 사실관계를 확인하여 이에 해당여부를 결정하여야 할 것임.

[3] 법인이 부동산 등을 취득할 당시 납부한 등록세 및 취득세가 과점주주에 대한 취득세납세의무성립일 현재 자산원가에 포함되어 있는 경우 과점주주의 취득세과세표준 산출시 이를 제외하여야 하는지 여부

지방세법 제111조 제4항의 규정에서 과점주주에 대한 취득세과세표준은 주식취득 당시의 그 법인의 "자산총액"을 기준으로 산정하여야 하고, 이 경우 과세표준을 당해 법인의 결산서 기타 장부 등에 의한 "과세대상 자산총액"을 기초로 산출하는 경우에는 취득의제 당시의 과세대상물건의 장부가액을 기준으로 과세표준을 산출하여야 할 것이므로(대법원83누103, 1983.12.13), 당해 법인이 과점주주가 된 당시 이미 등록세 및 취득세가 취득세과세대상물건의 취득가액인 "자산총액"에 포함되어 법인장부에 계상되어 있는 경우라면 과점주주의 취득세과세표준에 포함되는 것임. (행정자치부세정담당관-519;2003.07.18)

❹ 간주 취득세와 관련한 사례

[1] 명의신탁 해지의 경우 간주 취득세 의무는 없음

명의신탁해지로 인해 주주가 당해 법인의 과점주주가 되는 경우라면, '주식을 제3자에게 명의신탁하였다가 신탁을 해지하고 신탁자 명의로 원상회복하는 과정에서 형식상 새로운 과점주주가 된 경우에는 간주취득 납세의무가 없다.

◆ 서울세제-7751, 2014.06.11
명의신탁해지로 인해 주주 甲이 A법인의 과점주주가 되는 경우라면, '주식을 제3자에게 명의신탁하였다가 신탁을 해지하고 신탁자 명의로 원상회복하는 과정에서 형식상 새로운 과점주주가 된 경우에는 간주취득 납세의무가 없다고 할 것임.

[2] 법인의 자기 주식 취득으로 인한 간주 취득세 과세 여부

주주가 주식발행법인의 주식을 취득하여 과점주주의 주식소유비율이 증가되는 것이 아니라 주식발행 법인이 자기주식을 취득함으로서 기존의 과점주주에 대한 주식소유비율이 증가하는 경우에는 과점 주주에 대한 취득세납세의무가 없음.
(행정자치부세정13407-58:2003.01.22.)

[3] 과점주주간에 주식을 양수도하는 경우 간주 취득세 과세 여부

지방세법 제22조 제2호의 규정에 의한 과점주주(지방세법 시행령 제6조의 규정에 의한 친족, 특수관계인)로서 당해 과점주주간에 주식을 양도 양수하는 경우에는 과점주주의 주식소유비율이 증가하지 아니하는 친족, 특수관계인간의 내부이동에 해당되므로 취득세납세의무가 없는 것인바, 이 경우 비상장법인의 과점주주들과 각각 특수관계에 해당하는 자가 기존의 과점주주로부터 주식을 새로이 취득하는 경우와 당해 주식취득 후 다시 기존의 과점주주로부터 48%의 주식을 취득하는 경우라면 과점주주의 주식소유비율이 증가하지 아니하여 취득세납세의무가 발생하지 않음.
(행정자치부세정담당관-413:2003.07.09)

[4] 취득시 취득세를 면제받은 경우 과점주주의 취득세납세의무 여부

지방세법 제105조 제6항의 규정에 의거 법인의 주식 또는 지분을 취득함으로써 과점주주가 된 때에는 그 과점주주는 당해 법인의 부동산, 차량, 기계장비, 입목, 항공기, 선박, 광업권, 어업권, 골프회원권, 콘도미니엄회원권 또는 종합체육시설이용회원권을 취득한 것으로 보나 법인설립시에 발행하는 주식 또는 지분을 취득함으로써 과점주주가 된 경우 또는 과점주주에 대한 취득세 납세의무성립일 현재 이 법 및 기타 법령에 의하여 취득세가 비과세, 감면되는 부분에 대하여는 그러하지 아니하도록 규정하고 있으므로, 이 경우 비상장법인의 과점주주가 당해 비상장법인에 부동산을 현물출자하고 현물출자의 대가로 지분을 받아 과점주주비율이 증가된 경우로서, 당해 비상장법인은 부동산을 취득시에 취득세를 면제받은 경우라도 비상장법인의 취득세납세의무와 과점주주 취득세납세의무는 별개의 것이므로 당해 과점주주 비율증가분에 대하여는 과점주주 취득세를 납부하여야 함
(행정자치부세정담당관-767;2003.08.08)

[5] 지방세감면조례규정에 의하여 감면을 받은 경우 과점주주의 취득세납세의무에 영향을 미치는지 여부

지방세법 제105조 제6항 단서 소정의 "취득세가 비과세 또는 감면되는 부분"이라 함은 과점주주의 간주취득이 지방세법 또는 기타 법령의 규정에 의한 비과세 또는 감면요건에 해당하는 경우라 할 것이므로, 당해 법인이 부동산을 취득하면서 취득세를 면제받았다고 하여 바로 과점주주로 된 자의 취득세납세의무가 면제되는 것은 아니라 할 것(대법원99두6897, 2001.1.30. 참조)인바, 지방세감면조례규정에 의하여 임대주택에 대한 감면을 받았다고 하더라도 과점주주의 취득세납세의무에 영향을 주는 것은 아님(행정자치부세정담당관-519;2003.07.18)

[6] 과점주주 사이에 지분이 이동되거나 기존의 과점주주와 특수관계이지만 주주가 아닌 자가 과점주주로부터 지분을 이전받은 경우에도 과점주주에 대한 취득세를 과세 여부

종전에 지방세 당국은 과점주주 사이에서 지분을 이전한 경우에는 과점주주 전체의 지분이 변동이 없으므로 취득세 과세대상이 아니나, 과점주주와 특수관계이지만 과점주주가 아닌 자가 과점주주로부터 지분을 취득한 경우에는 새롭게 과점주주가 된 것이므로 취득세를 과세한다고 해석하였다.

그러나 대법원은 간주 취득세 과세대상인 과점주주에 해당하는지 여부는 과점주주 중 특정 주주 1인의 주식 또는 지분의 증가를 기준으로 판단하는 것이 아니라 과점주주 전체가 소유한 총주식 또는 지분비율의 증가를 기준으로 판단하므로 과점주주 사이에 주식 또는 지분이 이전되거나 기존의 과점주주와 친족 기타 특수관계에 있으나 주주가 아니었던 자가 기존의 과점주주로부터 주식 또는 지분의 일부를 이전받아 새로이 과점주주에 포함되었다고 하더라도 일단의 과점주주 전체가 보유한 총 주식 또는 지분의 비율에 변동이 없는 한 간주취득세의 과세대상이 될 수 없고 기존의 과점주주로부터 그 소유주식 또는 지분 전부를 이전받았다고 하더라도 달리 볼 것은 아니라고 판결하였다(대법원2002두1144, 2004.2.27., 대법원2007두10297, 2007.8.23.).

[7] 특정 주주와 친인척관계가 없는 법인 임원의 과점주주 해당 여부

[질의] 1. 지분율이 다음과 같을 때 대표는 몇 %의 과점주주입니까? 100% 또는 80%?

2. C(임원)이 10%의 주식을 A(대표)에게 양도하는 경우 간주 취득세에 해당하는 지요?
A(대표) 45%, B(대표의 조카) 35%, C(임원) 10%, D(임원) 10%

[답변] 1. 단순히 임직원 또는 단순한 주주관계 만으로 특수관계에 해당하지는 아니하는 것으로서 귀 질의의 경우 A(대표)와 B(대표의 조카)는 특수관계자에 해당되는 것이나 C(임원) 및 D(임원)는 특수관계자에 해당하지 않는 것입니다.

2. 설립시 과점주주 집단의 지분율이 80%이었으나 그 후에 10%를 추가한 경우에는 10%에 대한 과점주주 간주취득세 납세의무가 있는 것입니다.

[8] 출자지분 증가에 따른 간주 취득세 납부여부

[질의] 1. 갑법인이 을법인에 출자하여 설립 및 지분율 70%, 이후 추가출자하여 지분이 10% 증가된 경우 과점주주 여부 및 취득세 납부계산은?

2. 갑법인이 을법인에 100% 출자하여 설립하는 경우 간주취득세 납세의무?

[답변] 과점주주 간주취득세의 경우 법인설립시의 과점주주 지분은 제외하는 것으로 규정되어 있습니다. 설립시 70%이었으나 그 후에 10%를 추가한 경우에는 10%에 대한 과점주주 간주취득세 납세의무가 있는 것입니다. 즉 취득세는 10% 지분 취득당시의 취득세 과세대상 물건의 장부가액 × 10% × 세율(2%)로 산정됩니다.

단, 설립시 100%이었다면, 설립시 과점주주 간주취득세 납세의무는 없습니다.

[9] 사전에 행정안전부에 과점주주 해당 여부를 질의하여 답변을 받았음에도 과세한 사례

□ 조심 2013지0257, 2013. 4. 26.
[제   목] 과점주주 취득세 부과처분의 적법 여부
[결정요지] 청구인과 그 특수관계인은 이 건 법인의 발행주식 340,000주 중 245,348주(지분율 74.74%)를 소유한 상태에서 96,652주(지분율 28.26%)를 추가로 취득하여 100% 과점주주가 된 사실이 제출된 자료에 의하여 확인되는 이상 그 증가분(28.26%)에 대하여 취득세 납세의무가 성립되는 것임.
[주   문] 심판청구를 기각한다.

❺ 상증법의 특정주주 및 임직원간 특수관계자 여부

지방세기본법에 의한 경우 특정주주가 당해 법인의 지분을 30%(지방세기본법의 경우 50%) 이상 가지고 있다하더라도 당해 법인의 특정주주와 임직원은 특수관계자에 해당하지 아니하나 상증법에 의한 경우에는 특정주주가 당해 법인의 지분을 30% 이상 가지고 있는 경우 특정주주와 임직원은 특수관계자에 해당한다.

◈ 재산-116, 2012.03.22
【제목】
최대주주의 자녀와 그 최대주주가 발생주식총수의 100분의 30이상을 출자하고 있는 법인의 임원은 상증법상 특수관계인에 해당함(2012.1.1. 이후 특수관계인의 범위를 명확화함)
【질의】
(사실관계)
o 비상장 A법인의 임원이었던 자가 퇴사하면서 소유하고 있던 A법인 주식 지분 10%를 법인의 대표자 겸 대주주인 자의 자녀 甲(A법인의 주주가 아님)에게 액면가액에 양도하고자 함.
o 甲의 부모가 보유하는 A법인의 주식지분은 75%로서 A법인의 최대주주에 해당하며, A법인의 임원은 대표자 등과 친인척 관계가 전혀 없음.
(질의내용)
o 고저가 양도양수와 관련하여 해당법인의 임원과 30%이상 출자하여 지배하는 주주의 아들(주식을 보유하고 있지 않음)간에 특수관계가 성립하는지 여부
【회신】
귀 질의의 경우, A법인의 주주가 아닌 甲과 「상속세 및 증여세법 시행령」 제12조의2 제1항 제1호부터 제5호까지의 관계에 있는 특수관계인이 발행주식총수의 100분의 30 이상을 출자하고 있는 A법인의 임원은 甲과 같은 조 제1항 제2호의 특수관계인에 해당하는 것임.

[개정 세법] 특수관계인에 해당하는 임원범위 합리화 (상증령 제2의2 ②)
(종전) 5년
(개정) 3년, 다만 공시대상기업집단 소속 기업의 퇴직임원은 5년
〈적용시기〉 2019년 영 시행일 이후 상속이 개시되거나 증여받는 분부터 적용

비상장주식 평가 및 평가방법

1 비상장주식 평가

❶ 개요

법인의 주식을 양도양수하거나 증여하는 경우 또는 자본금 증자시 주식의 거래가액 등을 시가보다 일정비율 이상 낮거나 높은 가격으로 책정하여 거래하는 경우 증여세 및 양도소득세 문제가 발생한다.

상장법인의 주식은 유가증권 시장 및 코스닥 시장에서 거래가 되기 때문에 주식의 시가를 알 수 있으므로 시가를 기준으로 양도양수하거나 증여를 하면 될 것이나 문제는 비상장법인의 주식이다. 비상장법인의 주식은 거래소 등에서 거래가 되지 않아 주식의 시가를 알 수가 없으므로 차선책으로「상속세및증여세법」에서는 그 평가방법에 대한 기준을 정하여 두고 있으며, 이를 보충적 평가방법이라 한다.

▶ **비상장법인 주식 평가를 하여야 하는 경우**
1. 개인주주가 주식을 양도하는 경우 시가 산정
2. 법인의 특수관계자가 보유한 주식을 법인이 취득하는 경우
3. 법인이 자기 주식을 취득하는 경우
4. 법인이 유상증자나 유상감자시 기존주주의 지분비율에 의하지 아니하고, 차등증자 또는 감자하는 경우 주식발행가액 책정
5. 법인이 보유한 다른 회사 비상장주식을 법인의 특수관계자에게 매각하고자 하는 경우 주식매각금액의 결정

❷ 상증법에 의한 비상장법인 주식 평가

비상장법인의 주주가 주식을 양도하는 경우 양도가액은 시가로 하여야 한다. 단, 비상장법인의 주식은 대부분 시가를 잘 알 수 없으므로 매매사례가액 등 시가가 없는 경우 보충적 평가(상속세및증여세법 제63조 제1항 및 같은법 시행령 제54조)에 따른 가액을 시가로 하되, **특수관계자가 아닌 자와의 거래인 경우 소득세법 시행령 제165조 제4항의 규정에 의한 평가가액**으로 한다.

▶ 비상장주식의 소득세법상 기준시가 및 상증법의 평가방법 비교

구 분	소득세법상 기준시가	상증법의 보충적 평가방법
순손익가치	직전 사업연도의 순손익액	평가기준일 직전 3년간 순손익액의 가중평균액
순자산가치	직전 사업연도 종료일 현재 장부가액(토지는 기준시가)	평가기준일 현재 상증법에 의하여 평가한 가액과 장부가액 중 큰 금액(평가기준일 현재로 가결산을 하여야 함)

◆ 비상장주식 양도시 적용되는 시가
(법인, 서면인터넷방문상담2팀-719 , 2006.05.02.)
내국법인이 보유한 비상장주식을 특수관계자에게 양도하는 경우 법인세법 제52조에 규정한 부당행위계산 부인 규정을 적용함에 있어 시가란 당해 거래와 유사한 상황에서 당해 법인이 특수관계자 외의 불특정다수인과 계속적으로 거래한 가격 또는 특수관계자가 아닌 제3자간에 일반적으로 거래된 가격이 있는 경우 그 가격에 의하며 시가가 불분명한 경우 상속세 및 증여세법 제63조를 준용하여 평가한 가액에 의하는 것임.

□ 소득세법 시행령 제165조(토지·건물외의 자산의 기준시가 산정) -요약-
⑧법 제99조제1항제6호에서 "대통령령으로 정하는 방법에 따라 평가한 가액"이란 다음 각 호에 따라 평가한 가액을 말한다. <개정 2022. 2. 15., 2023. 2. 28.>
1. 법 제94조제1항제4호나목부터 라목까지의 규정에 따른 주식등
제150조의22에 따라 평가한 가액. 이 경우 다음 각 목의 주식등이 제150조의22제1항제2호 각 목 외의 부분의 주식등에 해당하는 경우에는 다음 각 목에서 정하는 가액으로 한다.
  가. 법 제94조제1항제4호다목에 따른 주식등: 제150조의22제1항제2호가목에서 정

하는 바에 따라 평가(다만, 순손익가치와 순자산가치의 비율은 각각 2와 3으로 한다)한 가액
　　나. 법 제94조제1항제4호라목에 따른 주식등: 제150조의22제1항제2호가목2)의 계산식에 따라 평가한 가액
2. 법 제94조제1항제4호 가목의 규정에 의한 영업권
　「상속세 및 증여세법 시행령」 제59조제2항의 규정을 준용하여 평가한 가액
3. 법 제94조제1항제4호나목에 따른 시설물이용권(주식등은 제외한다)
　「지방세법」에 따라 고시한 시가표준액. 다만, 취득 또는 양도 당시의 시가표준액을 확인할 수 없는 경우에는 기획재정부령으로 정하는 방법에 따라 계산한 가액

□ 상속세및증여세법 제63조(유가증권 등의 평가)
① 유가증권 등의 평가는 다음 각 호의 어느 하나에서 정하는 방법으로 한다.
<개정 2013.5.28., 2016.12.20.> -요약-
1. 주식등의 평가
가. 상장주식은 평가기준일(평가기준일이 공휴일 등인 경우 그 전일을 기준으로 한다) 이전·이후 각 2개월 동안 공표된 매일의 거래소 최종 시세가액의 평균액(평균액을 계산할 때 평가기준일 이전·이후 각 2개월 동안에 증자·합병 등의 사유가 발생하여 그 평균액으로 하는 것이 부적당한 경우에는 평가기준일 이전·이후 각 2개월의 기간 중 대통령령으로 정하는 바에 따라 계산한 기간의 평균액으로 한다). 다만, 제38조에 따라 합병으로 인한 이익을 계산할 때 합병(분할합병을 포함한다)으로 소멸하거나 흡수되는 법인 또는 신설되거나 존속하는 법인이 보유한 상장주식의 시가는 평가기준일 현재의 거래소 최종 시세가액으로 한다.

나. 가목 외의 주식등은 해당 법인의 자산 및 수익 등을 고려하여 대통령령으로 정하는 방법으로 평가한다.

□ 상속세 및 증여세법 시행령 제54조(비상장주식등의 평가) -요약-
① 비상장주식등은 1주당 다음의 계산식에 따라 평가한 가액(이하 "순손익가치"라 한다)과 1주당 순자산가치를 각각 3과 2의 비율[부동산과다보유법인(「소득세법」 제94조제1항제4호다목에 해당하는 법인을 말한다)의 경우에는 1주당 순손익가치와 순자산가치의 비율을 각각 2와 3으로 한다]로 가중평균한 가액으로 한다. 다만, 그 가중평균한 가

액이 1주당 순자산가치에 100분의 80을 곱한 금액 보다 낮은 경우에는 1주당 순자산 가치에 100분의 80을 곱한 금액을 비상장주식등의 가액으로 한다.
<개정 2015. 2. 3., 2016. 2. 5., 2017. 2. 7., 2021. 1. 5.>

1주당 가액 = 1주당 최근 3년간의 순손익액의 가중평균액 ÷ 3년 만기 회사채의 유통수익률을 감안하여 기획재정부령으로 정하는 이자율

②제1항의 규정에 의한 1주당 순자산가치는 다음의 산식에 의하여 평가한 가액으로 한다. <개정 1999. 12. 31., 2003. 12. 30.>
1주당 가액 = 당해법인의 순자산가액 ÷ 발행주식총수(이하 "순자산가치"라 한다)

□ **상속세및증여세법 집행기준 63-56-1【1주당 최근 3년간의 순손익액의 계산방법】**
1주당 최근 3년간의 순손익액의 가중평균액은 원칙적으로 다음과 같이 계산하고 그 가액이 0원 이하인 경우에는 0원으로 한다. 이 경우 사업년도가 1년 미만일 경우 1년으로 환산한 가액으로 계산한다.

○ 1주당 순손익가치 = $\dfrac{\text{1주당 최근 3년간 순손익액의 가중평균액}}{\text{순손익가치환원율(10\%)}}$

○ 1주당 최근 3년간 순손익액의 가중평균액 = $\dfrac{A \times 3 + B \times 2 + C \times 1}{6}$

A: 평가기준일 이전 1년이 되는 사업년도의 1주당 순손익액
B: 평가기준일 이전 2년이 되는 사업년도의 1주당 순손익액
C: 평가기준일 이전 3년이 되는 사업년도의 1주당 순손익액

○ 각사업연도의 1주당 순손익액 = $\dfrac{\text{각사업연도 순손익액}}{\text{각 사업연도종료일 현재의 발행주식총수}}$

❸ 1주당 순손익가치 계산

1 개요

1주당 순손익가치는 최근 3년간의 순손익액의 가중평균액을 순손익가치환원율로 나눈 금액으로 계산한다.

평가기준일이 회계연도의 말일인 경우 당해 회계연도를 포함하나 말일 이전인 경우 그 이전 사업연도로 한다.

<사례> 20×7. 12. 01 주식을 양도하는 경우 적용할 기준일자
평가기준일(20×6.12.1) 이전 1년, 2년 및 3년이 속하는 사업연도의 1주당 순손익액을 기준으로 하여 계산하는 것으로 평가기준일이 20×7년 12월인 경우 직전 3년은 20×6, 20×5, 20×4년이 된다.
(1) 평가기준일 20×7년 12월 31일인 경우 평가기준연도
20×7년, 20×6년, 20×5년 회계연도
(2) 평가기준일 20×7년 12월 30일 이전인 경우 평가기준연도
20×6년, 20×5년, 20×4년 회계연도

◆ 서면4팀-1991, 2006.6.27.
「상속세 및 증여세법 시행령」 제56조 제1항 제1호의 규정에 의하여 비상장법인의 "1주당 최근 3년간 순손익액의 가중평균액"은 평가기준일 이전 1년, 2년 및 3년이 되는 날이 속하는 사업연도의 1주당 순손익액을 기준으로 하여 계산하는 것임

2 각 사업연도 순손익액 계산

각 사업연도의 순손익액이란 법인세 과세표준 및 세액조정계산서의 ⑩ 각 사업연도 소득금액(⑭+⑮-⑯)에서 다음의 항목을 차가감한 금액으로 한다.

[1] 각 사업연도 소득금액에 가산할 항목
세무조정에서 익금불산입 또는 손금산입을 하였다하더라도 실제 법인의 자산이 증

가한 다음의 조정사항 및 전기 이전 기부금 한도초과액 중 당기에 손금 산입한 금액 등은 각 사업연도 소득금액에 가산하여야 한다. (상증법 시행령 제56조④1)

가산할 항목	비 고
· 국세 및 지방세 과오납 환급금이자	자산 유입
· 수입배당금 익금불산입금액	자산 유입
· 자산의 평가차익으로 세무조정에서 익금불산입한 금액	자산 증가
· 기부금한도초과액의 이월공제액의 손금산입액	

[2] 각 사업연도 소득금액에 차감할 항목

세무조정에서 손금불산입을 하였다하더라도 실제 법인의 자산이 감소한 다음의 조정사항 등은 각 사업연도 소득금액에서 차감하여야 한다.

차감할 항목	비 고
· 벌금, 과료, 과태료, 가산금, 가산세, 체납처분비	자산 유출
· 손금으로 인정되지 않는 공과금	자산 유출
· 업무와 관련없는 지출	자산 유출
· 각 세법상 징수불이행 납부세액	자산 유출
· 기부금 한도초과액, 비지정기부금 손금불산입액	자산 유출
· 접대비 한도초과액	자산 유출
· 지급이자 손금불산입액	자산 유출
· 과다경비 등의 손금불산입액	자산 유출
· 법인세총결정세액(농어촌특별세·지방소득세 포함)	자산 유출
· 외국납부세액 또는 손금불산입한 외국법인세액	
· 당해연도 감가상각비 시인부족액을 손금산입한 금액	

◆ 각 사업연도소득에서 차감하는 법인세 총결정세액 (서면4팀 -684, 2007.02.22.)
1. 각 사업연도소득에서 차감하는 법인세액은 각 사업연도 소득에 대하여 납부하였거나 납부하여야 할 법인세 총결정세액을 말하는 것으로 법인세 산출세액 합계액에서 공제감면세액을 차감하고 가산세액을 가산한 금액에 의하는 것임.
2. 「상속세 및 증여세법 시행령」 제56조 제3항 제2호 나목 규정의 "각 세법에서 규정하는 징수불이행으로 납부하였거나 납부할 세액"이라 함은 「법인세법」 제21조 제1호의 규정에 의한 "각 세법에 규정하는 의무 불이행으로 인하여 납부하였거나 납부하여야 할

세액(가산세포함)"으로 각 사업연도소득금액 계산상 손금에 산입하지 아니한 금액을 말하며, 이 경우 의무불이행에는 같은법 시행령 제21조의 규정에 의하여 간접국세의 징수불이행·납부불이행과 기타의 의무불이행의 경우를 포함하는 것임.

◆ 법인세 경정 등으로 순손익액이 변동이 있는 경우(재삼46014-2163, 1998.11.09.)
상속재산인 비상장주식을 평가할 때 최근 3년간 순손익액은 관련 규정에 의하는 것이며, 법인세 경정 등으로 최근 3년간 순손익액에 변동이 생긴 때에는 그 변동된 내용에 따라 비상장주식을 평가하는 것임

[3] 세무상 유보금액

상증법에 의하여 평가한 자산의 경우 세무상 유보금액은 반영하지 아니한다.

◆ 상증법의 규정에 의하여 평가하는 자산과 관련된 유보금액은 순자산가액에 별도로 가감하지 아니함 (재산-1116, 2009.6.5.)
「상속세 및 증여세법 시행령」 제55조 제1항의 규정에 의하여 비상장법인의 순자산가액을 계산할 때에 당해 법인의 자산가액은 같은 법 제60조 내지 제66조의 규정에 의한 평가액에 의하는 것이며, 당해 법인의 자산을 같은 법 제60조 제3항 및 제66조의 규정에 의하여 평가한 가액이 장부가액보다 적은 경우에는 장부가액으로 하되, 장부가액보다 적은 정당한 사유가 있는 경우에는 그러하지 아니하는 것임. 이 경우 장부가액은 기업회계기준 등에 의해 작성된 대차대조표상 장부가액에 의하는 것이며, 자본금과 적립금조정명세서(을)상의 유보금액 중 「상속세 및 증여세법」의 규정에 의하여 평가하는 자산과 관련된 유보금액은 순자산가액에 별도로 가감하지 아니하는 것임.

▶ **각 사업연도 소득금액 계산시 퇴직급여충당금 유보금액 차감하지 않음**
비상장주식을 보충적으로 평가하는 경우 "최근 3년간의 순손익액"은 각 사업연도 소득을 기준으로 산정하는 것으로 이 경우 퇴직급여충당금 유보금액을 차감하지 않는 것임 (재산-13, 2012.01.13.)

[4] 각 사업연도소득은 이월결손금을 공제하기 전의 소득을 말함

각 사업연도 소득은 「법인세법」 제14조의 규정에 의한 소득으로 이월결손금을 공제하기 전의 소득을 말한다. 다만, 이월결손금으로 인하여 법인세로 납부할 세액이 적어진 경우 해당 세액을 계산하여 각사업연도 소득금액에서 차감한다.

사례 이월결손금이 있는 경우 차감할 법인세비용 등

<예제>

1. 이월결손금을 공제한 이후 법인세등 납부세액 7,700,000원

각 사업연도 소득금액	300,000,000원
이월결손금	200,000,000원
과세표준	100,000,000원
산출세액	10,000,000원
공제감면세액(중소기업특별세액 감면)	3,000,000원
법인세납부세액	7,000,000원
지방소득세 납부세액	700,000원

2. 이월결손금 공제하지 아니한 경우 법인세 납부세액

각 사업연도 소득금액	300,000,000원
과세표준	300,000,000원
산출세액	40,000,000원
공제감면세액	12,000,000원
법인세납부세액	28,000,000원
지방소득세 납부세액	2,800,000원

<풀이> 상증법상 소득금액은 이월결손금 공제전 금액인 300,000,000원이며, 이월결손금을 공제하지 아니한 경우 부담할 법인세등은 30,800,000원이므로 이 금액을 각사업연도 소득금액에서 차감한다.

[5] 각 사업연도 1주당 순손익액이 0원 이하인 경우

각사업연도 1주당 순손익액이 0원 이하인 경우에는 0원 이하 가액을 그대로 적용한다.

▶ 3년 연속 결손 법인의 1주당 주식 평가

연속 결손인 비상장법인의 발행주식을 보충적 방법으로 평가하는 경우 「상속세 및 증여세법 시행령」 제54조 제4항 제3호의 규정에 의하여 순자산 가치로만 평가한 금액이 음수인 경우 "0"원으로 평가한다.

3 각 사업연도의 주식수

각 사업연도의 주식수는 각 사업연도 종료일 현재의 발행주식총수에 따른다.

4 최근 3년간 순손익액의 가중평균액 및 순손익가치환원율

[1] 최근 3년간의 순손익액의 가중평균액
[① + ② + ③] ÷ 6
① 평가기준일 이전 1년이 되는 사업년도의 1주당 순손익액 × 3
② 평가기준일 이전 2년이 되는 사업년도의 1주당 순손익액 × 2
③ 평가기준일 이전 3년이 되는 사업년도의 1주당 순손익액 × 1

[2] 순손익가치환원율
순손익가치환원율은 일명 자본환원율이라고도 하는 것으로 이는 이익을 10%로 나누어 현재시점의 자기자본이 얼마인지를 환산하여 주식가치에 반영하고자 하는 것이다. 순손익가치환원율은 금융기관이 보증한 3년 만기 회사채의 유통수익률을 감안하여 기획재정부장관이 정하여 고시하도록 하고 있다. 현재 적용되고 있는 순손익가치환원율은 10%이다. [상증령 §54 ①, 상증법 시행규칙 제17조]

[3] 1주당 순손익 가치 계산 사례
[사례1] 발행 주식수 100,000주, 자본금 500,000,000원, 순자산가액 12억원
상증법에 의한 조정 후 각 사업연도 손익 및 1주당 순손익액

구분	20×5년	20×4년	20×3년
각 사업연도소득금액	40,000,000	△30,000,000	△10,000,000
조정금액 (가산, 차감)	10,000,000	20,000,000	
상증법에 의한 순손익액	50,000,000	△10,000,000	△10,000,000
1주당 순손익액	500	△100	△100

1) 1주당 최근 3년간의 순손익액의 가중평균액 : 200원
[500원 × 3 + -100원 × 2 + -100원 × 1] ÷ 6
2) 1주당 순손익가치 : 200원 ÷ 0.1 = 2,000원

3) 1주당 순자산가치 : 12억원 ÷ 100,000주 = 12,000원

평가일 현재 상증법에 의한 순자산 : 12억원

4) 1주당 평가액 : 9,600원 [MAX(9,600원 6,000원)]

[1주당 순손익가치(2,000원) × 3] + [1주당 순자산가치(12,000원) × 2] ÷ 5

▶ 비상장주식은 1주당 순손익가치와 1주당 순자산가치를 각각 3과 2의 비율로 가중평균한 가액으로 한다.

◎ 그 가중평균한 가액이 1주당 순자산가치에 100분의 80을 곱한 금액 보다 낮은 경우에는 1주당 순자산가치에 100분의 80을 곱한 금액을 비상장주식등의 가액으로 한다.

[사례2] 발행 주식수 100,000주, 자본금 500,000,000원

상증법에 의한 조정 후 각 사업연도 손익 및 1주당 순손익액

구분	20×5년	20×4년	20×3년
각 사업연도소득금액	40,000,000	△110,000,000	△10,000,000
조정금액 (가산, 차감)	10,000,000	10,000,000	
상증법에 의한 순손익액	50,000,000	△100,000,000	△10,000,000
1주당 순손익액	500	△1,000	△100

1) 1주당 최근 3년간의 순손익액의 가중평균액 : △600원

[500원 × 3 + -1,000원 × 2 + -100원 × 1] ÷ 6

2) 1주당 순손익가치 : 없음 (결손 등으로 인하여 1주당 최근 3년간 순손익액의 가중평균액이 부수인 경우 순익액은 '0'원으로 한다.)

3) 1주당 순자산가치 : 12억원 ÷ 100,000주 = 12,000원

평가일 현재 상증법에 의한 순자산 : 12억원

4) 1주당 평가액 : 9,600원 [MAX(9,600원. 4,800원)]

[1주당 순손익가치(0) × 3] + [1주당 순자산가치(12,000원) × 2] ÷ 5

<유의할 내용> 1주당 순손익가치가 없는 경우 순자산가치로만 평가를 하되, 가중평균하여 1주당평가액을 계상한다.

▶ 그 가중평균한 가액이 1주당 순자산가치에 100분의 80을 곱한 금액 보다 낮은 경우에는 1주당 순자산가치에 100분의 80을 곱한 금액을 비상장주식등의 가액으로 한다.

5 평가기준일 이전 3년이내 유상증자 또는 유상감자가 있은 경우

[1] 유상증자 가산조정

① 평가기준일이 속하는 사업연도 전 3년 이내에 해당법인이 유상증자하거나 유상감자한 경우 당해 사업연도와 그 이전 사업연도의 순손익액은 다음 A를 더하고 B를 뺀 가액으로 한다.

A. 유상증자한 주식 1주당 납입액 × 유상증자 주식수 × 순손익가치 환원율(10%)
B. 유상감자시 지급한 1주당 금액 × 유상감자 주식수 × 순손익가치 환원율(10%)

② 평가기준일이 속하는 사업연도 전 3년 이내에 증자 또는 감자를 한 사실이 있는 경우에는 다음과 같이 증자 또는 감자 전의 각 사업연도종료일의 발행주식총수는 다음과 같이 환산한다.

가. 환산주식수(증자의 경우)

$$\text{환산주식수} = \text{증자 전 각 사업연도말 주식수} \times \frac{\text{증자 직전 사업연도말 주식수} + \text{증자 주식수}}{\text{증자 직전 사업연도말 주식수}}$$

나. 환산주식수(감자의 경우)

$$\text{환산주식수} = \text{감자 전 각 사업연도말 주식수} \times \frac{\text{감자 직전 사업연도말 주식수} - \text{감자 주식수}}{\text{감자 직전 사업연도말 주식수}}$$

[2] 유상 증자 가산조정 사례

순손익액을 계산할 때 평가기준일이 속하는 사업연도 전 3년 이내에 해당 법인의 자본을 증가시키기 위하여 유상증자한 경우 유상증자를 한 사업연도와 그 이전 사업연도의 순손익액은 해당 사업연도의 차가감 후 소득금액에 다음 금액을 더한다. 이 경우 유상증자를 한 사업연도의 순손익액은 사업연도 개시일부터 유상증자 또는 유상감자를 한 날까지의 기간에 대하여 월할로 계산하며, 1개월 미만은 1개월로 하여 계산한다.

유상증자한 주식 1주당 납입금액 × 유상증자 주식수 × 순손익가치 환원율(10%)
6,000원 × 20,000주 × 4/12 × 10% = 4,000,000원
30,000주 = 10,000주 × [10,000주 + 20,000주] ÷ 10,000주
평가기준일 : 20×6.10.31.

구 분	20×3년	20×4년	20×5년
(1) 사업연도	20×3.01.01. 20×3.12.31.	20×4.01.01. 20×4.12.31.	20×5.01.01. 20×5.12.31.
(2) 기말 주식수	10,000주	30,000주	30,000주
(3) 유상 증자수		20,000주	
(4) 증자일자		20×4.4.30	
(5) 1주당 발행가액	5,000원	6,000원	
(6) 1주당 액면가액	5,000원	5,000원	
(7) 차가감후 각 사업연도소득	10,000,000	30,000,000	50,000,000
(8) 유상 증자 가산조정(20×4년)	12,000,000	4,000,000	
(9) 조정후 소득금액	22,000,000	34,000,000	50,000,000
(10) 환산 전 주식수	10,000주	30,000주	30,000주
(11) 증자분 환산 후 주식수	30,000주	30,000주	30,000주
(12) 1주당 순손익	733.3원	1,133.3원	1,666.7원

▶ 상환우선주의 경우에도 주식총수에 포함하는 것임

비상장법인의 1주당 순손익가치 및 순자산가치를 계산할 때 발행주식총수에는 상환우선주도 포함하는 것임 (서면4팀-1894, 2004.11.23.)

④ 1주당 순자산가치

1 개요

1주당 순자산가치란 평가기준일 현재 상증법에 의하여 평가한 자산에서 부채를 차감한 순자산가액을 발행주식수로 나눈 금액으로 계산한다.

2 순자산가치 평가기준일

순자산가액의 산정은 평가기준일 현재 시점으로 평가하는 것으로 평가기준일 현재의 기업회계기준에 의하여 가결산된 평가대상법인의 재무상태표상의 장부가액을 기초로 하여 평가하여야 한다. 따라서 평가기준일이 사업연도 말일과 일치하지 않는 경우 평가기준일 현재를 기준으로 기업회계기준에 의하여 가결산하여 재무제표를 작성한 다음 상증법에 의한 순자산가치를 산정하여야 한다.

예를 들어 평가기준일이 20×6년 10월 31일인 경우로서 평가대상법인이 12월말 결산법인인 경우 평가기준일 현재 시점으로 가결산하여 자산 및 부채를 평가하여야 하는 것이며, 평가기준일이 20×6년 12월 31일인 경우 20×6년 사업연도 결산 재무제표를 기준으로 순자산가치를 산정하여야 하는 것이다.

[1] 순자산가액 등의 평가방법
1주당 가액 = 당해 법인의 순자산가액 ÷ 발행주식총수

[2] 순자산가액
순자산가액은 상증법상의 가액으로 재무제표의 순자산가액에 자산, 부채를 조정한 금액으로 하며, 자산 및 부채 평가편을 참고한다.

▶ 순자산가액 계산(1 ± 2 + 3)
1. 재무상태표상 순자산가액
2. 상증법에 의한 자산부채 조정금액 가감
3. 영업권 평가액

3 자산평가 원칙(시가에 의함)

자산의 가치는 실질가치(시가)를 원칙으로 하되, 실질가치가 불분명하거나 알 수 없는 경우 상증법에 의한 보충적 평가방법에 의하여 평가하는 것으로 일반적인 기준은 다음과 같다. [상증법 제60조, 상증법 시행령 제49조]

① 상속세나 증여세가 부과되는 재산의 가액은 상속개시일 또는 증여일(평가기준일) 현재의 시가(時價)에 따른다.

② 제1항에 따른 시가는 불특정 다수인 사이에 자유롭게 거래가 이루어지는 경우에 통상적으로 성립된다고 인정되는 가액으로 하고 수용가격·공매가격 및 감정가격 등 상증법 시행령 제49조에 정하는 바에 따라 시가로 인정되는 것을 포함한다.

③ 제1항을 적용할 때 시가를 산정하기 어려운 경우에는 해당 재산의 종류, 규모, 거래 상황 등을 고려하여 상증법 제61조부터 제65조까지에 규정된 방법으로 평가한 가액을 시가로 본다.

④ 제1항을 적용할 때 상속재산의 가액에 가산하는 증여재산의 가액은 증여일 현재의 시가에 따른다.

◆ 비상장법인의 순손익가치를 평가할 때 순손익액이 "0"이하인 경우
(서일46014-11475 , 2002.11.07.)
비상장법인의 순손익가치를 평가할 때 상속세및증여세법시행령 제56조 제1항 제1호의 산식에 의하여 계산한 "1주당 최근 3년간의 순손익액의 가중평균액"이 "0"이하인 경우에 "0"으로 하는 것임

◆ 비상장법인 주식의 보충적평가시 순자산가액이 부수인 경우
(서면인터넷방문상담4팀-881 , 2008.04.02.)
평가기준일이 속하는 사업연도전 3년내의 사업연도부터 계속하여 결손인 법인은 순자산가치로만 평가하는 것이며, 이 경우 순자산가치가 부수인 경우 그 평가액은 영(0)으로 하는 것임

◆ 1주당 순손익가치와 순자산가치가 모두 부수인 경우
(재산-591, 2009.10.30.)
비상장주식을 「상속세 및 증여세법」 제63조 제1항 제1호 다목 및 같은 법 시행령 제54조 규정에 의하여 평가하는 경우로서 1주당 순손익가치와 순자산가치가 모두 부수인 경우에는 그 평가액은 영(0)으로 하는 것임.

2 주식 평가와 관련하여 유의할 사항

❶ 주식 평가액의 할증

1 할증 평가

최대주주 또는 최대출자자 및 그와 특수관계인에 해당하는 주주 또는 출자자의 주식등(평가기준일이 속하는 사업연도 전 3년 이내의 사업연도부터 계속하여 결손금이 있는 법인의 주식등 특정한 주식등은 제외한다)에 대해서는 상증법에 의하여 평가한 가액의 100분의 20을 가산한다. (상증법 제63조 ③)

[개정 세법] 최대주주 보유주식 할증평가 제도 개선(상증법 §63, 상증령 §52의2)

종 전	개 정
□ 지분율 및 기업규모에 따라 할증률 차등적용	□ 기업규모에 따라 차등적용, 지분율에 따른 차등 미적용
<table><tr><th>지분율</th><th>일반기업</th><th>중소기업</th></tr><tr><td>50% 이하</td><td>20%</td><td>10%</td></tr><tr><td>50% 초과</td><td>30%</td><td>15%</td></tr></table>	<table><tr><th>구 분</th><th>일반기업</th><th>중소기업</th></tr><tr><td>할증률</td><td>20%</td><td>0%</td></tr></table>
◆ 중소기업은 2020년말까지 할증적용 배제 (조특법 제101조)	◆ 조특법 상 중소기업 할증배제 특례 삭제(상증법에 반영)

<적용시기> 2020.1.1. 이후 상속이 개시되거나 증여받는 분부터 적용

▶ **최대주주 (상증법 제19조 ②)**
최대주주(또는 최대출자자)란 주주등 1인과 그의 특수관계인의 보유주식등을 합하여 그 보유주식등의 합계가 가장 많은 경우의 해당 주주등 1인과 그의 특수관계인 모두를 말한다.

▶ **평가기준일부터 1년 이내 지분율이 변동된 경우**

최대주주등이 보유하는 주식등의 지분을 계산함에 있어서는 평가기준일부터 소급하여 1년 이내에 양도하거나 증여한 주식등을 최대주주등이 보유하는 주식등에 합산하여 이를 계산한다.

2 할증 평가를 하지 않아도 되는 경우

□ 상속세 및 증여세법 시행령 제53조 제8항 -요약-
⑧법 제63조제3항 전단에서 "대통령령으로 정하는 중소기업, 대통령령으로 정하는 중견기업 및 평가기준일이 속하는 사업연도 전 3년 이내의 사업연도부터 계속하여 「법인세법」제14조제2항에 따른 결손금이 있는 법인의 주식등 등 대통령령으로 정하는 주식등"이란 다음 각 호의 어느 하나에 해당하는 경우의 그 주식등을 말한다.
<개정 2020. 2. 11., 2021. 2. 17., 2023. 2. 28.>
1. 평가기준일이 속하는 사업연도 전 3년 이내의 사업연도부터 계속하여 결손금이 있는 경우
2. 평가기준일 전후 6개월(증여재산의 경우에는 평가기준일 전 6개월부터 평가기준일 후 3개월로 한다) 이내의 기간중 최대주주등이 보유하는 주식등이 전부 매각된 경우
3. 제28조, 제29조, 제29조의2, 제29조의3 및 제30조에 따른 이익을 계산하는 경우
4. 평가대상인 주식등을 발행한 법인이 다른 법인이 발행한 주식등을 보유함으로써 그 다른 법인의 최대주주등에 해당하는 경우로서 그 다른 법인의 주식등을 평가하는 경우
5. 평가기준일부터 소급하여 3년 이내에 사업을 개시한 법인으로서 사업개시일이 속하는 사업연도부터 평가기준일이 속하는 사업연도의 직전사업연도까지 각 사업연도의 기업회계기준에 의한 영업이익이 모두 영 이하인 경우
6. 상속세과세표준신고기한 또는 증여세과세표준신고기한 이내에 평가대상 주식등을 발행한 법인의 청산이 확정된 경우
7. 최대주주등이 보유하고 있는 주식등을 최대주주등외의 자가 법 제47조제2항에서 규정하고 있는 기간 이내에 상속 또는 증여받은 경우로서 상속 또는 증여로 인하여 최대주주등에 해당되지 아니하는 경우
8. 주식등의 실제소유자와 명의자가 다른 경우로서 법 제45조의2에 따라 해당 주식등을 명의자가 실제소유자로부터 증여받은 것으로 보는 경우
9. 제6항에 따른 중소기업 또는 제7항에 따른 중견기업이 발행한 주식등

❷ 부동산 과다 보유법인의 평가액

부동산과다보유법인의 경우에는 1주당 순손익가치와 순자산가치의 비율을 각각 2와 3으로 한다. (상증법 시행령 제54조)

▶ **부동산과다보유법인 (소득세법 제94조제1항제4호다목)**

해당 법인의 자산총액 중 다음의 자산가액과 아래 계산식에 따라 계산한 해당 법인이 보유한 다른 법인의 주식가액의 합계액이 차지하는 비율이 100분의 50 이상인 법인

1. 토지 또는 건물(건물에 부속된 시설물과 구축물을 포함한다)
2. 부동산을 취득할 수 있는 권리
3. 지상권
4. 전세권과 등기된 부동산임차권

$$\text{해당 법인이 보유한 다른 법인의 주식가액} \times \frac{\text{다른 법인의 법 제94조제1항제1호 및 제2호의 자산가액}}{\text{다른 법인의 총 자산가액}}$$

❸ 각 사업연도 소득금액이 변동된 경우

세무조사 등으로 법인의 각 사업연도 소득금액이 변동된 경우 변동된 소득금액을 기준으로 각 사업연도 소득금액을 계산하여야 하며, 법인세로 추징된 세금 및 가산세는 각 사업연도 소득금액에서 차감한다.

◆ 1주당 최근 3년간의 순손익액의 계산방법 (서면4팀-684, 2007.02.22.)
「상속세 및 증여세법 시행령」 제56조 제3항 제2호 가목의 규정에 의하여 각 사업연도 소득에서 차감하는 법인세액은 각 사업연도 소득에 대하여 납부하였거나 납부하여야 할 법인세 총결정세액을 말하는 것으로 법인세 산출세액 합계액에서 공제감면세액을 차감하고 가산세액을 가산한 금액에 의하는 것임

❹ 사업개시일부터 3년 미만인 경우

① 평가기준일이 속하는 사업연도 전 3년 이내의 사업연도부터 계속하여 결손금이 있는 경우 순자산 가치로만 1주당 가액을 계산한다.

♣ 상속세 및 증여세법 제63조 및 동법 시행령 제53조 참조

② 비상장주식을 시가에 해당하는 가액이 없어 상속세및증여세법 시행령 제54조에 의하여 보충적인 방법으로 평가할 때, 평가대상법인이 개인사업자에서 법인으로 전환한 경우로서 법인전환 후 사업개시일(법인전환 법인이 처음으로 재화 또는 용역의 공급을 개시한 때를 말하는 것임)로부터 평가기준일까지의 기간이 3년 미만인 경우에는 순자산가치로만 1주당 가액을 계산한다.

◆ 재산-873, 2009.11.27.
1. 시가를 산정하기 어려운 비상장법인의 주식을 「상속세 및 증여세법」 제63조 제1항 제1호 다목 및 같은법 시행령 제54조의 규정에 의하여 평가할 때에 당해 법인이 사업개시후 3년 미만인 법인에 해당하는 경우에는 같은 조 제4항 제2호의 규정에 의하여 순자산가치로만 평가하는 것임. 이 경우 "사업개시후 3년 미만의 법인"은 당해 법인의 사업개시일부터 평가기준일까지 역에 의하여 계산한 기간이 3년 미만인 법인을 말하는 것이며, 개인사업자가 법인으로 전환한 경우의 사업개시일은 법인전환후 처음으로 재화 또는 용역의 공급을 개시한 때를 말하는 것임.
2. 「상속세 및 증여세법 시행령」 제55조의 규정에 의하여 비상장법인의 순자산가액은 평가기준일(상속개시일 및 증여일) 현재 당해 법인의 자산을 각 자산별로 같은 법 제60조 내지 제66조의 규정에 의하여 평가한 가액의 합계액에서 부채를 차감한 가액에 의하는 것임.

❺ 추정 이익의 계상

해당 법인이 일시우발적 사건으로 다음 각 호의 요건을 모두 갖춘 경우에는 해당 법인의 최근 3년간의 순손익액이 비정상적으로 증가하는 등의 사유로 불합리한 경우

에는 신용평가전문기관, 회계법인 또는 세무법인 중 둘 이상의 신용평가전문기관이 정하는 기준에 따라 산출한 1주당 추정이익의 평균가액으로 할 수 있으며, 그 가액이 0원 이하인 경우에는 0원으로 한다. [상증법 시행령 제56조 ②]

1. 일시적이고 우발적인 사건으로 해당 법인의 최근 3년간 순손익액이 증가하는 등 기획재정부령으로 정하는 경우에 해당할 것
2. 법 제67조 및 제68조에 따른 상속세 과세표준 신고기한 및 증여세 과세표준 신고기한까지 1주당 추정이익의 평균가액을 신고할 것
3. 1주당 추정이익의 산정기준일과 평가서작성일이 해당 과세표준 신고기한 이내일 것
4. 1주당 추정이익의 산정기준일과 상속개시일 또는 증여일이 같은 연도에 속할 것

▶ **법인의 최근 3년간의 순손익액이 비정상적으로 증가하는 등의 사유**
1. 기업회계기준의 자산수증이익, 채무면제이익, 보험차익 및 재해손실의 합계액에 대한 최근 3년간 가중평균액이 법인세 차감전 손익에서 자산수증이익등을 뺀 금액에 대한 최근 3년간 가중평균액의 50퍼센트를 초과하는 경우
2. 평가기준일전 3년이 되는 날이 속하는 사업연도 개시일부터 평가기준일까지의 기간 중 합병 또는 분할을 하였거나 주요 업종이 바뀐 경우
3. 법 제38조의 규정에 의한 증여받은 이익을 산정하기 위하여 합병당사법인의 주식가액을 산정하는 경우
4. 최근 3개 사업연도중 1년 이상 휴업한 사실이 있는 경우
5. 기업회계기준상 유가증권·유형자산의 처분손익과 자산수증이익등의 합계액에 대한 최근 3년간 가중평균액이 법인세 차감전 손익에 대한 최근 3년간 가중평균액의 50퍼센트를 초과하는 경우
6. 주요 업종(당해 법인이 영위하는 사업중 직접 사용하는 유형고정자산의 가액이 가장 큰 업종을 말한다)에 있어서 정상적인 매출발생기간이 3년 미만인 경우

3   상증법에 의한 자산 및 부채 종류별 평가

❶ 유동자산

1 금융상품, 매출채권, 선급비용

[1] 금융상품

예금·저금·적금 등의 평가는 평가기준일 현재 예입총액과 같은 날 현재 이미 지난 미수이자 상당액을 합친 금액에서 원천징수세액 상당 금액을 뺀 가액으로 한다.

[2] 매출채권

평가기준일의 매출채권 잔액으로 하되, 대손충당금은 매출채권에서 차감하지 아니한다. [서일46014-10359, 2001.10.26.]

[3] 선급비용

선급비용 중 평가기준일 현재 비용으로 확정된 것은 자산에서 차감한다.

♣ 평가기준일 현재 경과된 선급비용 → 순자산감소

2 유가증권

1 주식 및 출자지분의 평가

[1] 주권상장법인의 주식 및 출자지분

평가기준일 이전·이후 각 2개월 동안 공표된 매일의 거래소 최종 시세가액(거래실적 유무를 따지지 아니한다)의 평균액으로 하되, 상장법인의 주식이 주식 종목별로 이익과 손실이 발생한 경우 통산하여 평가한다.

[2] 비상장법인의 주식 및 출자지분

① 다른 비상장주식을 발행한 법인의 발행주식총수등의 100분의 10을 초과하여 주식 및 출자지분을 소유하고 있는 경우에는 피투자한 비상장법인의 주식을 상증법에 의한 평가금액으로 계산하여 장부에 반영하여야 한다.

② 다른 비상장주식을 발행한 법인의 발행주식총수등의 100분의 10 이하의 주식 및 출자지분을 소유하고 있는 경우에는 그 다른 비상장주식의 평가는 취득가액에 의할 수 있다. 다만, 시가가 있으면 시가를 우선하여 적용한다.

[개정 세법] 2016.2. 이후 평가대상 비상장법인(B) 발행주식총수 등에서 그 비상장법인(B)이 보유하는 자기주식을 제외하여 보유비율을 계산한다.

2 국채·공채 등 그 밖의 유가증권

[1] 타인으로부터 매입한 국채 등

매입가액에 평가기준일까지의 미수이자상당액을 가산한 금액으로 한다. 다만, 국채 등의 발행기관 및 발행회사로부터 액면가액으로 직접 매입한 것은 제외한다.

[2] 거래소에서 거래되는 국채 등

주권상장법인의 주식을 평가방법을 준용하되, 평가한 가액과 평가기준일 이전 최근일의 최종 시세가액 중 큰 가액으로 한다.

[3] 간접투자증권(펀드 등)

집합투자증권의 평가는 평가기준일 현재의 거래소의 기준가격으로 하거나 집합투자업자 또는 투자회사가 같은 법에 따라 산정·공고한 기준가격으로 한다.

3 재고자산

상품·제품·반제품·재공품·원재료 기타 이에 준하는 동산 및 소유권의 대상이 되는 동산의 평가는 그것을 처분할 때에 취득할 수 있다고 예상되는 가액. 다만, 그 가액이 확인되지 아니하는 경우에는 장부가액으로 한다.

❷ 비유동자산(유형자산)

■ 토지, 건물, 주택 등

1 토지

개별공시지가에 의하여 평가한다. 개별공시지가는 평가기준일 현재 고시되어 있는 것을 적용한다. 단, 평가기준연도의 개별공시지가가 없는 경우 직전연도의 공시지가에 의한다.

필지별로 평가를 하되, 장부가액이 공시지가보다 큰 경우 장부가액으로 하며, 공시지가가 장부가액보다 큰 경우 공시지가를 적용한다. 따라서 특정 필지의 공시지가가 장부가액보다 적은 경우 다른 필지와 통산하지 아니하고, 장부가액으로 계산한다.

▶ **개별공시지가 조회**
부동산공시가격 알리미(국토해양부) www.kreic.org/realtyprice

▶ **개별공시지가가 없는 토지의 가액**
납세지 관할세무서장이 인근 유사 토지의 개별공시지가를 고려하여 특정한 방법으로 평가한 금액으로 하고, 지가가 급등하는 지역으로서 특정한 지역의 토지 가액은 배율방법으로 평가한 가액으로 한다.

2 건물 등

[1] 건물

건물의 신축가격, 구조, 용도, 위치, 신축연도 등을 고려하여 매년 1회 이상 국세청장이 산정·고시하는 가액

▶ **건물에 대한 기준시가 고시**
국세청홈페이지 → 알림소식 → 고시공고 → 고시 (검색) 기준시가

[2] 오피스텔 및 상업용 건물

오피스텔 및 상업용 건물(이들에 딸린 토지를 포함한다)에 대해서는 건물의 종류, 규모, 거래 상황, 위치 등을 고려하여 매년 1회 이상 국세청장이 토지와 건물에 대하여 일괄하여 산정·고시한 가액

▶ **오피스텔 및 상업용 건물에 대한 기준시가 고시**

국세청홈페이지 → 알림소식 → 고시공고 → 고시 (검색) 기준시가

[3] 주택

「부동산 가격공시 및 감정평가에 관한 법률」에 따른 개별주택가격 및 공동주택가격 (국세청장이 결정·고시한 공동주택가격이 있는 때에는 그 가격으로 한다.)

▶ **토지 및 건물 등을 임대한 경우 평가금액 산정 특례**

사실상 임대차계약이 체결되거나 임차권이 등기된 재산의 경우에는 다음의 방법으로 평가한 가액과 개별공시지가 또는 국세청기준시가로 평가한 가액 중 큰 금액을 그 재산의 가액으로 한다.
[(1년간의 임대료 ÷ 기획재정부령으로 정하는 율(12%)] + 임대보증금

[예제] 임대료 기준으로 토지 및 건물 평가금액 산정

구 분	순장부가액	기준시가	기준시가비율	환산가액	임대현황
토지	5억원	8억원	80%	9억6천만원	임대보증금 2억원
건물	2억원	2억원	20%	2억4천만원	월세 1천만원
합계	7억원	10억원	100%	12억원	

* 임대료 기준 토지 및 건물 평가금액 12억원
- 1년간 임대료(1억2천만원) ÷ 0.12 + 2억원

■ 감가상각자산의 평가

[1] 감가상각자산의 내용연수는 기준내용 연수를 적용하여야 함

감가상각비는 신고한 상각방법에 의하여 계산한 취득일부터 평가기준일까지의 감가상각비 상당액이며, 내용연수는 기준내용연수를 적용하여야 한다. 따라서 기업이 기업회계기준 등에 의하여 감가상각비로 계상한 금액이 세무상 감가상각비 보다

많은 경우 차액에 해당하는 금액은 해당 자산에 가산하여야 한다. 반대로 감가상각을 한 경우로서 세법상 금액보다 적은 경우 세법상 감가상각비를 기준으로 감가상각누계액을 계상하여 해당 자산에서 차감한다.

[사례] 기업이 계상한 감가상각비가 법인세법의 규정에 의한 기준내용연수로 계상한 감가상각비 보다 많은 경우

<예제> 기계장치 취득가액 5억원, 감가상각누계액 3억원, 장부가액 2억원
법인세법의 기준내용연수에 의한 감가상각누계액 2억원
<풀이> 기준내용연수에 의하여 계상한 감가상각누계액을 초과하여 계상한 금액인 1억원을 기계장치의 평가금액에 가산한다.

◆ 서면4팀-1928, 2005.10.20.
취득가액에서 차감하는 감가상각비는 법인이 납세지 관할세무서장에게 신고한 상각방법에 의하여 계산한 취득일부터 평가기준일까지의 감가상각비 상당액을 말하는 것이며, 감가상각자산의 내용연수는 「법인세법 시행령」제28조 제1항 제2호의 규정에 의한 기준내용연수를 적용하는 것임

[2] 감가상각자산에 대하여 감가상각비를 계상하지 않은 경우

기업회계기준에 따라 감가상각을 하지 아니하므로 인하여 계상되지 아니한 감가상각비상당액 또는 이익잉여금처분계산서상의 전기오류수정손실을 추가적으로 차감하지는 아니함. [서면4팀 -228, 2005.2.7.]

2 취득세 과세대상이 되는 그 밖에 시설물과 구축물

그 밖의 시설물 및 구축물에 대하여 그것을 다시 건축하거나 다시 취득할 경우에 소요되는 가액(재취득가액등)에서 그것의 설치일부터 평가기준일까지의 감가상각비 상당액을 뺀 금액으로 한다. 단, 재취득가액등을 산정하기 어려운 경우에는 「지방세법 시행령」 제4조제1항에 따른 가액을 해당 시설물 및 구축물의 가액(「지방세법 시행령」 제6조 각 호에 규정된 특수부대설비에 대하여 「지방세법 시행령」 제4조제1항에 따라 해당 시설물 및 구축물과 별도로 평가한 가액이 있는 경우에는 이를 가산한 가액을 말한다)으로 할 수 있다.

3 차량운반구, 기계장치, 선박

선박, 항공기, 차량, 기계장비 및 입목은 다시 취득할 수 있다고 예상되는 가액으로 한다. 다만, 그 가액이 확인되지 아니하는 경우에는 장부가액(취득가액에서 감가상각비를 뺀 가액) 및 「지방세법 시행령」 제4조제1항의 시가표준액에 따른 가액을 순차로 적용한 가액으로 한다.

4 서화, 골동품, 그 밖의 유형재산

[1] 서화, 골동품
판매용이 아닌 서화·골동품 등 예술적 가치가 있는 유형재산의 평가는 다음 각목의 구분에 의한 전문분야별로 2인이상의 전문가가 감정한 가액의 평균액. 다만, 그 가액이 국세청장이 위촉한 3인이상의 전문가로 구성된 감정평가심의회에서 감정한 감정가액에 미달하는 경우에는 그 감정가액에 의한다.
가. 서화·전적
나. 도자기·토기·철물
다. 목공예·민속장신구
라. 선사유물
마. 석공예
바. 기타 골동품
사. 가목부터 바목까지에 해당하지 아니하는 미술품

[2] 소유권대상 동물 및 따로 평가방법을 규정하지 아니한 기타 유형재산
그것을 처분할 때에 취득할 수 있다고 예상되는 가액. 다만, 그 가액이 확인되지 아니하는 경우에는 장부가액으로 한다.

❸ 비유동자산(무형자산)

무체재산권의 가액은 다음 각 호에 따른 금액 중 큰 금액으로 한다.(상증법 제64조)
1. 재산의 취득가액에서 취득한 날부터 평가기준일까지의 「법인세법」상의 감가상각비를 뺀 금액
2. 장래의 경제적 이익 등을 고려하여 일정한 방법으로 평가한 금액

1 영업권

① 매입한 무체재산권으로서 그 성질상 영업권에 포함시켜 평가되는 무체재산권의 경우에는 이를 별도로 평가하지 아니하되, 당해 무체재산권의 평가액이 환산한 가액보다 큰 경우에는 당해 가액을 영업권의 평가액으로 한다.

② 다음 산식에 의하여 계산한 초과이익 금액을 평가기준일 이후의 영업권지속연수(원칙 5년) 기간 동안 이익의 합계액을 현재 가치로 환산한 가액으로 한다.

매 년의 초과이익금액 = 최근 3년간의 순손익액의 가중평균액의 100분의 50에 상당하는 가액 - (평가기준일 현재의 자기자본 × 10%)

□ 상속세 및 증여세법 시행령 제59조(무체재산권의 평가)
② 영업권의 평가는 다음 산식에 의하여 계산한 초과이익금액을 평가기준일 이후의 영업권지속연수(원칙적으로 5년으로 한다)를 고려하여 <u>기획재정부령으로 정하는 방법에 따라 환산한 가액에</u> 의한다. 다만, 매입한 무체재산권으로서 그 성질상 영업권에 포함시켜 평가되는 무체재산권의 경우에는 이를 별도로 평가하지 않되, 해당 무체재산권의 평가액이 환산한 가액보다 큰 경우에는 해당 가액을 영업권의 평가액으로 한다.
<개정 2020. 2. 11., 2021. 1. 5.>

[최근 3년간(3년에 미달하는 경우에는 해당 연수로 하고, 제55조제3항제2호 각 목에 모두 해당하는 경우에는 개인사업자로서 사업을 영위한 기간을 포함한다)의 순손익액의 가중평균액의 100분의 50에 상당하는 가액-(평가기준일 현재의 자기자본 × 1년만기정기예금이자율을 고려하여 기획재정부령으로 정하는 율)]

제19조(무체재산권등의 평가) ①영 제59조제2항 산식에서 "기획재정부령이 정하는 율"이라 함은 100분의 10을 말한다. <개정 2008. 4. 30.>

▶ 매 년의 초과이익금액 합계액의 현재가치
이자율 10%, 5년연금 현가율 : 3.7907

사례 영업권 평가

<예제>
20×3년 순손익액	20,000,000원
20×4년 순손익액	△10,000,000원
20×5년 순손익액	50,000,000원
평가기준일 현재 자기자본	100,000,000원(자산 2억원 – 부채 1억원)

<풀이> 영업권으로 계상할 금액 : 9,476,750원

* 최근 3년간의 순손익액의 가중평균액 25,000,000원
* (50,000,000원 × 3 + △10,000,000원 × 2 + 20,000,000원 × 1) ÷ 6
* 가중평균액(25,000,000원) × 50/100 – 자기자본의 10%(10,000,000원)
* 초과이익금액 2,500,000원
* 5년의 연금 현재가치 : 2,500,000원 × 3.7907

---

2 특허권·실용신안권·상표권·디자인권 및 저작권 등

① 특허권·실용신안권·상표권·디자인권 및 저작권등의 가액은 다음의 산식에 의하여 환산한 금액의 합계액으로 한다.

$$\frac{각\ 연도의\ 수입금액}{(1+\frac{10}{100})^n} \quad n : 평가기준일부터의\ 경과연수$$

▷ 평가기준일부터의 최종 경과연수는 당해 권리의 존속기간에서 평가기준일 전일까지 경과된 연수를 차감하여 계산한다. 이 경우 평가기준일부터의 최종 경과연수가 20년을 초과하는 때에는 20년으로 한다.

② 각 연도의 수입금액이 확정되지 아니한 것은 평가기준일전 3년간의 각 연도 수입금액의 합계액을 다음에 정하는 바에 따라 평균한 금액을 각 연도의 수입금액으로 할 수 있다.

특허권·실용신안권·상표권·디자인권 및 저작권 등의 권리에 의한 각 연도의 수입금액이 확정되지 아니한 경우에는 평가기준일전 최근 3년간(3년에 미달하는 경우에는 그 미달하는 연수로 한다.)의 각 연도의 수입금액의 합계액을 평균한 금액을 각 연도의 수입금액으로 하되, 최근 3년간 수입금액이 없거나 저작권(저작인접권을 포함한다)으로서 평가기준일 현재 장래에 받을 각 연도의 수입금액이 하락할 것이 명백한 경우에는 세무서장등이 2이상의 공신력있는 감정평가법인 또는 전문가의 감정가액 및 해당 권리의 성질 기타 제반사정을 감안하여 적정한 가액으로 평가할 수 있다.

3 개발비

무형자산으로 계상된 개발비는 자산에서 차감한다.

4 기타의 무형자산

[1] 부동산을 취득할 수 있는 권리 및 특정시설물을 이용할 수 있는 권리

① 부동산을 취득할 수 있는 권리(건물이 완성되는 때에 그 건물과 이에 부수되는 토지를 취득할 수 있는 권리를 포함한다) 및 특정시설물을 이용할 수 있는 권리의 가액은 평가기준일까지 납입한 금액과 평가기준일 현재의 프레미엄에 상당하는 금액을 합한 금액으로 한다. 다만, 해당 권리에 대하여 「지방세법」에 따라 고시한 시가표준액이 있는 경우에는 해당 가액으로 한다.

② 특정시설물을 이용할 수 있는 권리라 함은 특정시설물이용권·회원권 기타 명칭 여하를 불문하고 당해 시설물을 배타적으로 이용하거나 일반이용자에 비하여 유리한 조건으로 이용할 수 있도록 약정한 단체의 일원이 된 자에게 부여되는 권리를 말한다.

❹ 부채

1️⃣ 유동부채

[1] 가수금
실제 지급할 채무가 있는 경우에는 부채에 포함한다.

[2] 대손충당금
상증법에서는 대손충당금을 부채로 인정하지 않으므로 부채에서 제거하여야 한다.

2️⃣ 비유동부채

[1] 장기 매입채무
상환기간이 5년을 초과하는 경우 현재 가치로 할인한다.

[2] 퇴직급여충당부채
평가기준일 현재 재직하는 임직원 전원이 일시에 퇴직할 경우 회사가 퇴직금으로 지급할 지급의무가 있기 때문에 퇴직금추계액은 부채에 가산하여 자산에서 차감하는 것이나 퇴직급여추계액은 충당금 설정과 관계없이 실제 퇴직금으로 지급할 추계액을 계상하여 부채에 가산하여야 하므로 퇴직급여충당부채는 제외한다.

■ 부채에 가산하여야 하는 것 [상증법 시행규칙 제17조의 2]

① 평가기준일까지 발생된 소득에 대한 법인세액, 법인세액의 감면액 또는 과세표준에 부과되는 농어촌특별세액 및 지방소득세액
② 평가기준일 현재 이익의 처분으로 확정된 배당금·상여금 및 기타 지급의무가 확정된 금액
③ 평가기준일 현재 재직하는 임원 또는 사용인 전원이 퇴직할 경우에 퇴직급여로 지급되어야 할 금액의 추계액
④ 충당금 중 평가기준일 현재 비용으로 확정된 것

🇶 기타 자산 평가시 유의할 사항

1 장부가액이 상증법 평가금액보다 높은 경우 장부가액으로 함

비상장법인의 순자산가액을 계산할 때에 당해 법인의 자산가액은 상속세및증여세법 제60조 내지 제66조의 규정에 의한 평가액에 의하는 것이며, 당해 법인의 자산을 상증법 규정에 의하여 평가한 가액이 장부가액보다 적은 경우에는 장부가액으로 하되, 장부가액 보다 적은 정당한 사유가 있는 경우에는 그러하지 아니한다. 이 경우 장부가액은 기업회계기준 등에 의해 작성된 대차대조표상 장부가액에 의하는 것이며, 자본금과 적립금조정명세서(을)상의 유보금액 중 상속세및증여세법의 규정에 의하여 평가하는 자산과 관련된 유보금액은 순자산가액에 별도로 가감하지 아니한다. (재산-842, 2010.11.10.)

2 국고보조금

국고보조금을 자산에서 차감하는 형식으로 회계처리한 경우 해당 국고보조금은 제거한다.

◆ 국고보조금 평가방법
(서면4팀-3315, 2007.11.16.)
「상속세 및 증여세법 시행령」 제54조 제2항의 규정에 의한 순자산가액은 평가기준일 현재 당해 법인의 자산을 「상속세 및 증여세법」 제60조 내지 제66조의 규정에 의하여 평가한 가액에서 부채를 차감한 가액으로 하는 것으로, 법인이 회수하는 조건으로 수령한 정부출연금이 있는 경우로서 그 회수사유가 발생하지 아니한 때에는 당해 정부출연금상당액은 자산가액에서 차감하지 아니하는 것임.

3 대손상각

평가기준일 현재 실제 대손이 발생한 경우에는 세법상 기준과 관계없이 매출채권에서 차감한다.

4 자기주식

소각목적인 경우에는 자산에서 제외하고, 총발행주식수에서도 제외한다.

5 이연법인세 자산 및 이연법인세 부채

기업회계기준에서는 이연법인세 자산을 자산으로, 이연법인세 부채는 부채로 계상하도록 하고 있으나, 상증법에서는 자산 또는 부채로 인정하지 아니하므로 해당법인의 자산가액 또는 부채가액에서 차감하여 처리한다.

6 유보금액

① 자본금과 적립금조정명세서(을)표 상의 유보금액은 법인세법에 의한 세무조정 결과 순자산의 증가 또는 감소를 나타내는 금액이므로 주식평가를 위한 순자산가액 계산시 가감하여야 한다. 다만, 법인의 기장내용과는 별도로 상속세및증여세법 제60조부터 제66조까지의 규정에 따라 평가하는 자산의 경우 새로운 평가액으로 적용되기 때문에 법인세법상의 유보금액은 제외하여야 한다.

② 상증법에 의하여 평가한 자산의 가액에 포함된 유보금액과 부채로 보지 아니하는 제준비금 및 제충당금에 대한 유보금액은 제외한다. 예를 들어 국고보조금 관련 유보금액과 일시상각충당금 유보금액은 감안하지 아니하며, 전직원이 일시퇴직할 경우 지급할 퇴직금 추계액은 충당금 설정과 관계없이 부채에 가산하므로 관련 유보소득(퇴직보험예치금)은 부채에 가감할 필요가 없는 것이다.

◆ 서면 4팀 - 1852, 2004.11.16.
장부가액은 기업회계기준 등에 의해 작성된 대차대조표상 장부가액에 의하는 것이며, 자본금과 적립금조정명세서(을)상의 유보금액 중 상속세및증여세법의 규정에 의하여 평가하는 자산과 관련된 유보금액은 순자산가액에 별도로 가감하지 아니하는 것임.

◆ 비상장주식 평가방법 (상증, 서면인터넷방문상담4팀-1418 , 2004.09.13.)
1. 상속세및증여세법시행령 제55조 제1항의 규정에 의하여 비상장법인의 순자산가액은

평가기준일 현재 당해 법인의 자산을 같은법 제60조 내지 제66조의 규정에 의하여 평가한 가액의 합계액에서 부채를 차감한 가액에 의하는 것이며,

2. 자본금과 적립금조정명세서(을)상의 유보금액은 순자산가액에 가감하는 것이나, 같은 법의 규정에 의하여 평가하는 자산과 관련된 유보금액은 순자산가액에 별도로 가감하지 아니하는 것입니다.

3. 비상장법인의 순자산가액을 계산할 때, 같은법시행령 제55조 제1항 후단의 규정에 의하여 당해 법인의 자산을 같은법 제60조 제3항 및 제66조의 규정에 의하여 평가한 가액이 장부가액보다 적은 경우에는 장부가액보다 적은 정당한 사유가 있는 경우를 제외하고는 장부가액으로 평가하는 것이며, 이 경우 장부가액은 취득가액에서 취득일부터 평가기준일까지의 감가상각비상당액을 차감한 가액을 말하는 것입니다.

4. 같은법시행령 제54조의 규정에 의하여 비상장주식을 평가하는 경우 "최근 3년간의 순손익액"은 법인세법 제14조의 규정에 의한 각 사업연도소득에서 상속세및증여세법시행령 제56조 제3항 각호에 규정된 금액을 차가감하는 것이므로,

5. 수익 인식기준을 변경하거나 감가상각비 시인부족액을 추가적으로 차감하여 소득금액을 계산하지 아니하는 것입니다.

7 저당권 등이 설정된 재산의 평가

다음 각 호의 어느 하나에 해당하는 재산은 시가에 의한 평가에도 불구하고 그 재산이 담보하는 채권액 등을 일정한 기준으로 정하는 바에 따라 평가한 가액과 시가에 따라 평가한 가액 중 큰 금액을 그 재산의 가액으로 한다.

1. 저당권, 「동산·채권 등의 담보에 관한 법률」에 따른 담보권 또는 질권이 설정된 재산
2. 양도담보재산
3. 전세권이 등기된 재산(임대보증금을 받고 임대한 재산을 포함한다)

◆ 재산-520, 2010.07.15.
「상속세 및 증여세법」 제66조의 규정에 의하여 근저당권 등이 설정된 재산은 평가기준일 현재 당해 재산이 담보하는 채권액과 같은 법 제60조의 규정에 의한 평가가액 중 큰 금액으로 평가하는 것임.

주식 또는 자산의 저가양도에 대한 세무적 문제 및 부당행위 계산부인

1 부당행위계산부인

❶ 개요

부당행위계산부인이란 법인의 행위 또는 소득금액계산이 특수관계자와의 거래로 인하여 그 법인의 소득에 대한 조세부담을 부당히 감소시킨 것으로 인정되는 경우 그 법인의 행위 또는 소득금액 계산에 관계없이 세법의 규정에 의하여 그 법인의 각 사업연도의 소득금액을 계산하는 것을 말한다.

내국법인의 행위 또는 소득금액의 계산이 특수관계에 있는 자와의 거래로 인하여 그 법인의 소득에 대한 조세의 부담을 부당히 감소시킨 것으로 인정되는 경우에는 그 법인의 행위 또는 소득금액의 계산에 관계없이 그 법인의 각 사업연도의 소득금액을 계산할 수 있다.

조세의 부담을 부당히 감소시킨 것으로 인정하는 경우를 적용함에 있어 시가란 건전한 사회통념 및 상관행과 특수관계자가 아닌 자간의 정상적인 거래에서 적용되거나 적용 될 것으로 판단되는 가격(요율·이자율·임대료 및 교환비율 기타 이에 준하는 것을 포함하며, '시가'라 한다)을 기준으로 한다.

▶ 부당행위계산부인의 적용 요건
① 특수관계에 있는 자와의 거래일 것

② 그 거래로 인하여 그 법인의 소득에 대한 조세의 부담을 부당히 감소시킨 것으로 인정되는 경우

□ **법인세법기본통칙 52-88…2 【조세의 부담을 부당하게 감소시킨 것으로 인정되는 경우의 예시】**

'조세의 부담을 부당하게 감소시킨 것으로 인정되는 경우'에는 법에서 규정하는 것을 제외하고, 다음 각호의 1에 해당되는 경우를 포함하는 것으로 한다.

1. 특수관계자로부터 영업권을 적정대가를 초과하여 취득한 때 <개정 2001.11.01>
2. 주주 등이 부담하여야 할 성질의 것을 법인이 부담한 때 <개정 2001.11.01>
3. 주주 또는 출자자인 비영리법인에게 주식비율에 따라 기부금을 지급한 때
4. 사업연도기간 중에 가결산에 의하여 중간배당금 등의 명목으로 주주 등에게 금전을 지급한 때(「상법」 제462조의 3의 규정에 의한 중간배당의 경우를 제외한다)
5. 대표자의 친족에게 무상으로 금전을 대여한 때(이 경우에는 대표자에게 대여한 것으로 본다) <개정 2003.05.10>
6. 연임된 임원에게 퇴직금을 지급한 때

□ **특수관계자의 범위 [법인세법 시행령 제2조 제5항] -요약-**

⑧ 법 제2조제12호에서 "경제적 연관관계 또는 경영지배관계 등 대통령령으로 정하는 관계에 있는 자"란 다음 각 호의 어느 하나에 해당하는 관계에 있는 자를 말한다. <신설 2019. 2. 12., 2023. 2. 28.>

1. 임원의 임면권의 행사, 사업방침의 결정 등 해당 법인의 경영에 대해 사실상 영향력을 행사하고 있다고 인정되는 자와 그 친족(「국세기본법 시행령」 제1조의2제1항에 따른 자)

> □ **국세기본법 시행령 제1조의2(특수관계인의 범위) -요약-**
> ① 법 제2조제20호가목에서 "혈족·인척 등 대통령령으로 정하는 친족관계"란 다음 각 호의 어느 하나에 해당하는 관계(친족관계)를 말한다. <개정 2023. 2. 28.>
> 1. 4촌 이내의 혈족
> 2. 3촌 이내의 인척
> 3. 배우자(사실상의 혼인관계에 있는 자를 포함한다)
> 4. 친생자로서 다른 사람에게 친양자 입양된 자 및 그 배우자·직계비속
> 5. 본인이 「민법」에 따라 인지한 혼인 외 출생자의 생부나 생모

2. 제50조제2항에 따른 소액주주등이 아닌 주주 또는 출자자(비소액주주등)와 그 친족
3. 다음 각 목의 어느 하나에 해당하는 자 및 이들과 생계를 함께하는 친족
   가. 법인의 임원·직원 또는 비소액주주등의 직원
   나. 법인 또는 비소액주주등의 금전이나 그 밖의 자산에 의해 생계를 유지하는 자
4. 해당 법인이 직접 또는 그와 제1호부터 제3호까지의 관계에 있는 자를 통해 어느 법인의 경영에 대해 「국세기본법 시행령」 제1조의2제4항에 따른 지배적인 영향력을 행사하고 있는 경우 그 법인
5. 해당 법인이 직접 또는 그와 제1호부터 제4호까지의 관계에 있는 자를 통해 어느 법인의 경영에 대해 「국세기본법 시행령」 제1조의2제4항에 따른 지배적인 영향력을 행사하고 있는 경우 그 법인
6. 해당 법인에 100분의 30 이상을 출자하고 있는 법인에 100분의 30 이상을 출자하고 있는 법인이나 개인
7. 해당 법인이 「독점규제 및 공정거래에 관한 법률」에 따른 기업집단에 속하는 법인인 경우에는 그 기업집단에 소속된 다른 계열회사 및 그 계열회사의 임원

□ 부당행위계산의 유형 등 [법인세법 시행령 제88조] -요약-

제88조(부당행위계산의 유형 등) ①법 제52조제1항에서 "조세의 부담을 부당하게 감소시킨 것으로 인정되는 경우"란 다음 각 호의 어느 하나에 해당하는 경우를 말한다.
<개정 2019. 2. 12., 2020. 2. 11., 2021. 2. 17.>
1. 자산을 시가보다 높은 가액으로 매입 또는 현물출자받았거나 그 자산을 과대상각한 경우
2. 무수익 자산을 매입 또는 현물출자받았거나 그 자산에 대한 비용을 부담한 경우
3. 자산을 무상 또는 시가보다 낮은 가액으로 양도 또는 현물출자한 경우. 다만, 제19조제19호의2 각 목 외의 부분에 해당하는 주식매수선택권등의 행사 또는 지급에 따라 주식을 양도하는 경우는 제외한다.
3의2. 특수관계인인 법인 간 합병(분할합병을 포함한다)·분할에 있어서 불공정한 비율로 합병·분할하여 합병·분할에 따른 양도손익을 감소시킨 경우. 다만, 「자본시장과 금융투자업에 관한 법률」 제165조의4에 따라 합병(분할합병을 포함한다)·분할하는 경우는 제외한다.
4. 불량자산을 차환하거나 불량채권을 양수한 경우
5. 출연금을 대신 부담한 경우

6. 금전, 그 밖의 자산 또는 용역을 무상 또는 시가보다 낮은 이율·요율이나 임대료로 대부하거나 제공한 경우. 다만, 다음 각 목의 어느 하나에 해당하는 경우는 제외한다.

　가. 제19조제19호의2 각 목 외의 부분에 해당하는 주식매수선택권등의 행사 또는 지급에 따라 금전을 제공하는 경우

　나. 주주등이나 출연자가 아닌 임원(소액주주등인 임원을 포함한다) 및 직원에게 사택(기획재정부령으로 정하는 임차사택을 포함한다)을 제공하는 경우

　다. 법 제76조의8에 따른 연결납세방식을 적용받는 연결법인 간에 연결법인세액의 변동이 없는 등 기획재정부령으로 정하는 요건을 갖추어 용역을 제공하는 경우

7. 금전, 그 밖의 자산 또는 용역을 시가보다 높은 이율·요율이나 임차료로 차용하거나 제공받은 경우

7의2. 기획재정부령으로 정하는 파생상품에 근거한 권리를 행사하지 아니하거나 그 행사기간을 조정하는 등의 방법으로 이익을 분여하는 경우

8. 다음 각 목의 어느 하나에 해당하는 자본거래로 인하여 주주등(소액주주등은 제외한다.)인 법인이 특수관계인인 다른 주주등에게 이익을 분여한 경우

　가. 특수관계인인 법인간의 합병(분할합병을 포함한다)에 있어서 주식등을 시가보다 높거나 낮게 평가하여 불공정한 비율로 합병한 경우. 다만, 「자본시장과 금융투자업에 관한 법률」 제165조의4에 따라 합병(분할합병을 포함한다)하는 경우는 제외한다.

　나. 법인의 자본을 증가시키는 거래에 있어서 신주(전환사채·신주인수권부사채 또는 교환사채 등을 포함한다.)를 배정·인수받을 수 있는 권리의 전부 또는 일부를 포기(그 포기한 신주가 「자본시장과 금융투자업에 관한 법률」 제9조제7항에 따른 모집방법으로 배정되는 경우를 제외한다)하거나 신주를 시가보다 높은 가액으로 인수하는 경우

　다. 법인의 감자에 있어서 주주등의 소유주식등의 비율에 의하지 아니하고 일부 주주등의 주식등을 소각하는 경우

8의2. 제8호 외의 경우로서 증자·감자, 합병(분할합병을 포함한다)·분할, 「상속세 및 증여세법」 제40조제1항에 따른 전환사채등에 의한 주식의 전환·인수·교환 등 자본거래를 통해 법인의 이익을 분여하였다고 인정되는 경우. 다만, 제19조제19호의2 각 목 외의 부분에 해당하는 주식매수선택권등 중 주식매수선택권의 행사에 따라 주식을 발행하는 경우는 제외한다.

9. 그 밖에 제1호부터 제3호까지, 제3호의2, 제4호부터 제7호까지, 제7호의2, 제8호 및 제8호의2에 준하는 행위 또는 계산 및 그 외에 법인의 이익을 분여하였다고 인정되는 경우

❷ 부당행위계산부인 사례

[1] 법인의 자금을 법인의 특수관계자인 대표이사 등이 무상으로 사용함

업무무관 가지급금에 대하여 당좌대출이자율을 적용하여 법인의 익금에 산입하고, 해당 금액을 대표이사에 대한 상여로 처분하여야 하며, 차입금에 대한 지급이자가 있는 경우 지급이자에 차입금에서 가지급금상당액을 곱한 금액을 손금불산입하여야 한다.

[2] 특수관계인에게 제품을 저가 판매한 것은 부당행위계산부인 대상임

◆ 조심2012전4141, 2012.12.12, 기각

1. 처분개요

가. 청구법인은 ○○도 ○○군 ○○읍 ○○리 374-3에서 통증완화를 위한 의약품 주입기인 아큐퓨져(Accufuser) 등 의료용기기 제조업을 주업으로 하는 법인으로서, 2009.7.1. 청구법인 대표이사 이○규의 직계비속 이○석, 이○지, 이○슬이 86.5%의 지분을 보유하는 주식회사 A를 신설하고 주식회사 A에게 제품을 공급하기로 하는 계약을 체결한 후 2009사업연도에 2,916,657,274원, 2010사업연도에 5,037,729,731원 상당의 제품을 매출(이하 "쟁점거래"라 한다)하고, 쟁점거래에 따른 매출액을 수입금액으로 계상하여 2009사업연도 및 2010사업연도 법인세의 과세표준과 세액을 신고·납부하였다.

나. ○○세무서장은 2012.3.5.~2012.4.5. 기간동안 청구법인에 대한 세무조사를 실시하여, 쟁점거래가 특수관계인에 대한 부당행위계산의 부인대상에 해당한다고 보아 과세자료를 처분청에 통보하였고, 이에 처분청은 쟁점거래를 제품의 저가 판매로 보아
「법인세법」제52조의 부당행위계산의 부인 규정을 적용하여 시가와의 차액 2009사업연도 424,000,000원, 2010사업연도 733,000,000원을 각 익금산입하여 2012.6.15. 청구법인에게 2009사업연도 법인세 157,764,340원, 2010사업연도 법인세 219,321,950원을 각 경정·고지하였다.

다. 청구법인은 이에 불복하여 2012.9.11. 심판청구를 제기하였다.

[3] 법인이 특수관계자로부터 재고자산, 유형자산 등을 시가보다 고가 매입

법인의 소득을 감소시키고, 매입자는 부당한 이익을 얻을 수 있게 된다. 예를 들어 시가보다 고가로 매입한 경우 매출자에게 증여세가 부과될 수 있다.

[4] 법인의 자산을 특수관계자에게 무상으로 사용수익하게 하는 경우

법인의 자산을 특수관계자에게 무상으로 사용수익하게 하는 경우 법인의 소득을 감소시키고, 무상사용자는 부당한 이익을 얻을 수 있게 된다.

[5] 차등배당 결의에 대한 부당행위계산 부인

① 법인이 이익배당금을 지급함에 있어 관련법령 및 정관의 규정에 따라 각 주주들이 소유하고 있는 주식의 수에 따라 배당금을 지급하지 않은 경우로서 균등한 조건에 의하여 지급받을 배당금을 초과하는 금액은 증여세 과세대상인 증여에 해당한다. 다만, 법인이 현금배당을 지급함에 있어 각 주주들이 소유하고 있는 주식의 수에 따라 배당금을 지급하지 않은 경우로서 균등한 조건에 의하여 지급받을 배당금을 초과하는 금액을 소득세법상 배당소득으로 보아 소득세가 과세되는 경우에는 상속세 및 증여세법 제2조 제2항에 따라 증여세를 과세하지 않는다.

② 증여세 부과하는 방법은 초과배당금액에 따른 증여세 산출세액에 기납부한 소득세 상당액을 차감한 금액을 납부하여야 한다(상증법 41조의2 ②).
증여세 부과대상 산출세액 = 증여세산출세액 - 초과배당금액에 대한 소득세 상당액

[6] 특수관계법인과의 거래를 통한 이익의 증여 의제[상증법 제45조의3]

지배주주와 특수관계에 있는 법인이 수혜법인에게 일감을 몰아준 경우 그 수혜법인의 지배주주 등에게 증여세 과세

(과세 이익) 특수관계법인과의 거래에서 발생한 영업이익 중 지배주주 지분상당액 수혜법인의 세후영업이익 × [특수관계법인 거래비율 - 정상거래비율(30%) ×1/2] × (지배주주 지분율 - 3%)

[중소기업] 지배주주 지분율: 5% 초과, 특수관계법인 거래비율: 50% 초과

[7] 특수관계자에게 부동산을 저가 임대한 경우 부당행위계산부인

법인이 특수관계자에게 부동산을 무상 또는 저가로 임대한 경우에는 시가와의 차액을 익금산입하고, 해당 특수관계자에게 상여 등으로 소득처분을 하여야 하며,
특수관계가 없는 자에게 부동산을 정상가액(시가의 30% 내외)보다 낮은 가액으로 임대한 경우에는 그 차액을 익금산입하고, 접대비 또는 기부금으로 손금산입한다.

실무 사례 │ 부동산 저가 임대 부당행위계산부인

예 제 <시가를 알 수 없는 경우> 법인세법 시행령 제89조 제4항

(주)대우산업은 대표이사인 대주주 김길동에게 법인소유 건물을 다음의 조건으로 임대하고 있다. 이 거래에 대한 부당행위계산부인에 의한 세무조정 및 소득처분

① 임 대 기 간 : 2024. 1.1 ~ 2024.12.31
② 건 물 시 가 : 20억원
③ 임대보증금 : 2억원
④ 월임대료 : 500,000원(연 6,000,000원)

풀 이 법인세 분야

① 임대료 시가 : (20억원 × 50/100 - 2억원) × 정기예금이자율(2024년 3.5%)
[개정 세법] (정기예금이자율) 2023년 2.9% → 2024년 3.5%
② 저가 임대료 : 22,000,000원 = 28,000,000원 - 6,000,000원
③ 세무조정 : <익금산입> 임대료 22,000,000원 (상여)
* 유형 또는 무형의 자산을 제공하거나 제공받는 경우에는 당해 자산시가의 100분의 50에 상당하는 금액에서 그 자산의 제공과 관련하여 받은 전세금 또는 보증금을 차감한 금액에 정기예금이자율을 곱하여 산출한 금액을 익금산입하고, 상여처분하여야 한다.

풀 이 부가가치세 분야

부동산 임대용역에 대해 부당하게 낮은 대가를 받거나 대가를 받지 아니하는 경우에는 자기가 공급한 용역(임대용역)의 시가를 과세표준으로 하여 부가가치세를 계상하여 신고 및 납부하여야 한다. "시가"란 부가가치세법 시행령 제62조에 의하는 것으로서 특수관계에 없는 자와 해당 거래와 유사한 상황에서 계속적으로 거래한 가격 또는 제3자간에 일반적으로 거래된 가격을 말한다. 단, 유사한 거래가격이 없는 경우에는 당해 자산 시가(기준시가)의 100분의 50에 상당하는 금액에서 그 자산의 제공과 관련하여 받은 전세금 또는 보증금을 차감한 금액에 정기예금이자율을 곱하여 산출한 금액을 적용하면 될 것이다.

2 특수관계자인 개인에게 저가 양도

❶ 증여세 분야

특수관계인간 주식양도양수시에도 비상장주식을 시가보다 저가 또는 고가로 양도하였다하여 무조건 증여세가 과세되는 것은 아니며, 증여세 과세대상 요건 등은 다음과 같다.

[1] 증여세 과세대상이 되는 저가 양도
다음의 하나에 해당하는 경우 증여세 과세대상에 해당한다.
1. 대가에서 그 시가를 차감한 가액이 시가의 100분의 30이상 차이가 있는 경우
2. 그 차액이 3억원 이상인 경우의 그 대가

[사례1] 증여세 과세대상 아님
대가 3억원 시가 4억원 (대가 3억원 - 시가 4억원)
1억원/4억원 = 25%

[사례2] 증여세 과세대상
대가 3억원 시가 5억원 (대가 3억원 - 시가 5억원)
2억원/5억원 = 40%
대가와 시가와의 차액 - Min [시가 × 30%, 3억원]
증여금액(5천만원) = 2억원 - Min [5억원 × 30%, 3억원]
= 2억원 - 1.5억원 = 5천만원

[사례3] 증여세 과세대상
대가 5억원 시가 3억원 (대가 5억원 - 시가 3억원)
2억원/3억원 = 66.67%
대가와 시가와의 차액 - Min [시가 × 30%, 3억원]
증여금액 = 2억원 - Min [3억원 × 30%, 3억원] = 2억원 - 9천만원 = 1.1억원

▶ 상속세 및 증여세 세율 [상증법 제26조, 제56조]

과세표준	세 율
1억원 이하	과세표준의 100분의 10
1억원 초과 5억원 이하	1천만원 + (1억원을 초과하는 금액의 100분의 20)
5억원 초과 10억원 이하	9천만원 + (5억원을 초과하는 금액의 100분의 30)
10억원 초과 30억원 이하	2억4천만원 + (10억원을 초과하는 금액의 100분의 40)
30억원 초과	10억4천만원 + (30억원을 초과하는 금액의 100분의 50)

[2] 증여세 과세대상자

저가양수의 경우 양수자가 수증자로서 증여세를 납부하여야 한다.

[3] 상증법상 특수관계인

특수관계인이란 양도자 또는 양수자와 상증법 시행령 제12조의2제1항 각 호의 어느 하나에 해당하는 관계에 있는 자를 말한다.

□ 상증법 시행령 제2조의2(특수관계인의 범위) -요약-

제2조의2(특수관계인의 범위) ① 법 제2조제10호에서 "본인과 친족관계, 경제적 연관관계 또는 경영지배관계 등 대통령령으로 정하는 관계에 있는 자"란 본인과 다음 각 호의 어느 하나에 해당하는 관계에 있는 자를 말한다. <개정 2021. 12. 28., 2023. 2. 28.>
1. 「국세기본법 시행령」 제1조의2제1항제1호부터 제5호까지의 어느 하나에 해당하는 자(친족) 및 직계비속의 배우자의 2촌 이내의 혈족과 그 배우자
2. 사용인(출자에 의하여 지배하고 있는 법인의 사용인을 포함한다. 이하 같다)이나 사용인 외의 자로서 본인의 재산으로 생계를 유지하는 자
3. 다음 각 목의 어느 하나에 해당하는 자
　가. 본인이 개인인 경우: 본인이 직접 또는 본인과 제1호에 해당하는 관계에 있는 자가 임원에 대한 임면권의 행사 및 사업방침의 결정 등을 통하여 그 경영에 관하여 사실상의 영향력을 행사하고 있는 기획재정부령으로 정하는 기업집단의 소속 기업[해당 기업의 임원과 퇴직 후 3년(해당 기업이 공시대상기업집단에 소속된 경우는 5년)이 지나지 않은 사람(이하 "퇴직임원"이라 한다)을 포함한다]
　나. 본인이 법인인 경우: 본인이 속한 기획재정부령으로 정하는 기업집단의 소속 기업(해당 기업의 임원과 퇴직임원을 포함한다)과 해당 기업의 임원에 대한 임면권의 행

사 및 사업방침의 결정 등을 통하여 그 경영에 관하여 사실상의 영향력을 행사하고 있는 자 및 그와 제1호에 해당하는 관계에 있는 자

4. 본인, 제1호부터 제3호까지의 자 또는 본인과 제1호부터 제3호까지의 자가 공동으로 재산을 출연하여 설립하거나 이사의 과반수를 차지하는 비영리법인

5. 제3호에 해당하는 기업의 임원 또는 퇴직임원이 이사장인 비영리법인

6. 본인, 제1호부터 제5호까지의 자 또는 본인과 제1호부터 제5호까지의 자가 공동으로 발행주식총수 또는 출자총액의 100분의 30 이상을 출자하고 있는 법인

7. 본인, 제1호부터 제6호까지의 자 또는 본인과 제1호부터 제6호까지의 자가 공동으로 발행주식총수등의 100분의 50 이상을 출자하고 있는 법인

8. 본인, 제1호부터 제7호까지의 자 또는 본인과 제1호부터 제7호까지의 자가 공동으로 재산을 출연하여 설립하거나 이사의 과반수를 차지하는 비영리법인

[개정 세법] 특수관계인에 해당하는 임원범위 합리화 (상증령 § 2의2 ① 3)
〈종전〉 5년 → 〈개정〉 3년, 다만 공시대상기업집단 소속 기업의 퇴직임원은 5년
〈적용시기〉 2019.2.12. 이후 상속이 개시되거나 증여받는 분부터 적용

[4] 주식 양도 이후 재산가치가 일정 기준 이상 증가한 경우 증여세 과세

상증법 제42조의 3 제1항에서 규정한 재산가치 증가사유로 인하여 주식가치가 상승하여 일정한 기준이상의 이익을 얻은 경우에는 재산가치 증가에 따른 이익에 대하여 증여세가 과세될 수 있다.

□ 상증법 제42조의3(재산 취득 후 재산가치 증가에 따른 이익의 증여) -요약-
① 직업, 연령, 소득 및 재산상태로 보아 자력(自力)으로 해당 행위를 할 수 없다고 인정되는 자가 다음 각 호의 사유로 재산을 취득하고 그 재산을 취득한 날부터 5년 이내에 개발사업의 시행, 형질변경, 공유물(共有物) 분할, 사업의 인가·허가 등 대통령령으로 정하는 사유(재산가치증가사유)로 인하여 이익을 얻은 경우에는 그 이익에 상당하는 금액을 그 이익을 얻은 자의 증여재산가액으로 한다. 다만, 그 이익에 상당하는 금액이 대통령령으로 정하는 기준금액 미만인 경우는 제외한다. 〈개정 2023. 12. 31.〉
1. 특수관계인으로부터 재산을 증여받은 경우
2. 특수관계인으로부터 기업의 경영 등에 관하여 공표되지 아니한 내부 정보를 제공받아 그 정보와 관련된 재산을 유상으로 취득한 경우

3. 특수관계인으로부터 증여받거나 차입한 자금 또는 특수관계인의 재산을 담보로 차입한 자금으로 재산을 취득한 경우

□ 상속세 및 증여세법 시행령 제32조의3(재산 취득 후 재산가치 증가에 따른 이익의 계산방법 등) -요약-
① 법 제42조의3제1항 각 호 외의 부분 본문에서 "대통령령으로 정하는 사유"란 다음 각 호의 어느 하나에 해당하는 사유를 말한다.
1. 개발사업의 시행, 형질변경, 공유물(共有物) 분할, 지하수개발·이용권 등의 인가·허가 및 그 밖에 사업의 인가·허가
2. 비상장주식의「자본시장과 금융투자업에 관한 법률」제283조에 따라 설립된 한국금융투자협회에의 등록
3. 그 밖에 제1호 및 제2호의 사유와 유사한 것으로서 재산가치를 증가시키는 사유

② 법 제42조의3제1항 각 호 외의 부분 단서에서 "대통령령으로 정하는 기준금액"이란 다음 각 호의 금액 중 적은 금액을 말한다.
1. 제3항제2호부터 제4호까지의 규정에 따른 금액의 합계액의 100분의 30에 상당하는 가액
2. 3억원

② 제1항에 따른 이익은 재산가치증가사유 발생일 현재의 해당 재산가액, 취득가액(증여받은 재산의 경우에는 증여세 과세가액을 말한다), 통상적인 가치상승분, 재산취득자의 가치상승 기여분 등을 고려하여 대통령령으로 정하는 바에 따라 계산한 금액으로 한다. 이 경우 그 재산가치증가사유 발생일 전에 그 재산을 양도한 경우에는 그 양도한 날을 재산가치증가사유 발생일로 본다.

③ 법 제42조의3제2항 전단에서 "대통령령으로 정하는 바에 따라 계산한 금액"이란 제1호의 가액에서 제2호부터 제4호까지의 규정에 따른 가액을 뺀 것을 말한다.
<개정 2017. 2. 7., 2021. 1. 5.>
1. 해당 재산가액: 재산가치증가사유가 발생한 날 현재의 가액(법 제4장에 따라 평가한 가액을 말한다. 다만, 해당 가액에 재산가치증가사유에 따른 증가분이 반영되지 아니한 것으로 인정되는 경우에는 개별공시지가·개별주택가격 또는 공동주택가격이 없는 경우로 보아 제50조제1항 또는 제4항에 따라 평가한 가액을 말한다)

2. 해당 재산의 취득가액: 실제 취득하기 위하여 지급한 금액
3. 통상적인 가치 상승분: 제31조의3제5항에 따른 기업가치의 실질적인 증가로 인한 이익과 연평균지가상승률·연평균주택가격상승률 및 전국소비자물가상승률 등을 고려하여 해당 재산의 보유기간 중 정상적인 가치상승분에 상당하다고 인정되는 금액
4. 가치상승기여분: 개발사업의 시행, 형질변경, 사업의 인가·허가 등에 따른 자본적지출액 등 해당 재산가치를 증가시키기 위하여 지출한 금액

[5] 시가보다 낮은 가격으로 양도한 경우 세무상 문제

상속세및증여세법상 시가가 0원인 비상장주식을 액면가액으로 특수관계자에게 양도한 경우에는 고가로 양도한 것에 해당하므로 상속세및증여세법 제35조에 의하여 그 대가와 시가와의 차액을 특수관계자의 증여재산가액으로 하여 특수관계자에게 증여세를 과세하는 것으로 판단된다.

❷ 양도소득세 분야

양도자와 양수자가 특수관계인에 해당하는 경우로서 해당 거래가액이 시가보다 낮은 가격(기준금액 이하의 양도)으로 자산을 양도한 때에는 시가를 양도가액으로 하여 양도소득세를 계산하여야 한다.

[1] 양도소득세 과세대상이 되는 저가 양도
다음의 하나에 해당하는 경우 양도소득세 과세대상이 된다.
1. 시가와 거래가액의 차액이 3억원 이상
2. 시가와 거래가액의 차액이 시가의 100분의 5에 상당하는 금액 이상인 경우

[2] 양도소득세 과세대상자
주식 등 양도소득세 과세대상 물건을 양도한 자

[3] 비상장주식의 저가양도시 특수관계자의 범위
양도소득세 부당행위계산부인을 적용함에 있어 특수관계자의 범위는 국세기본법 시행령 제1조의2 제1항, 제2항, 제3항 제1호의 따른 특수관계자를 말한다.

❸ 비상장주식 저가양도시 세무리스크 및 결정 사례

1️⃣ 개인이 특수관계자인 개인에게 주식을 저가 양도한 경우

[1] 비상장주식을 특수관계자에게 시가보다 낮은 액면가액으로 양도한 경우

1. 신고 내용

권○○○ 및 박○○○은 2001.4.20. ○○○ 주식회사 주식 12,000주(권○○○ 8,000주, 박○○○ 4,000주이며, 이하 쟁점주식 이라 한다)에 대하여 60,000천원(1주당가액이 액면가액 5,000원이며, 권○○○ 40,000천원, 박○○○ 20,000천원임)을 매매가액으로 하여 청구인 최○○○에게 양도하고 이에 대한 양도소득세를 신고하였다.

2. 처분 개요

처분청은 권○○○ 및 박○○○이 쟁점주식을 특수관계자에게 저가양도하였다 하여
권○○○ 및 박○○○에게 2001년 귀속 **양도소득세** 13,416,470원, 6,502,170원을 각 결정고지하였고,
청구인 최○○○에게는 2001.4.20. 증여분 증여세 9,111,230원을 결정고지하였다.

<주문> 심판청구 기각 (국심2005서4356, 2006.01.24, 기각)

[해설]

▶ **양도자 → 시가와 거래가액의 차액에 대하여 양도소득세 부과**

양도차익 = 양도차액 - 신고한 양도가액

◇ 소득세법에 의한 부당행위계산부인 조건 : 1 또는 2
1. 시가와 거래가액의 차액이 3억원 이상인 경우
2. 시가와 거래가액의 차액이 시가의 100분의 5에 상당하는 금액 이상인 경우

▶ **양수자 → 증여세 부과**

증여금액 : 대가와 시가와의 차액 - Min [시가 × 30%, 3억원]

◇ 상증법에 의한 부당행위계산부인조건 : 1 또는 2
1. 대가에서 그 시가를 차감한 가액이 시가의 100분의 30이상 차이가 있는 경우
2. 그 차액이 3억원 이상인 경우의 그 대가

[2] 비상장주식을 특수관계자에게 시가보다 낮은 거래가액으로 양도한 경우

◈ 국심2007서1457 , 2007.12.12 , 기각

1. 신고 내용

청구인은 그와 이종사촌관계에 있는 노OO에게 2002.11.8. 주식회사 OO(이하 "청구외 법인"이라 한다)의 비상장주식 4,500주(이하 "쟁점주식"이라 한다)를 1주당 12,000원에 양도하였다 하여, 2003.5.31. 양도가액 54,000,000원, 취득가액 45,000,000원으로 하여 양도소득세 확정신고를 하였다.

2. 처분 개요

OO국세청장은 쟁점주식의 양도는 특수관계자간 거래로서 소득세법 제101조 규정에 해당하는 부당행위로 보고 쟁점주식의 양도가액을 상속세 및 증여세법 제63조 및 동법 시행령 제54조 규정의 보충적 평가방법에 따라 산정한 1,412,775천원(1주당 313,959원)으로 평가하여 과세할 것을 처분청에 통보하였다.

이에 따라 처분청은 2007.1.17. 청구인에게 2002년 귀속 양도소득세 238,465,010원을 결정·고지하였다.

<주문> 심판청구 기각

[3] 대주주에게 비상장주식을 양도하면서 양도가액을 할증하지 않은 경우

◈ 국심2006광1280 , 2006.06.30 , 기각

(1) 신고 내용

청구인은 OOO 주식회사의 주주로, 2002.10.25 OOO 주식회사가 발행한 비상장주식 60,000주중 특수관계자인 고일수 (청구인의 백부)에게 30,000주(이하 "쟁점주식"이라 한다)를 양도한 후 쟁점주식의 취득가액은 1주당 28,000원, 양도가액은 1주당 32,000원으로 하여 양도소득세 신고를 하였다.

(2) 처분 개요

처분청은 청구인이 쟁점주식을 특수관계자에게 시가보다 저가로 양도하였다 하여 부당행위계산부인하고, 청구인이 쟁점주식을 발행한 법인의 최대주주 등에 해당된다 하여 상속세및증여세법 제63조 제3항의 규정에 따라 30% 할증평가한 가액을 쟁점주식의 양도가액으로 하여 2006.1.2 청구인에게 2002년 귀속분 양도소득세 11,971,570원을 경정고지하였다.

<주문> 심판청구 기각

2 법인소유 주식을 특수관계자인 개인에게 저가 양도한 경우

[1] 법인이 자기주식을 특수관계자에게 저가 양도한 경우
◆ 조심-2014-중-2369 , 2014.11.19 , 기각

1. 처분개요

가. 청구법인은 OOO에서 소프트웨어 개발업을 영위하는 비상장법인으로, 2010사업연도에 자기주식 OOO를 1주당 OOO원에 대표이사 등에게 양도하였다.

나. 처분청은「상속세 및 증여세법」에서 규정한 보충적 평가방법에 따라 쟁점주식을 1주당 OOO원으로 평가한 후, 청구법인이 쟁점주식을 시가보다 낮은 가액에 양도하였다고 보아 부당행위계산의 부인규정을 적용하여 그 차액 OOO원을 익금에 산입하고 대표이사 등에게 소득처분하여 2013.11.4. 청구법인에게 2010사업연도 법인세 OOO원을 경정·고지하였다가 OOO원을 감액경정하는 한편, 소득금액변동통지OOO를 하였다.

다. 청구법인은 이에 불복하여 2013.12.17. 이의신청을 거쳐 2014.4.16. 심판청구를 제기하였다.

[2] 법인이 투자주식을 특수관계자에게 저가양도한 경우
◆ 조심2012구4821 , 2013.06.17 , 기각

가. 청구법인은 1994.3.10. OOO에서 설립되어 섬유 제조 및 판매업을 영위하고 있는 업체로서, 2006.1.10. ㈜OOO 및 OOO㈜와 함께 3자간 컨소시엄 투자계약[(주)OOO 34%, 청구법인 33%, OOO(주) 33%]를 체결하여 ㈜OOO{2006.12. 인적분할로 ㈜OOO가 설립, 2007.2. ㈜OOO(이하 "조사법인"이라 한다)로 상호 변경}을 인수한 후, 그 주식 19,140주(발행주식의 33%)를 취득하였다가 2009.12.1. 당해 법인이 소유하던 조사법인의 주식을 1주당 OOO원에 박OOO에게 5,800주, 박OOO에게 2,900주 합계 8,700주(이하 "쟁점주식"이라 한다)를 각각 양도(이하 "쟁점거래"라 한다)하였다.

나. OO지방국세청장은 2012.4.25.부터 2012.6.5.까지 조사법인에 대한 주식변동조사를 실시한 결과,「법인세법」제52조 규정상 시가로 인정되는 금액이 존재하지 않는다고 보아「상속세 및 증여세법」상 보충적 평가방법을 적용하여 쟁점주식의 1주당 가액을 OOO원으로 산정하고, 정상가액과 거래가액의 차액 OOO원을 익금산입하는 것으로 하여 그 과세자료를 처분청에 통보하는 한편, 그 익금산입액을 박OOO, 박OOO의 배당소득으로 하여 청구법인에게 소득금액변동통지(박OOO : 배당소득금액 OOO원, 박OOO : 배당소득금액 OOO원)를 하였다.

3 개인이 특수관계자인 법인에게 저가 양도

❶ 개요

개인이 특수관계자인 법인에게 주식 등 양도소득세 과세대상 물건을 저가로 양도하는 경우 개인은 시가를 기준으로 양도소득세를 신고납부하여야 하며, 법인은 시가와 대가의 차액을 자산수증이익 등 법인의 익금에 산입한다.

한편, 개인이 특수관계자인 법인에게 고액의 자산을 무상 또는 시가 보다 현저히 낮은 가격으로 양도하는 경우 해당 법인의 주주는 자산의 수증으로 인하여 주식가치가 증가하게 될 것이다.

예를 들어 법인의 주주인 홍길동이 개인 소유의 시가 100억원인 부동산을 10억원에 저가로 양도하는 경우로서 법인의 지분비율 80%를 소유하고 있는 대주주인 홍길동의 아들이 있는 경우 그 아들은 아버지가 법인에 증여한 자산의 80%인 72억원 상당액을 사실상 증여를 받게 되는 결과가 될 것이며, 이에 대하여 세법에서 특별히 정하는 바가 없으면, 아들은 증여세를 부담하지 아니하고 아버지로부터 증여를 받게 되는 결과가 될 것이다. 따라서 상증법에서는 이러한 변칙적인 증여를 방지하기 위하여 일정 금액 이상의 주주의 증여이익에 대하여 증여세를 부과할 수 있도록 규정하고 있다.

❷ 양도소득세 분야

① 개인이 특수관계자인 법인에게 양도소득세 과세대상 물건을 시가보다 낮은 가액으로 양도하는 경우 시가를 양도가액으로 하여 양도소득세를 신고 및 납부하여야 한다. 즉, 소득세법 제101조 규정에 의거, 개인이 그와 특수관계 있는 법인에 저가양도한 경우(시가와 거래가액의 차액이 3억원 이상이거나 시가의 100분의 5에

상당하는 금액 이상인 경우에 한함)에는 시가를 양도가액으로 하여 양도소득세가 과세된다. 이 경우 시가란 상속여법 제60조 내지 제64와 같은법 시행령 제49조 내지 제59조 및 조세특례제한법 제101조의 규정을 준용하여 평가한 가액에 의한다.

다만, 개인과 법인간에 재산을 양도하는 경우로서 그 대가가 「법인세법 시행령」제89조의 규정에 의한 가액에 해당되어 당해 법인과의 거래에 대하여 「법인세법」제52조의 규정이 적용되지 않는 경우에는 양도소득 부당행위계산부인 규정이 적용되지 않는다. [소득세법 시행령 제167조 제6항]

② 법인이 주주로부터 자사 주식을 매입하는 경우 그에 따라 발생하는 주주의 소득이 주식의 양도로 인한 양도소득에 해당하는지, 자본의 환급으로 인한 배당소득(의제배당)에 해당하는지 여부는 그 거래의 실질내용에 따라 판단할 사항이며, 그 매매의 경위와 목적, 계약체결과 대금결제의 방법 등에 비추어 그 매매가 단순한 주식매매인 경우에는 양도소득에 해당하는 것이나, 법인의 주식소각이나 자본감소의 절차의 일환으로 이루어진 경우에는 의제배당에 해당하여, 이에 대한 내용은 자기주식편에서 상술한다.

❸ 상속세 및 증여세 분야

[1] 특정 법인의 주주에 대한 증여세 과세

상속세 및 증여세법 제41조의 규정에 의하여 **특정법인**의 주주 등과 특수관계에 있는 자가 같은 조 제1항 각호의 거래를 통하여 당해 특정법인의 주주가 이익을 얻은 경우에는 그 이익 상당액은 당해 특정법인의 주주의 증여재산가액이 된다.

즉, 상속세및증여세법 제41조에 규정된 특정법인과의 거래를 통한 이익의 증여에 대하여 과세하는 경우 법인이 얻은 증여이익(결손금을 한도로 함)에 특수관계에 있는 자의 주식 또는 출자지분의 비율을 곱하여 각 주주의 증여이익을 계산하는 것이나, 각 주주별 증여이익이 1억원 이상인 경우에 한하여 증여세가 과세된다.

■ 증여이익 = 당해 법인이 얻은 증여재산가액 × 당해주주의 주식/총 발행주식총수

[2] 특정 법인 (상장·코스닥상장법인 제외)

1. 지배주주와 그 지배주주의 친족의 주식보유비율(직접+간접)이 50% 이상인 영리법인
2. 증여일이 속하는 사업연도까지 결손금이 있는 법인을 말하며, '결손금'이란 증여일이 속하는 사업연도의 직전사업연도까지 발생한 결손금으로서 그 후 각사업연도 과세표준계산에 있어서 공제되지 아니한 금액과 '증여일이 속하는 사업연도의 결손금'을 합한 가액을 말한다.
3. 증여일 현재 휴업·폐업상태인 법인

□ 상증법 제45조(재산 취득자금 등의 증여 추정)
① 재산 취득자의 직업, 연령, 소득 및 재산 상태 등으로 볼 때 재산을 자력으로 취득하였다고 인정하기 어려운 경우로서 대통령령으로 정하는 경우에는 그 재산을 취득한 때에 그 재산의 취득자금을 그 재산 취득자가 증여받은 것으로 추정하여 이를 그 재산 취득자의 증여재산가액으로 한다. <개정 2015. 12. 15.>

② 채무자의 직업, 연령, 소득, 재산 상태 등으로 볼 때 채무를 자력으로 상환(일부 상환을 포함한다. 이하 이 항에서 같다)하였다고 인정하기 어려운 경우로서 대통령령으로 정하는 경우에는 그 채무를 상환한 때에 그 상환자금을 그 채무자가 증여받은 것으로 추정하여 이를 그 채무자의 증여재산가액으로 한다. <개정 2015. 12. 15.>

◆ 재산-542, 2010.7.26.
「상속세 및 증여세법 시행령」 제31조 제1항 제1호에 해당하는 특정법인의 주주와 특수관계에 있는 자가 당해 특정법인의 결손금을 초과하여 특정법인에게 증여하는 경우 당해 특정법인의 결손금 이내 증여금액은 같은 법 제41조에 따라 증여세가 과세되는 것이며, 결손금을 초과한 증여금액은 그 초과분으로 인하여 그 주주가 사실상 증여이익을 얻은 경우 같은 법 제2조 및 제42조에 따라 증여세가 과세되는 것임

4. 특수관계자 외의 거래와 부당행위계산부인

> 주식의 양도시 특수관계자가 아니더라도 거래가액이 시가보다 현저히 낮은 경우 증여세가 과세될 수 있으므로 비상장법인의 주식을 특수관계자가 아닌 자에게 양도하는 경우에도 시가를 계상하여 증여세 과세대상 여부를 검토하여야 한다.

❶ 특수관계인간의 거래가 아닌 경우 증여세 과세기준

시가 보다 저가 또는 고가 거래시 시가와 대가 또는 대가와 시가와의 차액이 30% 이상인 경우로서 그 차액이 3억원을 초과하는 경우 증여세가 부과될 수 있다.

다만, 거래의 관행상 정당한 사유가 있는 경우에는 증여세가 과세되지 아니하며, 이 경우 거래의 관행상 정당한 사유가 있는 지 여부에 대하여는 거래의 경위, 거래 당사자의 관계, 거래가액의 결정과정 등을 감안할 때에 적정한 교환가치를 반영하여 거래하였다고 볼 수 있는지 여부 등 구체적인 사실을 종합하여 판단한다.

- 저가양수(양수자가 수증자) : 증여재산가액 = 시가 − 대가 − 3억원
- 고가양도(양도자가 수증자) : 증여재산가액 = 대가 − 시가 − 3억원

▶ **법인이 특수관계자 이외의 자에게 금전을 무상 또는 저가 대여의 경우**

이자상당액을 기부금으로 볼 것인지 여부에 대하여 종전 해석에서는 이를 기부금으로 보았으나(국심 80서 782, 1980. 11. 22. ; 법인 1264.21-3525, 1980. 11. 25.), 이후 유권해석에서는 법인이 특수관계 없는 자에게 시중금리 또는 국세청장이 정하는 당좌대출이자율 보다 낮은 이율로 금전을 대여한 경우, 시중금리 또는 국세청

장이 정하는 당좌대출이자율에 의하여 계산한 이자상당액과의 차액에 대하여는 기부금 및 접대비의 손금불산입 규정을 각각 적용하지 않는 것으로 그 해석을 변경함(법인 46012-254, 1998. 2. 2. ; 서이 46012-11622, 2003. 9. 9)

❷ 정상가액 이하 거래에 대한 세무리스크 및 결정 사례

[1] 특수관계 없는 자에게 부동산을 정상가액보다 낮은 가액으로 임대한 경우

특수관계가 없는 자에게 부동산을 정상가액(시가의 30% 내외)보다 낮은 가액으로 임대한 경우 그 차액을 기부금으로 보아 시부인한다.

□ 법인세법 기본통칙 24-35…1 【부동산을 무상 또는 저가 임대시 기부금 의제】
법인이 영 제87조의 규정에 의한 특수관계자 외의 자에게 당해 법인의 사업과 직접 관계없이 부동산을 무상으로 임대하거나 정당한 사유없이 정상가액보다 낮은 가액으로 임대하는 경우에는 영 제35조 각호의 규정이 적용된다. (2004. 4. 1. 신설)

◆ 특수관계없는 자에게 당해 법인의 사업과 직접 관계없이 부동산을 무상으로 임대하는 경우 [재법인46012-143, 2002.09.06.]
법인이 법인세법 제87조에 규정된 특수관계없는 자에게 당해 법인의 사업과 직접 관계없이 부동산을 무상으로 임대하는 경우에는 법인세법시행령 제35조 제1호의 규정이 적용되어 법인세법 시행령 제89조의 규정에 의한 시가상당액을 기부금으로 보는 것이며, 부동산을 시가보다 낮은 가액으로 임대하는 경우에는 법인세법시행령 제35조 제2호의 규정이 적용되어 정상가액과의 차액이 기부금에 해당하는 것임.

[2] 특수관계 없는 자에게 주식을 정상가액보다 낮은 금액으로 양도한 경우

법인이 특수관계 없는 자에게 주식을 정상가액(시가의 70%)보다 낮은 금액으로 양도한 경우 과세당국은 정상가액에서 양도가액을 차감한 금액을 비지정기부금으로 보아 법인의 익금에 산입하고 법인세를 부과하므로 법인이 특수관계 없는 자에게 법인 소유의 주식을 양도하는 경우 최소한 정상가액으로는 양도하여야 한다.

3

법인의 핵심 세무

특수관계자 가지급금 및 사적비용의 세무상 문제

1 가지급금

❶ 개요

가지급금이란 법인의 대표이사 등 특수관계자에게 업무와 관련없이 회사의 자금을 대여한 금전을 말한다. 업무와 관련없이 대표이사 등에게 지급하는 가지급금은 회사의 자금을 대표이사 등이 유용하게 되어 법인에게 손실을 주게 되므로 (가지급금을 금융기관에 예치하는 경우 이자소득이 발생하여 법인의 소득을 증가시키게 됨에도 무상으로 자금을 대여함으로써 법인에 손실을 초래함) 세법에서 엄격한 규제를 하고 있다.

예를 들면, 가지급금에 대하여 특수관계자에게 무상 또는 시가보다 낮은 이율로 금전을 대여한 경우에는 **가중평균차입이자율(원칙)**로 계산한 이자상당액을 세무조정에서 익금으로 계상하여 (예외적으로 당좌대출이자율 허용) 대표이사 등(법인의 자금을 무상 또는 시가보다 낮은 금리로 대여를 받은 자)에 대한 상여로 처분한 후 연말정산 지급명세서를 수정하여 제출하고, 추가로 납부할 근로소득세는 대표이사 등으로부터 징수하여 납부하여야 한다.

❷ 가지급금의 범위

[1] 가지급금
명칭여하에 불문하고 특수관계자에게 당해 법인의 업무와 관련이 없는 자금의 대여액을 말한다.

[2] 업무무관 가지급금에서 제외하는 금액(법인칙 § 44)
① 소득세법상 지급의제규정에 의하여 지급한 것으로 보는 배당소득 및 상여금에 대한 소득세를 법인이 대납하고 이를 가지급금으로 계상한 경우
② 소득의 **귀속이 불분명하여 대표자에게 상여처분한 금액**에 대한 소득세를 법인이 납부하고 이를 가지급금으로 계상한 금액
③ 직원에 대한 월정급여액의 범위안에서의 일시적인 급료의 가불금
④ 직원에 대한 **경조사비의 대여액**
⑤ 직원(직원의 자녀를 포함한다)에 대한 **학자금의 대여액**
⑥ 정부의 허가를 받아 국외에 자본을 투자한 내국법인이 당해 국외투자법인에 종사하거나 종사할 자의 여비·급료 기타 비용을 대신하여 부담하고 이를 가지급금 등으로 계상한 금액

▶ **종업원 가불금**

종업원 가불금이 1개월에 상당하는 금액이라면, 해당 가불금은 월정액급여를 초과하지 않는 것으로 보아 인정이자를 계상하지 않는 것이나 예를 들어 2개월분 급여에 대하여 가불을 한 경우 월정액급여를 초과한 금액으로 보아야 하는 것으로 가불금에 대하여 인정이자 상당액을 계상하여 법인의 익금에 산입하고, 근로소득으로 처분하여야 할 것이다.

[개정 세법] 중소기업 근로자 주택구입 대여금 등에 대한 지원(법인칙 § 44)
근로자의 주택구입·전세자금을 대여하는 중소기업 지원을 위해 해당 대여금을 업무무관 가지급금에서 제외
〈적용시기〉 2020.1.1. 이후 개시하는 사업연도 분부터 적용

❸ 가지급금 인정이자 계산

[1] 가지급금 인정이자 계산방식

가지급금으로 지급한 금액에 대하여 이자상당액은 다음과 같은 방법으로 계상하여 법인의 익금에 산입하고, 법인 자금을 무이자 또는 저리로 사용한 자에 대한 상여로 처분하여 해당 임직원의 근로소득에 합산한다.

> 인정이자 = (가지급금적수 - 가수금적수) × 인정이자율 × 1/365(윤년 366일)

- 동일인에 대한 가지급금 등과 가수금이 함께 있는 경우에는 가지급금적수와 가수금적수를 상계한 후 그 차감 적수에 의하여 인정이자를 계산한다.

■ 익금산입액 = 인정이자 - 회사가 가지급금에 대하여 수입이자를 계산한 금액

[2] 가지급금 적수 계산

적수란 매일 매일의 가지급금 잔액을 합산한 금액을 말한다. 이 때 **초일은 산입하고 회수일은 제외**한다. 단, 가지급금 잔액의 변동이 없는 경우 가지급금에 일수를 곱하여 계산할 수 있다.

실무 사례 가지급금 적수 계산

○ 대표이사 가지급금 계정

월일	적요	차변	대변	잔액	비고
20×5.1. 1	전기이월	10,000,000		10,000,000	전액 일시가불임
3. 9	가지급금회수		5,000,000	5,000,000	
8.16	일시가불	3,000,000		8,000,000	
12.31	차기이월			8,000,000	

▶ 해당자가 여러 사람일 경우 가지급금등의 인정이자조정명세서(을)를 별지 작성

◆ 가지급금 적수 계산

(재법인46012-99, 2001.05.18).

일수계산시 초일은 산입하고 회수일은 제외함 (가지급금 지급이자 손금불산입시 가지급금 계산은 매일 매일 가지급금 잔액의 누적 합계액으로 계산하므로 가지급금이 발생한 초일은 산입하고 회수된 날은 제외함)

◆ 당좌대출이자율 변경에 따른 가지급금 인정이자 계산방법
(법인세과-476, 2010.05.25.)
특수관계자에게 지급한 가지급금 인정이자 계산 시 동일인에 대한 가수금적수와 가지급금적수를 상계하여 계산하되 사업연도 전체기간의 가수금적수가 가지급금적수를 초과하는 자에 대해서는 인정이자를 계산하지 아니함

[3] 가지급금이자율
① 가중평균차입이자율 적용한다. 다만, 가중평균차입이자율의 적용이 불가능한 경우(해당 사업연도에 한정하여 당좌대출이자율을 시가로 한다) 및 해당 법인이 법인세 신고와 함께 당좌대출이자율[2016년 이후 : 4.6% (법인세법 시행규칙 제43조 ②)]을 시가로 선택하는 경우에는 당좌대출이자율을 시가로 하여 선택한 사업연도와 이후 2개 사업연도는 당좌대출이자율을 시가로 한다.
② 가중평균차입이자율이라 함은 법인이 대여시점 현재 각각의 차입금 잔액(**특수관계인으로부터의 차입금은 제외한다.**)에 차입 당시의 각각의 이자율을 곱한 금액의 합계액을 해당 차입금 잔액의 총액으로 나눈 비율을 말한다.

▶ 당좌대출이자율에서 가중평균이자율로 변경
당좌대출이자율을 시가로 하여 선택한 사업연도와 이후 2개 사업연도는 당좌대출이자율을 시가로 선택하여 적용한 이후 사업연도에는 법인세법 시행령 제89조 제3항 본문 규정에 따라 가중평균차입이자율을 시가로 선택할 수 있다.

▶ 차입금이 적은 경우 가중평균차입이자율 적용 여부
세법에서 차입금이 일정 금액 이상인 경우에 한하여 가중평균차입이자율을 적용할 수 있다는 규정이 없으므로 차입금이 적더라도 가중평균차입이자율을 적용할 수 있다. 따라서 차입금이자율이 당좌대출이자율보다 낮은 경우 가중평균차입이자율을 적용하여 가지급금인정이자 금액을 줄여 법인세 등을 절세할 수 있다.

◆ 차입금을 연도 중 전액 상환한 경우 가중평균차입이자율 적용
(법인세과-807, 2009.07.15)
내국법인이 최초로 법인세를 신고하는 사업연도에 가중평균차입이자율을 선택하였으나

같은 법 시행규칙 제43조제2항각호의 사유로 가중 평균차입이자율의 적용이 불가능하여 당좌대출이자율을 적용하던 중 가중 평균차입이자율의 적용이 불가능한 사유가 해소된 경우에는 그 해소일이 속하는 사업연도의 다음 사업연도부터는 당초 선택한 가중평균차입이자율을 적용하는 것임

<주의> 가지급금인정이자 조정명세서에서 3 [법인세법 시행령」 제89조제3항제2호에 따른 당좌대출이자율]을 선택하는 경우 3년간 가중평균이자율을 적용할 수 없으므로 유의하여야 한다.

```
  [ ] 원칙 : 가중평균차입이자율
1 [ ] 「법인세법 시행령」 제89조제3항제1호에 따라 해당 대여금 또는 차입금만 당좌대출이자율을 적용
2 [ ] 「법인세법 시행령」 제89조제3항제1호의2에 따라 해당 대여금 또는 차입금만 당좌대출이자율을 적용
3 [ ] 「법인세법 시행령」 제89조제3항제2호에 따른 당좌대출이자율   (선택사업연도   . . .~ . . .)
```

◆ 법인-957, 2009.08.31
가지급금 등의 인정이자 계산시 선택한 당좌대출이자율 또는 가중평균차입이자율은 그 후 사업연도에 수정신고 등으로 변경할 수 없음

실무 사례 가중평균이자율에 의한 인정이자 계산

- 특수관계가 없는 자로부터의 차입금

이자율	차입금	일수	차입금 적수	지급이자	비 고
2%	4,000,000	365	1,460,000,000	80,000	차입일 : 20×3. 1.1
5%	6,000,000	365	2,196,000,000	600,000	차입일 : 20×4. 9.1
5.6%	5,000,000	92	460,000,00	70,575	차입일 : 20×5.10.1
합계	10,000,000		3,702,000,000	750,575	

- 가중평균이자율 : 3.8%

  [4,000,000 × 2% + 6,000,000 × 5%] ÷ 10,000,000 = 3.8%

  ○ 20×5.10.1 의 차입금은 자금대여시점(8.16) 현재의 차입금이 아니므로 가중평균차입이자율 계산에 포함하지 아니한다.

- 대표이사 인정이자 계상 가지급금적수 : 2,384,000,000원

  가지급금 적수(2,574,000,000원) - 가수금적수(190,000,000원)

- 인정이자 : 2,384,000,000원 × 1/365 × 가중평균이자율(3.8%) = 248,197원

❹ 가지급금인정이자 세무조정 및 소득처분

[1] 가지급금에 대하여 상환 기간 및 이자율 약정이 없는 경우

법인이 금전소비대차에 관한 약정이 없는 대여금(가지급금)에 대하여 결산시 미수이자를 계상한 경우 동 미수이자는 아무런 이자 계산의 근거가 없이 소득처분만을 회피할 목적으로 계상한 가공자산으로 소득계산에 있어 이를 인정하지 아니한다. 따라서 법인이 특수관계자와의 거래에 있어서 상환기간 및 이자율 등의 약정이 없는 대여금 및 가지급금에 대하여 결산상 미수이자를 계상한 경우에 수입이자는 세무조정에서 익금불산입(유보처분)하고 인정이자 상당액을 익금산입(상여처분)한 다음, 가지급금을 사용한 자의 소득으로 처분하여 원천징수하여야 한다.

▶ **상환기간, 이자율에 대한 약정이 없음에도 결산시 미수수익을 계상한 경우**

20×5년 결산시 분개
미수수익   1,000,000 / 이자수익   1,000,000
20×5년 세무조정
(익금불산입) 이자수익   1,000,000 (△유보)
(익금산입) 가지급금인정이자   1,000,000 (상여)
20×6년 회계처리
전기오류수정손실   1,000,000 / 미수수익   1,000,000
20×6년 세무조정
(손금불산입) 전기오류수정손실   1,000,000 (유보)

▶ **가지급금 인정이자의 근로소득세 수정 신고**

20×5년 귀속 법인세 신고시 인정상여가 발생하여 대표자에게 상여처분되는 경우에 20×5년분 연말정산시에는 인정상여를 포함하지 않고 납부할 소득세를 계산하여 20×6년 3월 10일까지 원천세 신고 및 지급명세서를 제출하게 된다. 따라서 이 경우 20×6년 4월 10일에 인정상여를 포함한 금액으로 연말정산을 재정산하여 신고 및 납부를 하고 수정된 지급명세서를 제출하여야 한다. 한편, 인정상여금액은 20×6년 3월 귀속 정기분 원천세 신고서와 별도로 다음과 같이 작성하여 제출하여야 한다.

◎ 신고구분 : 매월, 소득처분

◎ 귀속연월 : 20×6년 2월
◎ 지급연월 : 20×6년 3월
◎ 제출연월일 : 20×6년 4월 10일
◎ 원천징수이행상황명세서 A04연말정산란 : 인원 1명, 총지급액은 인정상여금액, 소득세 등은 재정산 결과 추가로 납부할 금액을 기재

▶ 종합소득세 신고
가지급금인정이자에 대하여 상여처분한 경우 근로소득이외에 다른 종합소득신고대 상소득이 있는 경우 근로소득 및 인정상여로 처분한 근로소득과 다른 소득을 합산 하여 주소지 관할 세무서에 종합소득세 신고를 하여야 한다.

▶ 약정이 없는 가지급금 인정이자 법인세(이자소득세) 원천징수 및 신고
약정에 의하지 아니한 가지급금에 대한 인정이자의 경우 원천징수 및 지급명세서 제출의무는 없는 것으로 판단됨

◆ 법인 46013 - 3156, 1995.8.5..
제조업을 영위하는 중소기업이 특수관계에 있는 법인에 별다른 약정없이 자금을 대여해 주고 결산기말에 이에 대한 인정이자를 계산하는 경우와 관련해서 특수관계에 있는 법 인간의 금전거래로 특별히 이자수수에 관한 약정을 하지 않았다면 이는 세무계산상 인 정이자로 계산해서 익금에 가산함. 이 경우 인정이자는 원천징수하는 이자의 지급으로 보지 않아 원천징수는 하지 않음

[2] 상환기간 및 이자율 등의 약정이 있는 경우
법인이 약정에 따라 계상한 미수이자는 이자계산의 근거가 있는 정당한 것이므로 이를 인정한다. 단, 적정이자율보다 낮은 이자율을 적용하여 미수이자를 계산한 경 우 적정이자율과의 차액에 대한 미수이자는 수입이자로 계산한다. 한편, 약정에 의 하여 수입이자(미수이자)를 계상한 경우에도 정당한 사유 없이 **1년 이내 회수하지 않을 경우** 미수이자를 가지급금을 지급한 자의 소득으로 처분하여야 한다.

▶ 상환기간 및 이자율 등에 대한 약정이 있는 경우
1) 법인 : 20×5년 결산시
미수수익   1,000,000 / 이자수익   1,000,000

▷ 차입을 한 자(약정일 20×5년 12월 31일)
1. 법인세 및 지방소득세 징수 및 납부 : 20×6.1.10. 까지 신고납부
2. 지급명세서 제출 : 20×6.2.28.(윤년 2.29.)까지 제출

2) 법인 : 다음해 이자 입금일
선납세금   275,000 / 미수수익   1,000,000
보통예금   725,000

▶ 원천징수 및 지급명세서 제출

법인이 대표이사에게 상환기간과 이자율을 약정하여 자금을 대여하면서 약정에 의한 이자지급일이 결산기말인 경우 약정에 의한 이자지급일(결산기말)이 원천징수 시기 및 귀속시기이므로 대표이사는 이자소득에 대하여 **25%의 세율**로 **법인세**(법인에게 이자를 지급하면서 원천징수하는 이자소득세는 법인세임) 및 **지방소득세**(법인세의 10%)를 원천징수하여 다음해 1월 10일까지 원천징수이행상황을 신고 및 납부하여야 하며, 다음연도 2월 말일까지에 지급명세서를 제출하여야 한다.

▶ 원천징수 위임대리

이자를 지급받는 법인이 이자를 지급하는 자로부터 원천징수의무를 위임받은 경우 이자를 지급받는 법인은 원천징수의무자인 이자지급자를 대리하여 그 수권 또는 위임의 범위에서 이자를 지급하는 자의 행위로 보아 원천징수를 할 수 있다. 이 경우 원천징수이행상황신고서에 지급액과 세액을 기재하여 제출하고, 지급명세서의 경우 원천징수의무자와 소득자를 모두 법인으로 하여 제출할 수 있다.

▶ 이자소득 원천징수 위임 대리시 법인의 원천징수이행상황신고서 작성 방법
1. 별도의 서식은 없으므로 법인에서 원천세 신고를 하면 된다.
2. 원천징수이행상황신고서의 법인원천 A80에 기재하고,
   부표 비영업대금의 이익(25%) C75란에 기재하여 신고한다.
3. 지급명세서의 원천징수의무자 및 소득자는 이자를 지급받는 법인의 인적사항을 기재하고, 원천징수한 세액의 납세지는 법인의 본점 관할 세무서로 한다.

2 지급이자 손금불산입

❶ 개요

기업회계에서는 차입금에 대한 이자를 이자비용이라고 하나, 세법에서는 지급이자라는 용어를 사용하고 있다. 지급이자는 자산을 감소시키는 비용항목으로 영업외비용에 해당한다. 그러나 기업이 자금을 차입하여 차입한 자금을 법인의 대표이사 등 특수관계자에게 대여하는 경우 법인에게 손해를 입히게 되므로 차입금 이자 중 대여금에 상당하는 금액의 이자는 손금으로 인정하지 아니하며, 또한 채권자 불분명 사채이자, 가공의 차입금을 계상하여 그 이자를 지급하거나 업무와 관련없는 자산 등의 취득과 관련하여 지급한 이자비용은 손금으로 인정하지 않고 있다. 그리고 건물 등의 취득과 관련하여 지급한 이자는 건물의 취득가액에 포함하여야 한다.

❷ 채권자 불분명 사채이자

채권자가 불분명한 사채의 이자라 함은 다음의 어느 하나에 해당하는 차입금의 이자(알선수수료·사례금 등 명목여하에 불구하고 사채를 차입하고 지급하는 금품을 포함)를 말하며, 채권자 불분명 사채이자는 손금불산입하여야 한다.

① 채권자의 주소 및 성명을 확인할 수 없는 차입금
② 채권자의 능력 및 자산상태로 보아 금전을 대여한 것으로 인정할 수 없는 차입금
③ 채권자와의 금전거래사실 및 거래내용이 불분명한 차입금

❸ 지급받은 자가 불분명한 채권·증권이자

지급받은 자가 불분명한 채권·증권의 이자 등은 손금산입할 수 없으며, 지급받은 자가 불분명한 채권·증권의 이자를 지급하여 법인의 비용으로 처리한 경우 세무조정에서 손금불산입하고, 대표자에 대한 상여로 처분하여야 한다.

❹ 건설자금이자

① 건설자금에 충당한 차입금 이자의 범위 ~ 그 명목여하에 불구하고 사업용 고정자산의 매입·제작 또는 건설에 소요되는 차입금(고정자산의 건설등에 소요된 지의 여부가 분명하지 아니한 차입금을 제외한다)에 대한 지급이자 또는 이와 유사한 성질의 지출금을 말한다. 단, 건설업자가 매매를 목적으로 건설하는 주택, 아파트, 상가 등의 신축과 관련한 차입금에 대하여 지급하는 이자는 건설자금이자가 아니다.

② 건설자금에 충당한 차입금 지급이자 또는 지출금은 건설 등이 준공된 날까지 이를 자본적지출로 하여 그 원본에 가산한다. 다만, 차입금의 일시 예금에서 생기는 수입이자는 원본에 가산하는 자본적 지출금액에서 차감한다.

③ 건설자금의 명목으로 차입한 것으로서 그 건설 등이 준공된 후에 남은 차입금에 대한 이자는 각 사업연도의 손금으로 한다. 이 경우 건설 등의 준공일은 당해 건설 등의 목적물이 전부 준공된 날로 하며, 준공된 날이라 함은 다음 각호의 1에 해당하는 날로 한다.

1. 토지를 매입하는 경우에는 그 대금을 청산한 날. 다만, 그 대금을 청산하기 전에 당해 토지를 사업에 사용하는 경우에는 그 사업에 사용되기 시작한 날
2. 건축물의 경우에는 취득일 또는 당해 건설의 목적물이 그 목적에 실제로 사용되기 시작한 날(이하 이 항에서 "사용개시일"이라 한다)중 빠른 날
3. 기타 사업용 고정자산의 경우에는 사용개시일

❺ 업무무관 자산 등에 대한 지급이자 손금불산입

■ 업무무관 자산

다음에 해당하는 자산을 취득하거나 보유하고 있는 내국법인이 각 사업연도에 지급한 차입금의 이자 중 그에 상당하는 차입금 지급이자는 손금불산입한다.

[1] 업무무관 부동산
① 법인의 업무에 직접 사용하지 아니하는 부동산
② 유예기간 중에 당해 법인의 업무에 직접 사용하지 아니하고 양도하는 부동산

[2] 업무무관 동산
① 서화 및 골동품 다만, 장식·환경미화 등의 목적으로 사무실·복도 등 여러 사람이 볼 수 있는 공간에 상시 비치하는 것을 제외한다.
② 업무에 직접 사용하지 아니하는 자동차·선박 및 항공기

[3] 특수관계자에 대한 업무무관 가지급금
명칭여하에 불문하고 특수관계자에게 당해 법인의 업무와 관련이 없는 자금의 대여액을 말한다. 단, 다음의 경우 업무무관 가지급금에서 제외한다.
① 소득세법상 지급의제규정에 의하여 지급한 것으로 보는 배당소득 및 상여금을 법인이 대납하고 이를 가지급금으로 계상한 경우
② 우리사주조합 또는 그 조합원에게 당해 법인의 주식취득에 소요되는 자금을 대여한 금액(상환할 때까지의 기간에 상당하는 금액에 한한다)
③ 국민연금법에 의하여 근로자가 지급받은 것으로 보는 퇴직금전환금
④ 소득의 귀속이 불분명하여 대표자에게 상여처분한 금액에 대한 소득세를 법인이 납부하고 이를 가지급금으로 계상한 금액
⑤ 사용인에 대한 월정급여액의 범위안에서의 일시적인 급료의 가불금
⑥ 사용인에 대한 경조사비의 대여액
⑦ 사용인(사용인의 자녀를 포함한다)에 대한 학자금의 대여액

2 지급이자 손금불산입액 계산 (법인세법 제28조)

차입금의 이자 중 업무무관자산 및 가지급금 등의 취득 및 보유와 관련한 이자상당액은 손금불산입하여야 하며, 그 계산방법은 다음과 같다.

$$\text{지급이자} \times \frac{\text{업무무관 부동산 적수} + \text{업무무관 동산적수} + \text{업무무관 가지급금 적수}}{\text{차입금 적수}}$$

▶ 총차입금 및 자산가액의 합계액은 적수로 계산하며, 적수는 적수계산 대상 차입금, 부동산, 동산 등의 매일 잔액을 1회계기간 동안 합한 금액을 말한다.

□ 법인세법 기본통칙 28-53…1 【지급이자 손금불산입】
법 제28조의 규정 중 "차입금"이라 함은 지급이자 및 할인료를 부담하는 모든 부채를 말한다. 이 경우 상품, 제품 등을 매출하고 받은 상업어음을 할인한 경우의 할인어음은 차입금으로 보지 아니하고, 금융리스에 의한 리스료 중 유효이자율법에 의하여 계산한 이자상당액을 제외한 금액(상환액은 제외한다)은 차입금에 포함한다.

▣ 업무무관자산 등에 대한 지급이자 포함 여부

[1] 지급이자에 포함되는 것 [법인세법 집행기준 28-0-2]
1. 금융어음 할인료
2. 미지급이자
3. 금융리스료 중 이자상당액
4. 사채할인발행차금 상각액
5. 전환사채의 만기보유자에게 지급하는 상환할증금
6. 회사정리계획인가결정에 의해 면제받은 미지급이자

[2] 지급이자에 포함되지 않는 것 [법인세법 집행기준 28-0-2]
1. 상업어음 할인액(기업회계기준에 따라 매각거래로 보는 경우)
2. 선급이자
3. 현재가치할인차금 상각액
4. 연지급수입에 있어서 취득가액과 구분하여 지급이자로 계상한 금액(Banker's Usance 이자 등)
5. 지급보증료·신용보증료·지급수수료
6. 금융기관의 차입금을 조기 상환하는 경우 지급하는 조기상환수수료
[법인세법 시행령 제53조제4항제2호]
내국법인이 한국은행총재가 정한 규정에 따라 기업구매 자금대출에 의하여 차입한 금액

3 임원 사적비용의 세무문제

> 임원의 사적비용은 원칙적으로 세무조정에서 손금불산입하고, 해당 임원에 대한 상여로 처분을 하여야 한다. 다만, 정관, 주주총회 또는 이사회의 결의에 의해 결정된 급여지급기준 범위내에서 지급된 금액은 급여로 보아 손금에 산입하고, 급여지급기준을 초과하는 금액은 손금불산입하여 상여처분하는 것이 타당하다고 판단된다.

❶ 법인카드를 임원 개인용도로 사용한 경우

법인의 경우 개인기업과는 달리 법인의 자금을 대표이사가 세법에서 정한 이자율 이하로 무상사용하는 경우 부당행위계산 부인 규정에 의하여 가지급금으로 처리한 다음 회수하여야 하며, 대표이사가 법인의 자금을 무상으로 사용한 기간 동안 당좌대출이자율에 상당하는 이자율을 곱한 금액을 법인의 익금에 산입하고 대표이사에 대한 상여로 처리를 하여야 한다. 이는 법인의 대표이사는 형식적으로 법인의 사용인으로서 법인에게 손실을 입혀서는 안되기 때문이다.

따라서 대표이사가 법인카드를 개인용도로 사용한 경우 대표이사에 대한 일시 대출금(가지급금)으로 처리한 다음 회수하여야 하며, 법인의 대표이사가 법인 자금을 무상으로 사용한 기간 동안 인정이자를 계상하여 법인세 신고시 세무조정에서 익금산입하고, 익금산입한 금액은 대표이사의 소득으로 보아(대표이사가 법인자금을 무상으로 사용함으로서 이익을 본 것으로 간주함) 상여로 처분하여 대표이사의 소득에 합산을 하여야 한다.

[사례] 법인 신용카드로 2월 25일 대표이사가 개인용도로 1천만원을 사용하였으며, 3월 10일 신용카드대금이 법인의 보통예금에서 결제되었으며, 회계기말까지 회수하지 못하였다.

| 분개 | 가지급금 | 10,000,000 | 보통예금 | 10,000,00 |

[풀이] 법인의 익금에 산입하여야 하는 금액 374,301원
1천만원 × 당좌대출이자율(4.6%) × 무상사용일수(297)/365
<세무조정> 익금산입
가지급금 인정이자   374,301원 (상여) → 대표이사 근로소득에 합산

한편, 대표이사가 개인용도로 사용한 금액을 법인의 비용으로 처리한 경우에는 전액 손금불산입하고, 대표이사에 대한 상여로 처분을 하여야 한다. 다만, 정관의 규정에 의한 급여 한도내의 금액인 경우에는 법인의 손금(급여)에 산입할 수 있다.

❷ 임원 및 임원자녀 대학·대학원 학비 지원금

[1] 대표이사 및 임원에 대한 대학, 대학원 학비 지원금

대표이사인 임원에 대하여 학자금을 회사가 부담하는 경우 해당 대표이사의 과세대상 근로소득에 포함하여야 하는 것이므로 급여로 처분하되, 정관에서 정한 급여지급기준금액을 초과하는 경우에는 손금산입할 수 없다. 다만, 학자금으로 지출한 비용이 다음의 요건을 모두 충족하는 경우에는 비과세대상근로소득에 해당하는 것이나 비과세대상 근로소득 여부는 사실 판단할 사항이다.

1. 수업내용이 업무와 관련되고
2. 소득세법 시행령 제11조 각 호의 요건을 갖춘 형식으로 회사 내부규정이 마련되어 있으며
3. 특정임원 등이 아닌 경우에도 차별없이 수업할 수 있는 것으로 사규화되어 있는 경우

□ 소득세법 시행령 제11조(학자금의 범위)
법 제12조제3호아목에서 "대통령령으로 정하는 학자금"이란 「초·중등교육법」 및 「고등교육법」에 따른 학교(외국에 있는 이와 유사한 교육기관을 포함한다)와 「국민 평생 직업능력 개발법」에 따른 직업능력개발훈련시설의 입학금·수업료·수강료, 그 밖의 공납금 중 다음 각 호의 요건을 갖춘 학자금(해당 과세기간에 납입할 금액을 한도로 한다)을 말한다. <개정 2010. 2. 18., 2022. 2. 17.>
1. 당해 근로자가 종사하는 사업체의 업무와 관련 있는 교육·훈련을 위하여 받는 것일 것

2. 당해 근로자가 종사하는 사업체의 규칙등에 의하여 정하여진 지급기준에 따라 받는 것일 것
3. 교육·훈련기간이 6월이상인 경우 교육·훈련 후 당해교육기간을 초과하여 근무하지 아니하는 때에는 지급받은 금액을 반납할 것을 조건으로 하여 받는 것일 것

◆ 출자임원에 대한 교육비보조금 (법인46012-287, 1995.01.28.)
법인이 출자임원에게 법인의 정관·주주총회·사원총회나 이사회의 결의에 의하여 결정된 급여지급규정에 의하여 지출하는 교육비보조금등은 법인세법 제20조의 부당행위계산부인 규정이 적용되는 경우를 제외하고는 각 사업연도 소득금액계산시 손금에 산입하는 것임.

◆ 임원의 최고경영자과정 수업료 보조금 (서면2팀-17, 2005.01.03.)
법인의 주주 임원인 자가 국내 대학 등에서 6개월 이상의 장기교육이 필요한 최고경영자과정을 수업하는 경우 당해 수업내용 등으로 보아 주주 임원 개인이 부담할 것을 법인이 대신 부담하는 경우에는 업무무관비용으로 보아 손금에 산입하지 아니하는 것이나, 당해 수업내용이 업무와 관련된 것이고, 소득세법 시행령 제11조 각호의 요건을 갖춘 형식으로 회사 내부규정에 의하여 특정임원 등이 아닌 경우에도 차별없이 수업할 수 있는 것으로서 당해 교육내용 등이 사규화되어 있는 경우에는 그러하지 아니하는 것으로, 업무관련 여부 등은 사실판단하는 것임.

[2] 대표이사 및 임원 자녀에 대한 학비 지원금
법인이 임원 또는 사용인에게 지급하는 자녀교육비 보조금은 그 임원 또는 사용인에 대한 인건비로 보아 손금에 산입한다. 다만, 임원의 경우는 <u>영 제43조 제2항 및 제3항</u>에 해당하는 금액은 손금에 산입하지 아니한다.

□ 법인세법 시행령 제43조(상여금 등의 손금불산입) <사용인 → 직원으로 명칭 변경>
②법인이 임원에게 지급하는 상여금중 정관·주주총회·사원총회 또는 이사회의 결의에 의하여 결정된 급여지급기준에 의하여 지급하는 금액을 초과하여 지급한 경우 그 초과금액은 이를 손금에 산입하지 아니한다.
③법인이 지배주주등(특수관계에 있는 자를 포함한다. 이하 이 항에서 같다)인 임원 또는 직원에게 정당한 사유없이 동일직위에 있는 지배주주등 외의 임원 또는 직원에게 지급하는 금액을 초과하여 보수를 지급한 경우 그 초과금액은 이를 손금에 산입하지 아니한다.

법인의 임원 급여 및 상여금의 세무상 문제

법인의 임원에 대한 보수를 정관에서 '주주총회의 결의를 거쳐 지급한다.'라고 규정하고 있음에도 주주총회의 결의없이 지급한 급여 또는 상여금은 세무조사 등의 사유로 실사를 받을 시 손금불산입될 수 있으므로 실무에서 매우 유의하여야 한다.

1 임원 급여

❶ 상법 규정

법인 정관의 기초가 되는 상법 중에 제388조(이사의 보수) 규정을 살펴보면 "이사의 보수는 정관에 그 액을 정하지 아니한 때에는 주주총회의 결의로 이를 정한다." 라고 되어 있다.

[사례] 이사의 보수에 대한 정관 규정
제○조 (이사 및 감사의 보수와 퇴직금) ① 이사와 감사의 보수는 주주총회의 결의로 이를 정한다.
② 이사와 감사의 퇴직금의 지급은 주주총회 결의를 거친 임원 퇴직금지급규정에 의한다.

이 규정에 의하면, 임원의 보수는 주주총회의 결의 또는 주주총회의 결의로 위임한 이사회에서 의결하여 지급하여야 한다. 따라서 주주총회의 결의없이 임원에게 보수를 과다하게 지급하거나 상여금을 지급하는 경우 세무조사시 쟁점이 되어 손금불산입되는 사례가 있으므로 유의하여야 한다.

❷ 법인세법 규정

임원급여 한도액 등에 대하여 법인세법에서 특별히 정한 내용은 없다. 다만, 법인세법 시행령 제43조 제3항에서 "법인이 지배주주 등(특수관계에 있는 자)인 임원 또는 사용인에게 정당한 사유없이 동일직위에 있는 지배주주 등 외의 임원 또는 사용인에게 지급하는 금액을 초과하여 보수를 지급한 경우 그 초과금액은 이를 손금에 산입하지 아니한다."라고 규정이 되어 있다.

❸ 세무상 문제

상법의 규정에 의하여 대다수 법인은 이사의 보수(급여 및 상여금) 및 퇴직금을 정관에서 주주총회 결의로 정한다고 명시하고 있다. 그럼에도 불구하고 임원의 보수에 대해서는 아무런 규정도 마련하지 않은 경우가 종종 있다. 이로 인하여 주주총회의 결의 없는 이사회의 결의 또는 특별한 절차없이 임원에게 급여 또는 상여금을 지급한 경우 세무상 중대한 문제가 발생할 수 있다.

예를 들어 세무조사를 받았던 A업체의 경우 대표이사의 급여를 연간 2억원으로 책정하여 지급하였으나 주주총회의 결의 없이 임원의 급여를 임의로 책정하였기 때문에 급여가 가장 많은 근로자의 연간보수액이 1억원이므로 그 차액 1억원을 손금부인당한 사례가 있으므로 특히 유의하여야 한다.

◆ 법인22601-921, 1985.03.27
주주인 임원에 대한 보수는 당해 임원이 현실적으로 기업에 종사하였는지 여부에 따라 정관의 규정이나 주주총회 등의 의결에 의하여 정하여진 보수로서 지급할 수 있는 한도액까지를 말하는 것이나, 단순히 특정임원의 개인사정을 고려하여 직책이나 임무의 중요도에 관계없이 인상지급한 보수는 정당한 임원의 보수로 볼 수 없는 것이므로 법인세법 제20조 및 동법 시행령 제46조의 규정에 의한 부당행위계산 부인대상이 되는 것임.

◆ 국징 1234.21-659, 1967. 8. 16.
법인세법상 임원보수의 손금산입한도에 대하여 제한하고 있지 않으나 상법 제388조에서 임원의 보수지급에 대하여는 정관에 그 한도액을 정하지 아니한 때에는 주주총회의 결의로 정하도록 되어 있으므로, 임원에 대한 보수 중 정관이나 주주총회의 결의에 의하여 정하여진 한도액을 초과하는 것은 손금으로 인정되지 아니한다.

❹ 임원 급여를 적법하게 지급하는 방법

임원의 급여 한도액 등에 대한 세법의 규정은 없으나 상법의 규정에 의하여 임원의 보수를 지급하여야 하므로 정관에 그 금액을 정하여 지급하되, 정관에서 주주총회의 결의로 위임한 경우 임원 급여 및 상여금 지급에 대하여 반드시 주주총회 결의가 있어야 하므로 주주총회의 결의내용에 대한 회의록을 작성하여 두어야 한다.

1 정관 규정

대부분의 기업은 정관에 임원 급여 및 상여금 지급에 대한 구체적인 내용을 정하지 아니하고 다음과 같이 주주총회의 결의에 위임하고 있다.

[사례] 이사의 보수에 대한 정관 규정
제○조 (이사 및 감사의 보수와 퇴직금) ① 이사와 감사의 보수는 주주총회의 결의로 이를 정한다.
② 이사와 감사의 퇴직금의 지급은 주주총회 결의를 거친 임원 퇴직금지급규정에 의한다.

□ 상법 제388조(이사의 보수) 이사의 보수는 정관에 그 액을 정하지 아니한 때에는 주주총회의 결의로 이를 정한다.

2 주주총회 결의

임원의 보수는 주주총회의 결의 또는 주주총회의 결의에 의하여 위임한 이사회에서 지급기준을 정하여 지급을 하여야 한다.

임원의 급여지급기준은 실제 지급하는 금액보다 많이 책정하여 두어야 한다. 예를 들어 임원을 수익자로 하는 보험료를 법인이 부담하는 경우 정관·주주총회 또는 이사회의 결의에 의하여 결정된 급여지급기준에 의하여 지급하는 범위내에서 각사업연도 소득금액계산상 손금에 산입하고 해당 임원에 대한 급여로 처리를 할 수 있으나 임원에 대한 보수 중 정관이나 주주총회의 결의에 의하여 정하여진 한도액을 초과하는 것은 손금으로 인정되지 않기 때문이다.

◆ 법인46012-287, 1995.01.28.
법인이 출자임원에게 법인의 정관·주주총회·사원총회나 이사회의 결의에 의하여 결정된 급여지급규정에 의하여 지출하는 교육비보조금등은 법인세법 제20조의 부당행위계산부인 규정이 적용되는 경우를 제외하고는 각 사업연도 소득금액계산시 손금에 산입하는 것임.

❺ 임원 급여 인상시 유의할 사항

법인이 지배주주 등(특수관계에 있는 자를 포함)인 임원에게 정당한 사유없이 동일 직위에 있는 지배주주 등 외의 임원에게 지급하는 금액을 초과하여 보수를 지급한 경우 그 초과금액은 손금에 산입할 수 없다. 따라서 임원의 급여를 인상하고자 하는 경우 해당 임원의 급여를 인상하는 정당한 사유 등을 주주총회의 결의 또는 주주총회에서 위임한 이사회 결의서 등에 임원 급여 인상의 구체적인 사유를 명시하여 두어야 할 것이다.

주주총회 승인금액 내에서 인상하되, 주주총회에서 임원 급여에 대하여 이사회에 위임한 경우 이사회를 개최하여 인상하여야 하며, 임원 급여 인상에 대한 구체적인 사유를 의결하여야 한다.

② 임원 상여금

❶ 상법 규정

법인 정관의 기초가 되는 상법 중에 제388조(이사의 보수) 규정을 살펴보면 "이사의 보수는 정관에 그 액을 정하지 아니한 때에는 주주총회의 결의로 이를 정한다."라고 되어 있다.

❷ 법인세법 규정

상여금의 손금산입 등에 관한 내용은 다음의 법인세법 시행령 제43조에서 규정하고 있으며, 법인이 임원에게 지급하는 상여금중 정관·주주총회·사원총회 또는 이사회의 결의에 의하여 결정된 급여지급기준에 의하여 지급하는 금액을 초과하여 지급한 경우 그 초과금액은 이를 손금에 산입하지 아니한다.

□ 법인세법 시행령 제43조(상여금 등의 손금불산입)
①법인이 그 임원 또는 직원에게 이익처분에 의하여 지급하는 상여금은 이를 손금에 산입하지 아니한다. 이 경우 합명회사 또는 합자회사의 노무출자사원에게 지급하는 보수는 이익처분에 의한 상여로 본다. <개정 2018. 2. 13., 2019. 2. 12.>
②법인이 임원에게 지급하는 상여금중 정관·주주총회·사원총회 또는 이사회의 결의에 의하여 결정된 급여지급기준에 의하여 지급하는 금액을 초과하여 지급한 경우 그 초과금액은 이를 손금에 산입하지 아니한다.
③법인이 지배주주등(특수관계에 있는 자를 포함한다. 이하 이 항에서 같다)인 임원 또는 직원에게 정당한 사유없이 동일직위에 있는 지배주주등 외의 임원 또는 직원에게 지급하는 금액을 초과하여 보수를 지급한 경우 그 초과금액은 이를 손금에 산입하지 아니한다. <개정 2008. 2. 22., 2019. 2. 12.>
④상근이 아닌 법인의 임원에게 지급하는 보수는 법 제52조에 해당하는 경우를 제외하고 이를 손금에 산입한다.

⑤법인의 해산에 의하여 퇴직하는 임원 또는 직원에게 지급하는 해산수당 또는 퇴직위로금 등은 최종사업연도의 손금으로 한다. <개정 2019. 2. 12.>

⑥ 삭제 <2009. 2. 4.>

⑦ 제3항에서 "지배주주등"이란 법인의 발행주식총수 또는 출자총액의 100분의 1 이상의 주식 또는 출자지분을 소유한 주주등으로서 그와 특수관계에 있는 자와의 소유 주식 또는 출자지분의 합계가 해당 법인의 주주등 중 가장 많은 경우의 해당 주주등(이하 "지배주주등"이라 한다)을 말한다. <신설 2008. 2. 22.>

⑧ 제3항 및 제7항에서 "특수관계에 있는 자"란 해당 주주등과 다음 각 호의 어느 하나에 해당하는 관계에 있는 자를 말한다. <개정 2019. 2. 12., 2023. 2. 28.>

1. 해당 주주등이 개인인 경우에는 다음 각 목의 어느 하나에 해당하는 관계에 있는 자

  가. 친족(『국세기본법 시행령』 제1조의2제1항에 해당하는 자를 말한다. 이하 같다)

  나. 제2조제8항제1호의 관계에 있는 법인

  다. 해당 주주등과 가목 및 나목에 해당하는 자가 발행주식총수 또는 출자총액의 100분의 30 이상을 출자하고 있는 법인

  라. 해당 주주등과 그 친족이 이사의 과반수를 차지하거나 출연금(설립을 위한 출연금에 한한다)의 100분의 30 이상을 출연하고 그 중 1명이 설립자로 되어 있는 비영리법인

  마. 다목 및 라목에 해당하는 법인이 발행주식총수 또는 출자총액의 100분의 30 이상을 출자하고 있는 법인

2. 해당 주주등이 법인인 경우에는 제2조제8항 각 호(제3호는 제외한다)의 어느 하나에 해당하는 관계에 있는 자

❸ 세무상 문제

법인세법 시행령 제43조제2항의 규정에 의하여 임원에 대한 상여금을 지급하면서 주주총회 등의 결의가 없는 경우 손금에 산입할 수 없다. 그럼에도 불구하고, 다수의 법인들이 임원에 대한 상여금지급규정 없이 상여금을 지급하고 있으며, 이 경우 세무조사 등의 사유로 실사를 받게 되면, 상여금으로 지급한 금액 전액을 손금불산입당하게 될 수 있다.

또한 정관의 위임에 의하여 상여금을 주주총회 결의로 지급하였더라도 그 금액에 대한 개별적이고, 구체적인 지급기준이나 성과평가방법 등이 규정되어 있지 않은 경우 이익처분에 의한 상여금 지급으로 보아 손금불산입당할 수 있으므로 유의하여야 할 것이다.

예를 들어 '임원상여금 지급규정'에는 지급한도만 규정되어 있을 뿐 지급기준이나 성과평가방법 등의 구체적인 지급규정이 포함되어 있지 아니하고, 이사회에서 임원의 특별공로를 인정하여 지급하기로 한 상여금으로서 지급률이나 성과평가근거 및 목표, 배분방법 등에 있어서 불분명하게 되어 있고, 합리적인 지급기준을 제시하지 못하는 경우 정상적 의미의 상여금이라고 보기는 어렵다고 판시한바 있다. (조심 2008서3044, 2008.12.30.)

◆ 서면2팀-747, 2005.05.31
1. 법인이 임원에게 지급하는 상여금 중 정관·주주총회·사원총회 또는 이사회의 결의에 의하여 결정된 급여지급기준에 의하여 지급하는 금액을 초과하여 지급한 경우와 지배주주인 임원 또는 사용인에게 정당한 사유없이 동일 직위에 있는 지배주주 등외의 임원 또는 사용인에게 지급하는 금액을 초과하여 보수를 지급한 경우 그 초과금액은 이를 손금에 산입하지 아니하는 것임.

❹ 임원 상여금을 적법하게 지급하는 방법

임원의 보수에 대하여 주주총회의 결의를 거치도록 정관에서 위임한 경우 상여금 지급에 대하여 반드시 주주총회 결의가 있어야 하므로 주주총회의 결의내용에 대한 회의록을 작성하여 두어야 한다.

1 정관 규정

대부분의 기업은 정관에 임원 급여 및 상여금 지급에 대한 구체적인 내용을 정하지 아니하고 다음과 같이 주주총회의 결의에 위임하고 있다.

[사례] 이사의 보수에 대한 정관 규정
제○조 (이사 및 감사의 보수와 퇴직금) ① 이사와 감사의 보수는 주주총회의 결의로 이를 정한다.
② 이사와 감사의 퇴직금의 지급은 주주총회 결의를 거친 임원 퇴직금지급규정에 의한다.

2 주주총회 결의

임원의 보수는 주주총회의 결의 또는 주주총회의 결의에 의하여 위임한 이사회에서 지급기준을 정하여 지급을 하여야 한다.

3 상여금 지급기준

정관의 위임에 의하여 상여금을 주주총회 결의로 지급하더라도 상여금 지급기준 등에서 그 금액에 대한 개별적이고, 구체적인 지급기준 및 성과평가방법 등이 규정되어 있어야 할 것이다.

다만, 법인이 임원에 대한 급여(상여금 포함) 지급기준을 주주총회의 결의에 의하여 정하면서 전체임원에 대한 총급여한도액만을 정하고, 실제로 임원에게 상여금을 지급할 때에는 사용인에 대한 급여지급규정상의 **상여금 지급비율을 준용**하여 지급한 경우에도 당해 상여금은 손금산입대상 상여금으로 볼 수 있는 것으로 해석한 사례도 있다. (법인46012-206, 1998.01.26.)

법인의 임원에게 지급한 상여금은 세무조사시 사실 관계에 따라 손금산입의 정당성 여부에 대하여 쟁점이 될 소지가 늘 있으므로 관련 예규들을 면밀히 검토하여 구비하여 두어야 하며, 임원에게 근로자에게 지급하는 상여금 비율을 초과하는 상여금은 지급하지 않는 것이 세무리스크를 예방할 수 있는 가장 좋은 방법일 것이다.

3 임원 퇴직금 세무상 문제

> 법인 임원에 대한 퇴직금은 정관의 규정 또는 정관에서 위임된 퇴직급여지급규정이 따로 있는 경우에는 해당 규정에 의하여 지급을 하여야 한다. 단, 정관의 규정이 있더라도 법인세법에서 정한 한도액을 초과하는 금액은 퇴직소득이 아닌 근로소득으로 신고 및 납부하여야 하며, 정관 등의 규정에서 정한 금액을 초과하여 퇴직금을 지급하는 경우에는 손금불산입하여야 한다.

1 법인의 임원

❶ 세법 규정

임원이라 함은 법인의 경영에 종사하는 사람으로서 사용인에 대응하는 개념이다. 일반적으로 법인의 임원으로는 회사의 이사 및 감사 등 법률상 임원으로서 정해져 있는 자를 말한다. 예를 들어 상법상 임원인 이사 및 감사는 주주총회에서 선임되고 회사와의 관계는 위임관계로서 되어 있다. 회사에서는 통상 상무 이상의 직급을 말한다. (법인세법 시행령 제40조, 조세특례제한법 제63조의2 제4항, 조세특례제한법 시행령 제60조의2)

□ 법인세법 시행령 제40조(기업업무추진비의 범위) ①주주 또는 출자자(이하 "주주등"이라 한다)나 다음 각 호의 어느 하나에 해당하는 직무에 종사하는 자(이하 "임원"이라

한다) 또는 직원이 부담하여야 할 성질의 기업업무추진비를 법인이 지출한 것은 이를 기업업무추진비로 보지 아니한다. <개정 2019. 2. 12., 2023. 2. 28.>
1. 법인의 회장, 사장, 부사장, 이사장, 대표이사, 전무이사 및 상무이사 등 이사회의 구성원 전원과 청산인
2. 합명회사, 합자회사 및 유한회사의 업무집행사원 또는 이사
3. 유한책임회사의 업무집행자
4. 감사
5. 그 밖에 제1호부터 제4호까지의 규정에 준하는 직무에 종사하는 자

□ 소득세법 기본통칙 12-0…1【임원과 근로자의 구분】
① 법에서 규정하는 "근로자"에는 법에서 특별히 임원을 제외하고 있는 경우 외에는 임원이 포함되는 것으로 한다. (1997. 4. 8. 개정)
② 임원이라 함은「법인세법 시행령」제20조 제1항 제4호에 따른 임원을 말한다. (2011. 3. 21. 개정)

◆ 서면2팀-20, 2008.1.7.
법인세법 시행령 제43조 제1항 내지 제5항의 규정에 의한 임원은 같은 조 제6항 각 호의 1에 규정하는 직무에 종사하는 자를 말하는 것이며, 임원에 해당하는지 여부는 종사하는 직무의 실질에 따라 사실 판단할 사항임.

❷ 상법 규정

제312조(임원의 선임) 창립총회에서는 이사와 감사를 선임하여야 한다.

제382조(이사의 선임, 회사와의 관계 및 사외이사) ① 이사는 주주총회에서 선임한다.
② 회사와 이사의 관계는「민법」의 위임에 관한 규정을 준용한다.
③ 사외이사(社外理事)는 해당 회사의 상무(常務)에 종사하지 아니하는 이사로서 다음 각 호의 어느 하나에 해당하지 아니하는 자를 말한다. 사외이사가 다음 각 호의 어느 하나에 해당하는 경우에는 그 직을 상실한다. <개정 2011.4.14.>

1. 회사의 상무에 종사하는 이사·집행임원 및 피용자 또는 최근 2년 이내에 회사의 상무에 종사한 이사·감사·집행임원 및 피용자
2. 최대주주가 자연인인 경우 본인과 그 배우자 및 직계 존속·비속
3. 최대주주가 법인인 경우 그 법인의 이사·감사·집행임원 및 피용자
4. 이사·감사·집행임원의 배우자 및 직계 존속·비속
5. 회사의 모회사 또는 자회사의 이사·감사·집행임원 및 피용자
6. 회사와 거래관계 등 중요한 이해관계에 있는 법인의 이사·감사·집행임원 및 피용자
7. 회사의 이사·집행임원 및 피용자가 이사·집행임원으로 있는 다른 회사의 이사·감사·집행임원 및 피용자

❸ 근로기준법 해석 기준

법인등기부에 이사로 등재되어 있더라도 다음의 요건을 충족하는 경우 근로기준법의 근로자로 보아 근로기준법의 적용을 받을 수 있다. 즉, 단순히 형식적으로 법인등기부에 임원으로 등재된 것만으로 근로자로서의 노동법적 보호를 받지 못하는 것이 아님에 유의하여야 한다.

1. 그 등재가 형식적인 것에 불과하여 업무대표권과 집행권을 행사한 사실이 없고,
2. 출퇴근 시간 등 근무형태가 회사내 다른 일반 직원들과 다르지 않고,
3. 회사내 다른 근로자들과 마찬가지로 4대보험료 등이 원천징수되고,
4. 퇴사 후 실업급여를 지급받았고,
5. 이사로 등재되기 이전과 이후의 업무에 차이가 없는 경우

■ 등기이사의 근로자성 판단 기준
대법원 2005. 5. 27. 선고 2005두524 판결【부당해고구제재심판정취소】
[공2005.7.1.(229),1060]
【판시사항】
[1] 회사의 이사 등 임원이 근로기준법상의 근로자에 해당하는지 여부에 관한 판단 기준
[2] 집행이사로 선임되어 본부장 또는 지역본부장으로 근무한 자를 그 실질에 있어 사업 또는 사업장에 임금을 목적으로 종속적인 관계에서 사용자에게 근로를 제공하는 근로기준법 상 근로자에 해당한다고 한 원심의 판단을 수긍한 사례

【판결요지】

[1] 근로기준법상의 근로자에 해당하는지 여부를 판단함에 있어서는 그 계약이 민법상의 고용계약이든 또는 도급계약이든 그 계약의 형식에 관계없이 그 실질에 있어 근로자가 사업 또는 사업장에 임금을 목적으로 종속적인 관계에서 사용자에게 근로를 제공하였는지 여부에 따라 판단하여야 하고, 여기서 종속적인 관계가 있는지 여부를 판단함에 있어서는 업무의 내용이 사용자에 의하여 정하여지고 취업규칙·복무규정·인사규정 등의 적용을 받으며 업무수행 과정에 있어서도 사용자로부터 구체적이고 직접적인 지휘·감독을 받는지 여부, 사용자에 의하여 근무 시간과 근무 장소가 지정되고 이에 구속을 받는지 여부, 근로자 스스로가 제3자를 고용하여 업무를 대행케 하는 등 업무의 대체성 유무, 비품·원자재·작업도구 등의 소유관계, 보수가 근로 자체의 대상적(대상적) 성격을 갖고 있는지 여부와 기본급이나 고정급이 정하여져 있는지 여부 및 근로소득세의 원천징수 여부 등 보수에 관한 사항, 근로제공관계의 계속성과 사용자에의 전속성의 유무와 정도, 사회보장제도에 관한 법령 등 다른 법령에 의하여 근로자로서의 지위를 인정받는지 여부, 양 당사자의 경제·사회적 조건 등을 종합적으로 고려하여 판단하여야 하고, 회사의 이사 등 임원의 경우에도 그 형식만을 따질 것이 아니라 위 기준을 종합적으로 고려하여 판단하여야 한다.

[2] 집행이사로 선임되어 본부장 또는 지역본부장으로 근무한 자를 그 실질에 있어 사업 또는 사업장에 임금을 목적으로 종속적인 관계에서 사용자에게 근로를 제공하는 근로기준법 상 근로자에 해당한다고 한 원심의 판단을 수긍한 사례.

2 임원퇴직금 무엇이 문제인가?

❶ 개요

법인의 대표이사 등 임원에 대하여 회사의 내부규정인 퇴직금지급규정 등에 의하여 퇴직금을 지급할 수 있도록 되어 있는 경우 임원의 우월적 지위를 이용하여 퇴직금을 과다하게 책정하여 법인에게 손실을 줄 수 있을 것이다. 따라서 <u>법인세법 제26조에서</u>는 과다경비 등의 손금불산입을 규정하고 있고, 이에 대하여 법인세법 시행령 제44조에서 한도액을 정하여 두고 있으며, 한도액을 초과하는 퇴직금은 법인의 손금으로 인정되지 않는다.

□ 법인제법 제26조(과다경비 등의 손금불산입) -요약-
다음 각 호의 손비 중 대통령령으로 정하는 바에 따라 과다하거나 부당하다고 인정하는 금액은 내국법인의 각 사업연도의 소득금액을 계산할 때 손금에 산입하지 아니한다.
1. 인건비
2. 복리후생비
3. 여비(旅費) 및 교육·훈련비
4. 법인이 그 법인 외의 자와 동일한 조직 또는 사업 등을 공동으로 운영하거나 경영함에 따라 발생되거나 지출된 손비
5. 법인의 업무와 직접 관련이 적다고 인정되는 경비로서 대통령령으로 정하는 것

❷ 임원 퇴직금한도액

법인의 임원(법인의 회장, 사장, 부사장, 이사장, 대표이사, 전무이사 및 상무이사 등 이사회의 구성원 전원과 청산인 및 감사)으로서 근로기준법상의 근로자에 해당하지 않는 경우 근로자퇴직급여보장법에 의한 퇴직금 지급의무는 없다. 다만, 현실적인 퇴직을 하는 경우 퇴직금을 지급할 수 있으나 법인이 임원에게 지급한 퇴직급여 중 다음의 어느 하나에 해당하는 금액을 초과하는 금액은 손금에 산입하지 아니한다. [소득세법 제22조, 법인세법 시행령 제44조 제4항]

① **정관**에 퇴직급여(퇴직위로금 등 포함)로 지급할 금액이 정하여진 경우에는 정관에 정하여진 금액. 단, <u>정관에서 위임된 퇴직급여지급규정</u>이 따로 있는 경우에는 해당 규정에 의한 금액에 의한다.

한편, **정관에서 정한 임원의 퇴직소득**이 다음 계산식에 따라 계산한 금액(1 + 2 + 3)을 초과하는 경우 그 초과하는 금액은 근로소득으로 본다.

> 1. 입사일부터 2011년 12월 31일 기간에 대하여 정관의 규정(배수제한 없음)에 의한 퇴직소득(2011년 12월 31일에 퇴직하였다고 가정할 때 지급받을 퇴직소득)
> 2. 2019년 12월 31일부터 소급하여 3년(2012년 1월 1일부터 2019년 12월 31일까지의 근무기간이 3년 미만인 경우에는 해당 근무기간으로 한다) 동안 지급받은 총급여의 연평균환산액 × 1/10 × 2012년 1월 1일부터 2019년 12월 31일까지의 근무기간/12 × 3
> 3. 퇴직한 날부터 소급하여 3년(2020년 1월 1일부터 퇴직한 날까지의 근무기간이 3년 미만인 경우 해당 근무기간으로 한다) 동안 지급받은 총급여의 연평균환산액 × 1/10 × 2020년 1월 1일 이후의 근무기간/12 × 2

근속연수의 배수 규정은 정관에 규정한 퇴직금이 배수를 초과하는 경우 근로소득으로 과세한다는 의미이며, 법인세법에 의한 손금불산입을 한다는 의미는 아니다. 따라서 정관에서 배수를 초과하여 퇴직금 지급에 관한 규정을 둘 수 있으며, 과다경비가 아니면, 법인의 손금으로 산입할 수 있는 것이다.

[개정 세법] 임원 퇴직소득 한도 축소를 통한 과세 합리화 [소득세법 §22 ③]
(종전) 3배 → (개정) 2배
<적용시기> 2020.1.1. 이후 퇴직하여 지급받는 소득 분부터 적용

② 제1항 외의 경우 그 임원이 퇴직하는 날부터 소급하여 1년 동안 해당 임원에게 지급한 **총급여액**의 10분의 1에 상당하는 금액에 근속연수(1년 미만의 기간은 월수로 계산하되, 1개월 미만의 기간은 이를 산입하지 아니한다.)를 곱한 금액. 이 경우 해당 임원이 사용인에서 임원으로 된 때에 퇴직금을 지급하지 아니한 경우에는 사용인으로 근무한 기간을 근속연수에 합산할 수 있다.

□ 법인세법 집행기준 26-44-2 [임원 퇴직급여의 손금산입 범위액]
임원에게 지급한 퇴직급여 중 다음의 금액을 초과하는 금액은 이를 손금에 산입하지 아니하고 해당 임원에 대한 상여로 처분한다.

구 분	임원퇴직급여 한도액
1. 정관에 퇴직급여(퇴직위로금 등 포함)로 지급할 금액이 정하여진 경우(정관에 임원의 퇴직급여를 계산할 수 있는 기준이 기재된 경우 포함)	정관에 정하여진 금액(정관에서 위임된 퇴직급여지급규정이 따로 있는 경우에는 해당 규정에 의한 금액)
2. 그 외의 경우	퇴직 직전 1년간의 총급여액(비과세소득과 손금불산입 상여 등을 제외한다) × 1/10 × 근속연수

* 근속연수는 역년에 따라 계산하며, 1년 미만의 기간은 월수로 계산하되 1개월 미만의 기간은 없는 것으로 한다. 이 경우 사용인에서 임원으로 된 때에 퇴직금을 지급하지 아니한 임원에 대한 근속연수는 사용인으로 근무한 기간을 포함한다

▶ 직원의 경우 근로기준법의 평균임금으로 퇴직금을 계산하여야 한다.

◆ 무급여로 근무한 임원이 퇴직하는 경우 근속연수 및 총급여액 계산방법
(법인, 법인46012-487, 1998.2.26.)
임원에 대한 퇴직금지급기준을 정관 등에 정하고 있지 아니하는 법인의 임원이 1년동안 급여수령을 포기하고 무급여로 근로를 제공한 후 퇴직하는 경우에 당해 임원에 대한 퇴직금을 계산함에 있어서 근속연수는 무급여로 근무한 기간을 포함할 수 있으며, 이 경우 임원퇴직금의 손금용인한도액을 계산하기 위한 총급여액은 **급여수령을 포기하기 전 1년 동안 지급한 총급여액**으로 할 수 있는 것임

❸ 임원 퇴직금의 정관 위임 및 주주총회 결의

임원 퇴직금은 정관 또는 정관에서 위임한 주주총회의 결의를 거친 퇴직급여지급규정에 의하여 지급하는 경우 법인의 손금에 산입할 수 있다.

□ 법인세법 시행령 제44조(퇴직급여의 손금불산입) -요약-
④법인이 임원에게 지급한 퇴직급여 중 다음 각 호의 어느 하나에 해당하는 금액을 초과하는 금액은 손금에 산입하지 아니한다. 〈개정 2011. 3. 31., 2019. 2. 12.〉
1. 정관에 퇴직급여(퇴직위로금 등을 포함한다)로 지급할 금액이 정하여진 경우에는 정관에 정하여진 금액
2. 제1호 외의 경우에는 그 임원이 퇴직하는 날부터 소급하여 1년 동안 해당 임원에게 지급한 총급여액의 10분의 1에 상당하는 금액에 근속연수(역년에 의하여 계산한 근속연수를 말한다. 이 경우 1년미만의 기간은 월수로 계산하되, 1개월 미만의 기간은 이를 산입하지 아니한다.)를 곱한 금액. 이 경우 해당 임원이 직원에서 임원으로 된 때에 퇴직금을 지급하지 아니한 경우에는 직원으로 근무한 기간을 근속연수에 합산할 수 있다.

1 정관 규정

정관에 퇴직금으로 정해 놓은 금액을 지급하는 경우에는 임원의 퇴직금이라도 그 전액을 손금산입할 수 있도록 규정한 이유는 정관은 법인의 근본 규칙으로서 일단 정관에 정해 놓은 퇴직금을 증감시키기 위해서는 상법상의 정관 변경절차를 거쳐야 하므로 임원이라도 임의로 임원퇴직금을 과다지급하는 것이 비교적 어려워 법인의 소득을 부당히 감소시킬 염려가 적다는 데 그 이유가 있다.

따라서 정관에서 위임한 퇴직급여지급규정에 의한 퇴직금을 전액 손금산입하기 위해서는 정관 자체에 퇴직금 범위에 관한 기본사항이 정하여져 있어야 한다. 다만, 정관의 위임에 의하여 주주총회에서 임원 퇴직금지급기준을 정할 수 있다.

[사례] 정관에서 임원 퇴직금지급규정으로 위임
제○조 (이사 및 감사의 보수와 퇴직금) ① 이사와 감사의 보수는 주주총회의 결의로 이를 정한다.
② 이사와 감사의 퇴직금의 지급은 **주주총회 결의를 거친 임원 퇴직금지급규정에 의한다.**

▶ 코스피, 코스닥 등록법인의 정관 규정 확인
1. 금융감독원 전자공시시스템 접속
2. [공시서류검색] → [상세검색]

3. [회사명] 입력 → 회사명 찾기 → 회사 선택
   (유)유기증권시장 등록법인, (코)코스닥시장 등록법인
4. 기간 선택
5. [정기공시] → 사업보고서 선택
6. 사업보고서 상단 첨부에서 [정관] 선택

2 주주총회 결의 및 임원퇴직금지급규정

[1] 주주총회 결의

법인 정관의 기초가 되는 상법 중에 제388조(이사의 보수) 규정을 살펴보면 "이사의 보수는 정관에 그 액을 정하지 아니한 때에는 주주총회의 결의로 이를 정한다."라고 되어 있다.

[2] 퇴직금지급규정

주주총회의 결의로 제정한 임원에 대한 퇴직금지급규정에서는 임원의 퇴직급여를 계산할 수 있는 기준'을 정확히 명시하여야 한다. 즉, 정관에서 위임하고, 주주총회의 결의를 거친 퇴직금지급규정이라 하더라도 당해 위임에 의한 임원퇴직금지급규정의 의결내용 등이 정당하고, 특정 임원의 퇴직시마다 퇴직금을 임의로 지급할 수 없는 일반적이고 구체적인 기준을 정하여야 하는 것이며, 당해 지급규정의 내용에 따라 임원퇴직시마다 **계속·반복적으로 적용**하여 온 규정이어야 적법한 규정으로 볼 수 있다.

따라서 법인이 임원에게 퇴직금을 지급함에 있어 정관에 퇴직금지급규정에 대한 구체적인 위임사항을 규정하지 아니하거나 주주총회의 결의없이 "별도의 퇴직금지급규정에 의한다"라고만 규정하여 특정 임원의 퇴직시 임의로 동 규정을 변경·지급할 수 있는 경우에는 법인세법 시행령 제44조 제4항의 경우에 해당하지 아니하므로 손금에 산입할 수 없다.

한편, 퇴직금지급규정이 명확하지 않은 경우 세무조사 등의 사유로 실사를 받을 시 퇴직금으로 지급한 금액에 대하여 손금불산입되어 법인세를 추징당할 수 있으며,

퇴직금을 받아간 임원은 퇴직소득이 아닌 상여로 처분되어(소득의 종류 변경) 근로소득에 합산하여 추가적으로 소득세를 부담하게 된다.

◆ 임원 퇴직급여에 관한 기준을 이사회에서 정하도록 정관에서 포괄적으로 위임하고 있는 경우 정관에 퇴직급여로 지급할 금액이 정하여진 경우에 해당되지 아니함
(법인세과-1226, 2009.11.05.)

◆ 개정한 퇴직급여지급규정 적용 시 손금산입 가능 여부
(법인, 서면-2020-법인-4667, 2021.03.23)
「법인세법 시행령」 제44조 제1항에 따라 임원이 현실적으로 퇴직하는 경우에 지급하는 퇴직급여는 정관에서 위임된 퇴직급여지급규정에 의한 금액 한도 내에서 손금에 산입하는 것으로 정관에서 위임된 퇴직급여 규정에 해당하는지 여부는 아래 회신사례를 참조하시기 바랍니다.

○ 법인, 법인세과-704, 2010.07.26
법인이 모든 임원에게 일관성 있게 적용되는 퇴직급여지급규정을 정관에서 위임한 바에 따라 퇴직급여로 지급할 금액을 주주총회의 결의로 정한 경우에는 「법인세법 시행령」 제44조제5항에 따른 '정관에서 위임된 퇴직급여지급규정'에 해당하는 것임

1. 사실관계
○ 甲(이하 질의법인)의 정관에 임원의 퇴직금에 대해서는 「임원퇴직금지급규정」에 따르도록 규정되어 있고
- 정관에서 위임한 「임원퇴직금지급규정」을 임시주주총회를 통해 개정하고 개정 내용*에 따라 임원에게 퇴직금을 지급하고자 함
* 부득이한 사유로 임원의 보수를 감액지급하는 경우 감액 전 근로기간과 감액 후 근로기간의 퇴직금 산정 기준을 이원화(기존의 규정처럼 퇴직일 이전 1년간 급여를 기준으로 하는 경우 임원의 급여가 감액되면 퇴직금이 과도하게 감소하는 결과를 조정하기 위함)
2. 질의내용
○ 임시주주총회에서 의결하여 개정한 「임원퇴직금지급규정」을 적용하여 임원에게 퇴직금을 지급하는 경우 법인세법 상 손금에 해당하는지 여부

❹ 퇴직금 배수 또는 누진율 적용 및 추가 보수 지급

[1] 지급배율 및 임원이 퇴직하기 전에 규정을 개정한 경우

1) 법인의 퇴직급여지급규정이 불특정다수를 대상으로 지급배율을 정하지 아니하고 개인별로 지급배율을 정하는 경우에는 법인세법시행령 제44조 제4항에서 규정하는 정관에서 위임된 퇴직급여지급규정으로 볼 수 없는 것이며,
2) 특수관계자인 특정임원에게만 정당한 사유없이 지급배율을 차별적으로 높게 정하는 경우에는 법인세법 제52조의 부당행위계산 부인규정이 적용되는 것이고,
3) 임원이 퇴직하기 전에 규정을 개정한 경우에는 당해 규정의 개정전 까지의 근속기간에 대하여도 개정된 규정을 적용할 수 있는 것임
(서이46012-11540, 2003.08.25.)

[2] 임원 퇴직금 누진율 적용

법인이 임원의 퇴직금을 계산하는 경우 법인의 정관 또는 정관의 위임에 의한 주주총회에서 결정된 임원 퇴직금지급규정에 따라 장기근속 임원에 대하여 누진율을 적용하고, 해당 누진율이 모든 임원에게 적용되는 경우의 임원퇴직금지급규정은 법인세법 시행령 제44조 제4항의 규정에 해당하므로 해당 규정에 의하여 계산된 임원퇴직금은 손금불산입 대상에 해당하지 않는 것임. (서면2팀-333, 2005.02.22.)

❺ 확정급여형퇴직연금(DB)의 손금산입

내국법인이 임원의 퇴직금을 퇴직연금에 불입하는 경우에도 손금에 산입할 수 있으나 정관 또는 정관에서 위임한 임원 퇴직급여지급규정에 따라 지급하는 금액을 한도로 하되, 정관 또는 정관에서 위임한 임원 퇴직급여지급규정에도 불구하고, 2012년 이후 다음의 금액을 초과하는 경우 퇴직소득이 아닌 근로소득으로 본다.

퇴직한 날부터 소급하여 3년동안(근무기간이 3년 미만인 경우에는 개월 수로 계산한 해당 근무기간) 지급받은 총급여의 연평균환산액 × 1/10 × 2012년 1월 1일 이후의 근속연수(1년 미만의 기간은 개월 수로 계산하며, 1개월 미만의 기간이 있는 경우에는 이를 1개월로 본다) × 3(2020년 이후 2)

❻ 임원 확정기여형퇴직연금

임원에 대하여 확정기여형 퇴직연금(DC형)에 가입하고 법인이 그 부담금을 계속 불입한 경우 그 부담금 총액을 임원의 퇴직급여로 보아 그 전액을 불입 시점에 일단 법인의 손금으로 처리하되, 해당 임원이 현실적으로 퇴직하는 사업연도에 퇴직시까지 납부한 회사부담금의 누계액을 퇴직급여로 보아 아래의 손금산입한도를 초과하는 금액은 퇴직일이 속하는 사업연도의 회사부담금에서 손금부인하며, 그 한도초과액이 퇴직일이 속하는 사업연도의 회사부담금을 초과하는 경우 그 초과액을 익금산입하여야 한다. [법령 제44조의2 ③ 단서 조항]

1. 정관 또는 정관에서 위임된 퇴직급여지급규정(퇴직위로금 포함)으로 지급할 금액이 정하여진 경우 : 그 정관에 정하여진 금액 단, 2012년 이후 발생한 임원퇴직금의 경우 정관의 규정에 있더라도 2호 금액의 3배(2020년 이후 2배)를 한도로 한다.
2. 위 1호외의 경우 : 퇴직전 1년간 총급여 × 1/10 × 근속연수

사례	임원의 확정기여형퇴직연금 초과 불입액에 대한 세무조정
[예제]	
20×6년 퇴직연금불입액	20,000,000원
20×7년 퇴직연금불입액	22,000,000원
20×8년 퇴직연금불입액	25,000,000원
20×9년 퇴직연금불입액	28,000,000원
총불입액	95,000,000원
20×9년 현실적인 퇴직	
퇴직금한도액	60,000,000원
한도초과액	35,000,000원
손금불산입	28,000,000원 (20×9년 퇴직연금불입액)
익금산입	7,000,000원
[풀이] 한도초과액 3,500만원 중 퇴직일이 속하는 사업연도에 불입한 확정기여형퇴직연금 2,800만원은 손금불산입하고, 차액 700만원은 익금산입한다.	

③ 임원 및 근로자 퇴직금 중간정산

❶ 개요

2012년 7월 26일 이후 퇴직금중간정산제도를 원칙적으로 폐지하였으나 퇴직금제도를 채택하고 있는 기업은 퇴직금 중간정산 사유가 있는 경우 중간정산을 할 수 있으며, 확정기여형퇴직연금의 경우 같은 사유가 있을시 전액 중도인출을 할 수 있다. 단, 확정급여형퇴직연금의 경우 중간정산 또는 중도인출을 할 수 없다.

❷ 임원 퇴직금 중간정산

[1] 개요
근로자의 경우 근로자퇴직급여보장법에 의하여 2012년 7월 26일 이후에는 특정한 경우를 제외하고는 중간정산을 할 수 없다. 법인의 임원은 같은 법의 개정 이전에도 근로기준법에 의한 근로자가 아닌 임원은 중간정산을 할 수 없었다. 따라서 법인의 임원에게 다음에 정하는 사유 이외에 퇴직금을 중간정산하는 경우 손금불산입하고, 상여로 처분을 하거나 가지급금으로 처리를 하여야 한다.

[2] 법인 임원이 퇴직금중간정산을 할 수 있는 경우 [법령 제44조 ② 5]
정관 또는 정관에서 위임된 퇴직급여지급규정에 따라 장기 요양 등 기획재정부령으로 정하는 사유로 그 때까지의 퇴직급여를 중간정산하여 임원에게 지급한 때(중간정산시점부터 새로 근무연수를 기산하여 퇴직급여를 계산하는 경우에 한정한다)

□ 법인세법 시행규칙 제22조(현실적인 퇴직의 범위등) -요약-
③ 영 제44조제2항제5호에서 "정관 또는 정관에서 위임된 퇴직급여지급규정에 따라 장기요양 등 기획재정부령으로 정하는 사유"란 다음 각 호의 어느 하나에 해당하는 경우를 말한다. <신설 2010. 3. 31.>
1. 중간정산일 현재 1년 이상 주택을 소유하지 아니한 세대의 세대주인 임원이 주택을 구입하려는 경우(중간정산일부터 3개월 내에 해당 주택을 취득하는 경우만 해당한다)

2. 임원(임원의 배우자 및 생계를 같이 하는 부양가족 포함)이 3개월 이상의 질병 치료 또는 요양을 필요로 하는 경우
3. 천재·지변, 그 밖에 이에 준하는 재해를 입은 경우

▶ 2015년 이전에는 연봉제로 전환함에 따라 향후 퇴직급여를 지급하지 아니하는 조건으로 그 때까지의 퇴직급여를 정산하여 지급한 때에는 임원에 대하여 중간정산을 할 수 있었으나 2016년 이후에는 중간정산을 할 수 없다.

[3] 현실적인 퇴직이 아님에도 퇴직금을 지급한 경우 세무상 문제

법인이 현실적으로 퇴직하지 아니한 임직원에게 지급한 퇴직금은 당해 임직원이 현실적으로 퇴직할 때까지 이를 퇴직금으로 보지 아니하고 업무와 관련 없는 자금의 대여액으로 본다. 예를 들어 법인의 임원 또는 사용인에게 중간정산 사유에 해당하지 아니함에도 중간정산을 하여 퇴직금을 지급하고, 손금산입한 경우 세무조정에서 손금불산입하고, 해당 임원 또는 사용인에 대한 상여로 처분하거나, 유보로 처분한 다음 퇴직금 지급일부터 현실적인 퇴직시점까지 가지급금 인정이자를 계상하여 법인의 익금에 산입하고 임원 또는 사용인에게 상여처분을 하여야 하는 것이다.

◆ 법인의 임원이 퇴임하고 사용인으로 계속 근무하는 경우 현실적인 퇴직여부
(소득, 서이46013-10840, 2001.12.29.)
법인의 임원이 주주총회 결의에 의하여 퇴임하고 사용인으로 계속 근무시 법인이 퇴직금지급규정에 따라 실지로 퇴직금을 지급하는 경우에는 법인세법시행 규칙 제13조 제4항의 규정에 의하여 현실적인 퇴직에 해당하는 것임.

❸ 근로자 퇴직금 중간정산

퇴직금 중간정산은 원칙적으로 금지하고 있다. 다만, 근로자가 경제적으로 매우 어려운 상황에 처하는 경우 예외적으로 중간정산을 할 수 있는 사유를 근로자퇴직급여보장법 시행령 제3조에서 정하고 있으며, 동 사유에 해당하는 경우 중간정산을 할 수 있으며, 중간 정산을 하는 경우 그 사실을 증명할 수 있는 서류를 보관하여 두어야 한다.

□ 근로자퇴직급여보장법 제8조(퇴직금제도의 설정 등)
① 퇴직금제도를 설정하려는 사용자는 계속근로기간 1년에 대하여 30일분 이상의 평균임금을 퇴직금으로 퇴직 근로자에게 지급할 수 있는 제도를 설정하여야 한다.
② 제1항에도 불구하고 사용자는 주택구입 등 대통령령으로 정하는 사유로 근로자가 요구하는 경우에는 근로자가 퇴직하기 전에 해당 근로자의 계속근로기간에 대한 퇴직금을 미리 정산하여 지급할 수 있다. 이 경우 미리 정산하여 지급한 후의 퇴직금 산정을 위한 계속근로기간은 정산시점부터 새로 계산한다.

□ 근로자퇴직급여보장법 시행령 제3조(퇴직금의 중간정산 사유) -요약-
① 법 제8조제2항 전단에서 "주택구입 등 대통령령으로 정하는 사유"란 다음 각 호의 경우를 말한다. <개정 2019. 7. 2., 2019. 10. 29., 2020. 11. 3., 2022. 4. 13.>
1. 무주택자인 근로자가 본인 명의로 주택을 구입하는 경우
2. 무주택자인 근로자가 주거를 목적으로 보증금을 부담하는 경우. 이 경우 근로자가 하나의 사업에 근로하는 동안 1회로 한정한다.
3. 근로자가 6개월 이상 요양을 필요로 하는 다음 각 목의 어느 하나에 해당하는 사람의 질병이나 부상에 대한 의료비를 해당 근로자가 본인 연간 임금총액의 1천분의 125를 초과하여 부담하는 경우
　　가. 근로자 본인
　　나. 근로자의 배우자
　　다. 근로자 또는 그 배우자의 부양가족
4. 퇴직금 중간정산을 신청하는 날부터 거꾸로 계산하여 5년 이내에 근로자가 「채무자 회생 및 파산에 관한 법률」에 따라 파산선고를 받은 경우
5. 퇴직금 중간정산을 신청하는 날부터 거꾸로 계산하여 5년 이내에 근로자가 「채무자 회생 및 파산에 관한 법률」에 따라 개인회생절차개시 결정을 받은 경우
6. 사용자가 기존의 정년을 연장하거나 보장하는 조건으로 단체협약 및 취업규칙 등을 통하여 일정나이, 근속시점 또는 임금액을 기준으로 임금을 줄이는 제도를 시행하는 경우
6의2. 사용자가 근로자와의 합의에 따라 소정근로시간을 1일 1시간 또는 1주 5시간 이상 단축함으로써 단축된 소정근로시간에 따라 근로자가 3개월 이상 계속 근로하기로 한 경우
6의3. 법률 제15513호 근로기준법 일부개정법률의 시행에 따른 근로시간의 단축으로 근로자의 퇴직금이 감소되는 경우
7. 재난으로 피해를 입은 경우로서 고용노동부장관이 정하여 고시하는 사유에 해당하는 경우

법인의 임직원 인적보험료 불입액에 대한 세무상 문제

> 법인이 임직원 등을 피보험자로 하여 보장성보험료를 불입함에 있어 보험의 수익자가 법인이면, 손금에 산입할 수 있으나 수익자가 임원인 경우로서 정관, 주주총회 또는 이사회 결의에 의해 결정된 급여지급기준금액을 초과하는 경우 손금불산입하고, 상여로 처분하여야 한다.

1 보험 가입전 알아두어야 할 사항

❶ 보험 용어

[1] 보험계약자

피보험자에 대한 보험계약을 체결하고, 보험료를 직접 불입하는 자를 말한다.

[2] 피보험자

생명보험계약에서는 그 사람의 생사가 보험사고가 되는 당사자, 즉 생명보험의 대상으로서 보험에 가입되는 사람을 말한다. 손해보험계약에서는, 보험사고가 발생함으로써 손해를 입을 수 있는 사람, 즉 피보험 이익을 지니고 있는 사람을 말한다. 예를 들어 본인이 배우자의 사망을 원인으로 보험금을 수령하고자 보험계약을 체결하는 경우 계약자는 본인이고, 피보험자는 배우자에 해당하는 것이다.

[3] 수익자

피보험자의 사망 등 보험사고가 발생한 경우 보험금을 수령할 수 있는 권리를 가진 자를 말한다. 예를 들어 사망을 보험금 지급사유로 하는 생명보험은 본인이 보험에 가입하고(계약자) 본인을 피보험자로 계약한 경우 본인의 사망시 보험금 수령을 누구로 할 것인가를 지정하여야 하며, 보험금 수령자로 지정한 자를 보험수익자라고 한다. 보험금 수령자에 대한 별도의 지정이 없는 경우 보험회사는 민법의 규정에 의한 법정상속인에게 상속비율에 의하여 보험금을 지급하게 된다.

[4] 납입 및 보험기간

납입이란 보험료를 납부하여야 하는 기간을 말하며, 보험기간이란 보험 혜택을 받을 수 있는 기간을 말한다. 예를 들어 1962년 3월생인 피보험자가 2015년 7월, 20년납 80세 만기 보험계약을 체결한 경우 2035년 6월까지 20년간 보험료를 납입하고, 2035년 7월부터 만80세가 되는 2045년 3월까지는 보험료를 납입하지 않아도 보험혜택을 받을 수 있다는 의미이다.

[5] 가입연령

생명보험계약 체결시의 피보험자의 연령. 대개의 경우, 피보험자의 만연령(滿年齡)으로 계산하며, 1년 미만의 단수(端數)에 대해서는 6개월 이하는 버리고, 6개월을 넘을 경우에는 반올림하여 만연령에 1세를 가산한다. 생명보험의 종류나 보험료 납입기간에 따라 가입연령에 제한(범위)되어 있는 경우가 있다.

▶ 보험연령 계산 예시

가입일자	생년월일	차이	보험연령
2015-11-15	1988-05-10	28년 6개월 5일	29세
2015-11-15	1988-07-10	28년 4개월 5일	28세

[6] 가입자격

생명보험을 계약하는데 계약자 및 피보험자가 될 수 있는 자격을 가입자격이라 한다. 피보험자는 사람이어야 하며, 현행 상법 732조는 15세 미만자, 심신상실자, 심신박약자를 피보험자로 하는 사망보험계약의 금지를 규정하고 있다.

▶ 보험 계약의 당사자 구조

[7] 종피보험자

보험의 주된 대상자를 피보험자라고 하며, 주된 대상자와 함께 종속적인 대상자를 종피보험자라고 한다. 이는 보험사의 보험상품 중 가족(본인 및 배우자, 자녀)을 하나의 보험증권으로 가입할 수 있는 상품들이 있다. 예를 들어 본인이 보험계약의 계약자이면서 실제 보험혜택을 받는 피보험자로 보험을 계약하면, 본인이 계약자이면서 주피보험자(보험의 주된 대상자)가 된다. 그 보험에 배우자나 자녀가 보험사고 발생시 본인과 같은 보장을 받도록 가입을 하면 배우자나 자녀가 종(從)피보험자가 되는 것이다.

[8] 법정상속인

종신보험이 아닌 경우에는 통상 계약자가 수익자(보험금 수령인)이나 종신보험의 경우 계약자인 피보험자가 사망함으로서 계약자가 수익자가 될 수 없으므로 계약 당시 수익자를 지정하여야 한다. 다만, 종신보험의 수익자를 지정하지 아니한 경우 민법의 규정에 의하여 법정상속인인 배우자(1.5) 및 자녀(1인당 1) 등에게 상속이 되는 것이다. 참고로 자녀가 없고, 배우자 및 부모가 살아 있는 경우에는 배우자(1.5)와 부모가(각각 1) 각각 법정상속인이 된다.

❷ 보험의 종류

1 보험사고에 따른 분류

[1] 생존보험
피보험자가 보험기간 만료일까지 생존해 있을 때에 한하여 보험금이 지급되는 생명보험을 말한다. 현재 우리나라에서 판매하고 있는 생존보험은 보험기간 중 사망 시에도 사망급여금을 지급하기 위하여 각종 사망보장이 부가되어 판매되고 있다. 생존하고 있는 것을 조건으로 매년 연금을 받게 되는 연금보험과, 자녀의 교육자금을 보장하는 교육보험이 여기에 속한다.

[2] 사망보험
피보험자의 사망을 보험사고로 해서 보험금을 지급하는 보험계약을 말한다. 사망보험의 목적은 피보험자의 사망으로 말미암아 생길 수 있는 유가족의 경제적 필요를 충족시키는 데 있다. 사망보험에는 계약의 시점으로부터 일정기간 중에 사망하였을 경우에 보험금이 지급되는 정기보험과 기한을 정하지 않고 사망 시에 보험금이 지급되는 종신보험이 있다.

[3] 생사혼합보험
사망보험과 생존보험을 혼합한 형태의 생명보험을 말한다. 피보험자가 보험기간 중에 사망하였을 때에 사망보험금을 지급하며, 보험기간 중의 미리 정해진 시기(보험기간의 만료 시 포함)에 생존하고 있을 때에는 생존보험을 지급하는 보험이다. 사망보험의 보장기능과 생존보험의 저축기능을 동시에 가지는 것이라 할 수 있으며, 일명 양로보험이라고 한다.

2 보장성보험 및 저축성보험

[1] 보장성보험
피보험자에게 사망, 상해, 입원, 생존 등과 같이 사람의 생명과 관련하여 보험사고가 발생했을 때 약속된 급부금을 제공하는 보험상품으로, 만기생존시 이미 납입한 보험료의 환급여부에 따라 순수보장형과 만기환급형으로 나뉘며, 만기환급형의 경우라도 만기 때 지급되는 급부금의 합계액은 이미 납입한 보험료를 초과하지 않아야 한다. 보장성 보험은 본래 의미의 보험상품으로 각종 재해로 인한 사망이나, 암과 같은 질병으로 인한 사망, 입원, 치료, 유족보장을 주요 내용으로 하는 보험으로 상해보험, 질병보험, 간병보험 등의 상품이 있으며, 근로자가 보장성 보험을 가입하고 납입한 보험료에 대해서는 연간 100만원을 한도로 소득공제 혜택을 주고 있다.

▶ 상해보험

우연하고 급격한 외래의 사고로 인한 사람의 신체에 입은 상해에 대하여 치료에 소요되는 비용 및 상해의 결과에 기인한 사망, 후유장해 등의 위험을 보장하는 보험을 말한다. 상해보험에서 지급되는 보험금에는 통상 사망보험금, 장해보험금 및 의료비보험금이 있다.

▶ 질병보험

질병에 대한 치료비를 보장할 것을 목적하는 보험을 말하며, 입원급여금, 수술급여금 및 진단보험금이 지급된다. 질병보험은 상법상 제3보험으로 분류되며 생명보험사와 손해보험사가 모두 상품을 개발하여 판매할 수 있다. 건강보험, 암보험, 어린이보험 등이 대표적인 질병보험이다. 생명보험상품은 질병으로 치료를 받은 경우 진단, 수술, 입원에 대하여 정액의 보험금을 지급하고, 손해보험상품은 치료비 중 본인이 부담한 실제치료비를 실손보상한다.

[2] 저축성보험

보장성 보험과 달리 납입보험료보다 만기에 환급되는 보험금이 큰 보험을 말한다. 저축성 보험은 만기에 이자수익이 발생하기 때문에 납입보험료를 초과하여 환급된 금액에 대해서는 이자소득세를 과세함이 원칙이나 소득세법에서는 10년 이상 유지된 저축성 보험의 이자소득에 대해서는 비과세혜택을 주고 있다.

▶ 저축성보험의 복리이자에 대한 진실

보험회사에서도 은행의 정기적금과 유사한 저축상품에 약간의 보험혜택이 있는 저축성보험상품을 판매하면서 은행에서는 정기적금을 복리로 계산하여 주지 않으나 보험회사는 복리로 계산하여 준다고 한다. 보험회사의 복리란 계약자가 불입하는 보험료 중 예상보험사업비(광고비, 보험모집수당, 관리비 등)를 차감한 금액을 기준으로 이자를 복리로 계산하여 주는 것이며, 금리가 낮은 경우 복리상품의 경우에도 실제 이자수익률은 얼마 되지 않는 것으로 재테크 상품으로는 큰 의미가 없는 것이므로 자신의 소득을 충분히 감안하여 무리한 금액의 보험계약을 하지 말아야 한다. 왜냐하면, 보험의 경우 보험가입기간 도중 중도 해지를 하게 되면, 원금을 다 받을 수 없게 되며, 그 손실금액(보험가입과 관련한 보험모집수당, 사업비등으로 지출한 금액을 가입자가 부담하게 되어 손실이 발생하는 것이다.)은 보험가입을 했던 것을 후회하게 할 것이다.

❸ 변액보험 및 변액연금보험

1 변액보험

보험은 원래 사망, 질병, 사고 등 위험에 대비하기 위하여 보험계약자가 일정 금액을 납입하고, 보험회사는 다수의 계약자가 납입한 보험료를 보관·운영하며, 계약자 중 보험사고가 발생한 자에게 보험금을 지급하는 것을 주목적으로 한다. 보험의 주목적에 부합한 보험료는 대부분 보장성 보험료(원금손실이 발생하는 보험)에 해당한다. 그러나 요즈음에는 보험료 중 저축성보험료를 따로 분리하여 투자위험은 있으나 시장상황에 따라 높은 수익률을 올릴 수 있는 주식이나 회사채 등에 투자하여 그 투자수익의 성과에 따라 보험금 지급사유가 발생하였을 경우 지급하는 보험금액이 변동되는 보험을 보험회사가 개발하여 판매하고 있으며, 이를 변액보험이라고 하는 것이다.

즉, 변액보험은 보험과 펀드를 혼합한 상품으로 보면 된다. 보험회사는 변액보험으로 유치한 보험금을 펀드회사에 투자를 하고, 그 투자결과에 따라 보험계약자에게 변동적으로 지급을 하는 상품이며, 변액보험은 이와 같은 형태로 운용되기 때문에 보험회사는 변액보험과 관련한 자산을 일반 보험상품과는 별도로 설정하여 관리하고 있다. 변액보험의 사망보험금은 최초 계약한 기본보험계약의 '기본보험금'과 투자실적에 따라 증감하는 '변동보험금'으로 구성되며, 보험의 기본성격을 유지하기 위해 '기본보험금'을 최저보장으로 하고, '변동보험금'을 사망보험금에 추가한다.

변액보험상품은 크게 연금보험, 종신보험, 양로보험의 3종류로 구분하며, 가입자들이 필요에 따라 선택할 수 있지만, 보험가입자는 투자 위험을 감수하여야 한다. 예를 들어 보험회사가 보험가입자가 불입한 보험금으로 주식에 투자한 결과 주가 상승기인 2002년 이후 많은 수익을 올려 보험가입자에게 보험금을 추가 지급하였으나 2008년 금융위기로 주가가 폭락함에 따라 투자원금의 손실이 발생하고, 이에 따라 보험가입자는 많은 손실을 본 경우도 있었다. 다만, 이와 같은 상황은 극히 예외적인 경우이며, 그 후 주가가 2008년 이전 수준 이상으로 상승하였고, 보험회사가 분산투자를 함으로서 현재는 손실 위험이 많이 줄어들어 변액보험을 장기불입하는 경우 일반 저축연금에 비하여 유리할 것으로 판단된다.

2 변액연금보험

일반 저축연금은 일정 이자율로 수익을 보장하나 변액연금은 고객으로부터 연금저축으로 받은 돈으로 고수익을 목표로 주식 또는 채권에 투자하는 펀드상품 등에 투자하여 수익을 올리는 구조이기 때문에 연금저축에 비하여 일반적인 경우 더 많은 수익을 올릴 수가 있는 것이다. 다만, 펀드에 직접 투자하는 것에 비하여 변액연금보험은 적립식(적금 형태)의 경우 보험모집인에게 수당으로 모집 첫해와 다음해에 변액연금보험 적립금액의 1.69% ~ 3.57%의 수당을 지급하며, 거치식(정기예금 형태)의 경우 거치금액의 2.4% ~ 4.0%를 지급 하므로 수수료 부담이 더 많은 것이다. 참고로 수당지급비율은 보험사마다 차이가 있으며 생명보험협회 홈페이지에서 조회할 수 있다.

변액연금보험은 최근 원금의 최고 200%까지 보증해 준다는 상품들이 출시되고 있지만, 이는 보험회사가 계약자로부터 받은 보험료로 펀드상품 등에 투자하여 투자수익이 100% 이상 오른 경우에 투자원금 및 이익금을 원금과 이자가 보장되는 안전한 채권등의 투자로 이전하여 보장한다는 의미로 펀드투자수익이 이에 미치지 못하는 경우에는 실효성이 없다. 변액연금보험은 보험가입시 전문자산관리사와 상담을 한 다음 인터넷을 통해 가입하는 것이 유리하며, 최저보증 기능이 있는 경우에도 중도 해지시에는 최저보증이 안되므로 가입자가 가입기간 동안 부담할 수 있는 금액의 범위내에서 보험가입금액을 결정하여야 할 것이다.

3 변액유니버셜보험

유니버셜(Universal)이란 '세계적인, 보편적인'이라는 뜻으로 '자유자재'란 의미로도 사용한다. 유니버셜보험이란 계약자의 경제적인 여건이나 필요에 따라 보험금의 납입과 일시중지, 보험금의 중도인출을 자유롭게 할 수 있으며, 납입한 보험료가 어떤 방법으로 운용되고 있는가를 알 수 있는 보험을 말한다.

변액유니버셜보험이란 유니버셜보험의 기능 및 변액보험의 기능을 합하여 만든 보험상품으로 계약자의 보험료 불입 및 일시 중지, 중도인출등을 보장하면서 변액보험과 마찬가지로 보험회사가 고객이 보험금으로 불입한 금액으로 주식이나 채권에 투자하여 고수익을 추구할 수 있도록 설계한 보험상품이나 투자한 주식가치가 급락하는 경우 손실이 발생할 수도 있다.

▶ **방카슈랑스**

프랑스어로 은행을 뜻하는 방크(banque)와 보험이라는 의미의 아슈랑스(assurance)가 합쳐진 말이다. 은행이 보험회사와 연계해 보험 성격이 짙은 상품을 개발, 판매하는 것으로 은행과 보험사가 상호 제휴와 업무협력을 통해 종합금융서비스를 제공하는 새로운 형태의 금융 서비스를 말한다.

2 보험료 세무회계

❶ 개요

업무상 재해로 근로자가 질병, 사고 등을 당한 경우 기업이 부담한 산재보험료를 재원으로 산재보험 적용을 받게 된다. 그러나 업무상 재해가 아닌 질병, 사고 등은 언제든지 발생할 수 있으며, 이 경우 산재보험의 적용대상이 아니므로 임직원 개인은 질병, 사고 등으로 인한 병원치료비, 치료 등을 위한 휴직, 실직 위험 등으로 심각한 경제적 위험에 처할 수 있다. 따라서 이러한 산재사고외의 위험에 대비하여 근로자 개개인은 각종 보험에 가입을 하여 보험료를 불입한다.

한편, 임원의 경우 산재보험가입대상이 아니므로 업무상 재해뿐만 아니라 업무외적 사고로 인한 경제적 위험에 대비하기 위한 보험가입의 필요성이 있으며, 이로 인하여 상당수의 기업이 임원의 사고 위험에 대비하여 보험에 가입을 하고 있으며, 근로자의 경우에도 복리후생 차원에서 근로자 개인이 부담하여야 하는 보험료를 회사가 일괄 가입하여 보험료를 부담하기도 한다.

❷ 회사가 부담한 보험료의 세무회계 처리

1 직원을 피보험자로 하고, 수익자를 법인으로 하는 보험

[1] 개요
법인이 가입하는 대부분의 보험은 임직원을 피보험자로 하고, 보험사고 발생시 수익자를 법인으로 하는 보험으로 이러한 보장성보험료는 법인의 비용으로 하고, 저축성보험료는 장기성예금 등 자산으로 처리한다.

[2] 저축성보험료
만기 이자수익 등을 목적으로 보험회사에 불입하는 적립식보험은 은행의 정기적금과 유사한 금융상품으로 수익자가 법인인 경우 보험예치금으로 처리하거나 장기성예금으로 처리한다. 단, 수익자가 임직원인 경우 해당 임직원에 대한 급여로 처리를 하여야 한다.

▶ **퇴직금 지급목적의 변액연금보험료인 경우에도 손금에 산입할 수 없음**

내국법인이 근로자의 퇴직금을 지급할 목적으로 근로자를 피보험자로 하고, 해당법인을 계약자와 수익자로 하여 가입한 변액연금은 퇴직연금 등에 해당하지 아니하는 것으로, 해당법인이 불입한 부담금은 각 사업연도 소득금액 계산에 있어서 손금에 산입하지 아니한다. [법규과-678, 2012.6.18.]

[3] 보장성보험료

보장성보험료는 보험료 등 법인의 손금으로 처리한다. 단, 수익자가 임직원인 경우 해당 임직원에 대한 급여로 처리를 하여야 한다.

[4] 보장성보험과 저축성보험이 혼합된 상품

법인이 종업원의 업무상 재해 및 사망을 보험금 지급사유로 하고 당해 법인을 수익자로 하여 만기시에 일정액을 환급받는 보험에 가입하고 보험료를 불입하는 경우 보험료 불입금액 중 저축성 보험료 상당액은 자산항목인 '장기성예금' 등의 계정과목으로 처리하고 기타의 부분은 '보험료'로 처리한다. 그러나 보험료를 불입함에 있어 저축성보험료 부분과 보장성보험료 부분을 명확히 구분할 수 없는 경우로서 보험의 주목적이 저축성인 경우 실무에서는 전액 장기성예금 등 자산으로 처리한 다음 보험 해지시 손실금액을 해당연도의 비용으로 처리하기도 한다.

■ 보험료 회계처리 사례

① 《보험료 불입》 법인이 종업원의 업무상 재해 및 사망을 보험금 지급사유로 하고 당해 법인을 수익자로 하여 만기시에 일정 금액을 환급받는 보험에 가입하고(3년 만기, 월납) 적립식 보험료 100,000원 및 소멸성보험료(보장성보험료) 20,000원을 보통예금에서 이체하여 불입하다.

장기성예금	100,000	/ 보통예금	120,000
보험료	20,000		

② 《보험료 만기》 상해보험료 만기가 되어 보험료 원금 3,600,000원 및 이자 400,000원에서 법인세 56,000원 및 지방소득세 5,600원을 공제한 3,938,400원이 법인의 보통예금통장에 입금되다.

보통예금	3,938,400	/ 장기성예금	3,600,000
선납세금	61,600	이자수익	400,000

2 임원을 피보험자로 하고, 수익자를 법인으로 하는 보험

[1] 개요
임원을 피보험자로 하고, 보험사고 발생시 수익자를 법인으로 하는 보험의 경우 보장성보험료는 법인의 비용으로 하고, 저축성보험료는 장기성예금 등 자산으로 처리한다.

◆ 임원이 수익자인 보험료의 손금산입 (서면2팀-1631, 2006.08.28.)
법인이 보험계약자이고, 임원이 피보험자 또는 수익자인 경우 법인이 납입한 보험료 중 법인세법 시행령 제43조의 규정에 따라 정관, 주주총회 또는 이사회 결의에 의해 결정된 급여지급기준을 초과하는 금액은 손금불산입하여 상여처분하는 것임.

◆ 수익자가 임원인 보험료는 임원의 급여로 처분하되, 주주총회 등의 급여지급기준을 초과하는 금액은 손금산입할 수 없음 (서면2팀-1631 2006.8.28.)

1. 법인이 피보험자를 임원(대표이사 포함) 또는 종업원으로, 수익자를 법인으로 하여 보장성 보험과 저축성 보험에 가입한 경우, 법인이 납입한 보험료 중 만기환급금에 상당하는 보험료 상당액은 자산으로 계상하고, 기타의 부분은 이를 보험기간의 경과에 따라 손금에 산입하는 것임.
2. 법인이 피보험자를 임원(대표이사 포함) 또는 종업원으로 하고, 계약자 및 수익자를 법인으로 하여, 납입한 보험료는 피보험자인 임원 및 종업원의 근로소득으로 볼 수 없는 것임.
3. 법인이 보험계약자이고, 임원이 피보험자 또는 수익자인 경우 법인이 납입한 보험료 중 법인세법 시행령 제43조의 규정에 따라 정관, 주주총회 또는 이사회 결의에 의해 결정된 급여지급기준을 초과하는 금액은 손금불산입하여 상여처분하는 것임.

4. 법인이 보험계약자이고 종업원이 피보험자 또는 수익자인 경우 법인이 납입한 보험료는 종업원의 급여로 보아 손금에 산입하는 것임.

[2] 임원 퇴사시 임원이 피보험자이고, 수익자가 법인인 보험의 수익자를 퇴사하는 임원으로 변경하는 경우

법인을 계약자와 수익자로 하고, 임원을 피보험자로 하는 만기환급금이 없는 보험에 가입하여 보험료를 불입하여 오던 중 당해 임원의 퇴직 등의 사유로 그 보험계약의 계약자 및 수익자를 그 임원으로 변경하는 경우 동 법인이 보험계약에 따라 기 불입한 보험료상당액은 그 임원의 근로소득에 해당하는 것으로 한다.

◆ 보험계약의 계약자 및 수익자를 임원으로 변경하는 경우 세무처리
(서면1팀-309, 2004.03.02.) 법인이 당해 **법인을 계약자와 수익자로 하고, 임원을 피보험자로 하는 만기환급금이 없는 종신보험에 가입하여 보험료를 불입하여 오던 중 당해 임원의 퇴직 등의 사유로 그 보험계약의 계약자 및 수익자를 그 임원으로 변경하는 경우** 동 법인이 보험계약에 따라 기 불입한 보험료상당액은 그 임원의 근로소득에 해당하는 것이며, 동 근로소득의 수입시기 및 지급시기는 당해 보험계약의 계약자 및 수익자가 임원으로 변경되는 날로 하는 것임.

▶ **종신보험**

임원을 피보험자로 하고, 수익자를 법인으로 하는 만기환급금이 없는 종신보험에 불입한 금액이 법인의 손금에 산입할 수 있는지 여부에 대하여는 세법에서 명확히 규정한 바가 없어 세무조사 등의 사유로 실사를 받을 시 조사공무원의 판단 또는 사실 관계 등에 따라 달라 질 수 있다. 따라서 종신보험의 경우 아래 예규에서 정하는 바에 따라 주주총회에서 임원의 급여 한도액을 실제 지급할 금액보다 높게 책정한 다음 이사회가 임원의 급여를 승인하는 방식으로 하여 임원에 대한 급여로 처리하고, 법인의 손금에 산입하는 것이 바람직할 것으로 판단된다.

◆ 수익자가 법인인 종신보험 회계처리 (서면2팀-826, 2008.05.01.)
법인이 임원을 피보험자로 법인을 수익자로 하여 보험기간 즉 만기일이 종신인 **변액연금보험에 가입한 경우, 법인이 납입한 보험료 중 만기환급금에 상당하는 보험료 상당액은 자산으로 계상하고, 기타의 부분은 이를 보험기간의 경과에 따라 손금에 산입하는 것으로**, 기존 해석사례(서면2팀-1631, 2006.8.28.)를 참고하기 바람.

◆ 보험료의 손금산입 방법 등 (서면2팀-1631, 2006.08.28.)
【질의】
[사실관계]
o 당사는 생명보험을 영위하는 보험회사로서 중소기업을 대상으로 하는 보장성 보험(만기환급금이 없음)과 저축성 보험을 판매하고 있음.
- 보장성 보험: 정기보험, 종신보험 및 변액유니버셜 종신보험
- 저축성 보험: 변액연금보험, 양로보험 및 연금지급형 양로보험
o 당사가 상기 보험상품을 판매할 때의 계약 형태는 다음과 같으며, 이중 Case 1(피보험자는 임원이고 계약자 및 수익자는 법인)이 주된 계약 형태임.

구분	Case 1	Case 2	Case 3	Case 4
계약자	법인	법인	법인	법인
피보험자 임원	임원	종업원	종업원	
수익자	법인	임원	법인	종업원

※ 상기에서 임원에는 대표이사도 포함되며, 수익자인 임원 및 종업원에는 당해 임원 및 종업원의 가족도 포함되고, 보험료는 보험계약자인 법인이 납부함.

[질의요지]
Case 1 : 피보험자는 임원, 수익자는 법인
o 보험상품이 만기환급금이 없는 보장성보험(정기보험, 종신보험 및 변액유니버셜 종신보험)인 경우 납입 보험료에 대한 세무처리
(질의 1) 피보험자는 임원(대표이사 포함)이고 수익자는 법인인 경우에 있어서 보험계약자인 법인이 납입하는 보험료의 손금 산입 가능 여부
(질의 2) 법인이 납입한 보험료가 피보험자인 임원(대표이사 포함)의 근로소득(소득세 과세) 해당 여부
o 보험상품이 저축성 보험(변액연금보험, 양로보험 및 연금지급형 양로보험)인 경우 납입 보험료에 대한 세무처리
(질의 3) 피보험자는 임원(대표이사 포함)이고 수익자는 법인인 경우에 있어서 보험계약자인 법인이 납입하는 보험료의 손금산입 가능 여부
(법인이 납입한 보험료 중 만기환급금에 상당하는 보험료 적립액은 회계상 자산으로 처리되며, 기타의 부분은 비용으로 처리)
(질의 4) 법인이 납입한 보험료가 피보험자인 임원(대표이사 포함)의 근로소득(소득세 과세) 해당 여부

Case 2 : 피보험자 및 수익자는 법인
o 법인이 피보험자 및 수익자를 임원(대표이사 포함)으로 하여 보장성 보험 및 저축성 보험에 가입하고 납입하는 보험료의 세무처리
(질의 5) 피보험자 및 수익자가 임원(대표이사 포함)인 경우에 있어서 보험계약자인 법인이 납입하는 보험료의 손금 산입 가능 여부

Case 3 : 피보험자는 종업원, 수익자는 법인
o 종업원이 피보험자이고 법인을 수익자로 하는 보장성 보험 및 저축성 보험에 법인이 가입하고 납입하는 보험료의 세무처리
(질의 6) 피보험자는 종업원이고 수익자는 법인이 경우에 있어서 보험계약자인 법인이 납입하는 보험료의 손금 산입 가능 여부
(질의 7) 법인이 납입한 보험료가 피보험자인 종업원의 근로소득(소득세 과세) 해당 여부

Case 4 : 피보험자 및 수익자는 법인
o 법인이 피보험자 및 수익자를 종업원으로 하여 보장성 보험 및 저축성 보험에 가입하고 납입하는 보험료의 세무처리
(질의 8) 피보험자 및 수익자가 종업원인 경우에 있어서 보험계약자인 법인이 납입하는 보험료의 손금 산입 가능 여부

【회신】
1. (질의 1,3,6)의 경우, 법인이 피보험자를 임원(대표이사 포함) 또는 종업원으로, 수익자를 법인으로 하여 보장성 보험과 저축성 보험에 가입한 경우, 법인이 납입한 보험료 중 만기환급금에 상당하는 보험료 상당액은 자산으로 계상하고, 기타의 부분은 이를 보험기간의 경과에 따라 손금에 산입하는 것임.
2. (질의 2,4,7)의 경우, 법인이 피보험자를 임원(대표이사 포함) 또는 종업원으로 하고, 계약자 및 수익자를 법인으로 하여, 납입한 보험료는 피보험자인 임원 및 종업원의 근로소득으로 볼 수 없는 것임.
3. (질의 5)의 경우, 법인이 보험계약자이고, 임원이 피보험자 또는 수익자인 경우 법인이 납입한 보험료 중 법인세법 시행령 제43조의 규정에 따라 정관, 주주총회 또는 이사회 결의에 의해 결정된 급여지급기준을 초과하는 금액은 손금불산입하여 상여처분하는 것임.
4. (질의 8)의 경우, 법인이 보험계약자이고 종업원이 피보험자 또는 수익자인 경우 법인이 납입한 보험료는 종업원의 급여로 보아 손금에 산입하는 것임.

3 직원을 피보험자로 하고, 수익자가 직원인 보험

법인이 보험계약자이고 종업원이 피보험자 또는 수익자인 경우 법인이 납입한 보험료는 종업원의 과세대상 급여로 보아 손금에 산입한다. 단, 근로소득에서 제외되는 단체순수보장성보험 등 불입액은 비과세되는 근로소득으로 한다.

▶ 근로소득에서 제외되는 단체순수보장성보험 등 [소령 제38조 12]
① 종업원의 사망·상해 또는 질병을 보험금의 지급사유로 하고 종업원을 피보험자와 수익자로 하는 보험으로서 만기에 납입보험료를 환급하지 아니하는 보험(단체순수보장성보험)과 만기에 납입보험료를 초과하지 아니하는 범위안에서 환급하는 보험(단체환급부보장성보험)의 보험료 중 **연 70만원 이하**의 금액
② 「건설근로자의 고용개선 등에 관한 법률」에 의하여 공제계약사업주가 건설근로자퇴직공제회에 납부한 공제부금
③ 임직원의 고의(중과실을 포함한다)외의 업무상 행위로 인한 손해의 배상청구를 보험금의 지급사유로 하고 임직원을 피보험자로 하는 보험의 보험료

◆ 단체보장보험 보험사고 발생시 세무처리 (제도46013-421, 2000.11.21.)
법인이 임직원의 복리후생차원에서 장기 단체보장보험에 가입하고 사망시 보험금을 수령하여 유가족에게 지급하는 경우, 보험회사로부터 수령한 보험금은 당해 법인의 익금에 해당하는 것이며, 유가족에게 복리후생비인 사망위로금등으로 지급하는 때에는 손금에 산입하는 것임. 이 경우 근로자의 업무상 사망으로 인하여 근로기준법 등을 준용하여 사업자가 당해 근로자의 유족에게 지급하는 유족보상금 또는 재해보상금 등은 상속세법 제10조의 규정에 의하여 상속세 및 증여세가 비과세되는 것임.

4 임원을 피보험자로 하고, 수익자가 임원인 보험

[1] 정관, 주주총회 또는 이사회 결의에 의해 결정된 급여지급기준을 초과하는 보험료
법인이 보험계약자이고, 임원이 피보험자 또는 수익자인 경우 법인이 납입한 보험료 중 정관, 주주총회 또는 이사회 결의에 의해 결정된 급여지급기준을 초과하는 금액은 세무조정에서 손금불산입하고 상여처분하여야 한다.

[2] 정관, 주주총회 또는 이사회 결의에 의해 결정된 급여지급기준내 불입하는 보험료

정관, 주주총회 또는 이사회 결의에 의해 결정된 급여지급기준이라 함은 다음과 같으며, 급여지급기준내의 임원 보험료는 법인의 손금에 산입하고, 임원에 대한 상여로 처분을 할 수 있다.

이사의 보수결정을 이사회에 일임하는 정관규정은 무효이다. 그러나 주주총회 결의로 개별 이사의 보수를 반드시 정해야 하는 것은 아니며, 이사 전원에 대한 보수의 총액만 정하고, 개별 이사에 대한 분배는 주주총회에서 다시 이사회에 위임할 수 있다.

[사례] 이사의 보수에 대한 정관 규정
제○조 (이사 및 감사의 보수와 퇴직금) ① 이사와 감사의 보수는 주주총회의 결의로 이를 정한다.

[사례] 주주총회 의안 "임원보수 한도 승인의 건"
의장은 본회사의 임원의 보수의 한도를 다음과 같이 결정할 것을 제안하고, 이사의 보수지급액에 대한 구체적인 사안은 이사회에 위임함에 대하여 그 가부를 물은바, 전원 이의없이 찬성하다.
- 이사의 보수한도 :   원
- 감사의 보수한도 :   원

◆ 수익자가 임원인 보험료 중 정관, 주주총회 또는 이사회의 결의에 의해 결정된 급여지급기준 범위내에서 지급된 금액은 임원의 급여로 보아 손금에 산입할 수 있음
[국심2006서3194, 2007.04.04.] <상세내용 : 예규 등 검색 참조>
(중략) 수익자가 임원 또는 종업원인 경우에는 납입한 보험료 중 「법인세법시행령」제43조의 규정에 따라 정관, 주주총회 또는 이사회의 결의에 의해 결정된 급여지급기준 범위내에서 지급된 금액은 종업원의 급여로 보아 손금에 산입하고, 급여지급기중을 초과하는 금액은 손금불산입하여 상여처분하는 것이 타당하다고 판단된다
(국세청 예규 서면2팀-1662, 2006.8.30. 참조)

❸ 보험금 수입에 대한 세무회계

1 보험금 수입

[1] 보장성보험료 수입
피보험자를 임직원으로 하여 수익자가 법인인 보험 등에 가입한 후 보험사고의 발생으로 받는 보험금은 영업외수익으로 처리를 하여야 한다.

[2] 저축성보험료 수입
만기가 종료되거나 보험을 중도해지하여 보험금을 수령하는 경우 환급금이 장부상 금액(장기성예금 또는 보험예치금 등)을 초과하는 금액은 영업외수익(보험차익, 잡이익 등)으로 장부상 금액보다 적은 경우 그 차액은 영업외손실로 처리한다.

2 보험사고를 입은 임직원에게 위로금 등을 지급하는 경우

[1] 업무와 관련한 보험사고인 경우
업무와 관련한 보험사고로 인하여 보험회사부터 받은 보험금은 법인의 수익으로 계상한 다음, 해당 임직원에게 지급하는 경우 비과세되는 근로소득으로 한다. 단, 재해 종업원의 치료비로 충당한 금액은 복리후생비 등으로 처리한다.

[2] 업무와 무관한 보험사고인 경우
업무와 관련없는 보험사고로 인하여 보험회사부터 받은 보험금은 법인의 수익으로 계상한 다음, 위로금으로 해당 임직원에게 지급하는 경우 과세되는 근로소득으로 한다.

5 법인의 핵심 세무실무

01 종업원 선물, 포상금, 경조사비 등

❶ 종업원 선물

[1] 종업원 선물의 세무처리

사업자가 복리후생목적으로 선물을 구입하여 종업원에게 증정하는 경우 금액의 다과에 관계없이 급여로 처리를 하여야 한다.

◆ 원천-296, 2009.04.09
임직원을 대상으로 생일, 결혼기념일, 출산시 복리후생계념으로 2~3만원 상당의 선물지급 시 결혼기념일에 회사로부터 받는 선물은 과세대상 근로소득에 해당하는 것이며 생일, 출산시 지급하는 선물은 기 질의 회신문(법인46013-92, 1993.1.13. 및 서면1팀-829, 2004.6.18.)을 참고하기 바람

◆ 법인, 법인46013-92,1993.01.13.
귀 질의의 경우 종업원이 지급받는 생일축하금은 과세되는 근로소득의 범위에 포함되는 것임

◆ 종업원 선물 구입에 대한 매입세액공제
매입세액은 공제가 가능하다. 그러나 직원에게 주는 선물은 재화의 공급(개인적 공급)에 해당되는 것이므로 부가가치세가 과세된다. 즉, 종업원 선물용으로 물품 등을 구입할 시 부가가치세 매입세액을 공제받는 경우에는 그 선물을 종업원에게 지급할 시 부가가치세

매출세액을 계산하여 납부하여야 한다. 단, 매입세액을 공제받지 않는 경우 부가가치세를 납부하지 않아도 되므로 실무에서는 종업원 선물 구입의 경우 매입세액불공제하고, 과세대상 급여로 처리를 한다.

[개정 세법] 2019년 이후 1인당 연간 10만원 이내의 경조사와 관련된 재화는 개인적공급에서 제외하므로 매입세액을 공제받는 경우에도 과세하지 않는다.

[2] 취득 또는 생산한 재화를 직원에게 무상으로 증정하는 경우
개인적공급에 해당하므로 시가를 과세표준으로 하여 부가가치세를 신고하여야 하며, 과세표준은 재화를 무상으로 증정받은 직원의 근로소득에 합산하여 근로소득세를 원천징수하여 납부하여야 한다.

❷ 종업원 경조사비

사업자가 그 종업원에게 지급한 경조금중 사회통념상 타당하다고 인정되는 범위내의 금액은 이를 지급받은 자의 근로소득으로 보지 아니한다.

◆ 경조금이 비과세 근로소득에 해당하는 것인지 여부
[소득, 서이46013-11480 , 2002.08.02.]
[요 지]
경조금 중 사회통념상 타당하다고 인정되는 범위안의 금액에서의 경조나 지급액의 범위는 구체적으로 사실 판단할 사안임.
[회 신]
귀 질의의 경우 붙임의 우리청 관련 질의회신(소득1264-1652(1984.05.15), 소득46011-2326(1998.08.18))을 참고하시기 바랍니다.

○ 소득1264-1652, 1984.05.15
소득세법 시행규칙 제4조 제1항 규정의 "경조금중 사회통념상 타당하다고 인정되는 범위안의 금액" 에서의 경조나 지급액의 범위는 구체적으로 사실판단할 사안임.

○ 소득, 소득46011-2326 , 1998.08.18
근로자가 천재·지변 기타 재해로 인하여 받는 실비변상적인 성질에 해당하는 급여는 소득세법시행령 제12조제16호의 규정에 의하여 비과세되는 근로소득에 해당하는 것임

○ 서이46012-11058, 2003.05.27.
법인이 임원 또는 사용인에게 사회통념상 타당하다고 인정되는 범위 안에서 지급하는 경조사비는 각 사업연도 소득금액 계산상 손금에 산입하는 것이나, 동 범위를 초과하는 금액은 손금에 산입하지 아니하는 것입니다. 이 경우 "사회통념상 타당하다고 인정되는 범위"는 경조사비 지급규정, 경조사 내용, 법인의 지급능력, 종업원의 직위·연봉 등을 종합적으로 감안하여 사실 판단할 사항임.

❸ 종업원 공로금, 상금 및 경품

공로금·위로금·개업축하금 기타 이와 유사한 성질의 사실상 급여에 속하는 상금은 근로소득에 해당하는 것이며, 종업원의 특별한 공로에 대하여 경진·경영 등에서 우수한 자에게 지급하는 상금은 기타소득에 해당한다.

◆ 체육대회에서 추첨을 통하여 임직원에게 경품을 지급하는 경우 소득구분 여부
[소득, 서일46011-11724 , 2002.12.20.]
공로금·위로금·개업축하금 기타 이와 유사한 성질의 사실상 급여에 속하는 상금은 근로소득에 해당하는 것이며, 종업원의 특별한 공로에 대하여 경진·경영 등에서 우수한 자에게 지급하는 상금은 기타소득에 해당하는 것임.
[회 신]
귀 질의의 경우 우리청의 관련 기 질의회신문(소득46011-10094, 2001.02.05)을 붙임과 같이 보내드리니 참고하시기 바랍니다.
○ 소득46011-10094,2001.02.05
종업원에게 지급하는 공로금·위로금·개업축하금 기타 이와 유사한 성질의 사실상 급여에 속하는 상금은 근로소득에 해당하는 것이며, 종업원의 특별한 공로에 대하여 경진·경영·경로대회·전람회 등에서 우수한 자에게 지급하는 상금은 기타소득에 해당하는 것으로, 귀 질의의 경우 회사의 포상계획·각종행사계획·지급사유 등 실질내용에 따라 사실판단할 사항임.

❹ 종업원 포상금

종업원의 특별한 공로에 대하여 경진·경영·경로대회·전람회 등에서 우수한 자에게 지급하는 상금은 기타소득에 해당한다.

◆ 사내에서 지급하는 포상금 등의 기타소득 해당여부
[소득, 제도46011-10290 , 2001.03.27.]
[요 지]
종업원의 특별한 공로에 대하여 경진·경영·경로대회·전람회 등에서 우수한 자에게 지급하는 상금은 기타소득에 해당하는 것임.
[회 신]
종업원에게 지급하는 공로금·위로금·개업축하금 기타 이와 유사한 성질의 사실상 급여에 속하는 상금은 근로소득에 해당하는 것이며, 종업원의 특별한 공로에 대하여 경진·경영·경로대회·전람회 등에서 우수한 자에게 지급하는 상금은 기타소득에 해당하는 것입니다.

□ 소득세법기본통칙 21-1 【기타소득의 범위】
① 법 제21조 제1항 제1호에 규정하는 상금·현상금·포상금·보로금에는 이자소득·배당소득·부동산임대소득·사업소득·근로소득·일시재산소득·퇴직소득·양도소득 및 산림소득(이하 이 절에서 "다른 소득" 이라 한다)에 속하지 아니하는 것으로 다음 각호의 것을 포함한다.
1. 현상광고 또는 우수현상광고에 대하여 지급하는 현상금
2. 특별한 공로에 대하여 지급하는 상금
3. 경진·경연·경기대회·전람회 등에서 우수한 자에게 지급하는 상금
4. 법령의 규정에 의하여 지급하는 보상금·포상금·보로금·상금 등

◆ 종업원이 우수 인재를 추천하고 지급받은 보상금의 소득구분
[소득, 소득세과-2057 , 2009.12.31.]
법인의 종업원이 우수 인재를 추천하고 당해 법인으로부터 지급받은 보상금은 기타소득에 해당하는 것임.

❺ 근로제공외 인적용역을 제공하는 경우 소득구분

근로자가 정상근무시간 외에 사내교육등을 하고 당해 회사로부터 지급받는 강사료는 근로소득에 해당하나 업무와 관련없이 독립된 자격에 의하여 일시적으로 원고를 게재하고 받는 대가는 기타소득에 해당한다.

◆ 소득46011-39, 1997.01.09
근로자가 정상근무시간 외에 사내교육(자사의 직원들에게 특정과목에 대한 강의)을 하고 당해 회사로부터 지급받는 강사료는 소득세법 제20조의 규정에 의하여 근로소득에 해당되는 것임

◆ 소득1264-848, 1982.03.17
사원이 사내에서 발간하는 사보 등에 게재하는 원고를 업무의 일부에 속하는 것으로 제출한 경우, 그 대가는 업무의 연장으로 보아 소득세법 제21조에 규정하는 근로소득으로 보는 것이나 업무와 관련없이 독립된 자격에 의하여 일시적으로 원고를 게재하고 받는 대가는 동법 시행령 제49조의 2 제1항 제4호의 규정에 의한 기타소득입니다.

❻ 자사제품 등의 종업원에 대한 할인판매

내국법인이 사용인에 대한 자사제품을 할인판매할 경우 당해 판매가 「법인세법 기본통칙」 52-88…3에 해당되는 경우 부당행위계산 부인규정이 적용되지 아니한다.

□ 법인세법 기본통칙 52-88…3 【 조세의 부담을 부당하게 감소시킨 것으로 인정되지 아니하는 경우의 예시 】 다음 각 호의 어느 하나에 해당하는 것은 "조세의 부담을 부당하게 감소시킨 것으로 인정되는 경우"에 포함되지 아니하는 것으로 한다.
8. 사용인에게 자기의 제품이나 상품 등을 할인판매하는 경우로서 다음에 해당하는 때
가. 할인판매가격이 법인의 취득가액 이상이며 통상 일반 소비자에게 판매하는 가액에 비하여 현저하게 낮은 가액이 아닌 것
나. 할인판매를 하는 제품 등의 수량은 사용인이 통상 자기의 가사를 위하여 소비하는 것이라고 인정되는 정도의 것

[세법 개정] 종업원 할인금액에 대한 근로소득 비과세 기준 마련
(소득법 제12조 제3호 처목 제20조 ①)

현 행	개 정
<신 설>	□ 종업원등에 대한 할인금액을 근로소득으로 규정 ㅇ (종업원등) 자사 및 계열사의 종업원 ㅇ (대상금액) 종업원등이 자사·계열사의 재화 또는 용역을 시가*보다 할인하여 공급받은 경우 할인받은 금액 　* 할인적용 전 판매가격 또는 쇼핑몰 등 고시가격을 기준으로 하되, 동일기간 일반소비자에게 판매한 가격이 있는 경우 시가로 인정 ㅇ (적용요건) 일반소비자와 차별하여 종업원등에게만 적용되는 할인금액일 것 □ 할인금액 중 비과세금액 ㅇ (비과세 금액) Max(시가의 20%, 연 240만원) ㅇ (비과세대상 요건) ❶ 종업원등이 직접 소비목적으로 구매 ❷ 일정기간* 동안 재판매 금지 　* 구체적인 기간은 대통령령으로 위임 ❸ 공통 지급기준에 따라 할인금액 적용

<적용시기> '25.1.1. 이후 발생하는 소득 분부터 적용

❼ 부서단위로 지급하는 성과상여금의 소득세 원천징수

업무실적 등이 우수한 부서단위로 지급하는 성과상여금의 경우로서 그 성과상여금이 근로자 개개인에게 귀속되는 경우에는 근로자 각자의 근로소득에 해당하여 이를 지급하는 때 소득세를 원천징수하여야 한다.

◆ 부서단위로 지급하는 성과상여금의 소득세 원천징수대상 여부
[소득, 서면인터넷방문상담1팀-118 , 2007.01.19.]
[요 지]
업무실적 등이 우수한 부서단위로 지급하는 성과상여금의 경우로서 그 성과상여금이 근로자 개개인에게 귀속되는 경우에는 근로자 각자의 근로소득에 해당하여 이를 지급하는 때 소득세를 원천징수하여야 하는 것임
[회 신]
귀 질의의 경우 급여지급기준에 의하여 기본항목의 급여 외에 업무실적 등이 우수직원에게 추가로 지급하는 성과상여금은 소득세법 제20조의 근로소득에 해당하며, 부서단위로 지급받는 경우 그 성과상여금이 근로자 개개인에게 귀속되는 경우에는 근로자 각자의 근로소득에 해당하여 이를 지급하는 때 소득세를 원천징수하여야 하는 것으로서 이와 유사한 기질의회신문(소득46011-2332, 1994.08.18.외)을 참고하시기 바랍니다.

❽ 선택적복지제도 운영에 따른 소득세 과세여부

선택적복지제도 운영지침에 따라 복지후생제도를 시행함에 있어 종업원에게 개인별로 포인트를 부여하여 이를 사용하게 하는 경우 당해 포인트 사용액 근로소득으로 과세하여야 한다.

◆ 법인, 서면인터넷방문상담1팀-1417 , 2005.11.23
선택적복지제도 운영지침에 따라 복지후생제도를 시행함에 있어 종업원에게 개인별로 포인트를 부여하여 이를 사용하게 하는 경우 당해 포인트 사용액 근로소득으로 과세함

⑨ 종업원 가불금

[1] 가지급금
명칭여하에 불문하고 특수관계자에게 당해 법인의 업무와 관련이 없는 자금의 대여액을 말한다.

[2] 업무무관 가지급금에서 제외하는 금액
1. 사용인에 대한 월정급여액의 범위안에서의 일시적인 급료의 가불금
2. 사용인에 대한 **경조사비의 대여액**
3. 사용인(사용인의 자녀를 포함한다)에 대한 **학자금의 대여액**

▶ 종업원 가불금

종업원 가불금이 1개월에 상당하는 금액이라면, 해당 가불금은 월정액급여를 초과하지 않는 것으로 보아 인정이자를 계상하지 않는 것이나 예를 들어 2개월분 급여에 대하여 가불을 한 경우 월정액급여를 초과하는 금액으로 가불금에 대하여 인정이자 상당액을 계상하여 법인의 익금에 산입하고, 근로소득으로 처분하여야 할 것이다.

[개정 세법] 중소기업 근로자 주택구입 대여금 등에 대한 지원(법인칙 §44)
근로자의 주택구입·전세자금을 대여하는 중소기업 지원을 위해 해당 대여금을 업무무관 가지급금에서 제외
<적용시기> 2020.1.1. 이후 개시하는 사업연도 분부터 적용

02 대손상각 및 대손세액공제

❶ 대손상각

1 대손상각 요건 및 대손상각 시기

[1] 대손상각 요건 [법인세법 시행령 제19조의2]
채무자의 파산 등 다음에 정하는 사유로 회수할 수 없는 채권의 금액[대손금]은 손금에 산입한다.

1. 「상법」에 따른 소멸시효(5년 → 상사채권의 경우 민법에 의한 단기 소멸시효 3년)가 완성된 외상매출금 및 미수금
2. 「어음법」에 따른 소멸시효가 완성된 어음
3. 「수표법」에 따른 소멸시효가 완성된 수표
4. 「민법」에 따른 소멸시효가 완성된 대여금 및 선급금
5. 회생계획인가의 결정 또는 법원의 면책결정에 따라 회수불능으로 확정된 채권
5의2. 채무조정을 받아 신용회복지원협약에 따라 면책으로 확정된 채권
6. 「민사집행법」 제102조에 따라 채무자의 재산에 대한 경매가 취소된 압류채권
7. 물품의 수출 또는 외국에서의 용역제공으로 발생한 채권으로서 기획재정부령으로 정하는 사유에 해당하여 무역에 관한 법령에 따라 한국무역보험공사로부터 회수불능으로 확인된 채권
8. 채무자의 파산, 강제집행, 형의 집행, 사업의 폐지, 사망, 실종 또는 행방불명으로 회수할 수 없는 채권
9. 부도발생일부터 6개월 이상 지난 수표 또는 어음상의 채권 및 외상매출금[중소기업의 외상매출금으로서 부도발생일 이전의 것에 한정한다]. 다만, 해당 법인이 채무자의 재산에 대하여 저당권을 설정하고 있는 경우는 제외한다.
9의2. 중소기업의 외상매출금 및 미수금으로서 회수기일이 2년 이상 지난 외상매출금등. 다만, 특수관계인과의 거래로 인하여 발생한 외상매출금등은 제외한다.

10. 재판상 화해 등 확정판결과 같은 효력을 가지는 것으로서 기획재정부령으로 정하는 것에 따라 회수불능으로 확정된 채권
11. 회수기일이 6개월 이상 지난 채권 중 채권가액이 30만원 이하(채무자별 채권가액의 합계액을 기준으로 한다)인 채권
12. 금융회사 등의 채권 중 다음 각 목의 채권
    가. 금융회사 등이 금융감독원장으로부터 대손금으로 승인받은 것
    나. 금융감독원장이 가목의 기준에 해당한다고 인정하여 대손처리를 요구한 채권으로 금융회사 등이 대손금으로 계상한 것
13. 중소기업창업투자회사의 창업자에 대한 채권으로서 중소벤처기업부장관이 기획재정부장관과 협의하여 정한 기준에 해당한다고 인정한 것

[2] 대손상각 시기

대손상각은 다음 각 호의 어느 하나의 날이 속하는 사업연도에 대손상각처리할 수 있다.

1. [1]의 제1호부터 제5호까지, 제5호의2 및 제6호에 해당하는 경우에는 해당 사유가 발생한 날 → 결산조정에 의한 대손금처리
2. 제1호 외의 경우에는 해당 사유가 발생하여 손비로 계상한 날 → 결산조정에 의한 대손금처리 또는 세무조정에 의한 손금산입

▶ 부도어음 대손상각

[1]의 제9호에 따른 부도발생일은 소지하고 있는 부도수표나 부도어음의 지급기일(지급기일 전에 해당 수표나 어음을 제시하여 금융회사 등으로부터 부도확인을 받은 경우에는 그 부도확인일을 말한다)로 한다. 이 경우 대손금으로 손비에 계상할 수 있는 금액은 사업연도 종료일 현재 회수되지 아니한 해당 채권의 금액에서 1천원을 뺀 금액으로 한다.

[3] 회수기일로부터 2년 이상 지난 중소기업 외상매출금 대손상각

회수기일이 2년 이상 지난 외상매출금은 장부에 대손상각비를 계상한 경우에 한하여 대손처리를 할 수 있으며, 세무조정에 의하여 대손상각비로 손금산입할 수는 없음

◆ 회수기일이 2년 경과한 중소기업 매출채권의 대손상각

(법인, 서면-2020-법령해석법인-2501 [법령해석과-3424], 2020.10.26.)

[제 목]
외상매출금등에 대한 대손금의 적용시기

[요 지]
개정규정 시행 전에 외상매출금등(특수관계인과의 거래로 인하여 발생한 외상매출금등은 제외)의 회수기일이 2년을 경과하였다고 하더라도 2020년 1월 1월 이후 개시하는 사업연도에 손비로 계상한 경우 그 계상한 날이 속하는 사업연도의 소득금액 계산 시 손금에 산입하는 것임

[회 신]
중소기업이 「법인세법 시행령」(2020.2.11. 대통령령 제30396호로 개정된 것) 제19조의2제1항제9호의2(이하"개정규정")를 적용함에 있어
해당 개정규정 시행 전에 외상매출금등(특수관계인과의 거래로 인하여 발생한 외상매출금등은 제외)의 회수기일이 2년을 경과하였다고 하더라도 2020년 1월 1월 이후 개시하는 사업연도에 손비로 계상한 경우 그 계상한 날이 속하는 사업연도의 소득금액 계산 시 손금에 산입하는 것임

[관련법령] 법인세법 시행령 제19조의2

1. 사실관계
○ A법인은 중소기업이며 '17.**월 발생한 외상매출금이 '19.**월 중에 회수기일이 2년을 경과함

2. 질의요지
○ '20.2.11. 신설된 「법인세법 시행령」 제19조의2제1항제9호의2 시행 전에 외상매출금등의 회수기일이 2년을 경과한 경우 해당채권을 대손금으로 손금산입 할 수 있는지 여부

◆ 대손금의 손금 산입

[법인, 서면-2020-법인-4044, 2020.11.30.]

중소기업인 내국법인의 외상매출금(특수관계인과의 거래로 인하여 발생한 것은 제외)으로서 회수기일(회수기일이 변경된 경우 변경된 회수기일을 말함)이 2년 이상 지난 외상매출금은 「법인세법 시행령」 제19조의2 제3항에 따라 대손금으로 비용 계상한 날이 속하는 사업연도에 손금으로 산입할 수 있는 것임

▶ 회수기일

세금계산서 발행일자가 아닌 계약서 등 객관적인 서류에서 확인되는 '해당 채권의 회수기일'을 의미한다. 다만, 별도의 계약서가 없고 대손사유 사실의 발생에 관한 내용을 입증할 수 있는 경우라면, 세금계산서 발행일을 기준으로 2년 경과 여부를 판단하여도 될 것으로 사료된다.

2 거래처가 폐업한 경우 대손상각

[1] 거래처의 재산이 없음을 입증할 수 있는 경우

채무자의 사업폐지로 회수할 수 없는 채권은 당해 대손사유가 발생하여 장부에 손금으로 계상(결산조정)한 날이 속하는 사업연도에 대손금으로 손금산입할 수 있다.

▶ 폐업에 따른 대손상각은 결산조정에 의하는 것으로 경정청구대상 아님

거래처가 폐업하고, 회수할 수 있는 재산이 없는 경우 결산조정에 의하여 손금 처리가 가능한 것으로 소멸시효완성일이 속하는 사업연도까지 결산조정에 의하여 손금산입하지 못한 경우 사업 폐지를 사유로 경정청구에 의하여 손금산입할 수 없다. 다만, 상법에 의한 소멸시효가 완성된 사업연도에 소멸시효 완성을 사유로 손금에 산입할 수 있으며, 소멸시효완성일이 속하는 사업연도에 손금산입을 하지 못한 경우 경정청구에 의하여 신고조정으로 손금산입할 수 있다

▶ 사업의 폐지에 따른 대손상각시 구비서류

법인세법상 그 구체적인 서류를 규정하고 있지 않으나, 사업의 폐지로 회수할 수 없는 미수금(채권)을 대손금으로 손금산입하기 위해서는 사업의 폐지로 채권의 회수가 불가능함을 입증할 수 있는 객관적인 증빙서류(폐업사실 증명서, 재산조사 증빙 서류 등)를 갖추어야 한다.

◆ 폐업한 거래처의 매출채권 대손상각 (법인-253, 2011.04.07.)

폐업한 거래처에 대하여 채권회수를 위한 제반절차를 취하였음에도 무재산 등으로 회수불능임이 객관적으로 확인되는 때에는 「법인세법 시행령」 제19조의2제3항에 따라 해당 사유가 발생하여 손금으로 계상한 날이 속하는 사업연도의 손금에 산입하는 것이며, 이 경우 채무자의 사업폐지 여부는 실질에 따라 판단하는 것임.

◆ 대손상각 증빙서류 (서면2팀-1776, 2005.11.04.)

내국법인이 보유하고 있는 채권 중 채무자의 파산 등 법인세법 시행령 제62조 제1항에서 정하는 사유로 회수할 수 없는 채권의 금액은 당해 사업연도의 소득금액계산에 있어서 이를 손금에 산입하는 것으로 법인이 채권을 대손금으로 손금에 산입하기 위하여는 객관적인 자료에 의하여 그 채권이 회수불능임을 입증하여야 하는 것이며, 공부상 확인이나 증명이 곤란한 무재산 등에 관한 사항은 「채권추심업무보고서」 등에 의하여 확인할 수 있는 것이고, 당해 보고서의 작성요령과 첨부하여야 할 서류는 무재산으로 당해 채권액을 회수할 수 없는 경우에 해당되는 것임을 객관적으로 입증할 수 있는 구체적인 내용과 증빙자료를 갖추면 되는 것임.

[2] 거래처의 무재산임을 입증할 수 없는 경우

채무자가 단지 폐업하였다하여 사유만으로는 대손처리할 수 없으며, 이 경우 소멸시효완성일이 속하는 사업연도에 대손상각 여부를 검토하여야 할 것이다.

한편, 거래처의 채권에 대하여 소멸시효완성일이 속하는 사업연도에도 거래처의 무재산임을 입증할 수 없는 경우 접대비로 처리할 수 있다. 다만, 폐업한 거래처에 대하여 접대비로 처리하는 것은 법이론상으로는 적절하지 않을 것으로 판단이 되나 접대비로 처리한다하여 세무상 문제는 발생하지 않을 것이다.

■ 거래처가 폐업한 경우 대손상각 요약표

[1] 최종회수일부터 3년 이내
(1) 채권추심을 위한 제반조치를 취하였음에도 재산이 없음을 입증할 수 있는 경우
대손상각 → 사후관리 필요없음
(2) 채권추심을 위한 제반조치를 취하였음을 입증할 수 없는 경우
소멸시효 완성일이 속하는 사업연도에 손금산입 여부를 검토하여야 함

[2] 소멸시효완성일이 속하는 사업연도
(1) 채권추심을 위한 제반조치를 취하였음을 입증할 수 있는 경우
대손상각 → 사후관리 필요없음
(2) 채권추심을 위한 제반조치를 취하였음을 입증할 수 없는 경우
접대비 → 시부인계산, 한도범위액내 손금산입, 한도초과액 손금불산입

[3] 소멸시효완성일이 경과한 이후(소멸시효완성 사유로 경청청구 가능)
채권추심을 위한 제반조치를 취하였음을 입증할 수 있는 경우 소멸시효완성일이 속하는 사업연도의 대손상각비로 처리하여 경정청구할 수 있다.

3 소멸시효 완성에 의한 대손상각

[1] 개요
채권회수를 위한 제반 법적조치를 취하였음에도 거래처의 재산이 없어 채권회수를 할 수 없는 상태로 소멸시효가 완성된 경우 소멸시효완성일이 속하는 사업연도에 대손상각비로 처리할 수 있으나 그 금액이 중요한 경우 관할 세무서에서 사업자가 채권회수를 위한 제반 법적조치를 취하였는지 여부에 대하여 해명요구를 할 수 있으므로 채권 회수를 위한 제반 조치에 대한 증빙을 갖추어 두어야 한다.

[2] 소멸시효완성일
1. 「상법」에 의한 소멸시효(5년 → 상사채권의 경우 민법에 의한 단기 소멸시효 3년)가 완성된 외상매출금 및 미수금
2. 「어음법」에 의한 소멸시효(3년)가 완성된 어음
3. 「수표법」에 의한 소멸시효(6개월)가 완성된 수표
4. 「민법」에 의한 소멸시효가 완성된 대여금 및 선급금(10년)

▶ 상사채권의 소멸시효완성일
상법에 의한 채권의 소멸시효기간은 5년이나 상사채권의 경우 민법에 의한 단기소멸시효기간은 3년으로 채권을 행사할 수 있는 때로부터 3년이 경과한 날이 속하는 사업연도가 소멸시효완성일이다.

◆ 선급금 소멸시효 [소득, 조심2013서4549 , 2014.01.16.]
쟁점선급금은 상품의 판매대가가 아니라, 청구인이 의료장비를 구입하기 위하여 지불한 선급금이므로 쟁점 선급금의 소멸시효를 5년으로 보아 필요경비 불산입하여 과세한 처분은 타당해 보임

□ 민법 제162조(채권, 재산권의 소멸시효) ①채권은 10년간 행사하지 아니하면 소멸시효가 완성한다.
②채권 및 소유권 이외의 재산권은 20년간 행사하지 아니하면 소멸시효가 완성한다.
민법 제163조(3년의 단기소멸시효) 다음 각호의 채권은 3년간 행사하지 아니하면 소멸시효가 완성한다. <개정 1997.12.13.>
1. 이자, 부양료, 급료, 사용료 기타 1년 이내의 기간으로 정한 금전 또는 물건의 지급을 목적으로 한 채권
3. 도급받은 자, 기사 기타 공사의 설계 또는 감독에 종사하는 자의 공사에 관한 채권
6. 생산자 및 상인이 판매한 생산물 및 상품의 대가
7. 수공업자 및 제조자의 업무에 관한 채권

[3] 소멸시효기산일

① 소멸시효는 권리를 행사할 수 있는 때로부터 진행한다.(「민법」 제166조제1항). 권리를 행사할 수 있는 때란 다음과 같은 경우를 말한다.
1. 기한이 정해진 경우 : 기한이 도래한 때
2. 기한이 없는 경우 : 그 채권을 행사할 수 있는 때
② 통상 세금계산서를 발급한 후 그 대금의 최종입금일로 하되, 당해 거래에 대하여 입금된 내용이 없는 경우 세금계산서를 발급한 날을 소멸시효기산일로 하면 될 것이다.

[4] 소멸시효 중단

채권자는 채권의 시효가 완성되기 전에 소멸시효를 중단시켜야 한다. 채권자가 소멸시효를 중단시키는 방법으로는 재판상청구, 파산절차참가, 지급명령의 신청, 화해를 위한 소환, 임의출석, 압류·가압류·가처분이 있고, 채무자가 채무를 승인하는 경우에도 소멸시효는 중단된다.

□ 민법 제168조 (소멸시효의 중단사유) 소멸시효는 다음 각호의 사유로 인하여 중단된다.
1. 청구
2. 압류 또는 가압류, 가처분
3. 승인

[5] 소멸시효 중단의 효력

시효가 중단된 때에는 중단까지에 경과한 시효기간은 이를 산입하지 않고 중단사유가 종료한 때로 부터 새로이 진행한다.(「민법」 제178조제1항). 한편, 재판상의 청구로 인하여 중단한 시효는 재판이 확정된 때로부터 새로이 진행한다.

◆ 매출채권 중 일부를 받았을 때에는 "승인"에 해당되어 소멸시효가 중단되는 것임
(부가-2749, 2008.08.27)
1. 사업자가 세금계산서를 발행한 후 매출채권 중 일부를 받았을 때 「민법」 제168조 제3호의 "승인"에 해당되어 소멸시효가 중단되는 것임.
2. 최종 입금일부터 3년이 경과한 후에 소멸시효완성에 의한 대손이 확정되는 것이며, 대손세액으로 공제받을 수 있는 범위는 「부가가치세법 시행령」 제63조의 2 제2항의 규정에 의하여 과세되는 재화 또는 용역을 공급한 후 그 공급일부터 5년이 경과된 날이 속하는 과세기간에 대한 확정신고 기한까지 대손이 확정되는 대손세액으로 하는 것으로서 귀 질의의 경우에는 대손세액 공제를 받을 수 없는 것임.

[6] 소멸시효가 완성되어도 대손상각비로 처리할 수 없는 경우

정당한 사유없이 채권회수를 위한 제반 법적조치를 취하지 아니함에 따라 채권의 소멸시효가 완성된 경우의 동 채권은 소멸시효 완성일이 속하는 연도의 접대비로 처리하여야 한다.

[7] 소멸시효 완성일이 속하는 사업연도까지 손금산입하지 못한 경우

법인이 상법상 소멸시효가 완성될 때까지 회수가 불가능한 매출채권을 결산에 의해 대손금으로 계상하지 못한 경우에는 소멸시효가 완성된 날이 속하는 사업연도에 신고조정으로 손금에 산입할 수 있으므로 소멸시효가 완성된 대손금을 당해 사업연도의 소득금액 계산에 있어서 손금에 산입하지 못한 경우에는 경정청구에 의하여 소멸시효 완성일이 속하는 사업연도의 손금으로 계상할 수 있다.

◆ 법인, 서이46012-11706 , 2002.09.12.
법인이 상법상 소멸시효가 완성될 때까지 회수가 불가능한 매출채권을 결산에 의해 대손금으로 계상하지 못한 경우에는 소멸시효가 완성된 날이 속하는 사업연도의 과세표준 신고시 세무조정에 의해 손금에 산입할 수 있는 것임.

4 소멸시효 완성일 이전 대손상각

[1] 폐업, 부도, 파산으로 채권회수가 불가능함을 입증할 수 있는 경우
거래처가 사업을 폐지하였거나 부도, 파산 등으로 매출채권을 회수할 수 없는 경우로서 추심할 재산이 없는 경우 해당 사유의 발생일부터 소멸시효 완성일이 속하는 사업연도까지 결산조정에 의하여 대손상각비로 계상할 수 있다.

[2] 폐업, 부도, 파산하였으나 채권회수가 불가능함을 입증할 수 없는 경우
폐업, 부도, 파산하였으나 채권회수가 불가능함을 입증할 수 없는 경우 소멸시효완성일이 속하는 사업연도 이전에 거래처 매출채권에 대하여 대손처리하는 것은 적법하지 않다. 단, 소멸시효완성일 전에 매출채권을 장부에서 제거하고자 하는 경우에는 접대비 또는 기부금으로 처리한 다음 전액 손금불산입하고, 기타사외유출로 처리할 수 있다. 한편, 채권회수가 불가능함을 입증할 수 없음에도 대손상각비로 처리한 경우 세무조정에서 손금불산입하고 유보처분한 다음 소멸시효완성일이 속하는 사업연도에 손금 추인 여부를 검토하여야 한다.

[3] 사업폐지, 부도, 파산 등외의 매출채권에 대한 대손처리
계속 거래처의 경우에는 대손처리를 할 수 없다. 다만, 거래가 중단된 이후에는 최종 대금회수일부터 소멸시효가 진행되므로 소멸시효완성일이 속하는 사업연도에 접대비 또는 기부금으로 처리하여야 한다.

> **사례** 폐업 또는 소멸시효완성에 의한 대손상각
>
> [예제] 20×3.10.31 매출액 11,000,000원(부가세 포함)
> 20×5.09.10 채권 배당 6,000,000원
> 20×5.05.29 폐업
> [풀이] 배당청구의 경우에도 소멸시효가 중단되며, 배당표가 확정된 때 소멸시효가 다시 진행되는 것으로 소멸시효 기산일은 20×5.09.10.로 하여야 한다. 다만, 폐업을 사유로 대손상각을 할 수 있으나 재산이 없음을 입증할 수 있는 사업연도에 결산조정으로 대손상각할 수 있다.

5 부도어음 대손상각

[1] 개요
부도발생일부터 6개월 이상 지난 수표 또는 어음상의 채권을 회수할 수 없는 경우에는 결산조정으로 손금산입할 수 있는 것으로 사유가 발생한 사업연도에 손금에 계상하지 못하였더라도 소멸시효 완성일까지 결산조정으로 손금에 계상할 수 있다.

부도발생일부터 6월 이상 경과된 부도어음 및 중소기업의 외상매출금으로서 부도발생일 이전에 발생한 외상매출금은 채무자의 재산에 대하여 저당권을 설정하고 있는 경우를 제외하고는 법인이 기업회계기준에 의하여 회수할 수 없다고 판단하여 대손금으로 계상한 사업연도에 손금에 산입할 수 있다. 단, 부도발생일 이후의 외상매출금은 상법상 소멸시효가 완성된 경우의 사유로 그 대손이 확정이 된 날이 속하는 사업연도에 대손상각 처리할 수 있다.

◆ 부도발생일 (서면3팀-731, 2007.3.7.)
부도수표나 부도어음의 지급기일(지급기일 전에 당해 수표나 어음을 제시하여 금융기관으로부터 부도확인을 받은 경우에는 그 부도확인일을 말함)로부터 6월 이상 경과한 수표 또는 어음상의 채권을 말하는 것임.

[2] 부도어음 대손상각시기

(1) 부도발생일로부터 6개월이 경과한 날이 속하는 사업연도
당해 법인 채무자의 재산에 대하여 저당권을 설정한 경우를 제외하고는 부도발생일로부터 6개월이 경과한 날이 속하는 사업연도에 대손상각비로 처리할 수 있다.

(2) 부도발생일로부터 6개월이 경과한 이후 소멸시효 완성일까지
소멸시효 완성일이 속하는 사업연도까지 결산조정으로 대손상각처리를 할 수 있으나 신고조정에 의하여 대손처리를 할 수는 없다.

(3) 소멸시효 완성일
소멸시효 완성일까지 대손상각 처리를 하지 못한 경우 소멸시효 완성을 사유로 대손상각을 하여야 한다.

6 장기 미회수채권 정리

[1] 개요
채권 중 소멸시효가 완성된 경우로서 거래처가 폐업 등의 사유로 무재산임을 입증할 수 있는 경우 대손상각비로 처리할 수 있으나 무재산임을 입증할 수 없거나 다른 사정에 의하여 대손상각 요건을 충족하지 못하는 장기 미회수채권을 장부상 제거하여야 할 필요가 있는 경우에는 접대비로 처리하여 장부에서 제거할 수 있다.

[2] 매출채권 임의포기
약정에 의하여 채권의 전부 또는 일부를 포기하는 경우에도 이를 대손금으로 보지 아니하며 기부금 또는 접대비로 본다. 다만, 특수관계자 외의 자와의 거래에서 발생한 채권으로서 채무자의 부도발생 등으로 장래에 회수가 불확실한 어음·수표상의 채권 등을 조기에 회수하기 위하여 당해 채권의 일부를 불가피하게 포기한 경우 동 채권의 일부를 포기하거나 면제한 행위에 객관적으로 정당한 사유가 있는 때에는 동 채권포기액을 손금에 산입한다.

◆ **채권회수조치없이 소멸시효가 완성된 경우 (법인46012-2409 , 2000.12.19.)**
회수할 수 없는 채권의 경우 그 소멸시효가 완성된 날이 속하는 사업연도의 손금으로 산입하는 것이나 아무런 채권회수조치를 취하지 아니함에 따라 소멸시효가 완성된 경우에는 동 채권을 임의포기한 것으로 보아 접대비 또는 같은법시행령 제35조 제1항의 규정에 의한 기부금으로 본다.

▶ **매출채권 임의포기 지출증빙**
법인이 거래처에 대한 매출채권을 임의포기함에 따라 접대비로 보는 경우와 같이 거래실태상 원천적으로 증빙을 구비할 수 없는 경우에는 지출증명서류 수취대상에 해당하지 아니한다.

[개정 세법] 중소기업 접대비 한도액 상향조정 (법인세법 §25, 소득세법 §35)
2020.1.1. 이후 중소기업의 영업활동을 지원하기 위하여 중소기업의 접대비 손금 산입 기본한도금액을 2천400만원에서 3천600만원으로 상향조정하고, 수입금액별 한도금액은 수입금액 100억원 이하인 경우 1만분의 20에서 1만분의 30으로, 수입금액 100억원 초과 500억원 이하인 경우 1만분의 10에서 1만분의 20으로 각각 상향조정함

7 대여금 대손상각

[1] 개요
① 대여금의 경우에도 거래처가 사업폐지, 부도, 파산의 사유가 발생한 경우 소멸시효완성 전(대여금의 경우 소멸시효기간은 10년임)이라도 회수할 재산이 없음을 입증할 수 있는 경우 해당 사업연도에 대손상각비로 처리할 수 있다.

② 거래처가 사업폐지, 부도, 파산의 사유가 발생하였으나 재산이 없음을 입증할 수 없는 경우 장부상 그대로 둔 다음 소멸시효완성일(10년)이 속하는 사업연도에 대손상각 여부를 검토하여야 한다. 즉, 채권 회수를 위한 제반조치를 취한 경우 소멸시효 완성일이 속하는 사업연도에 대손처리할 수 있으나 그렇지 못한 경우 접대비 또는 기부금으로 처리하여야 할 것이다. 단, 업무와 무관한 대여금의 경우 기부금으로 처리한 다음 전액 손금불산입하여야 한다.

[2] 부도, 폐업, 파산 등의 경우 소멸시효 완성(10년) 전 대손상각
특수관계에 있지 아니한 거래처에 물품대금 상당액을 대여한 후 채무자의 부도, 폐업, 파산 등으로 인하여 법인이 회수노력을 다하였으나 회수할 수 없는 경우 대여금의 소멸시효가 완성(10년)되기 전이라도 대손금으로 계상(결산조정사항)함으로써 손금산입할 수 있다.

[3] 특수관계자에 대한 대여금 대손상각
법인이 업무와 관계없이 특수관계 법인에게 지급한 대여금은 대여 후 특수관계 소멸여부에 관계없이 대손금으로 손금에 산입할 수 없다. (법인-409, 2010.04.26.)

◆ 법인46012-472(1999.02.04)
특수관계에 있는 법인에 대한 대여금을 포기함으로써 회수할 수 없게 된 경우에는 대손처리 할 수 없으며, 이 경우 세무조정시 손금불산입 되는 동 대여금에 대한 익금의 귀속자가 법인인 경우에는 기타사외유출로 소득처분하는 것임.

❷ 수출과 관련한 매출채권의 대손처리

1 개요

수출과 관련한 매출채권에 대한 소멸시효 완성채권, 파산, 부도발생 등의 사유로 인하여 회수가 불가능한 경우 국내 채권과 동일하게 대손금을 손금산입할 수 있으며, 물품의 수출 또는 외국에서의 용역제공으로 발생한 채권으로서 무역에 관한 법령에 따라 한국무역보험공사로부터 회수불능으로 확인된 채권은 대손상각할 수 있다.

☐ 법인세법 시행령 제19조의2(대손금의 손금불산입) ① 법 제19조의2제1항에서 "채무자의 파산 등 대통령령으로 정하는 사유로 회수할 수 없는 채권"이란 다음 각 호의 어느 하나에 해당하는 것을 말한다. <개정 2021. 2. 17., 2023. 12. 19..>
7. 물품의 수출 또는 외국에서의 용역제공으로 발생한 채권으로서 기획재정부령으로 정하는 사유에 해당하여 무역에 관한 법령에 따라 한국무역보험공사로부터 회수불능으로 확인된 채권

☐ 법인세법 시행규칙 제10조의4(회수불능 사유 및 회수불능 확정채권의 범위) -요약-
① 영 제19조의2제1항제7호에서 "기획재정부령으로 정하는 사유"란 다음 각 호의 어느 하나에 해당하는 경우를 말한다. <신설 2021. 3. 16., 2023. 3. 20.>
1. 채무자의 파산·행방불명 또는 이에 준하는 불가항력으로 채권회수가 불가능함을 현지의 거래은행·상공회의소·공공기관 또는 해외채권추심기관(한국무역보험공사와 대외채권 추심 업무 수행에 관한 협약을 체결한 외국의 기관을 말한다.)이 확인하는 경우
2. 거래당사자 간에 분쟁이 발생하여 중재기관·법원 또는 보험기관 등이 채권금액을 감면하기로 결정하거나 채권금액을 그 소요경비로 하기로 확정한 경우(채권금액의 일부를 감액하거나 일부를 소요경비로 하는 경우에는 그 감액되거나 소요경비로 하는 부분으로 한정한다)
3. 채무자의 인수거절·지급거절에 따라 채권금액의 회수가 불가능하거나 불가피하게 거래당사자 간의 합의에 따라 채권금액을 감면하기로 한 경우로서 이를 현지의 거래은행·검사기관·공증기관·공공기관 또는 해외채권추심기관이 확인하는 경우(채권금액의 일부를 감액한 경우에는 그 감액된 부분으로 한정한다)

2 회수면제 해외매출채권 및 입증방법

1 수출매출채권의 회수불가능 입증방법

법인이 수출대금의 일부를 거래상대방의 행방불명 등으로 회수하지 못하는 경우로서 현지의 거래은행, 공증기관 또는 공공기관의 확인에 의하여 동 수출대금을 회수할 수 없음이 객관적으로 인정되는 경우에는 그 회수할 수 없음이 확정된 날이 속하는 사업연도에 손비로 처리할 수 있다.(법인 46012-1252, 1999.4.3.)

2 해외매출채권 대손사례

① 섬유원단 등을 수출하고 수출품에 대한 클레임이 발생된 시기, 수량 등을 알 수 있는 구체적인 증빙자료를 제출하지 않아 클레임으로 수출대금을 회수하지 못하였다는 주장을 그대로 인정하기 어려우며, 수출채권을 대손금으로 볼 수 없다.
(심사법인2001-0128, 2002.02.22)

② 수출매출채권을 임의 포기한 채권은 사인간의 합의에 의한 D/C금액으로 봄이 타당하다고 할 것이며, 정당한 사유 없이 채권의 전부 또는 일부를 포기한 것이므로 임의포기금액을 접대비로 보아 한도초과액을 손금불산입한 당초 처분은 정당하다.(심사법인2001-0127, 2002.02.22)

③ 내국법인이 보유하고 있는 채권 중 해외 매출채권의 경우에도 국내매출채권과 같이 채무자의 파산 등 법인세법 시행령 제19조의2제1항 각호의 사유로 회수할 수 없는 채권의 금액은 같은 법 같은 조 제3항 각호의 어느 하나의 날이 속하는 사업연도의 손금에 산입하는 것이다.(법인-698, 2009.06.11)

④ 폐업한 이후에도 채권회수 노력을 계속하였고, 무재산으로 확인된 사업연도에 결산조정에 의하여 대손처리한 것은 정당하다.
(심사법인2010-0031, 2010.08.16)

❸ 대손세액공제

> 대손세액공제란 매출 등과 관련하여 발생한 부가세예수금을 매출채권에 포함하여 처리한 금액 중 기 납부한 부가세예수금을 거래처의 부도·폐업 등의 사유로 사실상 회수할 수 없는 경우 세법에서 정하는 기한 이내에 납부할 세액에서 차감할 수 있는 세액을 말한다.

1 대손세액공제 요건

대손세액공제는 공급받는 자가 다음에 게재하는 어느 하나의 사유에 해당되어 공급자가 외상매출금 및 매출채권을 회수할 수 없는 경우에 적용받을 수 있다.

☐ 부가가치세법 시행령 제87조(대손세액 공제의 범위)
☐ 법인세법 시행령 제19조의2(대손금의 손금불산입)

1. 「상법」에 따른 소멸시효(5년 → 상사채권의 경우 민법에 의한 단기 소멸시효 3년)가 완성된 외상매출금 및 미수금
2. 「어음법」에 따른 소멸시효가 완성된 어음
3. 「수표법」에 따른 소멸시효가 완성된 수표
4. 「민법」에 따른 소멸시효가 완성된 대여금 및 선급금
5. 회생계획인가의 결정 또는 법원의 면책결정에 따라 회수불능으로 확정된 채권
5의2. 채무조정을 받아 신용회복지원협약에 따라 면책으로 확정된 채권
6. 「민사집행법」 제102조에 따라 채무자의 재산에 대한 경매가 취소된 압류채권
7. 물품의 수출 또는 외국에서의 용역제공으로 발생한 채권으로서 기획재정부령으로 정하는 사유에 해당하여 무역에 관한 법령에 따라 한국무역보험공사로부터 회수불능으로 확인된 채권
8. 채무자의 파산, 강제집행, 형의 집행, 사업의 폐지, 사망, 실종 또는 행방불명으로 회수할 수 없는 채권

9. 부도발생일부터 6개월 이상 지난 수표 또는 어음상의 채권 및 외상매출금[중소기업의 외상매출금으로서 부도발생일 이전의 것에 한정한다]. 다만, 해당 법인이 채무자의 재산에 대하여 저당권을 설정하고 있는 경우는 제외한다.
9의2. 중소기업의 외상매출금 및 미수금으로서 회수기일이 2년 이상 지난 외상매출금등. 다만, 특수관계인과의 거래로 인하여 발생한 외상매출금등은 제외한다.
10. 재판상 화해 등 확정판결과 같은 효력을 가지는 것으로서 기획재정부령으로 정하는 것에 따라 회수불능으로 확정된 채권
11. 회수기일이 6개월 이상 지난 채권 중 채권가액이 30만원 이하(채무자별 채권가액의 합계액을 기준으로 한다)인 채권
12. 금융회사 등의 채권 중 다음 각 목의 채권
　　가. 금융회사 등이 금융감독원장으로부터 대손금으로 승인받은 것
　　나. 금융감독원장이 가목의 기준에 해당한다고 인정하여 대손처리를 요구한 채권으로 금융회사 등이 대손금으로 계상한 것
13. 중소기업창업투자회사의 창업자에 대한 채권으로서 중소벤처기업부장관이 기획재정부장관과 협의하여 정한 기준에 해당한다고 인정한 것

2 대손세액공제 요약

[1] 개요
대손세액공제란 매출 등과 관련하여 발생한 부가세예수금을 매출채권에 포함하여 처리한 금액 중 기 납부한 부가세예수금을 거래처의 부도·폐업 등의 사유로 사실상 회수할 수 없는 경우 세법에서 정하는 기한 이내에 납부할 세액에서 차감하는 세액을 말한다.

[2] 대손세액공제 시기
원칙적으로 대손상각시기가 속하는 부가가치세 확정신고시 대손세액공제를 신청할 수 있다. 단, 대손상각시기에 대손세액공제를 신청하지 못한 경우 경정청구에 의하여 대손세액 공제를 받을 수 있다.

[3] 부도어음의 대손세액공제
사업자가 부가가치세가 과세되는 재화 또는 용역을 공급하고 그 대가로 어음을 받

았으나 공급받는 자(어음발행인)가 부도 발생한 경우 어음을 수취한 분 및 부도 이전 외상매출금(중소기업의 경우에만 해당함)에 대하여 금융기관이 당해 어음에 대하여 부도확인을 한 날부터 6월이 경과한 날이 속하는 부가가치세 확정신고기간에 채무자의 폐업 여부 및 재산유무와 관계없이 매출세액에서 차감할 수 있다. 단, **부도발생일 이후의 외상매출금**은 상법상 소멸시효가 완성된 경우의 사유로 그 대손이 확정이 된 날이 속하는 과세기간의 매출세액에서 차감할 수 있다.

▶ 부도발생일

부도발생일은 금융기관으로부터 실제로 부도확인을 받은 날을 말하는 것이며, 지급기일 전에 금융기관에서 부도확인을 받은 경우에는 그날로 한다.

◆ 부도어음의 대손세액공제 시기 (서면3팀-274, 2007.01.26.)
부도발생일부터 6월 이상 경과한 수표 또는 어음상의 채권(저당권이 설정되어 있는 채권을 제외한다)의 대손세액은 「부가가치세법 시행령」 제63조의 2 제2항이 정한 기한까지 「상법」에 의한 소멸시효 완성일이 속하는 과세기간의 종료일 이내에 그 대손이 확정되는 날이 속하는 과세기간의 매출세액에서 차감할 수 있는 것임.

[4] 폐업한 거래처의 매출채권에 대한 대손세액공제

채무자가 단순히 사업을 폐업하였다고 하여 대손상각 및 대손세액공제를 할 수 없으며, 당해 채권의 회수를 위하여 강제집행 등의 법적 제반 절차를 취하여 채무자의 무재산임을 객관적으로 입증할 수 있는 경우 소멸시효가 완성되기 전에 거래처의 폐업을 사유로 대손상각 및 대손세액공제를 받을 수 있다.

◆ 폐업자의 소멸시효 완성전 대손세액공제 (서면3팀-3224, 2007.11.30.)
공급받는 자가 사업을 폐지하여 채권을 회수할 수 없음이 객관적으로 입증되는 경우에는 소멸시효가 완성되지 아니하여도 그 대손이 확정된 날이 속하는 과세기간의 확정신고시 대손세액공제를 받을 수 있는 것임

[5] 소멸시효 완성에 의한 매출채권의 대손세액공제

사업자가 부가가치세가 과세되는 재화 또는 용역을 공급한 후 그 공급일부터 **5년**이 지난 날이 속하는 과세기간에 대한 확정신고 기한까지 소멸시효완성을 사유로 매

출채권의 대손이 확정된 경우에는 대손이 확정된 날(소멸시효가 완성된 날)이 속하는 과세기간에 대한 확정신고시 대손세액공제를 받을 수 있는 것이며, 대손이 확정된 날이 속하는 과세기간에 대한 확정신고시 대손세액공제를 받지 못한 경우에는 경정청구에 의하여 대손세액공제 신청을 할 수 있다.

▶ **소멸시효완성에 의한 대손세액공제의 경우 무재산임을 입증하지 않아도 됨**
소멸시효가 완성된 채권의 경우 대손상각은 거래처의 무재산임을 입증하여야 대손상각을 할 수 있으나 대손세액공제는 거래처의 무재산임을 반드시 입증하여야 하는 것은 아니다.

[7] 대손세액공제 신청시기 및 경정청구에 의한 대손세액공제

① 사업폐지, 부도, 파산 등의 사유가 발생한 날이 속하는 확정신고시 대손세액공제를 신청하지 못한 경우 소멸시효 완성일이 속하는 사업연도에 소멸시효 완성을 사유로 대손세액공제를 신청할 수 있다.

② 사업자가 재화 또는 용역을 공급하고 그 대가로 받은 어음 또는 수표가 부도발생한 경우 수표 또는 어음의 부도발생일로부터 6개월이 경과한 날이 속하는 과세기간의 확정신고시에 대손세액공제를 받을 수 있는 것이나, 당해 확정신고시 공제받지 못한 경우에는 경정청구에 의하여 공제받을 수 있다.

[8] 대손세액공제 신청

① 대손세액을 공제받을 수 있는 시점의 부가세 확정신고시 대손세액공제신고서에 그 사실을 증명할 수 있는 서류를 첨부하여 매입세액을 공제받을 수 있다.
* 첨부서류 : 매출세금계산서 사본, 부도어음 사본, 법원 확정판결문 사본

② 대손세액공제의 범위는 사업자가 부가가치세가 과세하는 재화 또는 용역을 공급한 후 그 **공급일로부터 10년**이 경과된 날이 속하는 과세기간에 대한 확정신고 기한까지 확정되는 대손세액으로 한다.

[세법 개정] 대손세액공제 적용기한 확대(부가령 §87 ②)
(적용기한) 공급일로부터 5년 이내 대손확정 : 5년 이내 → 10년 이내
<적용시기> 2020.2.11.이 속하는 과세기간에 대손이 확정되는 분부터 적용

❹ 대손상각 및 대손세액공제 회계처리 사례

1 대손충당금 설정

결산시점에 기업이 보유하고 있는 매출채권 중 일부 금액은 회수가 안 될 수도 있기 때문에 당기의 손익을 보다 정확히 계산하기 위하여 매출채권 중 일정금액을 회수 불가능한 채권으로 보고, 미리 비용으로 계산하는 절차가 필요하다. 이 경우 회계기말에 대손충당금을 설정하고 대손상각비를 손금으로 계상한 후 다음연도에 실제 대손이 발생한 경우 그 손실금액은 전년도에 이미 비용으로 처리하였으므로 대손충당금과 먼저 상계하여야 한다. 다만, 실제 발생한 대손금이 전년도에 미리 손금으로 계상한 금액보다 많은 경우 대손충당금을 초과하는 금액은 대손이 발생한 연도의 손금(대손상각비)으로 처리한다.

[예제] 《대손충당금 설정》 기말 매출채권 500,000,000원에 대하여 1%를 대손충당금으로 설정하다.

| 대손상각비 | 5,000,000 / 대손충당금 | 5,000,000 |

2 어음 부도 및 대손상각, 대손세액공제 회계처리

부도어음이란 매출대금으로 받은 어음 등을 어음만기일에 어음발행인이 지정한 금융기관에 어음을 제시하여 지급을 요구하였으나 지급이 거절된 어음을 말한다.
즉, 어음발행인이 어음상에서 그 지급을 약속한 날짜에 어음상의 금액을 거래은행 당좌예금에 입금하지 아니하여 거래은행이 어음소지인에게 지급을 할 수 없는 경우에 어음은 부도처리된다.

한편, 어음부도와 관련하여 그 회수를 위하여 비용을 지급한 경우 통상 그 금액은 어음발행인에게 청구할 수 있는 채권이므로 부도어음에 포함하여 처리한다. 왜냐하면, 어음이 부도발생하지 않았을 경우 지급하지 않아도 되는 비용을 어음소지인이 추가로 지급한 것이므로 그 비용은 어음발행인에게 청구할 수 있기 때문이다.

① 《어음 부도》 20×4. 3. 10 고려물산(주)로부터 수취한 받을어음 11,000,000원을 만기일에 거래은행에 제시하였으나 지급이 거절되다.

부도어음	11,000,000 / 받을어음		11,000,000

② 《부도어음 회수비용 발생》 20×4. 3. 20 부도어음 회수를 위하여 법무사비용 등 300,000원을 현금으로 지급하다.

부도어음	300,000 / 현금		300,000

③ 《대손세액공제 신청》 부도발생일로부터 6개월이 경과한 날(20×4. 12. 21)이 속하는 제2기 확정신고시 대손세액공제를 신청하다.

부가세예수금	1,000,000 / 부도어음		1,000,000

- 부가세예수금 : 대손세액을 납부할 세금과 상계하는 경우 부가세예수금과 상계한다.
  부도어음금액(11,000,000원) × 10/110

◆ 부도어음 대손세액공제시기 (부가46015-1122,1999.04.16)
사업자가 부가가치세가 과세되는 재화 또는 용역을 공급하고 그 대가로 받은 어음이 부도처리된 경우 당해 어음에 배서를 한 최종소지인이 부가가치세법시행령 제63조의 2 제1항 제6호의 규정에 의하여 부도확인을 받은 날로부터 6월이 되는 날이 속하는 과세기간의 확정신고시 대손세액공제를 받을 수 있는 것이며, 이 경우 부도발생일은 금융기관으로부터 실제로 부도확인을 받은 날을 말하는 것으로, 1998. 12. 21 이후 신고대상이 되는 분부터는 당해 어음의 제시기간을 경과하여 금융기관으로부터 부도확인을 받은 경우에도 대손세액공제를 받을 수 있는 것임

④ 《대손상각》 결산시점에 부도어음을 대손상각처리하다. 단, 대손충당금 5백만원이 설정되어 있다.

대손충당금	5,000,000 / 부도어음		10,299,000
대손상각비	5,299,000		

▶ 수표, 어음 한 매당 부도어음에서 1,000원을 차감한 금액을 대손금으로 한다. 부도어음에서 차감한 1,000원은 추후 대손요건을 충족하는 사업연도(부도발생일로부터 3년이 지난 사업연도)에 손금산입한다.

03 국고보조금 세무회계

❶ 국고보조금 개요 등

1 개요

국고보조금이란 국가, 지방자치단체로부터 무상으로 지급받는 보조금을 말한다. 무상으로 지급받는 보조금은 법인의 자산을 증가시키는 거래로 익금에 산입하여야 한다. 그리고 사업승패여부에 따라 사업성공시 일부(통상 지원금액의 10% 내외)금액을 상환하는 보조금은 상환할 금액이 확정된 시점 (출연금 일부의 반환통지 또는 기술료의 납부통지를 받은 날)이 속하는 사업연도에 반환할 금액을 익금에서 차감하거나 손금에 산입하여야 한다.

2 자산의 취득과 관련하여 받은 국고보조금 처리

기업회계기준에 의하면, 자산의 취득에 사용될 국고보조금을 받은 경우에는 관련자산을 취득하기 전까지 받은 자산의 차감계정으로 처리한 다음 자산의 취득에 충당한 국고보조금은 취득자산에서 차감하는 형식으로 표시하고, 당해 자산의 내용연수에 걸쳐 상각금액과 상계처리하여야 하며, 자산의 취득에 사용하지 않는 기타의 국고보조금은 영업외수익으로 처리한다.

▶ **외부감사대상이 아닌 사업자의 자산 취득 관련 국고보조금 회계처리**

외부회계감사를 받지 아니하는 중소기업의 경우 국고보조금 교부통지를 받은 날 국고보조금 전액을 잡이익 등 영업외수익으로 처리한 다음 기술개발의 성공으로 출연금 일부의 반환통지 또는 기술료의 납부통지를 받은 날 잡손실 등 영업외수익으로 처리하여도 무방하다. 이 경우 상환하여야 하는 금액은 장기차입금 등 적절한 계정과목으로 처리한다. 또한 전액 무상으로 지원받는 교육훈련보조금, 고용촉진장려금, 고용유지지원금 등 소액의 국고보조금은 국고교부금 통지를 받은 날 전액 잡이익으로 처리한다.

3 수익과 관련하여 받은 국고보조금 처리

수익관련보조금을 받는 경우 **당기의 수익으로** 반영하며, 주된 영업활동과 직접적인 관련성이 있다면 영업수익으로 그렇지 않다면 영업외수익으로 회계처리한다.

▶ 국고보조금 반환
통상 국고보조금은 사업승패 여부에 따라 사업성공시 일부(통상 지원금액의 30%) 금액을 상환하는 보조금은 상환할 금액이 확정된 시점 (출연금 일부의 반환통지 또는 기술료의 납부통지를 받은 날)이 속하는 사업연도에 반환할 금액을 익금에서 차감하거나 손금에 산입하여야 한다.

4 국고보조금의 세무상 익금산입 및 손금산입

1 익금산입

▶ 극고보조금은 교부통지를 받은 날에 익금산입하는 것임
(법인, 서면인터넷방문상담2팀-1825 , 2006.09.18.)
법인이 「기술개발촉진법」 제8조의 규정에 따라 정부로부터 기술개발에 소요되는 경비를 출연금 명목으로 지원받은 경우, 출연금 교부통지를 받은 날이 속하는 사업연도에 각 사업연도 소득금액 계산상 익금에 산입하는 것임

▶ 지급시기를 달리하여 순차적으로 지원받는 국고보조금 익금시기
(법인, 서면 2015법인-0276 , 2015.07.09.)
법인이 정부로부터 기술개발에 소요되는 경비를 별도의 교부통지서 수령 없이 협약서에 의해 지급시기를 달리하여 순차적으로 지원받는 경우, 당해 출연금은 실제 지급받은 날이 속하는 사업연도의 각 사업연도 소득금액 계산상 익금에 산입하는 것임

▶ **출연금 일부의 반환통지 또는 기술료의 납부통지를 받은 날이 속하는 사업연도에 반환할 금액을 익금에서 차감하거나 손금에 산입하는 것임**

(서면2팀-1510, 2005.9.21.)

법인이「기술개발촉진법」제8조의 규정에 따라 정부로부터 기술개발에 소요되는 경비를 출연금 명목으로 지원받은 경우, 동 출연금은 추후 기술개발의 성공여부에 따른 출연금 일부의 반환의무 여부에 불구하고 출연금 교부통지를 받은 날이 속하는 사업연도에 각 사업연도 소득금액 계산상 익금에 산입하는 것이며, 익금에 산입한 출연금 중 기술개발의 성공으로 출연금 일부의 반환통지 또는 기술료의 납부통지를 받은 날이 속하는 사업연도에 반환할 금액을 익금에서 차감하거나 손금에 산입하는 것임.

2 손금산입

① 내국법인이「보조금 관리에 관한 법률」,「지방재정법」, 그 밖에 다음에 정하는 법률에 따라 보조금 등의 자산(국고보조금등)을 지급받아 그 지급받은 날이 속하는 사업연도의 종료일까지 사업용고정자산을 취득·개량하는 데에 사용한 경우 또는 사업용자산을 취득·개량하고 이에 대한 국고보조금등을 사후에 지급받은 경우에는 해당 사업용자산의 가액 중 그 사업용자산의 취득 또는 개량에 사용된 국고보조금등에 상당하는 금액은 그 사업연도의 소득금액을 계산할 때 손금에 산입할 수 있다. [법인세법 제36조(국고보조금등으로 취득한 사업용자산가액의 손금산입)]

1. 「농어촌 전기공급사업 촉진법」
2. 「전기사업법」
3. 「사회기반시설에 대한 민간투자법」
4. 「한국철도공사법」
5. 「농어촌정비법」
6. 「도시 및 주거환경정비법」
7. 「산업재해보상보험법」
8. 「환경정책기본법」
9. 「산업기술혁신 촉진법」

② 제1항에 따라 손금에 산입하는 금액은 개별사업용자산별로 해당 사업용자산의 가액중 그 취득 또는 개량에 사용된「보조금 관리에 관한 법률」,「지방재정법」또는 제1항 각 호의 어느 하나에 해당하는 법률에 따른 보조금 등(국고보조금등)에 상당하는 금액으로 한다. 이 경우 사업용자산을 취득하거나 개량한 후 국고보조금 등을 지급받았을 때에는 지급일이 속한 사업연도 이전 사업연도에 이미 손금에 산입한 감가상각비에 상당하는 금액은 손금에 산입하는 금액에서 제외한다.

③ 제2항의 규정에 의하여 손금에 산입하는 금액은 당해 사업용자산별로 다음 각 호의 구분에 따라 일시상각충당금 또는 압축기장충당금으로 계상하여야 한다.
1. 감가상각자산 : 일시상각충당금
2. 제1호외의 자산 : 압축기장충당금

④ 제3항의 규정에 의하여 손금으로 계상한 일시상각충당금과 압축기장충당금은 다음 각호의 방법으로 익금에 산입한다.
1. 일시상각충당금은 당해 사업용자산의 감가상각비(취득가액중 당해 일시상각충당금에 상당하는 부분에 대한 것에 한한다)와 상계할 것. 다만, 당해 자산을 처분하는 경우에는 상계하고 남은 잔액을 그 처분한 날이 속하는 사업연도에 전액 익금에 산입한다.
2. 압축기장충당금은 당해 사업용자산을 처분하는 사업연도에 이를 전액 익금에 산입할 것

⑤ 제4항의 규정을 적용함에 있어서 당해 사업용자산의 일부를 처분하는 경우의 익금산입액은 당해 사업용자산의 가액중 일시상각충당금 또는 압축기장충당금이 차지하는 비율로 안분계산한 금액에 의한다.

[세무조정 사례]
1. 보조금 수령

| 현금 | 2,000 | / | 국고보조금(현금차감) | 2,000 |

<세무조정>
(익금) 국고보조금(현금차감) 2,000(유보)

2. 자산취득 (2,000 자산취득가정)

| 자산 | 2,000 | / | 현금 | 2,000 |
| 국고보조금(현금차감) | 2,000 | | 국고보조금(자산차감) | 2,000 |

<세무조정>
(손금) 국고보조금(현금차감)　2,000(△유보)
(익금) 국고보조금(자산차감)　2,000(유보)
(손금) 일시상각충당금　　　　2,000(△유보)

3 결산시 (10년, 정액법 상각 가정)

| 감가상각비 | 200 | / | 감가상각누계액 | 200 |
| 국고보조금(자산차감) | 200 | / | 감가상각비 | 200 |

<세무조정>
(손금) 국고보조금(자산차감)　200(△유보)
(익금) 일시상각충당금　　　　200(유보)

▶ 국고보조금으로 연구·인력개발비를 지출한 경우 세액공제 제외

연구개발출연금등을 지급받아 연구개발비로 지출하는 금액은 연구인력개발과 관련한 세액공제대상에서 제외하여야 한다. (법인세과-411, 2012.06.22.)

◆ 조특, 법인세과-411, 2012.06.22
조세특례제한법 제10조의2에 해당하는 연구개발 관련 출연금을 재원으로 연구·인력개발비를 지출한 것에 대해서는 연구·인력개발비 세액공제를 받을 수 없음

◆ 고용노동부 지원금(일자리안정자금 등)은 중소기업특별세액감면 감면소득에서 제외하여야 함 (조특, 법인세과-1257, 2009.11.09.)
한국장애인고용촉진공단으로부터 받는 국고보조금, 장애인을 고용함으로써 받는 관리비용, 노동청의 종합고용지원센터에서 받는 휴업수당지원금은 「조세특례제한법」 제7조의 종소기업 특별세액 감면대상 소득에 해당하지 않음

❷ 국고보조금 세무 및 회계처리 사례

1️⃣ 국고보조금 입금(기업회계기준에 의한 회계처리방법)

① 《정부출연금 입금》 신제품 개발목적으로 산업자원부에 자금신청을 한 바 승인되어 신기술개발자금 2억원이 보통예금에 입금되다.

동 자금은 정부지원금이며, 사업실패시에는 전액 상환의무가 없으나 성공시에는 30%를 상환하여야 하는 자금이다. 지원자금은 전액 신기술 개발에 사용하기로 하다.

보통예금	200,000,000	/	국고보조금(1)	140,000,000
			장기차입금	60,000,000

* 국고보조금 : 자산의 취득(유형자산, 무형자산)에 사용하는 국고보조금은 관련 자산을 취득하기 전까지 받은 자산(보통예금)에서 차감하는 형식으로 처리하여야 한다.

[재무상태표 표시형식]		[자산취득 후 재무상태표 표시형식]	
보통예금	1,000,000,000	보통예금	800,000,000
국고보조금	(140,000,000)	개발비	140,000,000
		국고보조금	(140,000,000)

② 《국고보조금 자금 집행》 국고보조금 전액을 기술개발비로 사용하다.

선급금	200,000,000	/	보통예금	200,000,000

③ 《기술개발 성공》 신제품 기술개발에 성공하여 개발비용을 무형자산인 개발비로 대체하다. 개발비는 향후 5년간 정액법으로 상각하기로 하다.

개발비	200,000,000	/	선급금	200,000,000

국고보조금(1)	140,000,000	/	국고보조금(2)	140,000,000

* 국고보조금(1) : 보통예금 차감계정
* 국고보조금(2) : 개발비 차감계정, 국고보조금으로 취득한 자산은 취득자산에서 차감하는 형식으로 표시하여야 한다.

④ 《개발비 상각》 회계기말에 개발비 40,000,000원을 감가상각하다.

개발비상각	40,000,000	/	개발비	40,000,000
국고보조금(2)	28,000,000	/	개발비상각	28,000,000

* 국고보조 : 국고보조금(2) 140,000,000 ÷ 5(5년간 상각)

▷ 수익과 관련한 국고보조금인 경우 또는 외부감사대상 법인이 아닌 경우에는 국고보조금이 확정된 날 전액 잡이익으로 처리할 수 있다.

별단예금	100,000,000	/	잡이익	100,000,000

■ 국고보조금 세무조정

① 국고보조금 교부통지를 받은 날이 속하는 사업연도
[익금산입] 국고보조금 입금금액 200,000,000원(유보)

② 사업성공일이 속하는 사업연도
[손금산입] 상환할 금액 60,000,000원(△유보)
* 익금산입 유보금액 : 국고보조금(200,000,000원) - 상환할 금액(60,000,000원)

③ 개발비 상각일(개발비 상각이 종료되는 시점까지 매 회계연도 말)
[손금산입] 개발비 140,000,000원 중 당기 상각액 28,000,000원(△유보)

◆ 국가로부터 지원받은 기술개발자금은 교부통지를 받은 날에 익금산입하는 것임
(법인, 서면인터넷방문상담2팀-1504 , 2005.09.20.)
법인이 "기술개발촉진법" 제8조의 규정에 따라 정부로부터 기술개발에 소요되는 경비를 출연금 명목으로 지원받은 경우, 동 출연금은 추후 기술개발의 성공 여부에 따른 출연금 일부의 반환의무 여부에 불구하고 출연금 교부통지를 받은 날이 속하는 사업연도에 각사업연도소득금액계산상 익금에 산입하는 것이며, 익금에 산입한 출연금 중 기술개발의 성공으로 출연금 일부의 반환통지 또는 기술료의 납부통지를 받은 날이 속하는 사업연도에 반환할 금액을 익금에서 차감하거나 손금에 산입하는 것임.

2 국고보조금을 당기의 수익으로 처리하는 경우

①《정부출연금 입금》신제품 연구개발을 목적으로 산업자원부에 자금신청을 한 바 승인되어 기술개발자금 2억원이 보통예금에 입금되다. 동 자금은 정부지원금이며, 사업실패시에는 전액 상환의무가 없으나 성공시에는 30%를 상환하여야 하는 자금이다. 지원자금은 전액 신기술 개발에 사용하기로 하다.

| 보통예금 | 200,000,000 / 잡이익 | 200,000,000 |

②《국고보조금 자금 집행》국고보조금 전액을 연구개발비로 사용하다. 단, 무형자산인 개발비 요건을 충족하지 아니하여 개발비용 전부를 연구비로 처리하다.

| 연구비 | 200,000,000 / 보통예금 | 200,000,000 |

③《연구개발 성공》신 기술개발에 성공하였으나 무형자산인 개발비 여건을 충족하지 못하여 당기비용인 연구비로 처리하다. 산업자원부로부터 연구개발이 성공한 것으로 판정되어 상환할 의무가 있는 국고보조금 60,000,000원은 당기의 비용인 잡손실로 처리하고, 상환의무 있는 국고보조금은 장기차입금으로 대체하다.

| 잡손실 | 60,000,000 / 장기차입금 | 60,000,000 |

3 직업훈련교육비 환급액의 회계처리

①《교육훈련비 지급》직원의 직무교육과 관련하여 교육훈련기관에 등록하고 교육비 1,000,000원을 보통예금에서 인출하여 결제하다.

| 교육훈련비 | 1,000,000 / 보통예금 | 1,000,000 |

②《교육훈련과 관련한 보조금 입금》동 교육훈련은 직업능력개발훈련대상으로 고용노동부로부터 교육훈련보조금 1,000,000원이 국민은행 보통예금에 입금되다.

| 보통예금 | 1,000,000 / 교육훈련비 | 1,000,000 |

* '교육훈련비'에서 차감하거나 '잡이익'으로 처리할 수 있다.

4 포인트 방식으로 결제되는 국고보조금의 회계처리

국고보조금의 부당한 사용 등을 방지하기 위하여 보조금 지원기관에서 국고보조금에 상당하는 금액을 포인트 방식으로 확정한 다음 보조금 지원기관에서 직접자금을 집행하는 경우에는 다음과 같이 회계처리한다.

① 《정부보조금 확정》 신제품개발을 위한 기술개발자금 1억원이 국고보조금으로 확정되어 1억원의 포인트를 부여받다.

별단예금	100,000,000 /	별단예금(1)	100,000,000

② 《기술개발관련 비용 자금 집행》 기술개발관련 소모자재 2천만원(부가가치세 별도)을 구입하고, 세금계산서를 수취하였으며, 그 대금 중 공급가액은 국고보조금 포인트에서 결제되었다.

선급금	20,000,000 /	별단예금	20,000,000
부가세대급금	2,000,000	미지급금	2,000,000

* 선급금 : 기술개발이 완료되어 무형자산 항목인 '개발비'로 대체되는 시점까지 발생한 개발 관련 제반 경비는 '선급금'으로 처리한다. 단, 개발비 요건을 충족하지 못하는 경우에는 '연구개발비'등으로 처리한다.

③ 《부가가치세 결제》 부가가치세 매입세액은 정부보조금에서 지원되는 금액이 아니므로 회사 자금(보통예금)에서 결제하다.

미지급금	2,000,000 /	보통예금	2,000,000

5 무상보조금 반환 회계처리

① 《보조금 일부 상환》 정부보조금으로 개발한 기술이 성공하여 국고보조금의 30%에 해당하는 금액인 6천만원을 상환하다.

장기차입금	60,000,000 /	보통예금	60,000,000

<세무조정>
보조금이 지급이 확정된 날이 속하는 사업연도에 전액 익금산입한 금액 중 정부에 반환하는 금액은 반환일이 속하는 사업연도에 손금산입한다.
[손금산입] 상환할 금액 60,000,000원(△유보)

▣ 일반기업회계기준 제17장 정부보조금의 회계처리

■ 금융위원회 보도자료 [2022. 12. 21]

(2) 수익관련보조금의 표시방법에 대한 회계처리 선택 허용
□ (배경) 현행 일반기업회계기준 제17장 문단 17.7은 수익관련보조금의 표시
방법을 구분하고 있으나, 실무에서는 그 구분을 판단하기가 어려웠습니다.

□ (개정) 수익관련보조금의 표시를 수익 또는 관련 비용 차감 중 실질에 맞게 선택하도록 하였습니다.

□ (시행) '23년 1월 1일 이후 최초로 시작되는 회계연도부터 적용하되, 조기 적용도 가능합니다.

□ 수익관련보조금의 표시
17.6 수익관련보조금을 받는 경우에는 당기의 손익에 반영한다. 다만, 수익관련보조금을 사용하기 위하여 특정의 조건을 충족해야 하는 경우에는 그 조건을 충족하기 전에 받은 수익관련보조금은 선수수익으로 회계처리한다.

17.7 수익관련보조금은 수익으로 표시하거나 관련비용에서 보조금을 상계하여 표시한다. 해당 보조금을 수익으로 표시하는 경우, 회사의 주된 영업활동과 직접적인 관련성이 있다면 영업수익으로, 그렇지 않다면 영업외수익으로 회계처리한다.

04   2025년 주요 개정 세법

■ 2024.7.25. [조세특례제한법] 개정(안) 중 국회 수정 내용

1) 통합고용세액공제 제도를 개정하지 아니하고 현행대로 유지함
(안 제29조의3, 제29조의8, 제30조, 제72조 및 제127조)

2) 개인종합자산관리계좌와 관련한 제도를 개정하지 아니하고 현행대로 유지함
(안 제91조의18 및 제129조의2제1항).

3) 전자신고세액공제 제도를 개정하지 아니하고 현행대로 유지함
(안 제104조의8)

■ 2024.7.25. [부가가치세법] 개정(안) 중 국회 수정 내용

신용카드매출전표, 현금영수증 등을 활용해 대금을 결제받은 사업자에 대한 신용카드 등의 사용에 따른 부가가치세 세액공제율을 현행대로 발급금액 또는 결제금액의 '1퍼센트(2026년 12월 31일까지는 1.3퍼센트)'로 수정함
(안 제46조제1항제3호).

■ 2024.7.25. [상속세 및 증여세법] 개정(안) 국회 부결 (현행 유지)

1) 자녀에 대한 상속세 인적공제 금액 상향 조정(안 제20조제1항제1호)
물가·자산가격의 상승 등 경제적 여건 변화를 반영하기 위하여 자녀에 대한 상속세 인적공제 금액을 1인당 5천만원에서 5억원으로 상향 조정함.

2) 상속세 및 증여세의 과세표준 구간 및 세율 조정(안 제26조)
상속세 및 증여세의 과세표준 구간 중 '1억원 이하' 구간을 '2억원 이하'로 조정하고, '10억원 초과 30억원 이하' 구간 및 '30억원 초과' 구간을 '10억원 초과' 구간으로 통합하며, '10억원 초과' 구간의 세율을 40퍼센트로 하향 조정함.

3) 최대주주 등이 보유하는 주식 등에 대한 할증평가 폐지(현행 제63조제3항 삭제)
상속·증여재산을 평가할 때 최대주주 또는 최대출자자 등의 주식 또는 출자지분을 평가한 가액에서 20퍼센트를 할증하던 것을 폐지함.

4) 가업상속 공제대상 및 공제한도 확대
(안 제18조의2제1항, 안 제18조의2제11항 신설)
중소기업 또는 중견기업 중에서 당기순이익 대비 주주환원비율 또는 매출액 대비 연구·인력개발 등 투자비율이 높은 기업 또는 「수도권정비계획법」에 따른 과밀억제권역에서 기회발전특구로 이전하거나 기회발전특구에서 창업하는 기업은 그 기업의 매출액 평균금액과 관계없이 가업상속 재산가액의 전부 또는 일부를 공제받도록 함.

2025년 개정 세법 상세 내용 [2025년 4월 중]

국세청 홈페이지 → 국세정책/제도 → 통합자료실 → 개정 세법 해설

[세법 개정] 금융투자소득세 폐지(소득법 제2장의2, 조특법 §14 등)

현 행	개 정
□ 금융투자상품*으로부터 실현된 소득을 합산과세하는 금융투자소득세 도입 　* 주식, 채권, 펀드, 투자계약증권, 파생결합증권, 파생상품 등 ㅇ (시행일) '25.1.1.	□ 금융투자소득세 폐지* * 현행 양도세 체계 유지

<개정이유> 자본시장 활성화 지원

[개정 세법] 통합투자세액공제 증가분 공제율 상향(조특법 §24①)

현 행	개 정
□ 통합투자세액공제 ㅇ (대상) 사업용 유형자산 등에 대한 투자 ㅇ (공제율) 기업 규모별 차등	□ 추가공제 공제율 상향 ㅇ (좌 동) ㅇ 추가분 공제율 10%로 상향

구 분(%)	기본 대	기본 중견	기본 중소	추가*	구 분(%)	기본 대	기본 중견	기본 중소	추가*
일 반	1	5	10	3	일 반	1	5	10	10
신성장·원천기술 사업화 시설	3	6	12	3	신성장·원천기술 사업화 시설	3	6	12	10
국가전략기술 사업화 시설	15	25		4	국가전략기술 사업화 시설	15	25		10

* (당해연도 투자액 - 직전 3년 평균 투자액)

* (당해연도 투자액 - 직전 3년 평균 투자액)

<적용시기> '25.1.1. 이후 개시하는 과세연도에 투자하는 분부터 적용

[세법 개정] 성실신고확인대상 소규모 법인에 대한 법인세 과표구간·세율 조정
(법인세법 §55①)

현 행	개 정
□ 법인세 과세표준 및 세율	□ 성실신고확인대상 소규모 법인*에 대한 법인세 과표구간·세율 조정 * ❶~❸요건을 모두 갖춘 법인 ❶ 지배주주등 지분율 50% 초과 ❷ 부동산임대업이 주된 사업이거나 부동산 임대수입·이자·배당소득이 매출액의 50% 이상 ❸ 상시근로자 수가 5인 미만

과세표준	세율
2억원 이하	9%
2억원 초과 200억원 이하	19%
200억원 초과 3,000억원 이하	21%
3,000억원 초과	24%

과세표준	세율
200억원 이하	19%
200억원 초과 3,000억원 이하	21%
3,000억원 초과	24%

<적용시기> '25.1.1. 이후 개시하는 사업연도분부터 적용

[세법 개정(안)] 중소기업 등 범위 합리화(조특령 §2①)

현 행	개 정 안

□ 조특법상 중소기업 범위
 	
ㅇ (규모) 매출액 및 자산총액이 기준금액* 미만일 것
  * (매출액) 업종별 400~1,500억원
(자산총액) 5,000억원
 	
ㅇ (독립성) ❶~❸ 모두 충족
 	
  ❶ 공시대상기업집단이 아닐 것
  ❷ 자산 5,000억원 이상 법인이 발행 주식의 30% 이상을 직·간접적으로 소유하면서 최대 주주인 기업이 아닐 것
  ❸ 관계기업과의 합산 매출액이 업종별로 400~1,500억원 이내일 것
 	
ㅇ (제외대상)
  - 소비성서비스업
 	
<추 가>
	□ 제외업종 및 범위제한 추가
	
	ㅇ (좌 동)
	
	- 부동산 임대업
	
	- 성실신고확인대상 소규모 법인*
	  * ❶~❸요건을 모두 갖춘 법인
	  ❶ 지배주주 등 지분율 50% 초과
	  ❷ 부동산임대업이 주된 사업이거나 부동산임대·이자·배당 소득이 매출액의 50% 이상
	  ❸ 상시근로자 수가 5인 미만

<적용시기> 영 시행일 이후 개시하는 과세연도 분부터 적용

[세법 개정(안)] 중소기업 기준 초과시 중소기업 졸업유예기간 연장 (조특령 §2②)

현 행	개 정 안
□ 중소기업 졸업 유예 ㅇ (졸업요건) 규모기준 초과 ❶ 매출액이 기준금액* 초과 　* 업종별 400~1,500억원 ❷ 자산총액 5,000억원 이상 ❸ 관계기업과의 매출 합산액이 기준금액* 초과 　* 업종별 400~1,500억원 ㅇ (유예기간) 졸업 후 3년	□ 졸업 유예기간 확대 ㅇ (좌 동) ㅇ 3년 → 5년(코스피·코스닥 상장 기업은 7년)

<적용시기> 영 시행일이 속하는 과세연도에 최초로 중소기업 졸업요건에 해당하는 분부터 적용

4

법인의 부동산 세무

1 법인의 부동산 취득

1 부동산 취득 관련 제비용 및 회계처리

> 부동산을 취득하는 경우 지방세인 취득세를 취득일로부터 60일 이내에 신고 및 납부하여야 하며, 취득과 관련한 공채매입, 중개수수료, 법무사수수료 등이 발생하게 되므로 그 내용을 살펴보면 다음과 같다.

❶ 부동산 취득과 관련한 세금 및 제비용

1 취득세 등

부동산을 취득하는 경우「지방세법」의 규정에 의하여 취득세를 신고 및 납부하여야 하며, 취득세 납부시 농어촌특별세 및 지방교육세를 같이 납부하여야 한다.

[1] 취득세 신고 및 납부기한
취득세 과세물건을 취득한 자는 그 취득한 날부터 **60일 이내**에 그 과세표준에 취득세의 세율을 적용하여 산출한 세액을 신고하고 납부하여야 한다.

[2] 취득세 과세표준 및 세율

과세표준이란 세금을 부과하는 기준이 되는 금액으로 취득세의 과세표준은 당해 자산의 취득시 실제 매매가액으로서 취득자가 신고한 가액으로 한다. 다만, 신고가액이 시가표준액(지방세법 제4조) 보다 적을 때에는 시가표준액으로 한다.

▶ 부동산 취득과 관련한 세율 요약표

취득구분	종류			취득세	지 방 교육세	농어촌 특별세	합계
상 속	농지			2.3%	0.06%	0.2%	2.56%
	농지외			2.8%	0.16%	0.2%	3.16%
무상취득				3.5%	0.30%	0.2%	4.00%
원시취득				2.8%	0.16%	0.2%	3.16%
유상취득	농지			3.0%	0.20%	0.2%	3.40%
	농지외			4.0%	0.40%	0.2%	4.60%
	주택	6억원 이하	국민주택	1.0%	0.10%	-	1.10%
			기타	1.0%	0.10%	0.2%	1.30%
		6억원 9억원	국민주택	2.0%	0.20%	-	2.2%
			기타	2.0%	0.20%	0.2%	2.4%
		9억원 초과	국민주택	3.0%	0.30%	-	3.3%
			기타	3.0%	0.30%	0.2%	3.5%

▶ 국민주택이란 주거 전용면적이 85㎡이하인 주택을 말한다.

[개정 세법] 6억원 초과 주택 취득세 세율 세분화 및 4주택 이상 세율 인상
(지방세법 제11조) <적용시기> 2020.1.1. 이후 취득분

종류	취득가액	구분	취득세	지 방 교육세	농어촌 특별세	합계
주택	6억원 이하	국민주택	1.0%	0.10%	-	1.10%
		기타	1.0%	0.10%	0.2%	1.30%
	6억원 9억원	국민주택	2~3%	0.20%	-	
		기타	2~3%	0.20%	0.2%	
	9억원 초과	국민주택	3.0%	0.30%	-	3.3%
		기타	3.0%	0.30%	0.2%	3.5%

• 취득당시가액이 6억원을 초과하고 9억원 이하인 주택 (소수점이하 다섯째자리에서 반올림하여 소수점 넷째자리까지 계산)
(해당 주택의 취득당시가액 × 2/3억원 - 3) × 1/100

[개정 세법] 법인 및 다주택자 주택 취득세율 강화 (지방세법 제13조2 신설)

종 전			개 정			
개인	1주택	주택 가액에 따라 1~3%	개인	1주택	주택 가액에 따라 1~3%	
	2주택				조정*	비조정
	3주택			2주택	8%	1~3%
	4주택 이상	4%		3주택	12%	8%
				4주택 이상	12%	12%
법 인		주택 가액에 따라 1~3%	법 인		12%	

※ 단, 일시적 2주택은 1주택 세율 적용 (1~3%)
* 조정 : 조정대상지역
  비조정 : 그 外 지역

<적용시기> 2020.8.12. 이후 취득분부터

(경과조치) 법인 및 국내에 주택을 1개 이상 소유하고 있는 1세대가 2020년 7월 10일 이전에 주택에 대한 매매계약(공동주택 분양계약 포함)을 체결한 경우에는 그 계약을 체결한 당사자의 해당 주택의 취득에 대하여 종전의 규정을 적용한다.

2 인지세

부동산매매계약서를 작성하는 경우 「인지세법」에 의하여 매매계약서에 인지를 첨부하여야 하며, 기재금액에 따라 첨부하여야 하는 인지세는 다음과 같다.

기재금액	인지세
기재금액이 1천만원 초과 3천만원 이하인 경우	2만원
기재금액이 3천만원 초과 5천만원 이하인 경우	4만원
기재금액이 5천만원 초과 1억원 이하인 경우	7만원
기재금액이 1억원 초과 10억원 이하인 경우	15만원
기재금액이 10억원을 초과하는 경우	35만원

3 부동산 중개수수료

부동산을 매매하는 경우 대부분 공인중개사사무소를 통하여 하게 되며, 이 경우 중개수수료를 지급하여야 한다. 부동산중개수수료는 「공인중개사법」의 규정에 의하여 지급하게 되며, 주택 중개에 대한 보수는 지방자치단체별로 정하고(조례), 주택 외의 중개대상물의 중개에 대한 보수는 국토교통부령으로 정한다.

▶ 법정 부동산중개수수료
한국공인중개사협회 홈페이지 → 정보마당 → 중개보수요율표

4 법무사 수수료 및 공채 매입 및 할인

부동산을 취득하는 경우 그 소유에 관한 권리를 법적으로 보장받기 위하여 「부동산등기법」에 의하여 법원에 등기를 하여야 한다. 부동산 등기업무는 법률적 지식이 충분하지 않은 경우 본인이 직접 하기가 어려우므로 대부분 법무사사무소에 의뢰하여 등기를 하게 되며, 등기 업무대행에 대한 수수료를 법무사사무소에 지급한다.

▶ 부동산 등기수수료 등
대한법무사협회 홈페이지 → 법무사정보 → 법무사보수표

5 국민주택채권 매입 및 할인

부동산을 등기하는 경우 「주택도시기금법」에 의하여 국민주택채권을 매입하여야 하며, 국민주택채권에 대한 자세한 내용은 '주택도시기금' 홈페이지를 참고하면 된다.

[1] 국민주택채권, 국채, 공채
국민주택채권이란 정부가 국민주택의 보급 등을 위한 재원을 마련하기 위하여 국민으로부터 일정 기간 돈을 빌리고 나중에 상환을 하는 방식이나 정부에서 발행하는 채권의 경우 만기가 길고, 이자율이 높지 않으므로 일반인이 투자를 목적으로 정부에서 발행한 채권을 잘 구입하지 않는다.

따라서 정부는 등기·등록을 신청하는 자, 면허·허가·인가를 받는 자, 국가·지방자치단체 또는 공공기관과 건설공사의 도급계약을 체결하는 자 등에게 국민주택채권을 매입하도록 강제하고 있다. 이 경우 채권을 매입하는 국민 개개인과 금전차용계약서를 작성하고 돈을 빌리면 그 절차가 매우 불편할 것이므로 국가가 요식화된 증서를 만들어 그 증서에 차용금액, 상환기간, 이자율 등을 기재하여 증서를 판매하고 국가는 이 증서를 매입하는 사람으로부터 돈을 빌리는 것이다.

한편, 채권증서를 구입한 사람은 상환일에 증서에 표시된 금액을 지급받을 수 있는 채권자가 되는 것이다. 이와 같은 방식으로 국가가 발행하는 증서를 국채라고 하는 것이며, 지방자치단체가 발행하는 증서는 지방채라고 하며, 이를 통틀어 공채(公債)라고 한다.

[2] 국민주택채권 매입 및 매도, 할인율

국가에서 발행하는 채권의 경우 상환기간이 장기이고, 금리가 낮으므로(2017년 7월 현재 금리 1.25%, 상환기간 5년) 어쩔 수 없이 채권을 의무적으로 구입한 대부분의 사람은 은행이나 증권회사 등에 채권을 팔게 되며(일반적으로 법무사사무소에서 대행함), 이 경우 증권회사 등은 국민주택채권 금액에서 일정율의 수수료 등을 차감한 금액을 매도인에게 지급하므로 주택을 구입한 자는 채권매입금액에서 채권매도금액을 차감한 금액만 실제 부담하게 되는 것이다.

❷ 부동산 취득과 회계처리

1 개요

부동산을 취득하는 경우 발생하는 제비용은 해당 부동산의 취득가액에 포함하여야 하며, 토지와 건물을 일괄구입하는 경우로서 토지와 건물가액의 구분이 불분명한 경우 안분하여 구분처리하여야 한다.

■ 일반기업회계기준 제10장 유형자산의 취득원가

10.8 유형자산은 최초에는 취득원가로 측정하며, 현물출자, 증여, 기타 무상으로 취득한 자산은 공정가치를 취득원가로 한다. 취득원가는 구입원가 또는 제작원가 및 경영진이 의도하는 방식으로 자산을 가동하는 데 필요한 장소와 상태에 이르게 하는 데 직접 관련되는 원가인 (1) 내지 (9)와 관련된 지출 등으로 구성된다. 매입할인 등이 있는 경우에는 이를 차감하여 취득원가를 산출한다.

(1) 설치장소 준비를 위한 지출
(2) 외부 운송 및 취급비
(3) 설치비
(4) 설계와 관련하여 전문가에게 지급하는 수수료
(5) 유형자산의 취득과 관련하여 국·공채 등을 불가피하게 매입하는 경우 당해 채권의 매입금액과 일반기업회계기준에 따라 평가한 현재가치와의 차액
(6) 자본화대상인 차입원가
(7) 취득세, 등록세 등 유형자산의 취득과 직접 관련된 제세공과금
(8) 해당 유형자산의 경제적 사용이 종료된 후에 원상회복을 위하여 그 자산을 제거, 해체하거나 또는 부지를 복원하는 데 소요될 것으로 추정되는 원가가 충당부채의 인식요건을 충족하는 경우 그 지출의 현재가치(이하 '복구원가'라 한다)
(9) 유형자산이 정상적으로 작동되는지 여부를 시험하는 과정에서 발생하는 원가. 단, 시험과정에서 생산된 재화(예: 장비의 시험과정에서 생산된 시제품)의 순매각금액은 당해 원가에서 차감한다.

2 토지

대지, 임야, 전답, 잡종지 등의 취득시 토지계정으로 회계처리한다. 그리고 토지 구입시 소요되는 관련비용(취득세, 중개수수료 등)은 토지에 포함한다.

▶ **유형자산에 해당하는 토지와 구분하여야 하는 것**
○ 건설업 등이 건설, 분양을 목적으로 취득하는 토지는 재고자산이다.
○ 투자를 목적으로 취득하는 토지는 투자부동산이다.

◆ 토지 취득과 관련한 법무사수수료 및 매입세액 처리

토지관련 법무사수수료는 토지의 취득가액으로 처리하여야 하며, 동 매입세액은 공제대상이 아니므로 토지취득원가에 포함하여야 한다.

■ 토지 취득에 대한 증빙서류

① 토지 : 토지의 거래는 면세에 해당하나 공급자가 계산서를 발급하지 않아도 되므로 토지매매계약서 및 토지대금 지급영수증 등을 증빙으로 한다.
② 취득세, 인지세 등 : 취득세 납부영수증, 인지를 첨부한 계약서
③ 공인중개사수수료 : 금융기관을 통하여 지급하고, 경비 등의 송금명세서(법인) 또는 영수증수취명세서(개인)를 제출하는 경우 적법한 증빙서류로 인정된다. 단, 중개업자가 일반과세자인 경우 세금계산서를 수취하여야 한다.
④ 법무사수수료 : 세금계산서

■ 토지 회계처리 사례

① 《토지 계약금 지급》 공장건물을 신축하기 위하여 공장용지를 1억원에 매입하기로 계약하고, 계약금 1천만원을 5. 10 보통예금에서 인출하여 지급하다.

선급금	10,000,000	/	보통예금	10,000,000

② 《토지 매입 잔금 지급》 6. 30 잔금 9천만원을 매도인에게 보통예금에서 인출하여 지급하고 공인중개사에게 중개수수료 1백만원을 현금으로 지급하다.

토지	101,000,000	/	선급금	10,000,000
			보통예금	90,000,000
			현금	1,000,000

③ 《법무사수수료 등 지급》 6. 30 토지소유권이전과 관련하여 취득세, 기타 제비용 6,700,000원 및 법무사수수료 550,000원(부가세 포함: 세금계산서 수취)을 현금으로 지급하다.

토지	7,250,000	/	현금	7,250,000

③ 건물

건물과 부속설비로 하며, 부속설비에는 당해 건물과 관련된 전기설비, 급배수·위생설비, 가스설비, 냉방·난방·통풍 및 보일러설비, 승강기설비 등 모든 부속설비를 포함한다.

① 건물 매입시 취득 관련 비용(취득세, 중개수수료 등) 및 건물의 취득을 위하여 차입한 차입금에 대한 이자로서 취득완료전의 금액은 건물취득가액에 포함한다.
② 건설업 등이 건설, 분양을 목적으로 취득하는 건물은 '재고자산'으로 처리한다.
③ 투자를 목적으로 취득하는 건물은 '투자부동산'으로 처리한다.

▶ **건물 철거 및 철기비용 세무회계**

토지만을 사용할 목적으로 건축물이 있는 토지를 취득하여 그 건축물을 철거하거나, 자기소유의 토지상에 있는 임차인의 건축물을 취득하여 철거한 경우 철거한 건축물의 취득가액과 철거비용은 당해 토지에 대한 자본적 지출로 한다.

☐ 법인세법 기본통칙 23-31…1 【고정자산에 대한 자본적 지출의 범위】
영 제31조 제2항 제5호에 규정하는 자본적 지출에는 다음 각호의 예에 따라 처리하는 것을 포함한다.(2001.11.01 개정)
1. 토지만을 사용할 목적으로 건축물이 있는 토지를 취득하여 그 건축물을 철거하거나, 자기소유의 토지상에 있는 임차인의 건축물을 취득하여 철거한 경우 철거한 건축물의 취득가액과 철거비용은 당해 토지에 대한 자본적 지출로 한다.<개정 2001.11.01>

☐ 일반기업회계기준 제10장 유형자산
10.13 건물을 신축하기 위하여 사용중인 기존 건물을 철거하는 경우 그 건물의 장부금액은 제거하여 처분손실로 반영하고, 철거비용은 전액 당기비용으로 처리한다. 다만 새 건물을 신축하기 위하여 기존 건물이 있는 토지를 취득하고 그 건물을 철거하는 경우 기존 건물의 철거 관련 비용에서 철거된 건물의 부산물을 판매하여 수취한 금액을 차감한 금액은 토지의 취득원가에 포함한다.

□ 부가가치세법 제39조(공제하지 아니하는 매입세액)
① 제38조에도 불구하고 다음 각 호의 매입세액은 매출세액에서 공제하지 아니한다.
7. 면세사업등에 관련된 매입세액(면세사업등을 위한 투자에 관련된 매입세액을 포함한다)과 대통령령으로 정하는 토지에 관련된 매입세액

□ 부가가치세법 시행령 제80조(토지에 관련된 매입세액) 법 제39조제1항제7호에서 "대통령령으로 정하는 토지에 관련된 매입세액"이란 토지의 조성 등을 위한 자본적 지출에 관련된 매입세액으로서 다음 각 호의 어느 하나에 해당하는 경우를 말한다.
1. 토지의 취득 및 형질변경, 공장부지 및 택지의 조성 등에 관련된 매입세액
2. 건축물이 있는 토지를 취득하여 그 건축물을 철거하고 토지만 사용하는 경우에는 철거한 건축물의 취득 및 철거 비용과 관련된 매입세액
3. 토지의 가치를 현실적으로 증가시켜 토지의 취득원가를 구성하는 비용에 관련된 매입세액

■ 토지 및 건물 일괄 취득시 취득가액 계산

법인의 자산에 대한 취득가액은 타인으로부터 매입한 자산은 매입가액에 부대비용을 가산한 금액으로 한다. 단, 토지와 건물을 구분하지 않고 일괄 취득한 경우 토지와 건물 취득가액은 다음의 방법으로 안분하여 계산한다.
① 실지거래가액 중 토지의 가액과 건물 가액의 구분이 분명한 경우에는 실지거래가액에 의한다.
② 실지거래가액 중 토지의 가액과 건물 가액의 구분이 불분명한 경우에는 다음 각 호에 정하는 바에 의한다.
1. 감정평가가액(감정평가법인이 평가한 가액)이 있는 경우에는 그 가액에 비례하여 안분 계산한다.
2. 토지와 건물 등에 대한 기준시가가 모두 있는 경우에는 공급계약일 현재의 기준시가에 따라 계산한 가액에 비례하여 안분계산한다.
3. 토지와 건물 중 어느 하나 또는 모두의 기준시가가 없는 경우로서 감정평가가액이 있는 경우에는 그 가액에 비례하여 안분계산한다.
4. 위 각호의 규정을 적용할 수 없거나 적용하기 곤란한 경우에는 국세청장이 정하는 바에 따라 안분하여 계산한다.

- 기준시가(소득세법 제99조)
  - 토지 : 지가공시및토지등의평가에관한법률에 의한 개별공시지가로 한다.
  - 건물 : 건물(오피스텔 및 상업용건물, 주택 제외)의 신축가격·구조·용도·위치·신축연도 등을 참작하여 매년 1회 이상 국세청장이 산정·고시하는 가액
  - 오피스텔 및 상업용 건물 : 건물에 부수되는 토지를 공유로 하고 건물을 구분소유하는 오피스텔 및 상업용 건물(부수되는 토지 포함)에 대하여는 건물의 종류·규모·거래 상황·위치 등을 참작하여 매년 1회 이상 국세청장이 토지와 건물에 대하여 일괄하여 산정·고시하는 가액
  - 주택 : 개별주택가격 및 공동주택가격. 다만, 공동주택가격의 경우에는 국세청장이 결정·고시한 공동주택가격이 있는 때에는 그 가격에 의한다.

▣ 건물 회계처리 사례

① 《업무용 사옥 계약금 지급》 5. 2 업무용 사옥(토지 및 건물)을 사업자등록이 없는 개인으로부터 구입하기로 하고, 계약금 50,000,000원을 보통예금에서 인출하여 지급하다. (매매대금 5억원)

선급금	50,000,000	/	보통예금	50,000,000

② 《중도금 지급》 6. 30 중도금 2억원을 보통예금에서 인출하여 지급하다.

선급금	200,000,000	/	보통예금	200,000,000

③ 《잔금 및 수수료 지급》 7. 31 잔금 및 부동산중개수수료, 법무사수수료, 취득세 등을 보통예금에서 인출하여 지급하다. 잔금 250백만원, 사옥 중개수수료 3백만원, 등기관련 수수료 : 토지분 취득세 4,800,000원, 건물분 취득세 3,600,000원, 인지대 등 기타비용 800,000원, 법무사수수료 770,000원(부가세 포함, 세금계산서 수취)

선급금	254,500,000	/	보통예금	262,970,000
토지	4,800,000			
건물	3,600,000			
부가세대급금	70,000			

* 선급금 : 사옥잔금(250,000,000) + 중개수수료(3,000,000) + 기타 비용(800,000)
  + 법무사수수료(700,000)

▶ 토지 관련 법무사수수료 매입세액불공제

법무사수수료 중 토지관련 수수료는 그 매입세액을 토지의 취득가액으로 계산하여야 하므로 법무사사무소에서 세금계산서를 발급받을 시 토지 및 건물을 구분하여 발급받는 것이 적절하다. 이를 구분하지 아니한 경우 부가세대급금 중 토지 부분에 상당하는 금액을 안분하여 토지의 매입가액으로 대체처리한다.

④《토지 및 건물 안분계산》 7. 31 사옥 취득가액 중 토지 및 건물의 가액구분이 불분명하여, 기준시가에 의하여 토지 및 건물가액을 계산하여 대체하다.

```
토지        315,312,500   /   선급금              504,500,000
건물        189,187,500       부가세대급금             43,750
토지             43,750
```

* 토지 공시지가 : 250,000,000원, 건물의 국세청기준시가 : 150,000,000원

$$토지 : 504,500,000 \times \frac{토지공시지가(250,000,000)}{기준시가(400,000,000)} = 315,312,500$$

$$건물 : 504,500,000 \times \frac{건물기준지가(150,000,000)}{기준시가(400,000,000)} = 189,187,500$$

* 매입세액 중 토지로 대체할 금액 : 43,750원
- 부가세대급금(70,000원) × 토지가액(315,312,500) / 토지 및 건물가액(504,500,000)

2 법인의 대도시 취득세 중과세

❶ 개요

1 입법 취지 등

취득세 중과세재도는 과밀억제권역 내로의 인구유입과 산업집중을 현저하게 유발시키는 본점 또는 주사무소의 신설 및 증설을 억제하기 위하여 제정한 법률로서 납세의무자는 법인의 본점 또는 지점, 비영리법인의 주사무소, 분사무소 사업용 부동산을 취득할 때 중과세하므로 법인이 납세의무자다. (종전 등록세에 대하여 중과세하였으나 2011년 이후 등록세가 취득세에 통합됨)

2 본점, 공장 원시 취득과 승계취득 및 지점, 공장 승계취득

[1] 지방세법 제13조제1항[과밀억제권역 내 본점 및 공장 원시 취득]
1. 과밀억제권역에서 본점의 사업용 부동산을 **신축**하거나 **증축**하는 건축물과 그 부속토지의 중과세에 대한 내용
2. 공장을 **신설**하거나 **증설**하기 위한 사업용 과세물건을 취득하는 경우의 중과세

[2] 지방세법 제13조제2항[대도시 내 본점 승계 취득, 지점 원시 취득 및 승계 취득, 공장 승계 취득]
1. 대도시에서 법인을 설립하거나 지점 또는 분사무소를 설치하는 경우
(지방세법 제13조 ② 1)
2. 법인의 대도시로 전입에 따라 대도시의 부동산을 취득하는 경우
(지방세법 제13조 ② 1)
3. 공장의 승계취득, 해당 과밀억제권역 내에서의 공장의 이전 및 공장의 업종변경에 따르는 부동산 취득(지방세법 제13조 ② 2, 지방세법 시행령 제27조 ③)
4. 공장의 신설·증설(지방세법 제13조 ② 2)

❷ 과밀억제권역에서 본점 신축 또는 증축 취득세 중과세

1 과밀억제권역 및 중과세대상

[1] 과밀억제권역 (수도권정비계획법 시행령 [별표 1])

과밀억제권역이란 「수도권정비계획법」 제6조 및 「수도권정비계획법 시행령」 제9조 [별표1]에 따른 권역을 말한다. 다만, 공장을 신설하거나 증설하기 위하여 사업용 과세물건을 취득하는 경우에는 「산업집적활성화 및 공장설립에 관한 법률」을 적용받는 **산업단지·유치지역** 및 「국토의 계획 및 이용에 관한 법률」을 적용받는 **공업지역**은 제외한다.

□ 「수도권정비계획법」

제6조(권역의 구분과 지정) ① 수도권의 인구와 산업을 적정하게 배치하기 위하여 수도권을 다음과 같이 구분한다.

1. 과밀억제권역: 인구와 산업이 지나치게 집중되었거나 집중될 우려가 있어 이전하거나 정비할 필요가 있는 지역

제9조(권역의 범위) 법 제6조에 따른 과밀억제권역, 성장관리권역 및 자연보전권역의 범위는 별표 1과 같다.

수도권정비계획법 시행령 [별표 1] 과밀억제권역 <개정 2017. 6. 20.>
1. 서울특별시
2. 인천광역시 [강화군, 옹진군, 서구 대곡동·불로동·마전동·금곡동·오류동·왕길동·당하동·원당동, 인천경제자유구역(경제자유구역에서 해제된 지역을 포함한다) 및 남동 국가산업단지는 제외한다]
3. 의정부시 4. 구리시
5. 남양주시(호평동, 평내동, 금곡동, 일패동, 이패동, 삼패동, 가운동, 수석동, 지금동 및 도농동만 해당한다)
6. 하남시 7. 고양시 8. 수원시 9. 성남시 10. 안양시 11. 부천시
12. 광명시 13. 과천시 14. 의왕시 15. 군포시
16. 시흥시[반월특수지역(반월특수지역에서 해제된 지역을 포함한다)은 제외한다]

□ 산업집적활성화 및 공장설립에 관한 법률 제2조(정의)
5. "유치지역(誘致地域)"이란 공장의 지방이전 촉진 등 국가정책상 필요한 산업단지를 조성하기 위하여 제23조에 따라 지정·고시된 지역을 말한다.
14. "산업단지"란 「산업입지 및 개발에 관한 법률」 제6조·제7조·제7조의2 및 제8조에 따라 지정·개발된 국가산업단지, 일반산업단지, 도시첨단산업단지 및 농공단지를 말한다.

[2] 중과세대상(과밀억제권역내 본점 신축 및 증축과 부속토지)

1. 과밀억제권역에서 본점이나 주사무소의 사업용 부동산(**본점이나 주사무소용 건축물을 신축하거나 증축하는 경우와 그 부속토지만 해당한다**)을 취득하는 경우
2. 중과세 대상은 법인의 본점이나 주사무소용 부동산으로 되어 있으므로 건축물과 토지가 모두 포함한다.
3. 본사를 수도권 이외의 지역에 두고 있더라도 서울사무소 등의 이름으로 수도권 내에 사무소를 두면서 본사의 부서 일부가 사용하는 경우에도 중과세된다.
4. 법인의 지점이나 분사무소용 부동산은 지방세법 제13조 제2항 대도시내의 지점 설치에 대한 중과세 규정을 적용한다.

▶ 사업용부동산
본점이나 주사무소의 사업용 부동산이란 법인의 본점 또는 주사무소의 사무소로 사용하는 부동산과 그 부대시설용 부동산을 말한다.

▶ 중과세대상 사업용부동산에서 제외되는 것
기숙사, 합숙소, 사택, 연수시설, 체육시설 등 복지후생시설

▶ 과밀억제권역이나 산업단지내인 경우
본점·주사무소용 부동산 중과세의 경우 산업단지내라도 제외되지 아니한다. 단, 대도시 (과일억제권역에서 산업단지를 제외한 지역)내 법인 중과세에서는 제외한다.

▶ 부동산임대업
본점, 지점의 용도로 직접 사용하지 아니하면 중과세가 되지 아니한다. 따라서 부동산을 취득하여 일부는 사무실로, 일부는 임대를 주는 경우 사무실로 직접 사용하는 면적만 중과세 된다.

2 중과세 세율

취득세 중과세 세율은 지방세법에서 본점 및 지점, 원시취득 및 승계취득, 법인설립 및 지점설치 5년 이내 및 5년 이후 등에 따라 조문을 달리하여 매우 복잡하게 열거되어 있으며, 그 내용을 요약하면 다음과 같다.

[1] 과밀억제권역내에서 5년내 본점 신축, 증축 및 공장 신설 및 증축

토지나 건축물을 취득한 후 5년 이내에 본점이나 주사무소의 사업용 부동산에 해당하는 경우 건축물 취득세 중과세 세율은 과세표준의 8.4%(표준세율× 3배)이며, 토지는 12%이다.

취득·등기 구분	취득세	비고
본점·주사무소 건축물 (신축·증축)	8.4%	표준세율(2.8%) × 3배
본점·주사무소 부속토지	12%	표준세율(4%) × 3배

• 취득세 세율 : 원시 취득 : 2.8%, 승계 취득 : 4%

[2] 과밀억제권역내에서 5년 경과 후 본점 신축, 증축

원시 취득의 취득세율은 2.8%이며, 취득세 세율에 1천분의 20(중과기준세율)의 100분의 200을 <u>합한 세율</u>을 적용한다.

취득·등기 구분	취득세	비고
건축물 (신축·증축)	6.8%	표준세율(2.8%) + 중과기준세율(2%) × 2배
부속토지	8.0%	표준세율(4%) + 중과기준세율(2%) × 2배

[3] 토지 중과세 세율

법인 설립 후 5년 이내인 경우 지방세법 제16조 제6항의 세율(표준세율의 3배)을 적용하며, 5년 이후인 경우 지방세법 제13조 제1항의 세율을 적용한다.

구 분	취득세	비고
법인 설립 후 5년 이내	12%	(지방세법 제11조 제6항 세율)
법인 설립 후 5년 이후	8.0%	표준세율(4%) + 중과기준세율(2%) × 2배

■ 취득세 중과세 세율 요약표

1. 대도시란 과밀억제권역 중 산업단지를 제외한 지역을 말한다. 따라서 과밀억제권역 중 산업단지내 지점을 설치하는 경우 중과세되지 않는다.
2.. 법인 설립 후 5년 이내에 본점 또는 공장을 신축 또는 증설하는 경우 건축물 및 부속토지의 중과세 세율은 지방세법 제13조 제6항의 규정에 의하여 표준세율에 3배를 곱한 세율로 한다.
3.. 유치지역, 공업지역은 대도시에 포함하되, 공장의 신설 및 증축시에는 대도시내 중과세에서 제외한다. (지방세법 제13조 제2항 본문 및 제2호 참조)
4.. 공장은 신설 또는 증설의 경우 지방세법 제13조 제1항의 규정에 의하여 중과세되며, 승계취득은 지방세법 제13조 제2항 제1호의 규정을 적용(지점)하여 중과세된다.

▶ 중과세 세율에 대한 지방세법의 규정
- 지방세법 제13조(과밀억제권역 안 취득 등 중과)
- 지방세법 시행령 제27조(대도시 부동산 취득의 중과세 범위와 적용기준)
- 지방세법 제16조(세율 적용)
- 지방세법 시행령 제31조(대도시 부동산 취득의 중과세 추징기간)

▣ 건축물[법인 설립 이후 5년 이내] 취득세 중과세 세율

구분	원시 취득			승계 취득(대도시 내)		
	본점	공장	지점	본점	공장	지점
과밀억제	8.4%	8.4%	4.4%	8%	8%	8%
산업단지	8.4%	2.8%	4.4%	4%	4%	4%

■ 설립 후 5년내 원시 취득 중과세율

본점(8.4%) ; 제13조 ⑥ 2.8% × 3배

지점(4.4%) : 제13조 ② 2.8% × 3배 - 중과기준세율(2%) × 2배

* 예시한 산업단지, 공업지역, 유치지역은 과밀억제권역내의 지역으로 한다.

▣ 건축물[법인 설립 이후 5년 경과] 취득세 중과세 세율

구분	원시 취득			승계 취득(대도시 내)		
	본점	공장	지점	본점	공장	지점
과밀억제	6.8%	6.8%	4.4%	8%	8%	8%
산업단지	6.8%	2.8%	4.0%	4%	4%	4%

▶ 토지 취득세 중과세 세율(건물 신축 및 증축 부속토지)

구 분	법인 설립 후 5년 이내			법인 설립 후 5년 이후		
	본점	공장	지점	본점	공장	지점
과밀억제	12%	12%	4.4%	8%	8%	4.4%
산업단지	12%	4%	4.0%	8%	4%	4.0%

▶ 토지 취득세 중과세 세율(건물 승계 취득 부속토지) [제13조 ② 1]

구 분	법인 설립 후 5년 이내			법인 설립 후 5년 이후		
	본점	공장	지점	본점	공장	지점
과밀억제	8%	8%	4.4%	8%	8%	4.4%
산업단지	4%	4%	4.0%	4%	4%	4.0%

❸ 대도시내 부동산 취득 및 중과세

1 대도시

지방세법 제13조에서 정의하는 대도시란「수도권정비계획법」제6조에 따른 과밀억제권역 중「산업집적활성화 및 공장설립에 관한 법률」을 적용받는 산업단지를 제외한 지역을 말한다. 따라서 법인이 과밀억제권역 중 산업단지에서 본점 또는 지점으로 사용할 부동산을 승계 취득하는 경우 중과세가 적용되지 않는다. 다만, 본점이나 주사무소용으로 **신축하거나 증축하는 건축물과 그 부속토지의 경우에는 지방세법 제13조 제1항의 규정에 의하여 중과세가** 적용된다.

2 취득세 중과세 과세대상 개요

[1] 본점 설립 및 지점 설치

법인의 본점, 주사무소를 신축 또는 증설하는 경우에는 과밀억제권내의 부동산 취득에 대한 중과세가 적용되며, 본점으로 사용하고자 하는 부동산을 승계취득하거나 지점으로 사용하고자 하는 부동산을 신축 또는 증설 또는 승계취득하는 경우 대도시내의 부동산 취득에 대한 중과세규정이 적용된다.

[2] 본점 및 지점의 대도시내 전입

1) 법인의 본점·주사무소·지점 또는 분사무소를 대도시 밖에서 대도시로 전입함에 따라 대도시의 부동산을 취득하는 경우
2) 「수도권정비계획법」 제2조에 따른 수도권의 경우에는 서울특별시 외의 지역에서 서울특별시로의 전입하는 경우

[3] 대도시에서 공장 신설 또는 증설함에 따라 부동산을 취득하는 경우

과밀억제권역에서 산업단지, 유치지역, 공업지역을 제외한 지역에서 공장을 신설하거나 증설함에 따라 취득하는 부동산은 공장으로 중과세를 한다. [제13조 제1항과 제13조 제2항 제2호가 중복되어 있어 법령 정비가 필요함] 다만, 「산업집적활성화 및 공장설립에 관한 법률」 제28조에 따른 도시형공장을 경영하는 사업의 경우에는 중과세대상에 해당하지 않는다.

▶ **채권을 보전하거나 행사할 목적으로 취득하는 부동산**

채권을 보전하거나 행사할 목적으로 하는 취득하는 부동산은 중과세대상에 해당하지 않는다. 단, 채권의 목적을 실현하기 위하여 취득한 부동산을 사업용이나 수익사업용에 사용할 경우에는 중과세대상에 해당한다.(지방세운영-1748, 2009.4.30.)

[4] 분할

5년 이상 대도시에서 사업을 한 법인의 법인 분할은 취득세 중과세 대상이 아니므로 분할등기일 현재 5년 이상 계속하여 사업을 한 대도시의 내국법인이 법인의 분할로 법인을 설립하는 경우에는 중과세 대상으로 보지 아니한다.

[5] 합병

대도시에서 설립 후 5년이 경과한 법인(기존법인)이 다른 기존법인과 합병하는 경우에는 중과세 대상으로 보지 아니하며, 기존법인이 대도시에서 설립 후 5년이 경과되지 아니한 법인과 합병하여 기존법인 외의 법인이 합병 후 존속하는 법인이 되거나 새로운 법인을 신설하는 경우에는 합병 당시 기존법인에 대한 자산비율에 해당하는 부분을 중과세 대상으로 보지 아니한다. 이 경우 자산비율은 자산을 평가하는 때에는 평가액을 기준으로 계산한 비율로 하고, 자산을 평가하지 아니하는 때에는 합병 당시의 장부가액을 기준으로 계산한 비율로 한다.

3 대도시 내의 법인 설립 및 지점 설치용 부동산 취득

대도시에서 법인을 설립(휴면법인을 인수하는 경우 포함)하거나 지점 또는 분사무소를 설치하는 경우 및 법인의 본점·주사무소·지점 또는 분사무소를 대도시 밖에서 대도시로 전입(수도권의 경우에는 서울특별시 외의 지역에서 서울특별시로의 전입도 대도시로의 전입으로 본다.)함에 따라 **대도시의 부동산을 취득**(그 설립·설치·전입 이후의 부동산 취득 포함)하는 경우 취득세가 중과세된다.(지방세법 제13조 제2항 제1호)

[1] 법인 설립, 지점·분사무소의 범위

지방세법 제13조 제2항 제1호의 법인의 설립, 지점 설치란 지방세법 시행규칙 제6조의 규정에 의하여 법인세법, 소득세법, 부가가치세법에 따른 등록대상 사업장으로서 인적 및 물적 설비를 갖추고 계속하여 사무 또는 사업이 행하여지는 장소를 말한다.

□ 지방세법 시행규칙 제6조(사무소 등의 범위) -요약-
영 제27조제3항 전단에서 "행정안전부령으로 정하는 사무소 또는 사업장"이란 「법인세법」 제111조·「부가가치세법」 제8조 또는 「소득세법」 제168조에 따른 등록대상 사업장으로서 인적 및 물적 설비를 갖추고 계속하여 사무 또는 사업이 행하여지는 장소를 말한다. 다만, 다음 각 호의 장소는 제외한다. 〈개정 2014.11.19., 2017.7.26.〉
1. 영업행위가 없는 단순한 제조·가공장소
2. 물품의 보관만을 하는 보관창고
3. 물품의 적재와 반출만을 하는 하치장

[2] 중과세대상 물건의 취득시기 [지방세법 시행령 제34조]

① 본점 또는 주사무소 사업용 부동산을 취득한 경우에는 사무소로 최초로 사용한 날로 한다.
② 공장의 신설 또는 증설을 위하여 사업용 과세물건을 취득하거나 공장의 신설 또는 증설에 따라 부동산을 취득한 경우에는 그 생산설비를 설치한 날. 다만, 그 이전에 영업허가·인가 등을 받은 경우에는 영업허가·인가 등을 받은 날로 한다.

③ 부동산 취득이 다음의 어느 하나에 해당하는 경우에는 해당 사무소 또는 사업장을 사실상 설치한 날로 한다.
1. 대도시에서 법인을 설립하는 경우
2. 대도시에서 법인의 지점 또는 분사무소를 설치하는 경우
3. 대도시 밖에서 법인의 본점·주사무소·지점 또는 분사무소를 대도시로 전입하는 경우
4. 대도시 중과 제외 업종에 직접 사용할 목적으로 부동산을 취득하거나, 법인이 사원에 대한 분양 또는 임대용으로 직접 사용할 목적으로 사원 주거용 목적 부동산을 취득한 후 정당한 사유 없이 부동산 취득일부터 1년이 경과할 때까지 해당 용도에 직접 사용하지 아니하는 경우에는 1년이 경과한 날로 한다.

4 대도시 전입에 따른 부동산 취득 및 취득세 중과세

[1] 취득세 중과세대상

1) 법인의 본점·주사무소·지점·분사무소의 대도시 전입에 따른 부동산 취득은 해당 법인 또는 사무소나 사업장이 그 **설립·설치·전입 이전에** 법인의 본점·주사무소·지점 또는 분사무소의 용도로 **직접 사용하기 위한** 부동산 취득으로 한다.
2) 법인 **설립·설치·전입 이후** 5년 이내인 경우 업무용·비업무용 또는 사업용·비사업용의 모든 부동산 취득으로 한다. 이 경우 부동산 취득에는 공장의 신설·증설, 공장의 승계취득, 해당 대도시에서의 공장 이전 및 공장의 업종변경에 따르는 부동산 취득을 포함한다. (지방세법 시행령 제27조 ③)

▶ 수도권의 경우 서울특별시 외의 지역에서 서울특별시로의 전입

「수도권정비계획법」 제2조에 따른 수도권의 경우에는 서울특별시 외의 지역에서 서울특별시로의 전입도 대도시로의 전입으로 본다.

□ 「수도권정비계획법」
제2조(정의) 이 법에서 사용하는 용어의 뜻은 다음과 같다.
1. "수도권"이란 서울특별시와 대통령령으로 정하는 그 주변 지역을 말한다.

제2조(수도권에 포함되는 서울특별시 주변 지역의 범위) 「수도권정비계획법」(이하 "법"이라 한다) 제2조제1호에서 "대통령령으로 정하는 그 주변 지역"이란 인천광역시와 경기도를 말한다.

▶ 전입 이전에 취득하는 부동산

전입 이전에 취득하는 부동산은 법인의 본점·주사무소·지점 또는 분사무소의 용도로 **직접 사용**하기 위한 부동산에 한하며, 임대 등으로 사용되는 부동산은 제외된다. 다만, 전입 이전에 임대용부동산을 취득하는 경우라도 지점, 사무소 등의 설치에 해당하는 면적은 중과세된다.

▶ 전입 이후에 취득하는 부동산

법인의 본점·주사무소·지점·분사무소의 설립, 설치, 전입 이후 **5년 이내**에 취득하는 모든 부동산이 중과세 대상이다.

▶ 모든 부동산의 취득

모든 부동산의 취득이라 함은 해당 법인 또는 지점 등과 관련해서 판단해야 할 것이고 법인 또는 지점 등이 가장 마지막으로 설립·설치·전입된 시점을 기준으로 5년 이내에 취득한 것을 모두 중과세대상으로 할 수는 없다.

▶ 부동산 취득 이후 본점, 지점으로 사용하는 경우

중과세 사유 발생 이전에 과밀억제권역 내에 취득해 놓은 부동산을 본점, 지점으로 사용하기 시작한 경우 중과세된다. 또한 법인 본점, 지점이 인적, 물적 시설없는 임대사업장만으로 사용하다가 본점 또는 지점의 사무용으로 사용하는 경우 중과세된다.

▶ 본, 지점용이 아닌 사업용, 비사업용 기타 부동산

1. 설립 및 설치 이전 : 본점·주사무소·지점 또는 분사무소의 용도로 **직접 사용하기 위한** 부동산에 한하여 중과세
2. 설립 설치 후 5년 이내 : 모든 부동산 취득세 중과세
3. 설립 설치 후 5년 경과 : 중과세 대상 아님

◆ 타인 소유의 부동산을 임차하여 본점 또는 주사무소로 사용하다가 새로 취득한 부동산으로 이전하는 경우에는 취득세 중과대상에 해당됨
(대법원 2000.5.30.선고, 99두6309 판결)
이미 과밀억제권역 내에 본점 또는 주사무소용 사무실을 가지고 있다가 같은 권역 내에서 사무실을 이전하는 경우에는 특별한 사정이 없는 한 취득세 중과 대상에 해당되지 않지만, 타인 소유의 부동산을 임차하여 본점 또는 주사무소로 사용하다가 새로 취득한 부동산으로 이전하는 경우에는 취득세 중과대상에 해당됨

◆ 본점·주사무소용 건축물을 신축·증축하여 동일한 과밀억제권역 안에 있던 기존의 본점 또는 주사무소에서 이전해 오는 경우 취득세 중과대상에 해당함

(대법원 2014.5.29.선고, 2014두1116 : 대법원 2012.7.12.선고, 2012두6551 판결)
과밀억제권역 안에서 신축·증축한 사업용 부동산으로 본점·주사무소를 이전하게 되면 동일한 과밀억제권역 안의 기존 사업용 부동산에서 이전해 오는 경우라 하더라도 전체적으로 보아 그 과밀억제권역 안으로의 인구유입이나 산업집중의 효과가 없다고 할 수 없는 점 등을 종합하면, 과밀억제권역 안에서 본점·주사무소용 건축물을 신축·증축하여 동일한 과밀억제권역 안에 있던 기존의 본점 또는 주사무소에서 이전해 오는 경우라고 하더라도 취득세 중과대상에 해당함

5 대도시내 부동산임대용 건물의 중과세

[1] 임대용부동산 중과세

법인이 부동산을 취득하여 임대를 하는 경우로서 해당 부동산이 사무소 등에 해당하지 않는 경우 취득세가 중과세 되지 아니한다. 다만, 인적 및 물적 설비를 갖추고 계속하여 사무 또는 사업이 행하여지는 장소인 경우 해당 사무소 면적에 대하여는 취득세가 중과세된다.

한편, 법인이 임대용부동산을 취득하는 경우로서 해당 부동산이 사무소 등에 해당하지 않는 것으로서 판단하여 일반세율을 적용하여 취득세 신고를 하는 경우 세무적인 문제가 발생할 가능성이 매우 높으므로 관련 법 조항 및 판례 등을 신중히 검토하여야 할 것이다.

▶ 임대용 건물 중과세 요약

1. 부동산임대업 지점 : 법인 설립 기간에 관계없이 사무소 사용 부분은 중과세
2. 임대건물이 사무소에 해당하지 않는 경우
- 법인 설립 후 5년 이내 : 중과세
- 법인 설립 후 5년 경과 : 중과세하지 않음
3. 임대용건물로서 사무소에 해당하지 아니하여 중과세대상이 아니었던 건축물을 본점용으로 사용하는 경우 중과세됨

▶ 임대용부동산의 지점 설치 전 및 지점 설치 후 중과세

지점 설립 전에 취득한 부동산의 경우 지점사업소용만 중과세는 것이므로 임대에 사용한 부분은 중과세에서 제외되나 임대관리 사무실 해당분은 지점사업소용으로 보아 중과된다. 다만, 지점 설치한 후 5년 이내에 임대용부동산을 취득하는 경우 중과세된다.

[참고] 2011년부터는 등록세가 취득세에 통합되면서 대도시 내에서 법인이 부동산을 취득하는 경우에 취득세를 중과세하고 있음

◆ 대도시 내 법인 설립일부터 5년 이내에 부동산을 취득하는 경우 사무소 여부에 관계없이 취득세가 중과세되는 것임
(조심2015지1100, 2015.10.27.)
임대사업자가 임대하기 위하여 취득한 부동산은 중과세 대상에 해당되지 않는다는「지방세법 기본통칙」13-2 규정은「지방세법」제13조 제1항에 따른 본점이나 주사무소용 신·증축 사업용 부동산에 대한 것으로서, 대도시내에 법인 설립 및 지점 설치 후 5년 이내에 기존 건물을 취득하는 경우의 취득세 중과세 해당 여부는 같은 법 제2항 및 같은 법 시행령 제27조 제3항의 본문 후단에 따라 판단하여야 할 것이다.

[사실관계 및 판단] 청구법인은 이 건 부동산이 임대용 부동산으로서 지방세법령상의 사무소 등에 해당하지 않아 취득세 중과세 대상이 아니라고 주장하나, 지방세법령상의 사무소 등의 규정은 대도시 취득세 중과세 요건 중 법인의 설립에 따른 본점 또는 지점의 용도로 사용하는 경우의 사무소 등에 대한 범위를 정한 것으로서 또 다른 중과세 요건인 법인 설립일부터 5년 이내에 취득하는 업무용 및 비업무용 등의 일체의 부동산의 범위에는 해당하지 아니한다 할 것이다. 청구법인의 경우 대도시에서 설립일(2011.12.22.)부터 5년 이내에 이 건 부동산을 취득(2012.1.4.)하여 이 건 부동산이 임대용 부동산에 해당되는지 여부와 관계 없이 대도시 취득세 중과세 요건을 충족하였으므로 처분청이 청구법인의 이 건 부동산 취득에 대하여 취득세를 중과세한 처분은 잘못이 없다고 판단된다.

◆ 대도시 내 부동산임대업 지점 설치시 중과세
(행정자치부행심2003-155;2003.07.28.)
등록세 중과세요건인 지점의 설치에 따른 부동산등기에 있어서 지점이라 함은 법인세법,

부가가치세법 또는 소득세법의 규정에 의하여 등록된 사업장으로서 그 명칭 여하를 불문하고 인적·물적 설비를 갖추고 계속하여 법인의 사무 또는 사업이 행하여지는 장소를 말하며, 여기에서 말하는 인적설비란 당해 법인의 지휘·감독하에 인원이 상주하는 것을 뜻할 뿐이고 그 고용형식이 당해 법인에 직속하는 형태를 요구하는 것은 아니라 할 것이고, 이 경우 건축물에 설치된 지점업무를 위탁받은 법인은 건축물 소유법인의 지휘·감독을 받으면서 건축물에 대한 임차문의 관련사항과 임대차계약 체결 등 지점업무를 수행하고 있다고 볼 수 있으므로, 건축물에 대한 이전등기 및 소유권보존등기를 각각 대도시 내의 지점설치에 따른 일체의 부동산등기로 보아 등록세 등을 중과세한 처분은 적법함

◆ 법인 설립 이후 5년이 경과한 후 부동산임대목적 건물신축 후 본점에서 임대업무를 수행하는 경우 취득세 중과세대상 해당 여부
(행정자치부세정담당관-315;2003.07.01)
지방세법 제138조 및 지방세법시행령 제102조 제2항의 규정에 의하여 대도시내 법인의 지점설치 및 그 지점설치 이후 5년이내에 취득하는 일체의 부동산에 대한 등기에 대하여 등록세를 중과세 하는바, 대도시내에서 법인설립 후 5년이 경과된 법인이 부동산임대업을 영위하기 위하여 부동산을 취득등기한 후 당해 임대용 부동산에 별도의 인적·물적 설비를 갖춘 지점을 설치하지 아니하고 본점에서 임대업무를 수행하는 경우에는 등록세 중과세대상에 해당하지 않는 것임

[2] 임대를 하더라도 직접 사용하는 것으로 보는 경우(중과세 제외)
1. 전기통신사업자가 전기통신설비 또는 시설을 다른 전기통신사업자와 공동으로 사용하기 위하여 임대하는 경우
2. 유통산업, 농수산물도매시장·농수산물공판장·농수산물종합유통센터·유통자회사 및 가축시장(관계 법령에 따라 임대가 허용되는 매장 등의 전부 또는 일부를 임대하는 경우 임대하는 부분에 한정한다)

6 대도시내 휴면법인 인수 및 취득세 중과세

법인이 대도시에 본, 지점용도가 아닌 투자 등을 위하여 부동산을 취득하는 경우 법인 설립 이후 5년 이내는 취득세가 중과세되므로 중과세를 피하기 위하여 설립

된 지 5년이 경과한 휴면법인 등을 인수하여 그 법인 이름으로 부동산을 취득하는 방법을 택하기도 하였다. 따라서 이러한 편법을 방지하기 위하여 휴면법인을 인수하는 경우 휴면법인은 설립 후 5년이 경과하였다하더라도 설립일이 아닌 인수시점에 법인을 신규로 설립한 것으로 지방세법을 정비하였으며, 휴면법인을 인수하는 것은 상법상 법인의 설립이 아니지만 지방세법상 법인의 설립으로 본다.

▶ 휴면법인을 인수하는 경우

휴면법인이란 다음 각 호의 어느 하나에 해당하는 법인을 말한다.
1. 「상법」에 따라 해산한 법인(이하 "해산법인"이라 한다)
2. 「상법」에 따라 해산한 것으로 보는 법인(이하 "해산간주법인"이라 한다)
3. 「부가가치세법 시행령」 제13조에 따라 폐업한 법인(이하 "폐업법인"이라 한다)
4. 법인 인수일 이전 1년 이내에 「상법」 제229조, 제285조, 제521조의2 및 제611조에 따른 계속등기를 한 해산법인 또는 해산간주법인
5. 법인 인수일 이전 1년 이내에 다시 사업자등록을 한 폐업법인
6. 법인 인수일 이전 2년 이상 사업 실적이 없고, 인수일 전후 1년 이내에 인수법인 임원의 100분의 50 이상을 교체한 법인

7 취득세 중과세대상에서 제외되는 경우

[1] 다음에 정하는 업종에 직접 사용할 목적으로 부동산을 취득하는 경우

1. 「주택법」 제4조에 따라 국토교통부에 등록된 주택건설사업(주택건설용으로 취득한 후 3년 이내에 주택건설에 착공하는 부동산만 해당한다)
2. 「산업발전법」에 따라 산업통상자원부장관이 고시하는 첨단기술산업과 「산업집적활성화 및 공장설립에 관한 법률 시행령」 별표 1 제2호마목에 따른 첨단업종
3. 유통산업, 농수산물도매시장·농수산물공판장·농수산물종합유통센터
4. 여객자동차운송사업 및 화물자동차운송사업과 물류터미널사업 및 「물류정책기본법 시행령」 제3조 및 별표 1에 따른 창고업
5. 「의료법」 제3조에 따른 **의료업**
6. 개인이 경영하던 제조업을 법인으로 전환하는 기업
7. 「산업집적활성화 및 공장설립에 관한 법률 시행령」 별표 1 제3호가목에 따른 자원재활용업종

8. 「공연법」에 따른 공연장 등 문화예술시설운영사업
9. 「방송법」 제2조제2호·제5호·제8호·제11호 및 제13호에 따른 방송사업·중계유선방송사업·음악유선방송사업·전광판방송사업 및 전송망사업
10. 도시형공장을 경영하는 사업(「산업집적활성화 및 공장설립에 관한 법률」 제28조)
11. 「민간임대주택에 관한 특별법」 제5조에 따라 등록을 한 임대사업자 또는 「공공주택 특별법」 제4조에 따라 지정된 공공주택사업자가 경영하는 주택임대사업

♣ [상세 내용] 지방세법 시행령 제26조(대도시 법인 중과세의 예외)]

[2] 법인이 사원에 대한 분양 또는 임대용으로 직접 사용할 목적으로 주거용 부동산을 취득하는 경우

법인이 사원에게 분양이나 임대할 목적으로 사원주거용 목적 부동산을 취득하는 경우에는 중과세를 하지 아니한다. 주거용 부동산이란 1구(1세대가 독립하여 구분 사용할 수 있도록 구획된 부분을 말한다.)의 건축물의 전용면적이 60제곱미터 이하인 공동주택 및 그 부속토지를 말한다.

▶ 취득세 중과세 대상에서 제외되었으나 중과세되는 경우

1) 다음의 어느 하나에 해당하는 경우.
1. 정당한 사유 없이 부동산 취득일부터 1년이 경과할 때까지 대도시 중과 제외 업종에 직접 사용하지 아니하는 경우
2. 정당한 사유 없이 부동산 취득일부터 1년이 경과할 때까지 사원주거용 목적 부동산으로 직접 사용하지 아니하는 경우
3. 부동산 취득일부터 1년 이내에 다른 업종이나 **다른 용도에 사용·겸용하는 경우**
2) 취득한 부동산이 다음 각 목의 어느 하나에 해당하는 경우
가. 부동산 취득일부터 2년 이상 해당 업종 또는 용도에 직접 사용하지 아니하고 매각하는 경우
나. 부동산 취득일부터 2년 이상 해당 업종 또는 용도에 직접 사용하지 아니하고 다른 업종이나 다른 용도에 사용·겸용하는 경우

▶ 주택건설사업의 다른 업종이나 다른 용도에 사용·겸용이 금지되는 기간

직접 사용하여야 하는 기한 또는 다른 업종이나 다른 용도에 사용·겸용이 금지되는 기간은 3년으로 한다.

❹ 공장의 취득세 중과세

1 공장의 신설 또는 증축과 취득세 중과세

[1] 공장의 신설 또는 증축 취득세 중과세
지방세법 **제13조 제1항**에서는 과밀억제권역(산업단지·유치지역 및 공업지역은 제외)에서 비도시형 공장을 신설·증설하기 위하여 사업용 과세물건을 취득하는 경우에 취득세 표준세율에 4%를 더하여 중과세된다. (6.8% = 표준세율 2.8% + 4%)

한편, 지방세법 **제13조 제2항 제2호**에서는 대도시(과밀억제권역 중 산업단지, 유치지역 및 공업지역을 제외한 지역)에서 비도시형 공장을 신설·증설함에 따라 부동산을 취득하는 경우에 취득세 표준세율에 3배를 한 후에 4%를 공제하여 중과세하도록 되어 있다.(4.4% = 표준세액 2.8% × 3배 - 4%)

이와 같이 공장의 신설·증설에 대하여 중과세 규정을 중복으로 두면서 각각 다른 세율이 적용됨으로서 다시 '지방세법 제13조 제6항에서 이들 규정이 동시에 적용되는 경우에는 표준세율의 100분의 300으로 한다.'라고 규정하여 과밀억제권역 내 공장의 신설 및 증축시 취득세 중과세 세율은 8.4%(원시 취득 2.8% × 3배)가 된다.

▶ 공장용 부동산 [과밀억제권역(산업단지, 유치지역, 공업지역 제외)]

구 분	원시 취득		승계 취득[산업단지만 제외]	
	중과세 여부	세율	중과세 여부	세율
5년 이내	O	8.4%	O	8%
5년 경과	O	6.8%	O	8%

[2] 법인 설립 후 5년이 경과한 경우 공장용 부동산 중과세
과밀억제권내에서 법인 설립 후 5년이 경과한 법인이 공장을 신설 또는 증축한 경우 제13조 제1항에 규정한 세율을 적용한다.
[6.8% = 2.8% + 중과기준세율(2%) × 2배]

[3] 부동산 취득하여 5년 이상 경과한 후 공장 신설 또는 증설

부동산을 취득한 날부터 5년 이상 경과한 후 공장을 신설하거나 증설하는 경우 취득세는 중과세되지 않는다.

♣ 공장의 범위와 적용기준 : 지방세법 시행규칙 제7조

2 공장의 승계 취득과 취득세 중과세

대도시내 공장의 원시 취득에 대하여는 지방세법 제13조 후단에서 중과세 규정을 두고 있으나 승계취득에 대하여는 지방세법에서 별도의 중과세 규정이 없다. 다만, 지방세법 시행령 제27조 제3항의 규정에 의하여 대도시에서의 법인 설립 후 5년 이내에 취득하는 모든 부동산에 대하여 중과세하는 것으로 되어 있기 때문에 법인 설립 또는 지점 설치 후 5년 이내에 공장을 취득하는 경우 중과세가 적용될 수 있다.

대법원에서는 신설된 공장이 중과세 공장에 해당하지 아니하여 중과세할 수 없다 하더라도, 그 공장이 대도시 내에서의 법인 설립 후 5년 이내에 신설된 것으로서 일반 부동산의 중과세요건을 충족하고 있다면, 그 공장 신설에 따른 부동산에 대해서는 같은 법 제13조 제2항 제1호에 따라 중과세할 수 있는 것으로 판결한 바 있다(대판 2008두6325, 2008.7.10).

그리고 지방세법 시행령 제27조에서는 지점·분사무소가 아닌 "사무소 또는 사업장"으로 그 범위를 확대하였고, 중과세 부동산의 범위를 모든 부동산으로 규정함으로써 본점·주사무소·지점·분사무소와 관련없이 사업자등록을 한 사업장이라면 도시형공장도 중과세를 할 수 있는 것으로 하고 있다.

따라서 공장을 승계취득하는 경우에도 중과세가 되는 것이며, 과밀억제권역 중 산업단지가 아닌 경우 지방세법 제13조 제2항 제1호에서 정하고 있는 세율[8% = (표준세율 4% × 3배 - 중과기준세율(2%) × 2배)]을 적용하여 취득세를 신고 및 납부하여야 한다.

❺ 취득세가 중과세되는 경우 신고 및 납부

1 취득세 신고 및 납부기한

취득세 과세물건을 취득한 후에 그 과세물건이 제13조제1항부터 제7항까지의 세율의 적용대상이 되었을 때에는 대통령령으로 정하는 날부터 **60일 이내**에 제13조제1항부터 제7항까지의 세율(제16조제6항제2호에 해당하는 경우에는 제13조의2제3항의 세율)을 적용하여 산출한 세액을 신고하고 납부하여야 한다. (지방세법 제20조 ②)

▶ 중과세대상 부동산의 취득시기 [지방세법 시행령 제34조]
1. 본점 또는 주사무소의 사업용 부동산을 취득한 경우 → 사무소로 최초로 사용한 날
2. 공장의 신설 또는 증설을 위하여 사업용 과세물건을 취득한 경우 → 그 생산설비를 설치한 날. 다만, 그 이전에 영업허가·인가 등을 받은 경우에는 영업허가·인가 등을 받은 날로 한다.
3. 부동산 취득이 다음 각 목의 어느 하나에 해당하는 경우 → 해당 사무소 또는 사업장을 사실상 설치한 날
  가. 대도시에서 법인을 설립하는 경우
  나. 대도시에서 법인의 지점 또는 분사무소를 설치하는 경우
  다. 대도시 밖에서 법인의 본점·주사무소·지점 또는 분사무소를 대도시로 전입하는 경우
4. 대도시 중과 제외 업종에 직접 사용할 목적으로 부동산을 취득하거나, 법인이 사원에 대한 분양 또는 임대용으로 직접 사용할 목적으로 사원 주거용 목적 부동산을 취득한 후 중과세가 제외되는 사유가 발생한 경우 → 그 사유가 발생한 날

▶ 중과세대상이 아닌 부동산의 취득세 신고 납부기간
취득세 과세물건을 취득한 자는 그 취득한 날부터 60일[상속으로 인한 경우는 상속개시일이 속하는 달의 말일부터, 실종으로 인한 경우는 실종선고일이 속하는 달의 말일부터 각각 6개월(외국에 주소를 둔 상속인이 있는 경우에는 각각 9개월)] 이내에 그 과세표준에 세율을 적용하여 산출한 세액을 신고하고 납부하여야 한다.

② 농어촌특별세 및 지방교육세

취득세를 납부하는 경우 취득세의 부가세인 농어촌특별세(국세) 및 지방교육세(지방세)를 같이 납부하여야 한다.

[1] 농어촌특별세
「지방세법」제11조 및 제12조의 표준세율을 100분의 2로 적용하여「지방세법」,「지방세특례제한법」및「조세특례제한법」에 따라 산출한 취득세액 100분의 10로 한다.

☐ 농어촌특별세법 제5조(과세표준과 세율) ①농어촌특별세는 다음 각 호의 과세표준에 대한 세율을 곱하여 계산한 금액을 그 세액으로 한다. <개정 2013. 5. 28.>
6「지방세법」제11조 및 제12조의 표준세율을 100분의 2로 적용하여「지방세법」,「지방세특례제한법」및「조세특례제한법」에 따라 산출한 취득세액 100분의 10

[2] 지방교육세
취득물건에 대하여 지방세법 제10조의 과세표준에 제11조제1항제1호부터 제7호까지와 제12조의 세율(표준세율)에서 1천분의 20을 뺀 세율을 적용하여 산출한 금액의 100분의 20으로 한다.

☐ 지방세법 제151조(과세표준과 세율) ① 지방교육세는 다음 각 호에 따라 산출한 금액을 그 세액으로 한다. <개정 2020. 12. 29., 2021. 12. 28.>
1. 취득물건(제15조제2항에 해당하는 경우는 제외한다)에 대하여 제10조의2부터 제10조의6까지의 규정에 따른 과세표준에 제11조제1항제1호부터 제7호까지와 제12조의 세율(제14조에 따라 조례로 세율을 달리 정하는 경우에는 그 세율을 말한다. 이하 같다)에서 1천분의 20을 뺀 세율을 적용하여 산출한 금액(제11조제1항제8호의 경우에는 해당 세율에 100분의 50을 곱한 세율을 적용하여 산출한 금액)의 100분의 20. 다만, 다음 각 목의 어느 하나에 해당하는 경우에는 해당 목에서 정하는 금액으로 한다.
    가. 제13조제2항·제3항·제6항 또는 제7항에 해당하는 경우: 이 호 각 목 외의 부분 본문의 계산방법으로 산출한 지방교육세액의 100분의 300. 다만, 법인이 제11조제1항제8호에 따른 주택을 취득하는 경우에는 나목을 적용한다.
    나. 제13조의2에 해당하는 경우: 제11조제1항제7호나목의 세율에서 중과기준세율을 뺀 세율을 적용하여 산출한 금액의 100분의 20

3 재산세 및 주민세

> 재산세란 토지, 건물 등의 재산을 보유한 자에 대하여 지방자치단체가 매년 부과하는 세금으로서 부과기준일은 6월 1일 현재 공부상 소유자로 한다. 따라서 6월을 전후하여 부동산을 매매하는 경우 매도인 및 매수자는 재산세 부담에 대하여 주의를 하여야 한다.
>
> 한편, 해당 사업소의 **연면적이 330제곱미터를 초과하는 경우** 주민세 재산분을 계산하여 7월 31일까지 신고 및 납부하여야 한다.

❶ 재산세

1 재산세 부과기준일 및 납세의무자

재산세는 매년 6월 1일 현재 토지, 건축물, 주택, 선박, 항공기를 소유하고 있는 자에 대하여 지방자치단체가 부과하는 지방세로서 재산세는 과세기준일 현재(매년 6월 1일) 재산을 소유하고 있는 자를 납세의무자(다만, 공유재산인 경우 그 지분에 해당하는 부분에 대하여 그 지분권자를 납세의무자로 봄)로 하여 매년 부과하는 보유세이다. 따라서 아파트, 토지 등을 6월을 전후하여 사고파는 경우에는 누가 재산세를 부담할 것인가를 명확히 하여야 한다.

2 재산세 과세표준

재산세의 과세표준은 부동산 등의 시가표준액에 공정시장가액비율(주택 60%, 토지 70%)을 곱하여 산정한 가액으로 하며, 그 내용은 다음과 같다.

▶ **주택**

주택가격(주택의 부수토지 포함)에 60%를 곱한 금액을 과세표준으로 하며, 주택가격이란 「부동산가격 공시 및 감정평가에 관한 법률」에 의한 공시된 단독 또는 공동주택가격을 말한다.

▶ **건물**

행정안전부 기준에 의거 지방자치단체장이 고시한 건물시가표준액에 공정시장가액비율 70%를 곱하여 산정한다.

▶ **토지**

토지 과세표준은 공시지가에 면적을 곱하여 산출한 가액에 공정시장가액비율 70%를 곱하여 산정하되, 종합합산과세표준·별도합산과세표준·분리과세과세표준으로 구분하며, 그 내용은 다음과 같다.

▶ **별도합산 대상 토지**

주거용을 제외한 사무실, 점포 등 일반영업용 건축물 부속토지로서 건축물 바닥면적에 용도지역별 적용배율을 곱하여 산정한 면적을 초과하지 아니하는 기준면적 내의 토지가액으로 한다.

▶ **용도지역별 적용배율**

주거전용지역 : 5배	주거·공업·준공업지역 및 전용공업지역 : 4배
상업·준주거지역 : 3배	미계획지역 : 4배
녹지지역 : 7배	도시계획지역 외 지역 : 7배

▶ **분리과세 대상 토지 및 세율**

전, 답, 과수원, 목장용지 및 임야 : 과세표준액의 1,000분의 0.7
골프장 및 고급오락장용 토지 : 과세표준액의 1,000분의 40
이 이외의 토지 : 과세표준액의 1,000분의 2

▶ **종합합산 대상 토지**

종합합산 대상 토지는 과세기준일 현재 납세의무자가 소유하고 있는 토지 중 별도합산 또는 분리과세 대상 토지를 제외한 토지를 말한다.

3 재산세 세율 및 납부기한

재산세에는 재산세 외에 재산세 도시지역분, 지역자원시설세 및 지방교육세가 같이 부과되며, 그 세율 및 납부기한은 다음과 같다.

1 토지

▶ 종합합산

과세표준	세 율	누진공제
5천만 이하	0.2%	-
1억원 이하	0.3%	5만원
1억원 초과	0.5%	25만원

▶ 별도합산

과세표준	세 율	누진공제
2억원 이하	0.2%	-
10억원 이하	0.3%	20만원
10억원 초과	0.4%	120만원

▶ 분리과세대상

구분	세 율
전·답·과수원·목장용지 및 임야	과세표준의 1천분의 0.7
골프장 및 고급오락장용 토지	과세표준의 1천분의 40
그 밖의 토지	과세표준의 1천분의 2

2 주택

과세표준	세 율	누진공제
6천만 이하	0.10%	-
1.5억원 이하	0.15%	3만원
3억원 이하	0.25%	18만원
3억원 초과	0.40%	63만원

[개정세법] 주택분 재산세 세율 특례 신설(지방세법 제111조의2 신설 등)
과세표준 3억 6,000만원 이하 1세대 1주택자에 대한 재산세 세율을 3년간 0.05%p 인하하고, 세율 특례 적용 방법 및 관계 규정을 정비함.

③ 건축물

① 골프장, 고급오락장용 건축물 : 과세표준의 1천분의 40
② 특별시·광역시(군 지역 제외)·특별자치시(읍·면지역 제외)·특별자치도(읍·면지역 제외 또는 시(읍·면지역은 제외) 지역의 주거지역 및 해당 지방자치단체의 조례로 정하는 지역의 공장용 건축물 : 과세표준의 1천분의 5
③ 그 밖의 건축물: 과세표준의 1천분의 2.5

▣ 재산세 납부기한

구 분		납기
토지		9월 16일부터 9월 30일까지
건축물		7월 16일부터 7월 31일까지
주택	1/2	7월 16일부터 7월 31일까지
	1/2	9월 16일부터 9월 30일까지

▣ 재산세에 추가되는 지방세

▶ 재산세 도시지역분
재산세 고지서를 보면, 고지서 하단에 도시지역분이라고 하여 별도로 표기된 금액이 있다. 재산세 도시지역분은 과세할 지역에 대하여 지방자치단체장이 고시한 도시지역 안에 있는 토지·건축물·주택을 과세대상으로 하고 있으며,(지방세법 112①). 과세표준에 1천분의 1.4를 적용하여 산출한 세액으로 고지가 된다.

▶ 재산분 지방교육세
재산세의 100분의 20

▶ 지역자원시설세
과세표준의 10,000분의 4 ~ 10,000분의 12

❷ 주민세

주민세는 사업소분과 종업원분으로 구분되며, 사업소분은 기본세율과 연면적에 대한 세율로 각각 신고 및 납부하여야 한다.

1 사업소분

1 세율

[1] 기본세율

1) 사업주가 개인인 사업소: 5만원
2) 사업주가 법인인 사업소
1. 자본금액 또는 출자금액이 30억원 이하인 법인: 5만원
2. 자본금액 또는 출자금액이 30억원 초과 50억원 이하인 법인: 10만원
3. 자본금액 또는 출자금액이 50억원을 초과하는 법인: 20만원
4. 그 밖의 법인: 5만원

[2] 연면적에 대한 세율

사업소 연면적 1제곱미터당 250원. 다만, 폐수 또는 「폐기물관리법」 제2조제3호에 따른 사업장폐기물 등을 배출하는 사업소로서 오염물질 배출 사업소에 대해서는 1제곱미터당 500원으로 한다.

□ 지방세법 제74조(정의) 주민세에서 사용하는 용어의 뜻은 다음 각 호와 같다.
<개정 2014. 1. 1., 2018. 12. 31., 2020. 12. 29.>
6. "사업소 연면적"이란 대통령령으로 정하는 사업소용 건축물의 연면적을 말한다.

□ 지방세법 시행령 제78조(사업소용 건축물의 범위) -요약-
① 법 제74조제6호에서 "대통령령으로 정하는 사업소용 건축물의 연면적"이란 다음 각 호의 어느 하나에 해당하는 사업소용 건축물 또는 시설물의 연면적을 말한다.
<개정 2017. 7. 26., 2019. 12. 31.>

1. 「건축법」 제2조제1항제2호에 따른 건축물의 연면적. 다만, 종업원의 보건·후생·교양 등에 직접 사용하는 직장어린이집, 기숙사, 사택, 구내식당, 의료실, 도서실, 박물관, 과학관, 미술관, 대피시설, 체육관, 도서관, 연수관, 오락실, 휴게실 또는 실제 가동하는 오물처리시설 및 공해방지시설용 건축물, 그 밖에 행정안전부령으로 정하는 건축물의 연면적은 제외한다.
2. 제1호에 따른 건축물 없이 기계장치 또는 저장시설(수조, 저유조, 저장창고 및 저장조 등을 말한다)만 있는 경우에는 그 수평투영면적

▶ 사업소 면적에 포함하는 건물 등
- 점포, 사무실, 공장, 창고 등의 건축물 연면적
- 건축물이 없고 기계장치 및 저장시설(수조, 싸이로, 저장조)만 있는 경우에는 그 시설물의 수평투영면적
- 건축물대장 등에 미등재된 시설물 및 건축물(무허가, 일시건축물)도 포함
- 화장실은 과세대상
- 경비 업무에 사용하는 경비실 [조심2016지1039 (2016.11.18)]

▶ 비과세대상 면적
- 종업원의 보건, 후생, 교양 등에 직접 사용하고 있는 기숙사, 합숙사, 사택, 구내식당, 의료실, 도서실, 박물관, 과학관, 미술관, 대피시설,, 체육관, 도서관, 연수관, 오락실, 휴게실, 병기고, 실제가동하고 있는 오물처리시설 및 공해방지시설, 구내목욕실 및 탈의실, 구내이발소, 탄약고

2 징수방법과 납기

① 사업소분의 징수는 신고납부의 방법으로 한다.
② 사업소분의 과세기준일은 7월 1일로 한다.
③ 사업소분의 납세의무자는 매년 납부할 세액을 8월 1일부터 8월 31일까지를 납기로 하여 납세지를 관할하는 지방자치단체의 장에게 신고하고 납부하여야 한다.

[개정 세법] 주민세 과세체계 개편 (지방세법 제78조~제84조, 제150조~제152조)

종 전	개 정
□ 균등분(개인·개인사업자·법인), 재산분, 종업원분으로 구성	□ 개인분, 사업소분, 종업원분으로 단순화
<table><tr><td rowspan="3">균등분</td><td>개인</td></tr><tr><td>개인사업자</td></tr><tr><td>법인</td></tr><tr><td colspan="2">재 산 분</td></tr><tr><td colspan="2">종 업 원 분</td></tr></table>	<table><tr><td>개인분</td></tr><tr><td>사업소분</td></tr><tr><td>종업원분</td></tr></table>
○ 사업자는 균등분(개인사업자 또는 법인) 및 재산분을 모두 납부 ※ (균등분) 개인사업자 5만원, 법인 5~50만원 + (재산분) 250원/㎡(사업소 연면적	○ 개인사업자, 법인균등분과 재산분을 사업소분으로 통합 ※ (사업소분) 기본세액 5만원(법인은 5~20만원) + 250원/㎡
○ 재산분은 제한세율로 운영 ※ 250원/㎡ 이하에서 조례로 결정	○ 사업소분에 탄력세율을 도입 ※ 표준세율 ± 50% 범위내 조례로 결정
○ 균등분은 8월, 재산분은 7월 납부	○ 사업소분 납기를 8월로 조정, 주민세 납기를 통일
○ 균등분 세액을 과세표준으로 하여 지방교육세 부과 ※ 균등분 세액의 10%(인구 50만 이상 시는 25%)	○ 지방교육세 세수중립 위해 사업소분에도 지방교육세 부과 - 개인분 및 사업소분 기본세액의 10% (인구 50만 이상 시는 25%)

<적용시기> 2021.1.1. 이후 납세의무가 성립하는 때부터 적용

2 주민세 종업원분

[1] 납세의무자 및 면세점

당해 월을 포함한 12개월간의 급여총액의 월평균금액이 1억5천만원을 초과하는 사업소의 사업주로 하며, 12개월간의 급여총액의 월평균금액이 1억5천만 이하인 사업소의 사업주는 신고 및 납부의무가 없으나

해당 급여지급월을 포함하여 최근 12개월간의 급여총액의 월 평균금액을 산정하여야 하므로 매월 계산하여 신고 및 납부 여부를 판단하여야 한다.

[개정 세법] 2020년 이후 주민세 종업원분 부과제외 기준이 되는 해당 사업소 종업원의 월평균 급여액을 270만원에서 300만원으로 인상 (지방세법 시행령 제85조의2)

구 분		종 전	개 정
종업원분 주민세	과세제외	「소득세법」상 비과세* 대상 급여	「소득세법」상 비과세* 대상 급여 + (추가) 육아휴직(6개월 이상) 기간과 복귀 후 1년 동안 급여
	면세점	월평균 급여총액 1억 3,500만원 이하 (270만원 × 50명)	월평균 급여총액 1억 5천만원 이하 (300만원 × 50명)

[2] 납세지

종업원분은 매월 말일 현재의 사업소 소재를 관할하는 지방자치단체에 신고 및 납부를 하여야 한다.

[3] 과세표준 및 세율

종업원분의 과세표준은 종업원에게 지급한 그 달의 급여 총액으로 하며, 세율은 해당 월 종업원 급여총액의 1천분의 5로 한다.

[4] 신설 사업장의 주민세 종업원분
신설 사업장의 급여액이 1억5천만원을 초과하는 경우에 한하여 주민세 종업원분을 신고 및 납부할 의무가 있다.

[5] 신고 및 납부
종업원분의 납세의무자는 매월 납부할 세액을 다음 달 10일까지 납세지를 관할하는 지방자치단체의 장에게 신고 및 납부하여야 한다.

■ 중소기업의 주민세 종업원분 과세특례

[1] 개요
「중소기업기본법」 제2조에 따른 중소기업의 사업주가 종업원을 추가로 고용한 경우(해당 월의 종업원 수가 50명을 초과하는 경우만 해당)에는 다음의 계산식에 따라 산출한 금액을 종업원분의 과세표준에서 공제한다. 이 경우 직전 연도의 월평균 종업원 수가 50명 이하인 경우에는 50명으로 간주하여 산출한다.
(지방세법 제84조의5)

■ 공제액 = (신고한 달의 종업원 수 - 직전 연도의 월평균 종업원 수) × 월 적용급여액

[2] 신설사업장 및 추가고용사업장의 과세표준 공제
① 다음 각 호의 어느 하나에 해당하는 중소기업에 대해서는 해당 각 호에서 정하는 달부터 1년 동안 월평균 종업원 수 50명에 해당하는 월 적용급여액을 종업원분의 과세표준에서 공제한다.
1. 사업소를 신설하면서 50명을 초과하여 종업원을 고용하는 경우 : 종업원분을 최초로 신고하여야 하는 달
2. 해당 월의 1년 전부터 계속하여 매월 종업원 수가 50명 이하인 사업소가 추가고용으로 그 종업원 수가 50명을 초과하는 경우(해당 월부터 과거 5년 내에 종업원 수가 1회 이상 50명을 초과한 사실이 있는 사업소의 경우는 제외) : 해당 월의 종업원분을 신고하여야 하는 달
② 제1항을 적용할 때 월 적용급여액은 해당 월의 종업원 급여 총액을 해당 월의 종업원 수로 나눈 금액으로 한다.

4   종합부동산세 과세대상 및 신고·납부

> 지방자치단체는 지방자치단체 운영을 위하여「지방세법」의 규정에 따라 지방세(취득세, 등록면허세, 자동차세, 주민세 등)를 부과하며, 재산 보유에 대하여 재산세를 부과하고 있다.
>
> 한편, 국가는 부동산 보유에 대한 조세부담의 형평성을 제고하고 부동산의 가격안정을 도모하기 위하여 지방세인 재산세와는 별도로 납세의무자별로 주택의 공시가격을 합산한 금액에서 9억원(1세대 1주택자 12억원, 법인의 경우 공제되는 금액 없음)을 공제한 금액 및 공시가격이 5억원을 초과하는 종합합산대상 토지 및 공시가격이 80억원을 초과하는 별도합산대상 토지에 대하여 국세인 종합부동산세를 부과한다.

❶ 종합부동산세 개요

종합부동산세는 국세청에서 부과·징수 및 관리하는 국세로서 과세기준일(매년 6월1일) 현재 국내에 소재한 재산세 과세대상인 주택 및 토지를 유형별로 구분하여 인별로 합산한 결과, 그 공시가격 합계액이 각 유형별 공제액을 초과하는 경우 그 초과분에 대하여 과세되는 세금이다.

▣ 재산세와 종합부동산세 중복과세 문제

동일한 재산에 대하여 지방세인 재산세와 국세인 종합부동산세를 부과하는 경우 중복으로 세금을 과세하는 문제가 있다. 따라서 종합부동산세로 납부하여야 하는 금액 중 재산세로 납부한 금액의 일정액을 공제하여 준다.

1) 1차로 부동산 소재지 관할 시·군·구에서 관내 부동산을 과세유형별로 구분하여 재산세를 부과하고,

2) 2차로 각 유형별 공제액을 초과하는 부분에 대하여 주소지 (본점 소재지) 관할 세무서에서 종합부동산세를 부과한다.

❷ 종합부동산세 납세의무자 및 과세대상

과세기준일(매년 6월 1일) 현재 보유한 과세유형별 공시가격의 전국 합산액이 공제금액(과세기준금액)을 초과하는 재산세 납세의무자로 한다. 따라서 부동산을 6월 1일 이후 양도한 경우 해당 연도의 재산세 및 종합부동산세는 양도한 자가 부담하여야 하므로 부동산 양도시 이를 고려하여야 할 것이다.

▶ 유형별 종합부동산세 과세대상 및 공제액

유형별 과세대상	공제액
주택(주택부속토지 포함)	주택공시가격 9억원(1세대1주택자 12억원)
종합합산 토지(나대지·잡종지 등)	토지공시가격 5억원
별도합산 토지(상가·사무실 부속토지 등)	토지공시가격 80억원

[개정 세법] 1세대 1주택자 기본공제 상향조정
[종합부동산세법 제8조(과세표준)]
(종전) 11억원(기본공제 5억원 + 6억원)
(개정) 12억원(기본공제 9억원 + 3억원)
<적용시기> '23.1.1. 이후 납세의무가 성립하는 분부터 적용

▶ 재산세 및 종합부동산세 과세대상

구 분		재산의 종류	재산세	종부세
건축물	주거용	·주택(아파트,연립,다세대,단독·다가구),오피스텔(주거용)	과세	과세
		·별장(주거용 건물로서 휴양·피서용으로 사용되는 것)	과세	×
		·일정한 임대주택·미분양주택·사원주택·기숙사·가정어린이집용 주택	과세	×
	기타	·일반건축물(상가, 사무실, 빌딩, 공장, 사업용 건물)	과세	×
토지	종합합산	·나대지, 잡종지, 분리과세가 아닌 농지·임야·목장용지 등	과세	과세
		·재산세 분리과세대상 토지 중 기준초과 토지	과세	과세

		과세	과세
	·재산세 별도합산과세대상 토지 중 기준초과 토지	과세	과세
	·재산세 분리과세·별도합산과세대상이 아닌 모든 토지	과세	과세
	·주택건설사업자의 일정한 주택신축용 토지	과세	×
별도 합산	·일반건축물의 부속토지(기준면적 범위내의 것)	과세	과세
	·법령상 인허가 받은 사업용 토지	과세	과세
분리 과세	·일부 농지·임야·목장용지 등(재산세만 0.07% 과세)	과세	×
	·공장용지 일부, 공급목적 보유 토지(재산세만 0.2% 과세)	과세	×
	·골프장, 고급오락장용 토지(재산세만 4% 과세)	과세	×

▣ **분리과세, 별도합산, 종합합산**

1) 분리과세란 해당 부동산에 대하여만 공시가액에 세율을 적용하여 부과하는 세금을 말한다.

2) 별도합산이란 별도로 합산을 할 항목 등을 정해둔 것으로서 동일 시·군·구 내 별도합산대상 토지를 합산하여 과세하는 것을 말한다.

3) 종합합산이란 분리과세 또는 별도합산대상이 아닌 토지 등은 모두 합산하여 과세하는 것을 말한다.

❸ 종합부동산세 과세표준 및 세율

[1] 종합부동산세 과세표준

과세표준이란 종합부동산세를 부과하기 위한 기준이 되는 금액으로 다음과 같이 계산한다.

■ 과세유형별 전국합산[공시가격 - 공제금액] × 공정시장가액비율(2022년)
- 주택분 : [전국합산(공시가격 - 6억원)] × 60%
- 종합합산토지분 : [전국합산 (공시가격 - 5억원)] × 100%
- 별도합산토지분 : [전국합산 (공시가격- 80억원) × 100%

▶ 공시가격 → 부동산공시가격 알리미

[2] 공정시장가액비율

재산세, 종합부동산세는 공시가액에 해당 세율을 곱하여 계산하여야 하나 납세자의 세금부담을 줄여주기 위하여 적용하는 비율로서
재산세의 경우 주택은 60%, 토지는 70%를 적용하며,
주택분 종합부동산세는 60%(2022년)를 공정시장가액비율로 한다.

[개정 세법] 주택분 공정시장가액비율 하향 조정 (종합부동산세법 시행령 제2조의4)
2022년 공시가격 상승 등에 따른 과도한 종합부동산세 부담 발생을 완화하기 위하여 주택분 종합부동산세 과세표준 계산 시 적용하는 공정시장가액비율을 현행 100%에서 60%로 하향 조정함.

☐ 종합부동산세법 제8조(과세표준)
① 주택에 대한 종합부동산세의 과세표준은 납세의무자별로 주택의 공시가격을 합산한 금액에서 다음 각 호의 금액을 공제한 금액에 부동산 시장의 동향과 재정 여건 등을 고려하여 100분의 60부터 100분의 100까지의 범위에서 대통령령으로 정하는 공정시장가액비율을 곱한 금액으로 한다. 다만, 그 금액이 영보다 작은 경우에는 영으로 본다. <개정 2022. 12. 31.>
1. 대통령령으로 정하는 1세대 1주택자(이하 "1세대 1주택자"라 한다): 12억원
2. 제9조제2항 각 호의 세율이 적용되는 법인 또는 법인으로 보는 단체: 0원
3. 제1호 및 제2호에 해당하지 아니하는 자: 9억원

☐ 종합부동산세법 시행령
제2조의4(공정시장가액비율)
① 법 제8조제1항 각 호 외의 부분 본문에서 "대통령령으로 정하는 공정시장가액비율"이란 100분의 60을 말하되, 2019년부터 2021년까지 납세의무가 성립하는 종합부동산세에 대해서는 다음 각 호의 연도별 비율을 말한다.
〈개정 2019. 2. 12., 2022. 8. 2., 2023. 2. 28.〉
1. 2019년: 100분의 85
2. 2020년: 100분의 90
3. 2021년: 100분의 95

[3] 종합부동산세 세율

▶ 종합합산(토지)

과세표준	종전세율	개정세율
15억원 이하	0.75%	1%
45억원 이하	1.5%	2%
45억원 초과	2.0%	3%

<적용시기> 2019.1.1. 이후 납세의무가 성립하는 분부터 적용

▶ 별도합산(토지)

과세표준	세 율	누진공제
200억 이하	0.5%	-
400억 이하	0.6%	2,000만원
400억 초과	0.7%	6,000만원

[세법 개정] 주택분 종합부동산세 세율 조정(종부세법 §9①·②)

종 전			개 정	
□ 주택분 종합부동산세 세율			□ 다주택자 중과제도 폐지 및 세율 인하	
과세표준	2주택 이하	3주택 이상*	과세표준	세 율
3억원 이하	0.6%	1.2%	3억원 이하	0.5%
3억원 초과 6억원 이하	0.8%	1.6%	3억원 초과 6억원 이하	0.7%
6억원 초과 12억원 이하	1.2%	2.2%	6억원 초과 12억원 이하	1.0%
12억원 초과 50억원 이하	1.6%	3.6%	12억원 초과 25억원 이하	1.3%
50억원 초과 94억원 이하	2.2%	5.0%	25억원 초과 50억원 이하	1.5%
94억원 초과	3.0%	6.0%	50억원 초과 94억원 이하	2.0%
법 인	3.0%	6.0%	94억원 초과	2.7%
* 조정대상지역 2주택 포함			법 인	2.7%

<적용시기> '23.1.1. 이후 납세의무가 성립하는 분부터 적용

[4] 산출세액 계산

산출세액 = (과세표준 × 세율- 누진공제) - 공제할 재산세액

▶ 공제할 재산세액 [종합부동산세법 시행령 제4조의2]
해당연도 재산세로 부과된 세액 합계액 × 종부세 과세표준 × 재산세 공정시장가액비율(주택 60%, 토지 70%) × 재산세 최고세율(0.4%, 누진공제하지 않음)] ÷ 주택 또는 토지(종합, 별도구분)를 각각 합산하여 표준세율로 계산한 재산세상당액

❹ 종합부동산세 고지 및 납부

종합부동산세는 고지에 의한 납부를 원칙으로 하되, 신고 및 납부를 할 수 있으며, 이 경우 납세의무자는 종합부동산세의 과세표준과 세액을 당해 연도 12월 1일부터 12월 15일까지 관할세무서장에게 신고 및 납부하여야 한다.

[1] 고지 및 납부

- 과세기준일 : 매년 6월 1일
- 납부기간 : 매년 12월 1일 ~ 12월 15일
- 분납 : 납부할 세액이 250만원 초과시 납부기한 경과일로부터 6개월 이내

▶ 농어촌특별세
납부할 종부세의 20%를 농어촌특별세로 같이 납부하여야 한다.

[2] 세부담 상한 초과세액

[개정 세법] 종합부동산세 세부담상한(종합부동산세법 제10조)
(종전) 2주택 이하 150%, 조정대상지역 2주택 300%, 3주택 이상 300%
(개정) 주택수 등에 관계없이 150% 단, 법인의 경우에는 상한 없음
<적용시기> '23.1.1. 이후 납세의무가 성립하는 분부터 적용

❺ 종합부동산세 합산대상에서 제외되는 주택

다음의 어느 하나에 해당하는 주택은 과세표준 합산 대상이 되는 주택의 범위에 포함되지 아니하는 것으로 본다. 다만, 이 경우 납세의무자는 당해 연도 9월 16일부터 9월 30일까지 납세지 관할세무서장에게 당해 주택의 보유현황을 신고하여야 한다.

[1] 합산배제 임대주택(종부세법 제8조 ② 1)

「민간임대주택에 관한 특별법」에 따른 민간임대주택 단, 법인이 2020.6.18. 이후 조정대상지역에 8년 장기 임대등록하는 주택의 경우 종합부동산세 과세

[개정 세법] 종합부동산세 합산배제 임대주택 의무임대기간 연장 및 폐지된 등록임대주택 유형 제외(종부령 §3①)

종 전	개 정
□ 임대주택에 대한 비과세 ○ 단기임대주택 　* '18.3.31까지 등록분 　- (요건) 5년 이상 임대 ○ 장기임대주택 　(요건) 8년 이상 임대 및 임대료 5% 상한 준수 등 　(유형) 　• 장기일반민간임대주택 　　건설임대 + 매입임대	○ 폐 지 ○ 임대기간 연장 및 유형 폐지 　- 10년 이상 임대 　- 장기일반민간임대주택 중 　　아파트 매입임대주택 제외
(제외 대상) → 합산대상 　• 1세대가 주택을 보유한 상태에서 세대원이 '18.9.14. 이후 취득한 조정대상지역에 있는 장기일반매입임대주택 　• 법인이 조정대상지역에서 '20.6.18. 이후 등록한 장기일반매입임대주택	- 좌 동

<적용시기> (임대기간 연장) 2020.8.18. 이후 등록하는 분부터 적용

[2] 합산배제 사원용주택 등 [종합부동산세법 제8조 ② 2]

① 사용자 소유의 사원용 주택 : 종업원에게 무상 또는 저가로 제공하는 국민주택 규모이하 주택
단, 다음의 어느 하나에 해당하는 종업원에게 제공하는 주택을 제외한다.
1. 사용자가 개인인 경우에는 그 사용자와의 관계에 있어서 6촌 이내의 혈족, 4촌 이내의 인척, 배우자에 해당하는 자
2. 사용자가 법인인 경우에는 「국세기본법」 제39조제2호에 따른 과점주주인 종업원에게 제공하는 주택
② 기숙사 : 종업원 공동취사용 주택(건축법 시행령 별표1)
③ 주택건설업자의 미분양주택 : 주택건설업자(주택법의 사업계획승인이나 건축법의 허가를 받은 자) 소유의 미분양주택으로 재산세 납세의무가 최초로 성립하는 날부터 5년이 경과하지 아니한 주택
④ 가정어린이집용 주택 : 과세기준일(6.1.)까지 자치단체장 인가 및 세무서에서 고유번호 부여받아 5년 이상 계속하여 가정어린이집으로 운영하는 주택
⑤ 시공자가 대물변제 받은 미분양주택 : 시공자가 주택건설업자로부터 주택의 공사대금으로 대물변제 받은 미분양주택(공사대금 받은 이후 최초 납세의무 성립일로부터 5년 이내)
⑥ 연구기관의 연구원용 주택 : 정부출연연구기관이 2008.12.31. 현재 보유하고 있는 주택

◆ **법인이 직원용 기숙사로 사용하는 다가구주택의 합산배제 기타주택 해당여부**
(종부, 서면인터넷방문상담5팀-3271 , 2007.12.21)
1. 「종합부동산세법」 제8조 제2항 제2호의 규정에 의거 종합부동산세 과세표준 합산의 대상이 되는 주택의 범위에 포함되지 아니하는 '기숙사'라 함은 「건축법 시행령」 별표1 제2호 라목의 '기숙사'를 말하는 것이며,
'사원용 주택'이라 함은 「종합부동산세법 시행령」 제4조 제1항 제1호 각목에 해당하는 종업원에 제공하는 주택을 제외한 종업원에게 무상이나 저가로 제공하는 사용자 소유의 주택으로서 국민주택규모 이하의 주택을 말하는 것입니다.
2. 상기 1.에서 '국민주택규모 이하의 주택'에 해당하는지는 주거의 용도로만 쓰이는 1호의 주택 면적을 기준으로 판단하는 것입니다.

□ 소득세법 시행규칙 제9조의2(사택의 범위 등) -요약-

①영 제17조의4제1호 각 목 외의 부분에서 "기획재정부령으로 정하는 사택"이란 사용자가 소유하고 있는 주택을 같은 호 각 목에 따른 종업원 및 임원에게 무상 또는 저가로 제공하거나, 사용자가 직접 임차하여 종업원등에게 무상으로 제공하는 주택을 말한다. <개정 2008. 4. 29., 2009. 4. 14., 2021. 3. 16.>

②제1항을 적용할 때 사용자가 임차주택을 사택으로 제공하는 경우 임대차기간 중에 종업원등이 전근·퇴직 또는 이사하는 때에는 다른 종업원등이 해당 주택에 입주하는 경우에 한정하여 이를 사택으로 본다. 다만, 다음 각 호의 어느 하나에 해당하는 경우에는 그렇지 않다. <개정 2021. 3. 16.>
1. 입주한 종업원등이 전근·퇴직 또는 이사한 후 해당 사업장의 종업원등 중에서 입주희망자가 없는 경우
2. 해당 임차주택의 계약 잔여기간이 1년 이하인 경우로서 주택임대인이 주택임대차계약의 갱신을 거부하는 경우

[3] 합산배제신고를 하지 못한 경우

임대주택이 「종합부동산세법」 제8조 및 같은법 시행령 제3조에서 규정하는 합산배제임대주택의 요건(사업자등록 요건, 규모 요건 등)을 충족하였으나 합산배제신고기간 및 정기신고기간내에 합산배제신청을 하지 못한 경우에는 경정청구를 통하여 합산배제신청을 할 수 있다.

즉, 임대사업자가 임대주택에 대하여 종합부동산세 신고)기한까지 합산배제신고를 못한 경우에도 경정청구 또는 이의신청 등의 절차에 따라 합산배제 임대주택 규정을 적용받을 수 있는 것이다.

이 경우 경정청구기한(5년)내 경정청구서에 관련서류(임대사업자등록증 등 사본, 종합부동산세법 시행규칙 별지 제 제1호 서식인 임대주택합산배제신고서 등)를 첨부하여 관할 세무서에 접수하면 해당과에서 검토 후 환급처리하게 된다.

5 법인의 주택 취득·보유·양도 개정 세법

❶ 개요

2021년 이후 법인이 보유한 주택의 경우 종합부동산세 기본공제가 적용되지 아니하므로 주택을 가진 법인은 모두 종합부동산세를 부담하여야 하며, 또한 세부담 상한도 없다.

그리고 법인이 주택을 취득하는 경우 12%의 취득세율이 적용되며, 부동산매매나 임대업 법인은 현물출자에 따른 취득세 감면 혜택(75%)도 폐지되었다.

❷ 법인의 주택 취득·보유·양도에 대한 세법 개정 내용

[개정 세법] 법인 및 다주택자 주택 취득세율 강화 (지방세법 제13조2 신설)

종 전			개 정			
개인	1주택	주택 가액에 따라 1~3%	개인	1주택	주택 가액에 따라 1~3%	
	2주택				조정*	非조정
	3주택			2주택	8%	1~3%
				3주택	12%	8%
	4주택 이상	4%		4주택 이상	12%	12%
법 인		주택 가액에 따라 1~3%	법 인	12%		

※ 단, 일시적 2주택은 1주택 세율 적용 (1~3%)
* 조정 : 조정대상지역
  非조정 : 그 外 지역

<적용시기> 2020.8.12 이후 취득분부터

□ 지방세법 제13조의2(법인의 주택 취득 등 중과) -요약-
① 주택(제11조제1항제8호에 따른 주택을 말한다. 이 경우 주택의 공유지분이나 부속토지만을 소유하거나 취득하는 경우에도 주택을 소유하거나 취득한 것으로 본다. 이하 이 조 및 제13조의3에서 같다)을 유상거래를 원인으로 취득하는 경우로서 다음 각 호의 어느 하나에 해당하는 경우에는 제11조제1항제8호에도 불구하고 다음 각 호에 따른 세율을 적용한다.

1. 법인(「국세기본법」 제13조에 따른 법인으로 보는 단체, 「부동산등기법」 제49조제1항제3호에 따른 법인 아닌 사단·재단 등 개인이 아닌 자를 포함한다. 이하 이 조 및 제151조에서 같다)이 주택을 취득하는 경우: 제11조제1항제7호나목의 세율을 표준세율로 하여 해당 세율에 중과기준세율의 100분의 400을 합한 세율

□ 지방세법 제11조(부동산 취득의 세율) ① 부동산에 대한 취득세는 제10조의2부터 제10조의6까지의 규정에 따른 과세표준에 다음 각 호에 해당하는 표준세율을 적용하여 계산한 금액을 그 세액으로 한다. <개정 2021. 12. 28., 2023. 3. 14.>

7. 그 밖의 원인으로 인한 취득
가. 농지: 1천분의 30
나. 농지 외의 것: 1천분의 40

□ 지방세법 제6조(정의) 취득세에서 사용하는 용어의 뜻은 다음 각 호와 같다.
<개정 2015. 12. 29., 2016. 12. 27., 2017. 7. 26., 2019. 8. 27.>
19. "중과기준세율"이란 제11조 및 제12조에 따른 세율에 가감하거나 제15조제2항에 따른 세율의 특례 적용기준이 되는 세율로서 1천분의 20을 말한다.

<요약> 부동산 취득의 세율 4% + 중과기준세율 2% × 4배 = 12%

▶ 법인 전환 시 취득세 감면 제한 (지방세특례제한법 제57조의2)
개인에서 법인으로 전환을 통한 세부담 회피를 방지하기 위해 부동산매매·임대업 법인은 현물출자에 따른 취득세 감면혜택(75%) 배제

2. 법인의 부동산 양도와 세무

1 법인의 부동산 양도와 법인세

❶ 개요

부동산을 양도하는 경우 개인은 양도소득세를 신고 및 납부하여야 하나 법인은 법인의 소득에 포함되어 법인세에 반영되므로 별도의 양도소득세 신고·납부의무가 없다. 다만, 비사업용 부동산을 양도하는 경우에는 각 사업연도 소득에 대한 법인세외에 추가로 법인세를 납부하여야 한다.

❷ 법인세 과세표준

법인세 과세표준이란 법인세액 계산의 기준이 되는 금액으로 각 사업연도소득에서 이월결손금, 비과세소득, 소득공제액 등을 공제한 금액으로 계상한다. 따라서 과세표준에 세율을 곱하면 산출세액이 계산된다.

각사업연도소득 - (① 이월결손금 ② 비과세소득 ③ 소득공제액) = 과세표준

❸ 법인세 산출세액 계산

1 법인세 산출세액 = 과세표준 × 법인세율

■ 법인세 세율 및 과세표준 구간 조정(법인법 §55)

종 전		개 정	
□ 법인세율 과세체계		□ 법인세율 인하 및 과표구간 조정	
○ 세율 및 과세표준		○ 세율 1% 인하	
과세표준	세 율	과세표준	세 율
2억원 이하	10%	2억원 이하	9%
2~200억원	20%	2~200억원	19%
200~3,000억원	22%	200~3,000억원	21%
3,000억원 초과	25%	3,000억원 초과	24%

<적용시기> '23.1.1. 이후 개시하는 사업연도 분부터 적용

2 토지등 양도소득에 대한 과세특례 [법인세법 제55조의2]

내국법인이 특정 주택 또는 비사업용 토지 및 건물을 양도한 경우에는 토지등의 양도소득에 100분의 10(주택 양도 100분의 20, 미등기토지등 100분의 40)을 곱하여 산출한 세액을 법인세액에 추가하여 납부하여야 한다.

[1] 토지등의 양도소득

법인이 보유중인 부동산을 양도하는 경우 당해 자산의 양도금액을 익금에 산입하고, 당해 자산의 양도 당시의 장부가액을 손금에 산입하여 토지등의 양도소득을 계상하며, 장부가액에는 자본적지출금액을 포함한다.

<주의> 양도시 발생하는 중개수수료 등은 양도차익에서 차감하지 않는다.

[2] 토지등의 양도소득에 대한 법인세

(양도가액 - 양도 당시의 세무상 장부가액) × 세율(10%, 주택 20%)

2 추가 과세 대상 주택 및 비사업용토지

❶ 주택 추가 과세 및 기숙사, 사택

1 추가 과세 대상 주택

① 일정한 요건을 충족하는 임대용 주택, 사원 주거용 주택, 저당권의 실행으로 취득한 주택 등이 아닌 경우 추가 과세 대상에 해당하며, 이 경우 토지등의 양도소득에 100분의 20(미등기 토지등의 양도 100분의 40)을 곱하여 산출한 세액을 법인세액에 추가하여 납부하여야 한다. [법인세법 제55조의2]

② 「법인세법」 제55조의2에 따른 토지등 양도소득에 대한 과세특례를 적용받는 법인은 법인세 신고시 '법인세 과세표준 및 세액조정계산서'의 '⑤토지등양도소득에 대한 법인세 계산'란에 기재를 하여 신고하여야 한다.

③ 2021년부터 법인이 분양권이나 조합원입주권을 양도하는 경우에도 추가과세가 적용된다.

[개정 세법] 법인이 보유한 주택 양도 시 추가세율 인상 등
(종전) 법인의 주택 양도차익에 대해서는 기본 법인세율에 10%를 추가 적용단, 사택 등은 제외
(개정) 법인이 주택 양도시 추가세율을 20%로 인상하고, 법인이 '20.6.18. 이후 8년 장기 임대등록하는 주택도 추가세율 적용
<적용시기> 추가세율 적용은 2021.1.1. 이후 양도하는 분부터 적용

▶ 임대주택으로 사용하던 주택을 양도시 중개수수료등 매입세액공제 여부
주택의 임대는 면세되는 것이므로 면세사업에 사용하던 임대주택을 양도하면서 중개수수료를 지급하고 세금계산서를 받은 경우 매입세액은 공제받을 수 없는 것으로 판단됨

◆ 서면인터넷방문상담3팀-309, 2008.02.12.
부동산 임대업을 영위하던 사업자가 과세사업에 사용하던 건물과 그 부속 토지를 양도하기 위하여 부동산컨설팅 및 중개수수료를 지급하면서 부담한 매입세액은「부가가치세법」제17조 제1항의 규정에 의하여 자기의 매출세액에서 공제되는 것임.

2 추가 과세 대상이 아닌 주택 [법인세법 시행령 제92조의2 ②]

1) 임대용 주택 등 : 법인세법 시행령 제92조의2 ② 1 ~ 1의13 참조
[개정 세법] 2021.1.1. 이후 양도분은 추가과세됨
2) 주주등이나 출연자가 아닌 임원 및 직원에게 제공하는 사택 및 그 밖에 무상으로 제공하는 법인 소유의 주택으로서 사택제공기간 또는 무상제공기간이 10년 이상인 주택
3) 저당권의 실행으로 인하여 취득하거나 채권변제를 대신하여 취득한 주택으로서 취득일부터 3년이 경과하지 아니한 주택

3 기숙사 및 사원 주거용 주택 세무실무

[1] 기숙사와 사원용 주택의 구분

기숙사라 함은 건축법 시행령에 의한 건축물의 용도분류 중 기숙사를 말하는 것으로 건축법 시행령 제3조의5 [별표1]에 의하면, 기숙사는 학교 또는 공장 등의 학생 또는 종업원 등을 위하여 사용되는 것으로서 공동취사 등을 할 수 있는 구조이되, 독립된 주거의 형태를 갖추지 아니한 것으로 규정되어 있다.

□ 건축법 시행령 제3조의5(용도별 건축물의 종류) 법 제2조제2항 각 호의 용도에 속하는 건축물의 종류는 별표 1과 같다. [제3조의4에서 이동 <2014.11.28.>]

[별표 1] 용도별 건축물의 종류(제3조의5 관련)
라. 기숙사: 학교 또는 공장 등의 학생 또는 종업원 등을 위하여 쓰는 것으로서 1개 동의 공동취사시설 이용 세대 수가 전체의 50퍼센트 이상인 것(「교육기본법」 제27조제2항에 따른 학생복지주택을 포함한다)

[2] 추가 과세에서 제외되는 사택 등

주주등이나 출연자가 아닌 임원(소액주주등인 임원을 포함한다) 및 사용인에게 제공하는 사택 및 그 밖에 무상으로 제공하는 법인 소유의 주택으로서 사택제공기간 또는 무상제공기간이 10년 이상인 주택의 경우 추가 과세가 제외되나 사택 무상제공기간이 10년 미만의 사택 등을 매각하는 경우에는 추가과세가 적용된다.

◆ 기숙사 또는 사원용주택의 종합부동산세 과세 여부
(서면인터넷방문상담5팀-3271, 2007.12.21.)
1. 「종합부동산세법」 제8조 제2항 제2호의 규정에 의거 종합부동산세 과세표준 합산의 대상이 되는 주택의 범위에 포함되지 아니하는 '기숙사'라 함은 「건축법 시행령」 별표1 제2호 라목의 '기숙사'를 말하는 것이며, '사원용 주택'이라 함은 「종합부동산세법 시행령」 제4조 제1항 제1호 각목에 해당하는 종업원에 제공하는 주택을 제외한 종업원에게 무상이나 저가로 제공하는 사용자 소유의 주택으로서 국민주택규모 이하의 주택을 말하는 것입니다.
2. 상기 1.에서 '국민주택규모 이하의 주택'에 해당하는지는 주거의 용도로만 쓰이는 1호의 주택 면적을 기준으로 판단하는 것입니다.

[3] 매입세액공제

① 건축법 시행령 제3조의5 [별표1]에 의한 기숙사의 공급은 과세대상으로 과세사업자가 기숙사를 매입 또는 신축하는 경우 그 매입세액은 공제를 받을 수 있다.
② 국민주택 규모 이하인 사원용 주택을 매입하는 경우 면세되므로 매입세액공제와는 무관하나 과세사업자가 국민주택 규모를 초과하는 주택을 매입하고, 세금계산서를 발급받은 경우 그 매입세액과 그와 부수되는 비용에 대한 매입세액은 매출세액에서 공제를 받을 수 있다.
③ 과세사업을 영위하는 법인이 상시주거용에 해당되지 아니하는 종업원을 위한 기숙사로 사용할 오피스텔을 취득하고 수취한 세금계산서의 매입세액은 공제대상에 해당하는 것이나 상시주거용으로 사용하는 경우에는 불공제하여야 할 것으로 판단된다. <국세청에 재확인할 것 >

◆ 오피스텔을 기숙사로 사용하는 경우 과세 여부
(부가, 서면인터넷방문상담3팀-2292 , 2004.11.10)
부동산임대업을 영위하는 사업자가 오피스텔을 임대하고 임차인이 당해 오피스텔을 종업원의 복리 및 근로의 편의를 위한 기숙사로 사용하는 경우에는 부가가치세법시행령 제34조 제1항에 규정하는 사업을 위한 주거용의 경우에 해당되어 당해 오피스텔의 임대용역에 대하여는 부가가치세가 과세되는 것이나,

임차인이 당해 오피스텔을 종업원의 상시 주거용으로 사용하는 경우에는 당해 오피스텔의 임대용역에 대하여는 부가가치세법 제12조 제1항 제11호 및 같은법시행령 제34조 제1항의 규정에 의하여 부가가치세가 면제되는 것입니다.

◆ 서삼46015-11099, 2003.07.10
제조업을 영위하는 사업자가 자기의 종업원이 거주하는 국민주택규모의 사택을 수리하는 경우에 당해 사택수리와 관련하여 발생한 매입세액은 부가가치세법 제17조 제1항 제1호의 규정에 의하여 매출세액에서 공제되는 것이며,

당해 사택에 거주하는 종업원의 생활과 관련된 사적비용인 전기료·수도료·가스료 등을 사업자가 지출한 경우 당해 지출과 관련하여 발생한 매입세액은 동 규정에 의하여 매출세액에서 공제되는 것이나, 이 경우에는 부가가치세법 제6조 제3항 및 동법시행령 제16조 제1항의 규정에 의하여 부가가치세가 과세되는 것임.

[4] 사원 주거용 주택 처분시 부가가치세

국민주택 규모 이하인 경우 면세되는 것이며, 과세사업자가 국민주택 규모를 초과하는 사원 주거용 아파트를 매각하는 경우 부가가치세가 과세된다.

한편, 건축법 시행령 제3조의5(용도별 건축물의 종류) 별표1에 해당하는 기숙사를 처분하는 경우에는 부가가치세가 과세되는 것으로 판단된다.

◆ 부가, 서면인터넷방문상담3팀-1858, 2005.10.26.
제조업자가 세대 당 주거전용면적이 85㎡ 이하인 상시 주거용 직원용 사택을 매각하는 경우 부가가치세가 과세되지 아니하는 것임.

[별표 1] 용도별 건축물의 종류(제3조의5 관련)
라. 기숙사: 학교 또는 공장 등의 학생 또는 종업원 등을 위하여 쓰는 것으로서 1개 동의 공동취사시설 이용 세대 수가 전체의 50퍼센트 이상인 것(「교육기본법」 제27조제2항에 따른 학생복지주택을 포함한다)

[5] 사원 주거용 주택 처분시 세금계산서 또는 계산서 발급

국민주택 규모를 초과하는 주택의 경우 주택에 대하여는 세금계산서를 발급하여야 하며, 토지분은 면세 계산서를 발급하여야 한다. 다만, 거래 상대방이 세금계산서 또는 계산서 발급을 요구하지 않는 경우 법인세법 제121조 및 동법 시행령 제164조의 규정에 의하여 세금계산서 또는 계산서를 발급하지 않아도 된다.

□ 법인세법 제121조(계산서의 작성·발급 등)
④ 부동산을 매각하는 경우 등 계산서등을 발급하는 것이 적합하지 아니하다고 인정되어 <u>대통령령</u>으로 정하는 경우에는 제1항부터 제3항까지의 규정을 적용하지 아니한다.

□ 법인세법 시행령 제164조(계산서의 작성·교부 등) ③법 제121조제4항에서 "대통령령으로 정하는 경우"란 토지 및 건축물과 그 각각의 분양권을 공급하는 경우를 말한다. 〈신설 2001. 12. 31., 2011. 6. 3., 2023. 2. 28.〉

❷ 비사업용토지

[1] 개요
비사업용 토지를 양도한 경우에는 토지등의 양도소득에 100분의 10(미등기 토지등의 양도소득에 대하여는 100분의 40)을 곱하여 산출한 세액을 법인세로 추가 납부하야 한다.

[2] 논밭 및 과수원, 임야. 목장용지
논밭 및 과수원, 임야. 목장용지는 비사업용토지에 해당한다. 다만, 농업, 임업, 축산업을 주된 사업으로 하는 법인이 소유하는 토지로서 일정한 요건을 충족하는 경우에는 비사업용토지로 보지 아니한다.(법인세법 제55조의2 제2항 참조)

[3] 토지
1. 나대지, 잡종지, 분리과세가 아닌 농지·임야·목장용지 등
2. 재산세 분리과세대상 토지 중 기준초과 토지
3. 재산세 별도합산과세대상 토지 중 기준초과 토지
4. 재산세 분리과세.별도합산과세대상이 아닌 모든 토지

[4] 비사업용에 해당하지 않는 토지

1. 재산세가 비과세되거나 면제되는 토지
2. 재산세 별도합산과세대상 또는 분리과세대상이 되는 토지
3. 토지의 이용상황, 관계 법률의 의무이행 여부 및 수입금액 등을 고려하여 법인의 업무와 직접 관련이 있다고 인정할 만한 상당한 이유가 있는 토지로서 대통령령으로 정하는 것
4. 주택 부속토지 중 주택이 정착된 면적에 지역별로 일정한 배율을 곱하여 산정한 이내의 토지

◆ 법인, 서면인터넷방문상담2팀-212 , 2008.01.31.
재산세 별도합산 또는 분리과세대상이 되는 토지는 「법인세법」 제55조의 2 제2항 제4호 나목의 규정에 의해 당해 토지를 보유하는 기간 동안 '비사업용 토지'로 보는 기간에서 제외하는 것임

▣ 토지 종합합산 및 별도합산, 분리과세 요약표

구 분		재산의 종류	재산세	종부세
토지	종합합산	·나대지, 잡종지, 분리과세가 아닌 농지·임야·목장용지 등	과세	과세
		·재산세 분리과세대상 토지 중 기준초과 토지	과세	과세
		·재산세 별도합산과세대상 토지 중 기준초과 토지	과세	과세
		·재산세 분리과세·별도합산과세대상이 아닌 모든 토지	과세	과세
		·주택건설사업자의 일정한 주택신축용 토지	과세	×
	별도합산	·일반건축물의 부속토지(기준면적 범위내의 것)	과세	과세
		·법령상 인허가 받은 사업용 토지	과세	과세
	분리과세	·일부 농지·임야·목장용지 등(재산세만 0.07% 과세)	과세	×
		·공장용지 일부, 공급목적 보유 토지(재산세만 0.2% 과세)	과세	×
		·골프장, 고급오락장용 토지(재산세만 4% 과세)	과세	×

[5] 비사업용 토지의 기간기준 [법인세법 시행령 제92조의3]

비사업용 토지란 토지를 소유하는 기간 중 다음에 정하는 기간 동안 나대지 등 비사업용토지에 해당하는 토지를 말한다.

1. 토지의 소유기간이 5년 이상인 경우에는 다음 각 목의 모두에 해당하는 기간
   가. 양도일 직전 5년 중 2년을 초과하는 기간
   나. 양도일 직전 3년 중 1년을 초과하는 기간
   다. 토지의 소유기간의 100분의 40에 상당하는 기간을 초과하는 기간. 이 경우 기간의 계산은 일수로 한다.
2. 토지의 소유기간이 3년 이상이고 5년 미만인 경우에는 다음 각 목의 모두에 해당하는 기간
   가. 토지의 소유기간에서 3년을 차감한 기간을 초과하는 기간
   나. 양도일 직전 3년 중 1년을 초과하는 기간
   다. 토지의 소유기간의 100분의 40에 상당하는 기간을 초과하는 기간. 이 경우 기간의 계산은 일수로 한다.
3. 토지의 소유기간이 3년 미만인 경우에는 다음 각 목의 모두에 해당하는 기간. 다만, 소유기간이 2년 미만이면 가목은 적용하지 아니한다.
   가. 토지의 소유기간에서 2년을 차감한 기간을 초과하는 기간
   나. 토지의 소유기간의 100분의 40에 상당하는 기간을 초과하는 기간

■ 비사업용토지와 업무무관부동산

1) 비사업용토지와 비업무용자산은 각각 별개의 개념으로, 비사업용토지에 해당하는 경우 토지 양도시 법인세 추가 과세에 대한 규정을 정한 것으로 법인세법 제55조의2 제2항에서 관련 내용을 규정하고 있다.
2) 업무무관부동산이란 법인의 업무와 직접 관련이 없다고 인정되는 토지, 건축물 등을 말하는 것으로 법인세법 제27조(업무와 관련 없는 비용의 손금불산입) 및 법인세법 시행령 제49조의 규정에 의하여 해당 자산을 취득·관리함으로써 생기는 비용 등은 법인의 손금에 산입할 수 없다.

▶ 업무와 관련이 없는 자산의 범위 등 (법인세법 시행령 제49조)
1. 법인의 업무에 직접 사용하지 아니하는 부동산
2. 다음 각목의 1에 해당하는 동산
가. 서화 및 골동품. 다만, 장식·환경미화 등의 목적으로 사무실·복도 등 여러 사람이 볼 수 있는 공간에 상시 비치하는 것을 제외한다.
나. 업무에 직접 사용하지 아니하는 자동차·선박 및 항공기

❸ 토지와 건물 일괄 공급시 과세표준 안분계산

1 개요

사업에 사용하던 건축물을 매각하는 경우 토지는 면세되나 건물은 과세된다. 이 경우 토지와 그 토지에 정착된 건물 및 그 밖의 구축물 등을 함께 공급하는 경우에 그 건물 등의 공급가액은 실지거래가액에 의한다. 단, 건물가액과 토지가액의 구분이 분명하지 않은 경우 다음의 방법으로 토지 및 건물가액을 계산하여 건물분에 대하여 부가가치세를 거래징수 하여야 한다.

2 과세표준 안분계산

[1] 실지 거래가액이 있는 경우
실지거래가액이 있는 경우라 함은 매매계약서상의 매매금액이 실지거래가액으로 확인되고 계약서상에 토지 가액과 건물 가액이 구분 표시되어 있는 경우를 말한다.

[2] 감정평가액이 있는 경우
감정평가금액에 의하여 토지와 건물공급가액을 안분 계산한다.

[3] 실지 거래가액 또는 감정평가액이 없으나 기준시가가 있는 경우
기준시가에 의하여 안분 계산한다. 기준시가라 함은 **토지는 개별공시지가**, 건물 등은 **국세청 기준시가**에 의한다.

▶ 기준시가 산정 [소득세법 제99조(기준시가의 산정)]
1. 토지 또는 건물
가. 토지 :「부동산 가격공시 및 감정평가에 관한 법률」에 따른 개별공시지가(이하 "개별공시지가"라 한다). 다만, 개별공시지가가 없는 토지의 가액은 납세지 관할 세무서장이 인근 유사토지의 개별공시지가를 고려하여 대통령령으로 정하는 방법에 따라 평가한 금액으로 하고, 지가(地價)가 급등하는 지역으로서 대통령령으로 정하는 지역의 경우에는 배율방법에 따라 평가한 가액으로 한다.

나. 건물 : 건물(다목 및 라목에 해당하는 건물은 제외한다)의 신축가격, 구조, 용도, 위치, 신축연도 등을 고려하여 매년 1회 이상 국세청장이 산정·고시하는 가액

다. 오피스텔 및 상업용 건물 : 건물에 딸린 토지를 공유로 하고 건물을 구분소유하는 것으로서 건물의 용도·면적 및 구분소유하는 건물의 수(數) 등을 고려하여 대통령령으로 정하는 오피스텔 및 상업용 건물(이에 딸린 토지를 포함한다)에 대해서는 건물의 종류, 규모, 거래상황, 위치 등을 고려하여 매년 1회 이상 국세청장이 토지와 건물에 대하여 일괄하여 산정·고시하는 가액

[국세청 홈페이지] → 알림소식 → 고시공고 → 고시 (검색) 기준시가

[개정 세법] 2019년 이후 기준시가 등으로 가액을 안분하는 경우 추가
납세자가 실지거래가액으로 구분한 가액이 기준시가에 따른 안분가액과 30% 이상 차이가 나는 경우

[4] 실지 거래가액, 감정평가액, 기준시가가 없는 경우

실지 거래가액, 감정평가액, 기준시가가 없는 경우에는 **장부가액**(장부가액이 없는 경우에는 취득가액)에 비례하여 안분계산한다. 장부가액이란 세무상의 장부가액을 말하며, 취득가액이란 세금계산서나 기타 취득가액을 증명할 수 있는 서류를 말한다. 따라서 신축중인 건물의 경우 장부가액은 없는 것으로 본다.

3 과세되는 건물 등의 과세표준 (기준시가에 의하는 경우)

[1] 거래가액에 부가가치세가 포함되어 있는 경우

$$건물의\ 과세표준 = \frac{실지공급가액}{(부가세\ 포함)} \times \frac{건물의\ 기준시가}{토지의\ 기준시가 + 건물의\ 기준시가 \times 110/100}$$

[2] 거래가액에 부가가치세가 포함되지 않은 경우

$$건물의\ 과세표준 = \frac{실지공급가액}{(부가세\ 불포함)} \times \frac{건물\ 기준시가}{(토지의\ 기준시가 + 건물의\ 기준시가) \times 100/100}$$

5

법인 폐업, 해산·청산

1 법인 폐업 및 해산·청산

법인은 등기함으로서 상법상 새로운 하나의 권리의무 주체가 되며, 이후 사업의 폐지 등으로 법인의 설립 목적이 종료된 경우 해산등기를 한 후 청산절차를 거쳐 정산종결등기를 하여야 법인 실체가 소멸하게 된다.

따라서 법인의 경우 단순히 관할 세무서에 사업자등록을 폐업하였다하여 납세의무가 종결되는 것이 아니므로 법인 폐업은 각별히 주의를 하여야 한다.

❶ 법인 폐업 신고

[1] 부가가치세법의 폐업 신고
1) 법인이 사업을 종결하고자 하는 경우 관할 세무서에 폐업신고를 하면 될 것이나 법인 실체는 청산종결등기 전까지 존속하게 되므로 폐업신고전 폐업 이후 발생할 수 있는 여러 가지 문제를 충분히 검토하여 폐업신고를 하여야 한다.
2) 해산으로 청산 중인 내국법인이 **사업을 실질적으로 폐업하는 날부터 25일 이내에** 납세지 관할 세무서장에게 신고하여 승인을 받은 경우에는 **잔여재산가액 확정일을** 폐업일로 할 수 있다. [부가가치세법 시행령 제7조 ②]

▶ 폐업 일자
폐업 일자 기준으로 세무처리가 진행되어, 폐업 일자 이후 세금계산서를 발행할 수 없으며, 폐업일 이후 세금계산서를 수취하는 경우 매입세액을 공제받을 수 없다.

[2] 부가가치세 신고 및 납부
폐업 일자가 속한 달의 다음 달 25일까지 신고 및 납부하여야 한다.

[3] 법인세 신고 및 납부
법인이 사업연도중에 해산하는 경우 의제 사업연도 각각의 기간을 1사업연도로 보고 각각의 사업연도 종료일 및 잔여재산가액확정일이 속하는 달의 말일로부터 3월 이내에 법인세신고를 하여야 하며, 청산소득에 대하여는 별도로 신고 및 납부를 하여야 한다. '잔여재산가액확정일'이란 다음 각호의 날을 말한다.

1. 해산등기일 현재의 잔여재산의 추심 또는 환가처분을 완료한 날
2. 해산등기일 현재의 잔여재산을 그대로 분배하는 경우에는 그 분배를 완료한 날

[4] 폐업신고 후 사업재개
법인의 경우 세무서에 폐업 신고만 하고 청산종결등기를 하지 않는 경우가 많이 있다. 이 경우 관할 세무서에 폐업 신고를 하였더라도 법원이 직권으로 법인청산종결등기를 하기전까지 사업을 재개할 수 있다.

[5] 법인이 상법에 의한 청산종결등기를 하지 않은 경우
1) 폐업신고만 한 채로 아무런 행위없이 5년이 경과하면 법원은 직권에 의해 해산간주등기를 하게 되고 해산간주등기 이후 다시 3년이 경과하면 법원은 직권으로 법인청산종결등기를 하여 회사의 법인격을 직권으로 소멸시킨다.

2) 이와 같이 폐업 법인이 별도의 해산 또는 청산종결등기 신청 없이도 상법상 해산의제 제도에 의해 직권으로 청산되나 세무상 여러 가지 문제가 발행할 수 있으므로 법인이 폐업을 하는 경우 해산등기 및 청산종결등기를 하여야 한다.

❷ 주식회사의 해산 및 청산 절차

1 개요

회사의 법인격을 소멸하기 위해서는 해산과 청산 절차를 거쳐야 한다. 해산 사유로는 여러 가지가 있으나 주주총회 결의로 해산하는 경우가 일반적이다.

해산결의시 선임되는 청산인이 청산절차를 밟은 후 청산 종결의 등기를 하게 되면 회사의 법인격이 소멸하게 된다.

단, 부채가 자산보다 많은 경우 청산등기가 아닌 법인 파산을 진행하여야 한다.

2 해산 및 청산 절차

[1] 주주총회의 해산 및 청산인 선임 결의
주주총회 특별결의에 의하여 해산을 결의하고, 청산인 선임 결의를 하며, 일반적으로 대표이사를 청산인으로 선임한다.

□ 상법 제531조(청산인의 결정) ①회사가 해산한 때에는 합병·분할·분할합병 또는 파산의 경우 외에는 이사가 청산인이 된다. 다만, 정관에 다른 정함이 있거나 주주총회에서 타인을 선임한 때에는 그러하지 아니하다. <개정 1998. 12. 28.>

[2] 해산 등기 및 청산인 선임 등기
해산결의 후 2주간내에 청산인은 해산 등기와 청산인 선임의 등기를 하여야 한다.

[3] 청산절차
1) 청산이란 회사의 일체의 법률관계를 종료하고 그 재산을 분배하는 것을 목적으로 하는 절차로써 회사가 해산되면 회사는 청산의 목적 범위 내에서만 존속하게 된다.

2) 청산은 채권의 추심, 채무의 변제 및 잔여재산 분배 절차를 마치고 청산인이 결산보고서를 작성하여 주주총회의 승인을 얻은 때에 종료된다.
3) 해산 결의를 한 때부터 청산종결등기 까지는 채권신고의 공고 및 최고 기간으로 인하여 통상 2개월 이상의 기간이 소요된다.

1) 해산 및 청산인 선임신고
1. 청산인은 취임한 날로부터 2주간내에 해산의 사유와 그 연월일 및 청산인의 성명, 주민번호 및 주소를 법원에 신고하여야 한다.
2. 회사가 해산한 경우 이사가 청산인이 된다. 다만, 정관에 다른 정함이 있거나 주주총회에서 타인을 선임할 수도 있다.

2) 회사 재산의 조사, 보고
1. 청산인은 취임후 지체없이 회사의 재산 상태를 조사하여 재산목록과 대차대조표(재무상태표)를 작성하고 이를 주주총회에 제출하여 승인을 얻은 후 법원에 제출하여야 한다.
2. 청산인은 정기총회회일로부터 4주 전에 대차대조표 및 그 부속명세서와 사무보고서를 작성해 감사에게 제출하여야 한다.
3. 감사는 정기총회회일로부터 1주 전에 대차대조표 및 그 부속명세서와 사무보고서에 관한 감사보고서를 청산인에게 제출하여야 한다.

□ 상법 제533조(회사재산조사보고의무) ①청산인은 취임한 후 지체없이 회사의 재산상태를 조사하여 재산목록과 대차대조표를 작성하고 이를 주주총회에 제출하여 그 승인을 얻어야 한다.
②청산인은 전항의 승인을 얻은 후 지체없이 재산목록과 대차대조표를 법원에 제출하여야 한다.

3) 채권신고 공고 및 최고
1. 청산인은 취임한 날로부터 2월내에 2월이상의 기간을 정하여 그 기간내에 채권을 신고할 것과 그 기간내에 신고하지 아니하면 청산에서 제외될 뜻을 2회 이상 공고하고, 알고 있는 채권자에게는 개인별로 최고하여야 한다.
2. 청산인은 신고기간이 지나면 채무를 변제하여야 하고, 변제가 지연된 경우 회사는 손해배상의 책임을 진다.

□ 상법 제535조(회사채권자에의 최고) ①청산인은 취임한 날로부터 2월내에 회사채권자에 대하여 일정한 기간내에 그 채권을 신고할 것과 그 기간내에 신고하지 아니하면 청산에서 제외될 뜻을 2회 이상 공고로써 최고하여야 한다. 그러나 그 기간은 2월 이상이어야 한다.
②청산인은 알고 있는 채권자에 대하여는 각별로 그 채권의 신고를 최고하여야 하며 그 채권자가 신고하지 아니한 경우에도 이를 청산에서 제외하지 못한다.

□ 상법 제536조(채권신고기간내의 변제) ①청산인은 전조제1항의 신고기간내에는 채권자에 대하여 변제를 하지 못한다. 그러나 회사는 그 변제의 지연으로 인한 손해배상의 책임을 면하지 못한다.
②청산인은 전항의 규정에 불구하고 소액의 채권, 담보있는 채권 기타 변제로 인하여 다른 채권자를 해할 염려가 없는 채권에 대하여는 법원의 허가를 얻어 이를 변제할 수 있다.

4) 잔여재산의 분배
잔여재산은 각 주주가 가진 주식의 수에 따라 주주에게 분배하여야 한다.

□ 상법 제538조(잔여재산의 분배) 잔여재산은 각 주주가 가진 주식의 수에 따라 주주에게 분배하여야 한다. 그러나 제344조제1항의 규정을 적용하는 경우에는 그러하지 아니하다.

5) 결산보고
청산인은 청산사무가 종결한 때에는 지체없이 결산보고서를 작성하고 이를 주주총회에서 승인을 받아야 한다.

6) 청산종결의 등기
1. 청산사무가 종결한 경우 청산인은 지체없이 결산보고서를 작성하고 이를 주주총회에 제출해 승인을 얻어야 한다.
2 청산이 종결된 경우 청산인은 주주총회의 승인이 있은 날로부터 본점소재지에서는 2주내, 지점소재지에서는 3주내에 청산종결등기를 하여야 한다.

▣ 법인 해산 및 청산 일정표 [상법]

제 목	내 용	상 법
해산결의를 위한 주주총회 소집		517, 518
해산결의, 청산인 선임		531
청산인 선임 등기 - 법원	취임 후 14일 이내	532
해산등기 - 법원	해산 결의 후 14일 이내	228, 521조의2
자산목록 및 대차대조표 신고 - 법원		533
해산 사업연도 재무제표 확정	주총 재무제표 승인	533
채권최고(1, 2차)	2회 이상, 2개월 이상	535
채권최고 기간만료	2회 이상 2개월 이상 공고	535
채무변제, 채권회수, 잔여재산 처분	자산의 환가처분, 제세환급	536
잔여재산의 확정, 회사결산종결	잔여재산의 분배	538, 260
청산인회(청산보고서 확정)	청산보고서 승인 주총결의	540
감사에 재무제표 보고, 감사보고서	주총일 기준 4주 전까지	534
재무제표 보고 - 주총	정기주총과 병행	533
청산보고 주총(승인 : 청산소득)		540
청산종결등기	주총 승인 이후 14일	542, 264

▶ 위 내용은 법인 청산과 관련한 대략적인 업무내용을 참고사항으로 요약 한것으로서 청산 관련 등기업무는 그 절차가 복잡하므로 법무사사무소등에 의뢰를 하여야 한다.

2 법인 폐업 세무실무

❶ 폐업시 재고재화 과세 및 부가가치세 신고·납부

1 폐업 법인 부가가치세 신고

사업자가 폐업하게 되는 때에는 지체없이 폐업신고서에 사업자등록증을 첨부하여 관할세무서장에게 제출하여야 하는 것이며, 폐업일이 속하는 달의 다음달 25일 내에 부가가치세 확정신고를 하고 세액을 납부하여야 한다.

단, 법인의 경우 청산종결등기 전까지 존속하게 되므로 폐업신고전 폐업일 이후 발생할 수 있는 여러 가지 문제를 충분히 검토하여 폐업신고를 하여야 한다.

내국법인이 **사업을 실질적으로 폐업하는 날부터 25일 이내에** 납세지 관할 세무서장에게 신고하여 승인을 받은 경우 **잔여재산가액 확정일**을 폐업일로 할 수 있다.

□ 부가가치세법 시행령 제7조(폐업일의 기준) -요약-
① 법 제5조제3항에 따른 폐업일은 다음 각 호의 구분에 따른다.
1. 합병으로 인한 소멸법인의 경우: 합병법인의 변경등기일 또는 설립등기일
2. 분할로 인하여 사업을 폐업하는 경우: 분할법인의 분할변경등기일(분할법인이 소멸하는 경우에는 분할신설법인의 설립등기일)
3. 제1호 및 제2호 외의 경우: 사업장별로 그 사업을 실질적으로 폐업하는 날. 다만, 폐업한 날이 분명하지 아니한 경우에는 제13조제1항에 따른 폐업신고서의 접수일
② 제1항제3호에도 불구하고 해산으로 청산 중인 내국법인이 사업을 실질적으로 폐업하는 날부터 25일 이내에 납세지 관할 세무서장에게 신고하여 승인을 받은 경우에는

잔여재산가액 확정일(해산일부터 365일이 되는 날까지 잔여재산가액이 확정되지 아니한 경우에는 그 해산일부터 365일이 되는 날)을 폐업일로 할 수 있다.
<개정 2019. 2. 12.>

2 폐업과 세금계산서 및 매입세액공제

[1] 폐업자
폐업일 이후에는 세금계산서를 발급할 수 없으며, 세금계산서를 발급한 경우 매입자는 매입세액을 공제받을 수 없다.

□ 부가가치세법 집행기준 32-70-1 [폐업한 자의 수정세금계산서 발급 방법]
재화 또는 용역의 공급에 대하여 세금계산서를 발급하였으나 수정세금계산서 발급사유가 발생한 때에 공급받는 자 또는 공급자가 폐업한 경우에는 수정세금계산서를 발급할 수 없다. 이 경우 이미 공제받은 매입세액 또는 납부한 매출세액은 납부세액에서 차가감하여야 한다.

[2] 폐업일 이후 경정청구
폐업 전에 수취한 세금계산서에 대하여 매입세액을 공제받지 못한 경우 법인 해산등기전까지는 법정신고기한이 지난 후 5년이내에 경정청구를 통하여 매입세액공제를 받을 수 있는 것으로 판단된다.

[3] 폐업일 이후 대손세액공제
폐업일 이후에는 부가세법상의 사업자의 지위에 있지 아니하므로 대손세액 공제를 받을 수 없다.

◆ 폐업일 이후에는 대손세액공제를 받을 수 없음
(조심2012서2840, 2012.10.17)
폐업일 이후에는 부가세법상의 사업자의 지위에 있지 아니하여 대손세액공제를 받을 수 없는 것인바, 청구법인 폐업일 현재 이 건 공사대금은 대손이 확정되지 아니한 사실이 확인되므로, 쟁점세액은 대손세액 공제가 어려움

3 폐업시 재고재화에 대한 간주공급

[1] 개요
사업자가 사업을 폐지하는 때에 잔존하는 재화는 간주공급에 해당하며, 자기에게 공급하는 것으로 본다. 그리고 사업자등록을 한 다음 사실상 사업을 개시하지 아니하게 되는 때에도 또한 같다. 폐업시 사업에 사용하던 재고자산 및 감가상각자산이 있는 경우 재고자산은 그 시가를, 감가상각자산은 '감가상각자산의 간주공급시 과세표준'을 공급가액으로 하여 부가가치세를 납부하여야 한다. 단, 매입세액이 불공제된 재화의 경우에는 간주공급에서 제외한다.

◆ 폐업시 잔존재화에 대한 부가가치세 과세 여부
(부가, 부가가치세과-1020, 2014.12.30.)
사업자가 사업을 폐지하는 때에 잔존하는 재화는 자기에게 공급하는 것으로 보아 과세되는 것이나, 매입세액이 공제되지 아니한 재화에 대하여는 과세하지 아니하는 것임

▶ 폐업일 이후 재고재화 공급시
폐업시 잔존재화에 대하여 부가가치세를 납부한 경우 폐업일 이후 실제 판매하는 때에는 부가가치세 납부의무가 없다.

[2] 잔존 재고자산의 시가
당해 재화의 시가로 한다. 사업자가 사업을 폐지하는 경우 잔존하는 재고재화의 시가는 사업자와 특수관계가 없는 자와의 정상적인 거래에 있어서 형성되는 가격으로서 사업자의 업태별 시가(제조업자의 제조장가격, 도매업자의 도매가격, 소매업자의 소매가격 등)를 적용한다.

[3] 감가상각대상자산의 과세표준 계산
간주공급에 해당하는 재화가 감가상각자산인 경우에는 시가산정의 기준이 되는 거래가격을 산정하기가 어렵다. 왜냐하면, 감가상각자산은 사업자의 사업목적에 따라 사용하던 중고재화이므로 그 자산의 객관적인 시가를 산정하기가 곤란하기 때문이다. 따라서 감가상각자산의 간주공급시 시가는 감가상각자산별 과세표준 계산 방법에 의한다.

▶ **건물 및 구축물**

과세표준 = 취득가액 × (1 - 5/100 × 경과된 과세기간의수)

▶ **기타 (건물·구축물을 제외한 기타 감가상각자산)**

과세표준 = 취득가액× (1 - 25/100 × 경과된 과세기간 수)

풀이 취득가액 및 경과된 과세기간 수 계산

① 취득가액
해당 재화의 취득가액은 매입세액을 공제받은 해당 재화의 가액으로 함(취득세 등 제외) [부가가치세법 시행령 제66조 ④]

② 경과된 과세기간 수 계산
- 경과된 과세기간의 수는 과세기간단위로 계산하되, 건물 또는 구축물의 경과된 과세기간의 수가 20(2001.12.31 이전 취득분은 10)을 초과하는 때에는 20으로, 기타의 감가상각자산의 경과된 과세기간의 수가 4를 초과하는 때에는 4로 한다. 이 경우에 과세기간의 개시일 후에 감가상각자산을 취득하거나 당해 재화가 공급된 것으로 보게 되는 경우에는 그 과세기간의 개시일에 당해 재화를 취득하거나 당해 재화가 공급된 것으로 본다. (부령§ 74의 4 ③)
- 경과된 과세기간의 수를 계산함에 있어서 과세기간의 개시일후에 감가상각자산을 취득하거나 당해 재화가 공급된 것으로 보게 되는 경우에는 그 과세기간의 개시일에 당해 재화를 취득하거나 당해 재화가 공급된 것으로 보아 과세기간의 수를 계산하며, 간주공급한 날이 속하는 과세기간은 경과된 과세기간의 수에 계산하지 않는다. 예를 들어 20×3.10.21. 폐업하는 경우 20×1. 3.20 취득한 건물의 과세기간 수는 '5'(20×1년 1기 및 2기, 20×2년 1기 및 2기, 20×3년 1기)이다.

◆ 폐업시 잔존재화의 간주공급에 대한 부가가치세 손금 산입 여부
(서이46012-12141 , 2002.12.02.)
폐업시 잔존재화의 부가가치세는 그 사업폐지 사업연도의 손금에 산입하는 것이며, 추후 동 재화를 실제 판매하는 경우 판매대금 전액을 익금에 산입함

❷ 법인 폐업 및 청산시 법인세 신고·납부

▣ 법인 폐업신고 및 법인세 신고

[1] 폐업 법인 법인세 신고

법인의 경우 관할 세무서에 폐업신고를 하더라도 상법에 의한 청산종결등기전까지는 법인의 실체는 존속하게 되므로 청산종결전까지 각 사업연도에 대하여 법인세를 신고 및 납부하여야 하며, 법인세 중간예납도 하여야 한다.

◆ 법인46012-62, 1998.01.10
법인이 사업을 폐지한 경우에도 해산 및 청산절차를 이행하지 아니하면 계속 존속되는 것으로 계속 결산을 하고 법인세 신고를 해야 함

▶ 법인세 중간예납
사업자등록을 폐업하였으나 상법상 해산 및 청산절차를 이행하지 아니한 법인은 계속 존속하고 있는 것으로 보는 것으로 청산법인에 해당되지 아니한 경우라면 법인세 중간예납 신고를 하여야 한다

[2] 법인 해산시 세무신고 및 청산법인

1) 법인이 해산하는 경우 법인의 자산을 환가 및 처분하여야 하고, 청산소득(자산가치 등의 상승분에 대한 소득으로 법인세를 부담하지 않은 소득을 말함) 및 의제사업연도에 대한 법인세 신고 및 납부, 부가가치세 폐업신고, 근로자 연말정산, 배당소득세등을 계상하여 신고 및 납부하여야 한다.

2) 이 과정에서 기존의 법률관계를 정리하기 위하여 법인은 해산등기 이후에도 청산의 목적범위 내에서 법인격이 존속하므로 해산등기 이후 청산완료시까지 존속하는 회사를 청산법인이라고 한다.

2 법인이 사업연도 중에 해산한 경우 법인세 신고기한

[1] 사업연도 의제
내국법인이 사업연도 중에 해산한 경우에는 그 사업연도 개시일부터 해산등기일까지의 기간과 해산등기일 다음 날부터 그 사업연도 종료일까지의 기간을 각각 1사업연도로 보며, 청산중에 있는 내국법인의 잔여재산의 가액이 사업연도 중에 확정된 경우에는 그 사업연도 개시일부터 잔여재산의 가액이 확정된 날까지의 기간을 1사업연도로 본다. [법인세법 제8조]

1. 그 사업연도 개시일부터 해산등기일까지의 기간
2. 해산등기일의 다음날부터 그 사업연도종료일까지의 기간
3. 그 후 사업연도개시일부터 잔여재산가액확정일까지의 기간

[2] 사업연도 개시일부터 해산 등기일까지 기간에 대한 법인세 신고·납부
법인이 청산을 하기 위하여 해산 등기를 하는 경우 사업연도 개시일부터 해산등기일까지의 기간을 사업연도로 하여 해산등기일로부터 3개월 이내에 법인세를 신고 및 납부하여야 한다.

> **사례 1 청산법인의 사업연도**
>
> 법인의 사업연도 : 20×3.1.1. ~ 20×3.12.31.
> 해산등기일 : 20×3. 6.30. 잔여재산가액확정일 : 20×4. 4.10
> 1. 해산등기일 : 20×3. 6. 30.
> 사업연도 20×3.1.1. ~ 20×3. 6.30. → 사업연도 법인세 신고기한 : 20×3. 9. 30
> 2. 해산등기일의 다음날부터 사업연도종료일
> 사업연도 20×3.7.1. ~ 20×3. 12.31. → 사업연도 법인세 신고기한 : 20×4. 3. 31
> 3. 다음 사업연도 초일부터 잔여재산가액확정일
> 사업연도 20×4.1.1. ~ 20×4. 04.10. → 사업연도 법인세 신고기한 : 20×4. 7. 31
> 잔여재산가액확정일(20×4. 04.10.) → 청산소득 법인세 신고기한 : 20×4. 7. 31

◆ 법인46012-1070 (1995.04.18)
내국법인이 사업연도기간중에 해산한 경우에는 그 사업연도개시일로부터 해산등기일까지의 기간과 해산등기일의 다음날부터 그 사업연도종료일까지의 기간을 각각 1사업연도로 보아 법인세를 신고납부해야 하는 것임.

> **사례 2** 해산등기일과 잔여재산가액 확정일이 동일 사업연도인 경우
>
> 법인의 사업연도 : 20×3.1.1. ~ 20×3.12.31.
> 해산등기일 : 20×3. 6.30. 잔여재산가액확정일 : 20×4. 4.10
> 1. 해산등기일 : 20×3. 4. 30.
> 사업연도 20×3.1.1. ~ 20×3. 4.30. → 사업연도 법인세 신고기한 : 20×3. 7. 30
> 2. 잔여재산가액확정일 : 20×3. 10. 31.
> 사업연도 20×3.5.1. ~ 20×3. 10.31. → 사업연도 법인세 신고기한 : 20×4. 1. 31
> 잔여재산가액확정일(20×3. 10.31.) → 청산소득 법인세 신고기한 : 20×4. 1. 31

[3] 해산 등기일의 다음날부터 청산가액확정일 또는 사업연도 종료일까지의 기간에 대한 법인세 신고·납부

해산 등기를 하는 경우 해당등기일의 다음날부터 청산가액확정일(해산등기일 및 청산가액확정일이 동일 연도인 경우) 또는 사업연도 종료일까지의 기간 및 해당 사업연도의 다음해 초일부터 청산가액확정일까지의 기간을 사업연도로 하여 3개월 이내에 법인세를 신고 및 납부하여야 한다.

[4] 청산소득에 대한 법인세 확정신고

청산소득에 대한 법인세 납부의무가 있는 내국법인은 다음의 각 호의 기한까지 **청산소득에 대한 법인세** 과세표준과 세액을 납세지 관할 세무서장에게 신고하여야 한다.

1. 잔여재산가액확정일이 속하는 달의 말일부터 3개월 이내
2. 해산에 의한 잔여재산의 일부를 주주등에게 분배한 후 상법에 따라 사업을 계속하는 경우에는 계속등기일이 속하는 달의 말일부터 3개월 이내

3 청산소득금액 계산

[1] 청산소득금액

내국법인이 해산한 경우 그 청산소득의 금액은 그 법인의 해산에 의한 **잔여재산의 가액**에서 **해산등기일 현재**의 자본금 또는 출자금과 잉여금의 합계액(자기자본의 총액)을 공제한 금액으로 한다.

□ 법인세법 집행기준 79-121-1 [청산소득금액의 계산]
① 청산소득금액은 다음과 같이 계산한다.
1. 일반적인 경우 청산소득금액
청산소득금액 = 해산에 의한 잔여재산 가액 - 해산등기일 현재 자기자본 총액

② 청산소득금액 계산 시 잔여재산가액은 다음과 같이 계산한다.
잔여재산가액 = 자산총액 - 부채총액
* 자산총액 : 해산등기일 현재 자산의 합계액(단, 추심할 채권과 환가처분할 자산은 추심 또는 환가처분한 날 현재의 금액으로 하고 추심 또는 환가처분 전에 분배한 경우에는 그 분배한 날 현재의 시가에 의하여 평가한 금액을 말함)

③ 청산소득금액 계산 시 자기자본총액은 다음과 같이 계산한다.
자기자본총액 = 자본금(출자금) + 잉여금 + 환급법인세 - 이월결손금
* 환급법인세 : 청산기간 중에 「국세기본법」에 의하여 환급되는 법인세액
* 이월결손금 : 상계하는 이월결손금의 금액은 잉여금의 금액을 초과하지 못하며, 초과하는 이월결손금이 있는 경우에는 이를 없는 것으로 본다.(자기자본총액에서 이미 상계되었거나 상계된 것으로 보는 이월결손금은 제외)

④ 청산소득금액을 계산할 때 해산등기일 전 2년 이내에 자본금 또는 출자금에 전입한 잉여금이 있는 경우에는 해당 금액을 자본금 또는 출자금에 전입하지 아니한 것으로 보아 계산한다.

□ 법인세법 제79조(해산에 의한 청산소득 금액의 계산) -요약-
① 내국법인이 해산한 경우 그 청산소득의 금액은 그 법인의 해산에 의한 잔여재산의 가액에서 **해산등기일 현재의 자본금 또는 출자금과 잉여금의 합계액(자기자본의 총액)**을 공제한 금액으로 한다.

□ 법인세법 시행령 제121조(해산에 의한 청산소득금액의 계산) ①법 제79조제1항의 규정에 의한 잔여재산의 가액은 자산총액에서 부채총액을 공제한 금액으로 한다.
② 제1항에서 "자산총액"이라 함은 **해산등기일 현재의 자산의 합계액**으로 하되, 추심할 채권과 환가처분할 자산에 대하여는 다음 각호에 의한다.
1. 추심할 채권과 환가처분할 자산은 추심 또는 환가처분한 날 현재의 금액
2. 추심 또는 환가처분전에 분배한 경우에는 그 분배한 날 현재의 시가에 의하여 평가한 금액

② 해산으로 인하여 청산 중인 내국법인이 그 해산에 의한 잔여재산의 일부를 주주등에게 분배한 후 사업을 계속하는 경우에는 그 해산등기일부터 계속등기일까지의 사이에 분배한 잔여재산의 분배액의 총합계액에서 해산등기일 현재의 자기자본의 총액을 공제한 금액을 그 법인의 해산에 의한 청산소득의 금액으로 한다.

③ 내국법인의 해산에 의한 청산소득의 금액을 계산할 때 그 청산기간에 「국세기본법」에 따라 환급되는 법인세액이 있는 경우 이에 상당하는 금액은 그 법인의 해산등기일 현재의 자기자본의 총액에 가산한다.

<청산소득 금액> 법인세법 준용
⑦ 제1항에 따른 청산소득의 금액과 제6항에 따른 청산기간에 생기는 각 사업연도의 소득금액을 계산할 때에는 제1항부터 제6항까지에서 규정하는 것을 제외하고는 제14조부터 제18조까지, 제18조의2, 제18조의3, 제19조, 제19조의2, 제20조부터 제31조까지, 제33조부터 제38조까지, 제40조부터 제42조까지, 제42조의2, 제43조, 제44조, 제44조의2, 제44조의3, 제45조, 제46조, 제46조의2부터 제46조의5까지, 제47조, 제47조의2, 제50조, 제51조, 제51조의2, 제52조, 제53조, 제53조의2, 제53조의3, 제54조 및 「조세특례제한법」 제104조의31을 준용한다. <개정 2020. 12. 22.>

[2] 잔여재산의 가액

잔여재산가액이란 모든 자산을 처분하여 채무를 완재한 후에 잔존하는 재산가액으로 자산총액에서 부채총액을 차감한 금액을 말하는 것이며, 추심할 채권과 환가처분할 자산은 추심 또는 환가처분한 날 현재의 금액으로 하고 추심 또는 환가처분 전에 분배한 경우에는 그 분배한 날 현재의 시가에 의하여 평가한 금액을 말한다.

◆ 청산시 잔여재산가액
(법인, 서면인터넷방문상담2팀-1099 , 2006.06.14)
잔여재산가액이란 모든 자산을 처분하여 채무를 완재한 후에 잔존하는 재산가액으로 자산총액에서 부채총액을 차감한 금액을 말하는 것임.

[3] 자기자본의 총액

자기자본의 총액이란 해산등기일 현재 납입자본금과 잉여금의 합계액으로 **세무상 자본금 및 적립금**을 말한다.

◆ 자기자본의 총액

'자기자본의 총액'이란 해산등기일 현재 납입자본금과 잉여금의 합계액으로 세무상 자본금 및 적립금을 말하는 것으로, 해산등기일 이후 익금으로 확정되어 익금처리한 대손충당금과 유통손실보전자금 및 퇴직급여충당금 잔액은 청산소득으로 과세되는 것임

□ 법인세법 제79조(해산에 의한 청산소득 금액의 계산) -요약-
④ 내국법인의 해산에 의한 청산소득 금액을 계산할 때 해산등기일 현재 그 내국법인에 대통령령으로 정하는 이월결손금이 있는 경우에는 그 이월결손금은 그날 현재의 그 법인의 자기자본의 총액에서 그에 상당하는 금액과 상계하여야 한다. 다만, 상계하는 이월결손금의 금액은 자기자본의 총액 중 잉여금의 금액을 초과하지 못하며, 초과하는 이월결손금이 있는 경우에는 그 이월결손금은 없는 것으로 본다.

□ 제121조(해산에 의한 청산소득금액의 계산)
③ 법 제79조제4항 본문에서 "대통령령으로 정하는 이월결손금"이란 제16조제1항에 따른 이월결손금을 말한다. 다만, 자기자본의 총액에서 이미 상계되었거나 상계된 것으로 보는 이월결손금을 제외한다.

⑤ 제4항에 따라 청산소득 금액을 계산할 때 해산등기일 전 2년 이내에 자본금 또는 출자금에 전입한 잉여금이 있는 경우에는 해당 금액을 자본금 또는 출자금에 전입하지 아니한 것으로 보아 같은 항을 적용한다.

□ 법인세법 기본통칙 79-0…2 【 청산소득금액의 범위 】
해산등기일 현재의 잔여재산의 추심 또는 환가처분과 관련하여 발생한 각종 비용(계약서 작성비용, 공증비용, 인지대, 소개비 및 수수료, 청산인의 보수, 청산사무소의 비용 등)은 청산소득금액을 계산함에 있어서 이를 공제한다. <개정 2008.07.25>

□ 법인세법 집행기준 79-121-3 [청산소득금액 계산시 포함되는 금액] -요약-
① 법인이 해산등기일 현재의 자산을 청산기간 중에 처분한 금액(환가를 위한 재고자산의 처분액을 포함)
② 해산등기일 현재의 부채에 대하여 청산과정에서 채무면제를 받은 금액

□ 법인세법 집행기준 79-121-4 [청산소득금액 계산시 공제되는 금액]
① 해산등기일 현재의 잔여재산의 추심 또는 환가처분과 관련하여 발생한 각종 비용(계약서 작성비용, 공증비용, 인지대, 소개비 및 수수료, 청산인의 보수, 청산사무소의 비용 등)
② 해산등기일 현재 잔여재산가액에 포함된 채권가액 중 청산기간 중 법원의 확정판결 등에 의한 회수불능확정금액 및 지급해야 할 손해배상금

◆ 청산법인의 채무면제익에 대한 세무처리
(법인, 법인세과-903 , 2009.08.11)
「법인세법」 제79조의 규정에 의한 청산소득금액을 계산함에 있어 법인이 해산등기일 현재 부채에 대하여 해산등기일 이후 면제받은 금액은 청산 소득금액에 포함하는 것이며, 법인이 특수관계자에 대한 업무무관가지급금에 대하여 대손충당금을 설정한 경우 손금불산입하고 유보처분하는 것이며, 이후 특수관계가 소멸되거나 채권의 포기시 귀속자에게 소득처분하는 것임

□ 법인세법 시행규칙 제61조(해산에 의한 청산소득금액의 계산)
법인이 해산등기일 현재의 자산을 청산기간중에 처분한 금액(환가를 위한 재고자산의 처분액을 포함한다)은 이를 청산소득에 포함한다.
다만, 청산기간중에 해산전의 사업을 계속하여 영위하는 경우 당해사업에서 발생한 사업수입이나 임대수입, 공·사채 및 예금의 이자수입등은 그러하지 아니하다.

◆ 해산에 의한 청산소득금액 계산함에 있어 잉여금에서 차감하는 이월결손금
(법인, 법인세과-812 , 2011.10.26)
「법인세법」 제79조에 의하여 해산에 의한 청산소득금액을 계산함에 있어 같은 법 시행령 제18조제1항에 따른 이월결손금 중 기업회계기준에 의하여 잉여금과 상계된 결손금은 같은 법 시행령 제121조 제3항 단서 조항에 따라 자기자본총액 계산시 잉여금에서 차감하는 이월결손금에 포함되지 아니하는 것임

◆ 법인이 청산소득금액 계산시 이월결손금의 처리
(법인, 서이46012-10452 , 2003.03.07.)
해산등기일이 속하는 의제사업연도에서 발생한 결손금은 이월결손금에 해당하지 아니하는 것으로 같은 규정에 의한 청산소득금액의 계산시 자기자본총액에서 차감하지 아니하는 것임.

☐ 법인세법 집행기준 79-121-2 [청산소득금액 계산시 자기주식의 처리방법]
해산법인의 청산소득금액 계산 시 보유중인 자기주식의 가액은 해산등기일 현재의 자본금(또는 출자금)에서 차감하지 아니하며, 잔여재산가액을 구성하는 자산총액에도 포함되지 않는다.

☐ 법인세법 집행기준 79-121-5 [주주에 대한 가지급금을 분배할 재산가액에서 상계하는 경우 청산소득금액 계산]
해산법인이 주주에 대한 가지급금을 회수하지 아니하고 동 가지급금을 해당 주주에게 분배할 재산가액과 상계하고 청산을 종결하는 경우 동 가지급금은 잔여재산의 분배금으로 보아 청산소득금액을 계산한다.

[4] 청산기간 중의 각 사업연도 소득

청산기간 중에 생긴 각 사업연도의 소득이 있을 때에는 이를 그 법인의 해당 각 사업연도의 소득에 산입한다. (법인세법 제79조 ⑥)

☐ 법인세법 집행기준 79-121-6 [청산기간 중에 발생하는 각 사업연도 소득의 처리]
법인이 해산등기일 이후 청산기간 중에 해산전의 사업을 계속하여 영위하는 경우 해당 사업에서 발생한 사업수입이나 임대수입, 공·사채 및 예금의 이자수입 등은 각 사업연도 소득으로 과세하며, 청산소득금액을 계산함에 있어서 그 법인의 잔여재산가액에 포함하지 않는다.

[5] 청산소득에 대한 법인세 신고납부

청산소득에 대한 법인세의 납부의무가 있는 내국법인은 잔여재산가액확정일이 속하는 달의 말일부터 3개월 이내에 청산소득에 대한 법인세의 과세표준과 세액을 납세지 관할 세무서장에게 신고하여야 한다.

▶ 잔여재산가액확정일
1. 해산등기일 현재의 잔여재산의 추심 또는 환가처분을 완료한 날
2. 해산등기일 현재의 잔여재산을 그대로 분배하는 경우에는 그 분배를 완료한 날

◘ 청산소득에 대한 법인세 세율 [법인세법 제55조] (일반 법인세율과 동일)

종 전		개 정	
□ 법인세율 과세체계		□ 법인세율 인하 및 과표구간 조정	
○ 세율 및 과세표준		○ 세율 1% 인하	
과세표준	세 율	과세표준	세 율
2억원 이하	10%	2억원 이하	9%
2~200억원	20%	2~200억원	19%
200~3,000억원	22%	200~3,000억원	21%
3,000억원 초과	25%	3,000억원 초과	24%

<적용시기> '23.1.1. 이후 개시하는 사업연도 분부터 적용

[6] 청산소득에 대한 법인세 신고납부시 제출서류

청산소득에 대한 법인세를 신고하는 경우 다음의 서류를 제출하여야 한다..
1. 청산소득에 대한 법인세과세표준 및 세액신고서
2. 잔여재산가액 확정일의 해산한 법인의 재무상태표
3. 해산한 법인의 본점 등의 소재지, 청산인의 성명 및 주소 또는 거소, 잔여재산가액의 확정일 및 분배예정일 기타 필요한 사항이 기재된 서류

▶ 청산소득에 대하여는 세무조정계산서를 제출하지 아니하며, 청산소득에 대한 법인세의 계산시에는 법인세법 제67조 소득처분 규정을 적용하지 아니한다.
(법인, 서이46012-10585 , 2002.03.22)

□ 상법 제264조(청산종결의 등기) 청산이 종결된 때에는 청산인은 전조의 규정에 의한 총사원의 승인이 있은 날로부터 본점소재지에서는 2주간내, 지점소재지에서는 3주간내에 청산종결의 등기를 하여야 한다.

제542조(준용규정) ①제245조, 제252조 내지 제255조, 제259조, 제260조와 제264조의 규정은 주식회사에 준용한다.

■ 중간신고

내국법인이 다음 각 호의 어느 하나에 해당하면 그 각 호에서 정한 날이 속하는 달의 말일부터 1개월 이내에 아래 서류를 납세지 관할 세무서장에게 신고하여야 한다.

1. 해산에 의한 잔여재산가액이 확정되기 전에 그 일부를 주주등에게 분배한 경우: 그 분배한 날
2. 해산등기일부터 1년이 되는 날까지 잔여재산가액이 확정되지 아니한 경우: 그 1년이 되는 날

▶ 중간신고시 제출할 서류 [법인세법 제85조 ②]
1. 청산소득에 대한 법인세과세표준 및 세액신고서
2. 해산등기일 및 그 분배한 날 또는 해산등기일부터 1년이 되는 날 현재의 재무상태표
3. 해산한 법인의 본점 등의 소재지, 청산인의 성명 및 주소 또는 거소, 잔여재산가액의 확정일 및 분배예정일 기타 필요한 사항이 기재된 서류

□ 법인세법 집행기준 85-0-1 [청산소득 중간신고] -요약-
내국법인이 다음의 경우에는 해당 각호에 정한 날부터 1월 이내에 청산소득에 대한 중간신고를 하여야 한다. (중략)
1. 해산에 의한 잔여재산가액이 확정되기 전에 그 일부를 주주 등에게 분배한 경우에는 그 분배한 날
2. 해산등기일부터 1년이 되는 날까지 잔여재산가액이 확정되지 아니한 경우에는 그 1년이 되는 날

◆ 잔여재산가액이 확정되기 전에 잔여재산의 일부를 중간 배분한 경우
(서이-2557, 2004.12.7)
법인이 해산에 의한 잔여재산가액이 확정되기 전에 잔여재산의 일부를 주주에게 분배한 경우 법인세법 제85조(중간신고)의 규정을 적용함에 있어 당해 주주가 취득하는 금전 기타 재산의 가액이 그 해산법인의 주식을 취득하기 위하여 소요된 금액을 초과하는 금액은 배당소득에 해당하는 것이며, 당해 배당소득금액의 수입시기는 그 잔여재산의 일부를 주주에게 실제로 분배한 날이 됨.

[참고] 청산소득금액 계산 및 회계처리 [국세청 발간 법인세 주제별 가이드]

○ 자본금이 1,000,000원(액면금액 1,000원, 발행주식수 1,000주)이고 해산등기일 현재의 재산상태가 다음과 같은 甲법인이 해산을 결의함
 (영§18①의 규정에 의한 이월결손금 50,000원이 있음)

《대차대조표》
(단위 : 원)

현금예금	120,000	외상매입금	320,000
외상매출금	750,000	차입금	400,000
상품	650,000	자본금	1,000,000
토지	300,000	자본잉여금	50,000
		이익잉여금	50,000
합계	1,820,000	합계	1,820,000

○ 잔여재산의 정리상황 등
- 외상매출금 중 50,000원은 대손상각하고 나머지 700,000원은 현금 회수
- 상품 전부를 600,000원에 매각함
- 토지를 1,300,000원에 처분함
- 부채를 다음과 같이 변제함
• 외상매입금 중 20,000원을 할인하고 300,000원 지급
• 차입금 400,000원 전액 상환
- 청산중의 제비용을 현금으로 지급함
• 직원급료 : 25,000원
• 기타잡비 15,000원

○ 회계처리
□ 자산의 환가처분 및 채권의 추심

(차변) 현금	700,000	(대변) 외상매출금	750,000
청산손익	50,000		
(차변) 현금	600,000	(대변) 상품	650,000
청산손익	50,000		
(차변) 현금	1,300,000	(대변) 토지	300,000
		청산손익	1,000,000

□ 부채의 상환

   (차변) 외상매입금   320,000   (대변) 현   금   700,000
          차 입 금   400,000   청산손익   20,000

□ 청산제비용의 지급

   (차변) 청산손익   40,000   (대변) 현   금   40,000

○ 잔여재산분배 직전 대차대조표

현금예금	1,980,000	자 본 금 자본잉여금 이익잉여금 청 산 손 익	1,000,000 50,000 50,000 880,000
합 계	1,980,000	합 계	1,980,000

○ 청산소득금액의 계산

□ 잔여재산의 가액 : 1,980,000원

• 자산의 환가처분 및 채권 추심액 : 2,720,000원

 현 금   120,000원   외상매출금 :   700,000원

 상 품   600,000원   토   지 : 1,300,000원

• 부채총액 : 700,000원 (부채총액은 720,000원이나 외상매입금 중 20,000원을 면제 받았으므로 부채총액을 700,000원으로 함)

• 청산비용 : 40,000원

□ 해산등기일 현재의 자기자본 총액 : 1,050,000원

• 자본금 및 잉여금 : 1,100,000원

• 이월결손금 차감 :   50,000원

□ 청산소득 금액 : 930,000원 (1,980,000 - 1,050,000원)

○ 청산소득에 대한 법인세 납부

   (차변) 청산손익(법인세 등) 102,300 (대변) 현   금   102,300
      * 930,000 × 10% + 지방소득세 9,300원 = 102,300

○ 잔여재산의 분배

(차변) 자 본 금	1,000,000	(대변)	청산자본금	1,877,700
자본잉여금	50,000			
이익잉여금	50,000			
청산손익	777,700			
(차변) 청산자본금	1,877,700	(대변)	현 금	1,877,700

③ 폐업신고만 하고 청산신고를 하지 않은 경우 세무문제

법인의 경우 부가가치세법에 의한 사업자등록을 폐업하더라도 폐업일을 법인세법에서 사업연도의 종료로 보지 아니므로 해산등기를 하기 전까지는 각 사업연도 개시일로부터 사업연도 종료일(12월말 법인 1.1 ~ 12.31.)까지를 1사업연도로 보아 당해 사업연도 종료일의 말일로부터 3월이내에 법인세를 신고.납부를 하여야 한다.

즉, 법인은 폐업을 하더라도 해산등기 및 청산종결을 하지 않는 경우 법인은 존속하는 것이므로 사업행위를 통한 수익의 창출을 하지 않더라도 사업상 지출된 경비 등을 반영하여 매년 법인세를 신고납부하여야 한다. 따라서 법인이 폐업신고 후 각 사업년도 소득에 대한 법인세를 신고하지 않는 경우 무신고로 보아 과세당국은 법인세 및 관련 제세를 추징하게 된다. 다만, 현실적으로는 과세관청에서 사실상 폐업한 법인에 대한 과세실익이 별로 없으므로 추계결정을 하지 않을 수도 있지만, 현행 법인세법상으로는 법인이 적법한 절차를 이행하지 않은 상태가 계속되는 것이다.

결론적으로 법인의 사업연도는 부가가치세법상의 폐업신고로 인하여 변경되거나 의제되는 것이 아니므로 법인이 사업을 폐지하는 경우 해산등기를 하고, 적법한 절차에 의하여 법인세를 신고 및 납부를 하여야 하는 것이다.

④ 법인이 폐업하고, 세금을 체납한 경우

법인이 세금을 납부하지 않은 경우 과세당국은 법인의 재산에 대하여 압류 등 강제징수를 하게 되며, 법인의 재산이 없는 경우 주주, 임직원 등에게는 세금 징수를 할 수 없다.

다만, 법인의 주주가 과점주주(주주1인과 그와 특수관계자에 해당하는 자의 주식보유비율이 50%를 초과하는 경우)에 해당하는 경우 2차 납세의무로 지정하여 과점주주의 개인 재산까지도 세무서가 체납처분하여 징수하게 되므로 특히 유의하여야 한다.

5 과점주주의 2차납세의무

[1] 과점주주

과점주주란 납세의무 성립일 현재 주주 1인(통상 대표이사)과 친족관계, 경제적 연관관계에 있는 자가 보유한 주식이 합계액이 해당 법인 주식의 50%를 초과하는 경우를 말하며, 과점주주에 해당하는 경우 출자지분에 상당하는 체납액에 대하여 제2차납세의무를 지게 된다. 단, 해당 법인의 주주1인과 그와 특수관계에 있는 자가 보유한 주식의 합계액이 해당 법인이 발행한 주식의 50% 이하인 경우에는 제2차납세의무는 없다.

▶ 과점주주

주주 또는 유한책임사원 1명과 그의 특수관계인 중 다음에 정하는 자로서 그들의 소유 주식 합계 또는 출자액 합계가 해당 법인의 발행주식 총수 또는 출자총액의 100분의 50을 초과하면서 그에 관한 권리를 실질적으로 행사하는 자들을 말한다.

따라서 사용인은 당해 법인(체납법인)의 특정주주 1인과의 관계를 말하는 것이지 당해 법인과의 관계를 일컫는 것이 아니므로 단순히 당해 법인의 사용인(근로자)·기타 고용관계에 있는 주주는 그 특정주주 1인과는 특수관계에 있는 자에는 해당하지 않는다.

▶ 특수관계인의 범위 (국세기본법 시행령 제1조의 2)
1. 4촌 이내의 혈족
2. 3촌 이내의 인척
3. 배우자(사실상의 혼인관계에 있는 자를 포함한다)
4. 친생자로서 다른 사람에게 친양자 입양된 자 및 그 배우자·직계비속
5. 임원과 그 밖의 사용인

[개정 세법] 세법상 특수관계인으로서 친족범위 합리화(국기령 §1의2①)
□ 세법상 특수관계인 중 친족의 범위
  ㅇ 6촌 이내의 혈족 → (개정) ㅇ 4촌 이내의 혈족
  ㅇ 4촌 이내의 인척 → (개정) ㅇ 3촌 이내의 인척
<적용시기> '23.3.1. 이후 시행

□ 국세기본법 기본통칙 39-0…3 【과점주주의 판정】
과점주주의 판정은 국세의 납세의무성립일 현재 주주 또는 유한책임사원과 그 친족 기타 특수관계에 있는 자의 소유주식 또는 출자액을 합계하여 그 점유비율이 50%를 초과하는 지를 계산하는 것이며, 이 요건에 해당되면 당사자 개개인을 전부 과점주주로 본다. <개정 2011.03.21>

[2] 과점주주의 2차 납세의무

법인세 신고를 하지 않는 경우 법인세가 추계결정되며, 법인이 세금을 납부하지 못하는 경우 과점주주는 2차 납세의무자에 해당하며, 법인의 체납세금에 출자지분을 곱한 금액에 대하여 납부의무가 발생한다.

즉, 법인의 체납세금에 대한 과점주주의 2차납세의무는 **체납국세의 납세의무 성립일** 현재 과점주주에 해당되는 경우 법인의 재산으로 그 법인에 부과되거나 그 법인이 납부할 국세, 가산금과 체납처분비를 충당하여도 부족한 경우 그 부족한 금액에 과점주주의 소유주식수를 그 법인의 발행주식총수로 나눈 금액(지분율)을 곱하여 산출한 금액을 한도로 법인의 체납세금에 대하여 2차납세의무가 있다

6 폐업한 법인의 가지급금 문제

법인이 사실상 폐업으로 특수관계가 소멸한 경우 특수관계가 소멸한 이후에는 인정이자를 계산하지 아니하나 법인이 약정 등에 의하여 회수할 가지급금을 계상한 이후에 폐업하여 정상적인 영업을 영위하지 아니한 상태에서 사실상 그 가지급금에 대하여 회수를 포기한 것으로 인정되는 경우에는 그 귀속자에게 상여 등으로 소득처분하여야 한다. 따라서 폐업 법인의 경우 가지급금을 회수하는 회계처리를 하거나 미처분이익잉여금이 있는 경우 배당을 하여 가지급금을 정리하여야 한다.

◆ 서면2팀-479, 2005.03.31
법인이 가지급금을 계상한 후 무단 폐업하여 정상적인 영업을 영위하지 아니한 상태에서 사실상 그 가지급금에 대하여 회수를 포기한 것으로 인정되는 경우에는 그 귀속자에게 상여 등으로 소득처분하는 것임

□ 법인세법 집행기준 79-121-5 [주주에 대한 가지급금을 분배할 재산가액에서 상계하는 경우 청산소득금액 계산]
해산법인이 주주에 대한 가지급금을 회수하지 아니하고 동 가지급금을 해당 주주에게 분배할 재산가액과 상계하고 청산을 종결하는 경우 동 가지급금은 잔여재산의 분배금으로 보아 청산소득금액을 계산한다.

❸ 의제배당 및 배당소득 원천징수

[1] 배당소득 원천징수
법인이 주주에게 배당하는 경우 배당소득세(지급금액의 14%) 및 지방소득세(배상소득세의 10%)를 원천징수하여 다음달 10일까지 신고.납부를 하여야 하며, 다음해 2월 말일까지 지급명세서를 제출하여야 한다. 단, 법인주주에게 배당금을 지급하는 경우 배당소득세는 징수하지 아니하나 지급명세서는 제출하여야 한다.

[2] 의제배당
법인이 해산하는 경우 법인의 자산 및 부채를 정리하여 주주에게 출자금을 반환하여야 하며, 법인 소유 자산(토지 등)가치의 상승등으로 인한 실현되지 않은 이익에 대하여는 법인세를 납부하지 않았으므로 그 이익을 계상하여 법인세를 신고 및 납부를 하여야 하고, 잔여재산을 주주에게 배분하여야 한다.

주주에 대한 배분금액이 주주가 당초 자본금으로 납입한 금액을 초과하여 지급하는 금액은 주주의 소득이 되므로 이 경우 배당소득세를 원천징수하여 신고 및 납부하여야 하며, 이를 의제배당이라 한다.

잔여재산의 가액이 확정되어 의제배당소득이 발생한 경우로서 주주가 개인주주인 경우 다음달 10일까지 배당소득세(14%) 및 지방소득세(1.4%)를 원천징수하여 신고 및 납부를 하여야 한다.

■ 의제배당소득 = 해산 등으로 인하여 받은 대가 - 소멸하는 주식의 세무상 취득가액

▶ 의제배당소득과 귀속시기
1) 법인이 해산함에 따라 당해 법인으로부터 받은 다음의 금액은 의제배당소득으로 본다. 이 경우 해산 등으로 인하여 받은 대가는 시가에 의하여 평가함을 원칙으로 한다.
2) 의제배당의 귀속시기는 해산의 경우 잔여재산가액 확정일로 한다.

□ 법인세법 제16조(배당금 또는 분배금의 의제) -요약-
① 다음 각 호의 금액은 다른 법인의 주주 또는 출자자인 내국법인의 각 사업연도의 소득금액을 계산할 때 그 다른 법인으로부터 이익을 배당받았거나 잉여금을 분배받은 금액으로 본다. <개정 2011. 12. 31., 2016. 12. 20., 2018. 12. 24.>
4. 해산한 법인의 주주등인 내국법인이 법인의 해산으로 인한 잔여재산의 분배로서 취득하는 금전과 그 밖의 재산의 가액이 그 주식등을 취득하기 위하여 사용한 금액을 초과하는 금액

◆ 현물로 잔여재산 분배를 받은 경우
(법인 46012-585, 2000.2.29)
해산한 법인의 주주인 법인이 해산으로 인한 잔여재산의 분배로서 취득한 자산은 법인세법 시행령 제72조 제1항의 규정에 의하여 취득 당시의 시가를 취득가액으로 하는 것이며, 이 경우 법인세법 제16조 제1항 제4호의 의제배당규정이 적용됨.

◆ 배당지급결의를 취소한 경우 당초 배당결의에 의한 배당소득의 원천징수 여부
(원천, 기준-2018-법령해석소득-0165 [법령해석과-2091], 2018.07.20)
주주총회의 결의에 의하여 배당소득으로 확정된 경우에는, 그 후 당초 주주총회에서 확정된 배당소득에 대하여 주주총회에서 취소하였다 하더라도, 동 금액에 대하여 원천징수 하는 것임

[3] 법인 해산 이전 미처분이익잉여금의 배당 처분 검토
법인 해산으로 남아 있는 미처분이익잉여금(법인의 이익이 증가하여 순자산이 증가하였음에도 주주에게 적정한 배당을 하지 아니하여 유보된 이익)을 일시에 배당을 하게 되는 경우 배당연도에 주주의 배당소득이 한꺼번에 발생하여 누진세율로 인한

소득세 부담이 많아지게 되므로 이를 감안하여 법인 해산 전 미처분이익잉여금은 연도를 나누어 배당처분한 후 법인 해산을 고려하여야 한다.

▶ 배당소득세(14%) 및 종합소득세 누진세율(최대 45%) [지방소득세 별도]
금융소득(이자소득 + 배당소득)이 연간 2천만원 이하인 경우 14%의 세율로 분리과세되어 배당소득세만 납부하면 되나 2천만원을 초과하는 경우 종합소득에 합산될 뿐만 아니라 소득의 크기에 따른 누진세율로 인한 소득세 부담이 많아지게 된다.

❹ 퇴직소득 및 근로소득신고와 연말정산

[1] 퇴직소득 원천징수

폐업하는 사업장은 퇴직금을 지급한 달의 다음달 10일까지 원천징수이행상황신고서를 제출하고 세액을 납부하여야 하며, 지급명세서는 폐업일이 속하는 날의 다음다음달 말일까지 제출하여야 한다. 한편, 반기별 납부자가 폐업하는 경우에도 폐업일이 속하는 반기 동안의 원천징수세액을 폐업일이 속하는 달의 다음달 10일까지 신고 및 납부하여야 한다.

[2] 근로소득 원천징수

폐업하는 사업장은 근로소득을 지급한 달의 다음달 10일까지 원천징수이행상황신고서를 제출하고 세액을 납부하여야 하며, 지급명세서는 폐업일이 속하는 날의 다음다음달 말일까지 제출하여야 한다. 한편, 반기별 납부자가 폐업하는 경우에도 폐업일이 속하는 반기 동안의 원천징수세액을 폐업일이 속하는 달의 다음달 10일까지 신고 및 납부하여야 한다.

▶ 근로소득 간이지급명세서 제출
폐업한 경우 '근로소득 간이지급명세서'의 제출기한은 폐업일이 속하는 반기의 마지막 달의 다음 달 말일까지이고, '근로소득지급명세서'는 폐업일이 속하는 달의 다음다음 달 말일까지 제출하여야 하며, '근로소득 간이지급명세서' 제출기한 전에 '근로소득지급명세서'를 제출한 경우 '근로소득 간이지급명세서' 제출을 하지 아니할 수 있다.

[3] 폐업한 사업장의 연말정산 신고 및 환급 절차

① 원천징수의무자인 사업자가 폐업을 하는 경우 원천징수이행상황신고를 폐업일이 속하는 달의 다음달 10일까지 하여야 하며, 폐업일이 속하는 달의 급여를 지급하는 때에 해당 직원에 대한 근로소득세 원천징수 및 연말정산을 하고 다음달 10일까지 원천징수이행상황신고서를 제출하여야 하고, 해당 근로자의 근로소득 연말정산에 따른 근로소득 지급명세서를 폐업월의 다음 다음달 말일까지 원천징수 관할세무서장에게 제출하여야 한다.

② 폐업으로 인하여 근로소득세에 대하여 연말정산을 한 결과 환급할 세액의 합계액이 납부할 세액 보다 많은 경우 원천징수의무자는 원천징수 관할세무서장에게 환급을 신청할 수 있으며, 환급신청시 연말정산 원천징수세액과 환급신청세액을 기재한 '원천징수이행상황신고서' 및 '근로소득지급명세서'를 폐업일이 속하는 달의 다음다음 달 말일 까지 제출하여야 한다.

③ 환급신청방법 ~ 원천징수이행상황신고서의 「원천징수세액환급신청서」에 "☑" 표시하고 「환급신청액」란에 환급신청액을 기재(원천징수세액환급신청서 부표, 기납부세액 명세서, 전월미환급세액 조정명세서 반드시 작성)하여 원천징수 관할세무서장에게 환급신청을 할 수 있다.

④ 연말정산 환급에 따른 지방소득세를 환급 받고자 하는 경우 아래의 서류를 구비하여 근로소득세에 대한 지방소득세를 납부한 구청 또는 시청에 환급 신청을 할 수 있다.
1. 지방소득세 특별징수 환급청구서
2. 지방소득세 특별징수 개인별 납부 내역서
3. 소득세 환급결정통지서 사본 또는 소득세 환급 입금된 통장사본
4. 원천징수이행상황신고서(연말정산분)

❺ 4대보험 정산 및 사업장 탈퇴신고

법인이 사업장을 폐업한 폐업 사유가 발생한 날이 속하는 달의 다음 달 14일내 사업장탈퇴 신고서 및 사업장 탈퇴 사실을 증명할 수 있는 서류를 국민연금공단 또는 건강보험공단에 제출하여야 한다.

[1] 국민연금 당연적용사업장 탈퇴신고

사업자가 당연적용사업장의 사용자로서 사업장을 폐업하게 되면 해당 사업자는 사업장의 폐업 사유가 발생한 날이 속하는 달의 다음 달 15일까지 사업장탈퇴 신고서 및 사업장 탈퇴 사실을 증명할 수 있는 서류를 국민연금공단에 제출해야 한다.

[2] 국민건강보험 사업장 탈퇴신고

사업장을 폐업하게 되면 해당 사업자는 폐업한 날부터 14일 이내에 사업장 탈퇴신고서(전자문서 포함)에 사업장 탈퇴 사실을 증명할 수 있는 서류(전자문서 포함)를 첨부하여 국민건강보험공단에 제출해야 한다.

[3] 고용보험 및 산업재해보상보험의 보험관계 소멸신고

사업의 폐업·종료 등을 이유로 보험관계가 소멸한 경우 해당 사업자는 그 보험관계가 소멸한 날부터 14일 이내에 근로복지공단에 보험관계의 소멸 신고를 하여야 한다.

■ 국민건강보험법 시행규칙 [별지 제4호서식] <개정 2022. 10. 26.>

국민연금 [ ]사업장 탈퇴신고서
건강보험 [ ]사업장 탈퇴신고서
고용보험 보험관계 [ ]소멸 신고서 [ ]해지신청서(근로자 종사 사업장)
산재보험 보험관계 [ ]소멸 신고서 [ ]해지신청서(근로자 종사 사업장)

[2025년 신간 도서 안내]

계정과목별
회계 및 세무
경리·지출증빙
결산·재무제표

**법인기업, 개인기업 장부
손익계산, 세무회계 실무서**

이진규 지음

경영정보문화사